吳鐵城相關檔案概述

以國史館藏「蔣中正總統文物」為中心

總策劃／林齊國
總纂／陳三井
主編／蘇聖雄

序言

二〇二十二年五月十日，華僑協會總會慶祝成立八十週年，出版《八十週年紀實》一書。全書紀事以創會理事長吳鐵城先生為始，暫以現任理事長本人為末。一九四二年至一九九〇年四十餘年紀事，因史料蒐羅不易，斷簡殘篇，會史簡樸；一九九〇年迄今三十餘年會史，歸功於電腦之助，鉅細靡遺，至為完備。

「微吳鐵城氏，即無僑總矣」旨哉斯言！吳氏重要事蹟除創立華僑協會總會外，歷任黨政要職。年表如下：一九一七年（二十九歲）任孫中山大元帥府參軍，一九二一年當選香山縣長，一九二三年任廣東省警衛軍司令，一九二四年任陸海軍大元帥大本營參軍長，一九二六年任第十七師師長兼廣州衛戍司令，一九二六年五月至十月被捕虎門幽居，一九二七年任廣東省建設廳長，一九二八年銜命赴東北勸說張學良易幟支持國家統一、當選立法委員，一九三〇年五月中原大戰赴東北勸張學良派兵入關參戰，一九三一年任警察總監、僑務委員及國府委員，一九三二年任上海市長兼淞滬警備司令，一九三七年任廣東省政府主席兼保安司令，一九三八年主持港澳黨務，一九四〇年任中國國民黨海外部長，一九四一年任中國國民黨秘書長，一九四二年成立華僑協會總會，一九四八年任行政院副院長兼外交部長，一九四九年辭中國國民黨秘書長，一九五〇年任總統府資政，一九五三年（六十六歲）歿。

吳鐵城氏於一九五一年六月在〈往事拾遺記〉寫道：「忽忽數十年，往事成塵，大都遺忘。偶與知友話舊，或讀書報，觸動記憶，其中不乏珍貴故實，爰再筆之於冊，無異拾回所遺失者。」吳氏國學底子深厚，英文造詣亦豐，其回憶錄凡十四章，章目條文完備，文筆縱橫行雲流水，字裡行間盡顯才氣。惜天不假年，吳氏於一九五三年十一月歿，回憶錄僅寫至一九二六年五月幽居虎門，即劃下終點，佔其人生三十八載，餘二十八載回憶盡付闕如。尤其是一九二八年赴東北遊說張學良易幟及一九三〇年中原大戰勸說張學良出兵，均攸關國家統一之大事，自是史家最想探求的史實。惜乎，人去史滅，令人扼腕。

為彌補此一回憶錄未完成之缺憾，前理事長、中央研究院近代史研究所前所長陳三井博士極力蒐整相關史料，期能作為華僑協會總會成立八十週年的獻禮，幸得蘇聖雄博士鼎力協助，完成《中原大戰時期》、《上海市長時期》、《廣東省政府主席時期》、《中國國民黨中央黨部祕書長時期》、《行政院副院長時期》、《履歷表》等六篇卷與蔣中正往來函電之原始檔案，殊屬不易，敬致誠摯謝忱。

至盼此書之出版能為研究吳鐵城氏之史家學者，提供第一手資料，圓滿完結此回憶錄未盡之篇幅，將缺憾還諸史實。

理事長林齊國謹識

二〇二一年十二月二十九日

蘇編《吳鐵城重要史料選編》序——陳三井

「飲水思源」、「知恩圖報」，無異是中華文化具有特色的傳統美德。關於不忘本，臺灣也有一句「吃菓子要拜樹頭」的俚語，可以相互輝映。可見知恩圖報，乃是我們民族代代相傳，家家戶戶懸為教育子弟、做人處事不可輕忽的座右銘。

回溯本會的歷史，從歷任理事長到本會每一位會員，幾乎都有共識，沒有當年吳鐵城先生的南洋之旅為號召華僑抗戰救國，創立「南洋華僑協會」的先見之明，可能就沒有今日「華僑協會總會」的存在，更談不上本會八十年輝煌的篇章。忝為後之來者的我們，緬懷過去這一段努力奮發的歲月，更應知往開來，倍加珍惜！

為了珍惜本會輝煌的歷史，前輩先賢已作出得來不易的豐碩成果。在創會會長吳鐵城辭世之後，集眾人之智慧與經驗，發揮群策群力之功，先後出版了《吳鐵城先生紀念集（一）》、《吳鐵城先生紀念集（二）》、《吳鐵城先生紀念集（三）》、《吳鐵誠先生逝世三十週年紀念集》四種回憶性文集，保留了吳前理事長一生革命和從政，許許多多可以建構傳記的寶貴史料，稍微彌補《吳鐵誠先生回憶錄》沒有終章的不足。遺憾的是，早年的公私檔案沒有整理、編纂和開放，例如國史館與中國國民黨黨史館等所珍藏的許多重要檔案，沒有公諸於世，致傳記史家沒能根據第一手的史料，早日為吳鐵城創會會長完成一部詳實有據，涵蓋從早歲參加革命到終老臺灣的完整傳記。當然，自我表揚式的回憶，雖覺主人翁英明可親，若缺乏較多檔案資料的佐證，總覺不無單向片面之詞，並不能登上嚴肅史傳的學術殿堂。

降至廿一世紀初，筆者有幸承乏本會理事長（二〇一二－二〇一六）重責，又適逢總會七十週年會慶，為繼往開來，特承繼先賢遺規，較為注重本會史料與史事之投入，先後出版有《吳鐵城與近代中國》、《吳鐵城重要史料選編》（上下二冊，王文隆主編）、《海外華人之公民權地位與人權》、《何宜武與華僑經濟》、《串起五大洲的彩鑽：僑協成立分會實錄》、《揮舞團結的大旗：僑協全球聯誼大會實錄》、《春江水暖我先知：僑協兩岸交流實錄》、《人間有情多歡樂：會員聯誼活動剪影》、《學海無涯：我們的研究活動》等有關會史的珍貴史料，其中後兩種為電子檔，雖不能概括會務活動的全貌，但已無愧於總會創會宗旨的初心。

林齊國理事長是現任理事長，也是本會第九任理事長。他是寮國傑出僑生，又是奮鬥有成、氣度恢宏的實業家，他廣植福田、增開善門，對會史的整理和重視更不在話下。關於吳鐵城創會會長部分，在二〇二二年總會八十週年會慶時，除印行《華僑協會總會八十年紀實》一書外，並積極支持「吳鐵城資料新發現座談會」的舉辦，邀請呂芳上、劉維開、黃克武、蘇聖雄、徐丞億五位學有專長的史學工作者，分別就近年新發現的吳鐵城資料做報告，俾供將來為書寫「吳鐵城新傳」做準備。而蘇聖雄主編的《吳鐵城重要史料選編》便是其中很重要的一本史料集，可與前述王文隆主編的書名幾乎相同史料併讀。

在此，有必要為王編與蘇編的兩本資料集的異同，稍做說明。

兩書主要內容均以吳鐵城與蔣中正來往文電為基礎，屬公家檔案之精華，係形塑吳傳不可或缺之資料。

兩書之重要性雖相近，但其來源則有別，王文隆所編之書，資料來自中國國民黨文傳會黨史館，而蘇聖雄所編之書，來自國史館珍藏之「蔣中正總統文物」，範圍更廣，其重要性不言可喻。

就檔案含蓋期間，王書係起自民國四年，終於民國三十一年，前後逾三十年，所收資料包括上海環龍路檔案、漢口檔、會議檔案、特種檔案與一般檔案。

而蘇編之書，其含蓋時間較晚，大致可分為六大部分，茲開列如下：

（1）中原大戰時期

（2）上海市長時期

（3）廣東省主席時期

（4）中國國民黨中央黨部秘書長時期

（5）行政院副院長時期

（6）履歷表

總之，此兩書之出版，雖尚難以概括吳鐵城創會理事長豐富而多姿的黨職生涯，但已將他所參與的重要大事資料加以揀選，提供專家學者參考，利用方便，期盼可因而生產更多有關吳鐵城先生各種不同面向的傳記，這也是我們出版此一系列資料集的初心。

史學工作者出版專著，固然值得慶賀，惟編書付梓，同樣值得鼓舞，因為對史學成果的積累有不可磨滅的貢獻。因此，筆者除必須對編者蘇聖雄博士致敬外，更想藉此對他稍作介紹，讓這位年輕的史學明星，有更多人認識他的成長過程。蘇聖雄，一九八三年出生於臺北，在臺北建國中學畢業後，因志趣所向，透過申請入學，進入臺灣大學歷史學系，接受史學教育和科班訓練，先後完成學士、碩士和博士學位。他有史學的天賦，加上後天的努力，在臺大名教授胡平生指導下，十年磨一劍，先後完成了碩、博士論文，其博論的題目是《蔣中正與統帥部的組建與運作－以徐州會戰為中心》。值得稱道的是，他在攻讀博士學位期間，便牛刀初試，以第一名通過公務員高等考試（史料編纂組），分發進入國史館任協修，從事學術行政工作，從此朝夕與浩瀚的史料為伴，並出版多項重要史料匯編，較著名的有《蔣中正先生年譜長編》、《陳誠先生日記》、《林蔚文抗戰遠征日記》、《近代中日關係史料彙編：一九三〇年代的華北特殊化》以及主編《諜報戰：軍統局特務工作總報告，一九三七》、《冰人與白塔：抗戰末期被遺忘的作戰計劃》等多種珍貴史料，在此不一一備舉。

史學研究，宜從史料的判讀、鑒定等基本訓練入手。長期的浸淫、不懈的努力，聖雄並沒有白費。當史丹福大學胡佛研究所的郭岱君教授有鑒於抗日戰爭是廿世紀中華民族最重要的歷史大事與最珍貴的歷史資產，「不容青史盡成灰」，她有意廣邀中外學者，進行《抗戰史重探》的編寫和出版。郭教授慧眼識英雄，她注意到聖雄這位年輕而努力有成的明日之星，力邀他加入撰寫工作並核實各章資料的運用。當《抗戰史重探》由聯經公司分三冊出版後，備受海內外讚譽，認為此書「以客觀公正、嚴肅認真的態度」，拋開「國家與意識形態的框框重新檢討這場戰爭」，是一個大膽勇敢而成功的嘗試，值得每一位關心中國前途的讀者，細心展讀。

聖雄在本書第二冊，合寫或獨寫共達五章，表現極為突出。郭岱君教授在本書第一冊的「寫在前面」，特別提出誠摯的感謝，對本書作者蘇聖雄先生除供稿外，「還協助全書的編輯整理，且提出不少獨到的見解」。又說「與他談抗戰史，總是淋漓暢快，欲罷不能。」[1]青史留名，對抗戰史的重探，留下專業性的貢獻，為臺灣史學界爭光，誠非過譽。

俗云：「人往高處爬」，而史學家追求的則是興趣和理想的自我實踐。他不以國史館的學術行政成績為滿足，何況當年國史館一度有縮編改隸的規劃，所以聖雄不惜「帶槍投靠」，成功轉入可以從事純學術研究的中央研究院近代史所工作，再從助研究員幹起，從此不是「鯉躍龍門」，而是「乾坤一少年，學術殿堂任飛翔」。相信假以時日，以聖雄的過人資賦和不懈努力，必有更大之學術成就。

三井因緣際會，有機會為僑協總會籌劃吳鐵城創會會長資料之蒐集、整理和出版，而與五位史學同行共事，聖雄負責主編此一重要史料文集，駕輕就熟，如限完成。三井愛才，除敬表謝意外，並草此長文為序。

陳三井謹識於華僑協會總會

中華民國一一二年元旦開春

---

[1] 郭岱君主編，《重探抗戰史》，「寫在前面」，第一冊，臺北聯經出版公司，二〇二二年五月二版，頁1。

導言

吳鐵城（一八八八－一九五三），祖籍廣東省廣州府香山縣，中華民國國父孫中山的同鄉。生於江西九江，商人家庭出身，家境富裕。早年入九江同文書院學習。追隨父業經商，經林森介紹參加同盟會，贊助並實際參與革命。辛亥革命時進入江西軍政府，任總參議，後來成為江西代表，參與中華民國政府的創建。

孫中山當選中華民國首任臨時大總統，吳以同鄉關係，在孫身邊工作，開始追隨孫的事業。孫中山推動二次革命，吳鐵城赴江西聯繫，失敗後逃往日本，進入日本明治大學學習法律，旋加入孫中山的中華革命黨，主持黨務與宣傳，鼓動僑界反對袁世凱。孫中山於廣東建立護法軍政府，吳擔任大元帥府參軍、香山縣長、廣州市公安局長、廣東省警務處長、陸海軍大元帥大本營參軍長等職。

孫中山過世以後，吳鐵城與其長子孫科接近。一九二七年四月，蔣中正發動清黨，吳表態支持。國民革命軍北伐行將結束，被派往中國東北，勸說東北軍領袖張學良實行易幟。旋當選國民政府立法院立法委員、中國國民黨中央執行委員等職。一九三〇年中原大戰爆發，蔣中正器重吳長袖善舞之能力，派往東北勸說張學良支持南京中央，獲得張的響應。一九三二年一月出任上海市長兼淞滬警備總司令。上海為中國最大商業城市，經濟文化發達鼎盛，吳於任內推展上海市政及對日防務，一二八事變期間支援軍事後勤。一九三七年四月升任廣東省政府主席，旋對抗日抗戰爆發，吳推動戰時建設。一九三八年十月，日軍攻陷廣州，年底卸任省政府主席，主持中國國民黨海外黨務工作，一九四〇年任中國國民黨中央海外部長，赴南洋數月，宣傳抗日與籌集資金。一九四一年任南洋華僑協會、國民外交協會理事長，又接任中國國民黨中央黨部祕書長，於此職工作近八年。一九四八年十二月，獲行政院長孫科力邀，出任副院長兼外交部長。次年離任，仍協助政府聯繫海外人士。一九五三年於臺北病逝，享年六十六歲。

吳鐵城歷任要職，其個人頗具歷史研究之價值，然而所留存的史料並不集中，相當分散。吳本人曾著回憶錄《四十年來之中國與我》，預定撰十四章，因病僅及五章，未能終篇。朱傳譽曾主編《吳鐵城傳記資料》（臺北：天一出版社，一九七九）。近年華僑協會總會（前身南洋華僑協會）為紀念其創會會長，與中國國民黨黨史館合作出版《吳鐵城重要史料選編》（二冊，陳三井策劃，王文隆主編。臺北：華僑協會總會，二〇一五）。

吳鐵城長期擔任機關首長，很多檔案史料與他相關，但關係常不深切。因為機關首長常常僅為「代表」，相關檔案不易充分反映吳本人的所作所為，徵集與其密切相關又重要的檔案，因此頗感不易。本史料選編充分了解這方面的困難，嘗試突破。蔣中正是中華民國的關鍵領導人，吳與蔣之間的往來函電，無疑是既重要又可反映吳鐵城本人的事功，本書因以此為徵集對象。

蔣中正的檔案，現藏於臺北國史館，全宗名《蔣中正總統文物》，該全宗係蔣中正於北伐、統一、抗戰、戡亂等時期所留下的檔案，由蔣之機要人員歷年蒐集整理而成。一九四八年冬中華民國政府戡亂失利，蔣中正下野，隨即指示將該批檔案隨中央銀行黃金同艦運臺暫存高雄。一九四九年移轉至大溪頭寮賓館，並於翌年成立「大溪檔案室」存藏，因此外界多以「大溪檔案」稱呼。一九五三年八月，大溪檔案室改隸總統府，由總統府機要室兼理該室業務，檔案仍藏於頭寮賓館，至一九七九年七月始由頭寮賓館轉移至臺北陽明山的陽明書屋。一九九五年，總統府機要室移轉該檔案給國史館，經過整理、重新編目，正名為《蔣中正總統檔案》（簡稱《蔣檔》）。一九九七年初，《蔣檔》陸續開放，或稱作「史料解嚴」，國內外學者趨之若鶩，帶起一波史學研究熱潮。二〇〇二年以後，國史館執行數位典藏國家型科技計畫，配合「總統副總統文物管理條例」，整合檔案以外的照片、視聽、器物等史料，將《蔣檔》改稱為《蔣中正總統文物》。現今，過去難以一窺堂奧的珍貴史料，在國史館的「國史館檔案史料文物查詢系統」，已可無限制線上閱覽。[1]

國史館的史料整編，依照全宗／系列／卷／件，一層一層分下。整個《蔣中正總統文物》為一全宗，下分11個系列，即01籌筆、02革命文獻、03蔣氏宗譜、04家書、05照片、06文物圖書、07特交文卷、08特交檔案、09特交文電、10文物、11其他。其中籌筆、革命文獻、特交文卷，收有不少蔣中正與吳鐵城的往來函電。

籌筆係《蔣檔》第1個系列，為蔣中正親書之函電或諭令的手稿，內容多為蔣對於重要政治、軍事案

1 國史館編著，《國史館現藏重要檔案文物史料概述》（臺北：政大出版社、國史館，二零一七），頁300至301。本書關於蔣中正檔案的介紹，係由筆者編寫。

件之籌劃，檔案時間起於一九二三年八月，止於一九七二年六月。[2]與吳鐵城有關者，多為蔣中正手書給吳鐵城的指示內容，例如一九三〇年中原大戰期間，蔣中正電致赴東北接洽的吳鐵城、張羣速催張學良就陸海空軍副司令職，並催其出兵平津等地。[3]

革命文獻係《蔣檔》第2個系列，為依記事本末體編排而成的重要檔案彙編，時間起自一九二三年六月，止於一九五二年四月，編成一百六十七冊。[4]與吳鐵城有關者，多為蔣中正與吳鐵城的往來電文，以及吳以中國國民黨中央黨部祕書長身分所呈之報告。例如，蔣於一九三六年電時為上海市長的吳鐵城，低調築成羅店至寶山直達公路。[5]

特交文卷為《蔣檔》第7個系列，包括蔣中正的「親批文件」和「交擬稿件」兩部分（副系列）。檔案編排方式，以時間為序，依次排列，共計七十二冊。[6]與吳鐵城有關者，主要為蔣中正給吳鐵城的電文，如蔣電時為中央黨部祕書長的吳鐵城，指示與黨史編纂委員會商酌，速編中國國民黨簡史。[7]

本選編從上述三個系列挑選，依主題或吳的職務匯整檔案，區分中原大戰時期、上海市長時期、廣東省政府主席時期、中國國民黨中央黨部祕書長時期、行政院副院長時期，各件呈現內容摘要、起訖時

2 國史館編著，《國史館現藏重要檔案文物史料概述》，頁302。

3 〈蔣中正致吳鐵城張羣電〉（一九三〇年八月十六日），《蔣中正總統文物》，典藏號002-010200-00042-006。

4 國史館編著，《國史館現藏重要檔案文物史料概述》，頁302。

5 〈蔣中正致吳鐵城電〉（一九三六年一月二日），《蔣中正總統文物》，典藏號002-020200-00023-090。

6 國史館編著，《國史館現藏重要檔案文物史料概述》，頁305。

7 〈蔣中正致吳鐵城電〉（一九四三年三月二十四日），《蔣中正總統文物》，典藏號002-070200-00017-073。

間，以及國史館典藏號。各時期之區分若依職稱，是因該職較具代表性，非吳鐵城必定以該職執行某業務，吳擔任該職前後若有重要活動，本書亦予收錄。全書最末為吳的履歷表，非出自《蔣中正總統文物》，而出自同為國史館典藏的《軍事委員會委員長侍從室》全宗。

本書之編輯，是依華僑協會總會陳三井教授指示辦理，陳同時為中央研究院近代史研究所前研究員兼所長，為編者前輩。個人與華僑協會總會關係不能說很深，十多年前曾獲孫哲生（孫科）先生獎學金，在華僑協會總會領獎，那時第一次到總會，深感富麗堂皇。二〇二二年五月間華僑協會總會舉辦「吳鐵城新發現資料座談會」，承蒙理事長林齊國邀請出席，會場在典華旗艦店繁華廳，再次感到金碧輝煌，本史料選編為該座談會的後續成果。

個人不識吳鐵城，但認識其孫女吳美雲。吳美雲女士是漢聲雜誌社負責人，《漢聲小百科》為其代表作，是一九七〇、一九八〇年世代重要的啟蒙書。十多年前個人曾協助吳美雲徵集吳鐵城照片，而有數面之緣。吳美雲個性極為爽朗，提到吳鐵城常隨身攜帶一筆記本，諸事記錄，辦事極有效率，她深受啟發。我那時對吳鐵城的興趣，沒有《漢聲小百科》高，詢問為何不再版？她說知識日新月異，小百科內很多知識舊了，又沒有經費重新改版。

也許很多東西都舊了，但我們歷史工作者就是念舊。謹以此史料選編紀念吳美雲女士。

蘇聖雄

於中央研究院近代史研究所

二〇二二年十一月二十五日

目次

壹 中原大戰時期

中原大戰是國民革命軍北伐成功以後，國民政府各軍系的一次大規模內戰，吳鐵城在此期間，親赴東北，成功爭取東北軍領袖張學良支持南京國民政府，此為其最為人稱道的事功之一。中原大戰以後，東北軍半數入關，張學良坐鎮北平，負責華北善後，吳鐵城仍擔負聯繫責任。一九三一年九月十八日九一八事變爆發，日本侵占東北軍根據地中國東北，吳鐵城在北平，第一時間向南京中央匯報情報。

吳鐵城時任國民政府委員、立法院委員。

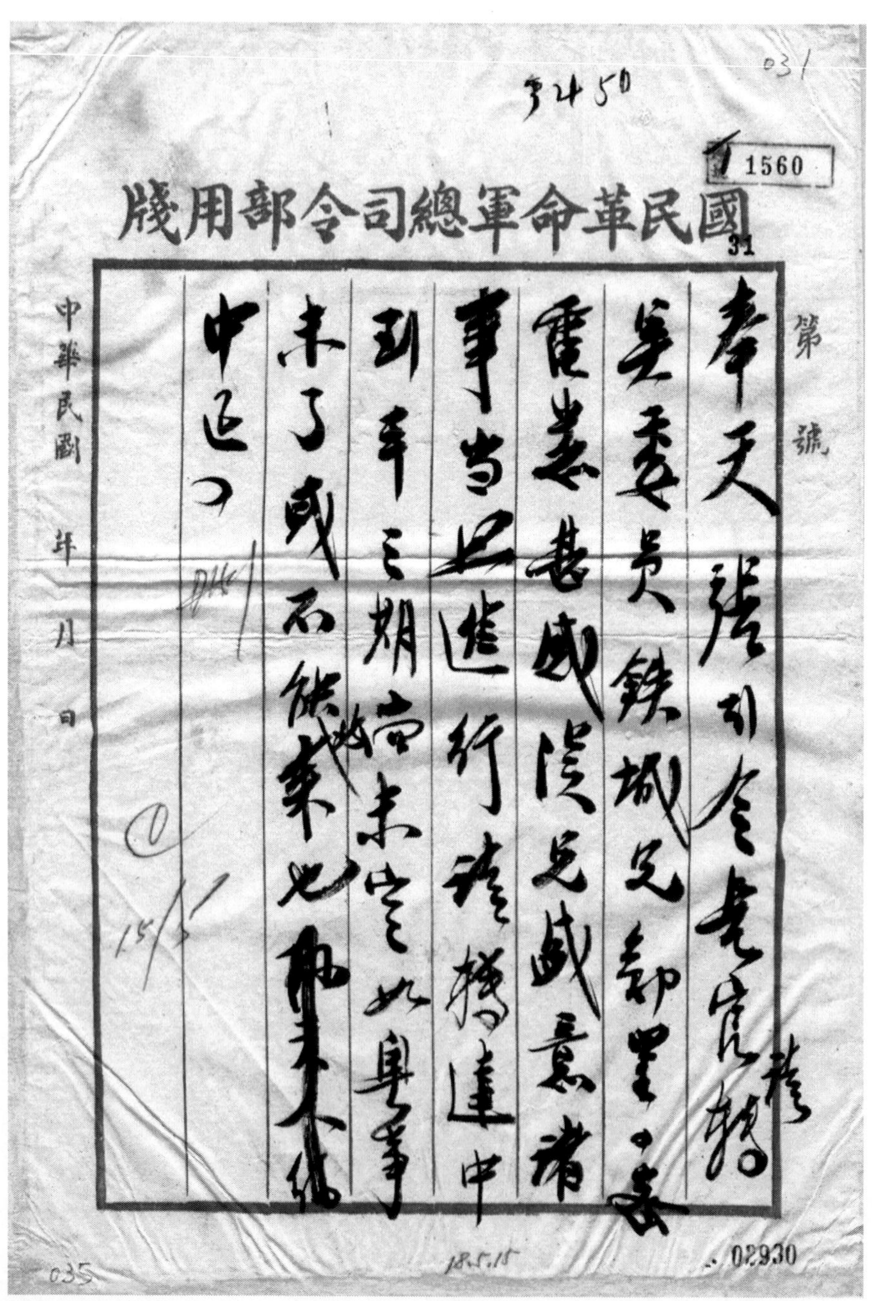
國民革命軍總司令部用牋

第 號

奉天張副司令漢卿兄轉
吳委員鐵城兄勛鑒：寒
電悉，甚感。漢兄盛意，諸
事當照進行，請轉達。中
到平之期尚未定，如粵事
未了，或不能來也。
中正

中華民國 年 月 日

蔣中正電告吳鐵城其赴北平之期未定 1929/5/15

002-010200-00004-031

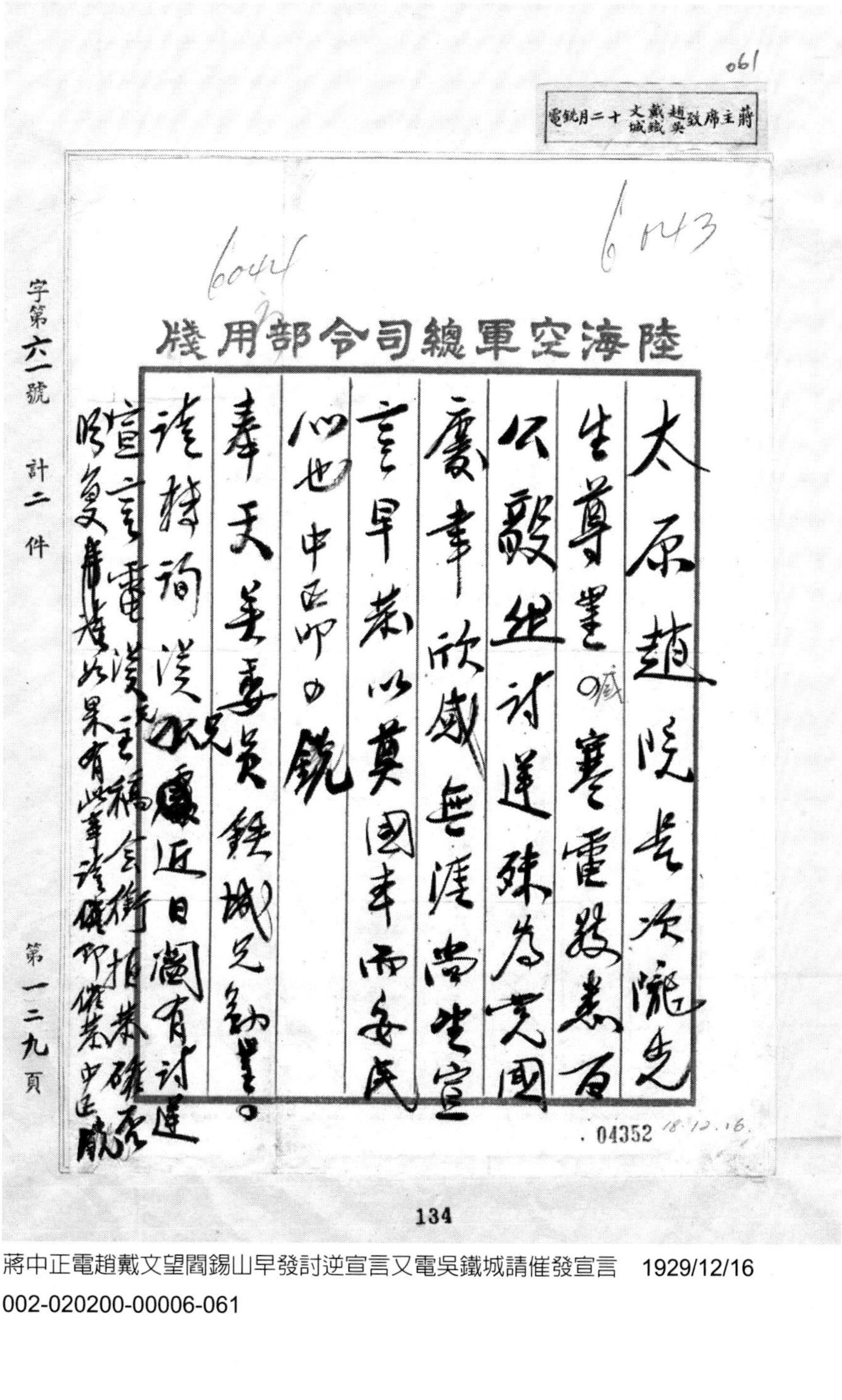

061

蔣主席致趙戴文吳鐵城十二月銑電

6043

6044

字第六一號 計二件 第一二九頁

陸海空軍總司令部用牋

太原趙院長次隴先
生尊鑒 寒電敬悉百
公毅然討逆殊為黨國
慶幸欣感無涯 當先宣
言早發以奠國本而安民
心也 中正叩 銑
奉天吳委員鐵城兄勛鑒
請轉詢漢卿兄近日對有討逆
宣言電漢卿兄稿否 [illegible]
[illegible] 果有此事請催即發 中正 銑

. 04352 18.12.16.

134

蔣中正電趙戴文望閻錫山早發討逆宣言又電吳鐵城請催發宣言　1929/12/16

002-020200-00006-061

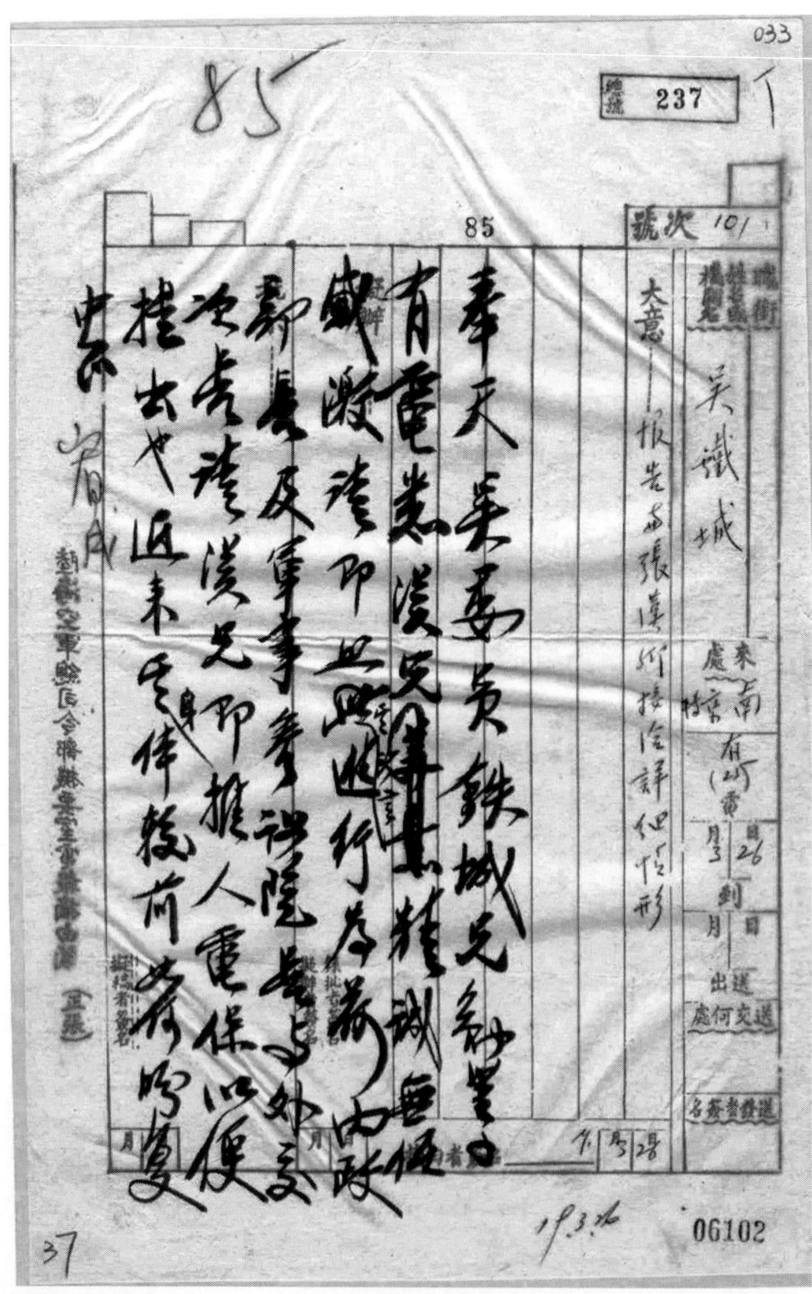

033

85

總號 237

次號 101

姓名或機關名 吳鐵城

大意 報告與張漢卿接洽詳細情形

來處 南京 特(?)

有電

3 月 26 日到

奉天吳委員鐵城兄勛鑒：有電悉。漢兄推誠，無任感激，請即照此進行為荷。內政部長及軍事參議院長與外交次長，請漢兄即推人電保，以便提出也。匯來之件[illegible]。中正 宥

19.3.26

06102

37

蔣中正電吳鐵城請張學良推薦內政部長軍事參議院長外交次長人選　1930/3/26

002-070100-00004-033

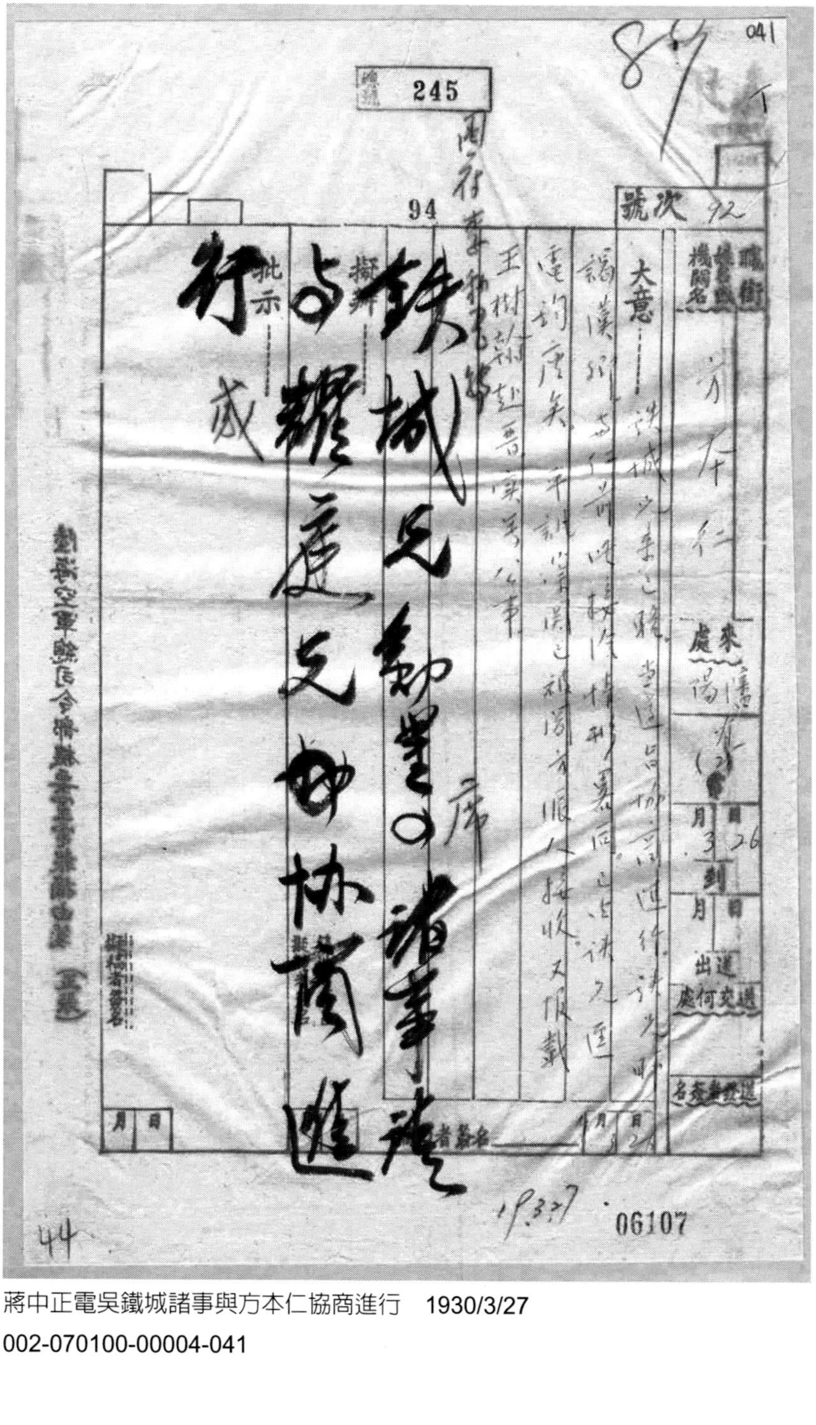
總號 245

次號 92

職銜姓名機關名 方本仁

來處

大意

擬辦

批示

鐵城兄勳鑒○諸事請與耀庭兄妥協商進

06107

蔣中正電吳鐵城諸事與方本仁協商進行　1930/3/27

002-070100-00004-041

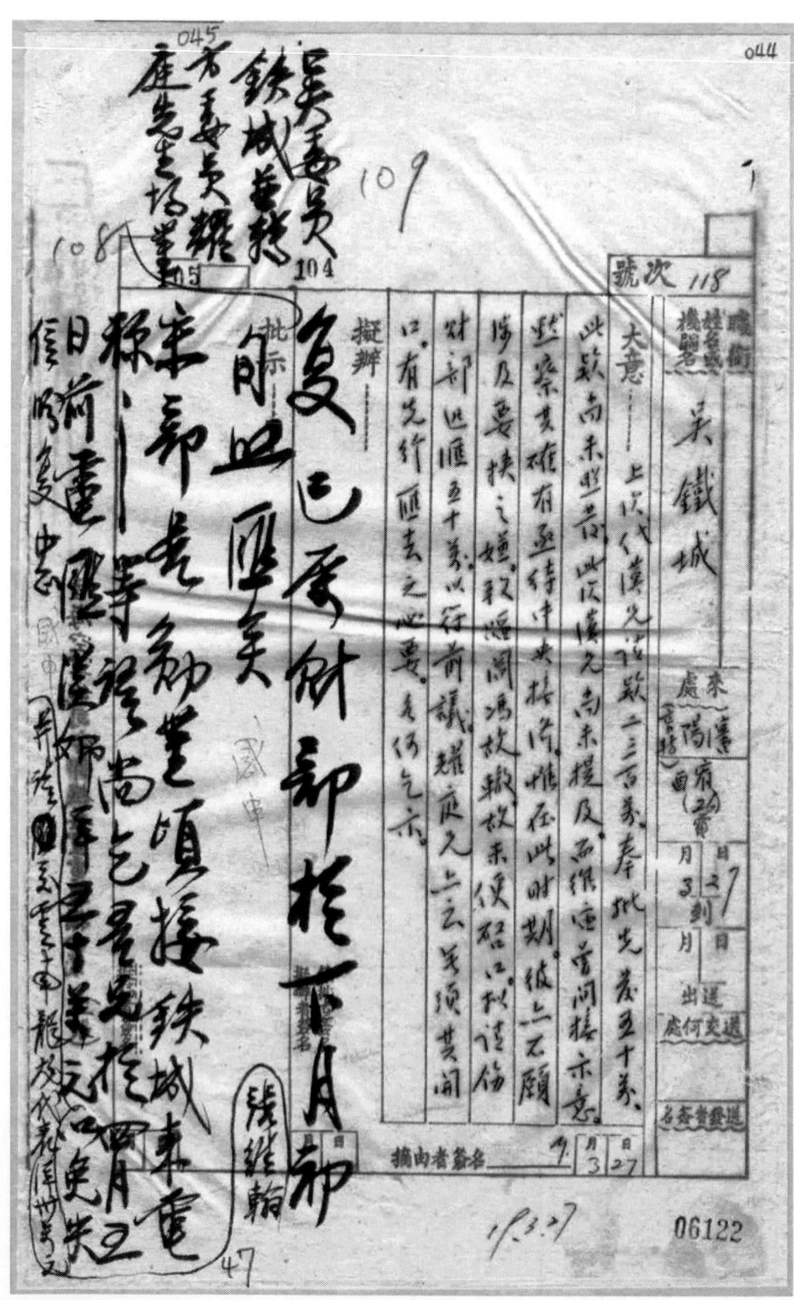

蔣中正電吳鐵城等已囑財政部下月初旬匯款五十萬元　1930/3/27

002-070100-00004-044

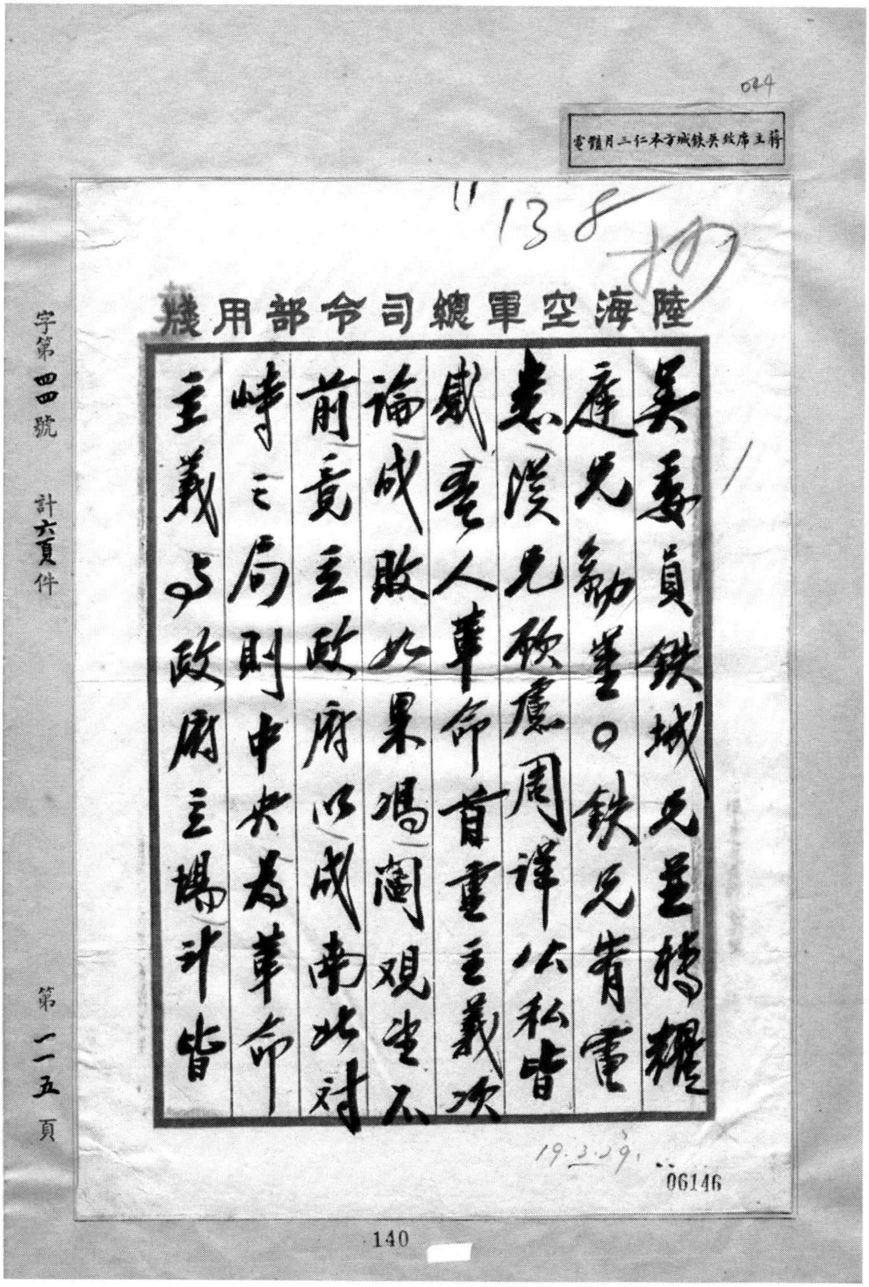
044

蔣主席致吳鐵城方本仁三月豔電

138

陸海空軍總司令部用箋

吳委員鐵城兄並轉耀
庭兄勳鑒。鐵兄有電
悉。漾兄所慮周詳，公私皆
感。吾人革命首重主義，次
論成敗。如果馮閻觀望不
前，竟立政府以成南北對
峙之局，則中央為革命
主義與政府立場計，皆

19.3.29.

06146

字第四四號 計六頁件 第一一五頁

140

蔣中正電吳鐵城如馮玉祥閻錫山建立政府則中央不能不出於討伐一途　1930/3/29

002-020200-00007-044

044

陸海空軍總司令部用牋

不能不出於討伐之一途，否則統一既被破壞，國家立召分裂，外侮更必加烈，此政府置若罔聞，則成何政府，乃有不如無時，何以對黨國，尚何有革命精神乎，故事果至此，則中央祇有不顧成敗，寧為玉碎，想從見為必

2

字第四四號 計 件 第一一六頁

06147

陸海空軍總司令部用牋

共同一致以救黨國也但中
深信中央有漢兄之在東北
如日閻馮之在北方決不
敢放肆大（異）甚故漢兄不贊
成馮閻有此組織無異（不）
為中央黨國保障統一也此戰鬥
準備較前完整非重砲
缺之而漢兄乃接濟（新式）野砲

字第四四號 計 件

第一一七頁

044

3

06148

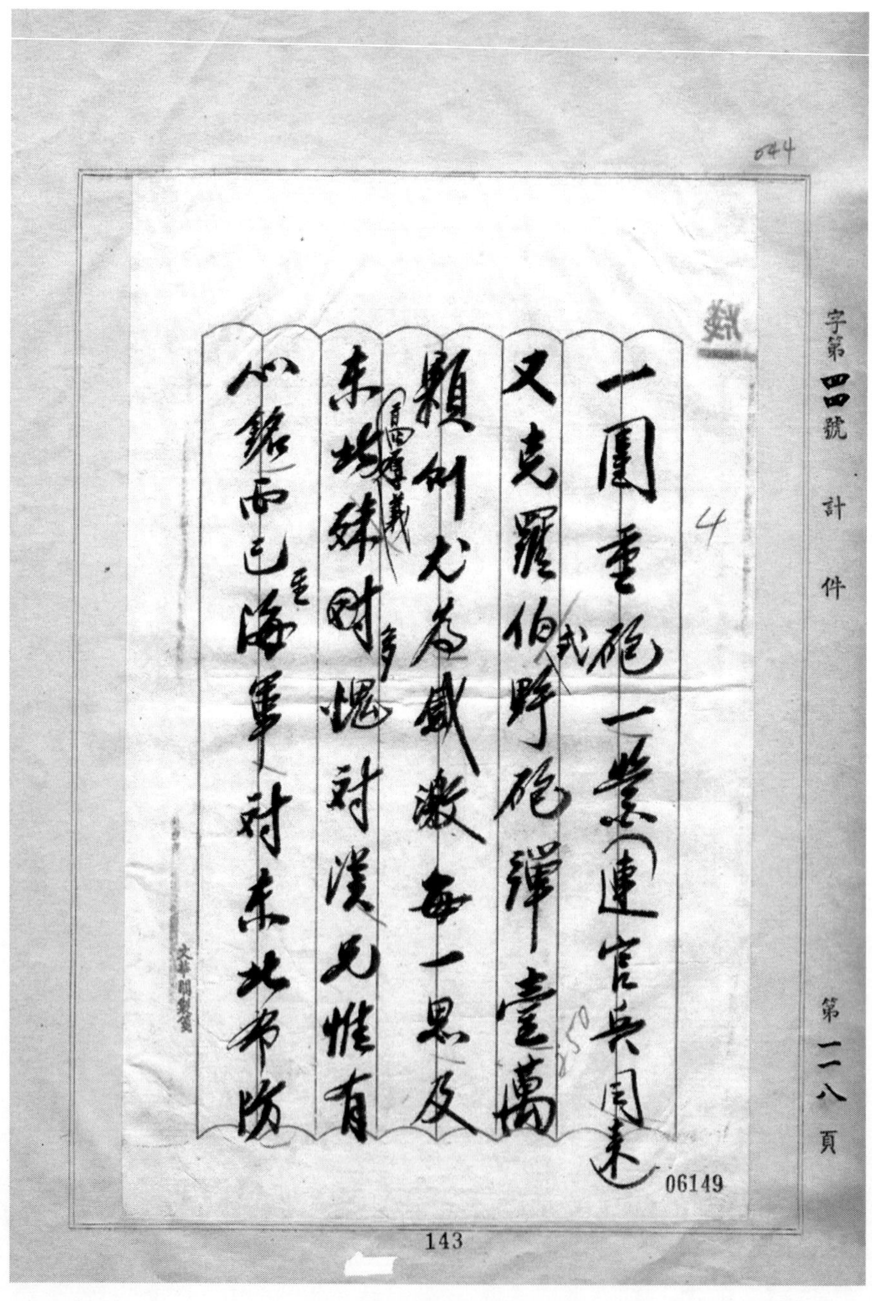

044

一團重砲一營(連)官兵同來
又克羅伯式野砲彈壹萬
顆所尤為感激每一思及
東北殊對愧對漢兒惟有
心銘而已至海軍對東北布防

4

字第四四號 計 件 第一一八頁

06149

143

044

絕無事此次海容載中
回甬中藉以參觀象山軍
港為在以減少外間消極之
謠諑而已布防之說或即由此
而來乎當不值一笑　中正叩

5

210

字第 四四 號 計 件

第 一一九 頁

06150

144

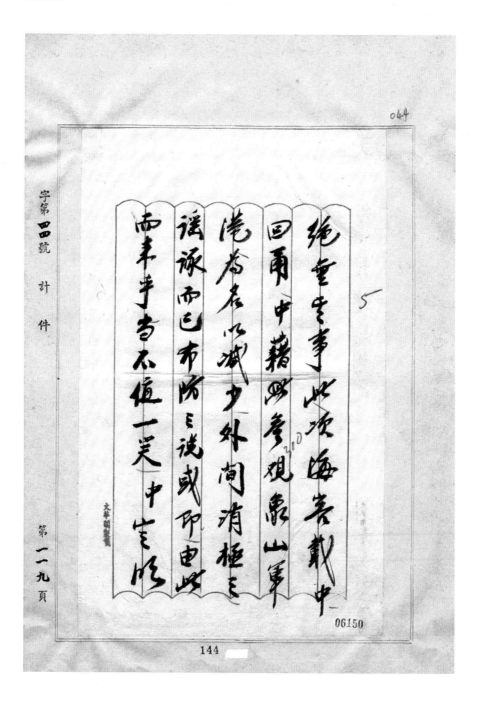

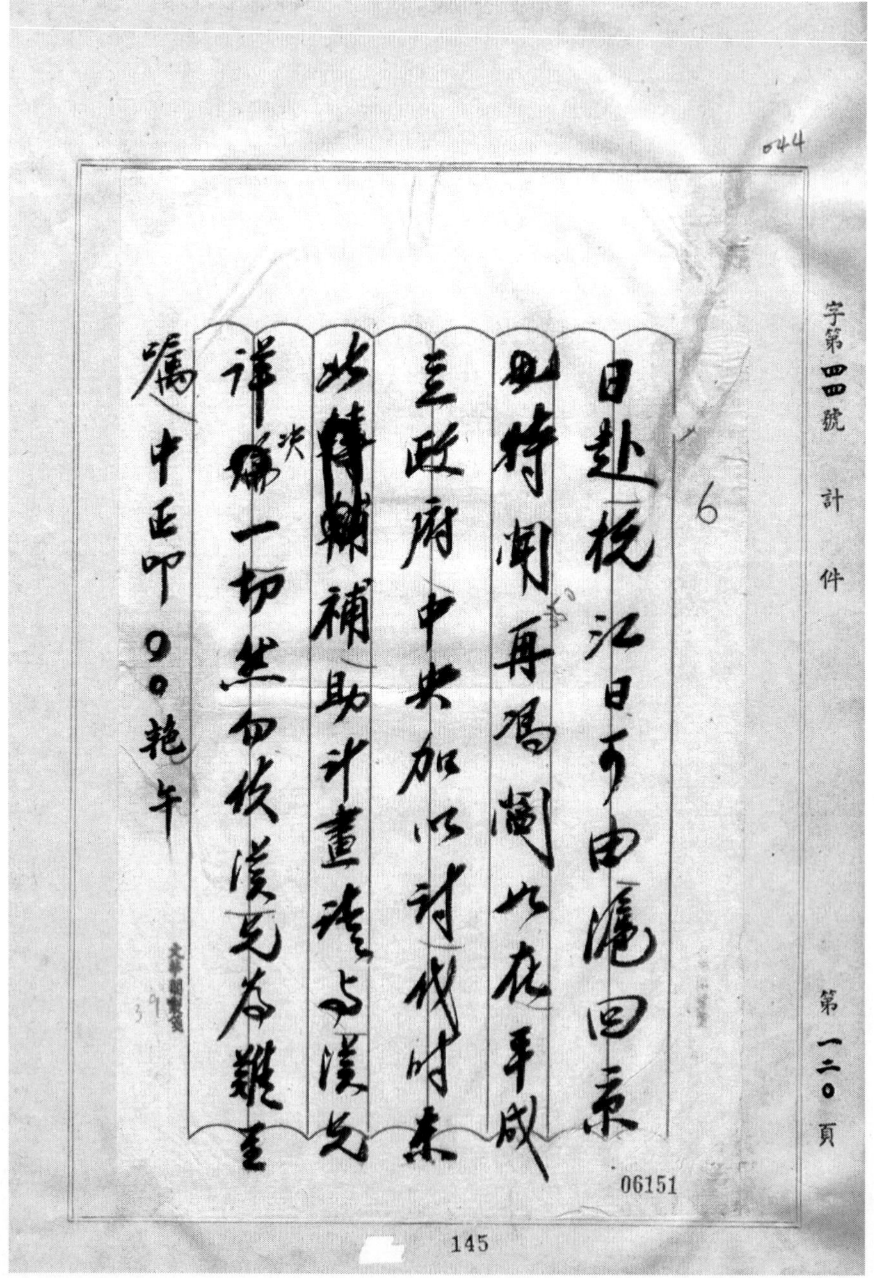

044

日赴杭，江日可由滬回京
[illegible]特閱再為闡(?)此在平成(?)
至政府中央加以討伐時來
此轉(?)補助計畫請與漢兄
詳決一切，然(?)由彼漢兄為難至(?)
鑒(?) 中正叩○○艷午

6

字第四四號 計 件 第一二○頁

06151

145

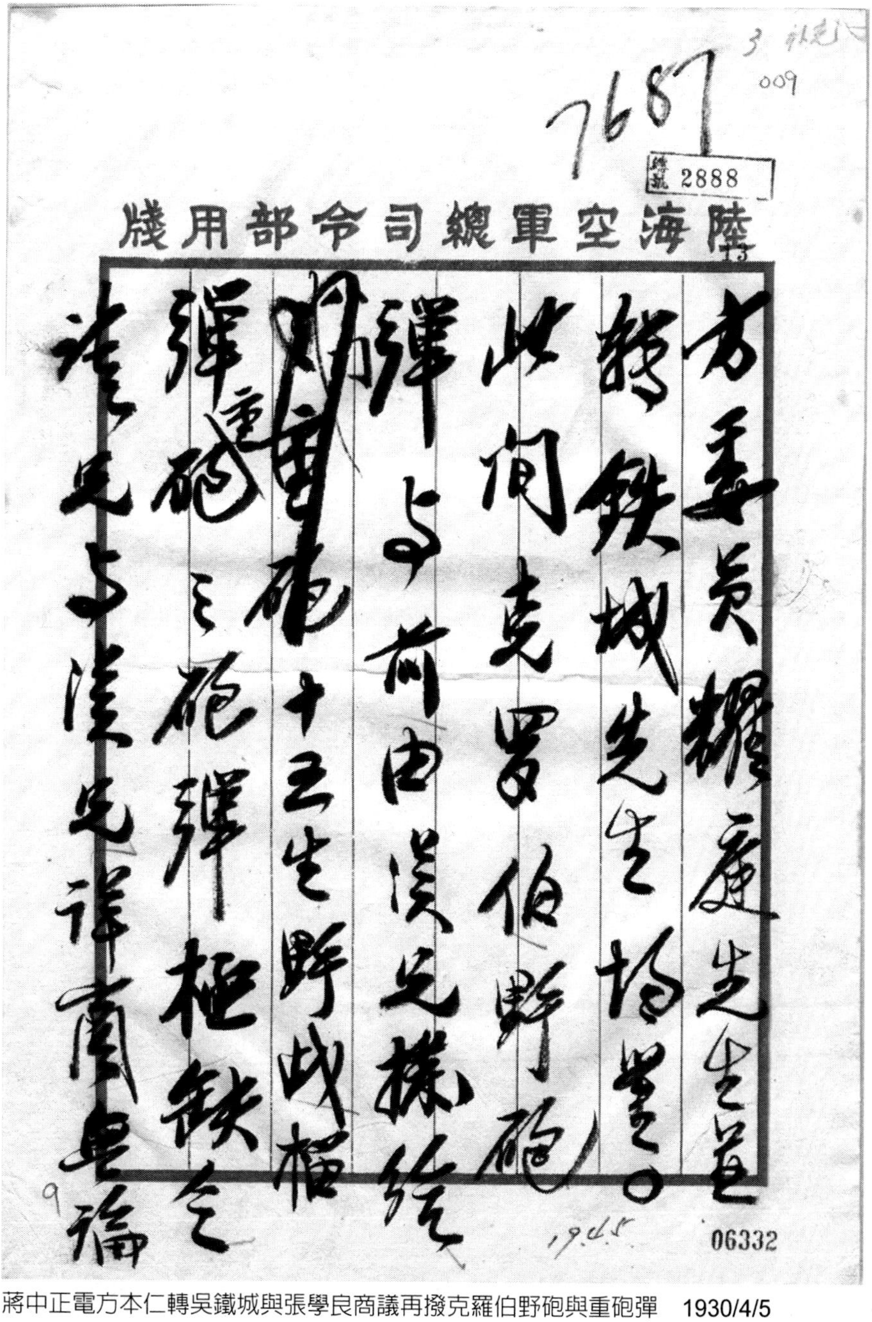

7687

2888

009

陸海空軍總司令部用牋

方委員耀庭先生並
轉鐵城先生均鑒。
此間克羅伯野砲
彈與前由漢兄撥給
[illegible]砲十五生野戰榴
彈重砲之砲彈極缺，令
請兄與漢兄詳商見諭

19.4.5

06332

蔣中正電方本仁轉吳鐵城與張學良商議再撥克羅伯野砲與重砲彈　1930/4/5
002-010200-00026-009

009

陸海空軍總司令部用箋

請設法辦

務再撥重砲彈叁千發克羅伯野砲彈壹萬發無任感盼覆 中正 卯

十九年四月五日

10

06333

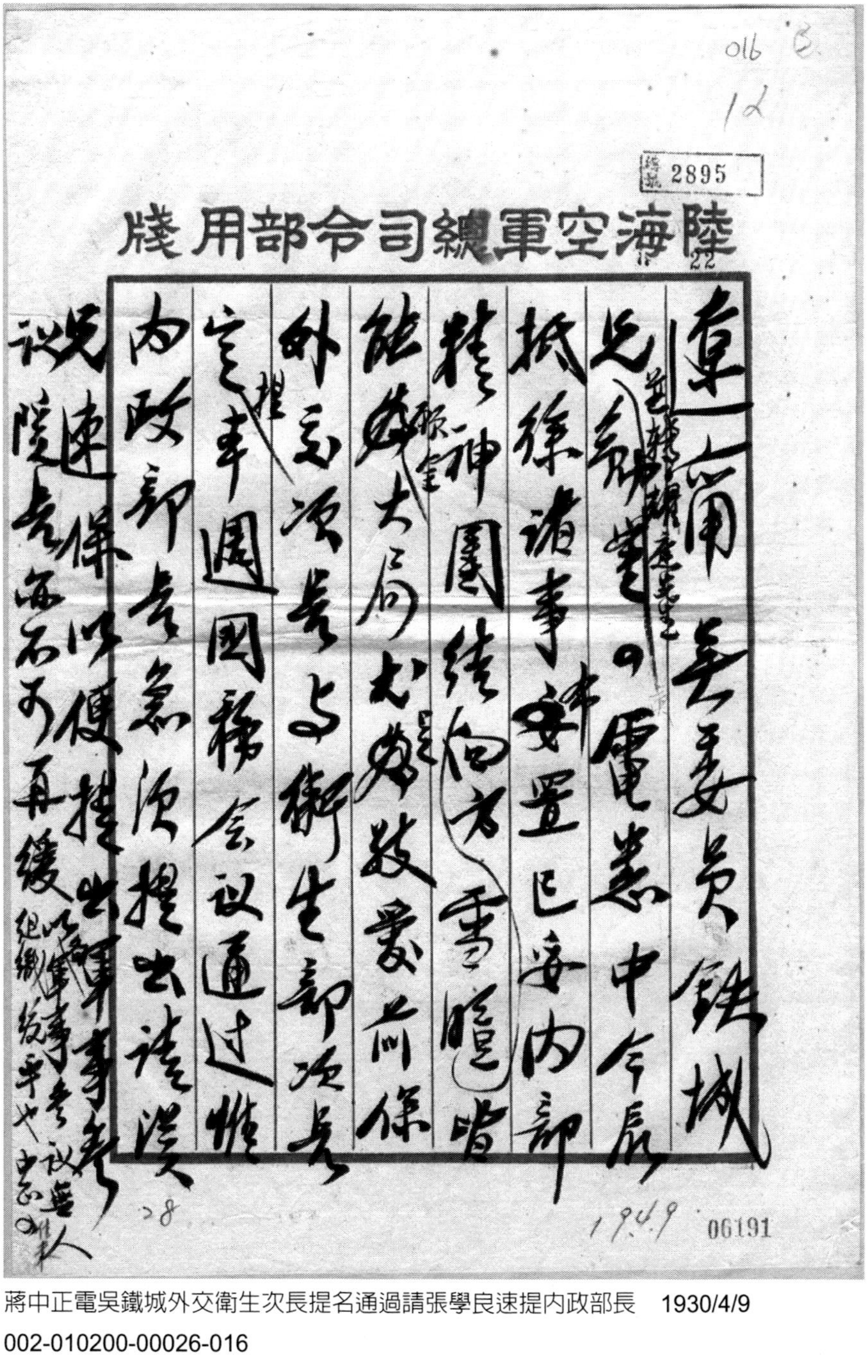

2895

陸海空軍總司令部用牋

06191

蔣中正電吳鐵城外交衛生次長提名通過請張學良速提內政部長　1930/4/9

002-010200-00026-016

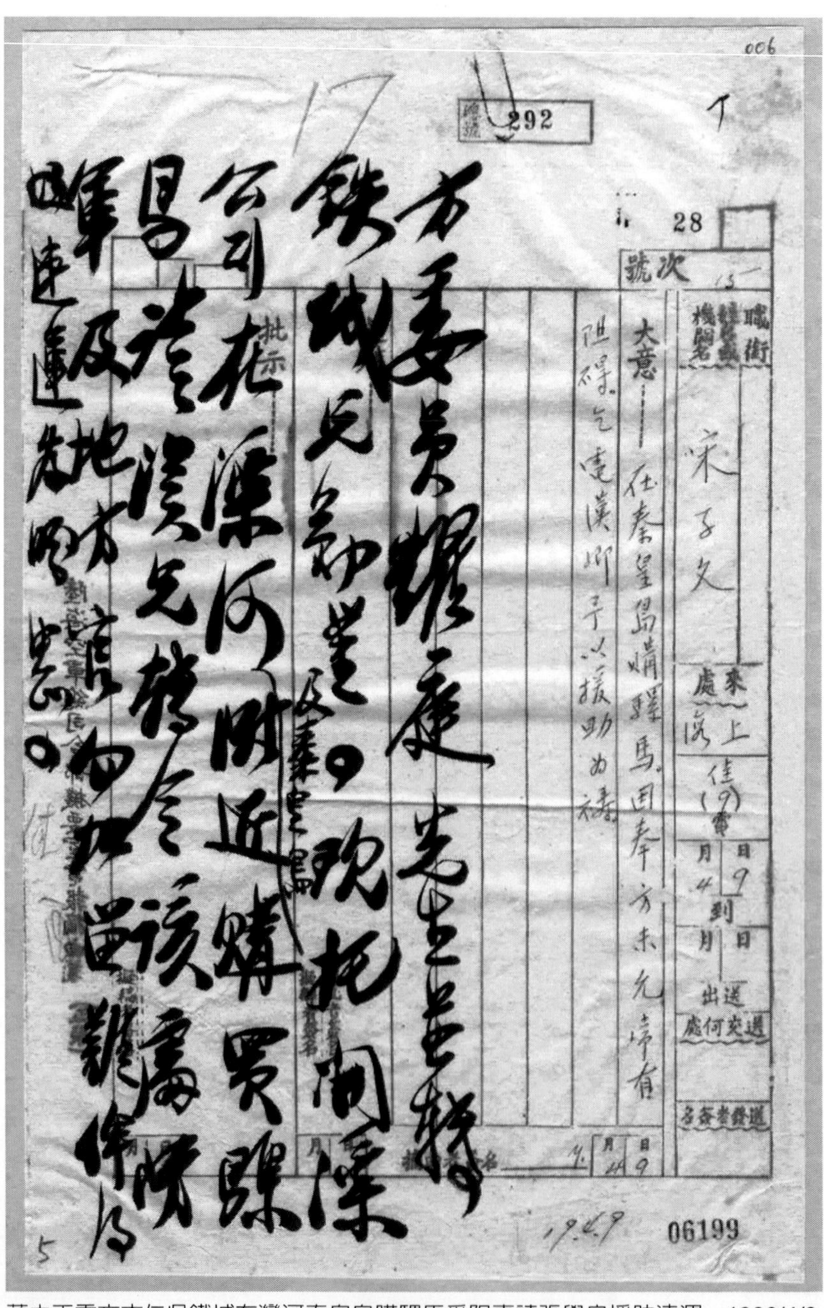

292

28

號次

職銜 姓名 機關：宋子文

大意：在秦皇島購騾馬，因奉方未允，有阻礙，乞電漢卿予以援助為禱。

來處：上海

4月9日到

方委員耀庭先生並轉鐵城兄勛鑒：現托灤公司在灤河附近購買騾馬，請兄轉令該處防軍及地方官勿加留難，俾得迅速運出為盼。中正

19.4.9 06199

蔣中正電方本仁吳鐵城在灤河秦皇島購騾馬受阻事請張學良援助速運　1930/4/9

002-070100-00005-006

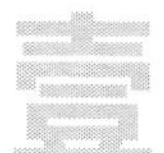

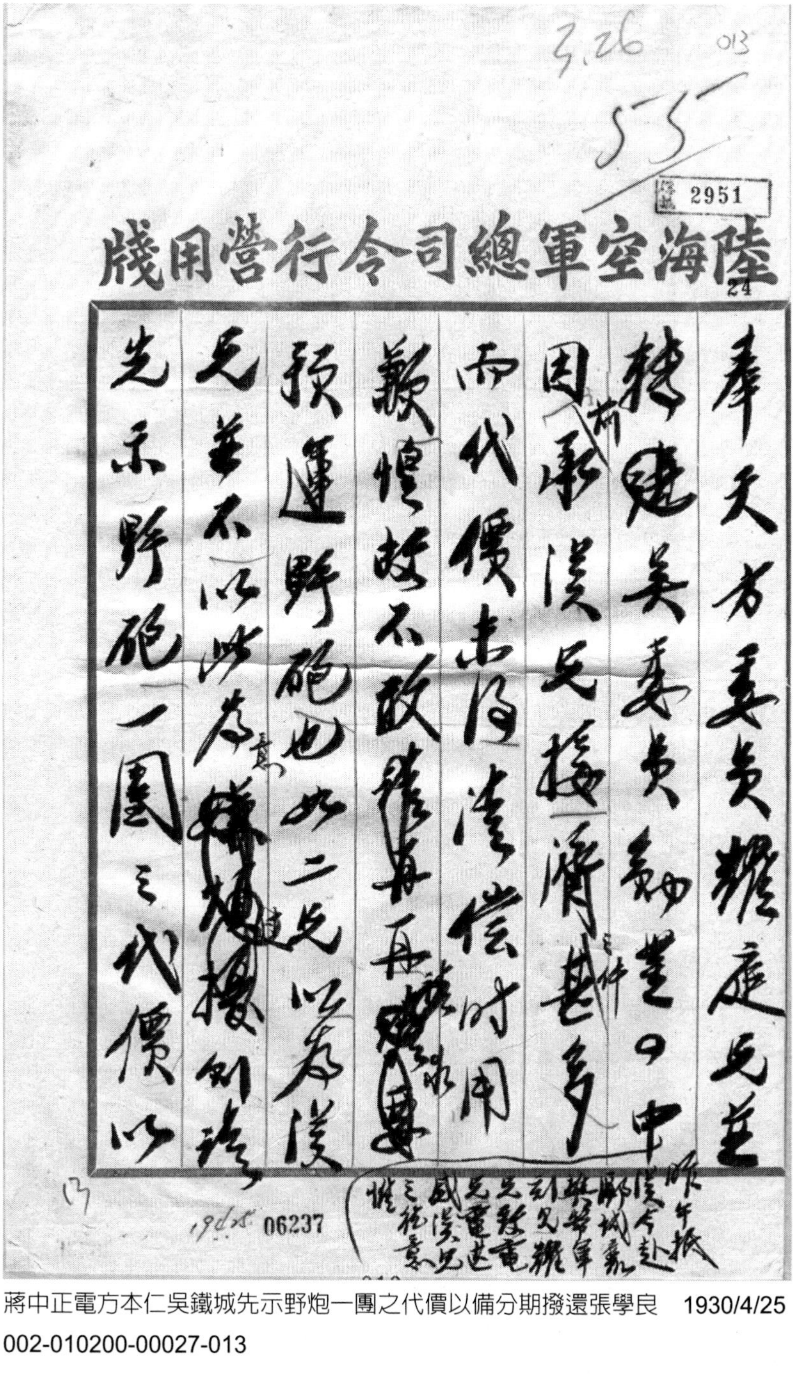

3.26 013

555

2951

陸海空軍總司令行營用牋

24

奉天方委員耀庭兄並
轉吳委員鐵城兄勛鑒：中
因漢卿兄援濟甚多
而代價未說償時間
數額故不敢再要求
預運野砲也如二兄以為漢
兄並不以此為慮則請
先示野砲一團之代價以

06237

蔣中正電方本仁吳鐵城先示野炮一團之代價以備分期撥還張學良　1930/4/25

002-010200-00027-013

013

陸海空軍總司令行營用牋

備分期接運派員來領
又馬臣如能備齊同來
更好克式野砲彈虞用甚急先
運四千顆又九三生榴彈榴彈與榴霰彈各半撥
再運四叁千顆
中正

十九年四月廿五日

14

06238

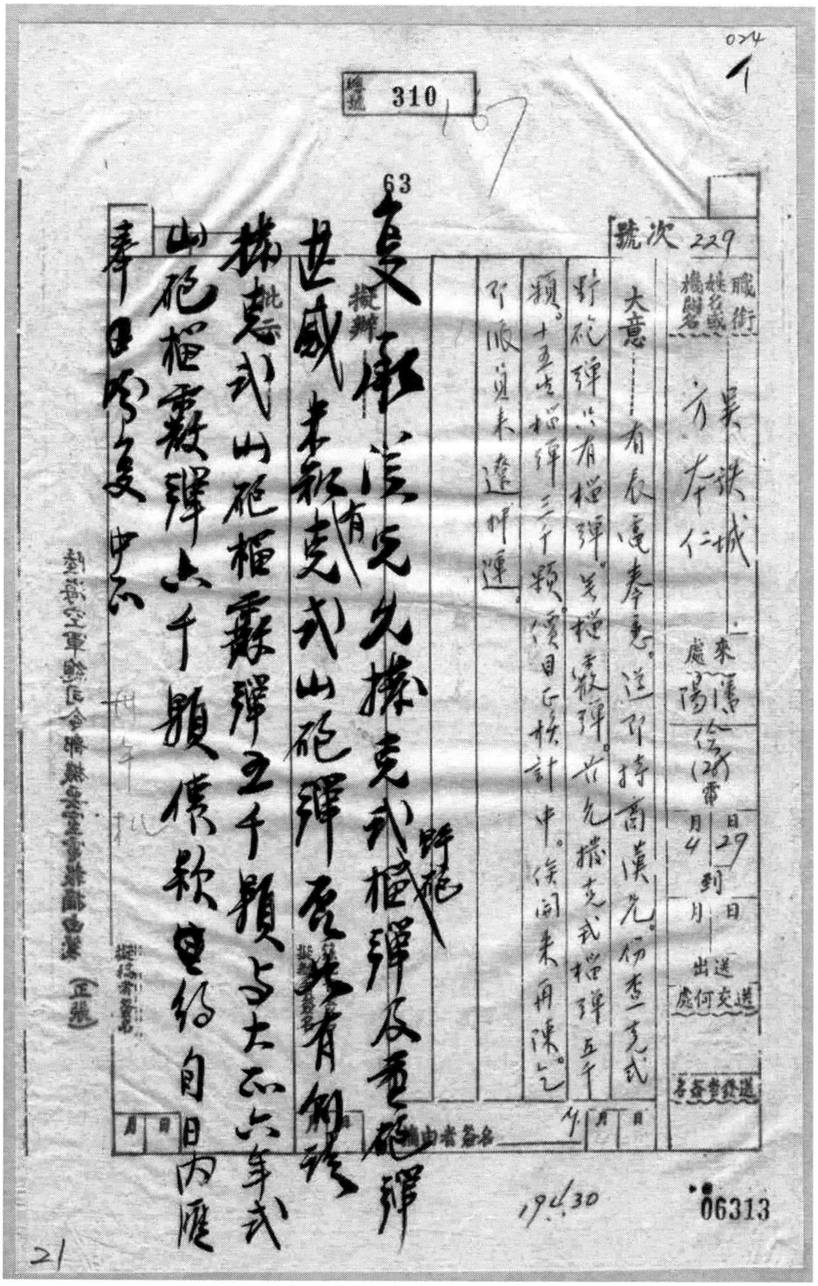

總號 310

63

號次 229

職銜姓名機關：吳鐵城、方本仁

來處：瀋陽 ［日期欄手寫：29、4］

大意：有電奉悉。遵即持商漢兄，仍查一克式野砲彈只有榴彈，無榴霰彈。並允撥克式榴彈五千顆，十五生榴彈三千顆，價目正核計中，俟詢來再陳。所派員來遼押運。

[illegible]衛。漢兄允撥克式野砲榴彈及重砲彈，甚感。未識有克式山砲彈否？若有，則請撥克式山砲榴霰彈五千顆與大正六年式山砲榴霰彈六千顆，價款照給，自日內匯奉。[illegible] 中正

19.4.30

06313

21

蔣中正電方本仁吳鐵城回復張學良甚感允撥克式野砲榴彈及重砲彈　1930/4/30

002-070100-00005-024

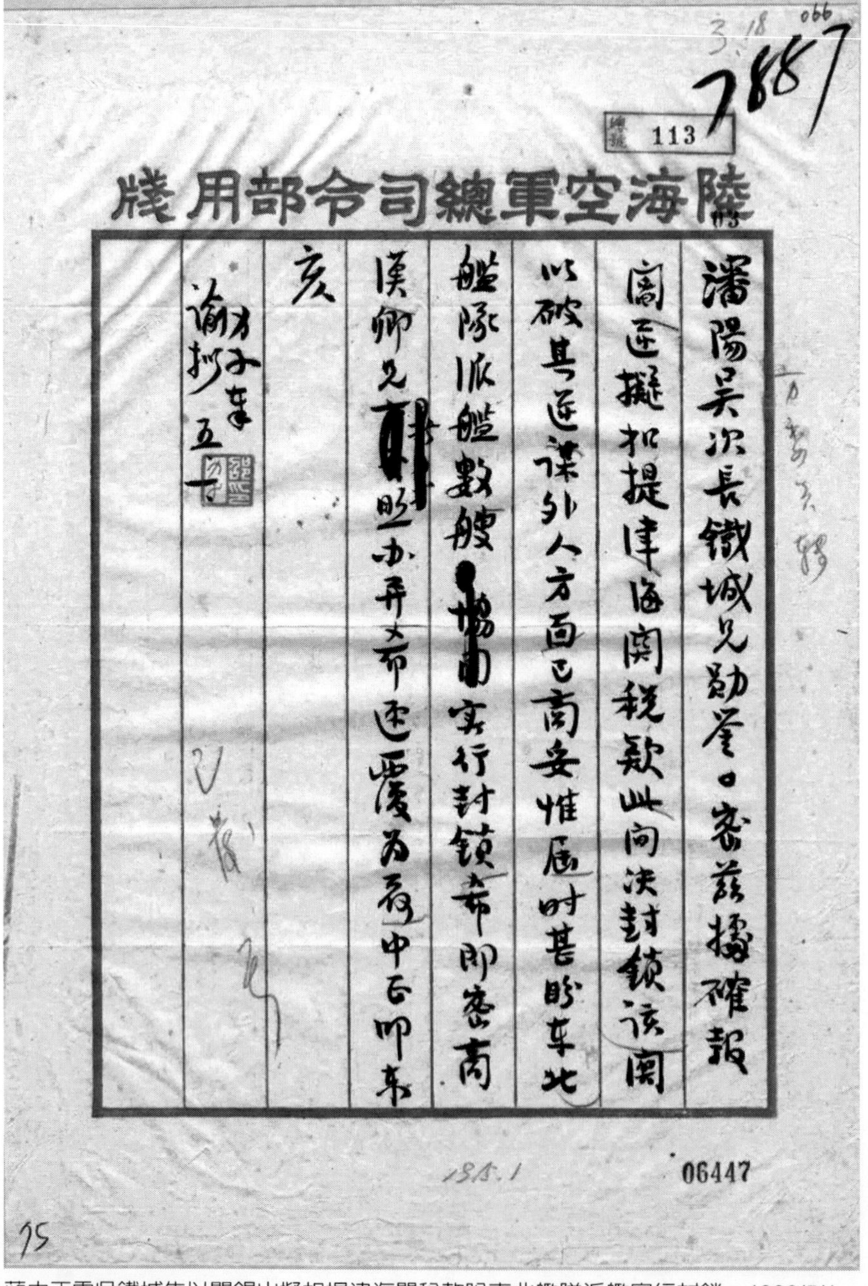
總號 113

陸海空軍總司令部用箋

瀋陽吳次長鐵城兄勛鑒：□密。茲據確報
閻逆擬扣提津海關稅款，此間決封鎖該關
以破其逆謀，外人方面已商妥，惟屆時甚盼東北
艦隊派艦數艘協同實行封鎖，希即密商
漢卿兄照辦，并希速覆為荷。中正。卯東
亥
十九年五一 謹抄

06447

蔣中正電吳鐵城告以閻錫山擬扣提津海關稅款盼東北艦隊派艦實行封鎖　1930/5/1
002-070200-00002-066

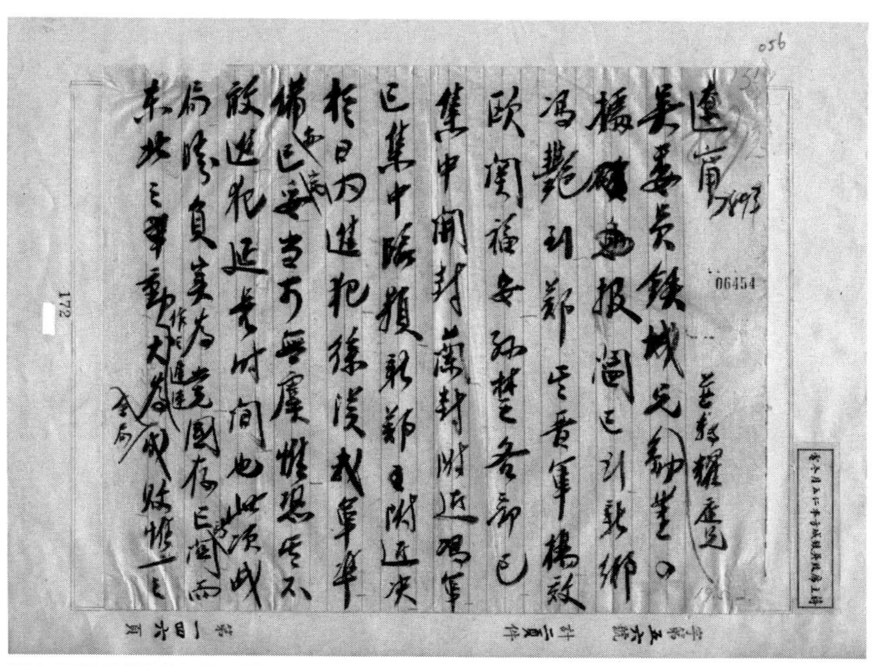
[illegible] 7893
吳委員鐵城兄鈞鑒 ○ [illegible]
[illegible]兄：據報閻[illegible]到新鄉
[illegible]到鄭[illegible]軍[illegible]
[illegible]
集中開封蘭封附近，馮軍
已集中臨潁新鄭，日[illegible]附近決
於日內進犯徐漢，我軍準
備已妥，當可無虞，惟恐[illegible]不
敢進犯，延長時間也，此次戰
局勝負實為黨國存亡[illegible]，而
東北之軍動[illegible]成敗惟一之
[illegible]

06454

蔣中正電吳鐵城等馮玉祥軍集中臨潁新鄭日內進犯徐漢 1930/5/2
002-020200-00007-056

056

吉[illegible]館急急轉秋岳論公私

關鍵：鐵城兄[illegible]出席與我

中央共同在巨政無須多

問惟更此局關係完全

何時[illegible]新隊方有動作

及共[illegible]計畫與時期隨代

切商深信鐵兄一經親接

[illegible]前線[illegible]潰而[illegible]

必不[illegible]移支援此禍必

可[illegible]也此時詢此間

大[illegible]地商詳復

中正〇〇叁酉

-173-

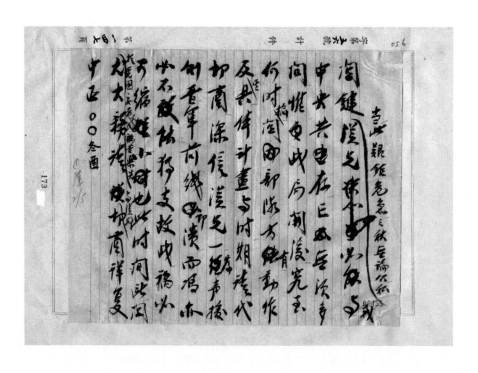

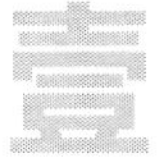

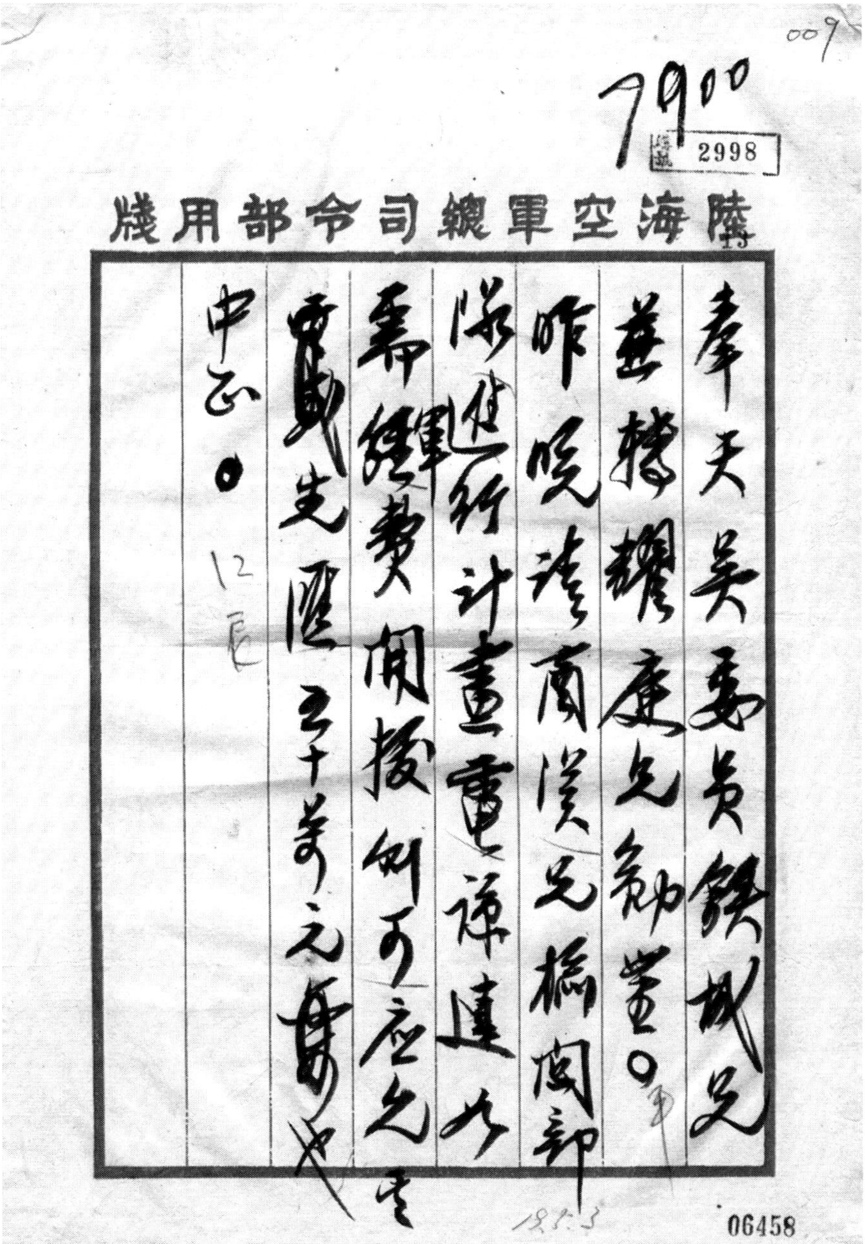

009

7900

2998

陸海空軍總司令部用牋

奉天吳委員鐵城兄
並轉方本仁兄勛鑒。
昨晚請商震兄撥榆關部
隊從速進行計畫電諒達。如
需軍費開撥，則可應急電
匯先匯五十萬元無誤也
中正。
12巳

06458

19

蔣中正電吳鐵城轉方本仁榆關部隊如需軍費開撥可先匯五十萬元　1930/5/3

002-010200-00028-009

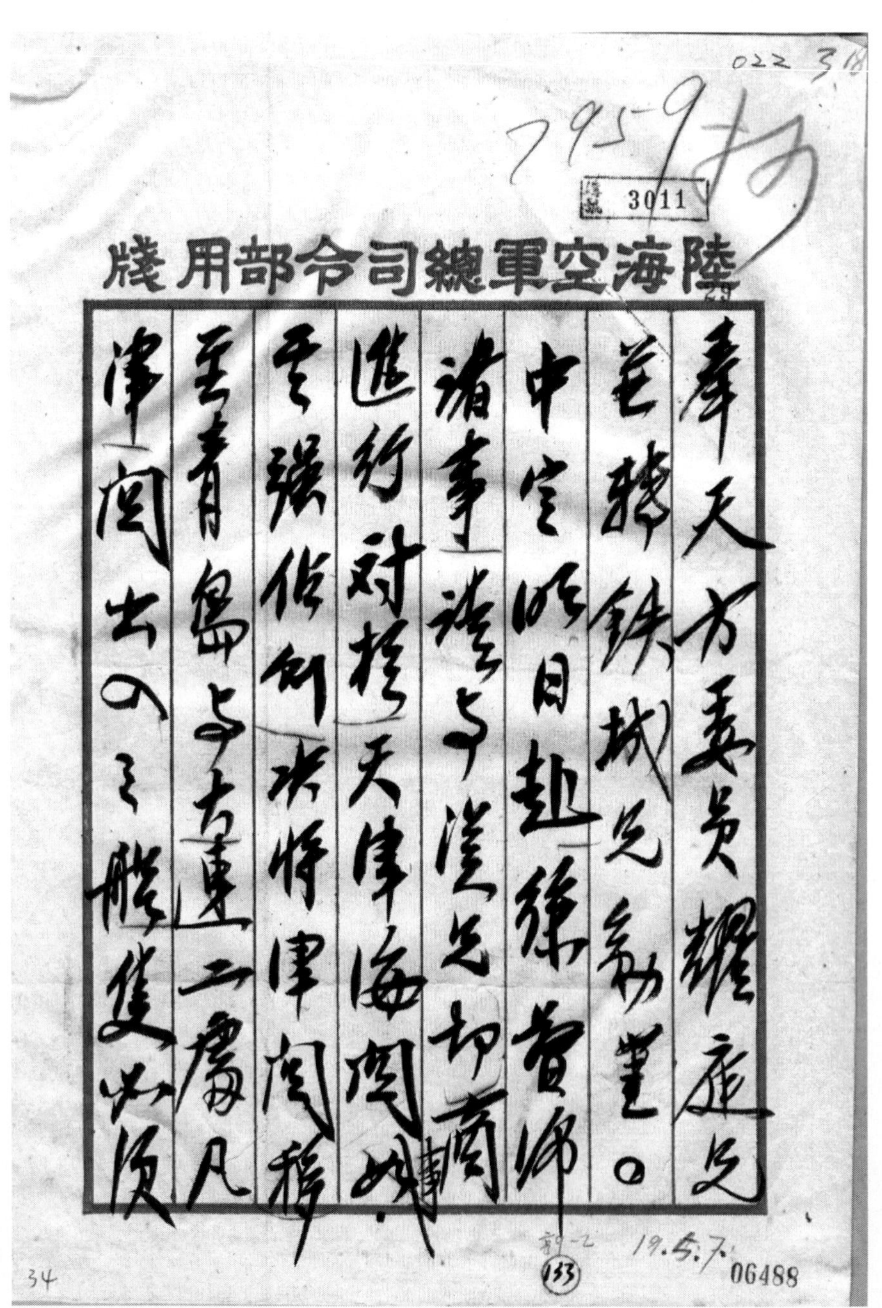

陸海空軍總司令部用牋

奉天方委員耀庭兄

並轉鐵城兄勳鑒。

中定昨日赴徐督師

諸事請與漢兄切商

進行。對於天津海關如

要張作相兼將津關移

至青島與大連二處凡

津關出口之船隻必須

蔣中正電方本仁吳鐵城將赴徐督師諸事與張學良切商及天津海關事　1930/5/7

002-010200-00028-022

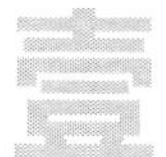

022

陸海空軍總司令部用牋

先到後二處納稅方准
進出津口平時并派海
軍津口協同海關
艦在津口稽查軍貨
如此辦法最妥適也
與各國公使商議之結
果也法國公使昨已離平
赴東京無從[illegible][illegible]故遲誤

35 134 06489

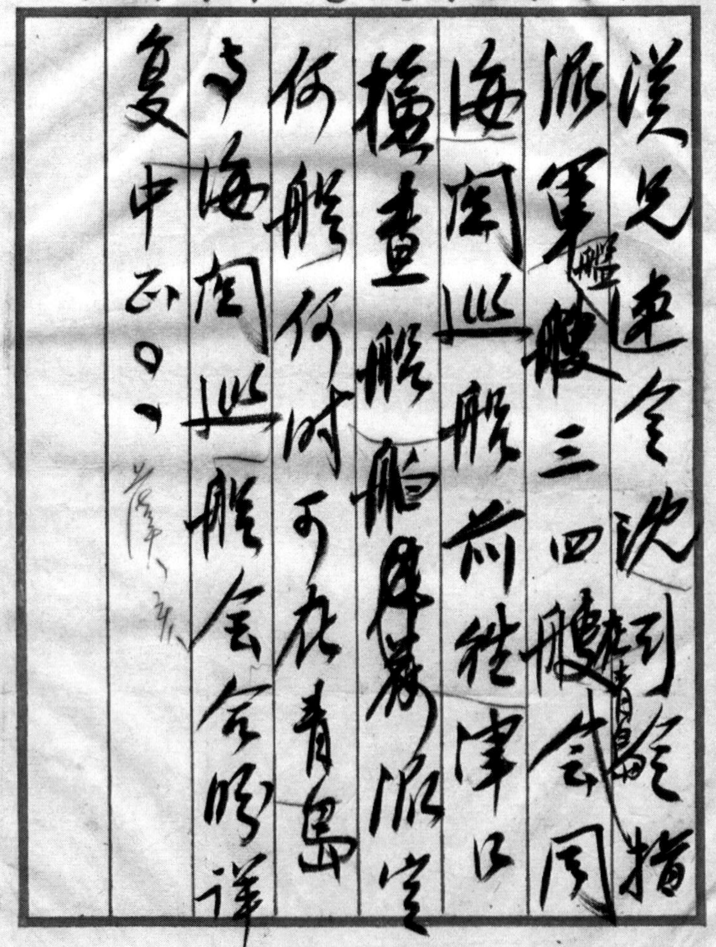

022

陸海空軍總司令部用牋

漢兄：速來[illegible]到，擬指
派軍艦三四艘會同
海關巡艦前往津口，
檢查艦船，保護派[illegible]。
何艦何時可在青島，
與海關巡艦會合，詳
覆。中正 [illegible]

36　19.5.7　(135)　06490

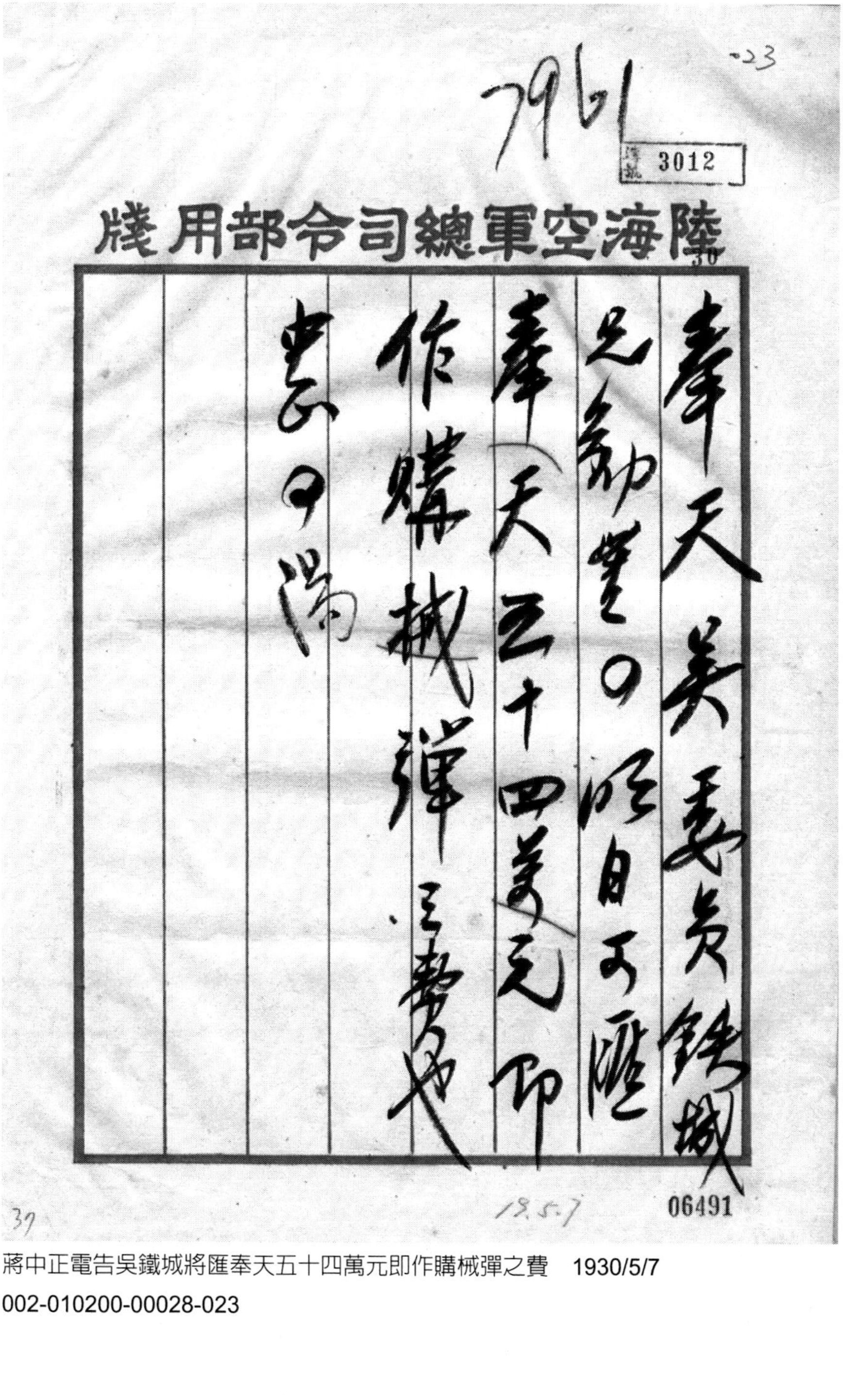

7961 023

3012

陸海空軍總司令部用牋

奉天 吳委員鐵城

兄勳鑒○昨日可匯

奉天五十四萬元即

作購械彈之費也

中正○陽

06491

19.5.7

37

蔣中正電告吳鐵城將匯奉天五十四萬元即作購械彈之費 1930/5/7

002-010200-00028-023

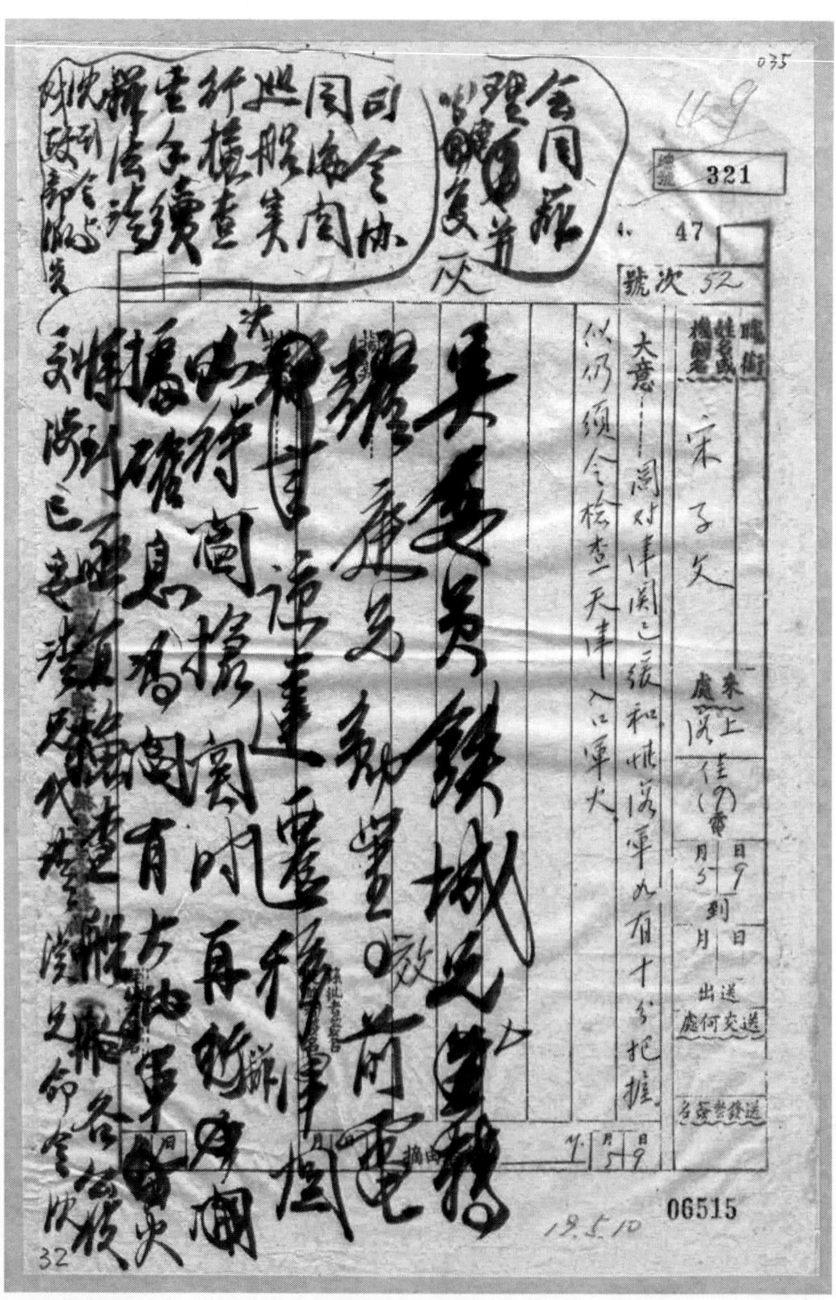

035

321

47

號次 52

宋子文

大意　閻對津關已緩和，惟該軍如有十分把握，似仍須令檢查天津入口軍火

06515

19.5.10

蔣中正電吳鐵城方本仁聞馮玉祥閻錫山有大批軍火將到亟宜檢查船舶　1930/5/10

002-070100-00005-035

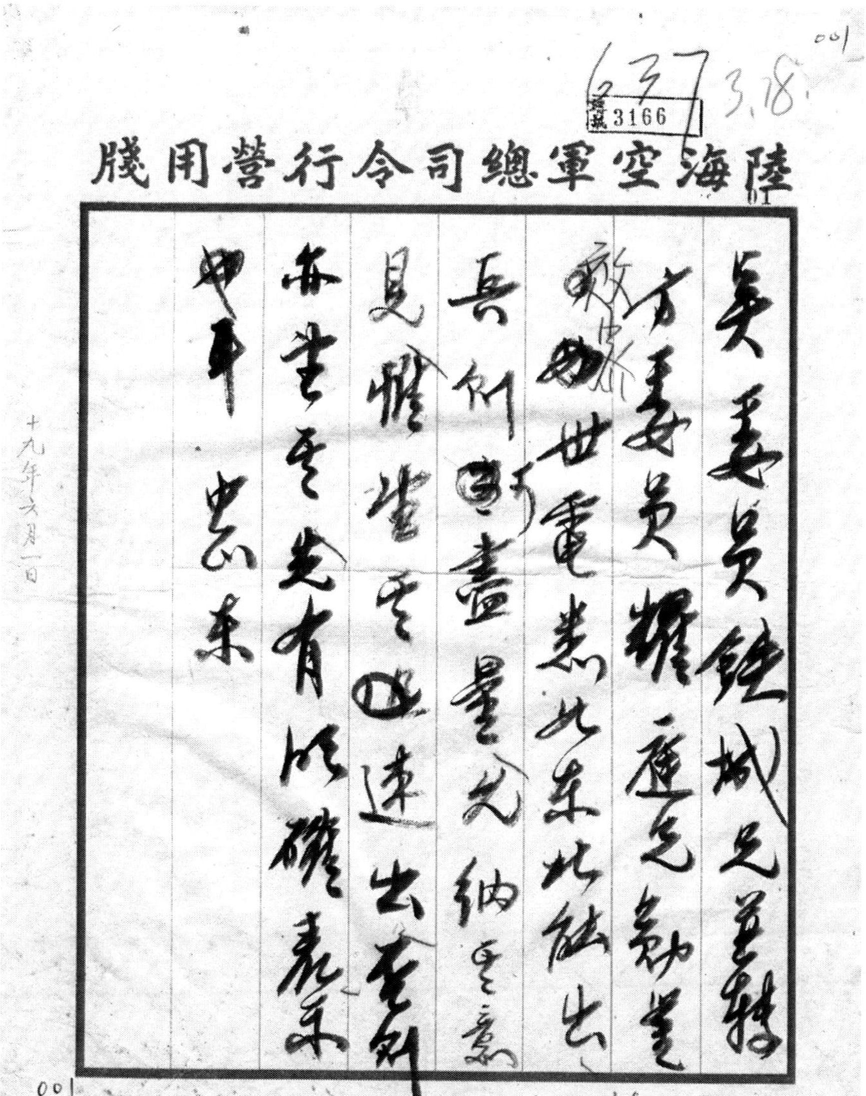

陸海空軍總司令行營用牋

3166

吳委員鐵城兄並轉
方委員耀庭兄勛鑒
世電悉如東北能出
兵則盡量允納其意
見惟望其迅速出兵並期
並望其先有所犧牲表示
中正東未

十九年六月一日

19.6.1 06755

蔣中正電示吳鐵城並轉方本仁若東北能出兵則盡量允納其意見 1930/6/1

002-010200-00032-001

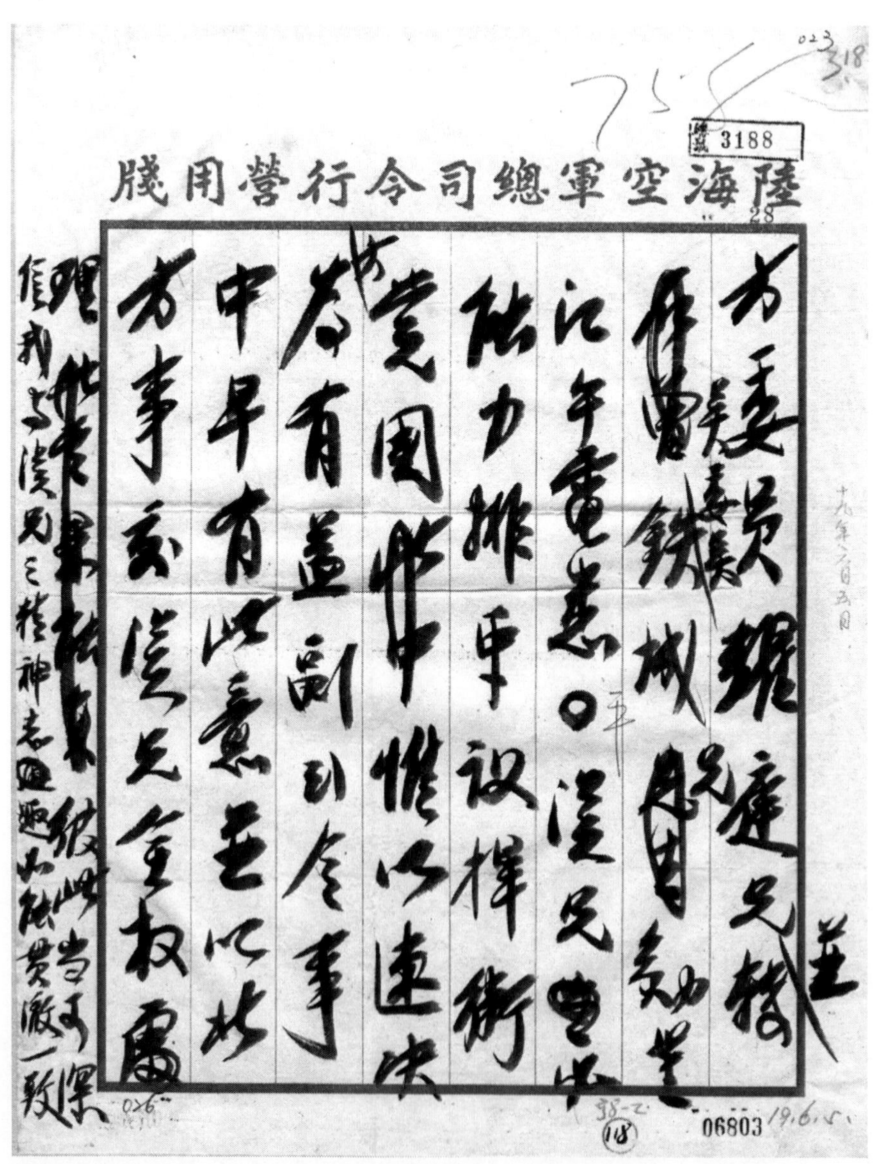

3188

陸海空軍總司令行營用箋

06803

蔣中正電方本仁轉吳鐵城有意任張學良為副司令並全權負責北方　1930/6/5

002-010200-00032-023

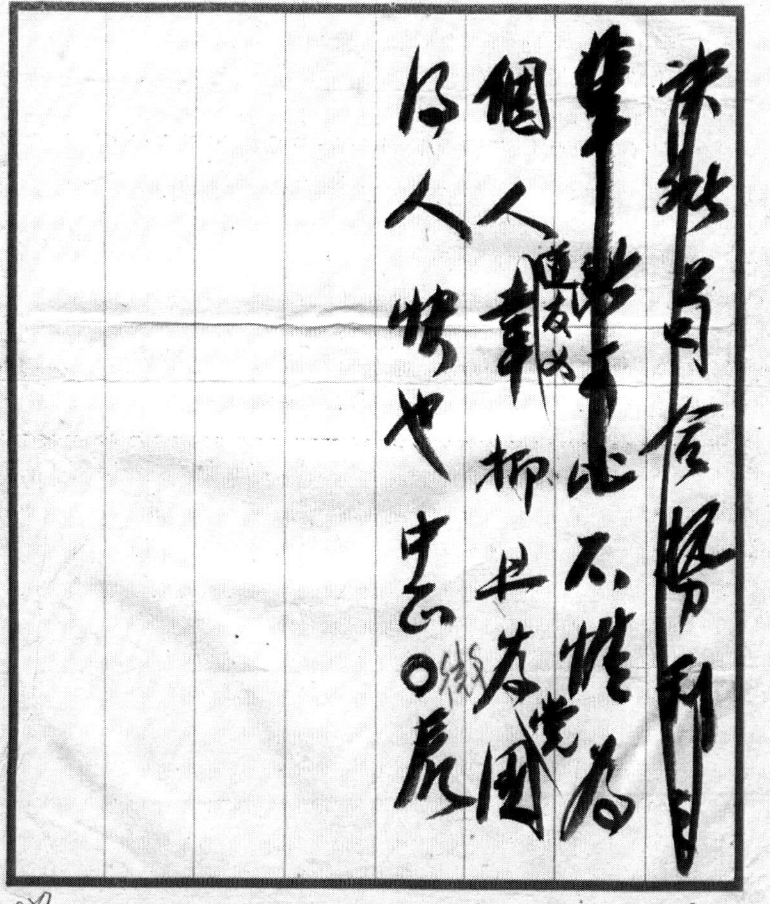

023

陸海空軍總司令行營用牋

[illegible]北[illegible]會擧行[illegible]
集[illegible]此心不惟為
個人（道友以）報柳共為（黨）國
為人情也　中正〇（微）辰

十九年六月五日

027　(119)　06804

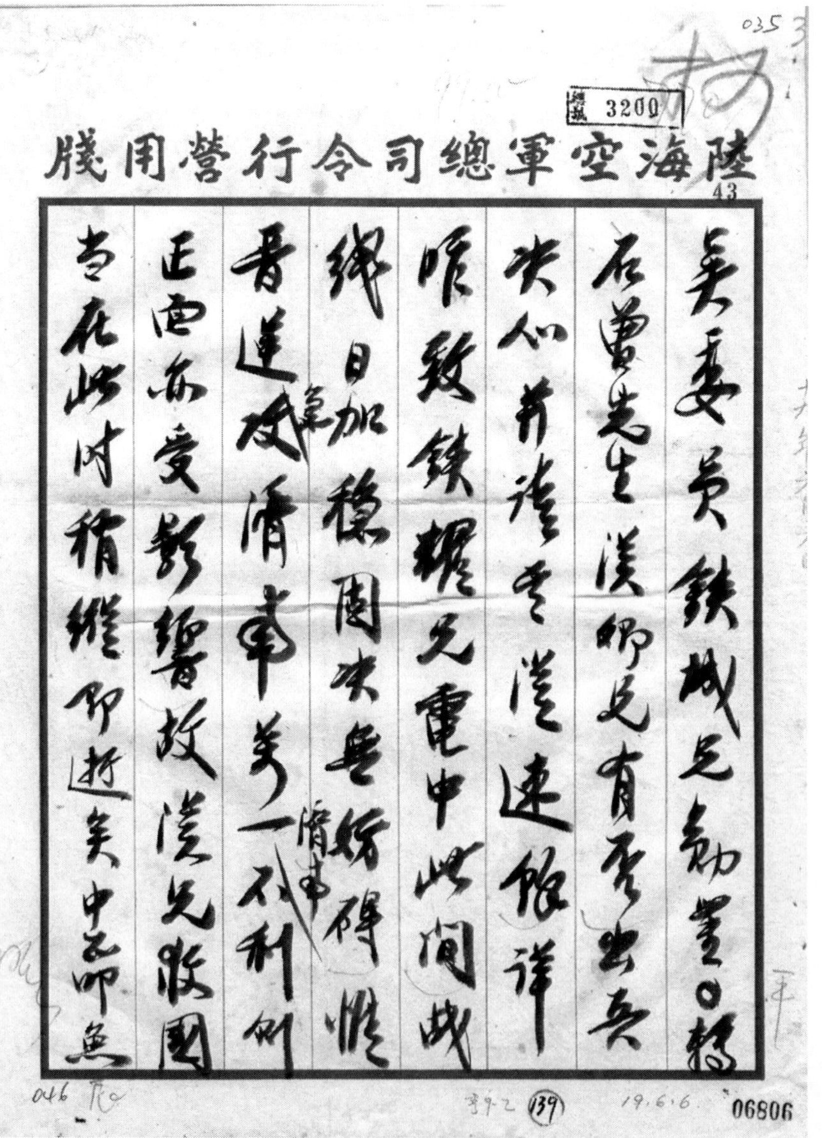

陸海空軍總司令行營用牋

吳委員鐵城兄勛鑒○轉
石曾先生漢卿兄有無出兵
決心并請其從速[illegible]詳
覆致鐵[illegible]兄電中此間戰
綫日加穩固決無妨礙
晉逆[illegible]美一不利則
正面亦受影響故漢兄救國
當在此時稍縱即逝矣中正叩魚

蔣中正電詢吳鐵城轉李煜瀛張學良出兵決心並盼其盡速出兵救國　1930/6/6

002-010200-00032-035

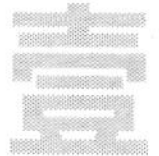

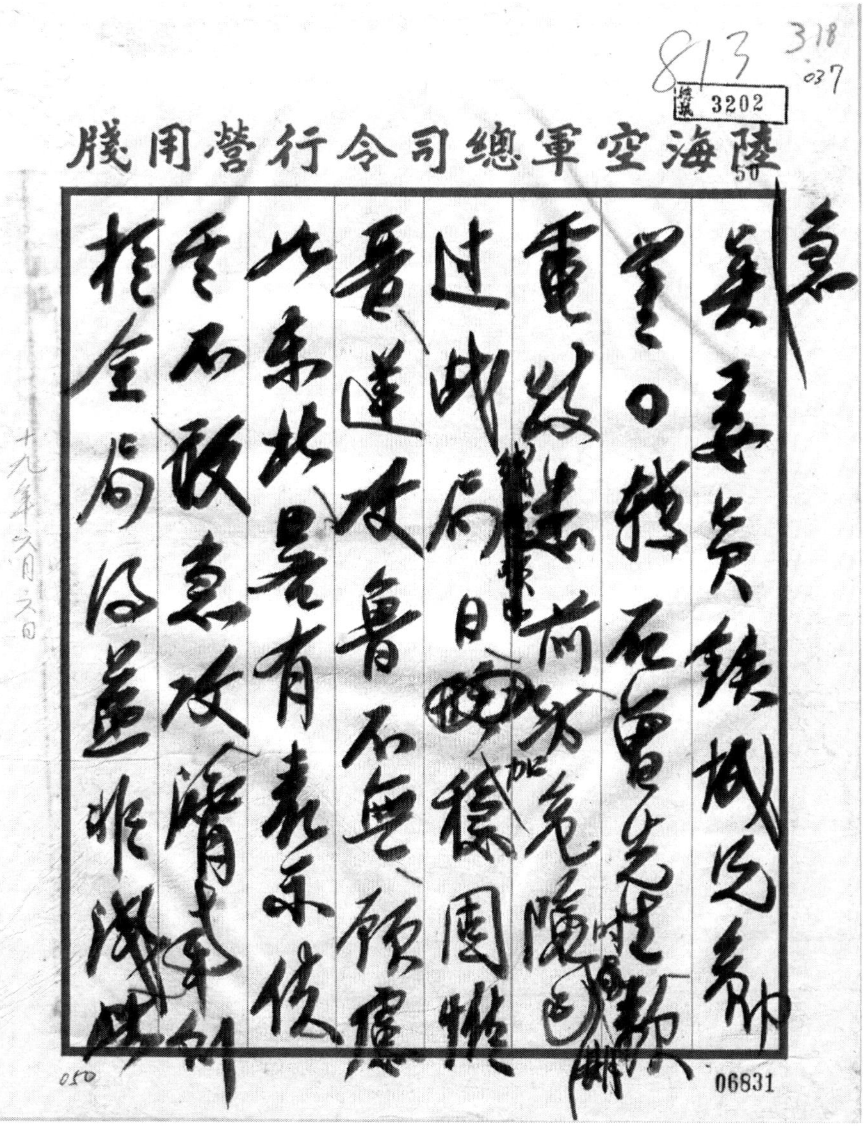

813 3.18 037

3202

陸海空軍總司令行營用牋

06831

蔣中正電吳鐵城轉李煜瀛張學良為牽動全局盼其或王樹翰電韓復榘石友三以壯勢

1930/6/6

002-010200-00032-037

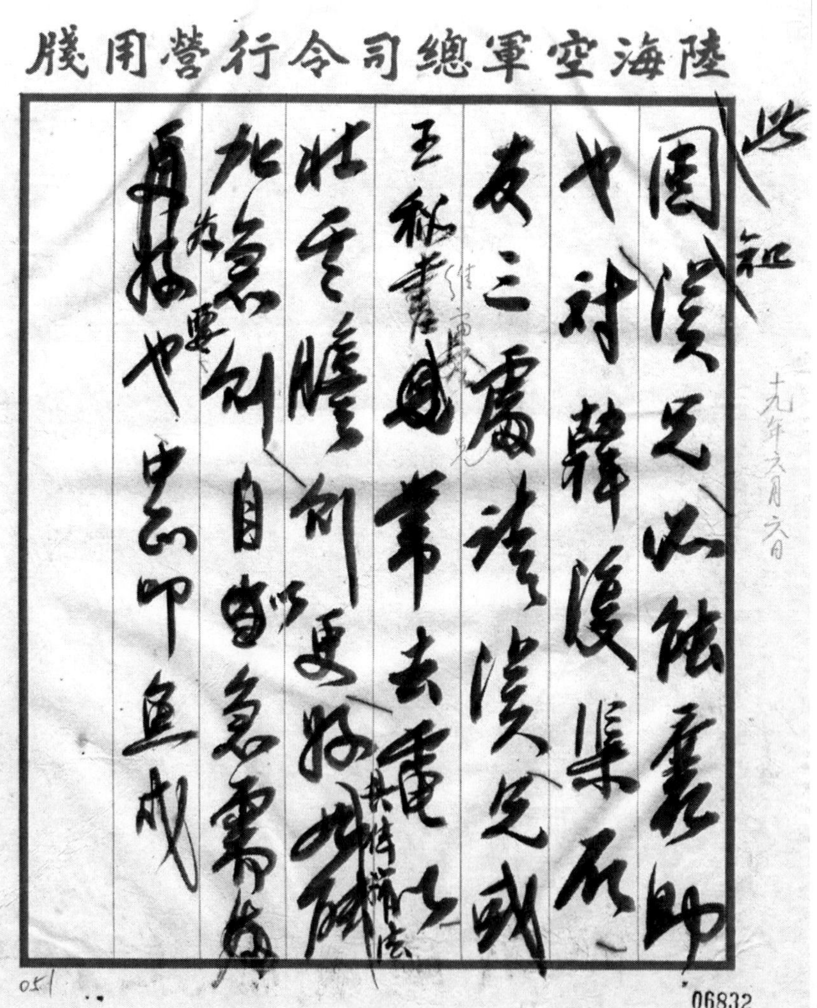

037

陸海空軍總司令行營用牋

十九年六月六日

051

06832

蔣中正電詢吳鐵城轉李煜瀛張學良出兵決心並盼其盡速出兵救國　1930/6/6

002-010200-00032-035

陸海空軍總司令行營用牋

吳委員鐵城兄勛鑒：今夜擬將正面陣地略為修正，傳令前方部隊故撤後五百米突之線，明日逆軍必大造謠言，謂我軍如何敗退，務請預告各同志勿為置信，總之正面決無失敗之理也。中正齊申

蔣中正電示吳鐵城擬將正面陣地撤後並請預告各同志勿信敵方謠言　1930/6/8

002-010200-00032-054

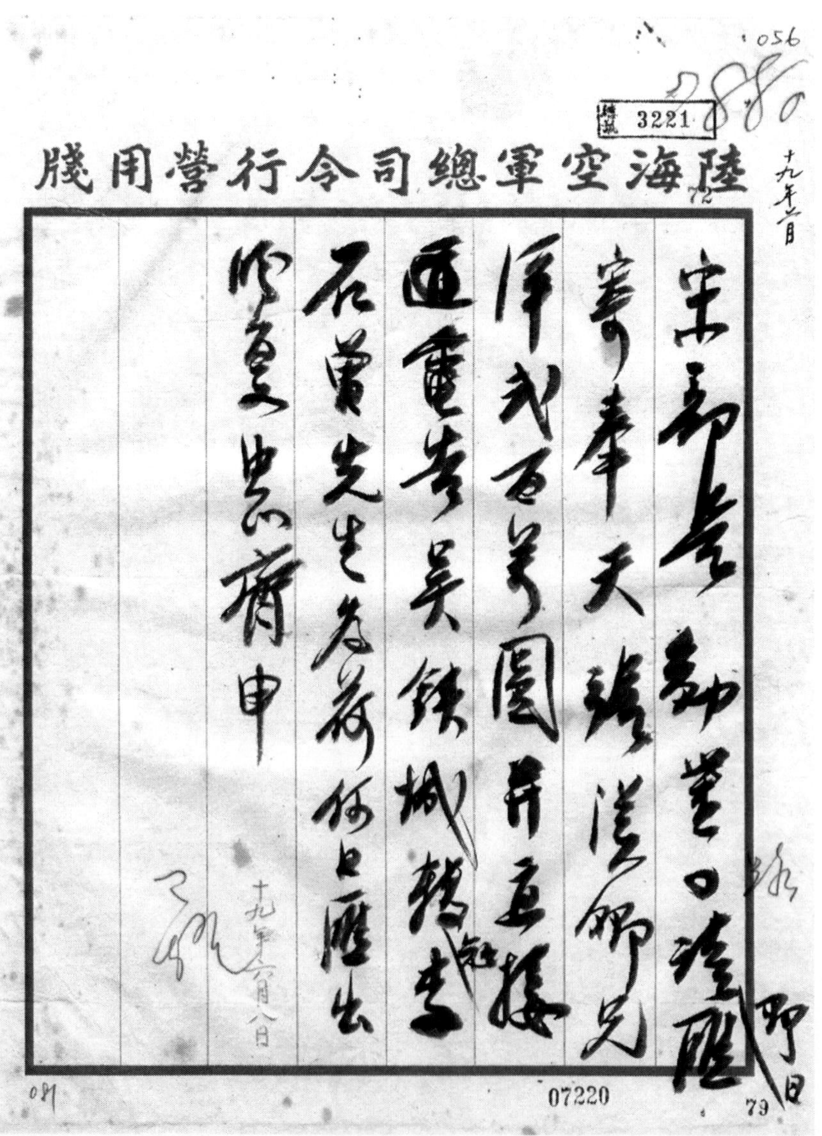

陸海空軍總司令行營用牋

宋部長勛鑒：日前匯
寄奉天張漢卿兄
洋弍百萬圓并直接
匯電告吳鐵城轉李
石曾先生為荷，何日匯出，
盼復。中正 齊申

蔣中正電詢宋子文何日可匯張學良二百萬元並直電吳鐵城轉李煜瀛　1930/6/8
002-010200-00032-056

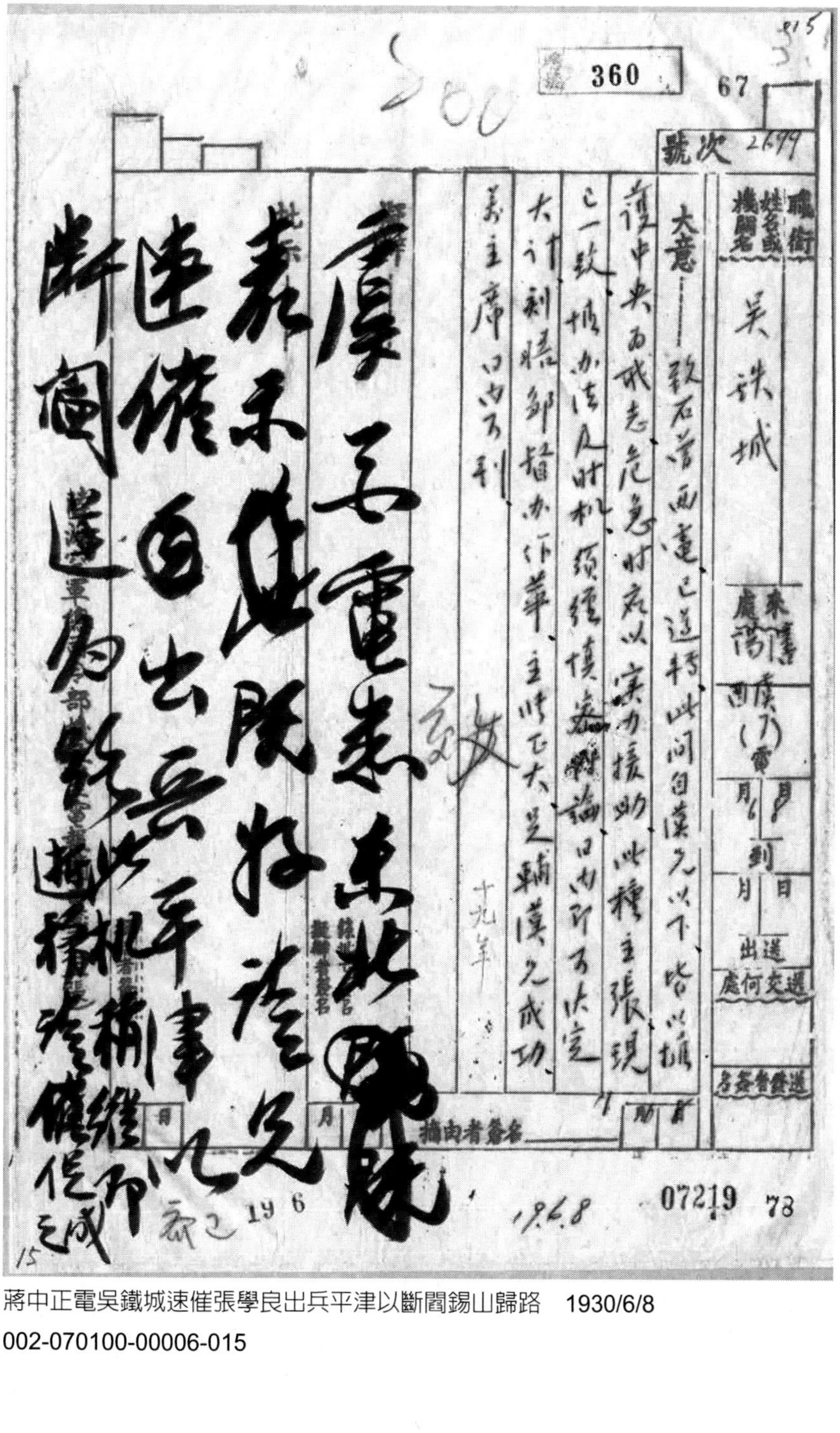

360

67

07219 73

蔣中正電吳鐵城速催張學良出兵平津以斷閻錫山歸路 1930/6/8

002-070100-00006-015

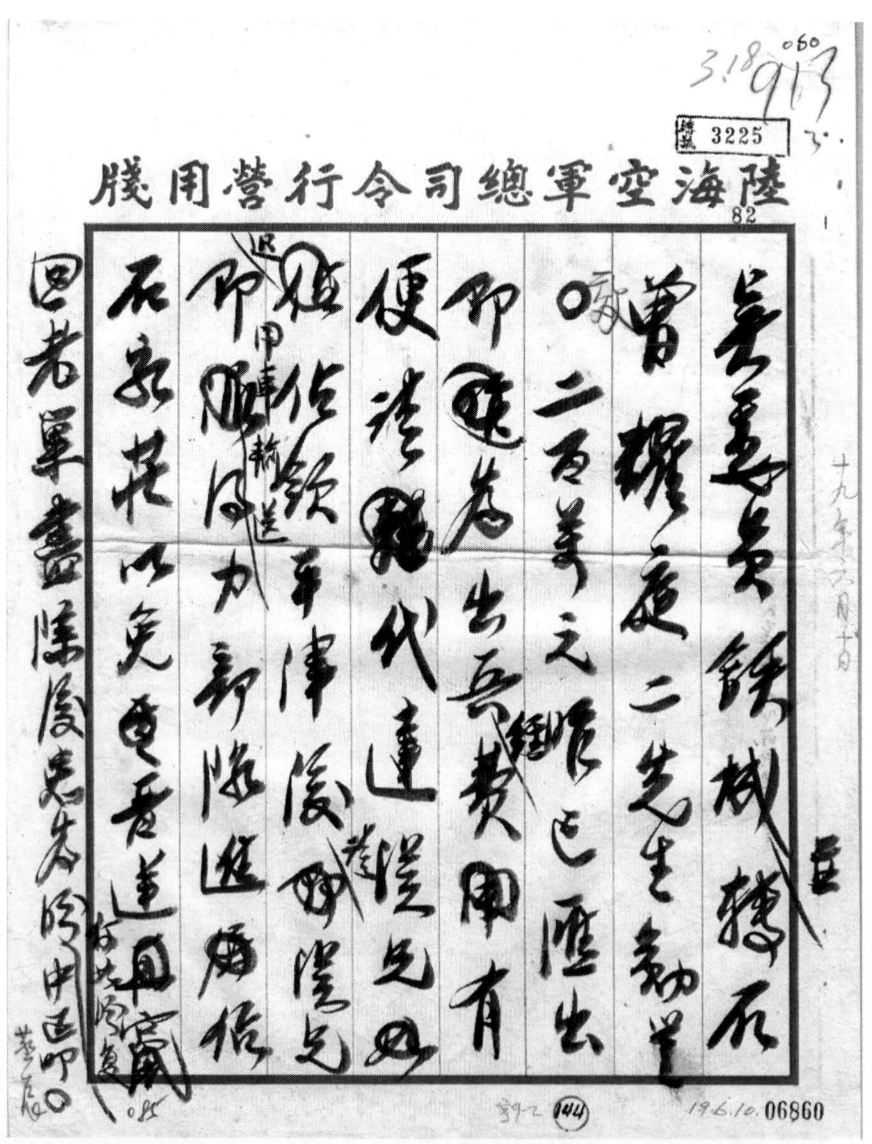
陸海空軍總司令行營用牋

3225

19.6.10. 06860

蔣中正電示吳鐵城等已匯二百萬元並轉張學良進占平津石家莊　1930/6/10

002-010200-00032-060

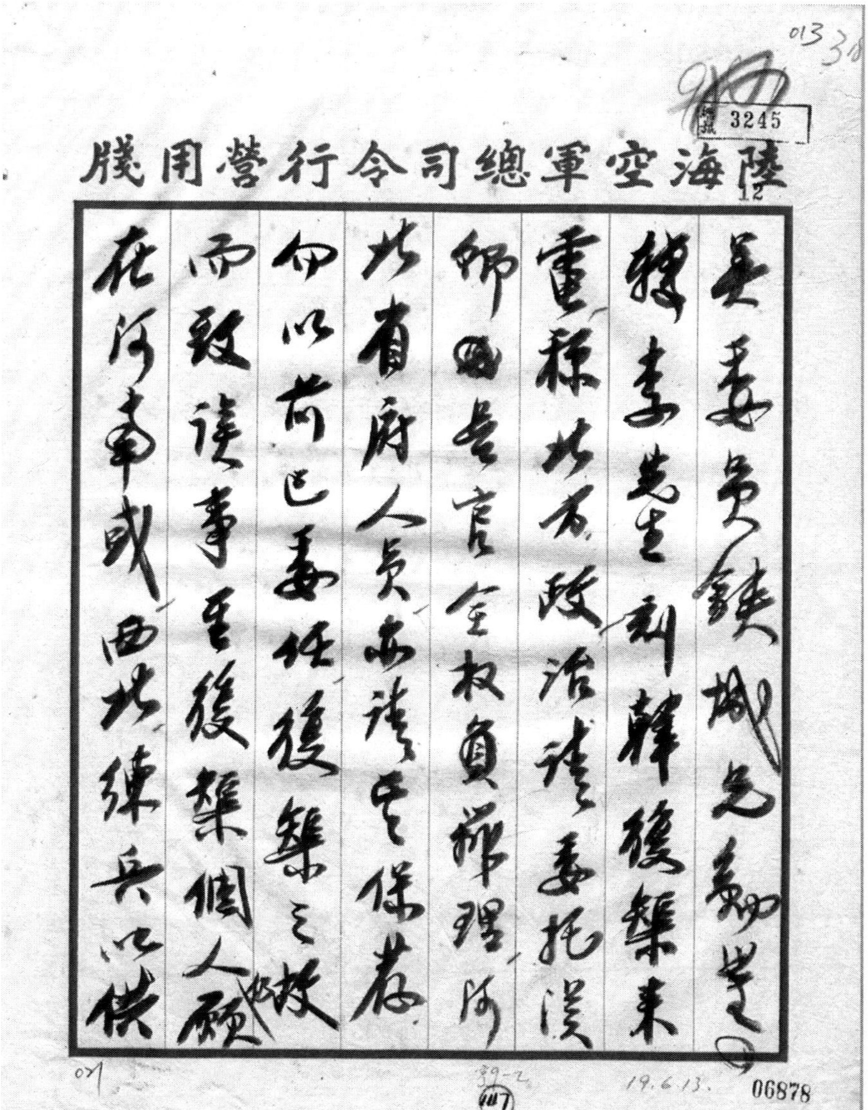
013
3245
陸海空軍總司令行營用牋
12
吳委員鐵城兄勳鑒
轉來慧生刪韓復榘來
電稱北方政治請委托漢
卿副長官全權負責辦理河
北省府人員亦請保存
命以前已委任復榘之救
而致讓事至復榘個人願
在河南戰西北練兵以供
19.6.13.
06878

蔣中正電吳鐵城轉述韓復榘電文並盼張學良盡速出兵山東以救危局　1930/6/13
002-010200-00033-013

陸海空軍總司令行營用牋

驛東等譯第已復電安
贊元兄 此請 并譯 漢兄
保存河北省府人員為將
此間戰線移頓已妥昨日
進軍以為我軍退卻猛烈
反攻我軍乘机在李堡集
側擊宋哲元全部我
被我軍俘獲者四千餘人

022　　　　(148)　06879

013

陸海空軍總司令行營用牋

正面更形穩固，惟山東緊急，逆軍主力在青城、平陰一帶，進逼濟垣，務望兄於三日內出兵，以救危局，甚荷。如何盼復。中正叩〇

十九年六月十三日

023　149　06880

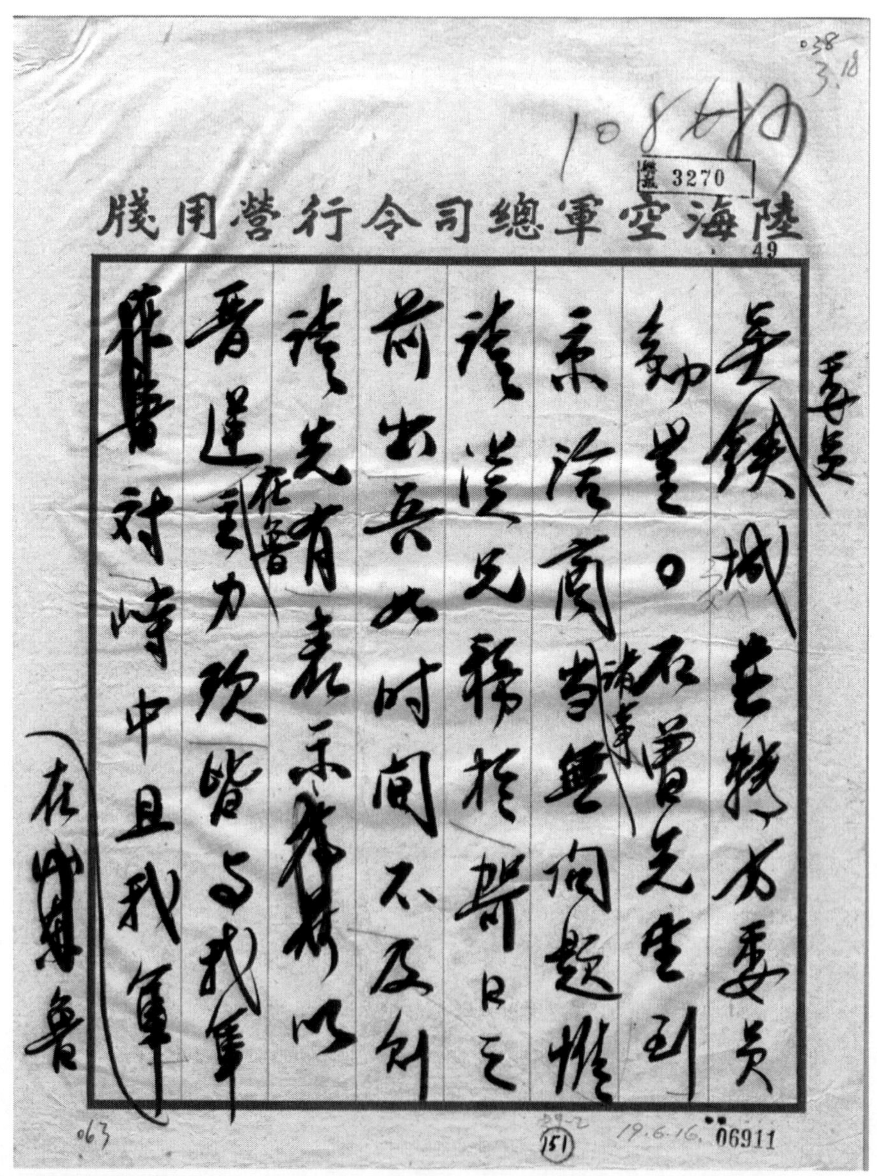

陸海空軍總司令行營用牋

蔣中正電吳鐵城方本仁請張學良二十日前出兵或出兵前先有表示　1930/6/16

002-010200-00033-038

038

陸海空軍總司令行營用牋

手現已增援兵力應
相等若不俟兵自由
撤退故須先出兵之前
先有表示於全局有益
也何如盼復 中正 銑午

十九年六月十六日

064

152

06912

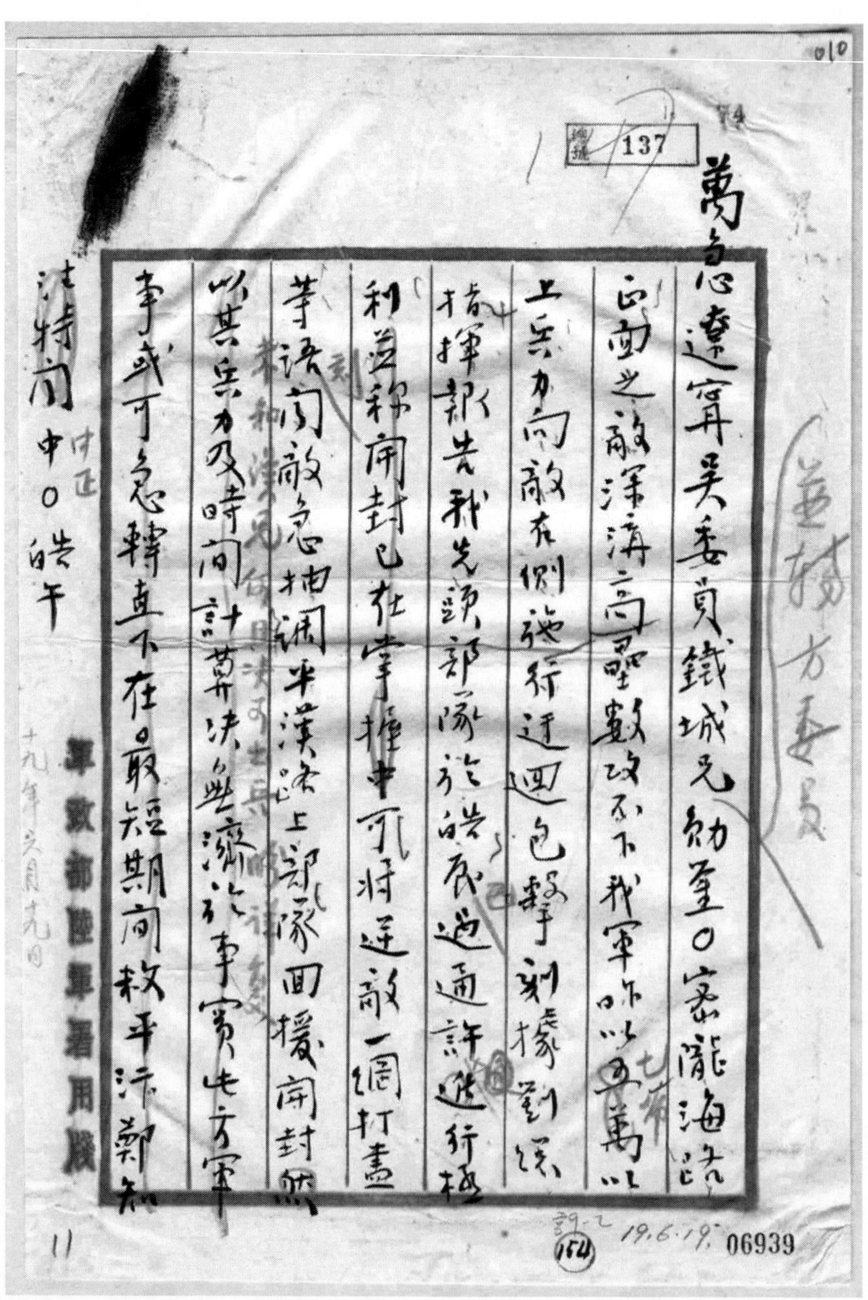

萬急 遼寧吳委員鐵城兄勛鑒○密 隴海路正面之敵深溝高壘數攻不下我軍亦以五萬以上兵力向敵右側旋行迂迴包擊刻據劉總指揮部告我先頭部隊於皓晨過通許進行極利並稱開封已在掌握中可將逆敵一網打盡等語聞敵急抽調平漢路上部隊回援開封然以其兵力及時間計算決無濟於事實北方軍事或可急轉直下在最短期間救平津鄭知請特問 中正○皓午

軍政部陸軍署用箋

十九年六月十九日

蔣中正電吳鐵城聞敵急抽調部隊回援開封未知張學良何日決可出兵　1930/6/19

002-070200-00003-010

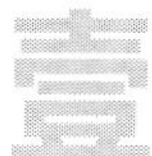

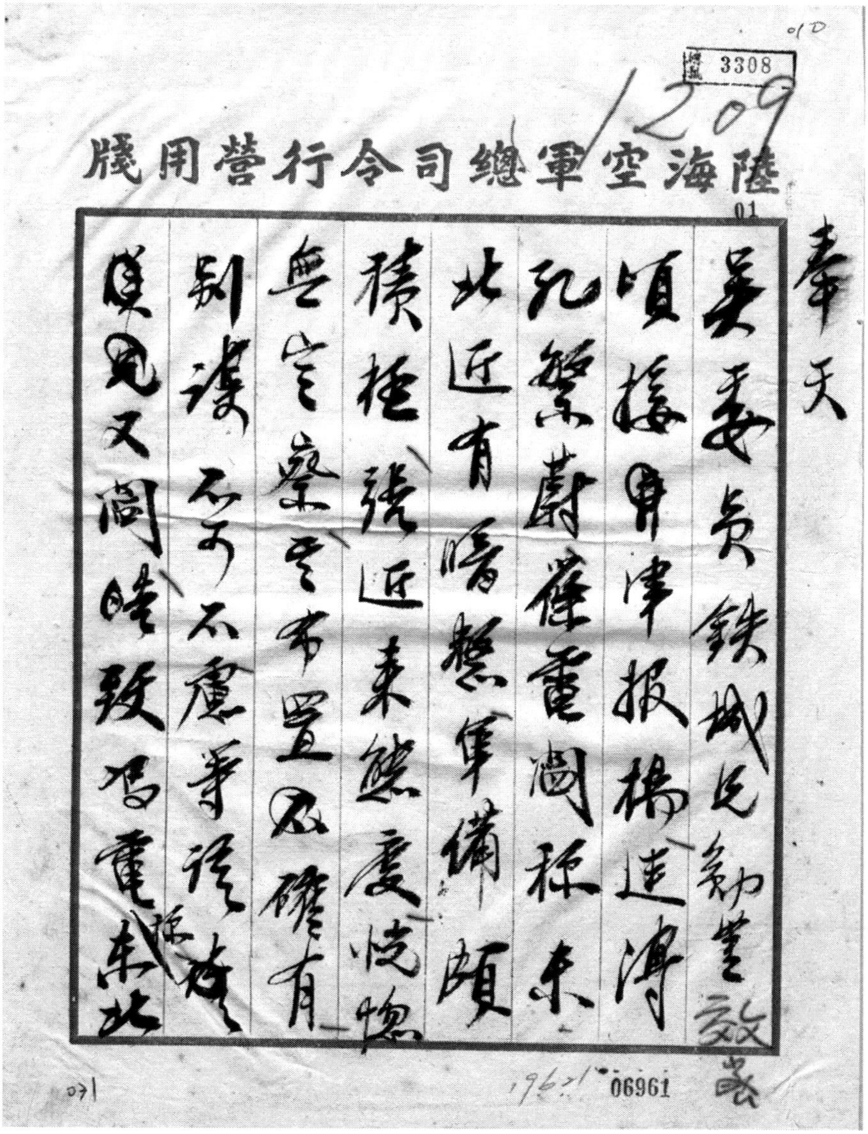

陸海空軍總司令行營用牋

奉天

吳委員鐵城兄勛鑒：頃據津報楊達溥、孔繁蔚藉電閻稱東北近有暗整軍備頗積極，張近來態度恍惚無定，察其布置確有別謀，不可不慮。并請轉漢兄又閻暗致函電東北

致

3308

1209

06961

蔣中正電請吳鐵城對楊孔電請轉張學良查其虛實及張何日出兵　1930/6/21

002-010200-00034-010

陸海空軍總司令行營用牋

並閩張塞電 三省要人含樣壽蔣藩

熊處堪處軍事防務

僅時三團兵力維持

殊堪憂慮一俟滬事收

下即調宜空軍返津鎮

攝等語轉達漢兄

查蔡楊孔等有覆此電

或能知其底實也近日來

兄電甚急漢兄何日出兵盼覆

此間新計畫着着進行順利 弟馬虔 仰企中

06962

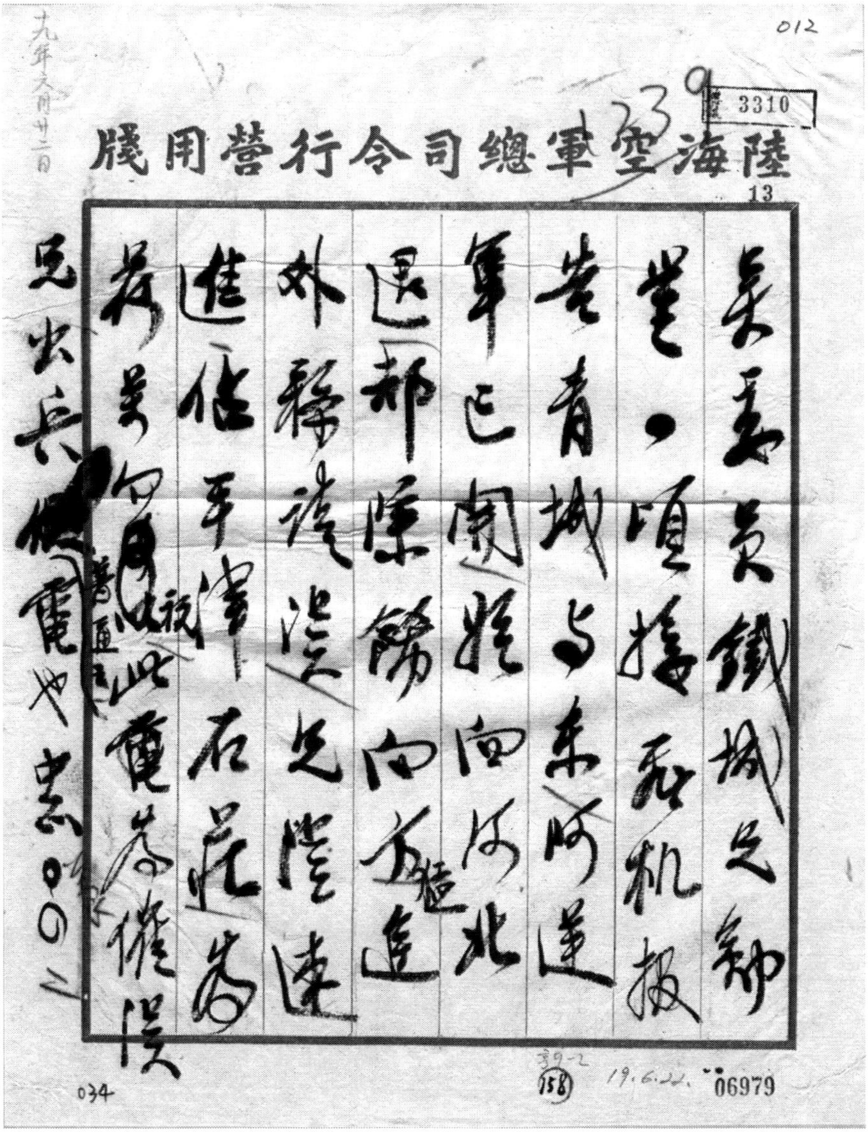

九年六月廿二日

陸海空軍總司令行營用牋

吳委員鐵城兄鈞鑒。頃據飛机報告，青城與東明逆軍已開始向河北退卻，除飭向方猛追外，務請漢卿兄速進佔平津石莊為荷。吳[illegible]此電為催促兄出兵[illegible]電也。中正。○○二

蔣中正電吳鐵城告知馮玉祥軍退卻飭韓復榘猛追及張學良速占平津石莊　1930/6/22

002-010200-00034-012

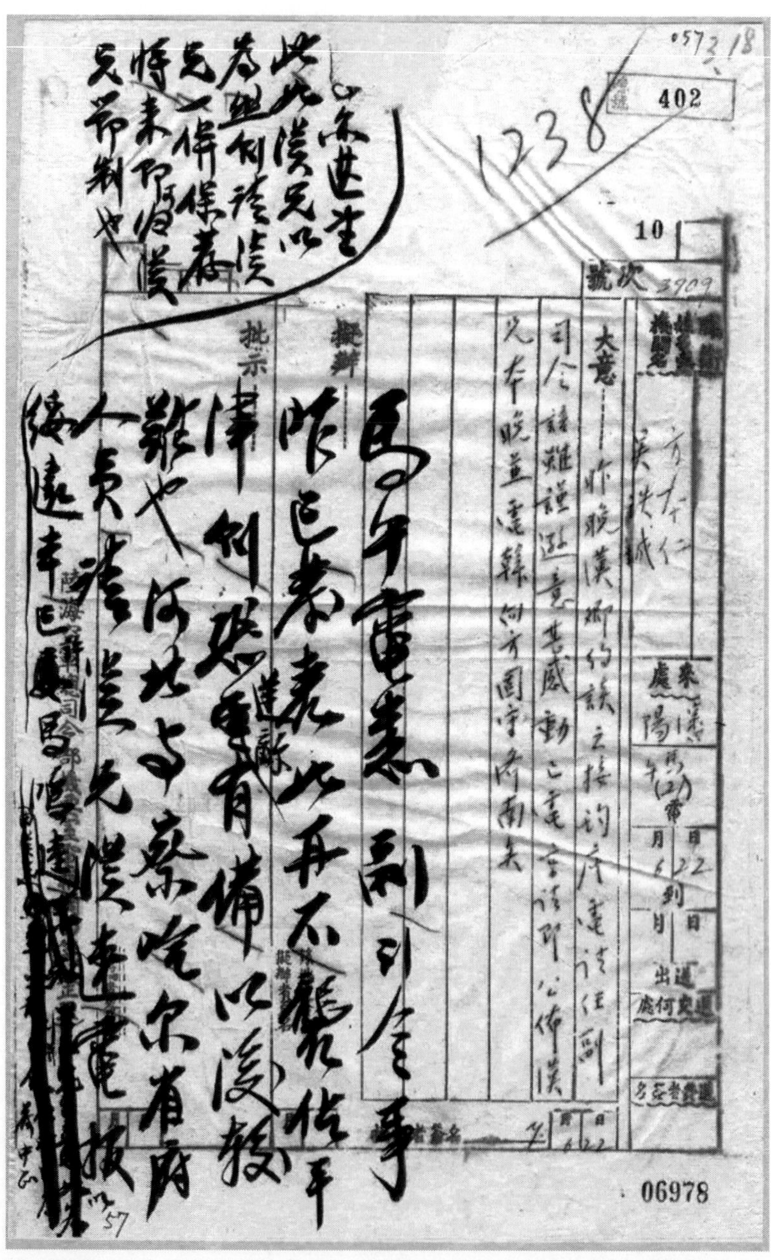
402

10

06978

蔣中正電方本仁吳鐵城如張學良再不襲占平津則恐逆敵有備以後較難也

1930/6/22

002-070100-00006-057

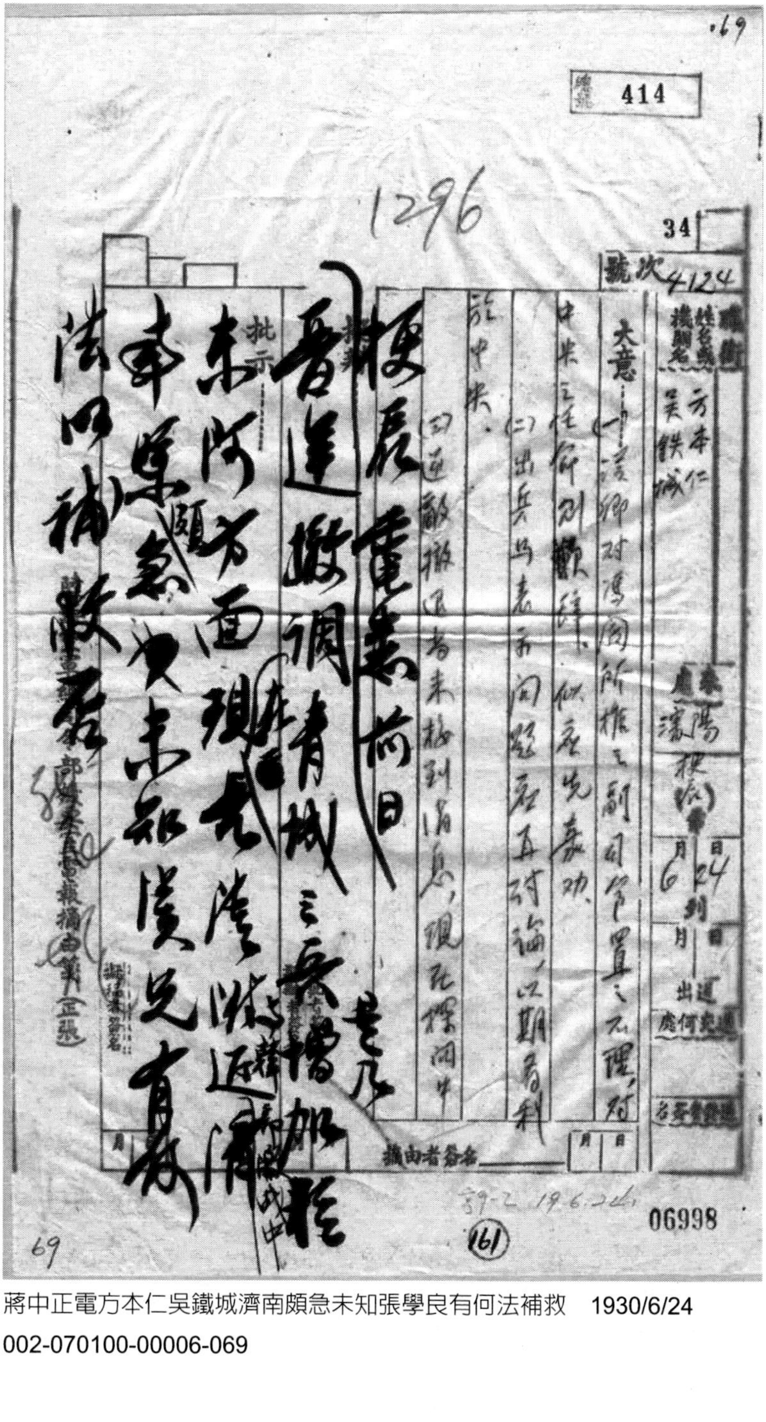

.69

總號 414

1296

34

次號 4124

蔣中正電方本仁吳鐵城濟南頗急未知張學良有何法補救 1930/6/24

002-070100-00006-069

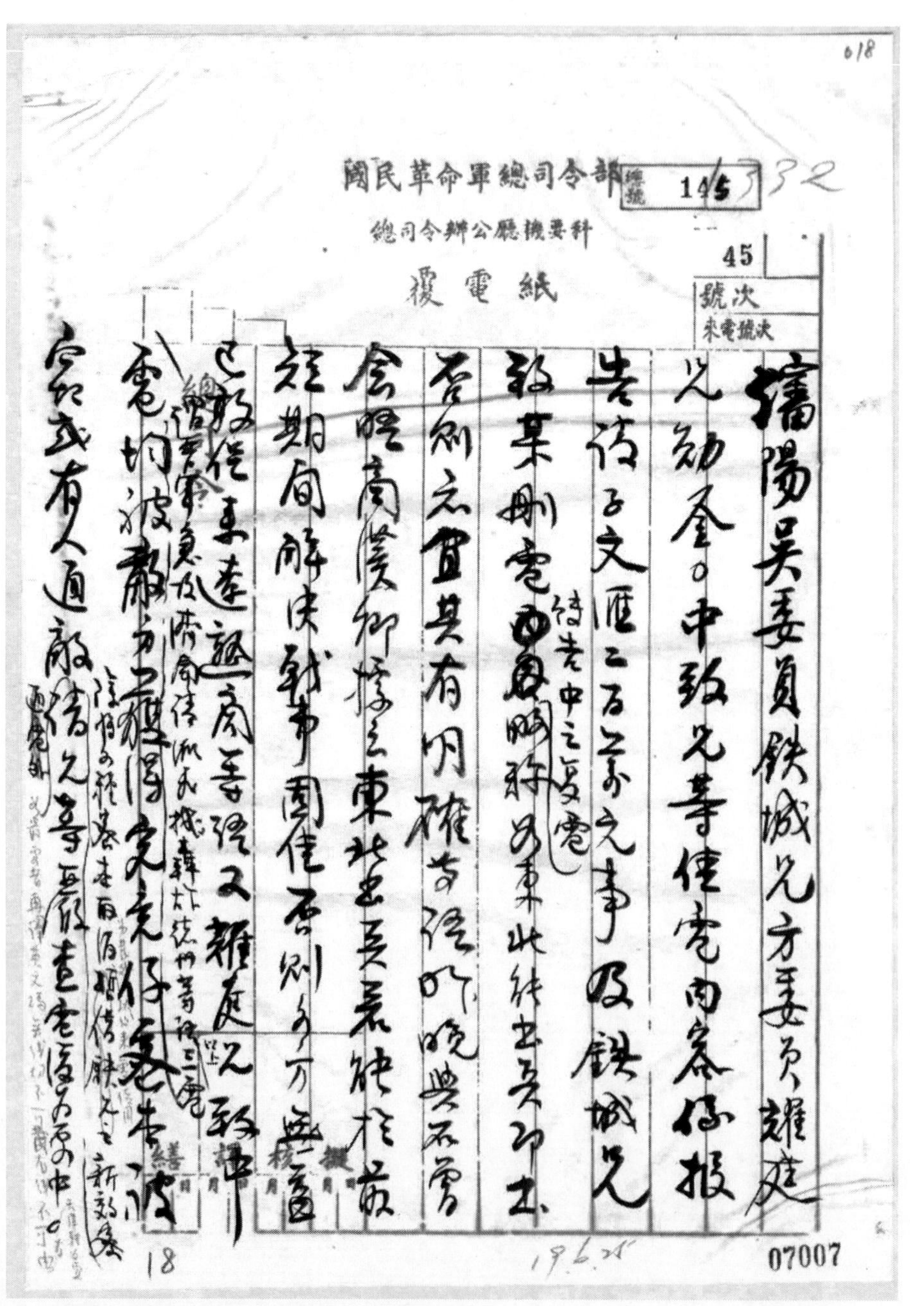

國民革命軍總司令部 總號 145

總司令辦公廳機要科

覆電紙

號次 45

來電號次

繕 校 核 擬

07007

蔣中正電吳鐵城等所傳三電均被敵方獲得嚴查係密本被竊或有人通敵　1930/6/25

002-070200-00003-018

037

3335

陸海空軍總司令行營用箋

吳委員鐵城兄勛鑒：前在遼所訂之彈藥，應用甚急，請漢卿兄設法先發半數，以濟急需，何如，盼復。中正。沁辰

十九年六月廿七日

064 07027

蔣中正電吳鐵城前在遼所訂彈藥請張學良設法先發半數以濟急需 1930/6/27

002-010200-00034-037

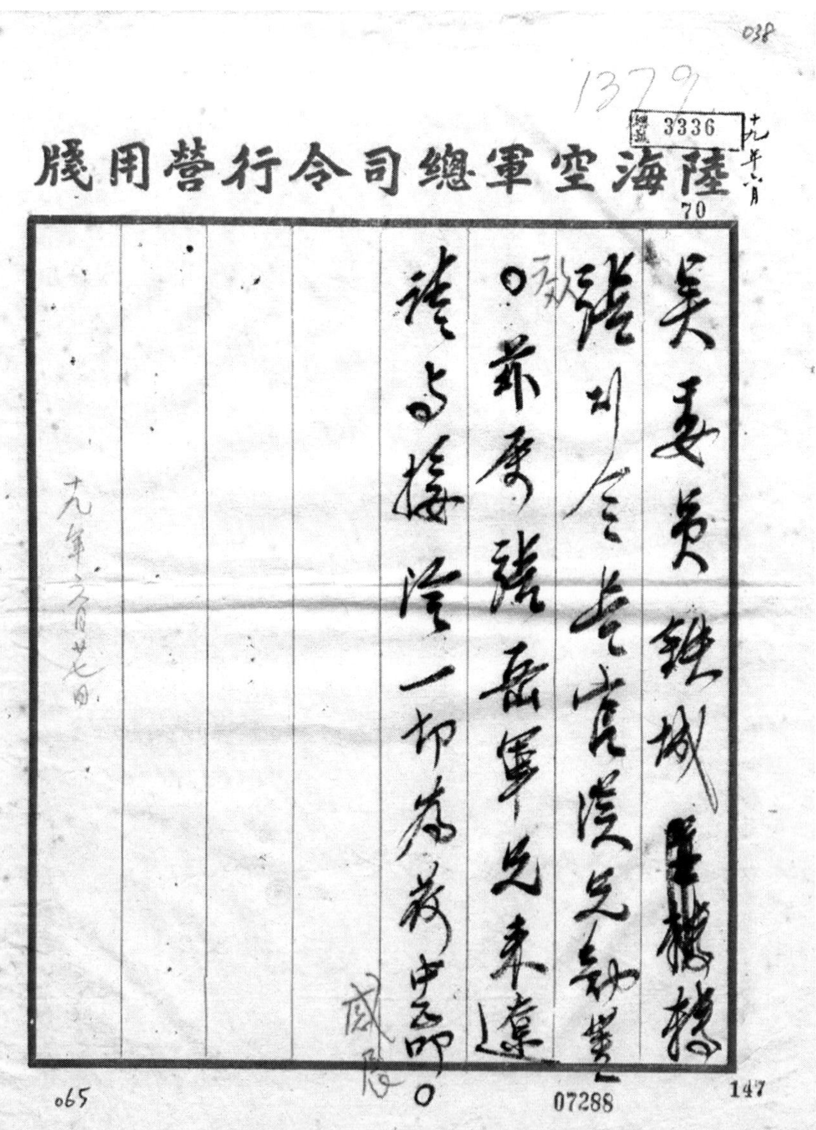
陸海空軍總司令行營用牋

吳委員鐵城轉

張副司令漢卿兄勛鑒

○密 茲專張岳軍兄來遼

請與接洽一切為荷 中正叩○

感

十九年六月廿七日

蔣中正電吳鐵城轉張學良接洽張羣來遼一切事宜　1930/6/27

002-010200-00034-038

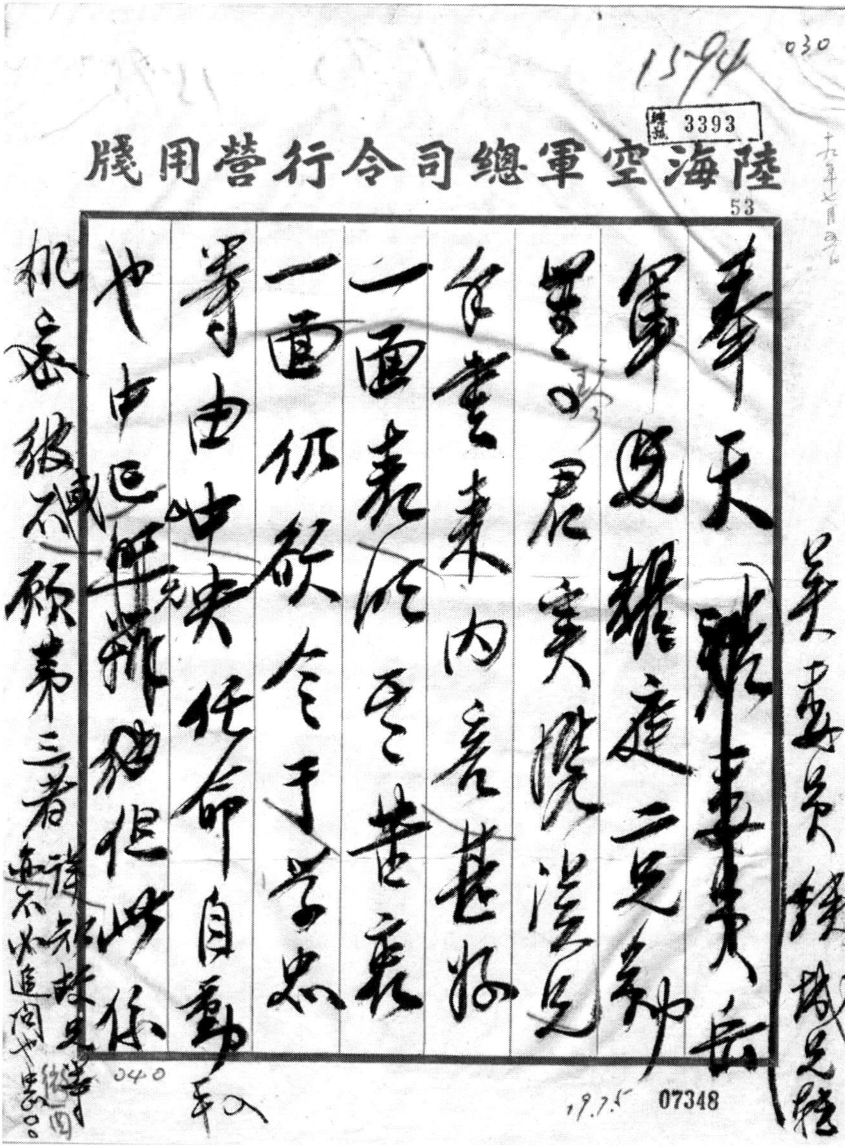

1594 030

3393

陸海空軍總司令行營用牋

53

040

19.7.5 07348

蔣中正電吳鐵城等不必追問張學良手書之內容　1930/7/5

002-010200-00035-030

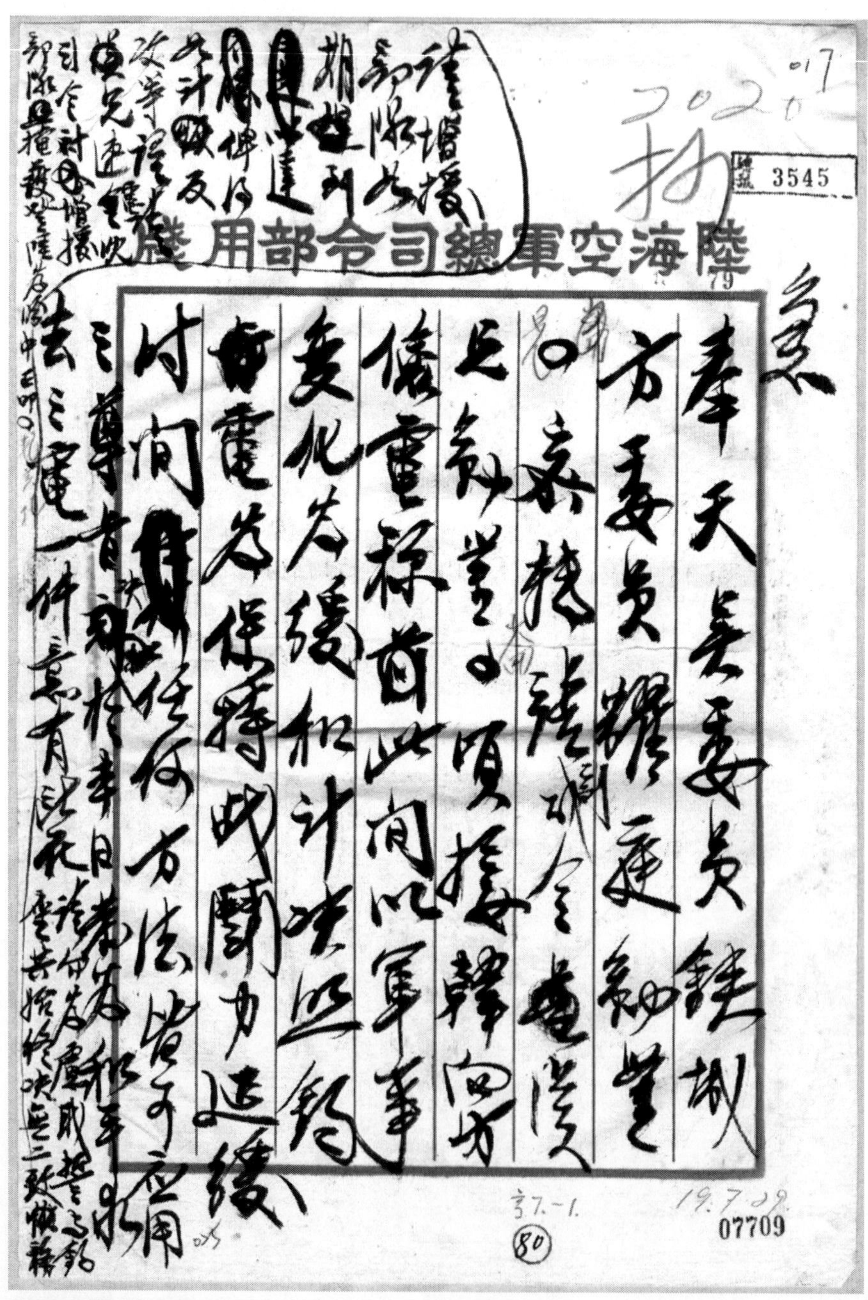

陸海空軍總司令部用箋

3545

奉天吳委員鐵城
方委員耀庭紉光鑒
○密。轉張副司令漢
兄勛鑒。頃據韓向方
儀電稱[illegible]此間以軍事
變化為緩和計決以路
[illegible]

07709

蔣中正電吳鐵城等轉張學良令沈鴻烈掩護增援部隊登陸　1930/7/29

002-010200-00038-017

023

2035

總號 3551

陸海空軍總司令部用牋

奉天吳委員鐵城兄轉
張副司令勛鑒：頃接青島電稱沈
司令只許陸軍由
海中用駁艇上岸云
此必遲誤時機請速電
沈司令准我軍隊直接由
靠碼頭登陸為盼。中正叩。

07718

蔣中正電吳鐵城轉張學良請電沈鴻烈准國軍靠碼頭登陸　1930/7/30

002-010200-00038-023

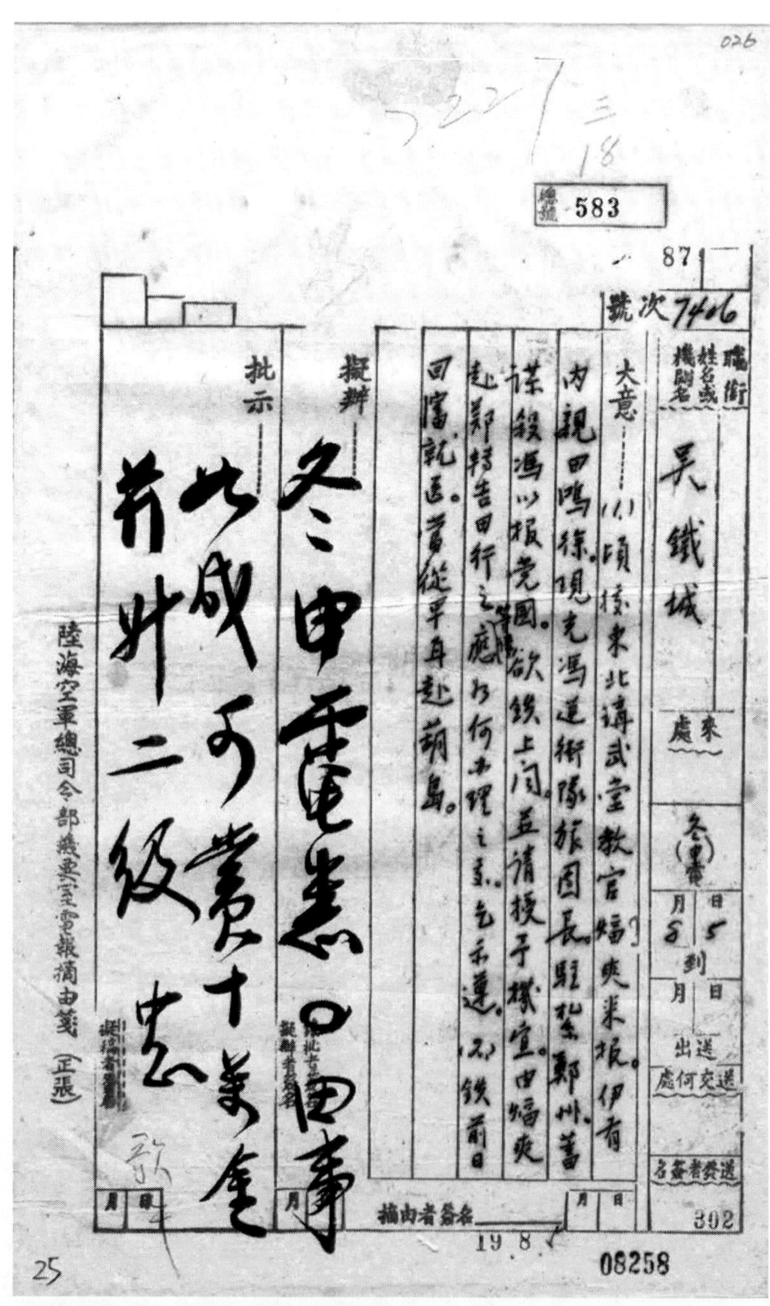
號次 7406
姓名或機關名 吳鐵城
大意：(1)頃接來北講武堂教官竭爽來報，伊有內親田鳴徐，現充馮逆衛隊旅團長，駐紮鄭州，蓄謀殺馮以報黨國。欲親上聞，並請授予機宜。由竭爽赴鄭轉告田行之，應如何辦理之處，乞示遵。(2)鐵前日回滬就醫，當從早再赴葫島。
來處 冬申電
8月5日到
擬辦：冬申電悉。田事如成，可賞十萬金，並升二級。中。
陸海空軍總司令部機要室電報摘由箋（正張）
19 8
08258

蔣中正電吳鐵城如田鴻徐謀殺馮玉祥成功賞十萬金並升二級 1930/8/5
002-070100-00009-026

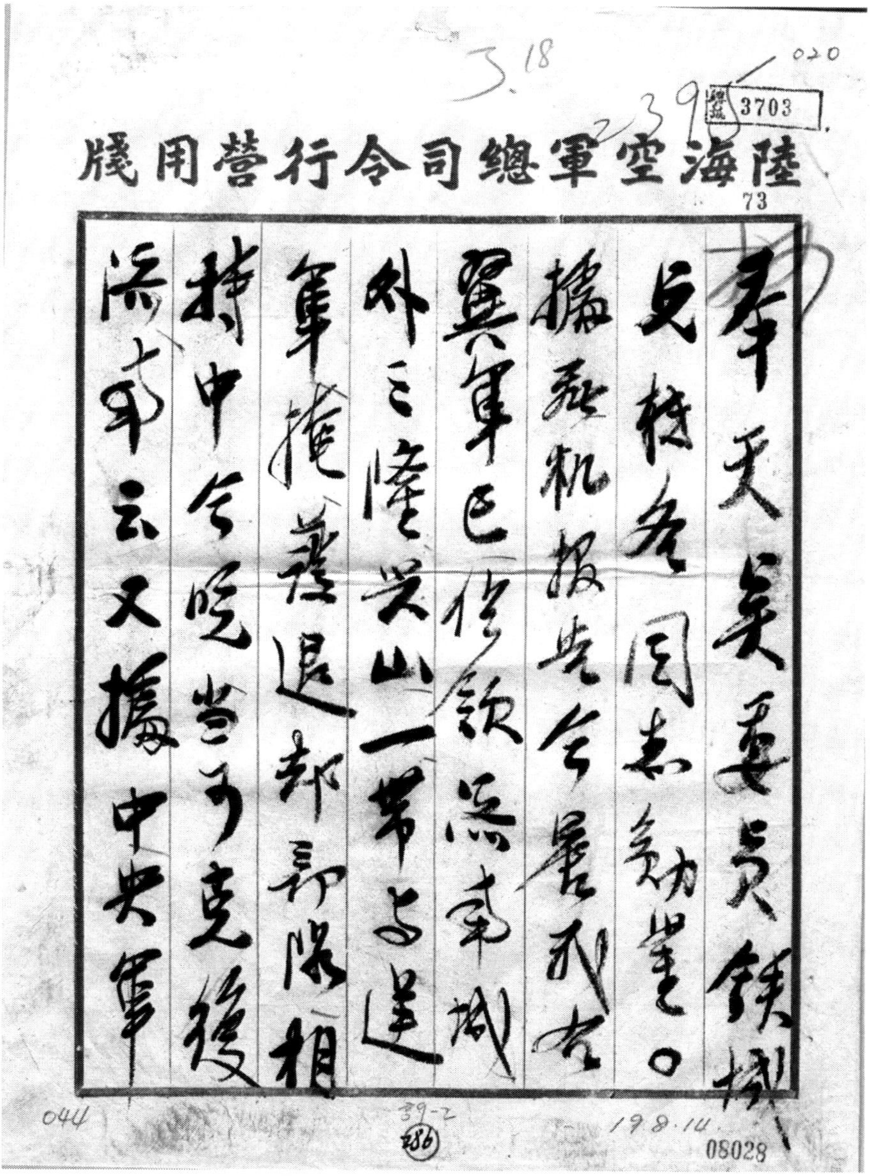

陸海空軍總司令行營用牋

奉天吳委員鐵城
兄轉各同志勛鑒。
據張報告今晨我右
翼軍已佔領濟南城
外之陳吳山一帶與逆
軍掩護退卻部隊相
持中。今晚當可克復
濟南云。又據中央軍

蔣中正電告吳鐵城力請張學良即日就職從速出兵堵截晉軍求根本解決　1930/8/14

002-010200-00041-020

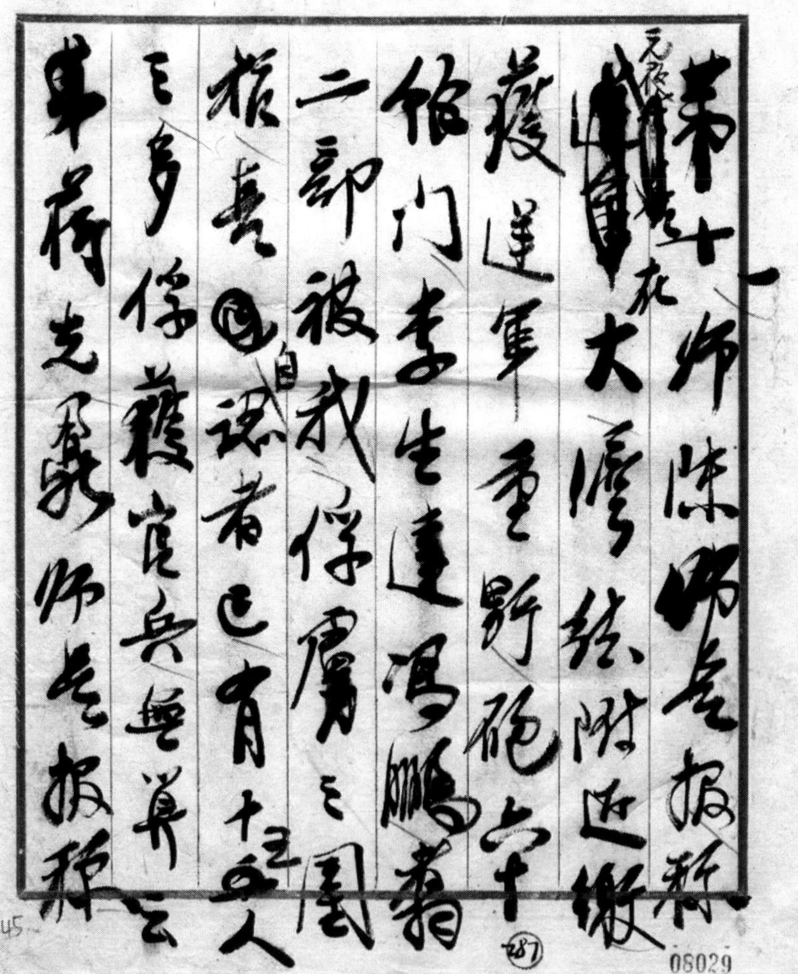

陸海空軍總司令行營用牋

3

020

陸海空軍總司令行營用牋

元日運軍李服膺部
由仲宮鎮增援與我
軍在虎跑泉激戰三
小時即行潰退俘獲三
千餘人槍二千餘桿四
~~得進遲~~等（從）右翼軍天
既佔領長清西南之
收穫頗豐無報告攜

七圖

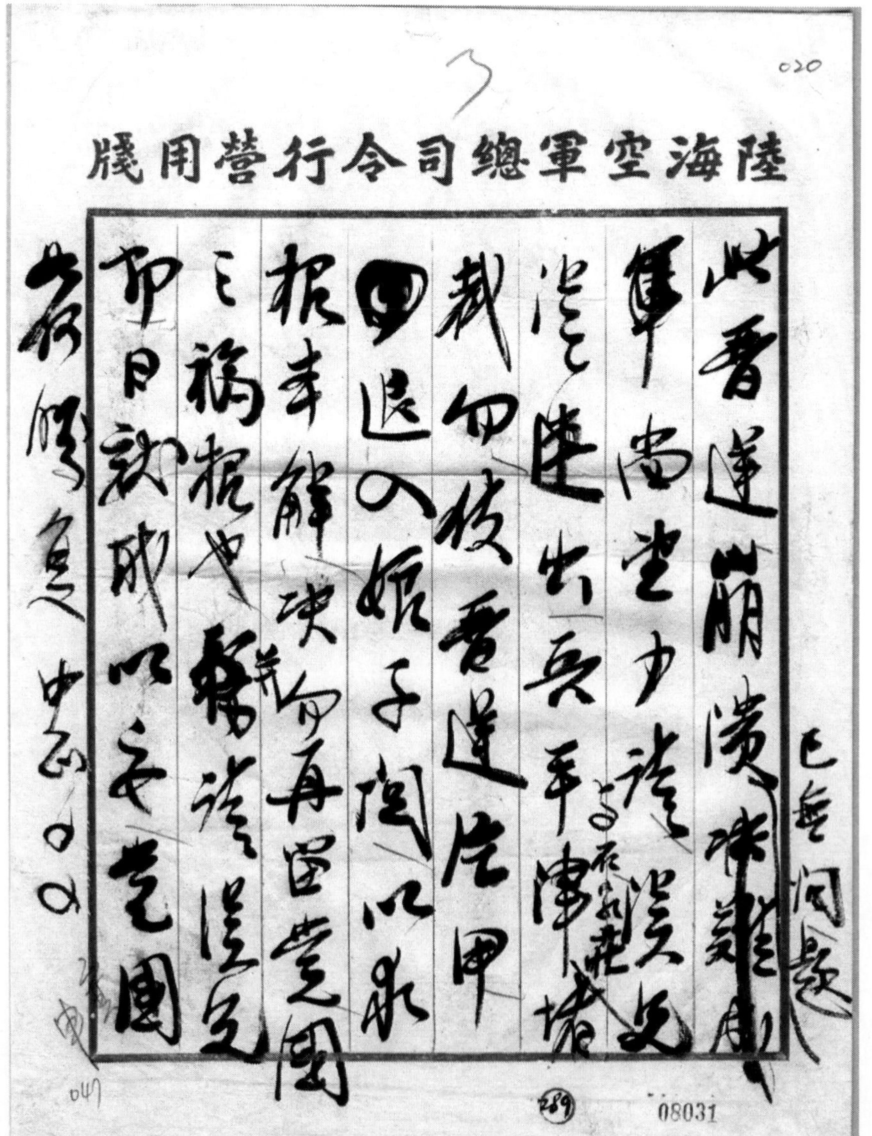

020

陸海空軍總司令行營用牋

08031

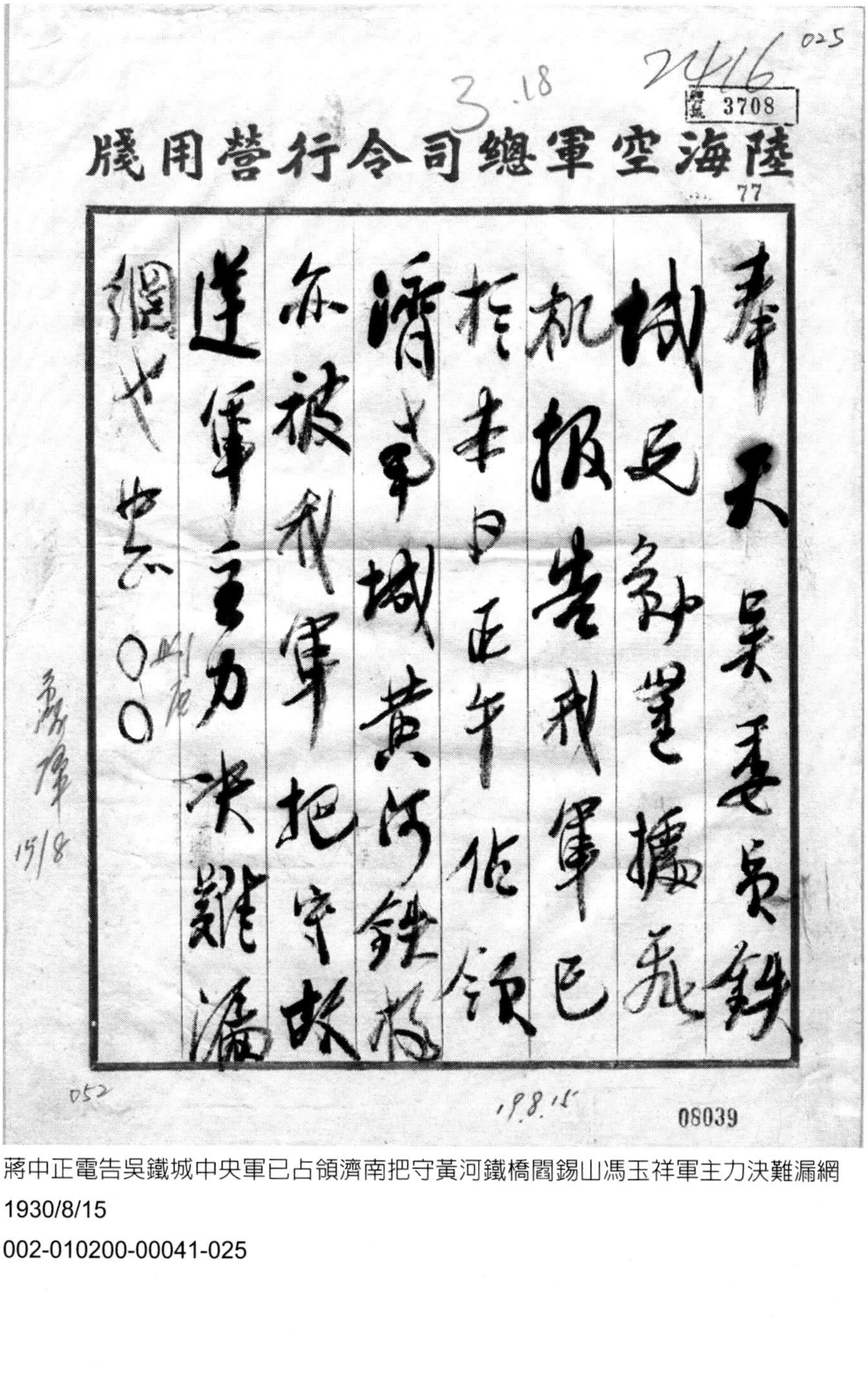

3.18 2416 025

3708

陸海空軍總司令行營用牋

77

奉天吳委員鐵
城兄勛鑒據飛
機報告我軍已
於本日正午佔領
濟南城黃河鐵橋
亦被我軍把守故
逆軍主力決難漏
網也中正 刪酉

〇〇

15/8

052 19.8.15 08039

蔣中正電告吳鐵城中央軍已占領濟南把守黃河鐵橋閻錫山馮玉祥軍主力決難漏網

1930/8/15

002-010200-00041-025

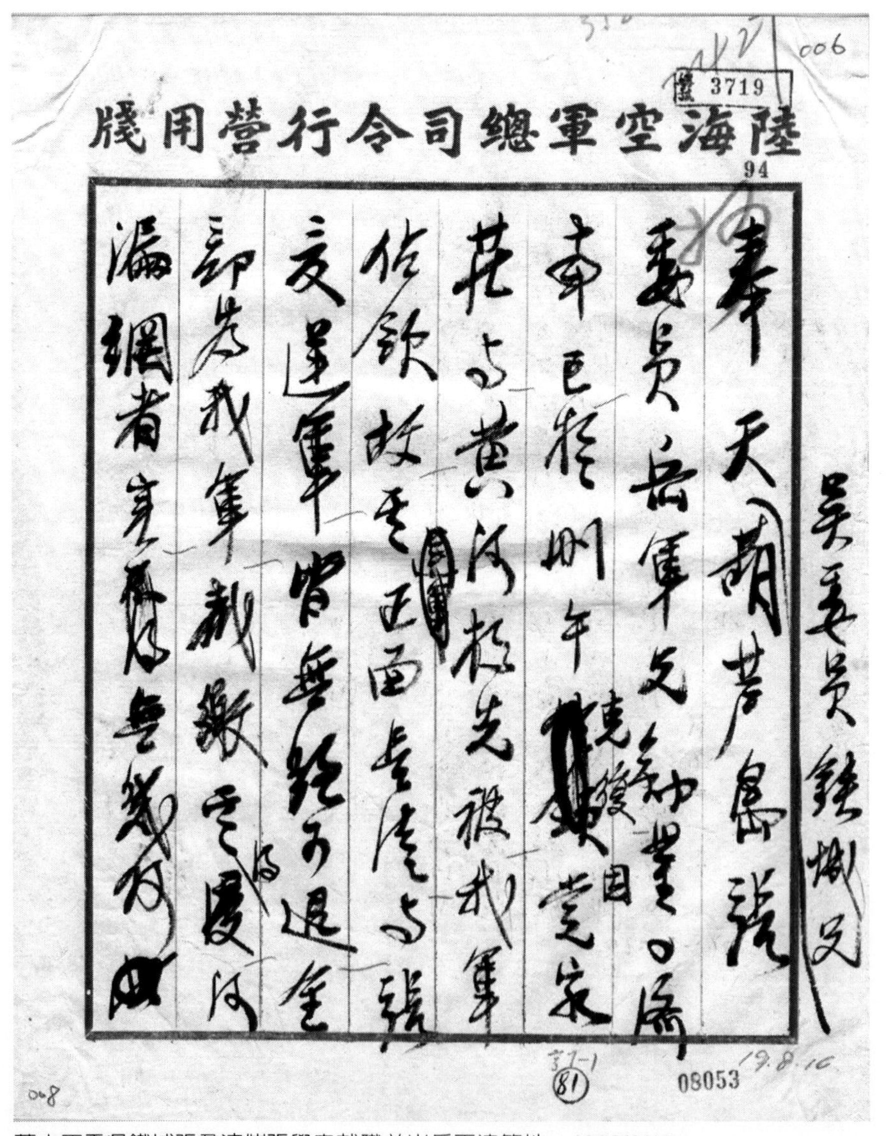

3719

陸海空軍總司令行營用牋

94

吳委員鐵城兄

奉天胡若愚張

委員岳軍兄

08053

蔣中正電吳鐵城張羣速催張學良就職並出兵平津等地　1930/8/16

002-010200-00042-006

陸海空軍總司令行營用牋

請岳兄速催湛兄致
成蔣即出兵[illegible]平津後
再行回汴可也　中正　〇〇

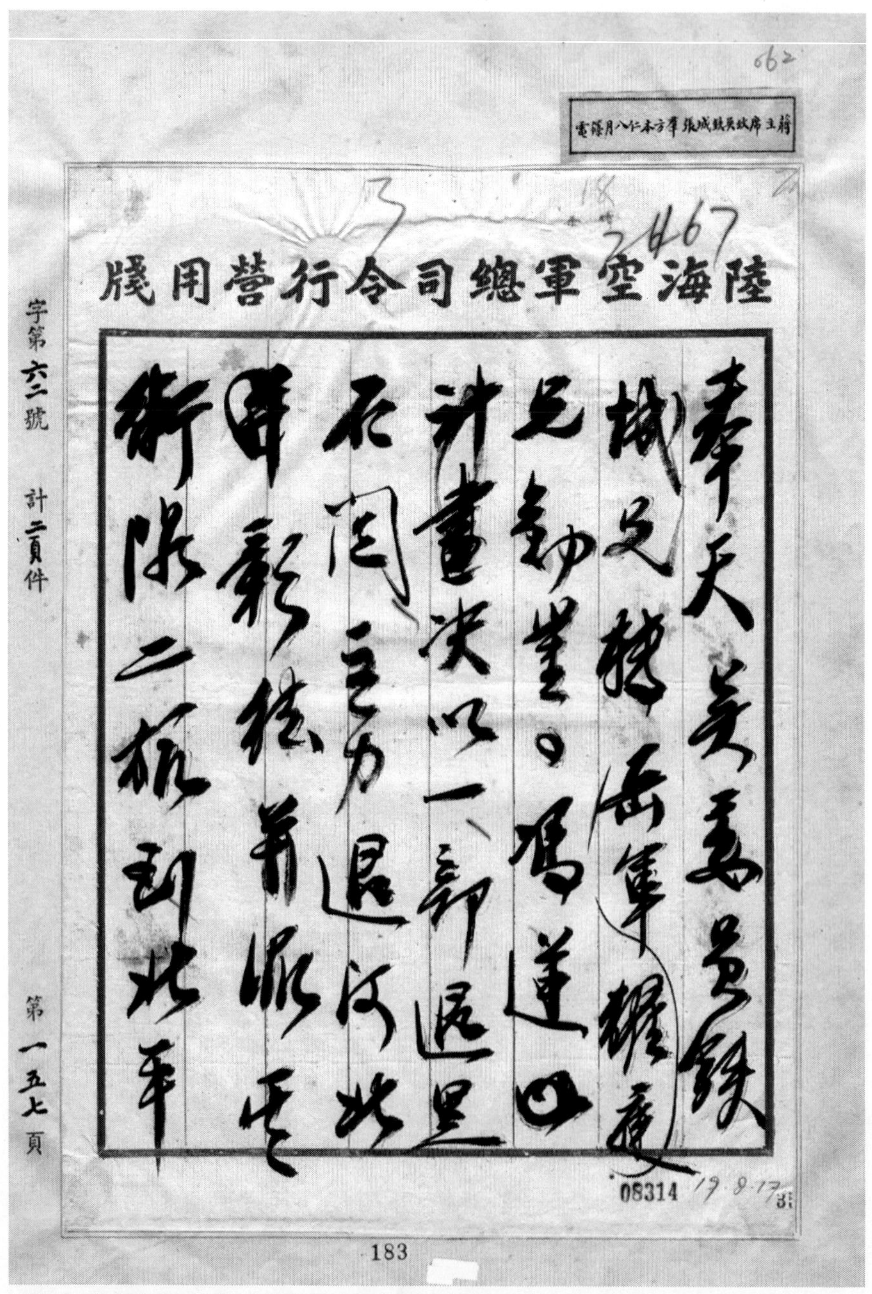

062

蔣主席致吳鐵城張羣方本仁八月篠電

陸海空軍總司令行營用牋

字第六二號　計二頁件　第一五七頁

奉天吳委員鐵
城兄轉岳軍耀庭
兄鈞鑒。馮逆迴
計畫決以一部退晉
在閻主力退守北
平[illegible]
衛隊二旅到北平

08314 19.8.17

183

蔣中正電吳鐵城張羣等此時救國安民惟有請張學良速出兵平津　1930/8/17

002-020200-00007-062

陸海空軍總司令行營用箋

弟健護衛擁大
儀念此刻國事
蜩螗戰事延長
而北方同胞更無出
水火之日矣此時救國
[illegible]安民惟有請
兄從速出兵平津之
一着務望從速為盼中正

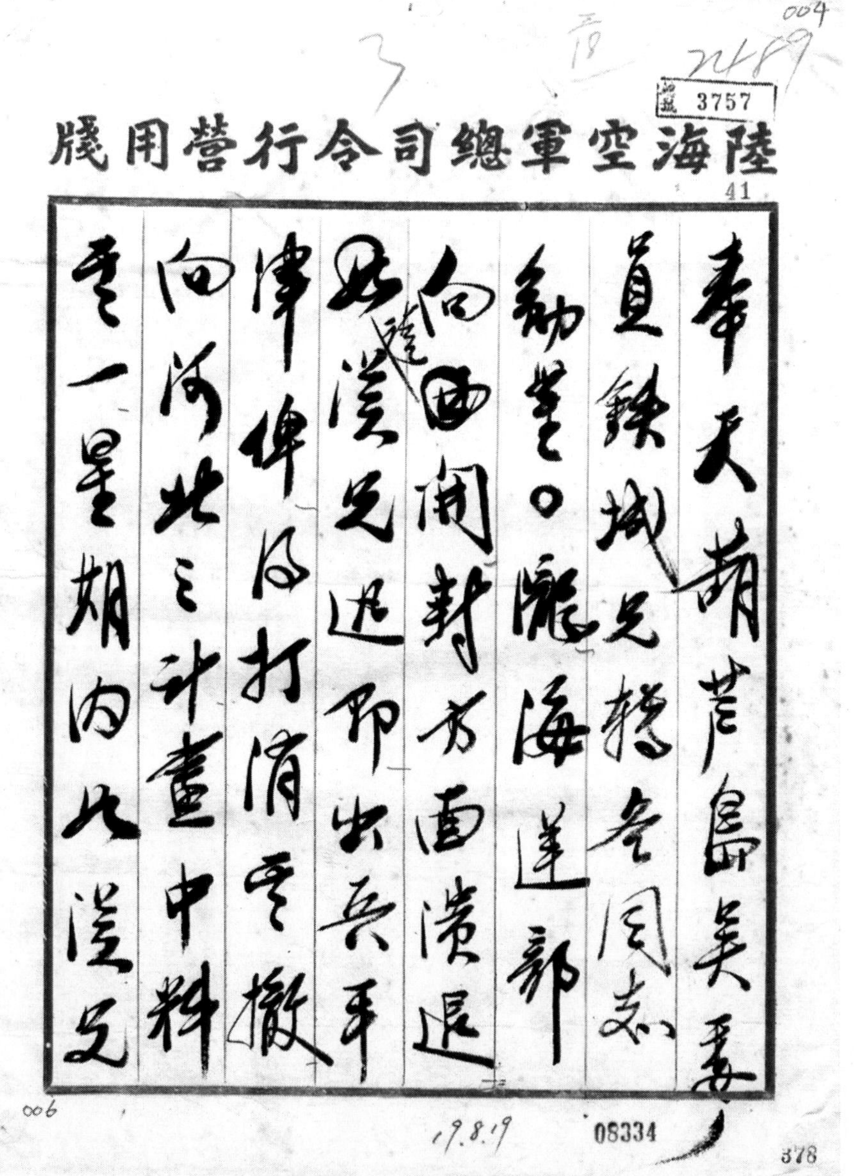

陸海空軍總司令行營用牋

奉天胡若愚吳委員鐵城兄轉各同志勳鑒。隴海逆部向西開封方面潰退，如漢兄迅即出兵平津，俾得打消逆撤向河北之計畫，中料逆一星期內如漢兄

蔣中正電吳鐵城轉各同志隴海線馮玉祥部潰退請張學良出兵平津　1930/8/19

002-010200-00043-004

004

陸海空軍總司令行營用牋

晉兵到平應從例
彼必遂佔平津以
後北方成一洪水猛
獸之世界可慮莫甚
[illegible]如注之意如
何[illegible]復　中正　佳

九年八月九日

[illegible] 19/8

007

08335　379

033

急

3786

陸海空軍總司令部用箋

奉天吳委員鐵城兄 北戴河

請轉葫蘆島張委員岳軍

兄勛。石友三既願向

漢卿兄表示擁護，則可先

令其渡河進佔[illegible]（在石家莊）

新鄉一帶以斷晉逆軍之

歸路，并令[illegible]逆撤向

河北，則准其立功贖罪

來歸，不予失納也。但須從

速進，否則無效矣。中正

此電與漢卿兄詳商之

19.8.24.

301

08125

蔣中正電吳鐵城張羣令石友三占石家莊等地斷晉逆歸途則准來歸　1930/8/24

002-010200-00043-033

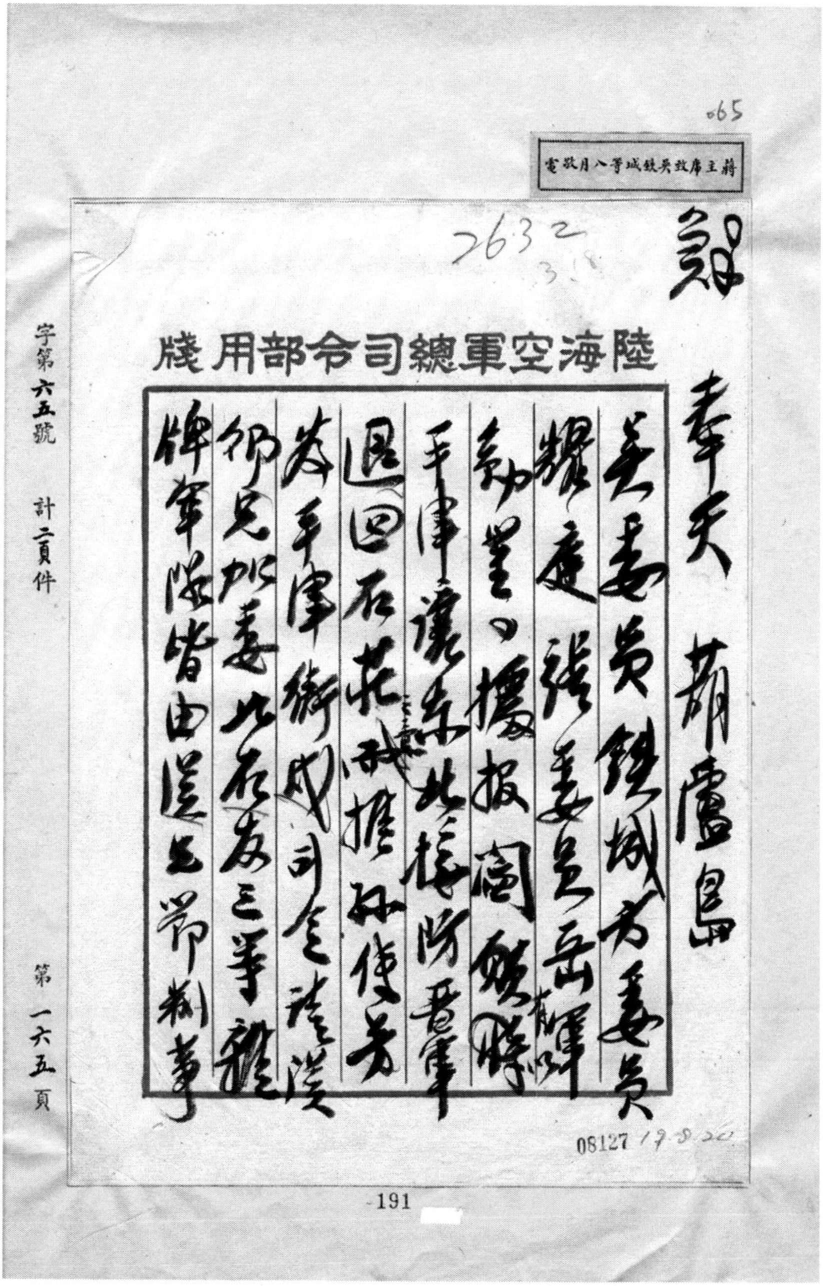

065

蔣主席致吳鐵城等八月敬電

2632
3.18

急

陸海空軍總司令部用牋

字第六五號 計二頁件 第一六五頁

奉天 葫蘆島

吳委員鐵城 方委員

耀庭 張委員岳軍

勛鑒 據報閻錫山有以

平津讓東北軍接防晉軍

退回石莊[illegible]推[illegible]使為

[illegible]平津衛戍司令之議

[illegible]

俾軍隊皆由選定[illegible]

08127 19.8.20.

-191

蔣中正電吳鐵城等閻錫山有以平津讓東北軍接防晉軍退回石莊之意　1930/8/24

002-020200-00007-065

065

陸海空軍總司令部用牋

實上創由孫氏指揮協
定後是晚孫偕紀門
擬將件經北戴河轉
謁漢定後再云[illegible]有查有
此後詳復[illegible]忠[illegible][illegible]
敬[illegible]

字第六五號 計 件

第一六六頁

08128

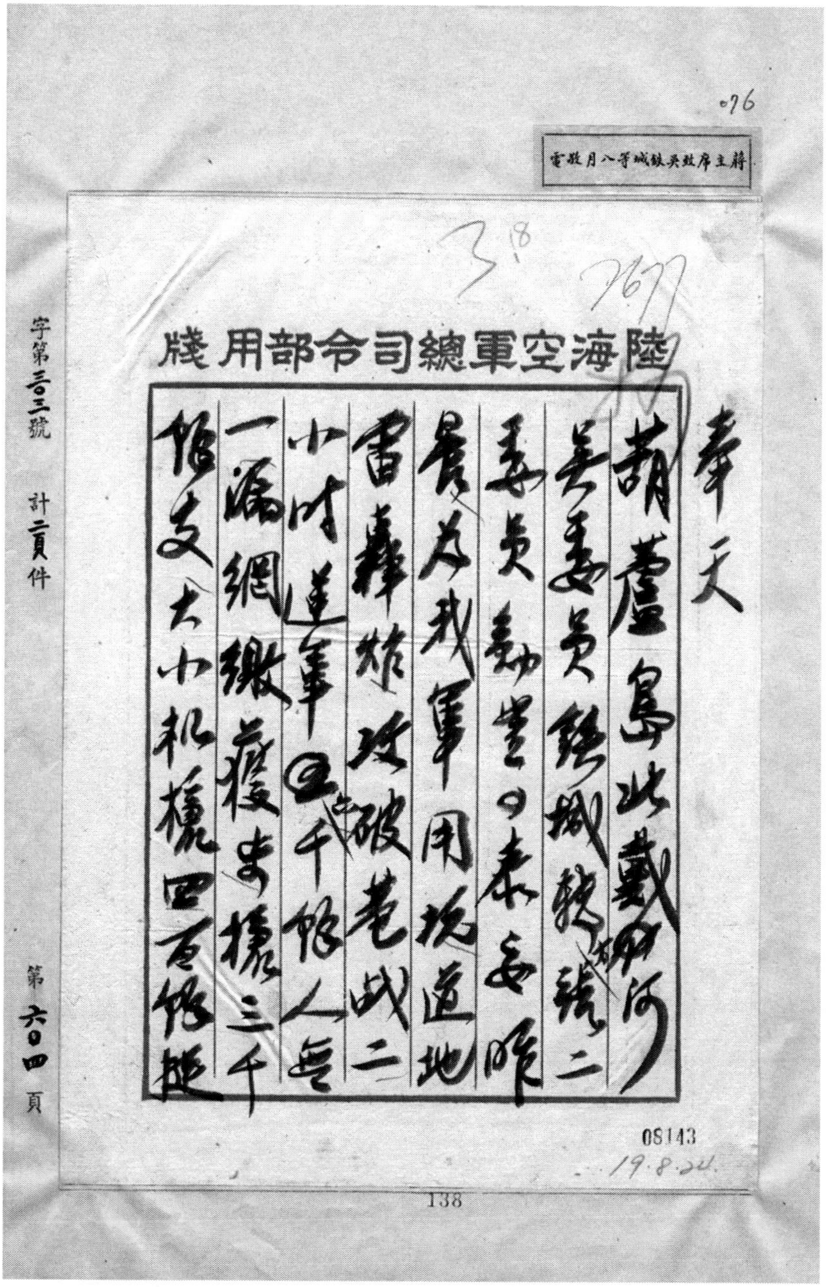

076

蔣主席致吳鐵城等八月敬電

陸海空軍總司令部用牋

奉天

葫蘆島北戴河吳委員鐵城轉張二委員勛鑒：泰安昨晨為我軍用坑道地雷轟炸攻破，巷戰二小時，逆軍四千餘人無一漏網，繳獲步槍三千餘支，大小机槍四百餘挺

字第三百三號 計二頁件

第六百四頁

08143
19.8.24.

138

蔣中正電吳鐵城等泰安攻破石友三安置請斟酌截擊晉逆馮逆歸路　1930/8/24

002-020200-00009-076

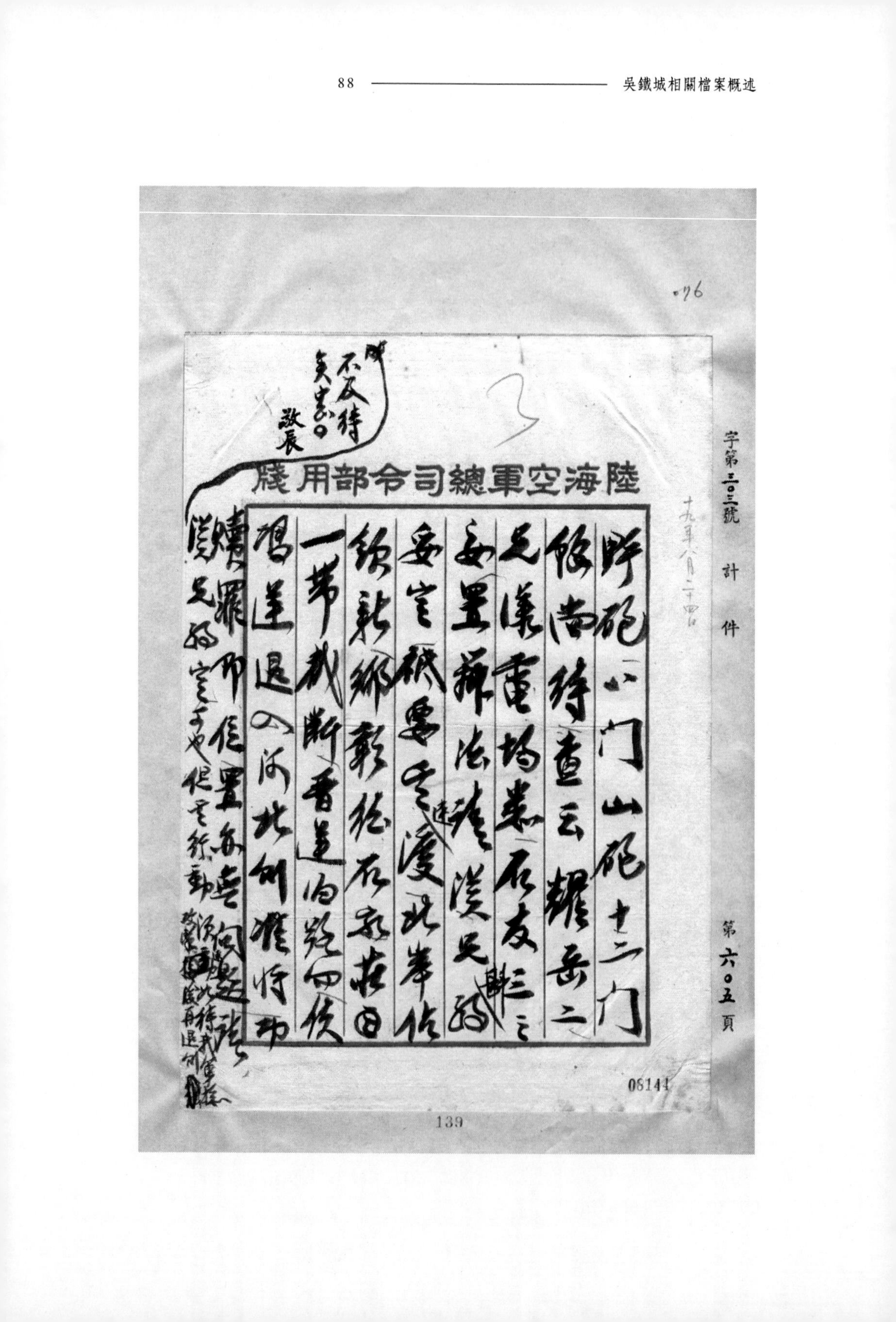

076

陸海空軍總司令部用牋

字第三○三號

計　件

第六○五頁

08144

139

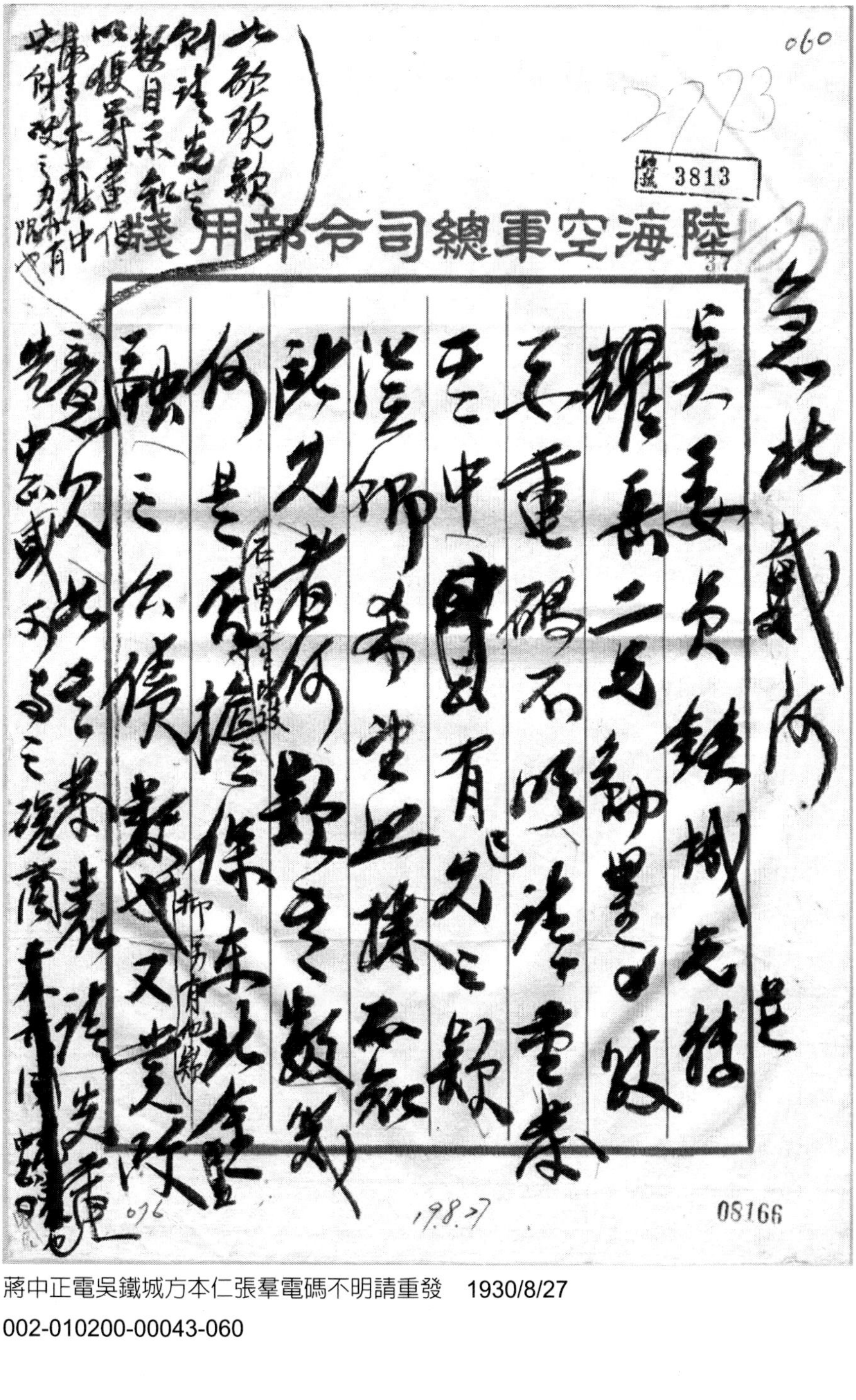

總號 3813

陸海空軍總司令部用牋

蔣中正電吳鐵城方本仁張羣電碼不明請重發　1930/8/27

002-010200-00043-060

005

3827

陸海空軍總司令部用牋

奉天

北戴河 吳委員

鐵城兄勳鑒。近

日奉電未接復

甚念，以後請每日

來一電以免懸念

據岳云是[illegible]此[illegible]。

19 1.8.28 08409 451

蔣中正電詢吳鐵城近日何以未接復電日後請每日一電　1930/8/28

002-010200-00044-005

3849

陸海空軍總司令部用牋

蔣中正電示吳鐵城方本仁張羣直告張學良確派石傑攜函訪于學忠　1930/8/29

002-010200-00044-028

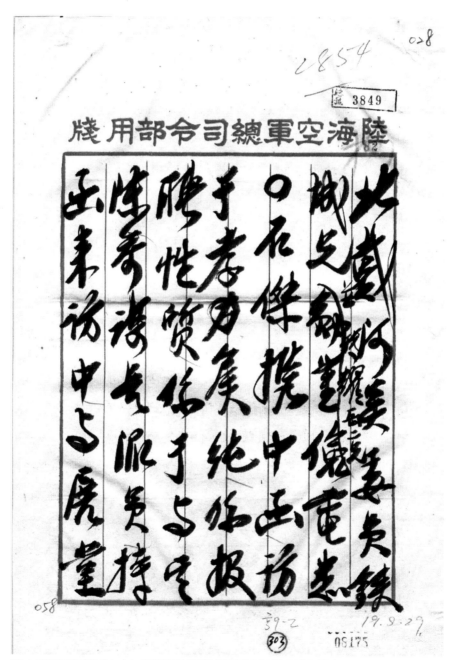

028

陸海空軍總司令部用牋

者已經一次故不得不
加慰勉此事前中
曾電告漢兄以據
予之李璋長言之
要漢兄下令予已準
備具畢一切籌議
有意欺背漢兄例
中決不以此情意之帳

059

028

陸海空軍總司令部用牋

于三代表來此無不
述表示擁中央代
經運兄出兵[illegible]
東有[illegible]其無忌
至他意[illegible]代表
耐也石傑確係中臥
僅楂管從兄番 中正

用

036

3857

陸海空軍總司令部用牋

蔣中正電示吳鐵城張羣酌量情形對外說我軍在津浦路積極渡河進擊　1930/8/30

002-010200-00044-036

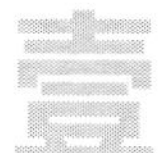

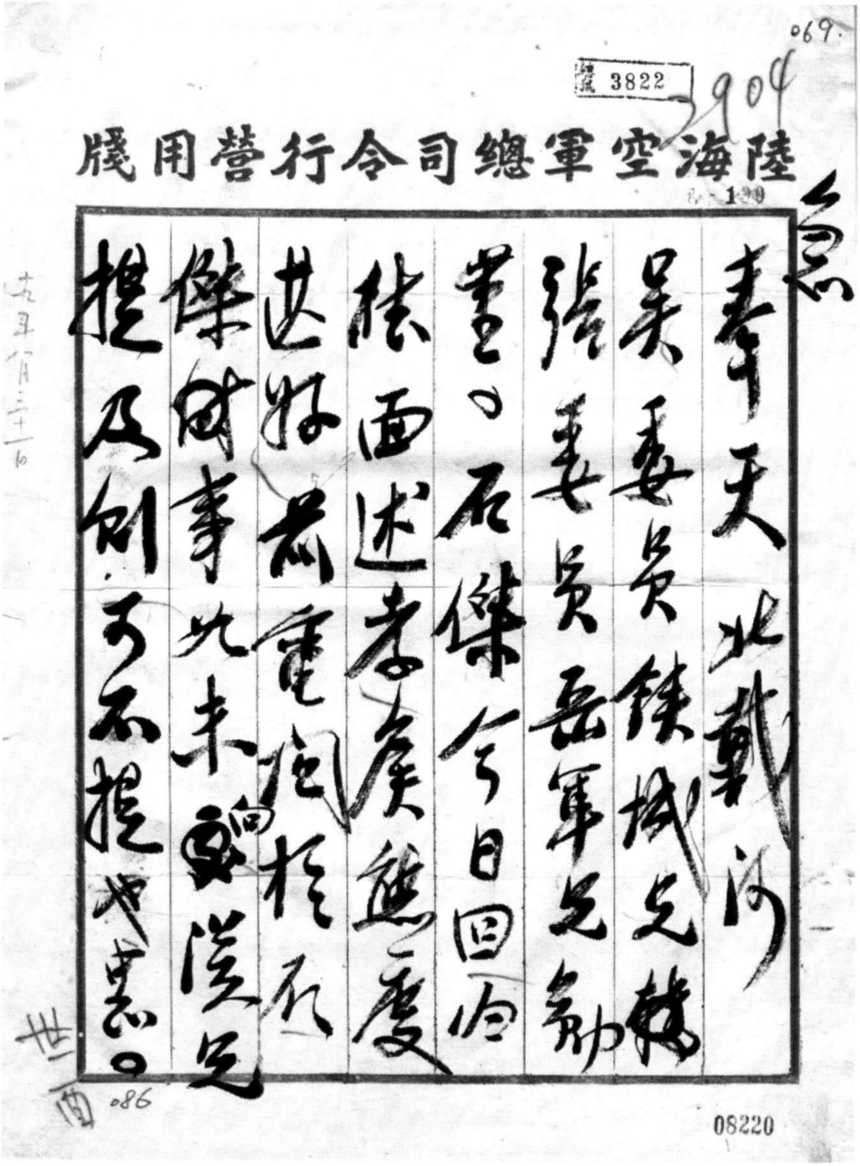

陸海空軍總司令行營用牋

急

奉天北戴河

吳委員鐵城兄轉

張委員岳軍兄勛鑒。石傑今日回德，據面述孝侯態度甚好，前電託於石傑對事尤未（回）談及，提及則可不提也。中正。

十九年八月三十一日

世酉

蔣中正電吳鐵城張羣關於石傑回歸德面述于學忠態度甚好前電可不提　1930/8/31

002-010200-00043-069

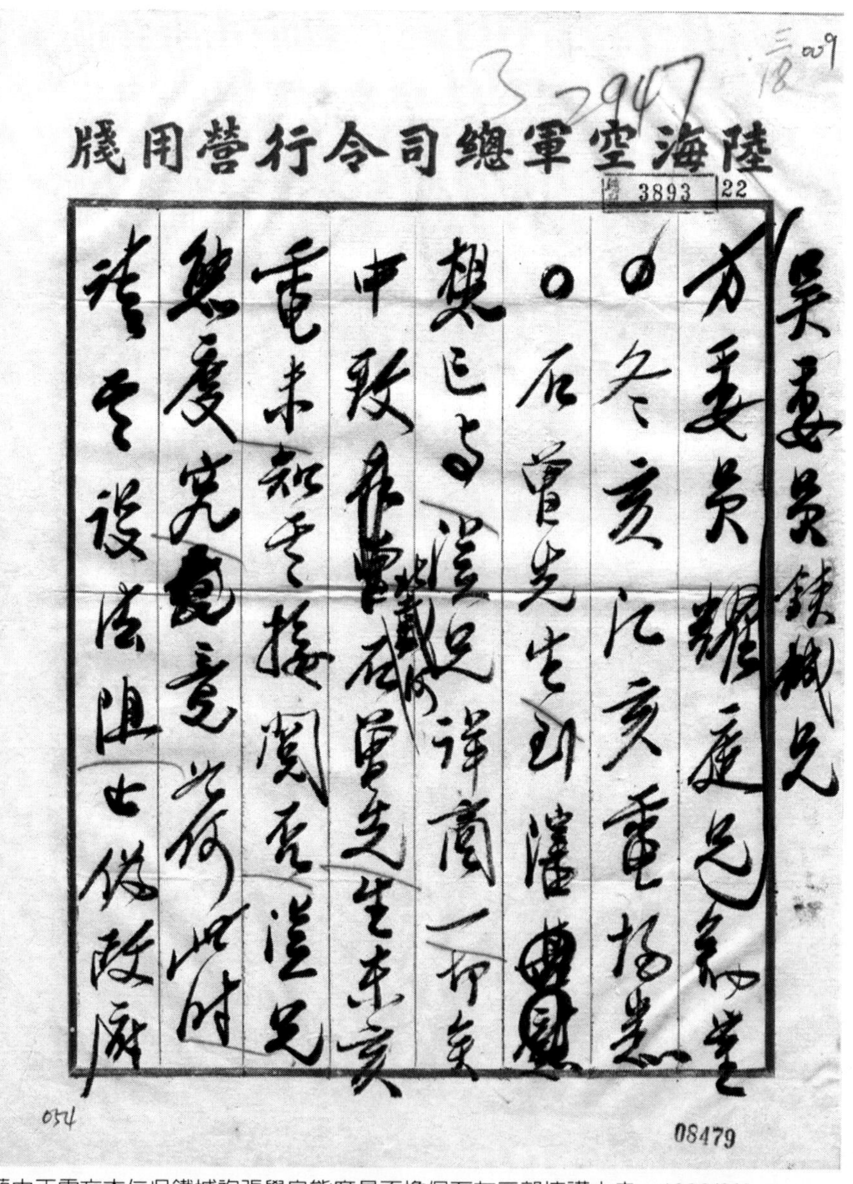
陸海空軍總司令行營用牋

3893 22

吳委員鐵城兄
方委員耀庭兄勳鑒
○冬亥、江亥電均悉
○石曾先生到瀋想
彼已與漢兄詳商一切矣
中致張漢卿、石曾先生東亥
電未知已接閱否，漢兄
態度究竟如何，此時
請其設法阻止偽政府

054

08479

蔣中正電方本仁吳鐵城詢張學良態度是否擔保石友三部擁護中央　1930/9/4

002-010200-00046-009

009

陸海空軍總司令行營用牋

三、組織為惟一要件，此間
軍事[illegible]太有憑藉，不
久可成[illegible]作友[illegible]
表畢廣[illegible]國已來漢也
石能早日擬見北岸[illegible]
擁護中央[illegible]月支[illegible]
然[illegible]難也[illegible]但[illegible]
擬[illegible]耳 中正

十九年九月四日

055

08480

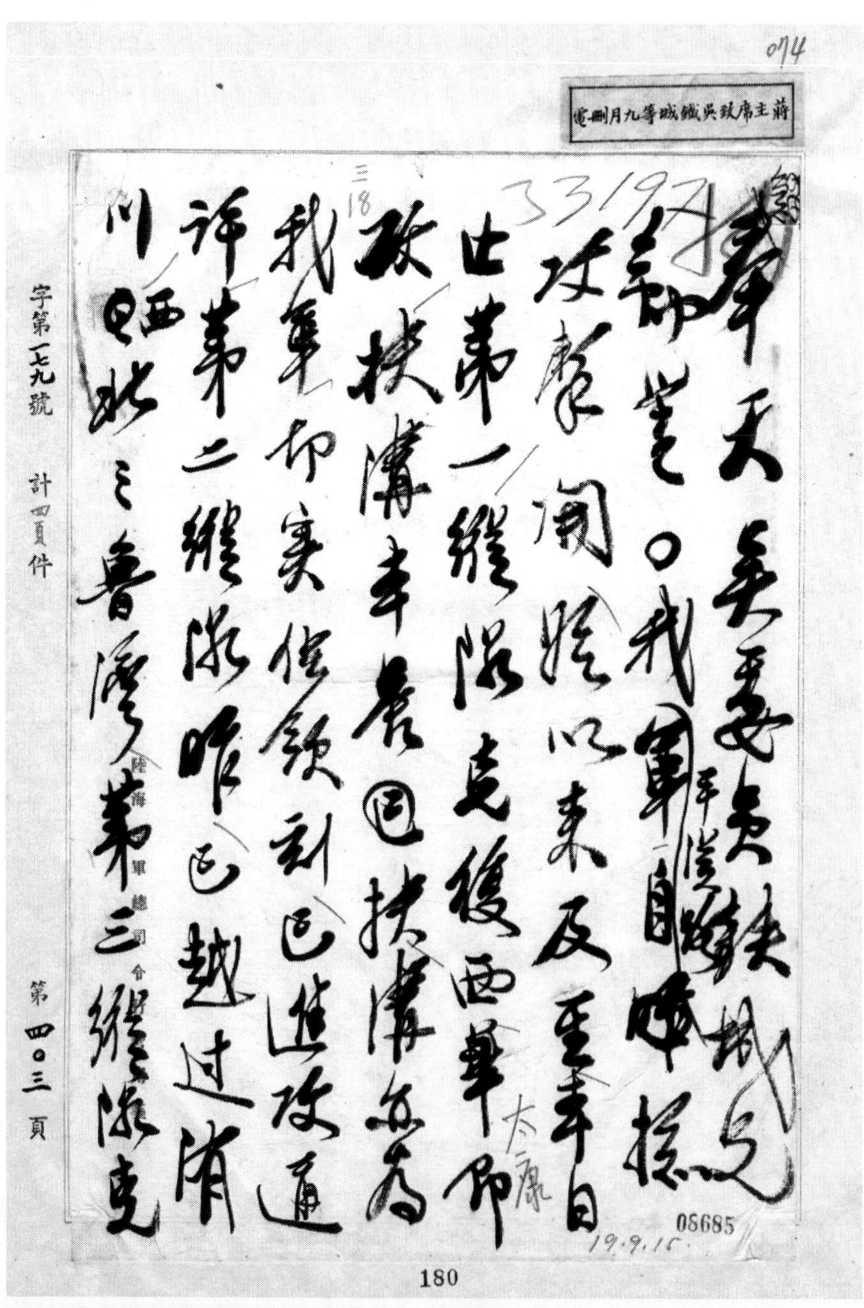
蔣主席致吳鐵城等九月刪電

074

字第一七九號 計四頁件 第四○三頁

陸海軍總司令部

08685

19.9.15

180

蔣中正電吳鐵城等占領考城即向蘭封開封進展戰事或可告一段落 1930/9/15

002-020200-00008-074

074

字第一七九號 計 件 第四〇四頁

獲襄城後今已越过許昌西北之包圍逼近和尚橋東諸第四縱隊克復[illegible]後本日竟佔領鄭州西南竹林大隗地之綫據此城此為鄭洛間軍事惟一之據點今已為我軍佔領則鄭州西不成問題矣第五縱隊克復臨汝後即進克[illegible]自由[illegible]伊陽[illegible]二

08686

074

城自由即前之白河鎮距洛
陽祇卅餘里乃為洛陽惟一之
咽喉也平漢線各部進
展極緩如期而護此為軍事
對最難得而貴也隴海線
未為助攻今日且已佔領老城
所友之部完全渡河已與我
軍完全一致我軍佔領老城後

字第一七九號 計 件 第四〇五頁

08087

074

字第一七九號 計 件 第四〇六頁

即向蘭封、開封進展中，戰事不久或可告一段落也，請轉告各同志為盼。蔣中正。刪亥。此電并致古湘芹、熊式輝、陳立夫、宋子文，不在各報發表。

十九年九月十五日

陸海空軍總司令行營用箋

08688

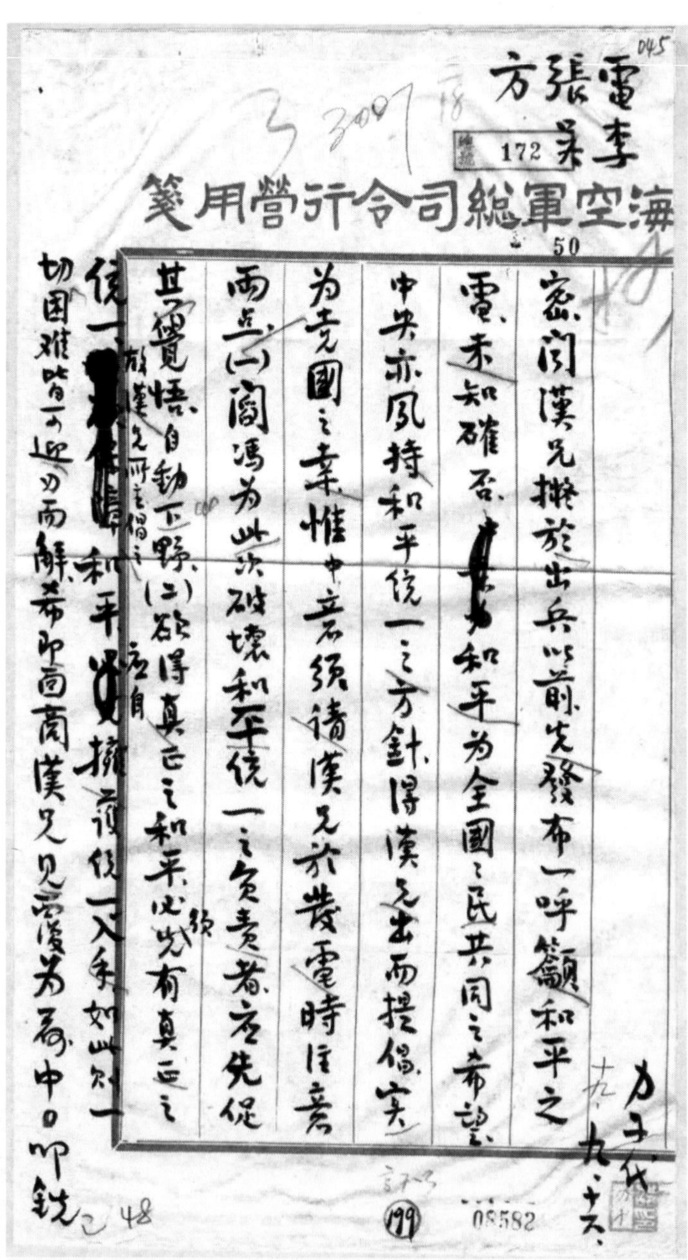

電張方 李吳

海空軍總司令行營用箋

密。聞漢兄擬於出兵以前先發布一呼籲和平之電，未知確否。和平為全國人民共同之希望，中央亦本持和平統一之方針，得漢兄出而提倡，實為黨國之幸，惟中正意須請漢兄於發電時注意兩點：(一)閻馮為此次破壞和平統一之負責者，應先促其覺悟，自動下野；(二)欲得真正之和平，必須先有真正之統一，[illegible]和平，[illegible]擁護統一入手，如此則一切困難皆可迎刃而解。希即面商漢兄見示復為荷。中正叩銑。

十九、九、十六

蔣中正電吳鐵城等張學良於出兵前擬先發布呼籲和平之電時應注意之點　1930/9/16

002-070200-00003-045

095

蔣主席致吳鐵城張群等十月虞電

3745 18

陸海空軍總司令行營用牋

字第二〇〇號 計三頁 件

限三小時

張委員岳軍 方委員耀庭

奉天吳委員鐵城兄勛
鑒：我軍昨夜克復鄭
州，在鄭州以南之逆軍張維
璽、孫連仲等應一律編孫良
誠部及梁冠英、張印湘
吉鴻昌等各個來降，孫殿
英一部人馬回河北，閻
馮逆軍河北者惟龐炳勳

第四三八頁

19.10.7 09080 685

215

蔣中正電吳鐵城等克復鄭州張維璽孫連仲梁冠英張印湘吉鴻昌來降　1930/10/7

002-020200-00008-095

095

陸海空軍總司令行營用牋

字第二〇〇號 計 件 第四三九頁

與高樹勳三各一部而已達

此馮逆玉祥所謂鐵軍者

京楂之部在洛陽矣及我楊

虎城劉茂恩家之包圍收

已難漏網也電恩惠此時

我東北部隊飛速向徐

彰德進取包我後各部

表聲援故閻馮再無徘徊

09081 656

216

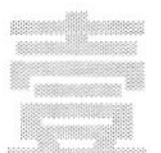

095

陸海空軍總司令行營用牋

字第二〇〇號 計 件 第四四〇頁

之[illegible]地則國家方有太平之望也
對石友三此時不能予先生地
位如其能攻晉則將來晉省主（先生處）
席如何使之以為渡河
本主席擬以劉經扶暫任
以軍事善後皆在豫省中（以）
不能常川駐豫也未知[illegible]
之意如何（雖國）對馮事仍持馮不下
野無話可說之態度之何如相機應付為荷
中正〇〇
庚巳

09082

657

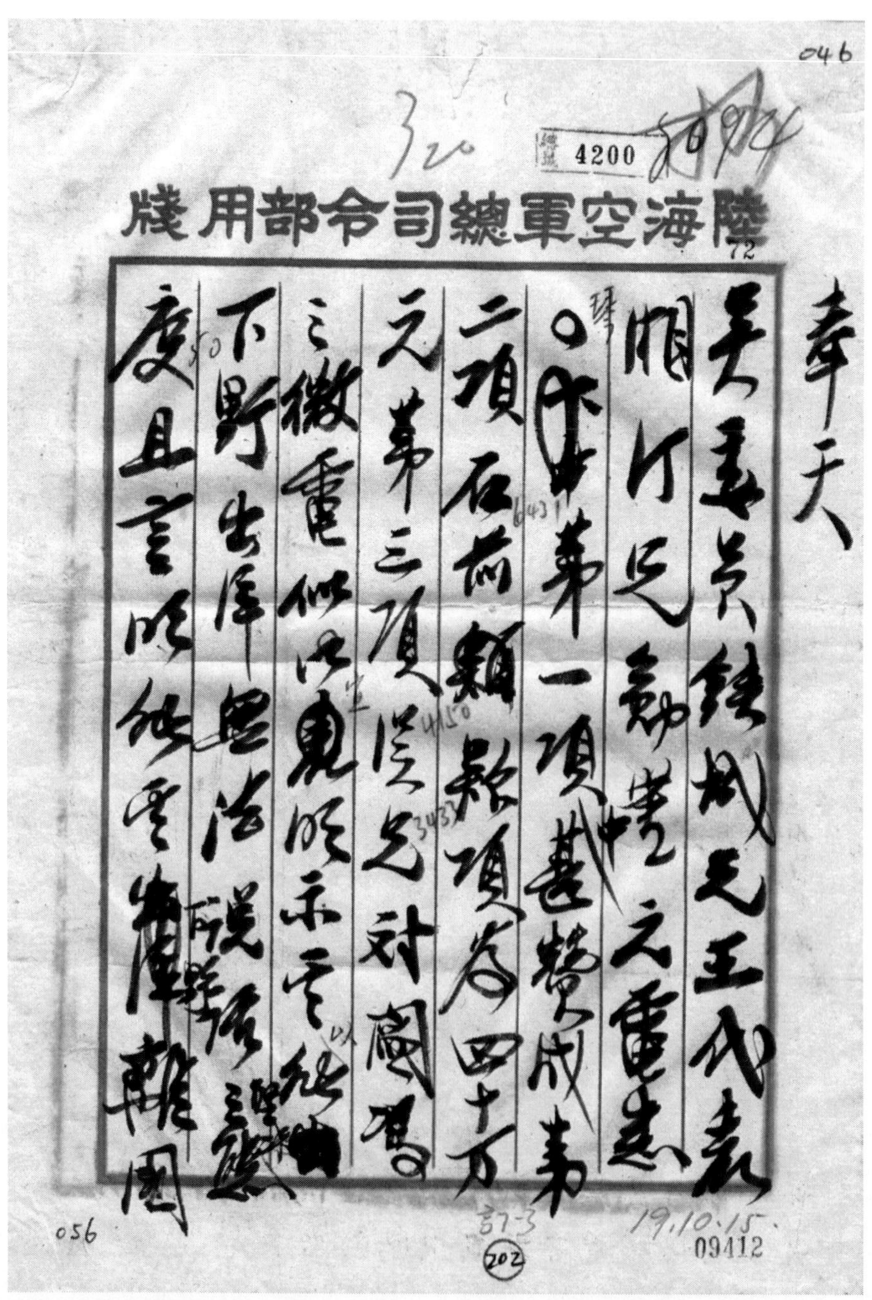
陸海空軍總司令部用牋

4200

蔣中正電吳鐵城王金鈺力主閻錫山下野且石友三攻晉則我軍不渡河　1930/10/15

002-010200-00052-046

2046

320

陸海空軍總司令部用牋

集閣弟陳

決不能開國民會議之

意示之擬第四項後

兄至和即以西兩人聯

名力考慮即下野

又依中央須令其攻晉如果

閻果不下野則于中止也

否則不能使閻下野也

近日其對我軍極度

阿

057

203 09413

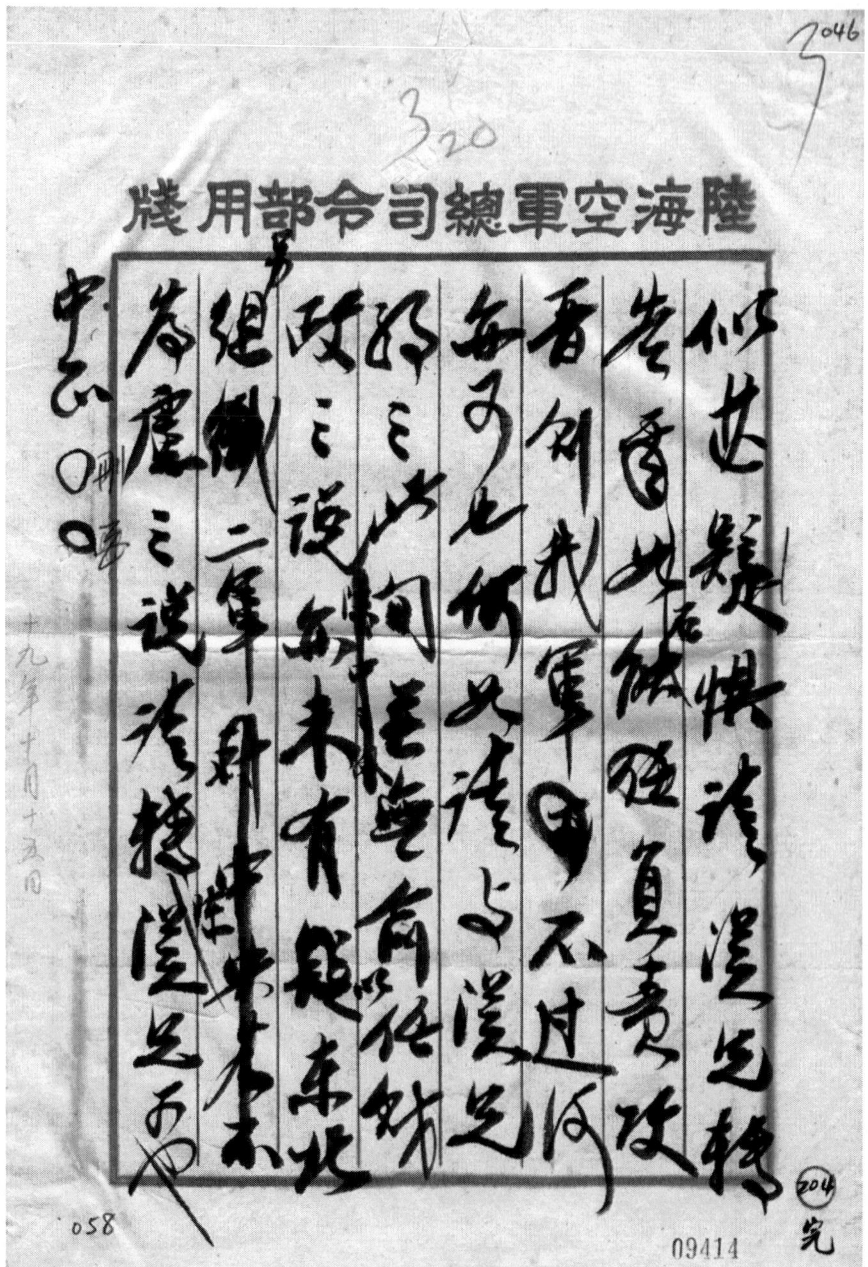

陸海空軍總司令部用箋

十九年十月十五日

058

09414

204

完

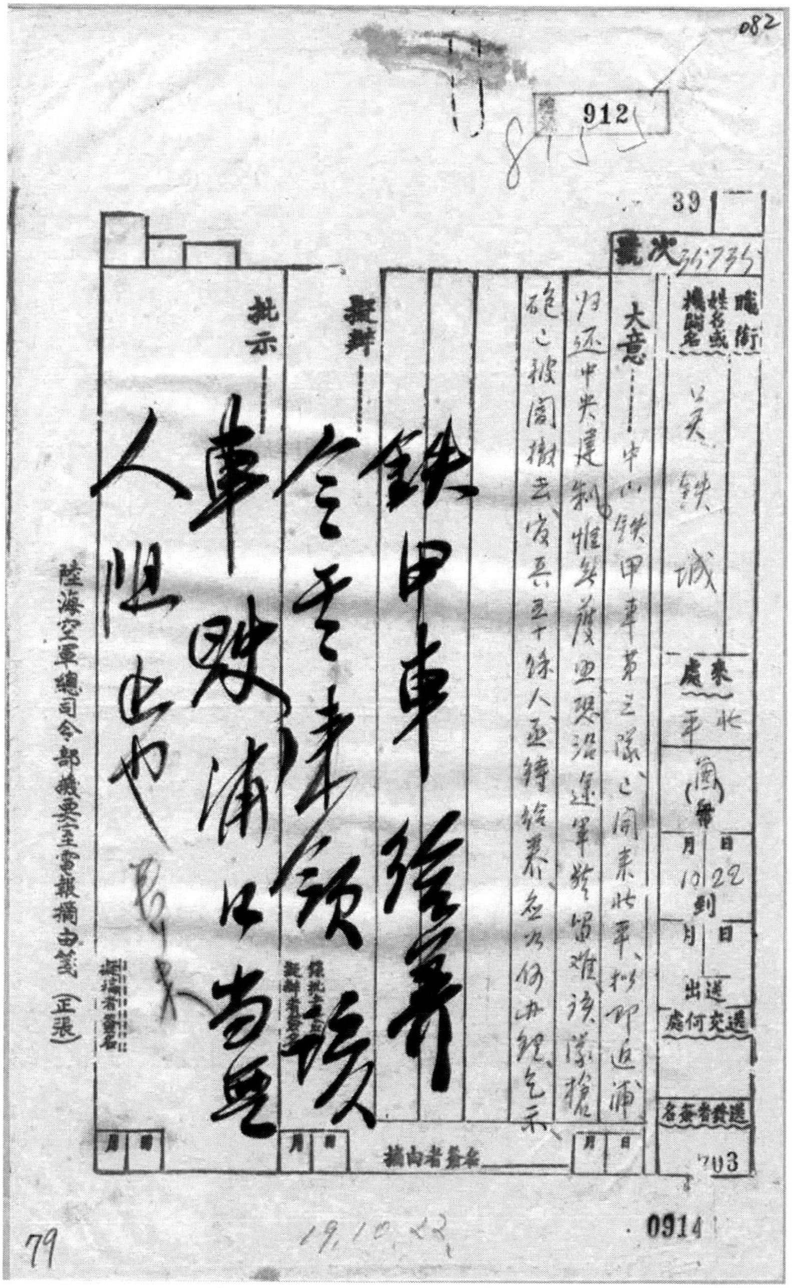

082

912

815

39

號次 367365

姓名或機關名	吳鐵城
來處	北平
月日	10 22

大意：中山號鐵甲車第三隊已開來北平，擬即返浦歸還中央建制，惟無餉發恐沿途軍警留難，該隊槍砲已被閻撤去，官兵五十餘人，亟待給養。應如何辦，乞示。

批示：鐵甲車給養令其來領，該車駛浦口當無人阻也。

陸海空軍總司令部機要室電報摘由箋（正張）

703

0914

79

19.10.22

蔣中正電吳鐵城鐵甲車給養令其來領該車駛浦口當無人阻止　1930/10/22

002-070100-00013-082

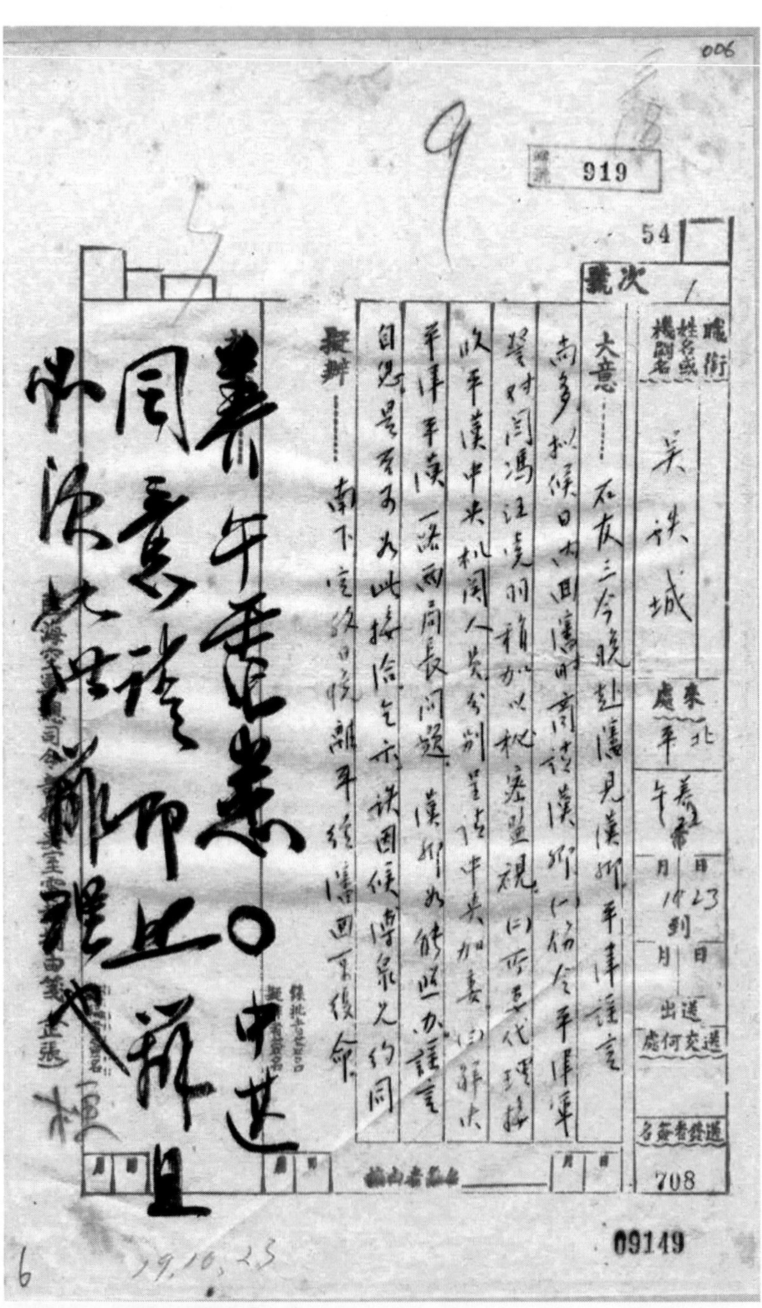

919

54

次號

職銜姓名或機關名：吳鐵城

來處：北平

大意：石友三今晚赴瀋見漢卿，平津謠言尚多，擬候日內回瀋時商請漢卿

養午電悉○同意請即照辦。中正

擬辦：南下

708

09149

蔣中正電吳鐵城商請張學良平息謠言諸措施甚同意即照辦　1930/10/23

002-070100-00014-006

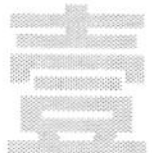

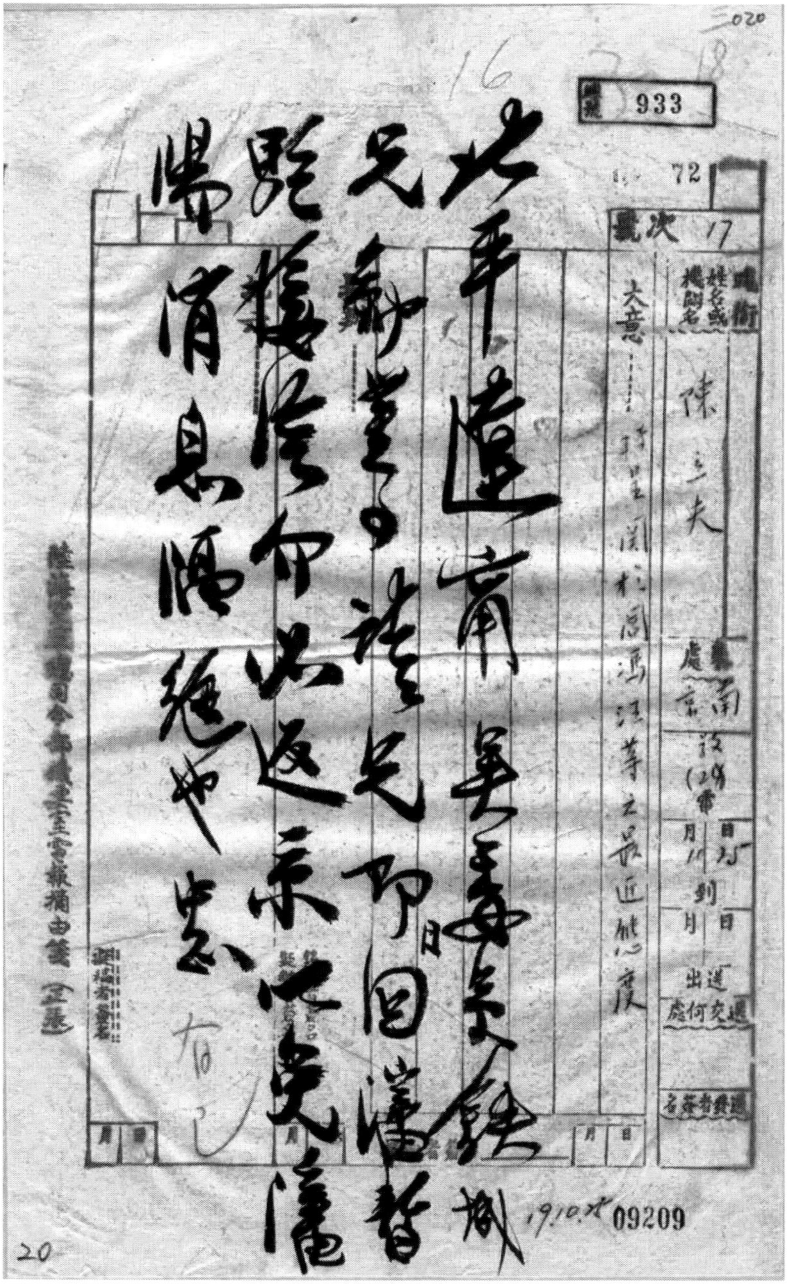

三 020

16 5 18

933

72

號次 17

姓名或機關名 陳立夫

大意 報告關於閻馮汪等之最近態度

北平遼寧吳主席鐵城兄勳鑒：請兄即回瀋暫駐，接洽勿必返京，以免瀋陽消息隔絕也。中正 有日

1910.26 09209

20

蔣中正電吳鐵城即回瀋暫駐接洽以免瀋陽消息隔絕　1930/10/25

002-070100-00014-020

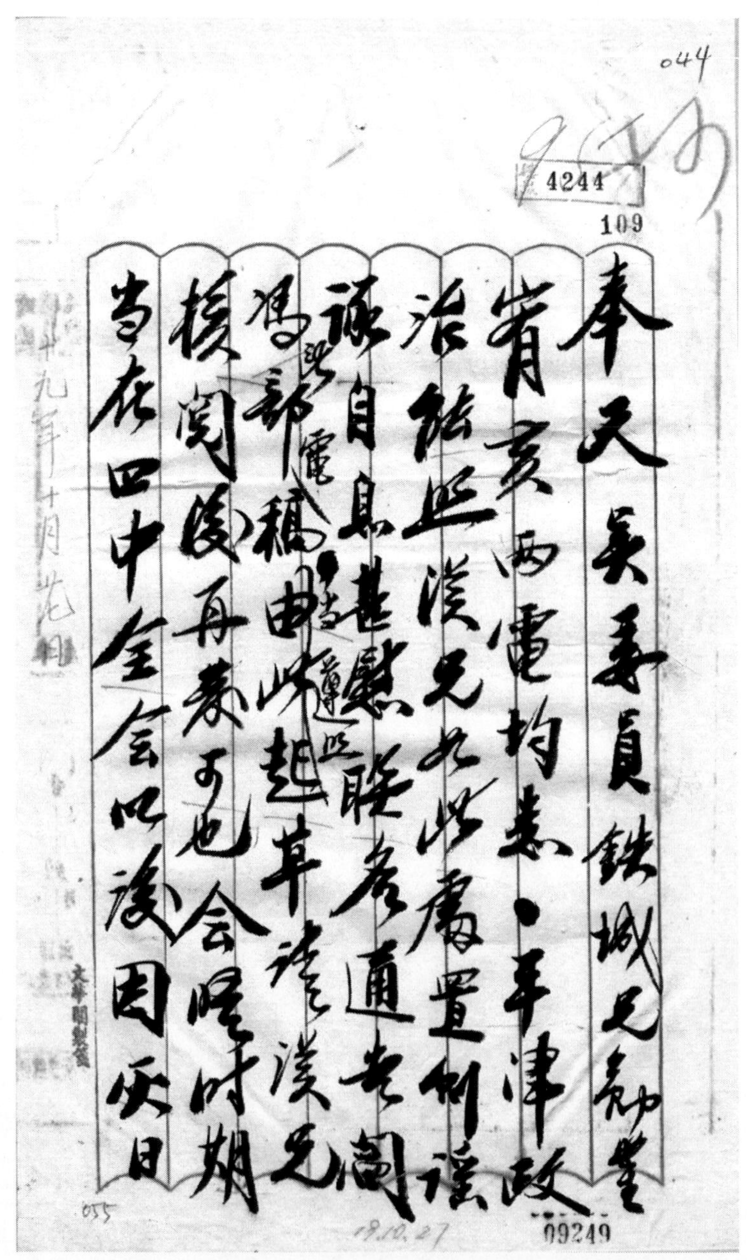

奉天吳委員鐵城兄勛鑒
宥亥兩電均悉。平津政
治組織照漢兄如此處置，謠
諑自息，甚慰。聯名通告閻
馮電稿由此起草，請漢兄
核閱後再發可也。會議時期
當在四中全會以後。因反日

蔣中正電吳鐵城平津謠息甚慰聯名通告閻錫山馮玉祥電當遵照盼張學良來京　1930/10/28

002-010200-00053-044

044

輔滄

以前皆已約定各友來奉以輔逐日研究提案故全會前不能遠離也不識兄能於中樞全會時來京滬一晤否中要面晤切討對內對外觀瞻諸及於黨國前途其益更莫大也請兄於便中一復示 中正

056 19.10.28 09250

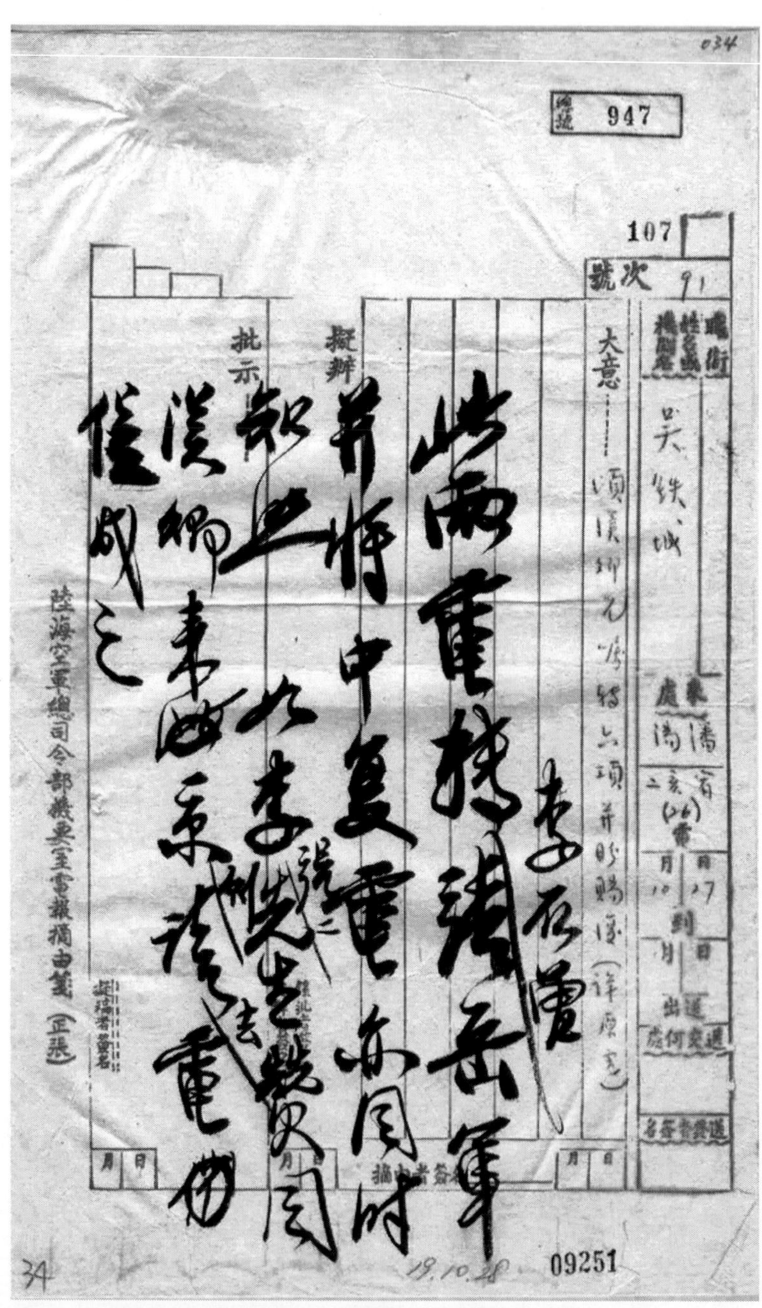

034

編號 947

107

號次 91

職銜姓名機關名稱：吳鐵城

大意

來處

月 日 到

何處送達

送達者簽名

擬辦

批示

摘由者簽名

擬辦者簽名

批示者簽名

陸海空軍總司令部機要室電報摘由箋（正張）

34 19.10.28 09251

蔣中正電吳鐵城將張學良囑轉之事電轉李煜瀛張羣　1930/10/28

002-070100-00014-034

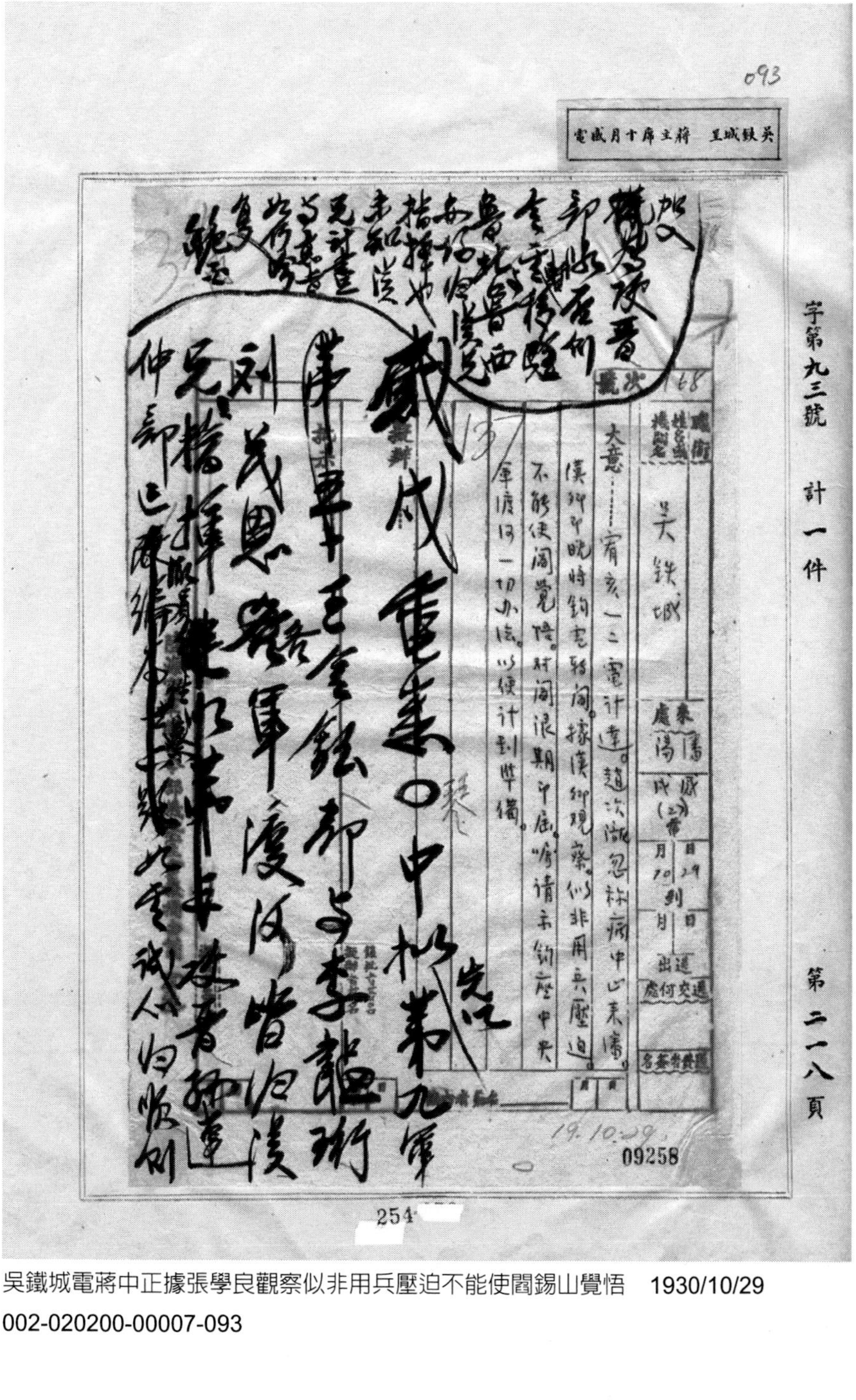

吳鐵城呈 蔣主席十月感電

字第九三號 計一件

第二一八頁

09258

254

吳鐵城電蔣中正據張學良觀察似非用兵壓迫不能使閻錫山覺悟　1930/10/29

002-020200-00007-093

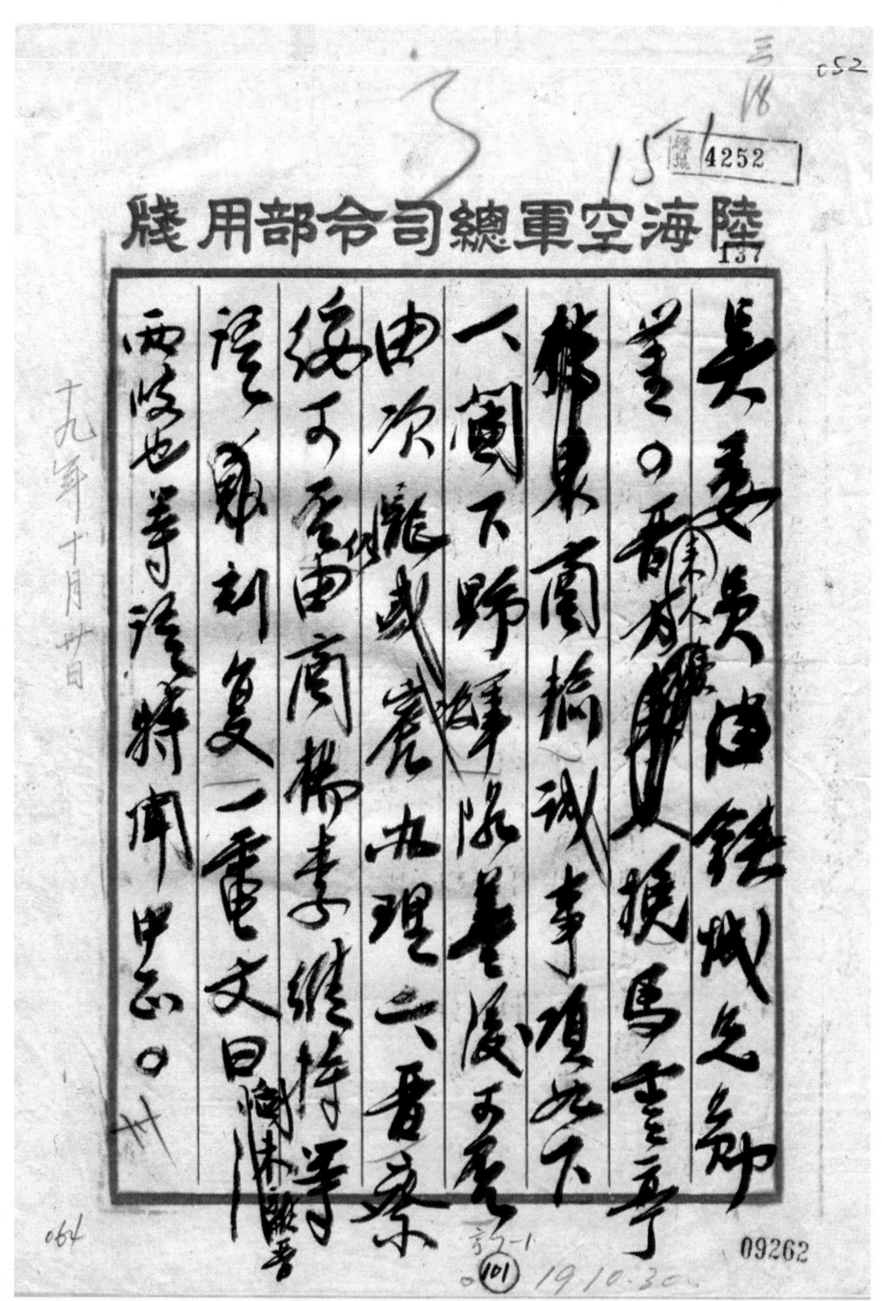

陸海空軍總司令部用箋

十九年十月卅日

蔣中正電吳鐵城晉方來人挽馬福祥商輸誠事項　1930/10/30

002-010200-00053-052

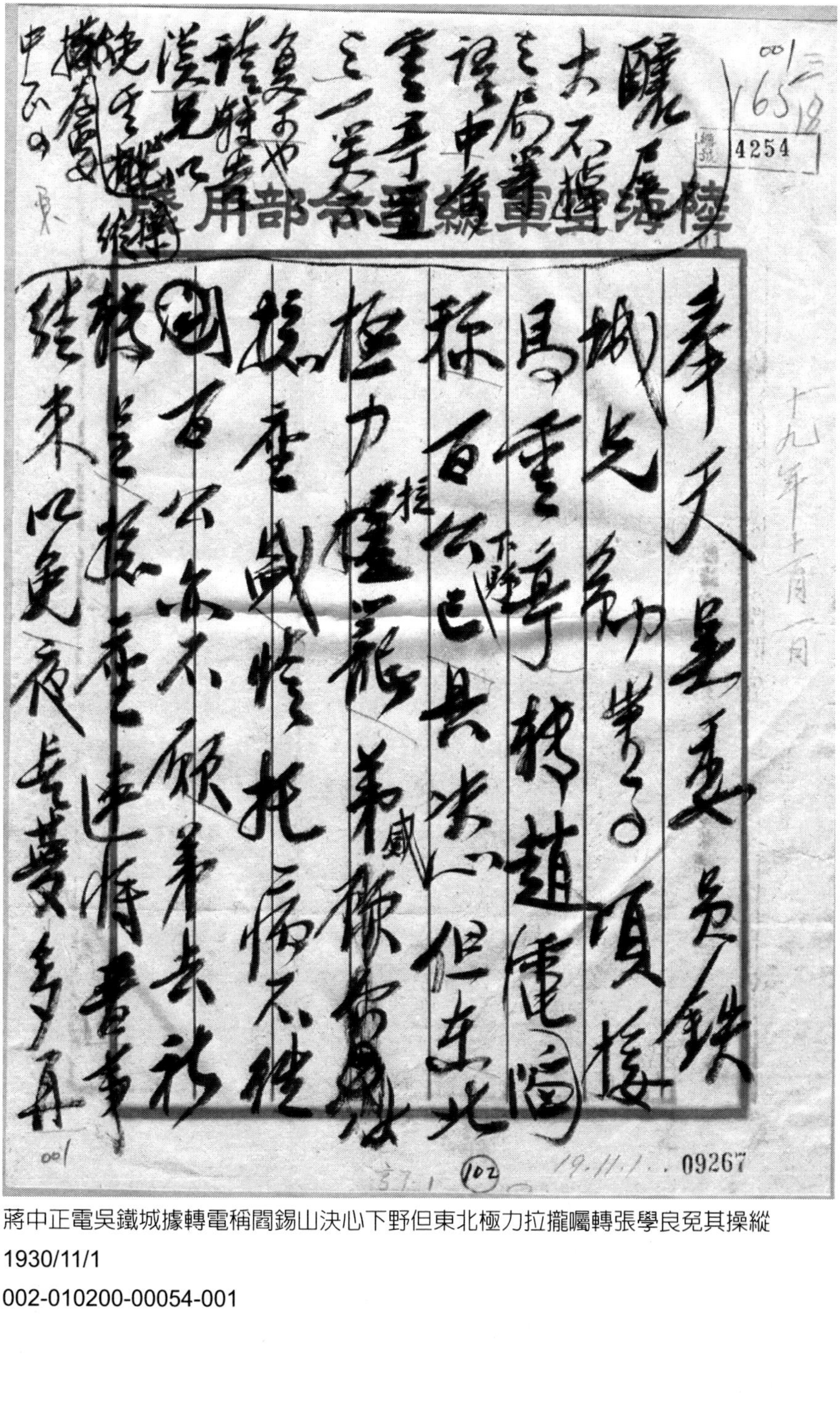

蔣中正電吳鐵城據轉電稱閻錫山決心下野但東北極力拉攏囑轉張學良免其操縱

1930/11/1

002-010200-00054-001

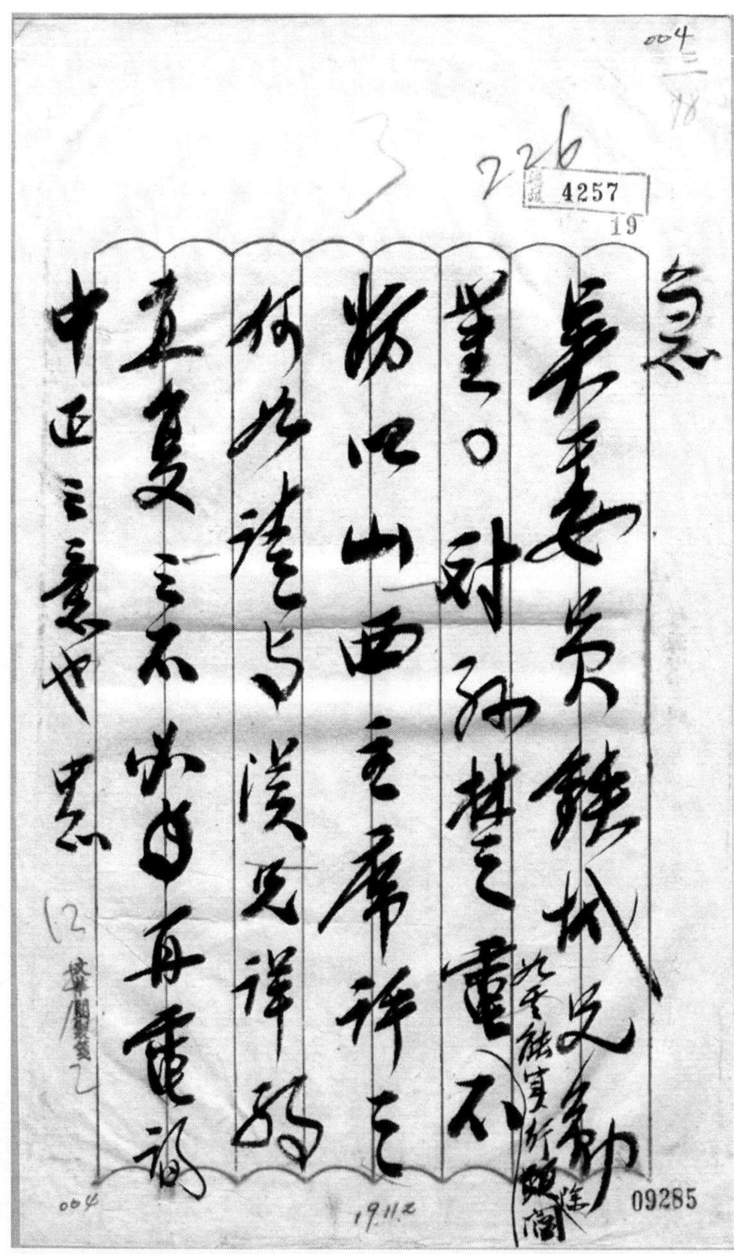

急
吳委員鐵城兄勳鑒。對孫楚電不妨以山西主席許之，務於請與漢卿兄詳酌逕復之，不必再電詢。
中正冬申

蔣中正電吳鐵城如孫楚能除閻錫山可許以山西省主席請與張學良詳酌逕復孫 1930/11/2

002-010200-00054-004

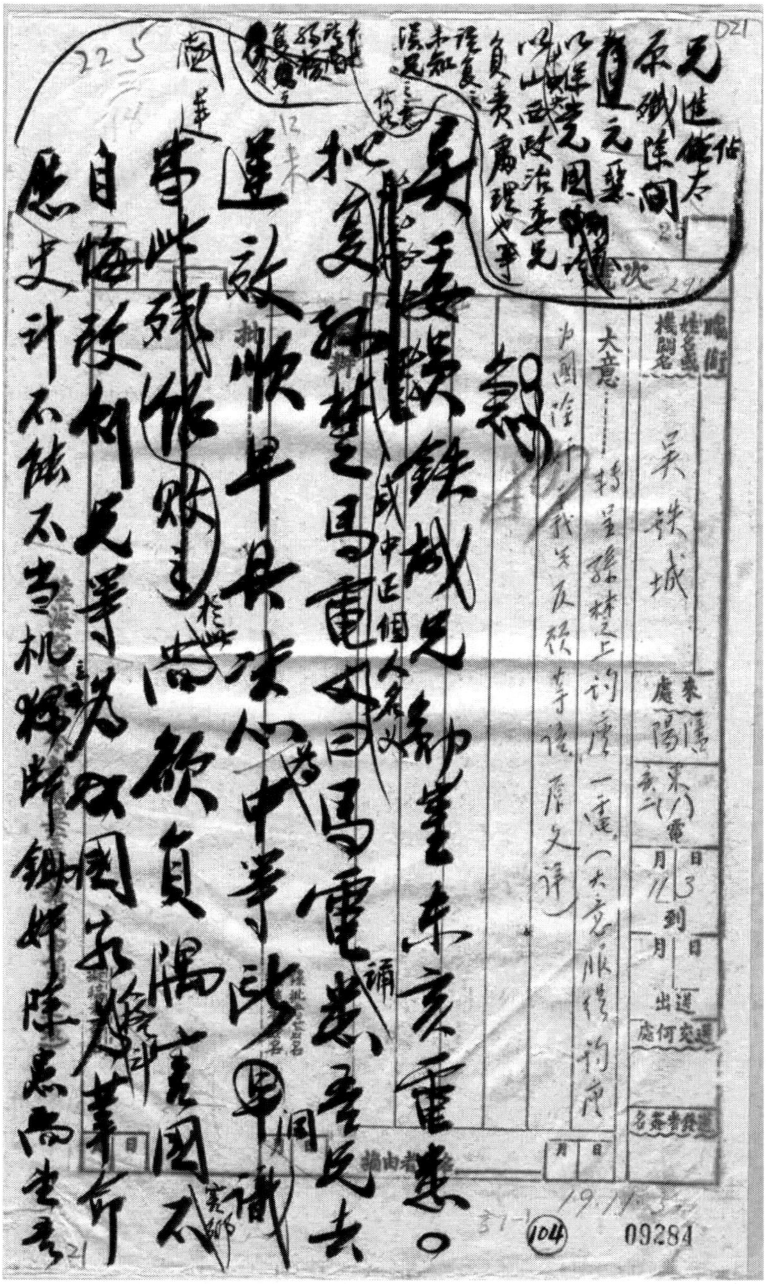

蔣中正電吳鐵城轉電孫楚負責處理山西政治　1930/11/3

002-070100-00015-021

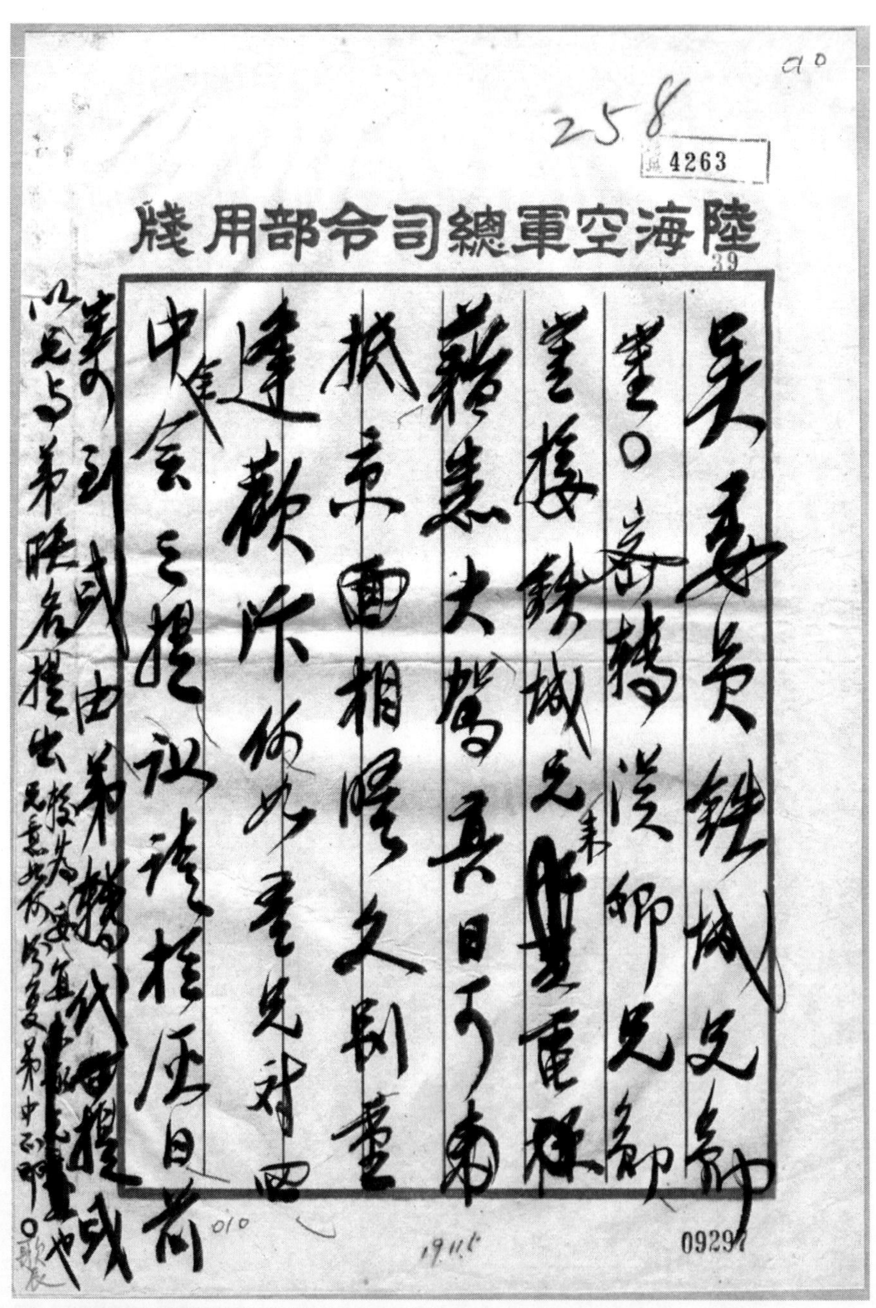

陸海空軍總司令部用箋

吳委員鐵城兄勛鑒。密。轉漢卿兄勛鑒：接鐵城兄來電，藉悉大駕真日可到南[illegible]抵京，面[illegible]相晤之期甚[illegible]，欣慰。所有[illegible]兄對四中全會之提議，請擬[illegible]日前寄到，或由弟轉代提，或以兄與弟聯名提出。[illegible]弟中正。[illegible]

蔣中正密電吳鐵城轉張學良期將四中全會提議寄來俾與其聯名提出　1930/11/5

002-010200-00054-010

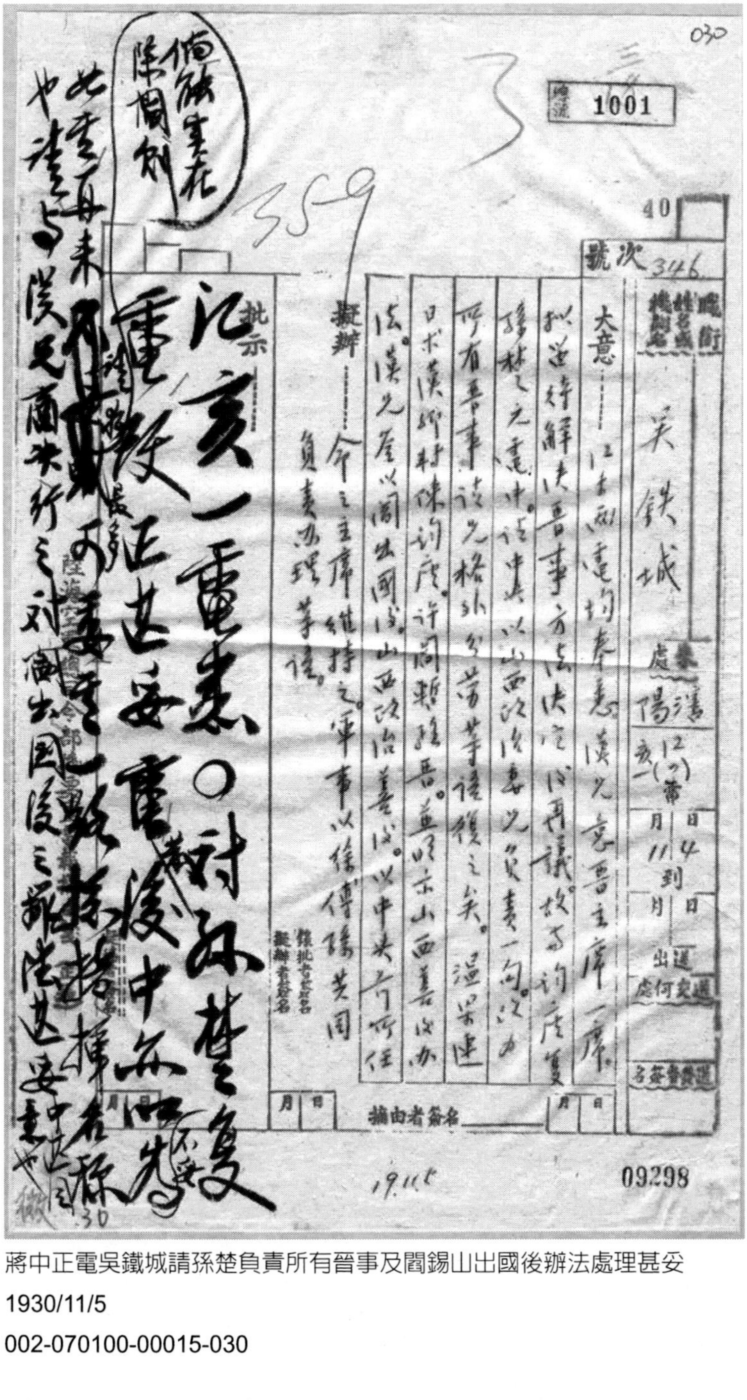

蔣中正電吳鐵城請孫楚負責所有晉事及閻錫山出國後辦法處理甚妥

1930/11/5

002-070100-00015-030

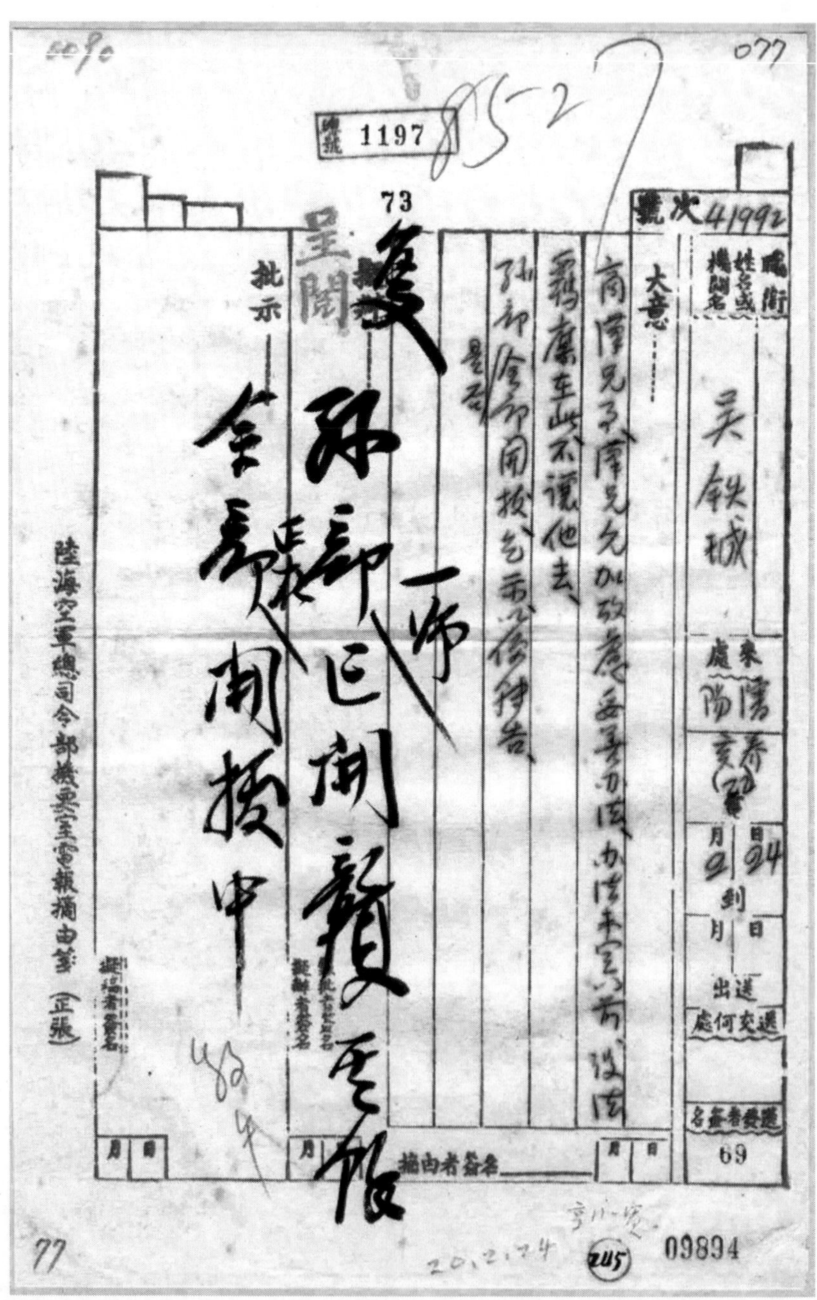
077

編號 1197

73

號次 41992

職銜 姓名或機關名：吳鐵城

來處：瀋陽

月 2 日 24

到 月 日

送交何處

選發者簽名 69

大意：商震兄已將兄允加改處妥善辦法，辦法未定前設法勸阻車站不讓他去，孫部令即開拔乞示，俟轉告

呈閱

批示：復 孫部一師已開贛 其餘全部正開拔中

擬辦者簽名

摘由者簽名

月 日

陸海空軍總司令部機要室電報摘由箋（正張）

09894

蔣中正電吳鐵城孫連仲部一師已開贛其餘全部正開拔中　1931/2/24

002-070100-00017-077

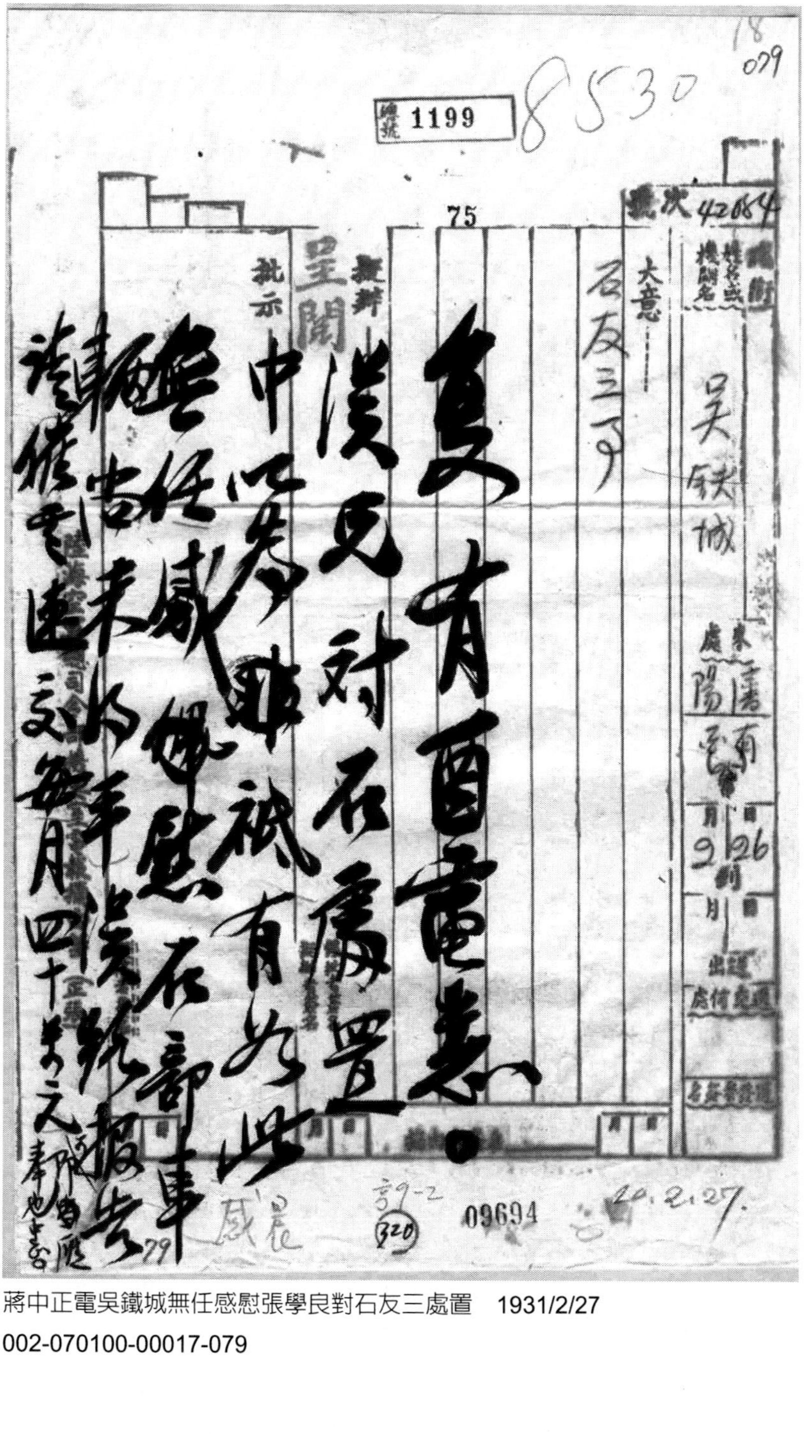

總號 1199

8530

18 079

75

次號 42084

機關名 姓名或 吳鐵城

大意 石友三事

來處 瀋陽 有電 月2日26

擬辦 呈閱

批示

魚有酉電悉。漢兄對石處置，中央除非祇有如此，無任感慰。在部事輒告來於手續報告，請備電速交每月四十萬元 [illegible]

感晨 09694 20.2.27

蔣中正電吳鐵城無任感慰張學良對石友三處置　1931/2/27

002-070100-00017-079

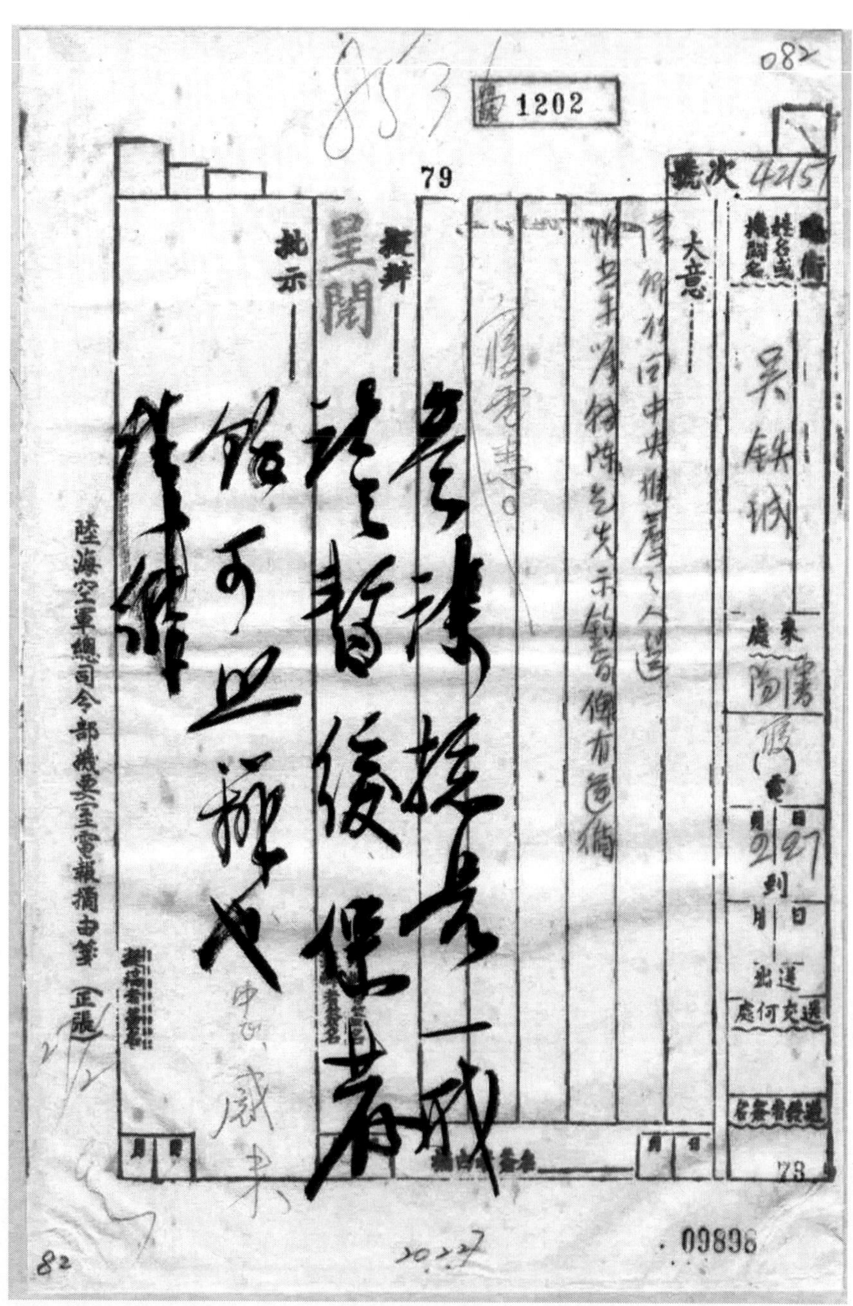

蔣中正電吳鐵城參謀總長一職暫緩保薦餘可照辦　1931/2/27

002-070100-00017-082

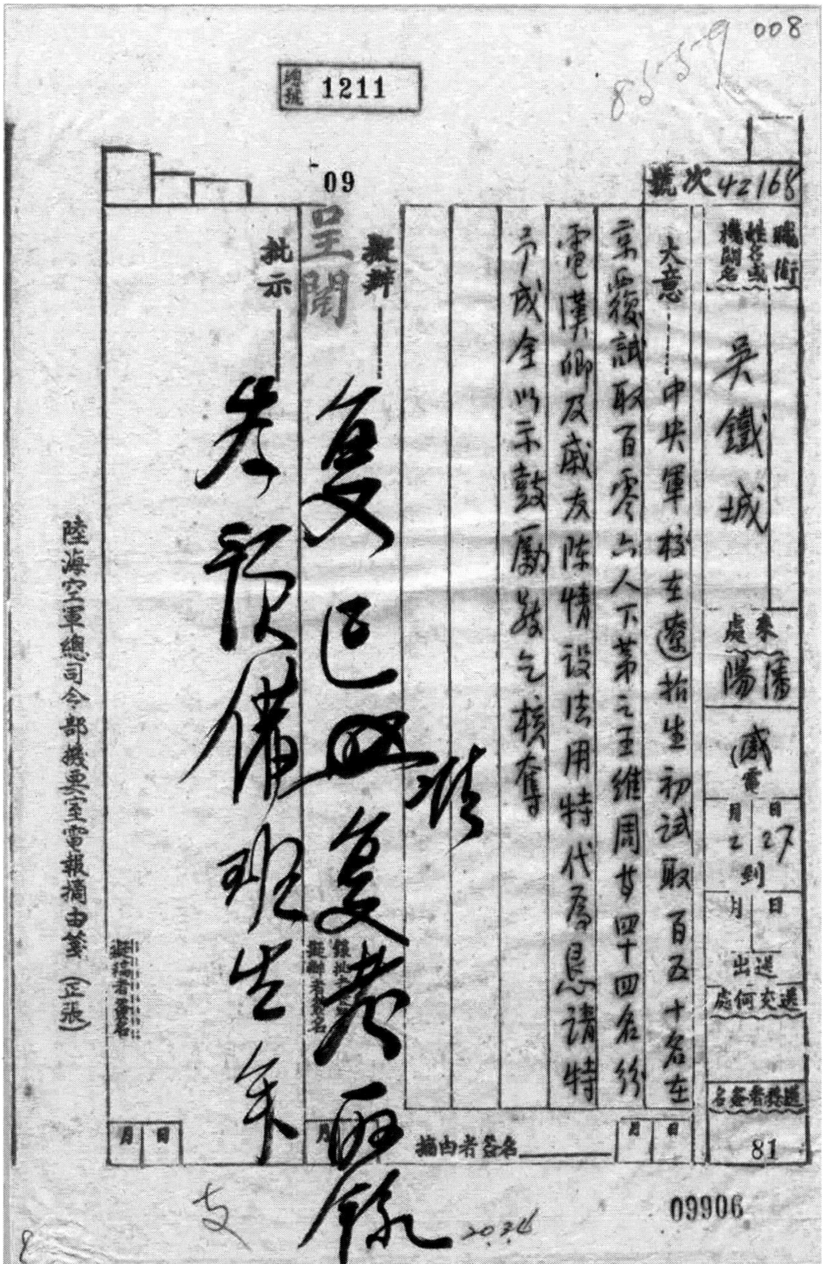

陸海空軍總司令部機要室電報摘由箋（正張）

總號 1211

號次 42168

職銜姓名或機關名	吳鐵城
來處	瀋陽
感電	2月27日到

大意：中央軍校在遼招生初試取百五十名，在京復試取百零六人，下第之王維周等四十四名，經電漢卿及戚友陳情設法，用特代為懇請特予成全，以示鼓勵，並乞核奪

呈閱

擬辦：復已照准 復考取錄

批示：准預備班生錄

擬稿者簽名　錄批者簽名　擬辦者簽名　摘由者簽名　送發者簽名 81

09906

蔣中正電吳鐵城已准王維周等復考取錄為預備班生　1931/3/4

002-070100-00018-008

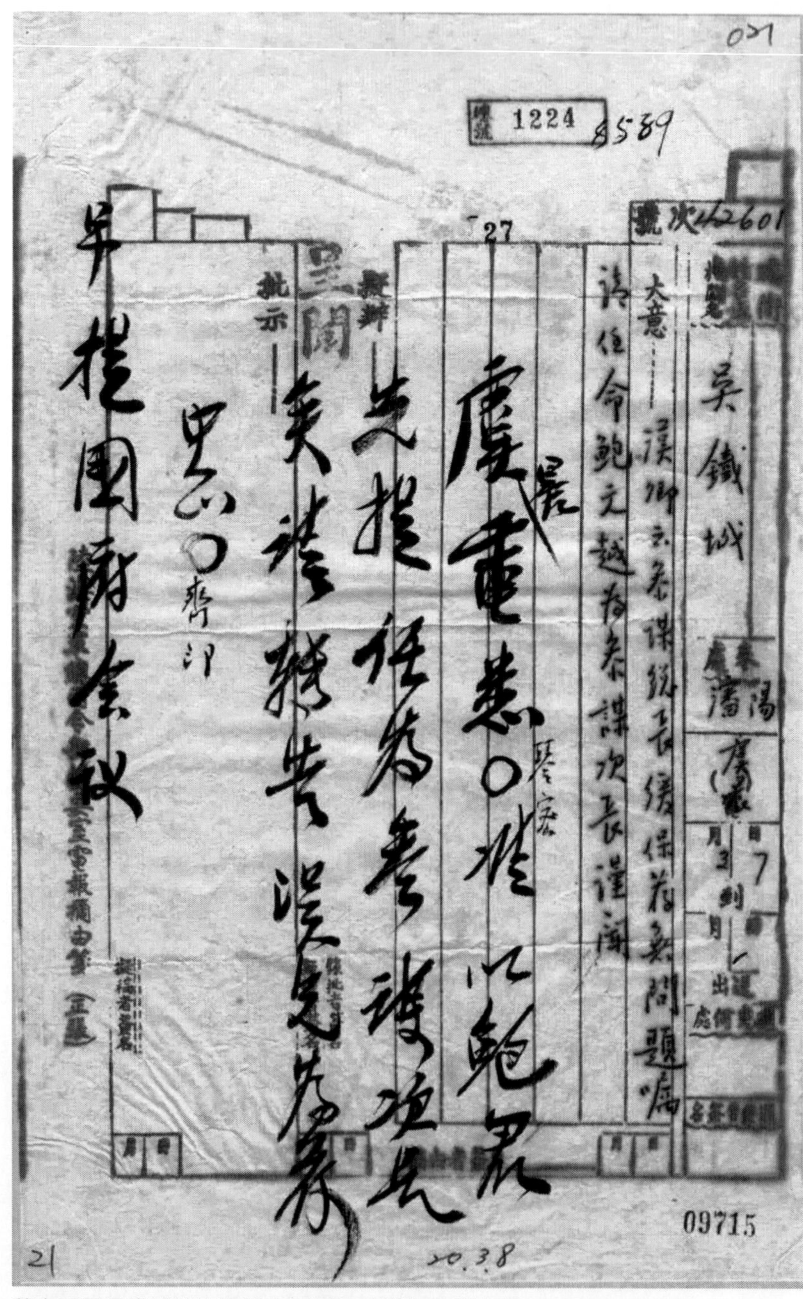

021

1224 8589

次號 142601

吳鐵城

來處 瀋陽

大意 漢卿云參謀總長儘保留參謀問題 請任命鮑文樾為參謀次長謹陳

27

吳□長 慶電悉〇（琴密）以鮑君先擬任為參謀次長矣請轉告漢兄為荷

中正〇齊印

呈擬國府會議

09715

21

20.3.8

蔣中正電吳鐵城轉告張學良可委鮑文樾為參謀次長　1931/3/8

002-070100-00018-021

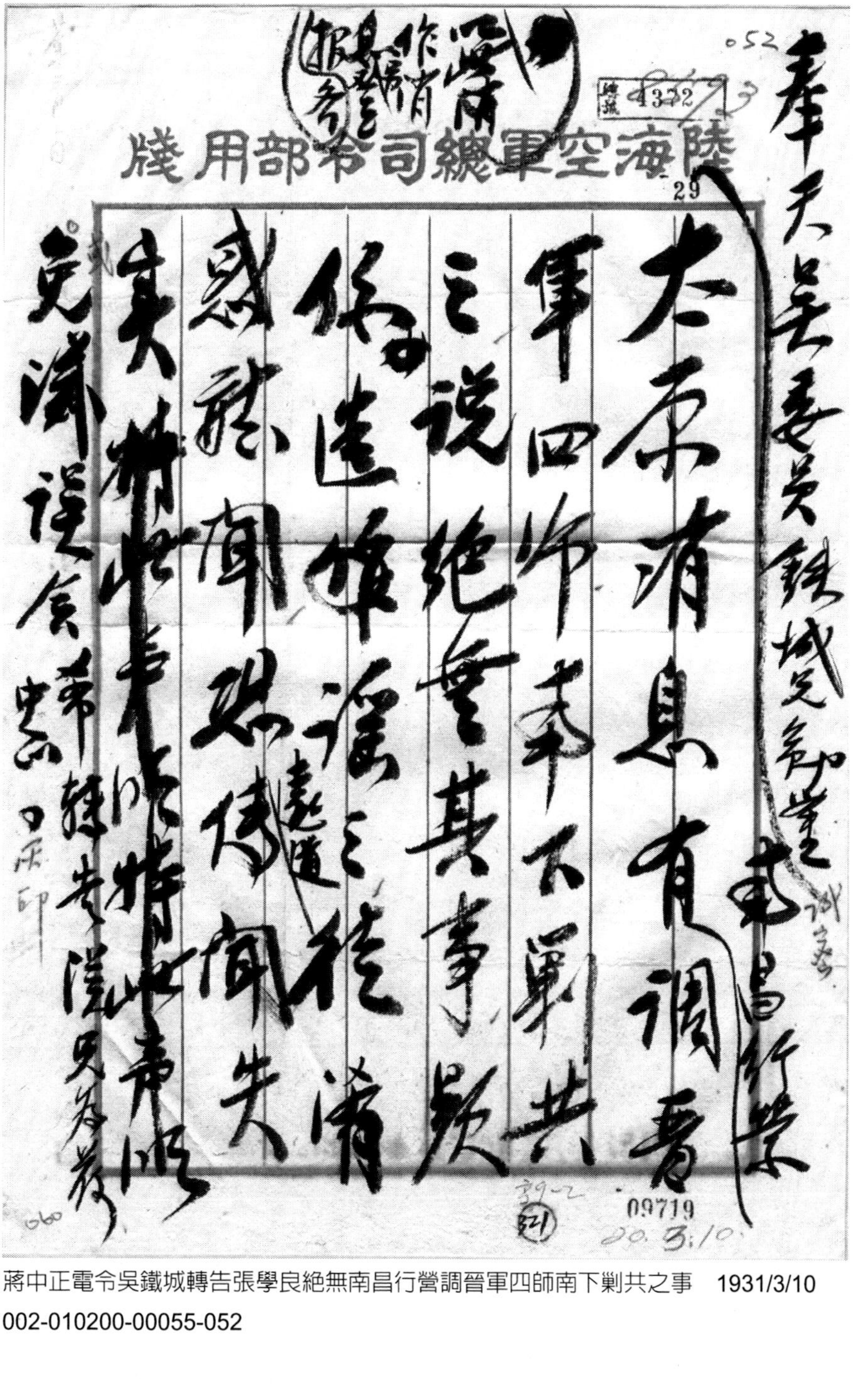

052

陸海空軍總司令部用牋

總號 4352

奉天吳委員鐵城兄勛鑒：太原消息有謂南昌行營調晉軍四師南下剿共之說，絕無其事。聞係造謠[illegible]淆惑聽聞，恐傳聞失實，特此奉聞，請轉告漢卿兄免誤會。弟蔣中正灰口秘印

09719

20.3.10

蔣中正電令吳鐵城轉告張學良絕無南昌行營調晉軍四師南下剿共之事　1931/3/10

002-010200-00055-052

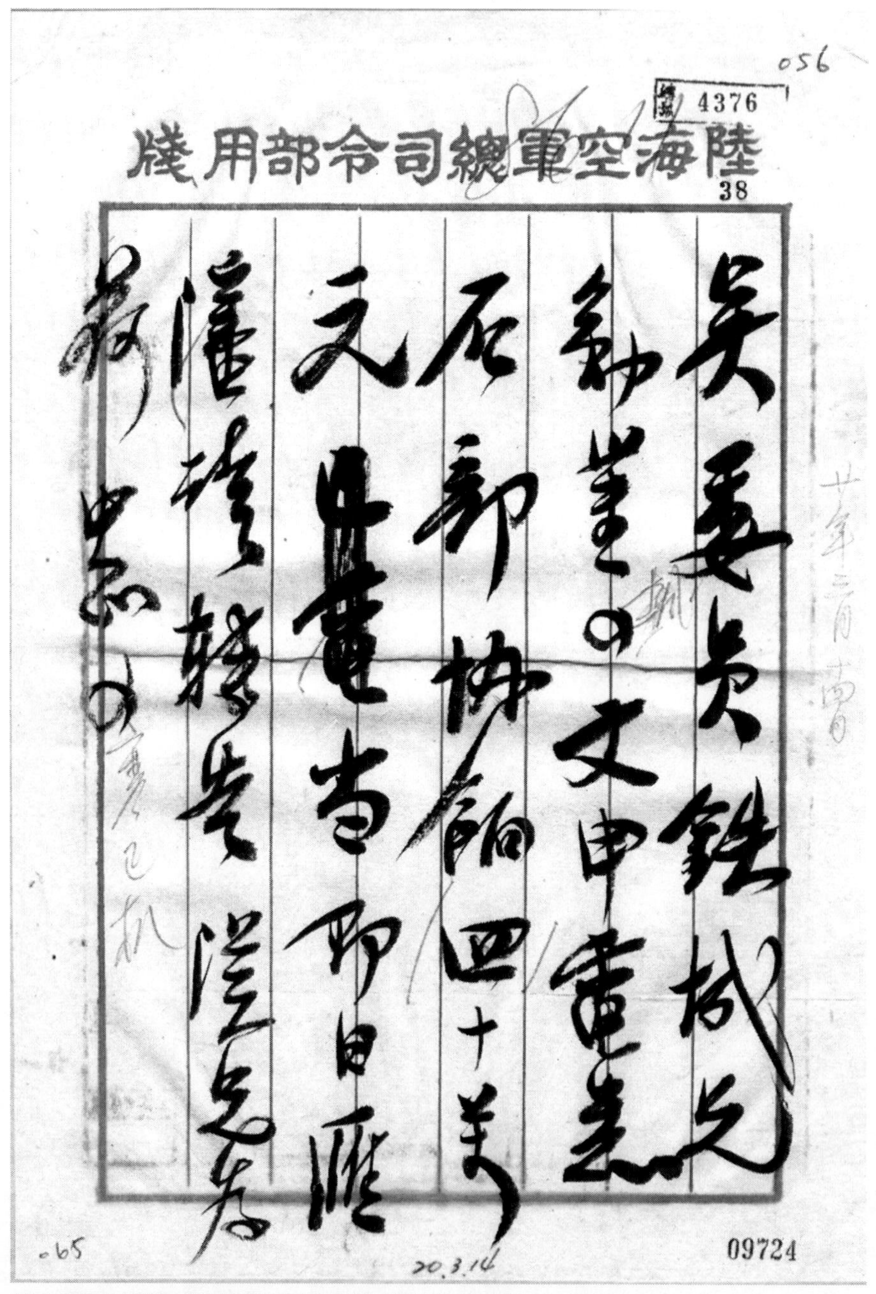

056

4376

陸海空軍總司令部用牋

38

吳委員鐵城兄
勳鑒：文申電悉。
石部協餉四十萬
元，准當即日匯
瀋，請轉告漢卿兄。
蔣中正。

065　　20.3.14　　09724

蔣中正電令吳鐵城轉告張學良石部協餉當即日匯瀋　1931/3/14

002-010200-00055-056

陸海空軍總司令部用牋

奉天張吳委員鐵城兄轉張副司令漢卿兄勛鑒：聞兄近日起居不適，甚念，務請珍重周衛保養，無任關切。王維宙兄何日可來京？請代促駕為荷。弟中正叩。有巳

廿年三月廿五日

蔣中正電吳鐵城轉張學良詢起居並促王維宙來京　1931/3/25

002-010200-00055-067

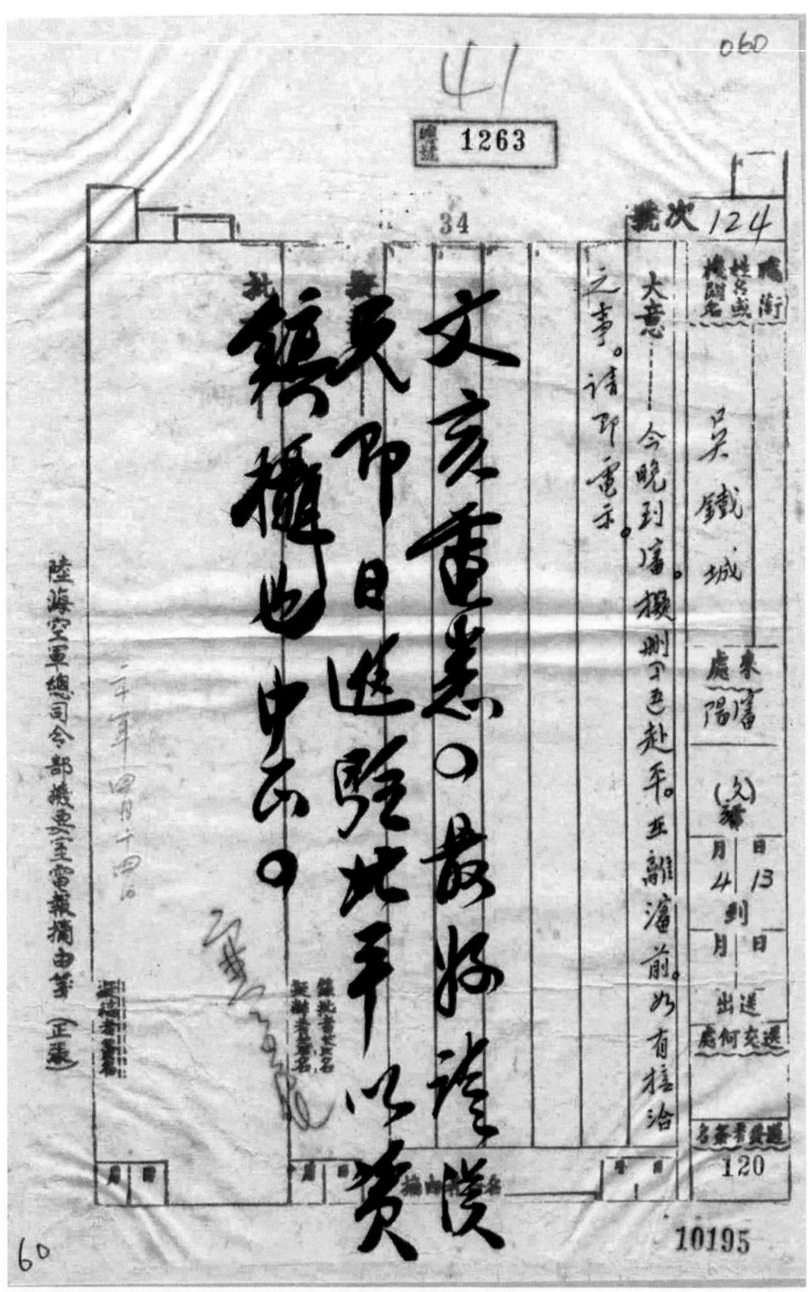

060

41

號碼 1263

34

次號 124

職銜姓名或機關名：吳鐵城

來電處：瀋陽

大意：今晚到瀋。擬刪（十五）赴平。並離瀋前。如有接洽之事。請即電示。

（文）電 4月13日 到 月 日

批示：文亥電悉。最好請漢卿即日進駐北平以資鎮懾也。中正。

二十年四月十四日

陸海空軍總司令部機要（主電）報摘由箋（正張）

120

10195

60

蔣中正電吳鐵城請張學良進駐北平以資鎮懾　1931/4/14

002-070100-00018-060

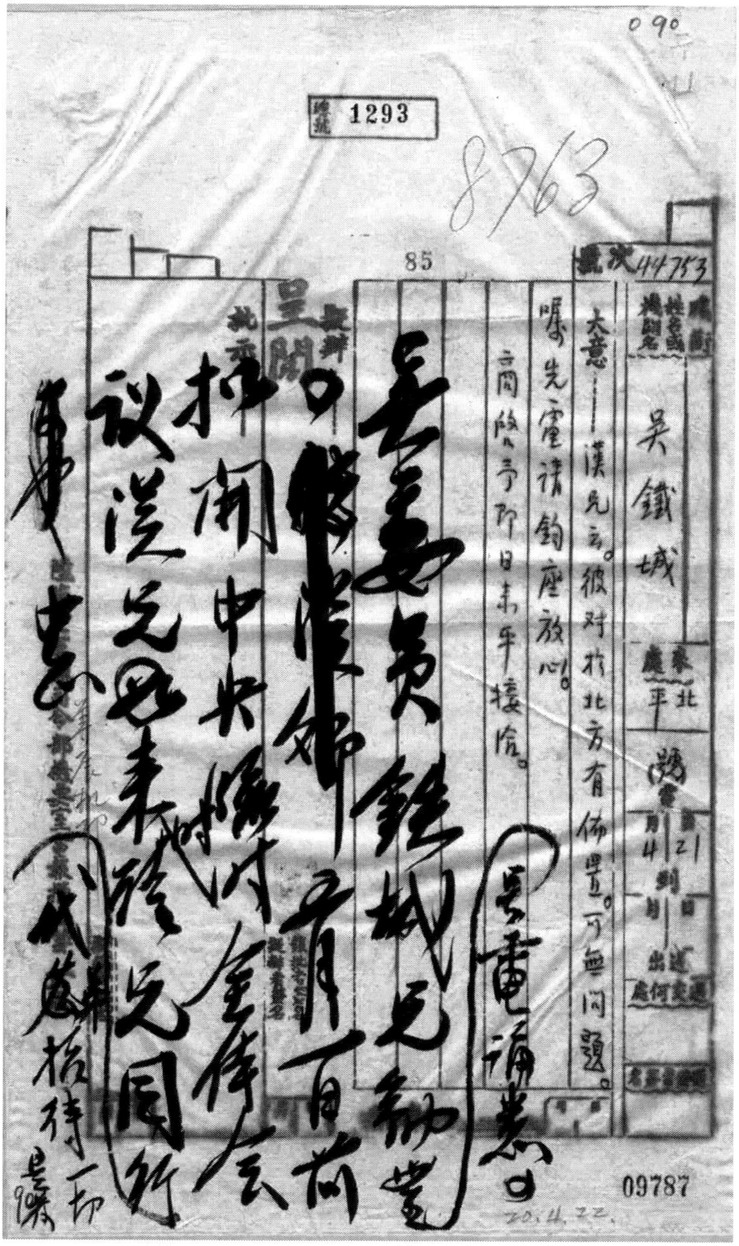

總號 1293

8763

85

吳鐵城 北平

大意——漢兄云。彼對於北方有佈置。可無問題。囑先電請鈞座放心。商發予即日來平接洽。

09787

蔣中正電吳鐵城五月一日前擬開中央臨時全體會議請代招待張學良

1931/4/22

002-070100-00018-090

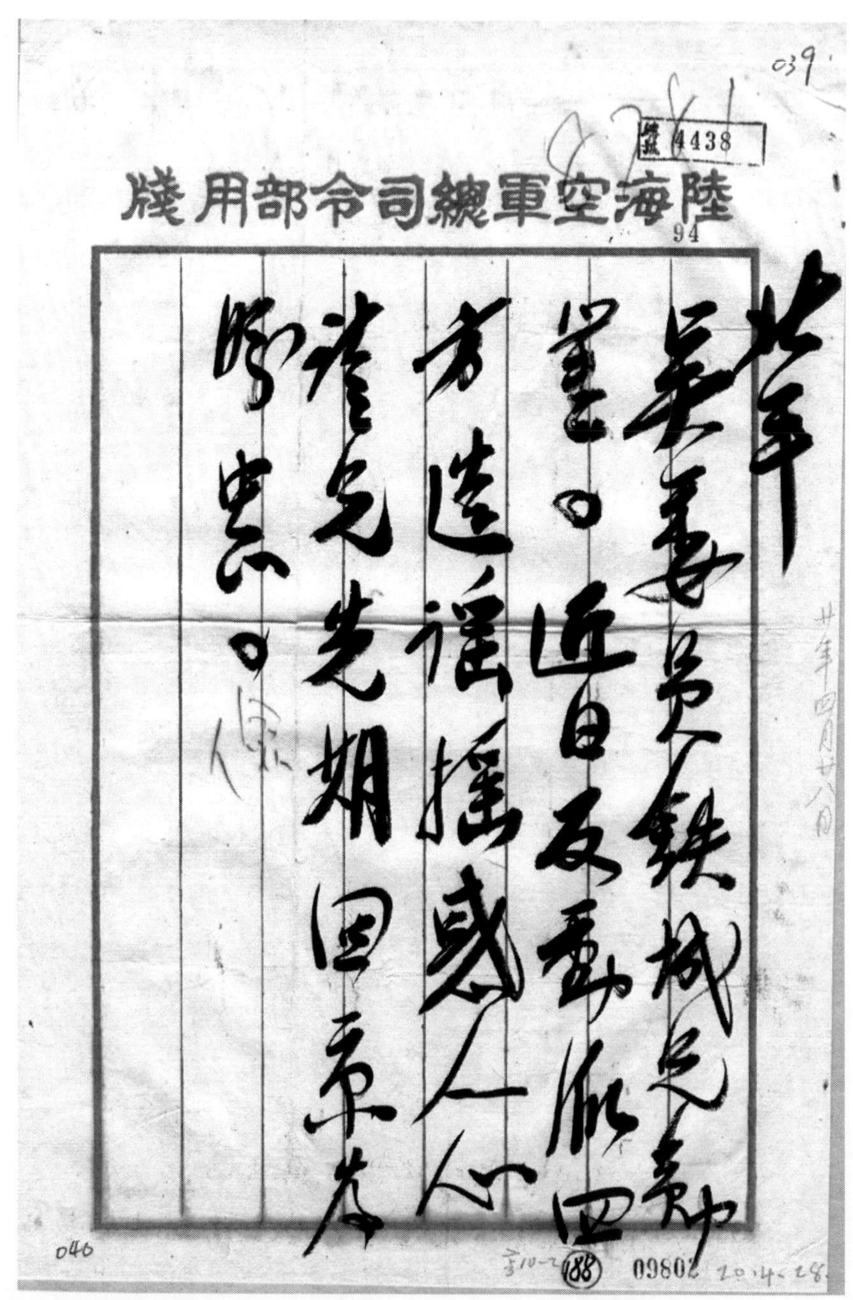

039

4438

陸海空軍總司令部用牋

廿年

吳委員鐵城兄勛鑒。近日反動派四方造謠搖惑人心，請兄先期回京為盼。中正。

廿年四月廿八日

040

09802

蔣中正電告吳鐵城近日反動派造謠惑人請先回京　1931/4/28

002-010200-00056-039

8957 010

總號 4501

陸海空軍總司令部用牋

北平何總指揮轉
吳委員鐵
城兄勛鑒李張
諸同志先後赴平
請兄亦往北助理
一切[illegible]
弟無不敢相强但此行於公於私皆有益也 [illegible] 中正

010

10087

蔣中正電吳鐵城謂李煜瀛張羣諸同志先後赴平請往北助理一切 1931/6/2

002-010200-00057-010

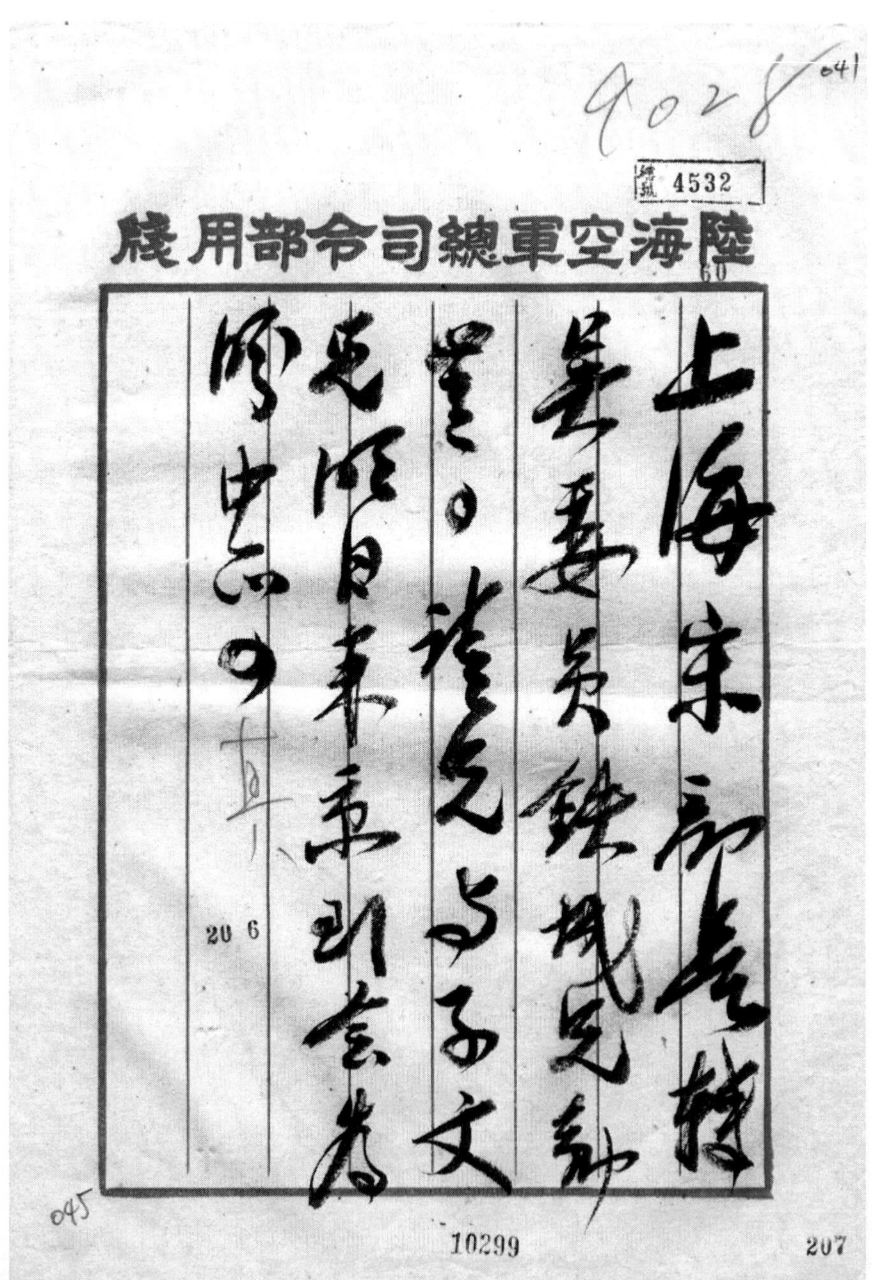

陸海空軍總司令部用牋

上海宋部長轉吳鐵城兄勳鑒。請兄與子文兄明日來京到會為盼。中正。十一

蔣中正電吳鐵城請與宋子文十二日來京到會　1931/6/11

002-010200-00057-041

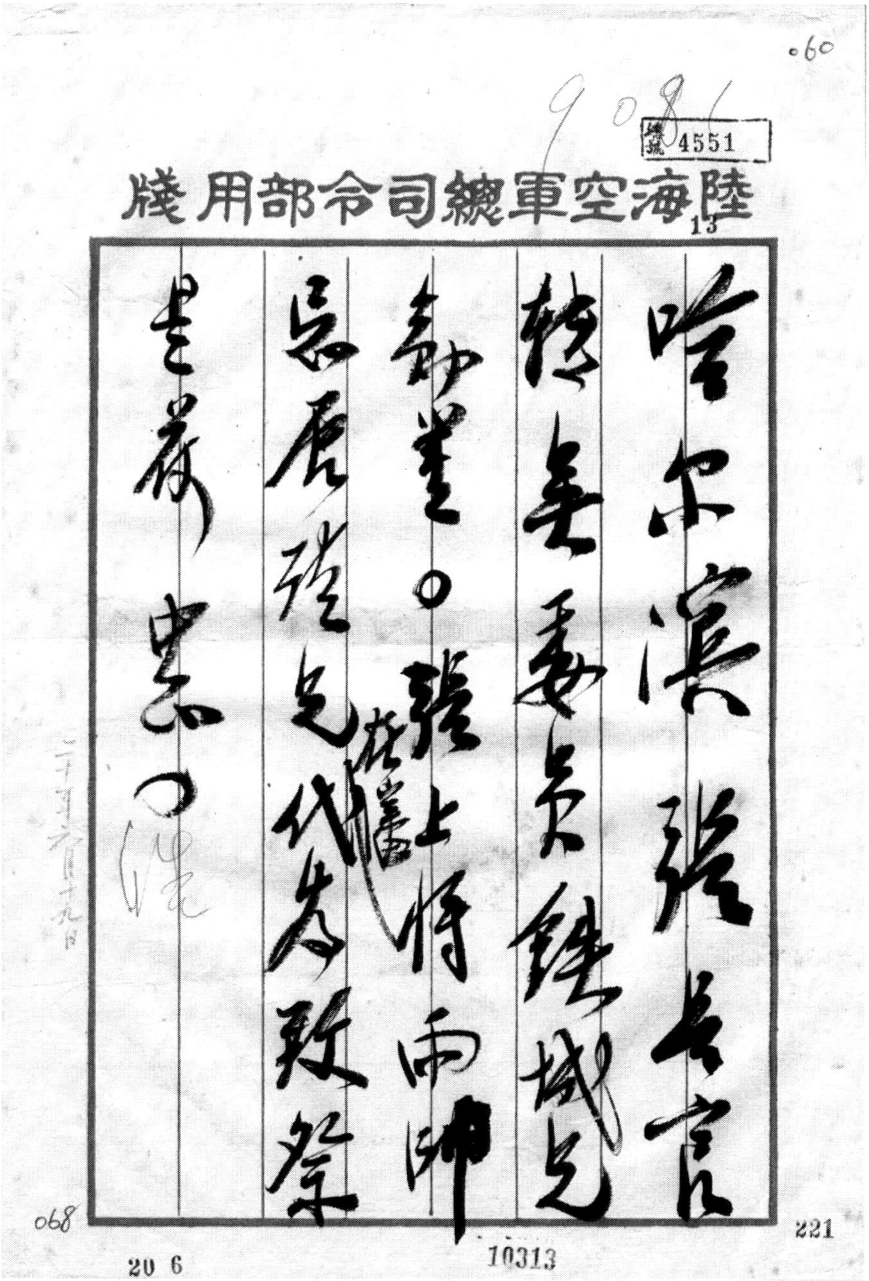

陸海空軍總司令部用牋

哈爾濱張長官
轉吳委員鐵城兄
勛鑒。張上將雨帥
忌辰（在瀋）請兄代為致祭
是荷。中正

二十年六月十九日

蔣中正電囑吳鐵城代為祭悼張作霖忌辰　1931/6/19

002-010200-00057-060

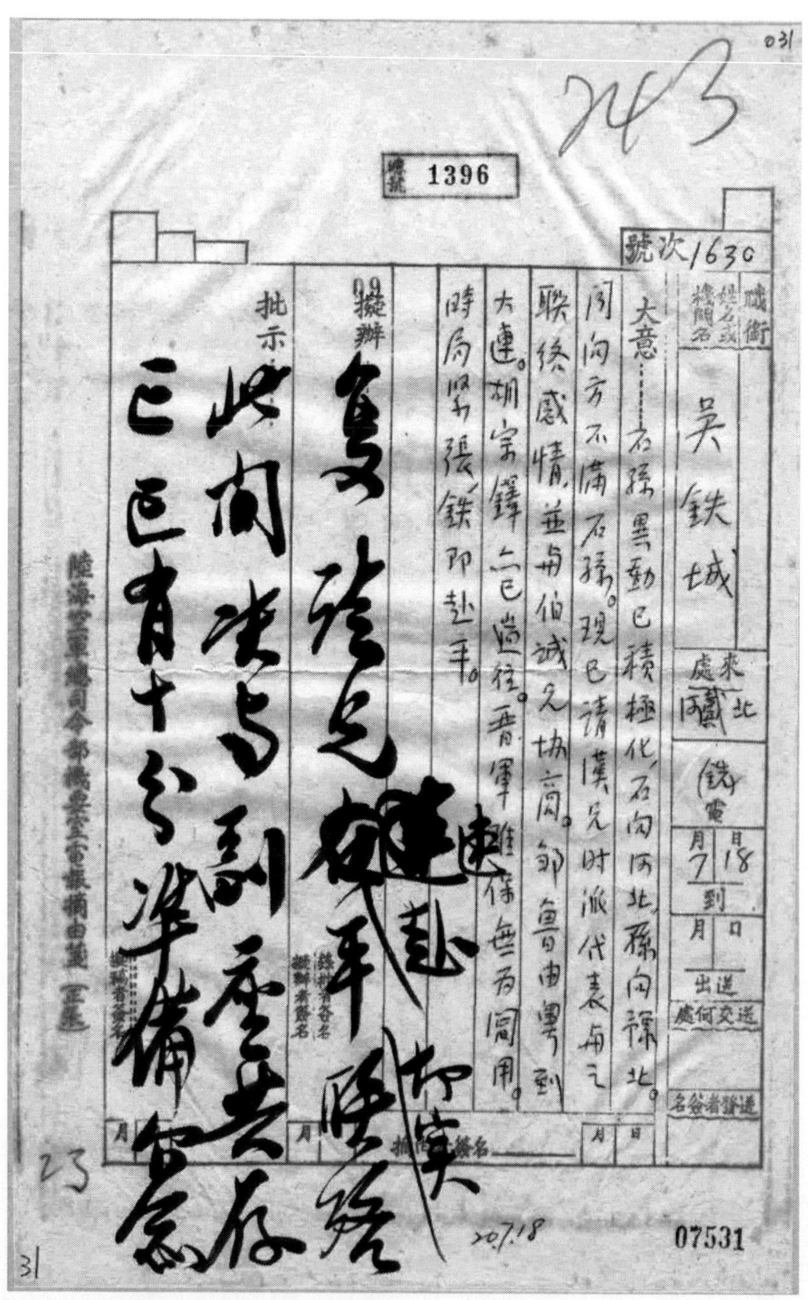
031
243
號 1396
號次 1630
職銜 姓名或機關名：吳鉄城
來處：北戴河
銑電
7月18日到
大意：石孫異動已積極化，石向河北，孫向察北。閻向方不滿石孫，現已請漢兄時派代表與之聯絡感情，並與伯誠兄協商。鄒魯由粵到大連。胡宗鐸亦已過往晉軍，雖係無為閒用。時局緊張，鉄即赴平。
擬辦：復：請兄速赴平聯絡切實
批示：此間決與副座共存亡，已有十分準備。中正
20.7.18
07531
23
31
陸海空軍總司令部機要室電報摘由箋（正本）

蔣中正電吳鐵城此間已準備與張學良共討逆　1931/7/18

002-070100-00020-031

053
3154
1418
號次 2179
職銜 姓名或機關名 吳鐵城
來處 北平
篠電
7月21日
大意……昨晨抵平。巧電奉悉。
(一)石部已北進至柏鄉一帶。
(二)孫殿英極表示服從。一因中央軍北進甚銳。一對于信用人格尚有顧忌。故不接彰德、磁州等防。仍已有觀望至于中立態度。
(三)東北內部一致。對石尤憤慨。嚴陣以待。再不逆事前所聯絡……不特不急起響應,且皆觀望猶豫,不逆已胆怯氣餒矣。
擬辦……
批示
07594

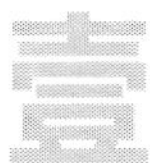

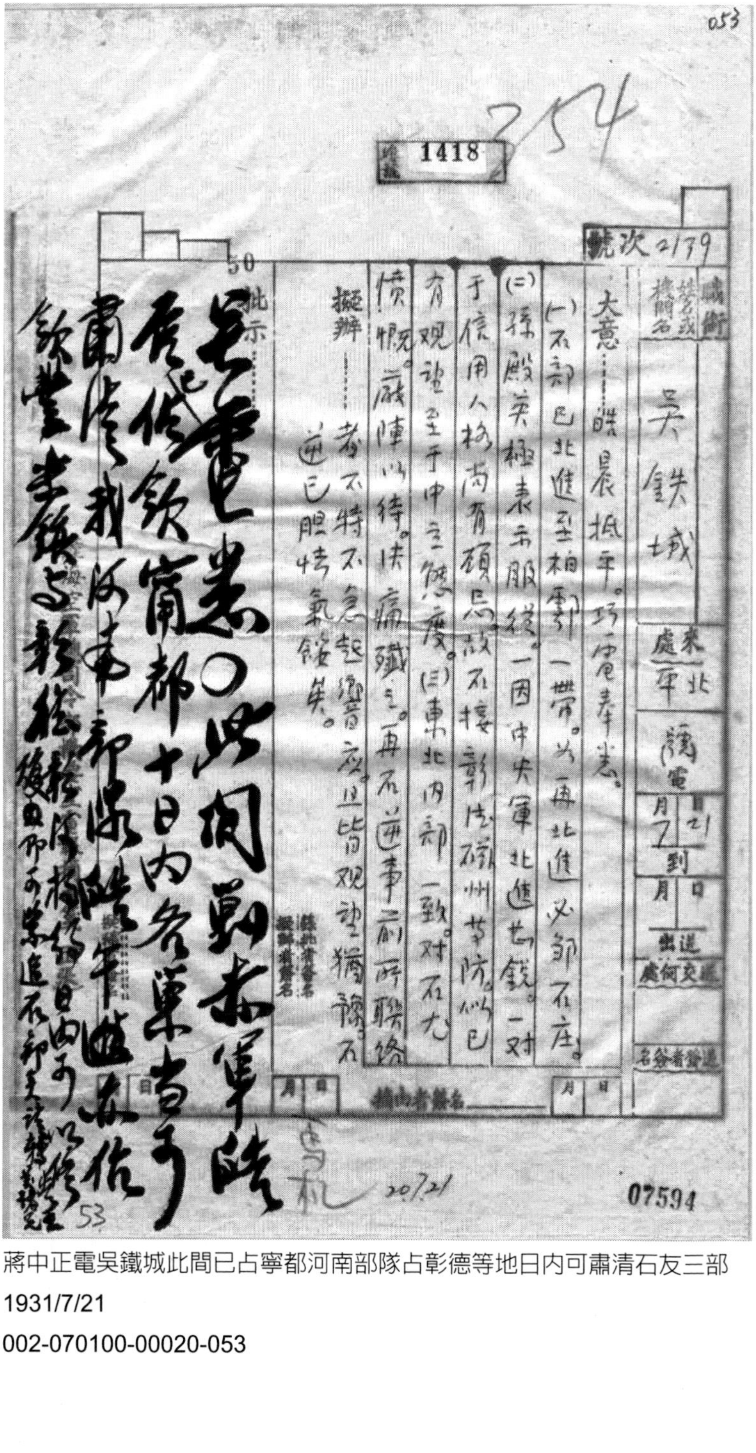

蔣中正電吳鐵城此間已占寧都河南部隊占彰德等地日內可肅清石友三部

1931/7/21

002-070100-00020-053

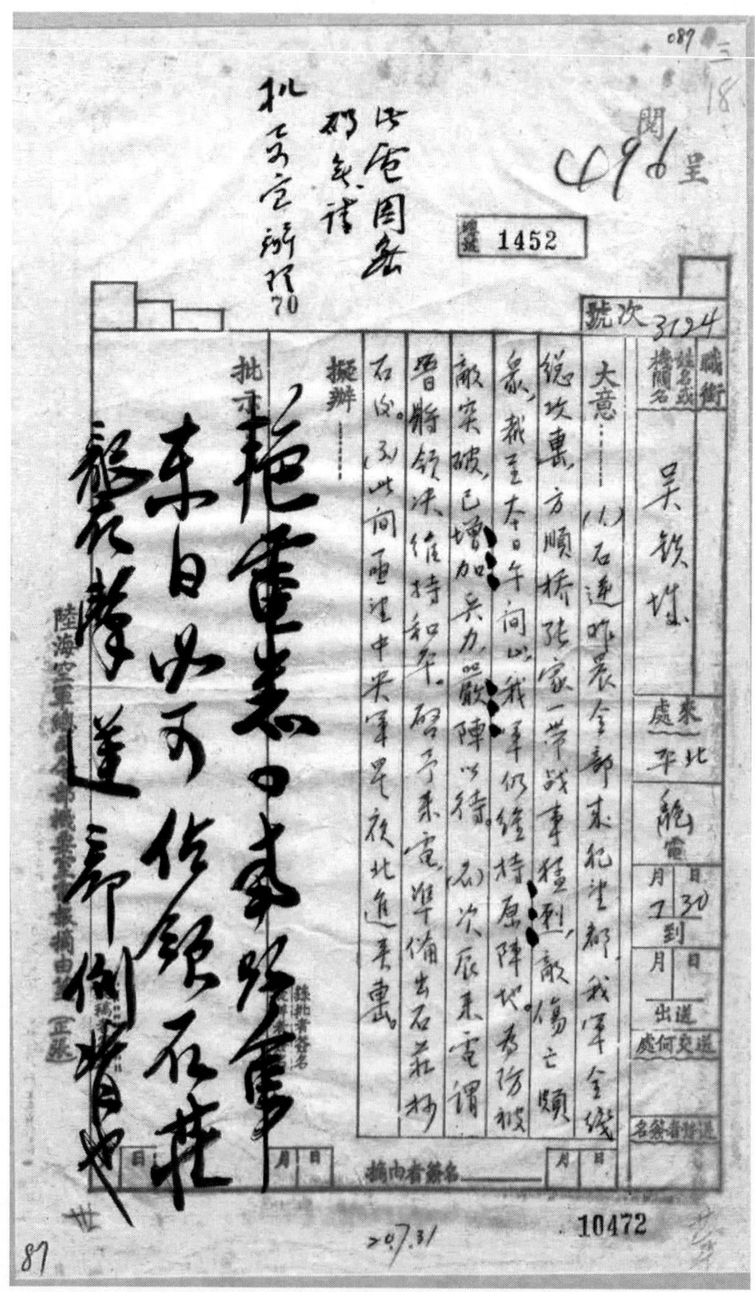

087

閱 496 呈

1452

號次 3194

職銜姓名或機關名：吳鐵城

來處：北平

電：7月30日

大意：(1)石逆昨晨全部來犯望都，我軍全線總攻[illegible]，方順橋張家一帶戰事猛烈，敵傷亡頗眾，截至本日午間止，我軍仍維持原陣地。為防被敵突破，已增加兵力嚴陣以待。(2)次辰來電謂晉將領決維持和平。啓予來電準備出石莊打石逆。(3)此間亟望中央軍晝夜北進[illegible]。

擬辦：

批示：據電甚慰。南路軍一日必可佔領石莊，襲擊逆部側背。中正

摘由者簽名

陸海空軍總司令部機要室摘由箋（正張）

10472

20.7.31

87

蔣中正電吳鐵城南路軍一日可占石家莊襲擊逆部側背　1931/7/31

002-070100-00020-087

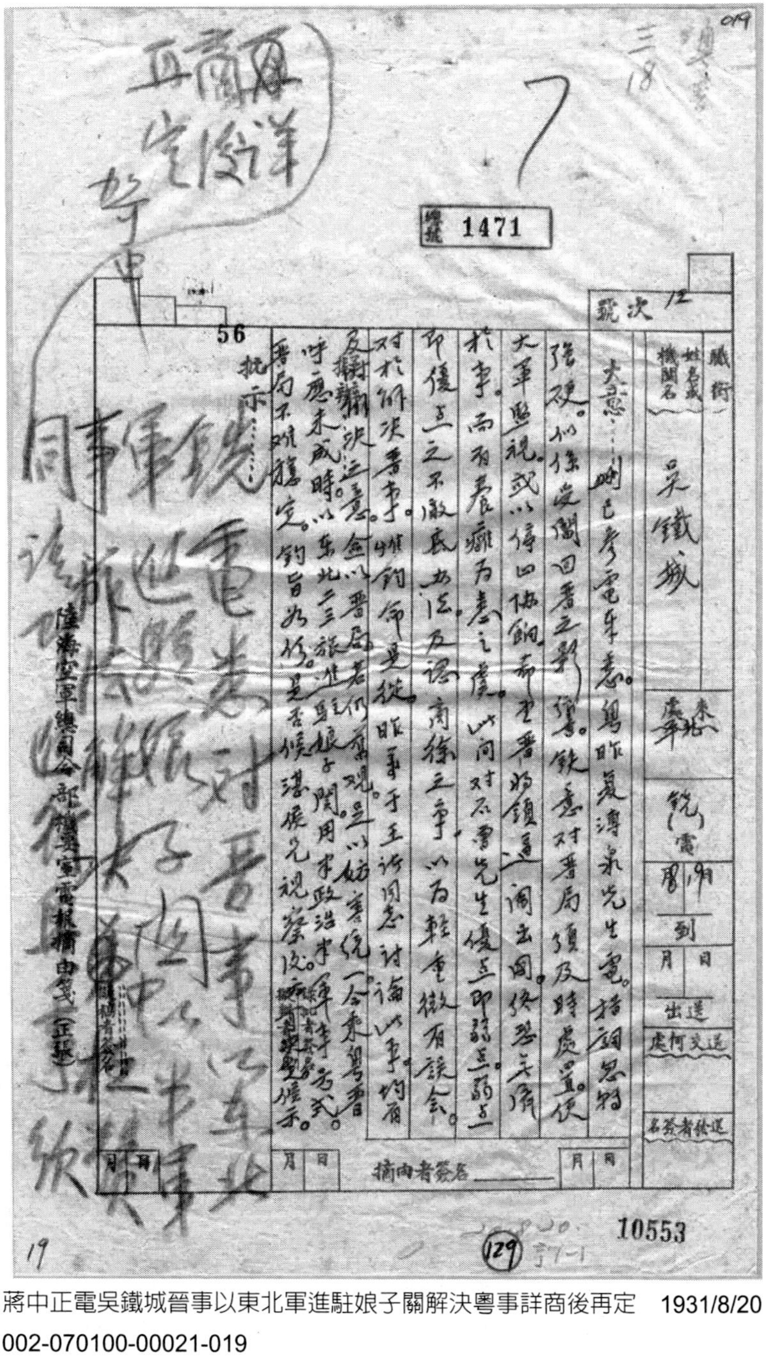

編號 1471

次號 12

職銜 姓名或機關名：吳鐵城

來處：奉天

銑電

大意：……略已屢電奉悉。鳴昨晨灣泉先生電。措詞忽將隱硬。似係受閻回晉之影響。鐵意對晉局須及時處置。使大軍監視。[illegible]而重晉[illegible]。[illegible]以向對[illegible]先生[illegible]。[illegible]之不徹底。[illegible]商縣[illegible]。以為輕重。[illegible]。對於解決晉事。[illegible]命是從。[illegible]王[illegible]同志討論此事。均有[illegible]解決之意。[illegible]晉[illegible]。[illegible]以東北二三旅進駐娘子關。用以[illegible]晉局不[illegible]。是否[illegible]。[illegible]

批示：閻事電表對晉事以東北軍進駐娘子關……粵事……[illegible]

陸海空軍總司令部機要室電報摘由箋（正張）

摘由者簽名

10553

蔣中正電吳鐵城晉事以東北軍進駐娘子關解決粵事詳商後再定　1931/8/20

002-070100-00021-019

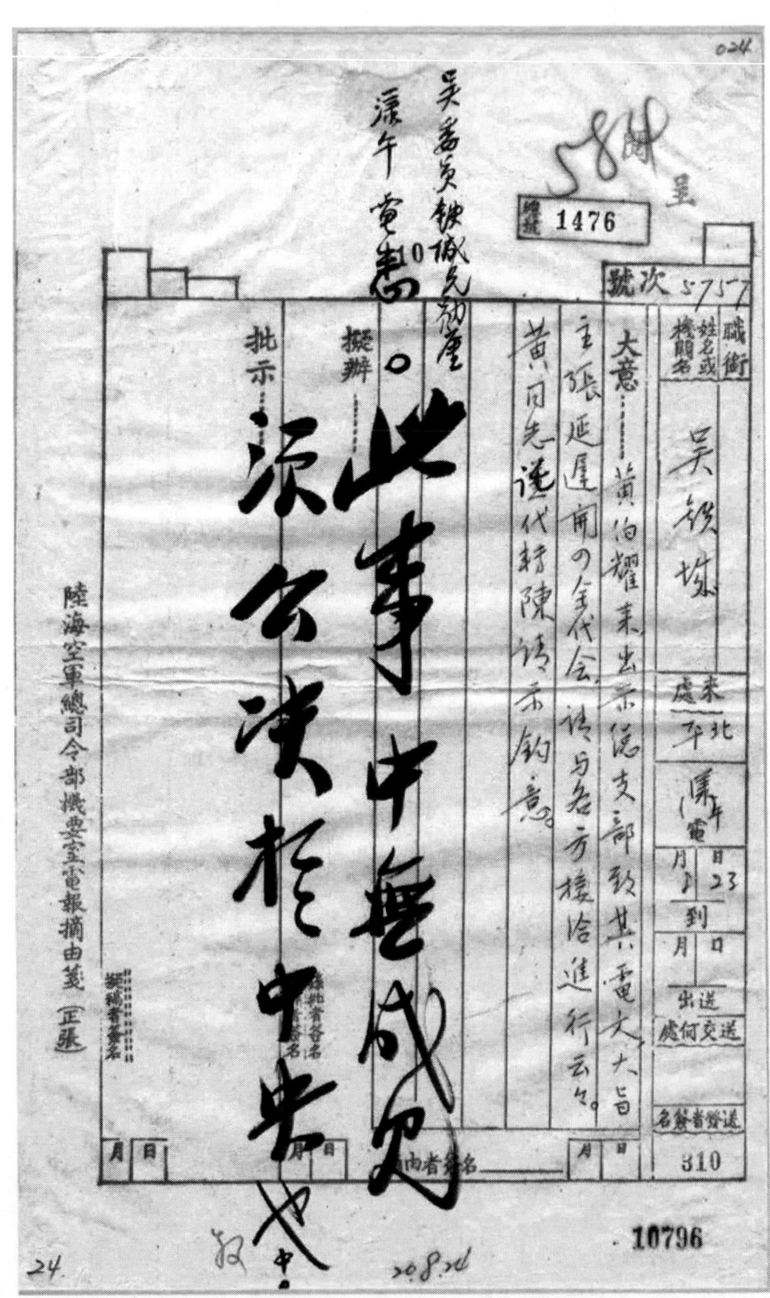
024

吳委員鐵城兄勛鑒 漾午電悉。此事中無成見，須公決於中央也。中。

總號 1476

次號 5757

職銜 姓名或機關名：吳鐵城

來處：北平

漾午電

月 8 日 23 到

大意：黃伯耀來出示總支部致其電文，大旨主張延遲開四全代會，請與各方接洽進行云云。黃同志謹代轉陳請示鈞意。

擬辦：此事中無成見

批示：須公決於中央也

發送者簽名 310

陸海空軍總司令部機要室電報摘由箋（正張）

10796

蔣中正電吳鐵城遲開四全代會並無成見決於中央　1931/8/24

002-070100-00021-024

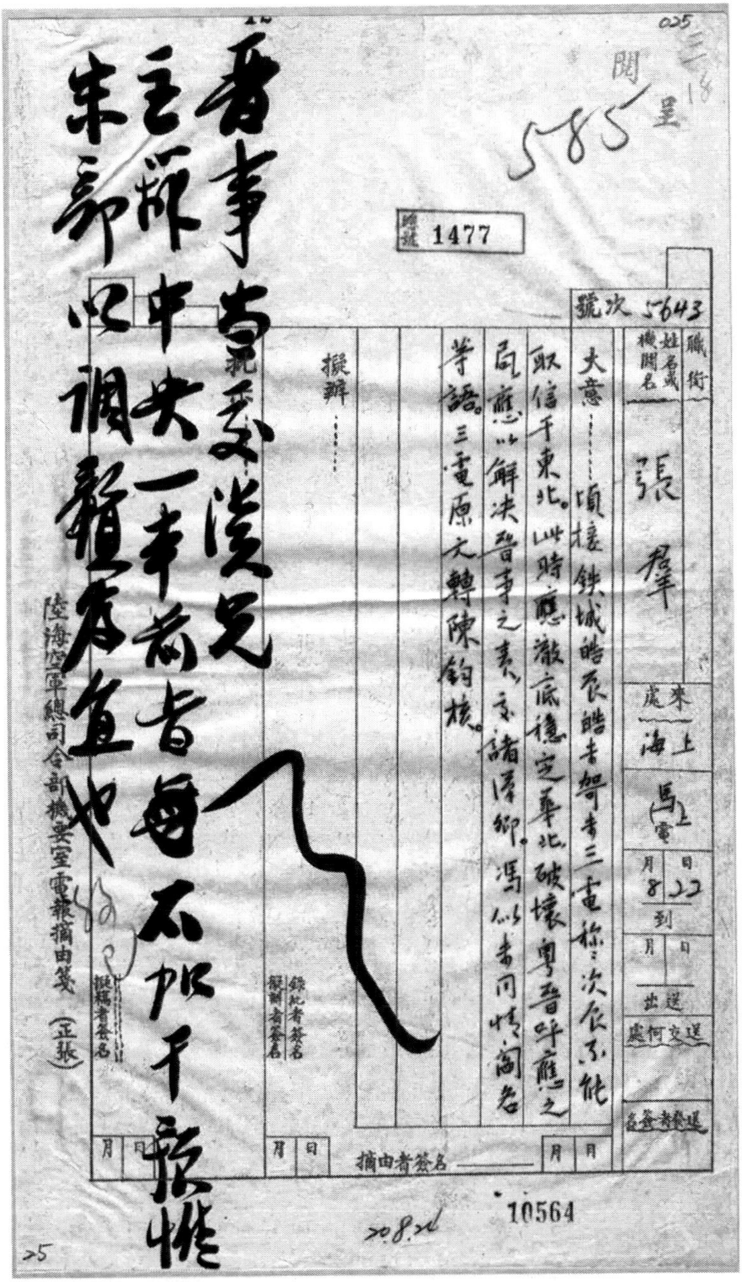

晉事交漢兄主辦中央一本前旨每不加干預惟宋部以調轄為宜也

閱 585 呈

1477

號次 5643

職銜 姓名或機關名 張羣

來處 上海 馬電

大意：頃接鐵城皓辰皓午等三電，稱：決辰不能取信于東北，此時應徹底穩定華北，破壞粵晉呼應之局，應以解決晉事之責，交諸漢卿；馮似表同情，閻者等語。三電原文轉陳鈞核。

擬辦

陸海空軍總司令部機要室電報摘由箋

10564

蔣中正電張羣晉事交張學良主辦中央不干預宋哲元宜調贛　1931/8/24

002-070100-00021-025

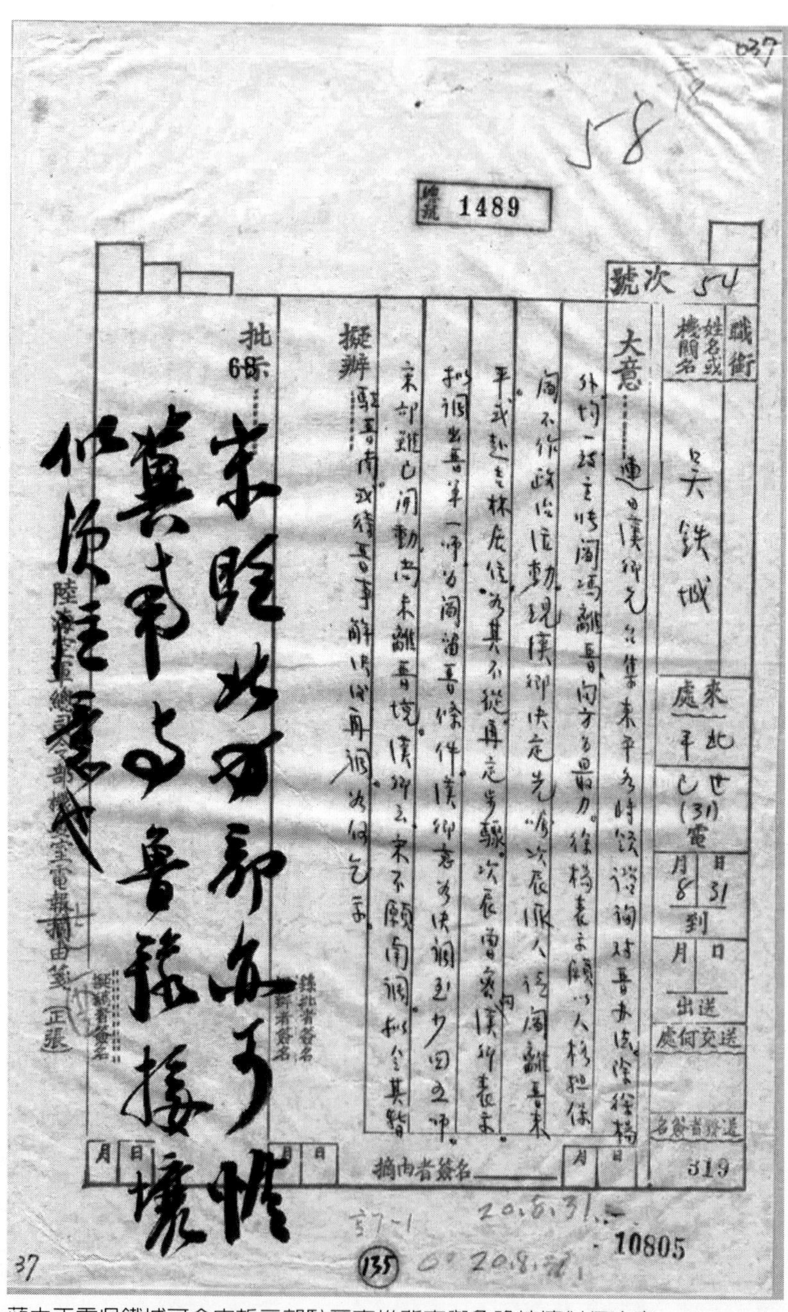

陸海空軍總司令部機要室電報摘由箋（正張）

總號 1489

號次 54

職銜 姓名或機關名：吳鐵城

來處：北平 世（31）電 8月31日

到：月 日

大意：連日漢卿兄召集來平各將領諮詢對晉方法，除徐楊外均一致主張閻馮離晉，向方多出力。徐楊表示願以人格擔保閻不作政治活動。現漢卿決定先派次宸派人促閻離晉，來平或赴吉林居住，如其不從，再定步驟。次宸曾與漢卿表示擬調出晉軍一師為閻離晉條件，漢卿意為須調至少四五師。宋部雖已開動，尚未離晉境，漢卿云宋不願南調，擬令其暫駐晉南或待晉事解決後再調，如何乞示。

擬辦：駐晉南或待晉事解決後再調，如何乞示。

批示：宋駐晉南可，惟冀南與魯豫接壤似須注意。

319

10805

蔣中正電吳鐵城可令宋哲元部駐晉南惟冀南與魯豫接壤似須注意　1931/8/31

002-070100-00021-037

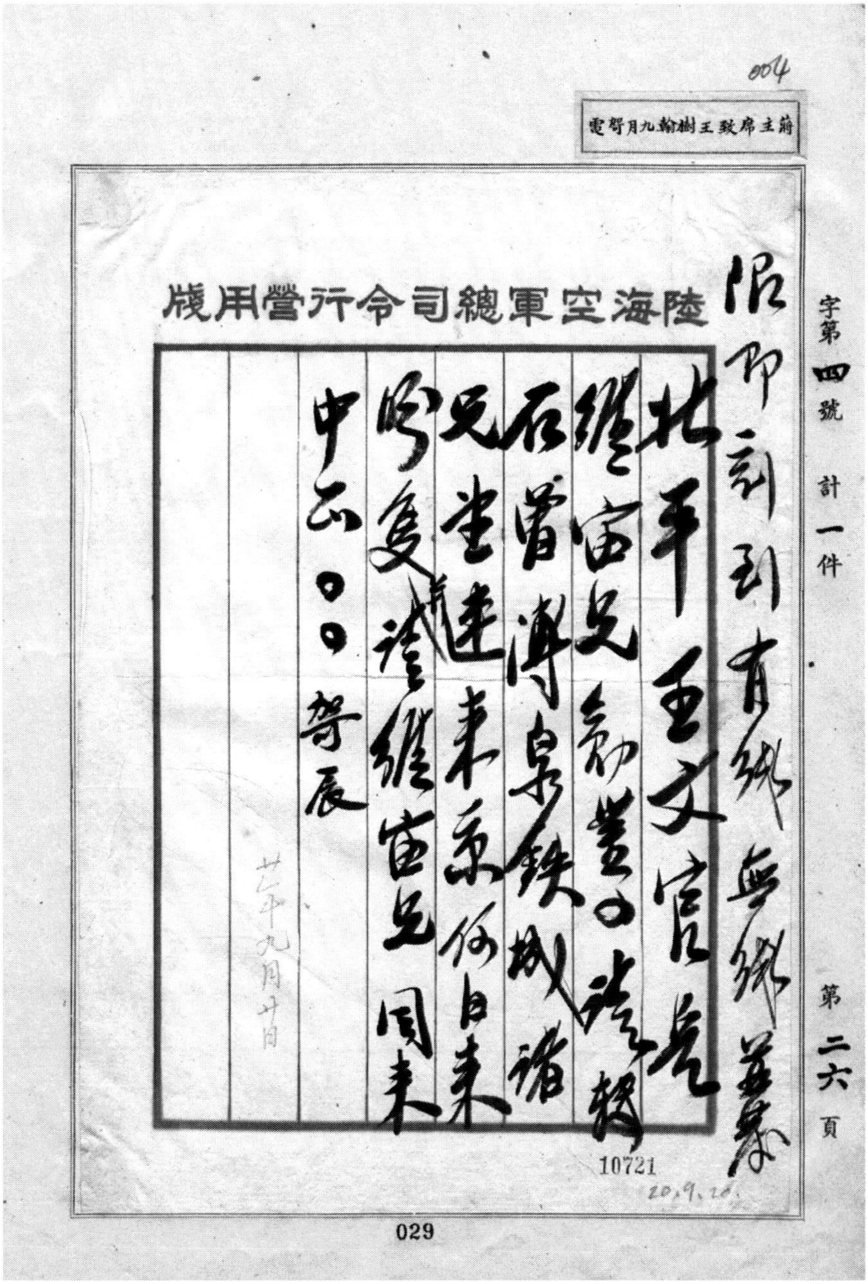

004

蔣主席致王樹翰九月哿電

陸海空軍總司令行營用箋

字第 四 號 計 一件 第 二六 頁

侶卿副司令有秘無線並密
北平王文官長
繼密兄勳鑒，請轉
石曾、溥泉、鐵城諸
兄，望速來京，何日來
盼復。請繼密兄同來
中正○○哿辰

廿年九月廿日

10721

20.9.20

029

蔣中正電王樹翰請轉李煜瀛張繼吳鐵城速來京並請兄同來　1931/9/20

002-020200-00012-004

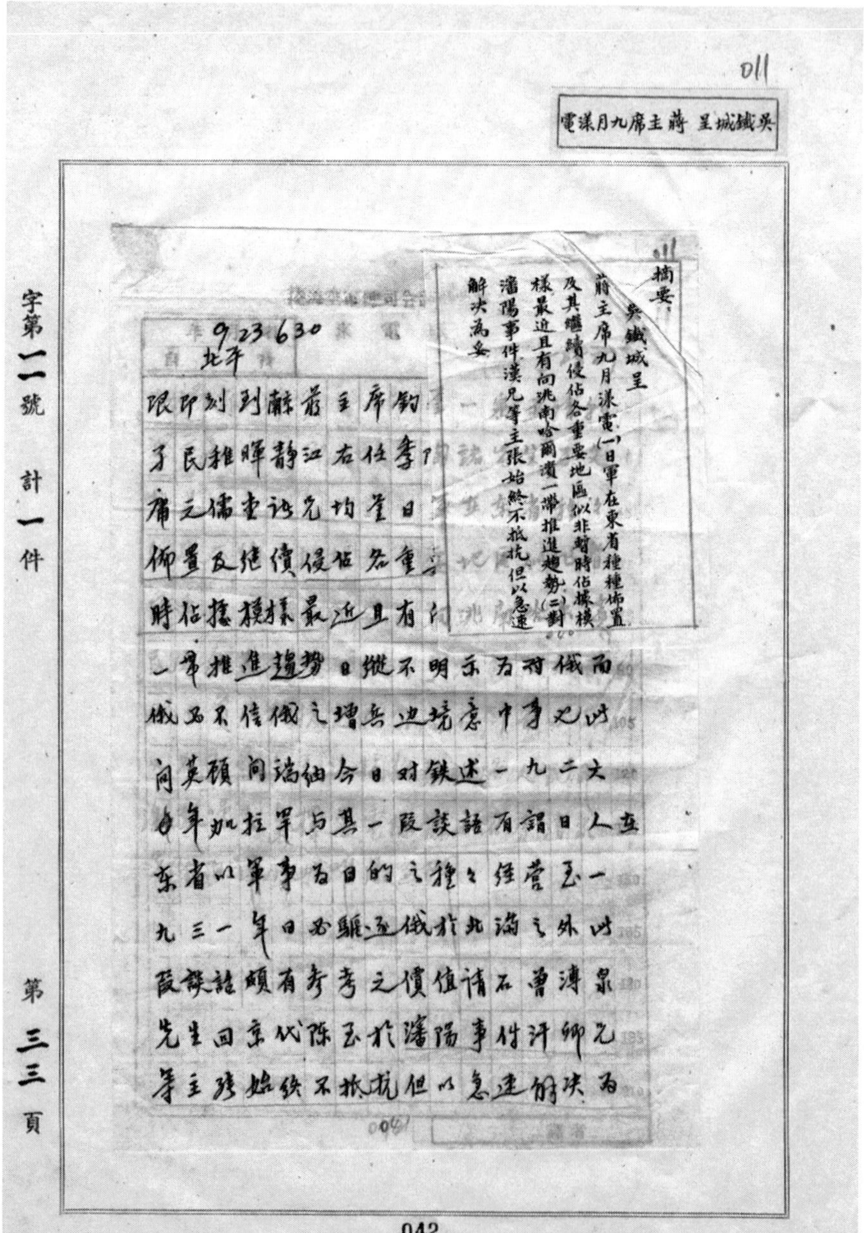

011

吳鐵城呈蔣主席九月漾電

9 23 630
北平

摘要：
吳鐵城呈
蔣主席九月漾電(一)日軍在東省種種佈置及其繼續侵佔各重要地區似非暫時佔據模樣最近且有向洮南哈爾濱一帶推進趨勢(二)對瀋陽事件漢兄等主張始終不抵抗但以急速解決為妥

字第一一號 計一件 第三三頁

042

吳鐵城電蔣中正日軍有向洮南哈爾濱推進趨勢瀋陽事件急速解決為妥　1931/9/23
002-020200-00012-011

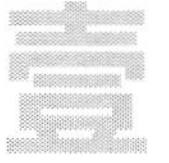

摘要：

吳鐵城呈

蔣主席九月漾電(一)日軍在東省種種佈置及其繼續侵佔各重要地區似非暫時佔據模樣最近且有向洮南哈爾濱一帶推進趨勢(二)對瀋陽事件漢兒等主張始終不抵抗但以急速解決為妥

海陸空軍總司令部機要室

011

年 9 23 6 30 來電紙

自 北平 發

號次 50527

限即刻到蘇蔣主席鈞鑒一密並請轉
子民稚暉靜江右任季陶諸先生子文
庸之儒堂諸兄均鑒日軍在東省種々
佈置及繼續侵佔各重要地區俄此曾
時佔據攘據最近且有向洮南哈爾濱
一帶推進趨勢日蹤不明示為對俄而
俄亦不信俄之增兵邊境意中事也此
間英顧問端納今日對鐵述一九二六
[illegible]年加拉罕與其一段談語有謂日人在
東省以軍事為目的之種々經營至一
九三一年日必驅逐俄於北滿之外此
段談話頗有參考之價值請石曾溥泉
先生回京代陳至於瀋陽事件汗卿之
等主張始終不抵抗但以急速解決為

041

譯者

陸海空軍總司令部機要室

來電紙

011

年 月 日 自 來

號次

若遇有机會談論由日方先開口或由我方先開口即聲明對日是國際問題務要求[illegible]明國際聯盟之制裁及[illegible]非戰公約有把握及實效[illegible]以為方針宜速決定否則國家之尊嚴及地方人民之痛苦增[illegible][illegible]及留予反動派攻擊之口實及拖延之利害苟不即有辦法久不予最後之抵抗後恐難邀人民諒解[illegible]望兄[illegible]擇要電陳餘由石曾博泉先生面詳鐵城叩儉寅印

042

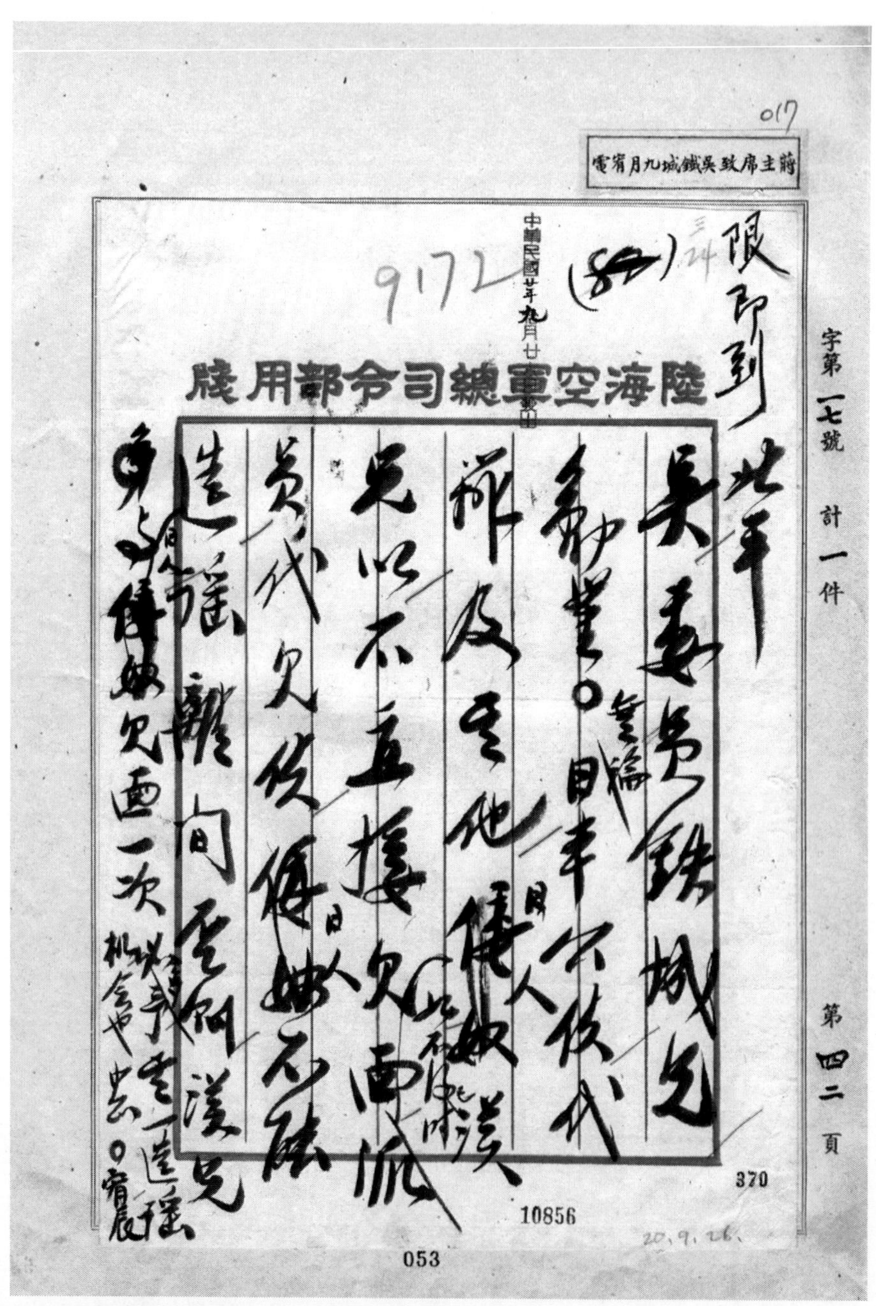

017

蔣主席致吳鐵城九月宥電

陸海空軍總司令部用牋

中華民國廿年九月廿六日

字第一七號 計一件 第四二頁

9172

限即到

北平

吳委員鐵城兄勳鑒。日本公使代辦及其他倭奴，漢兄以不直接見面，派員代見，使倭奴不能造謠離間。應向漢兄建議，勿與倭奴見面一次，以免予其造謠機會也。中正。宥辰

370

10856

20.9.26

053

蔣中正電吳鐵城請張學良不直接與日本公使代辦及其他日人見面　1931/9/26

002-020200-00012-017

貳　上海市長時期

九一八事變以後，吳鐵城南下，一九三二年一月出任上海市長兼淞滬警備司令部司令。上海為中國最大商業城市，附屬外國租界，地位重要。就任未滿一個月，一二八事變爆發，日軍進攻上海。吳久經戰陣，生長兵間，應變赴機，立即發動市民配合作戰。事變以後，配合中央政策，建設上海，計掌上海五年又四個月，是上海政治經濟文化發展的重要時期。

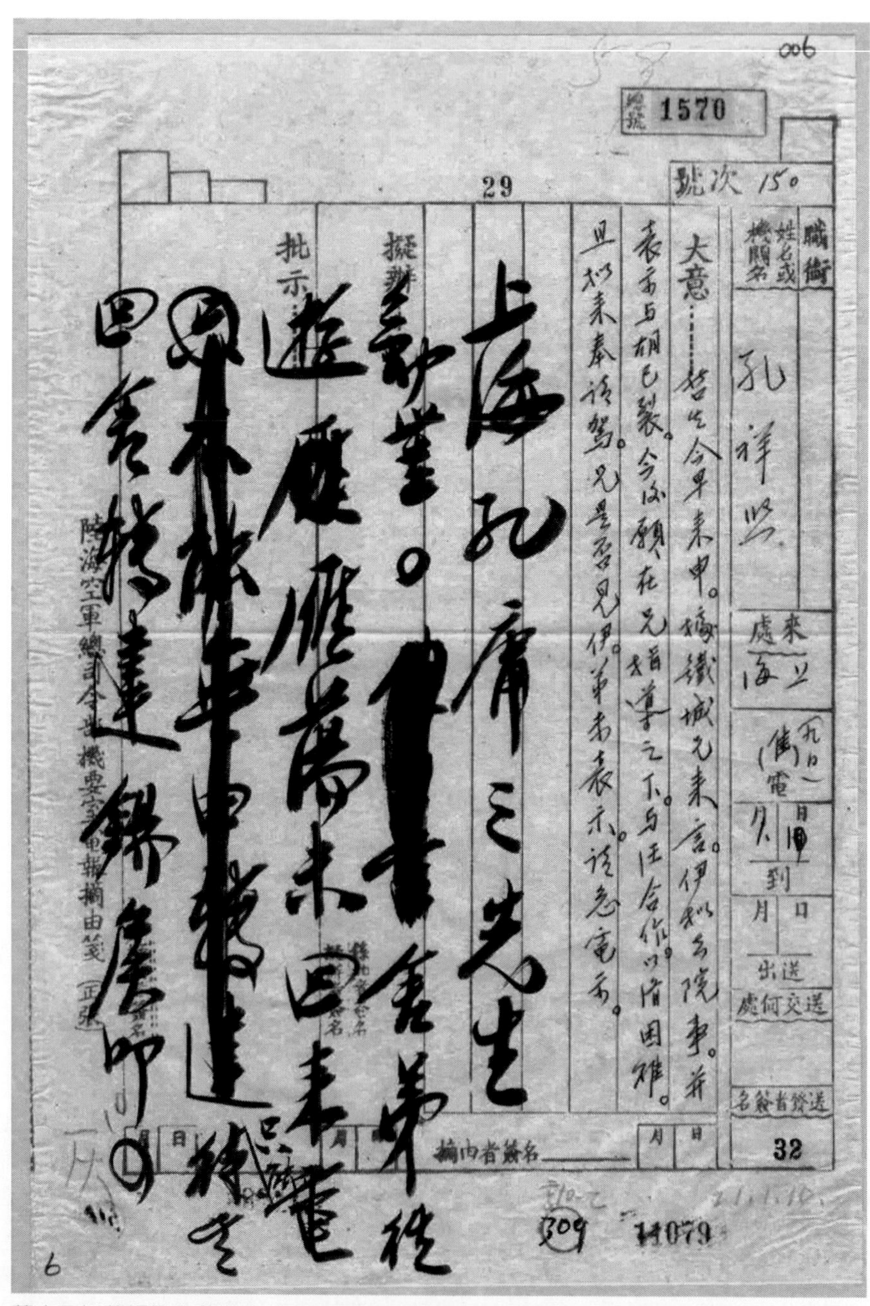
號次 150

職銜 姓名或機關名：孔祥熙

大意：哲生今早來申。擒鐵城兄來，言伊擬去院事。並表示与胡已裂，今後願在兄指導之下与汪合作以渡困难。且擬來奉謁兄，晉見伊。弟亦表示請急電示。

來處：上海

佳（九日）電

陸海空軍總司令部機要室電報摘由箋（正張）

蔣中正以蔣錫侯名義復孔祥熙有關孫科吳鐵城動向之電　1932/1/10

002-070100-00023-006

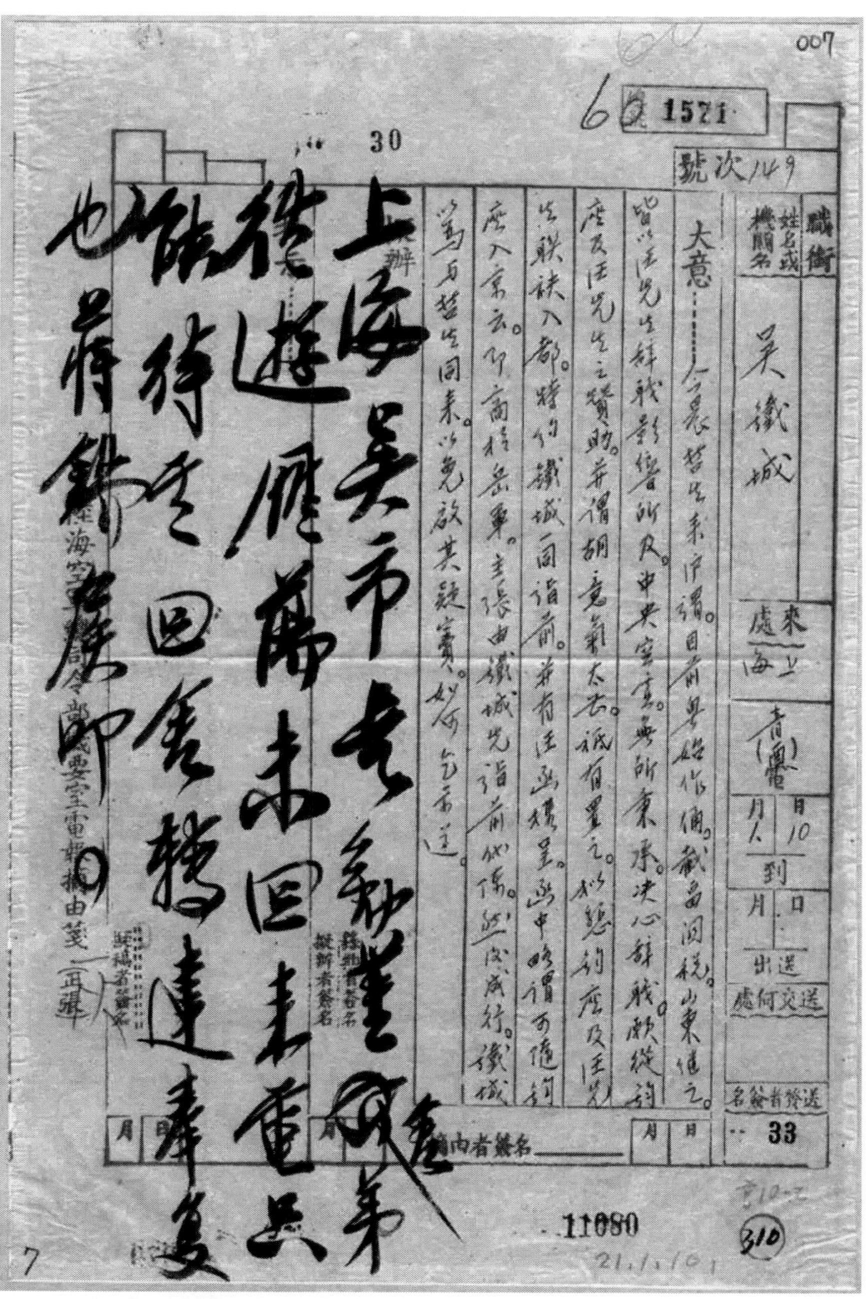

007

6 1571

號次 149

職銜 姓名或機關名：吳鐵城

來處：上海

青電

月 1 日 10

到 月 日

送出處何交送

送發者簽名 33

大意：今晨哲生來滬謂。因前與粵(?)作俑。截留關稅。山東繼之。皆以汪先生辭職影響所及。中央空虛。無所秉承。決心辭職。歉從詞(?)座及汪先生之贊助。并謂胡竟氣太甚。祇有置之。於懇鈞座及汪先生聯袂入都。請約鐵城同詣前。并有汪函携呈。函中略謂可隨時(?)座入京云。即商榷兵事(?)。主張由鐵城先詣前代陳。並促成行。鐵城篤與哲生同來。以免啟其疑竇。如何乞示遵。

30

上海吳市長：青電悉。弟從遊飛蔣(?)未回，來電與(?)能待其回會轉達蔣復也。蔣錫侯卯

錄辦者簽名 擬辦者簽名

陸海空軍總司令部機要室電報稿由箋 一(五張)

擬稿者簽名

11080

21.1.10

310

7

蔣中正以蔣錫侯名義復吳鐵城來電　1932/1/10

002-070100-00023-007

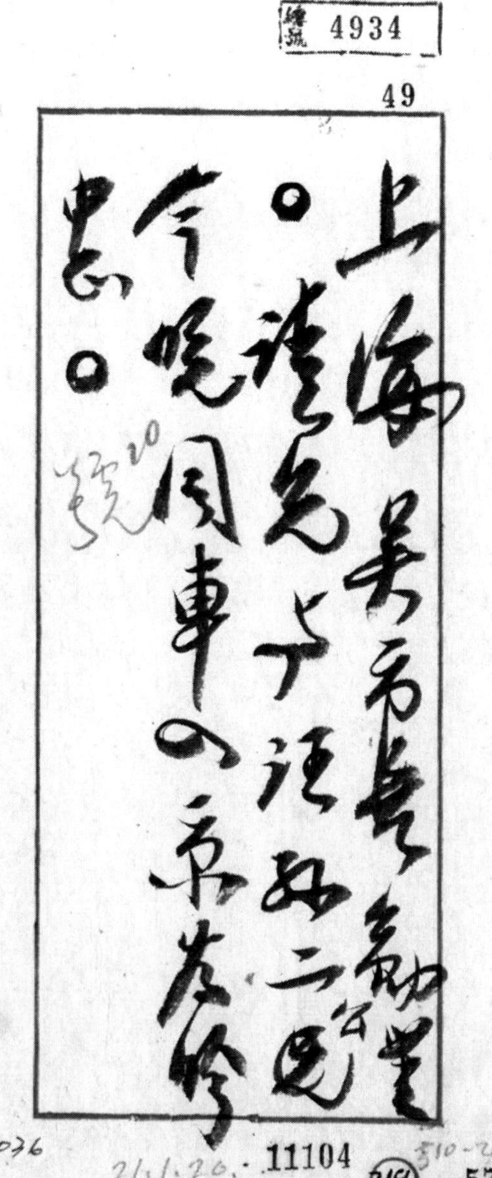

038

4934

49

上海吳市長勳鑒○請兄與汪孫二兄今晚同車入京為盼○中正

21.1.20. 11104

57

蔣中正電囑吳鐵城請與汪兆銘孫科是晚同車入京

1932/1/20

002-010200-00063-038

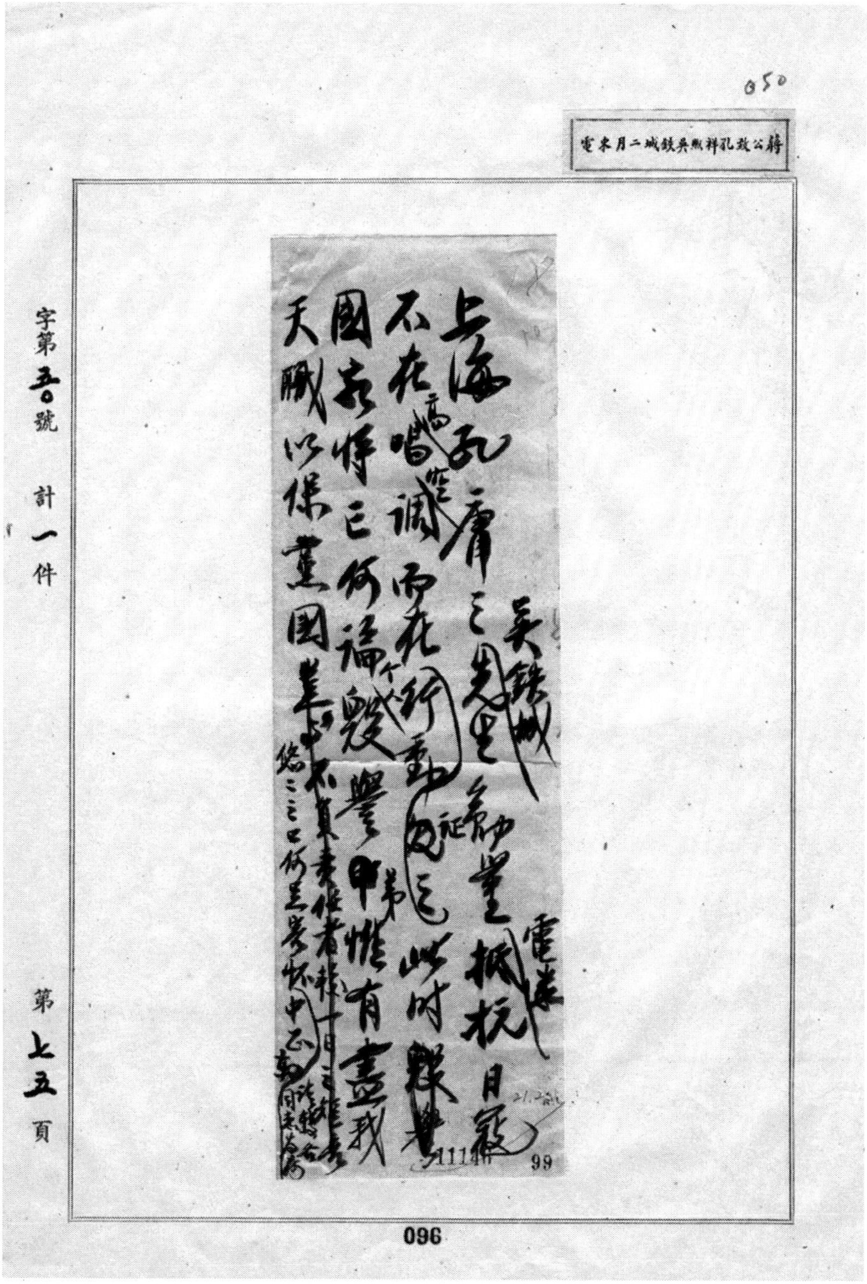

蔣公致孔祥熙吳鐵城二月東電

050

字第五〇號 計一件 第七五頁

096

蔣中正電孔祥熙吳鐵城國家將亡何論個人毀譽惟盡我天職以保黨國　1932/2/1

002-020200-00014-050

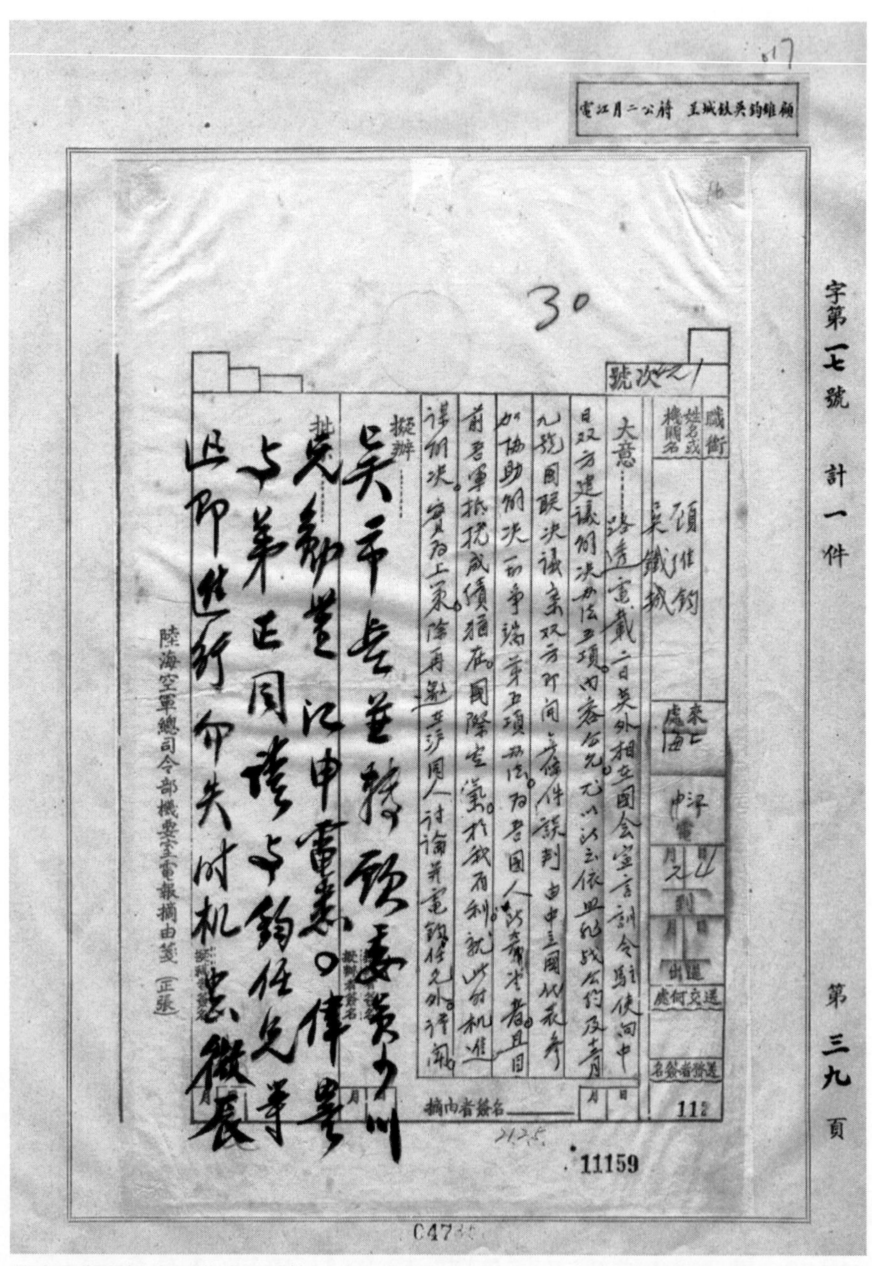

顧維鈞吳鐵城　蔣公二月江電

字第一七號　計一件　第三九頁

號次 之1

職銜姓名或機關名：顧維鈞　吳鐵城

來處：上海

大意：路透電載二日英外相在國会宣言訓令駐使向中日双方建議解決辦法五項，內容大略以云依照非戰公約及十九號國聯決議案双方即開條件談判由中立國從旁加協助解決一切爭端。第五項辦法，為吾國人所贊者，且目前吾軍抵抗成績猶存，國際空氣於我有利，就此時机進謀解決，實為上策。除再飭在滬同人討論並電鈞座外，謹聞。

擬辦

批：吳市長並轉顧委員少川兄勛鑒：江申電悉。偉要與弟正同，請與鈞任兄等即速進行，勿失時机。中正。微辰

陸海空軍總司令部機要室電報摘由箋（正張）

11159

蔣中正復顧維鈞吳鐵城有關英國外相宣言訓令駐使向中日雙方建議解決辦法五項之電

1932/2/3

002-020200-00015-017

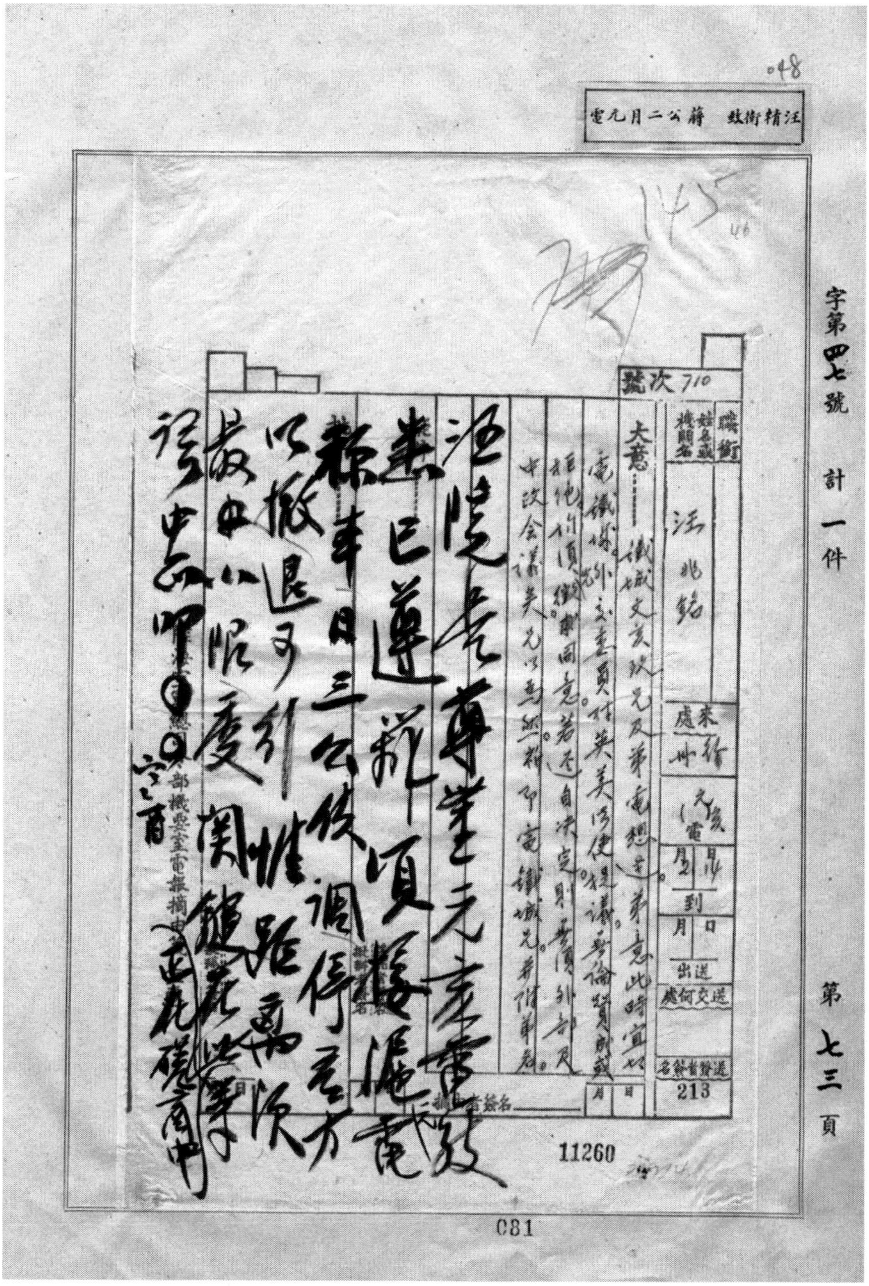

汪精衛致 蔣公二月九日電

字第四七號 計一件 第七三頁

職銜姓名或機關名	汪兆銘
來處	徐州
文電	電
月日	2月14日
到	月日
出送	
送交何處	
送發者簽名	213

號次 710

大意

11260

081

蔣中正復汪兆銘有關吳鐵城外交委員對英美法使提議均須先徵同意之電　1932/2/13

002-020200-00015-048

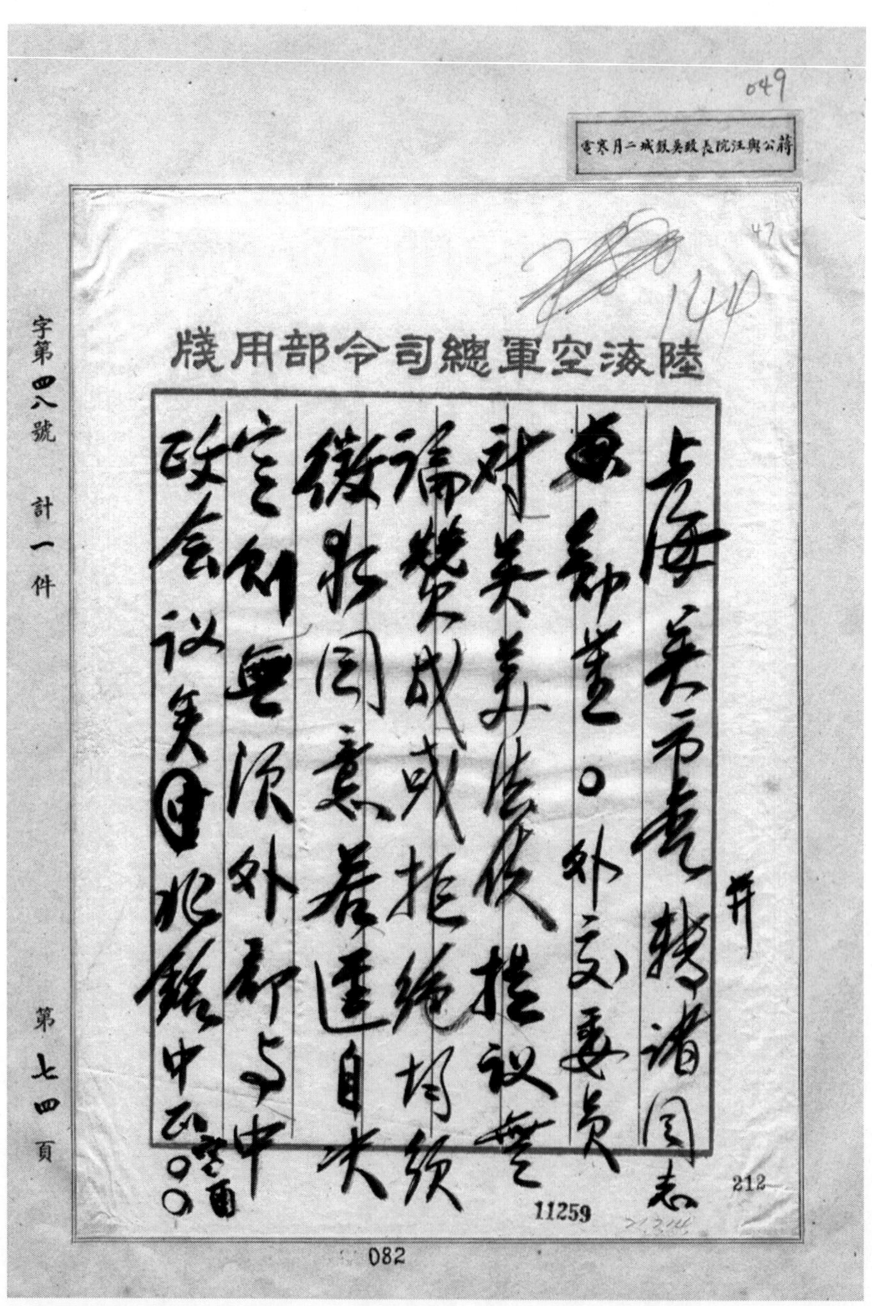

蔣公與汪院長致吳鐵城二月寒電

陸海空軍總司令部用牋

上海吳市長轉諸同志並鈞鑒。外交委員對英美法使提議無論贊成或拒絕均須徵求同意，若遽自決定，則無須外部與中政會議矣。兆銘、中正。寒酉

字第四八號　計一件　第七四頁

蔣中正等電吳鐵城外交委員對英美法使提議贊成或拒絕均須徵求同意　1932/2/14
002-020200-00015-049

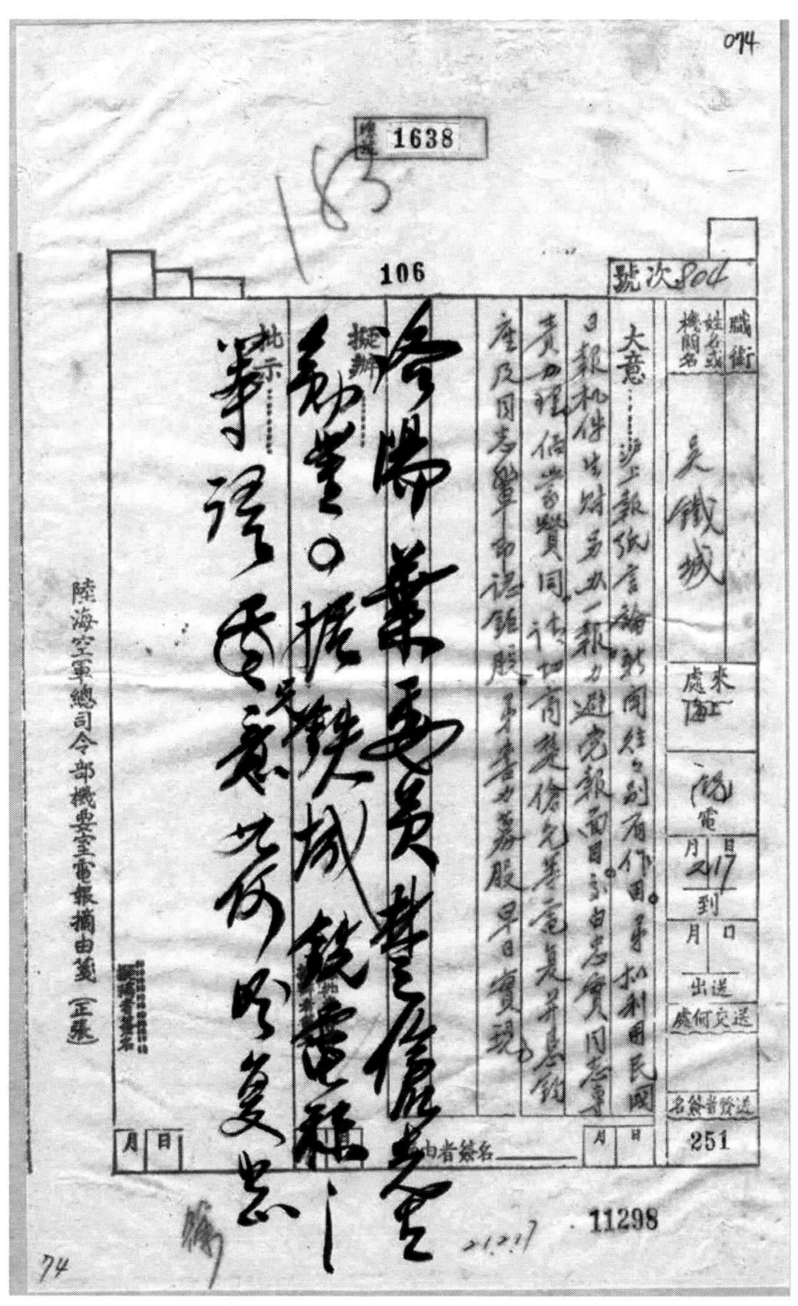

074

1638

183

號次 804

106

職銜姓名或機關名：吳鐵城

來處：滬

電 月 2 日 17

到 月 日

出送處何交送

大意：滬上報紙言論對國往往別有作用。擬就利用民國日報機件生財另出一報，力避黨報面目，以由忠實同志負責主理。倘荷贊同，請切商楚傖兄等，竟其事，並懇鈞座及同志量予認錢股，其餘另募股，早日實現。

擬辦：令復葉委員楚傖兄勳鑒。據吳鐵城銑電稱

批示：等語，兄意若何，盼復。中

月 日 經由者簽名

送發者簽名 251

陸海空軍總司令部機要室電報摘由箋（正張）

11298

21.2.17

74

蔣中正電詢葉楚傖對吳鐵城擬另辦一報意見如何　1932/2/17

002-070100-00023-074

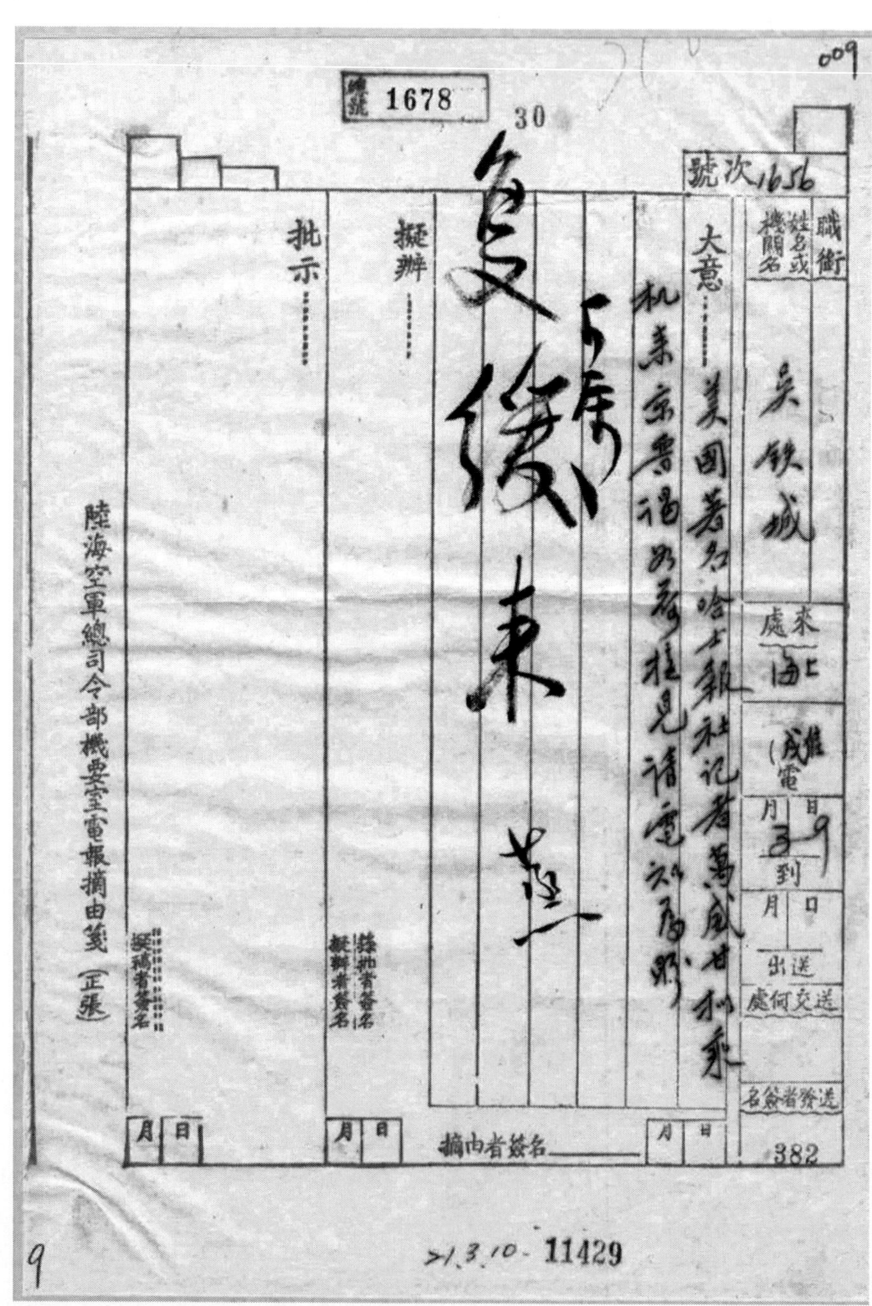
009

總號 1678

30

號次 1656

職銜 姓名或機關名：吴鉄城

來處：上海

大意：美國著名哈士報社記者萬威甘利乘机来京，晋謁鈞座，求見，請電知為盼。

(　)戍電

月 日 3 9 到

月 日

送出

交送何處

送發者簽名

382

擬辦：

批示：

復緩来

中正

陸海空軍總司令部機要室電報摘由箋（正張）

擬稿者簽名

錄抄者簽名
擬辦者簽名

摘由者簽名 月 日

21.3.10. 11429

9

蔣中正電吳鐵城囑哈士報記者萬威甘緩來京　1932/3/10

002-070100-00024-009

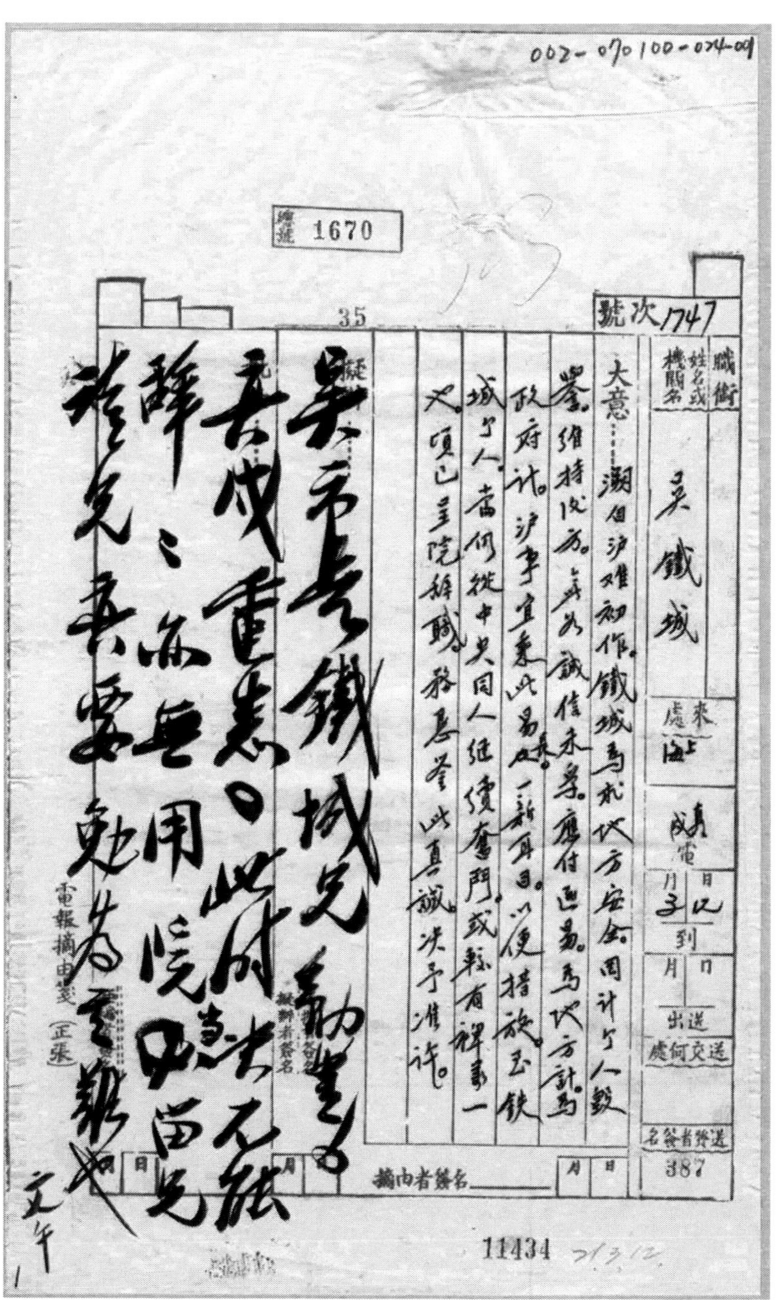

002-070100-024-01

總號 1670

號次 1747

職銜姓名或機關名：吳鐵城

來處：上海

真電 月 日 到 月 日

大意：瀝陳滬難初作，鐵城為地方安全，罔計個人毀譽，維持殘局，並以誠信求孚，應付困難。為地方計，為政府計，滬事宜乘此易長，一新耳目，以便措施。至鐵城個人，當仍從中央同人繼續奮鬥，或較有裨益。一切已呈院辭職，務懇鑒此真誠，決予准許。

擬辦：吳市長鐵城兄勳鑒：真電悉。此時決不能辭，辭亦無用，院必留兄，務望兄兵要勉為其難。中正。文午

35

電報摘由箋（正張）

擬辦者簽名

摘由者簽名

發送者簽名 387

11434 21/3/12

蔣中正電吳鐵城決不能辭上海市市長　1932/3/12

002-070100-00024-001

033

5088

國民政府軍事委員會用牋

51

上海吳市長轉林主席鈞鑒。請即回京為荷。中正叩。删晨機印

廿一年四月十五日

040 11551 504

蔣中正電吳鐵城轉林森請即回京　1932/4/15

002-010200-00065-033

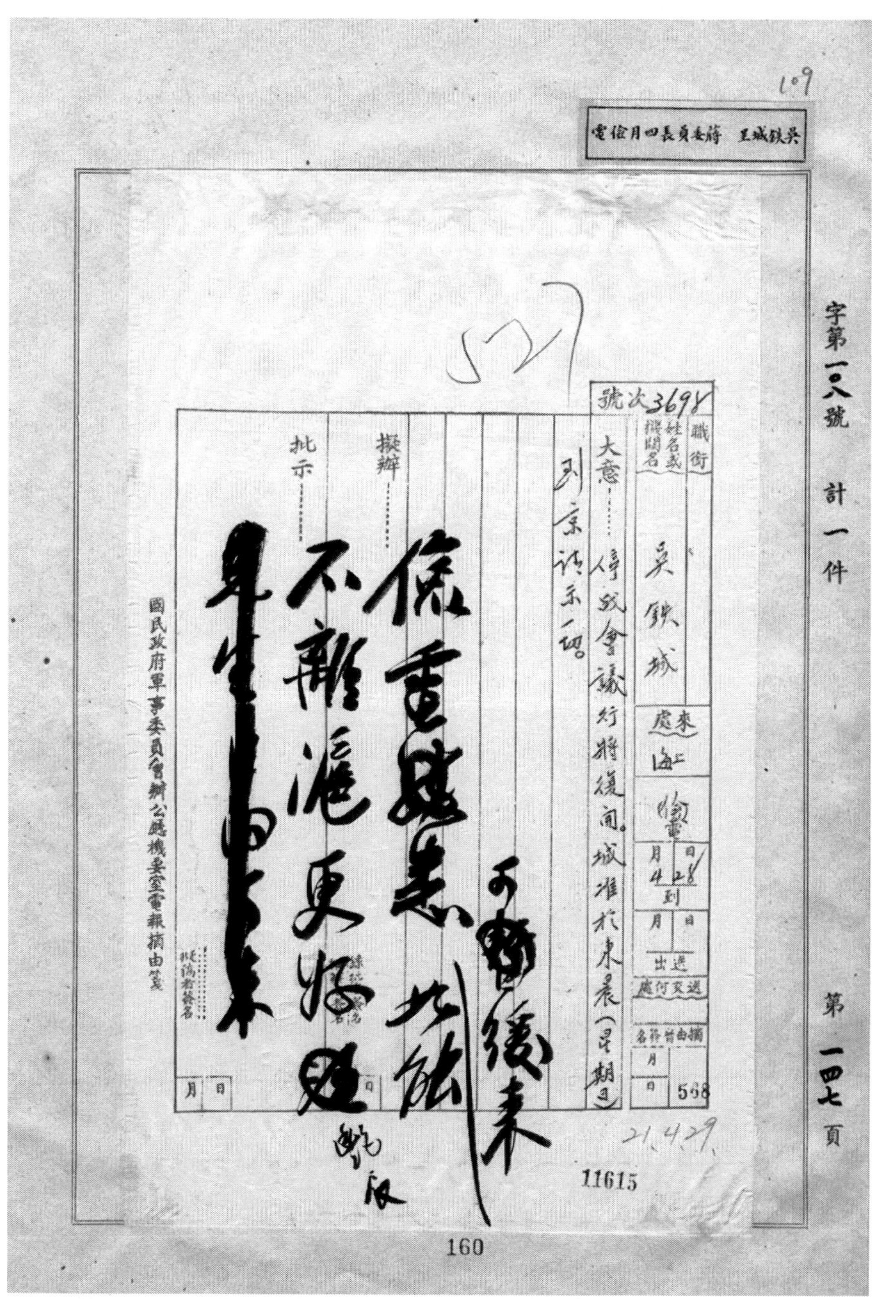
吳鐵城呈蔣委員長四月儉電

字第一〇八號 計一件 第一四七頁

國民政府軍事委員會辦公廳機要室電報摘由箋

號次	3698
職銜	
姓名或機關名	吳鐵城
來處	上海
	儉電
月日到	4月28日
大意	停戰會議行將復開。城准於東晨（星期三）到京請示一切。
擬辦	
批示	可暫緩來

21.4.29

11615

160

蔣中正復吳鐵城有關停戰會議召開到京請示可緩來　1932/4/28

002-020200-00015-109

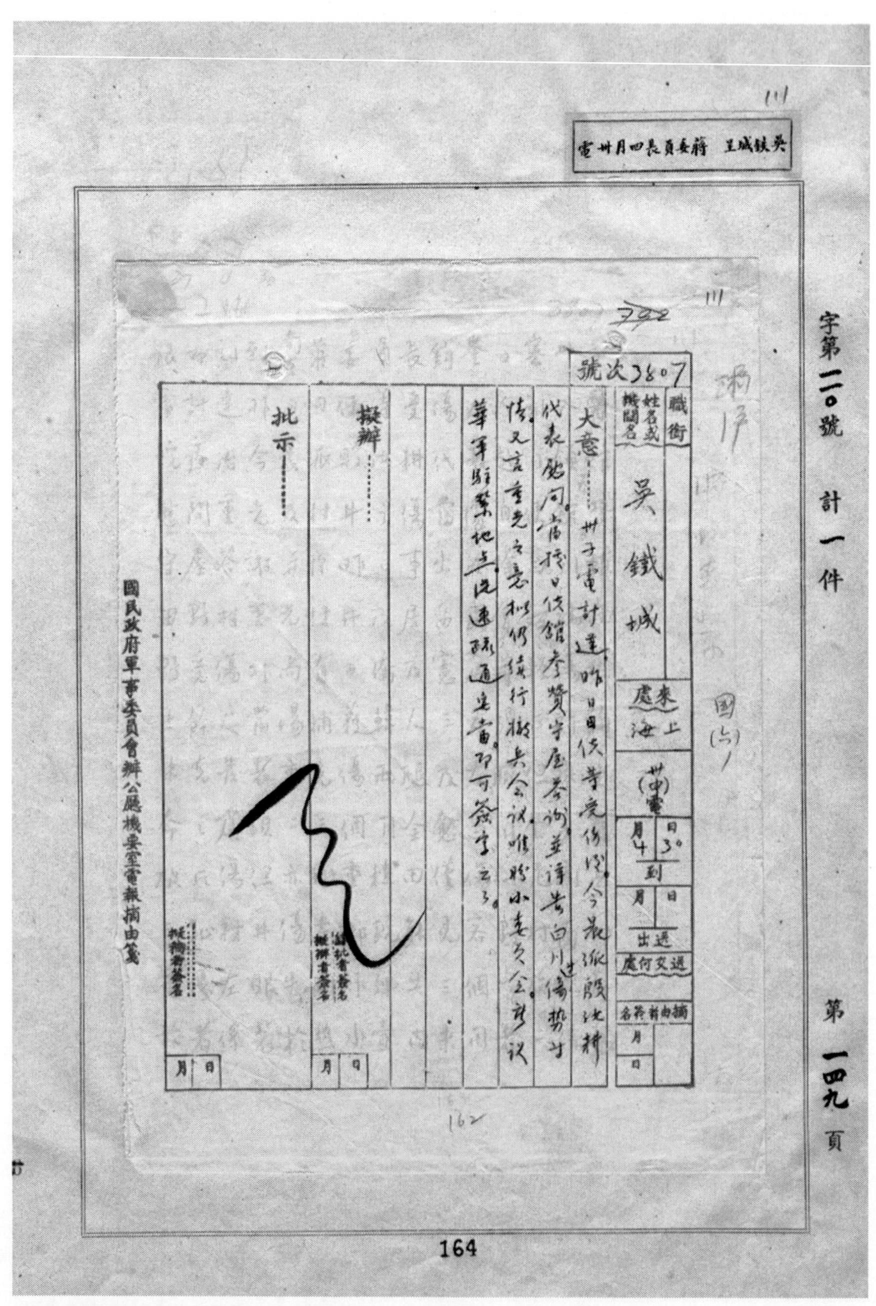

吳鐵城呈蔣委員長四月卅日電

字第二〇號 計一件 第一四九頁

國民政府軍事委員會辦公廳機要室電報摘由箋

號次 3807

職銜姓名或機關名：吳鐵城

來處：上海

（艷）電 4月30日 到 月 日

大意：卅日電計達。昨日日使等受傷，今派殷汝耕代表慰問。當據日使館參贊宇屋答謝，並詳告白川之傷勢[illegible]情。又言重光之意，擬仍繼續撤兵會議，惟將小委員會議華軍駐紮地點迅速疏通，呈當即可簽字云云。

擬辦

批示

吳鐵城電蔣中正日使等受傷今派殷汝耕代慰問　1932/4/30

002-020200-00015-111

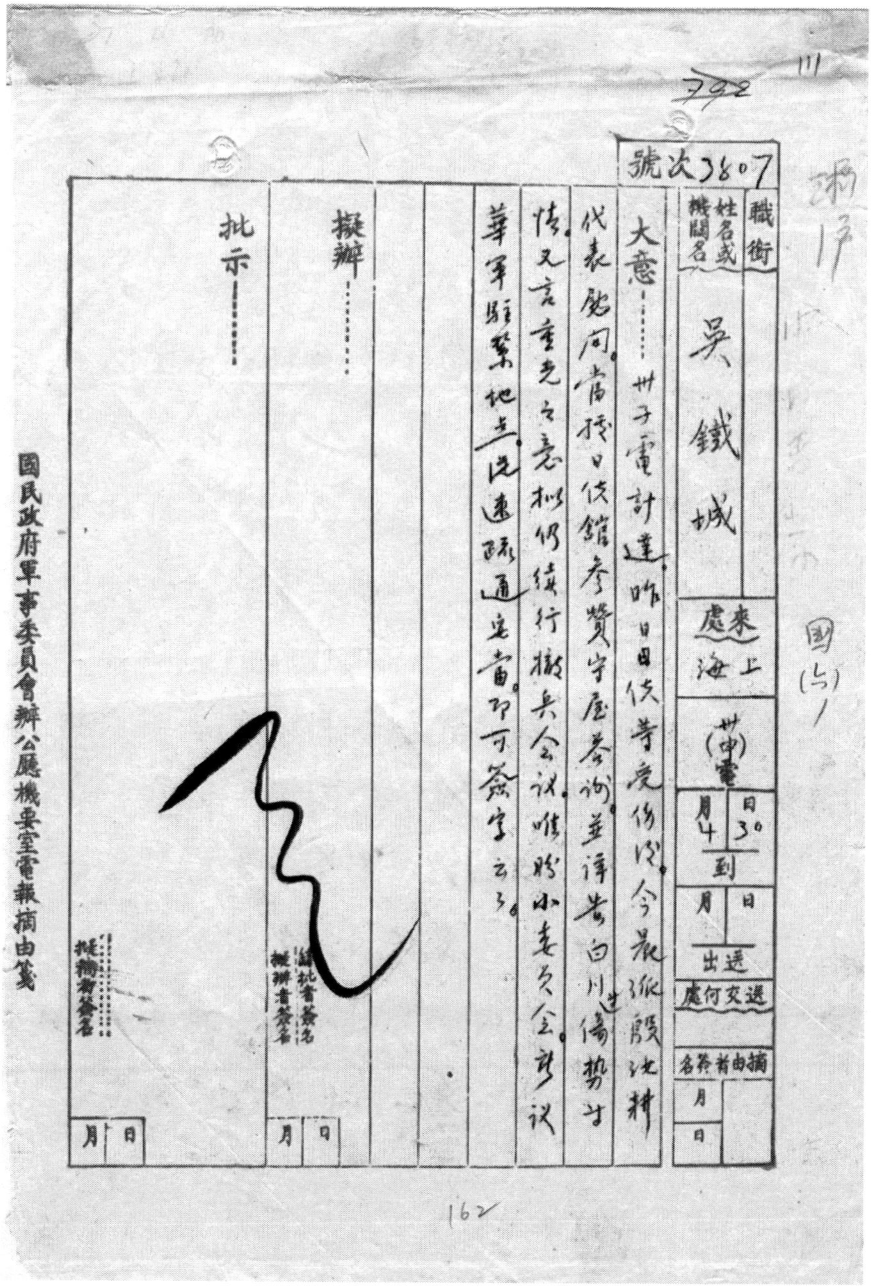

國民政府軍事委員會辦公廳機要室電報摘由箋

111

~~792~~

號次 3807

職銜	姓名或機關名	吳鐵城
來處	上海	
卅(巾)電	月 4 日 30	
到	月 日	
送出		
送交何處		
摘由者簽名	月 日	

大意……卅日電計達。昨日日使等受傷後，今晨派殷沈耕代表慰問。當往日使館參贊守屋答詢，並詳告白川傷勢甚情。又言重光之意，擬仍續行撤兵會議，唯將小委員會所議華軍駐紮地點迅速疏通妥當，即可簽字云云。

擬辦……

批示……

擬辦者簽名 月 日

擬批者簽名 擬辦者簽名 月 日

162

上海　3807　111

限即刻到南京蔣委員長鈞鑒○密卅子
電計達昨日日使等受傷後分別入醫
院療治今晨派殷汝耕代表赴日領館
慰問重光及村井之傷當接日使館參贊
守屋答謝并稱昨日事出後除白川植
田野村重光村井及居留民會河端友
野受傷外尚有日僑及憲兵等輕傷共
十餘人當場捕獲韓人三名現正研詢
未竟發表重光傷兩腿及左腕但無生
命之虞須二三個月全愈白川全身受
破片傷但亦非重植田僅傷一足割去
三趾村井傷左腳現能見客野村面部
受傷左眼失明炸彈共三個一放二存
於者係裝於熱水壺內未用者一係裝

111

於鋼製水筒內一係裝成日人習用之木製弁當盒內顯係據有計劃之行為云云字屋又言重光之意擬仍續行撤兵會議唯該小委員會所議華軍駐紮地點從速疏通妥當即可簽字重光雖傷臥然右手尚能執筆與植田均可簽字云云謹電奉聞上海市市長吳鐵城卯卅申印

164

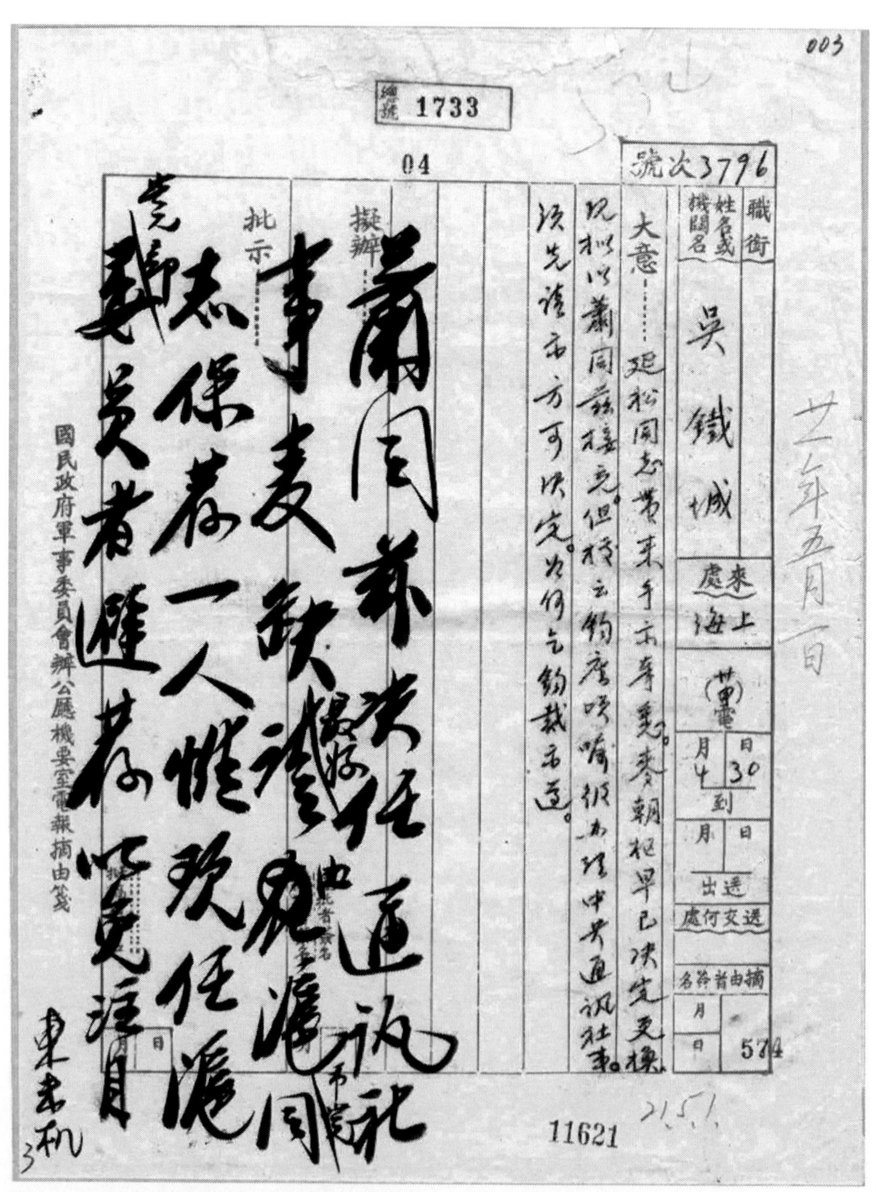

003

編號 1733

04

號次 3796

職銜	姓名或機關名	吳鐵城
來處	上海	
（蒸）電	4 月 30 日到	

大意：遲松同志帶來手示奉悉。麥朝樞早已決定更換，現擬以蕭同茲接充。但據云鈞座囑付辦理中央通訊社事。須先請示方可決定。如何乞鈞裁示遵。

廿一年五月一日

批示：蕭同茲決任通訊社事。麥缺擬由滬市黨同志保薦一人……

中正 卯東未机

國民政府軍事委員會辦公廳機要室電報摘由箋

11621

蔣中正電吳鐵城以蕭同茲任通訊社麥朝樞缺由滬市黨同志推薦　1932/5/1

002-070100-00025-003

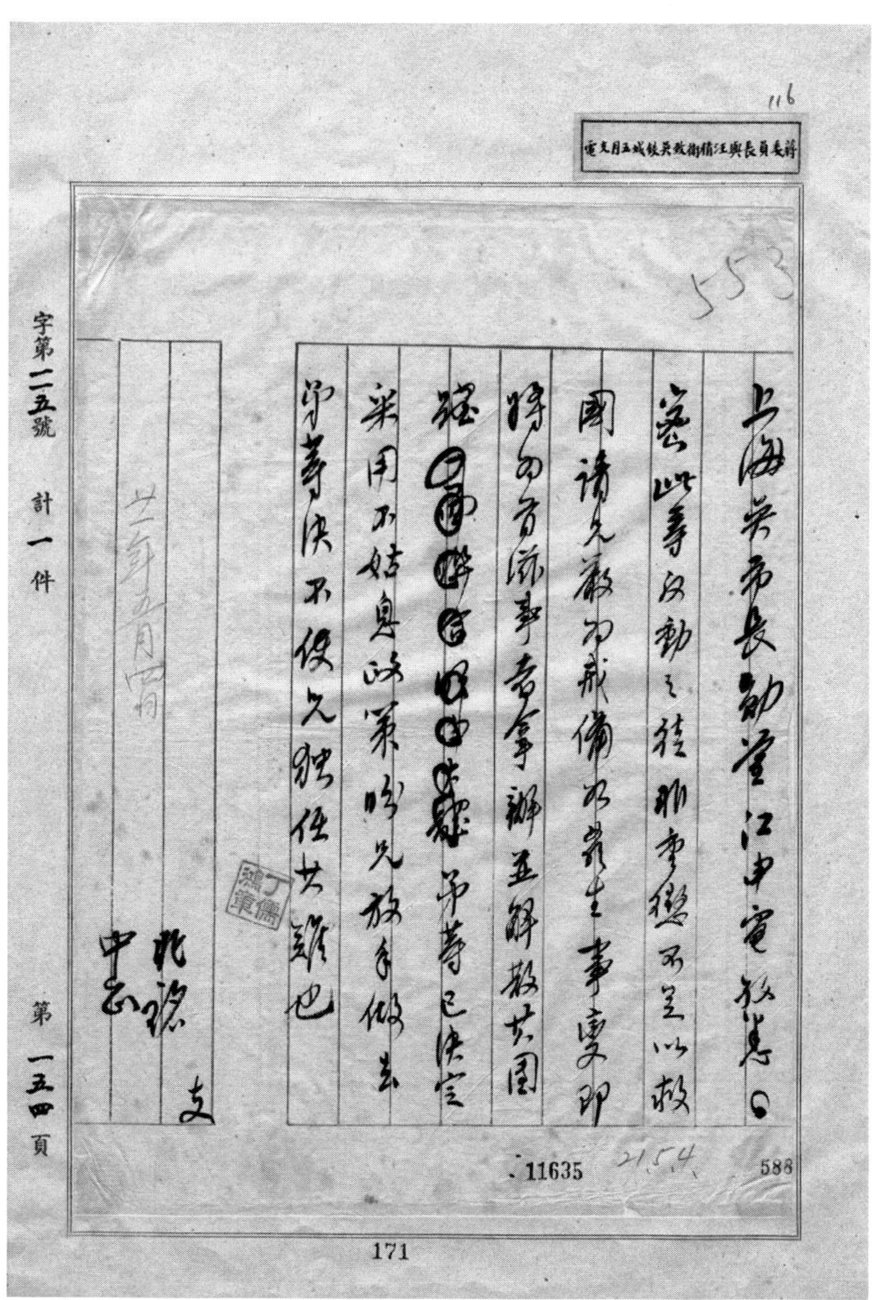
116

蔣委員長與汪精衛致吳鐵城五月支電

上海吳市長勛鑒：江申電敬悉。密。此等反動之積，非事變不足以救國，請兄嚴加戒備，如發生事變，即將為首滋事者拿辦，並解散其團體，弟等已決定采用不姑息政策，盼兄放手做去，弟等決不使兄獨任其難也。

廿一年五月四日

兆銘 中正 支

字第一二五號 計一件 第一五四頁

553

11635 21.5.4 588

171

蔣中正等電吳鐵城發生事變即將為首滋事者拿辦並解散其團體　1932/5/4

002-020200-00015-116

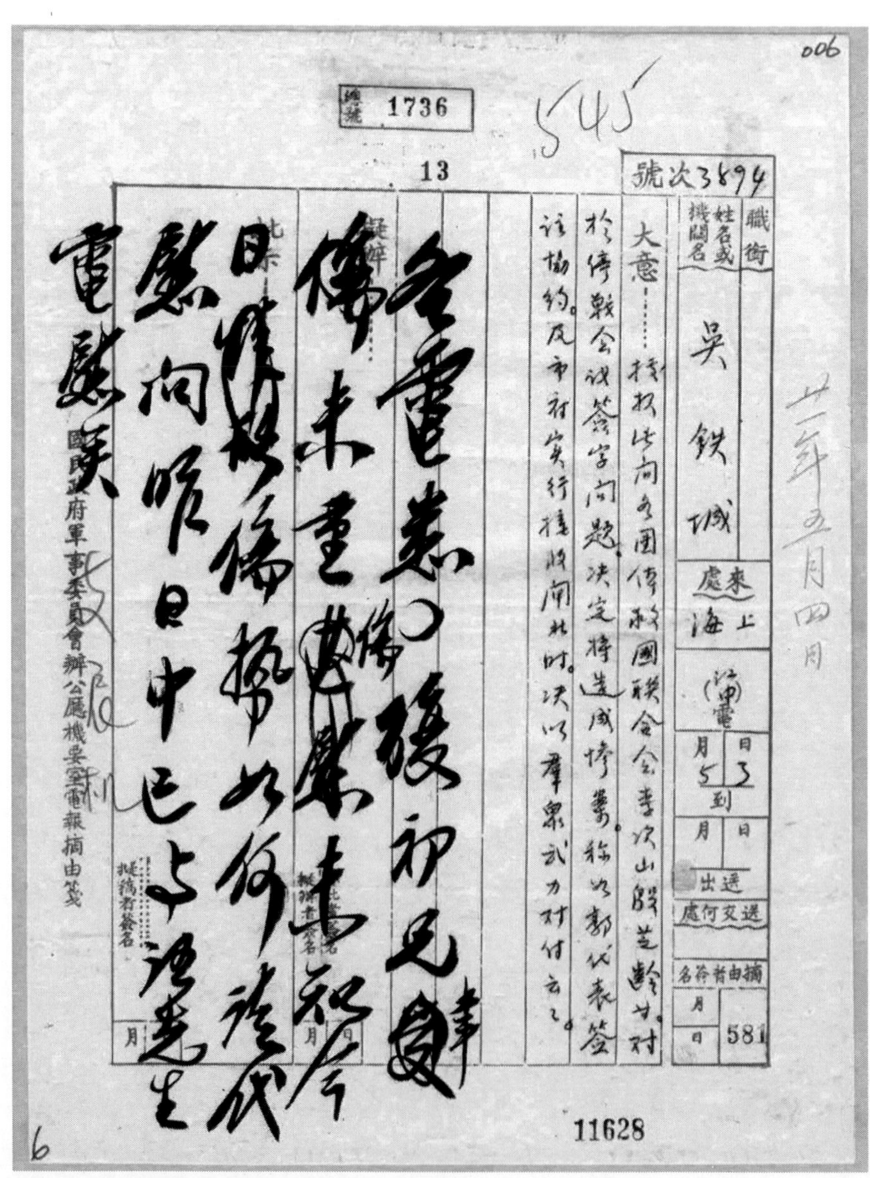

編號 1736

號次 3894

職銜 姓名或機關名：吳鐵城

來處：上海

電

月 日

到

月 日

出送

交送何處

摘由者簽名

擬辦

批示

擬辦者簽名

國民政府軍事委員會辦公廳機要室電報摘由箋

11628

蔣中正電吳鐵城代慰問郭泰祺傷勢　1932/5/4

002-070100-00025-006

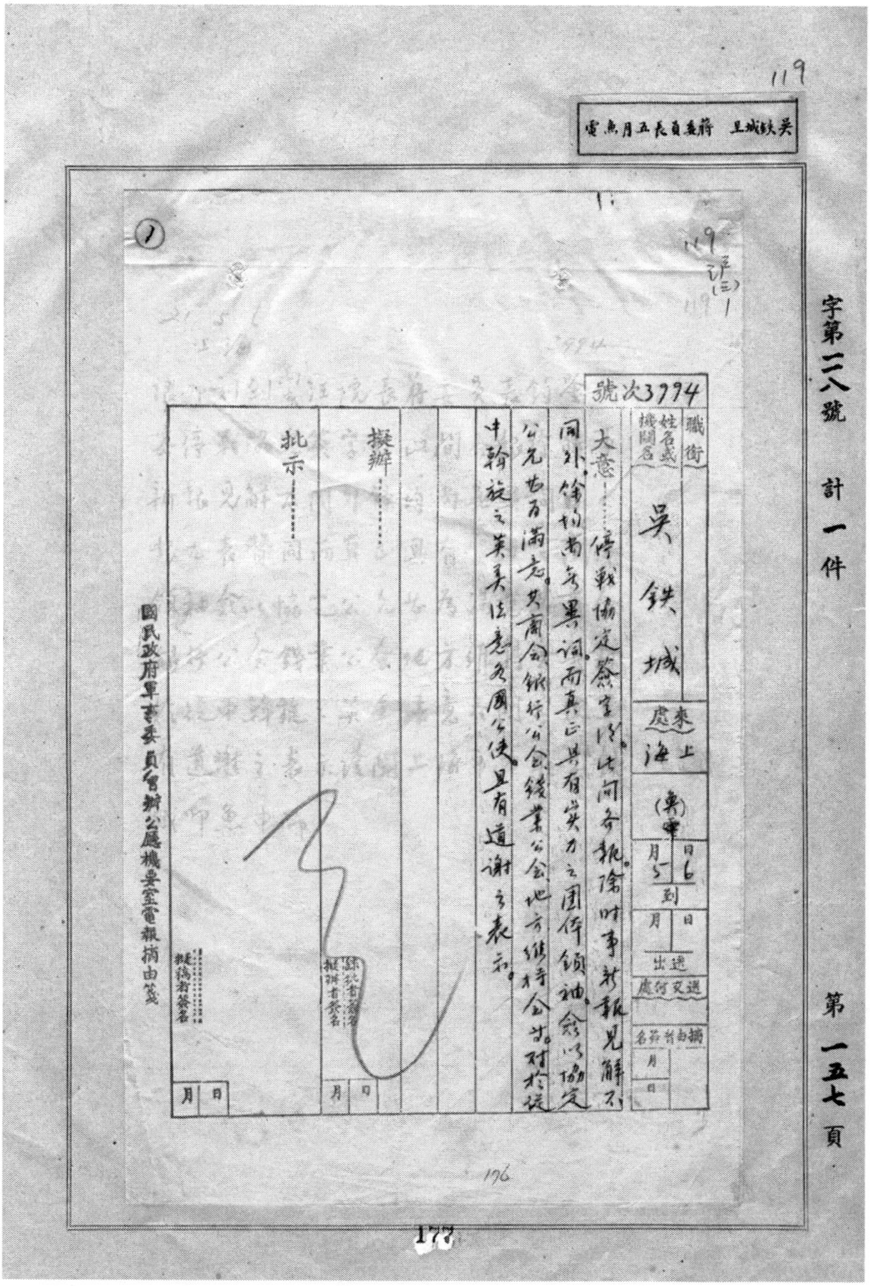

吳鐵城呈蔣委員長五月魚電

119

號次3994

職銜 姓名或機關名	吳鐵城
來處	上海
來電	5月6日
到	月 日
送出	
送交何處	
摘由者簽名	月 日

大意……停戰協定簽字後，此間各報除時事新報見解不同外，餘均尚無異詞，而真正具有實力之團体領袖，僉以協定公允，甚為滿意。其商會、銀行公會、錢業公會、地方維持會等，對於從中斡旋之英美法意各國公使，且有道謝之表示。

擬辦……

批示……

國民政府軍事委員會辦公廳機要室電報摘由箋

擬稿者簽名　月 日

擬辦者簽名　月 日

字第一二八號　計一件　第一五七頁

177

吳鐵城電蔣中正停戰協定簽字各報除時事新報異解外餘均無異詞　1932/5/6

002-020200-00015-119

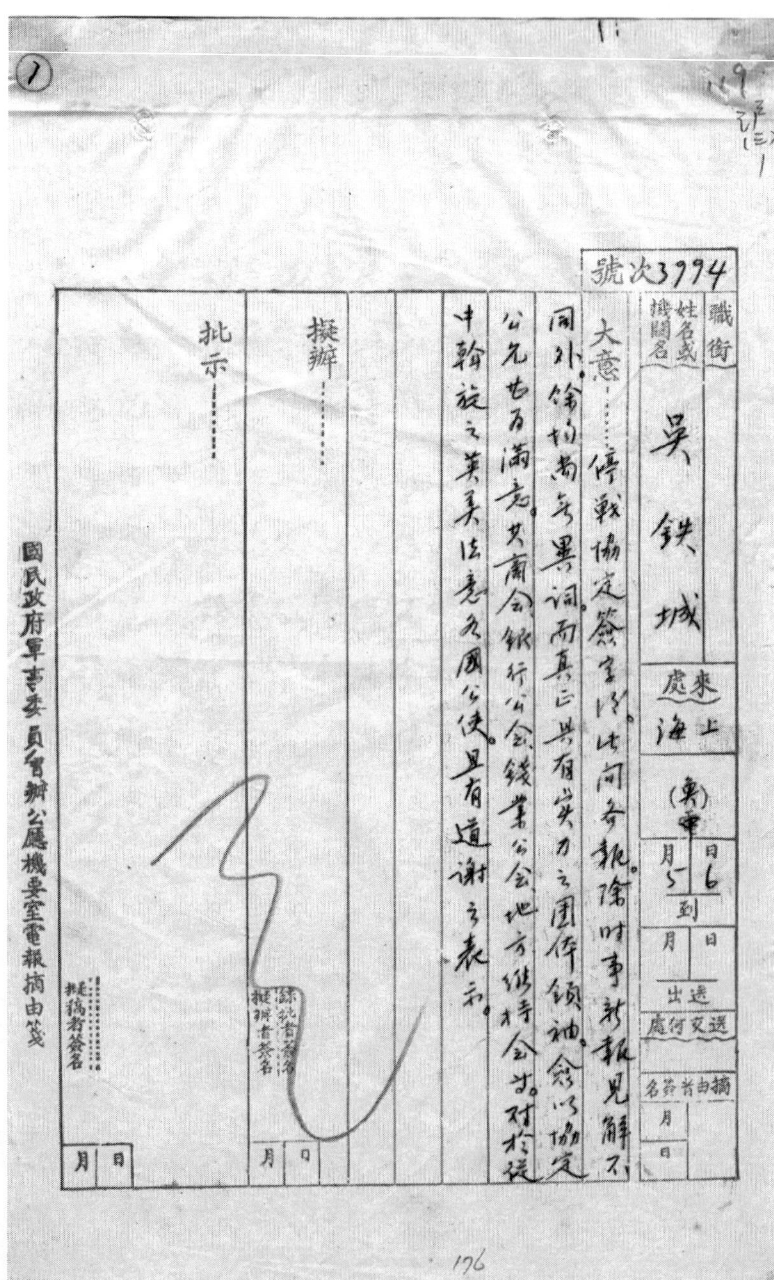

號次 3994

職銜：

姓名或機關名：吳鐵城

來處：上海

（東）電 5月6日

到 月 日

出送

交何處

摘由者簽名 月 日

大意……停戰協定簽字後，此間各報，除時事新報見解不同外，餘均尚無異詞。而真正具有實力之團体領袖，僉以協定公允甚為滿意。其商會、銀行公會、錢業公會、地方維持會等，對於從中斡旋之英美法意各國公使，且有道謝之表示。

擬辦……

錄抄者簽名 擬辦者簽名 月 日

批示……

擬稿者簽名 月 日

國民政府軍事委員會辦公廳機要室電報摘由箋

176

119

21 5 6
上海
3994

限即刻到南京汪院長蔣委員長鈞鑒。密停戰協定簽字後此間各報除時事新報見解不同外餘均尚無異詞申大報尤表贊同而真正具有实力之團体領袖僉以協定公允甚為滿意其商会銀行公会錢業公会地方維持会等對於從中斡旋之英美法意各國公使且有道謝之表示謹聞上海市市長吳鉄城叩魚申印

177

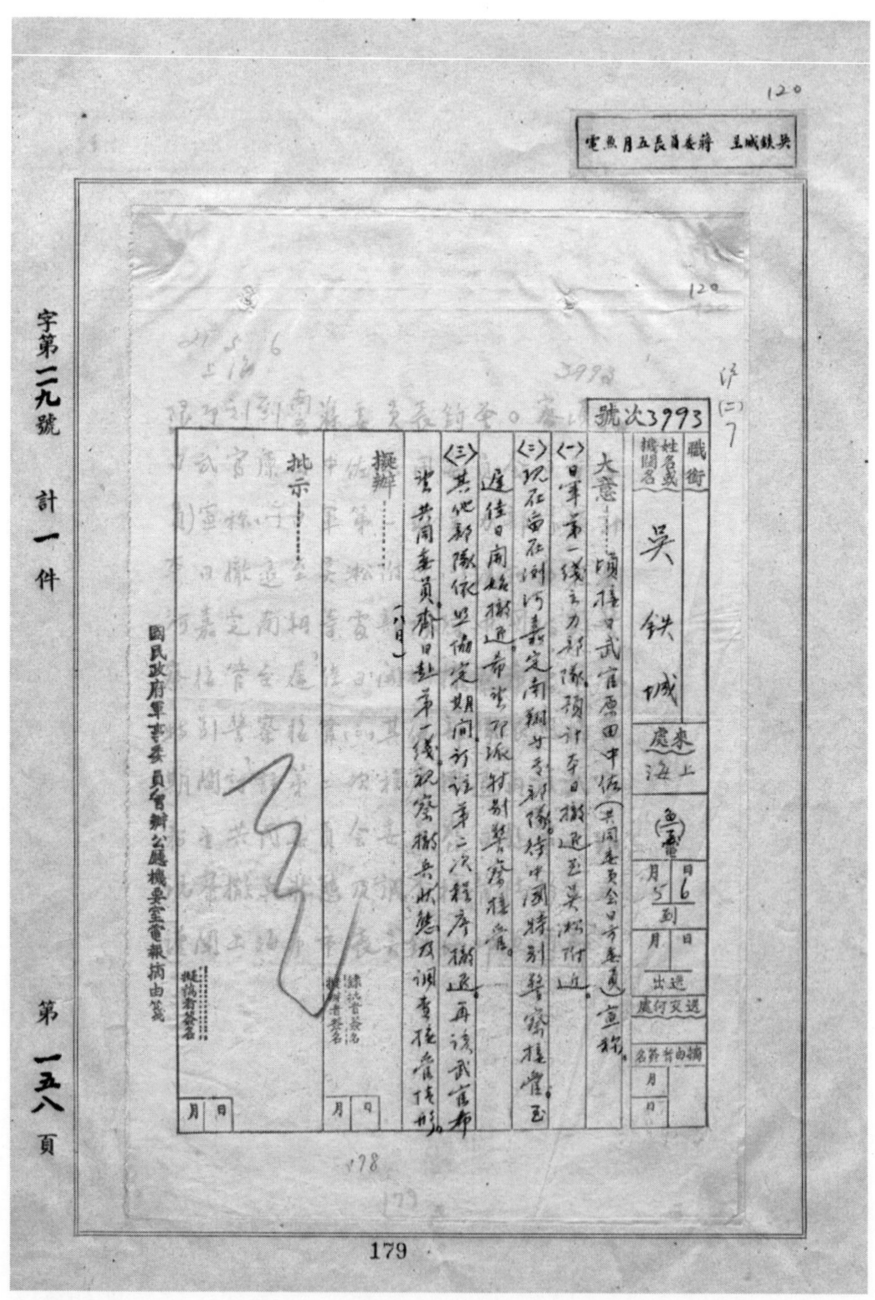
吳鐵城呈蔣委員長五月魚電

字第二九號 計一件 第一五八頁

號次3993

職銜 姓名或機關名：吳鉄城

來處：上海

魚電 月5 日6 到

大意：頃據日武官原田中佐（共同委員會日方委員）宣稱。
〈一〉日軍第一線主力部隊預計本日撤退至吳淞附近。
〈二〉現在南翔嘉定南翔方面部隊，待中國特別警察接管至徐家宅附近。
〈三〉其他部隊依照協定期間，於進行第二次程序撤退，再該武官希望共同委員會日赴第一線視察撤兵狀態及調查接管情形。

擬辦

批示

國民政府軍事委員會辦公廳機要室電報摘由箋

179

吳鐵城電蔣中正日原田中佐宣稱日軍第一線主力本日撤退至吳淞 1932/5/6

002-020200-00015-120

號次 3993

職銜／姓名或機關名：吳鐵城

來處：上海

魚電　月 5　日 6

到：月　日

出送

交何處送

摘由簽名　月　日

大意……頃據日武官原田中佐（共同委員会日方委員）宣稱：

〈一〉日軍第一綫主力部隊預計本日撤退至吳淞附近。

〈二〉現在留在瀏河嘉定南翔方面部隊，待中國特別警察接管至遲佳日間始撤退，希望即派特別警察接管。

〈三〉其他部隊依照協定期間，訂該第二次程序撤退，再該武官希望共同委員會齊日赴第一綫視察撤兵狀態及調查接管情形。

（八日）

擬辦……

錄述者簽名　擬辦者簽名　月　日

批示……

提摘者簽名　月　日

國民政府軍事委員會辦公廳機要室電報摘由箋

120

178

120

21 5 6
上海 3993

限即刻到南京蔣委員長鈞鑒。密頃據日武官原田中佐(共同委員会日方委員)宣稱(一)日軍第一綫主力部隊預計本日撤退至吳淞附近(二)現所留在瀏河嘉定南翔等處部隊,待中國特別警察接管至遲?佳日開始撤退,希望即派特別警察接管(三)其他部隊依照協定期間?訂註第二次程序撤退再該武官希望共同委員会委員齊日赴第一綫視察撤兵狀態及調查接管情形云云
謹聞上海市市長吳鉄城叩魚酉印

179

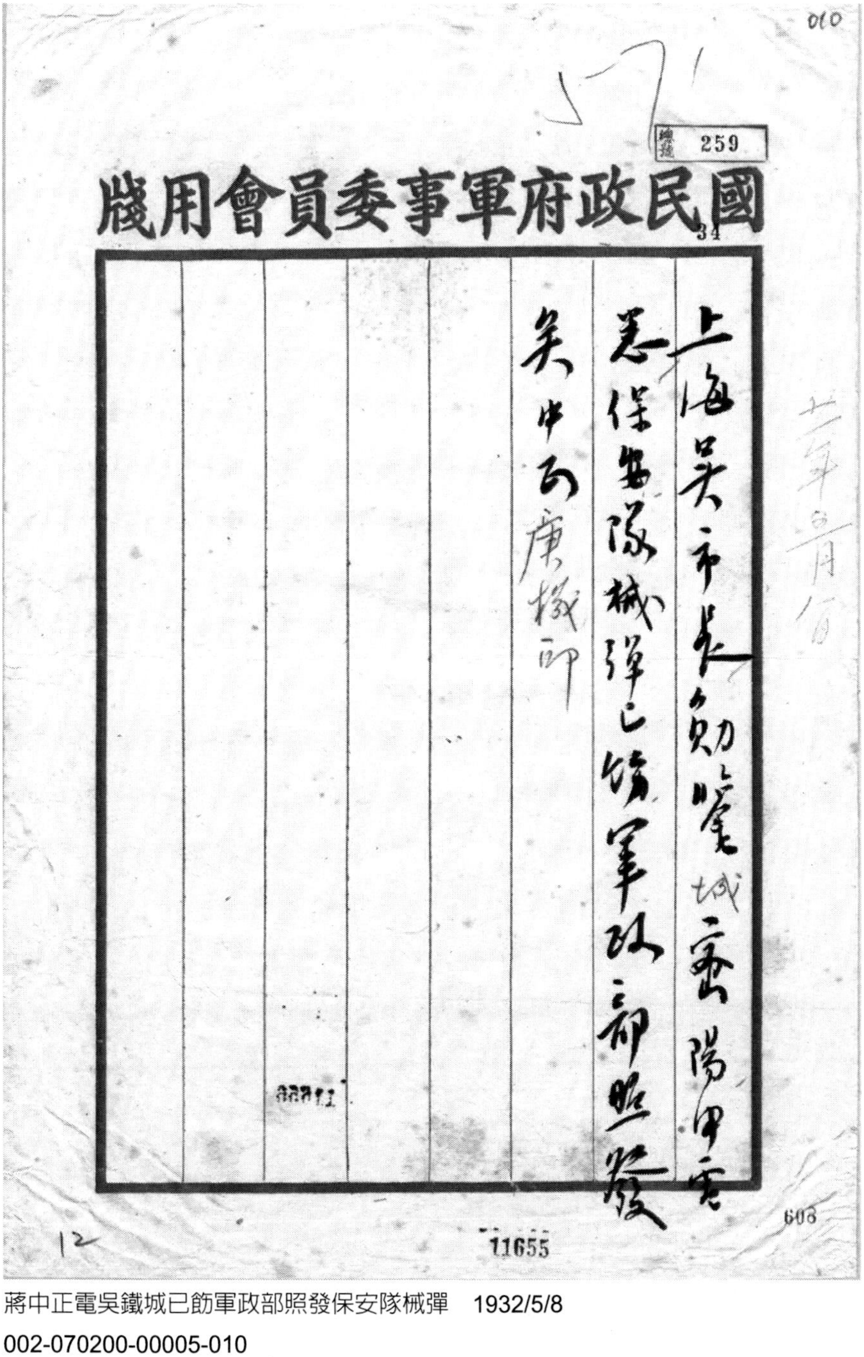

國民政府軍事委員會用牋

上海吳市長鐵城兄：密。陽申電悉。保安隊械彈已飭軍政部照發矣。中正。庚機印

蔣中正電吳鐵城已飭軍政部照發保安隊械彈 1932/5/8

002-070200-00005-010

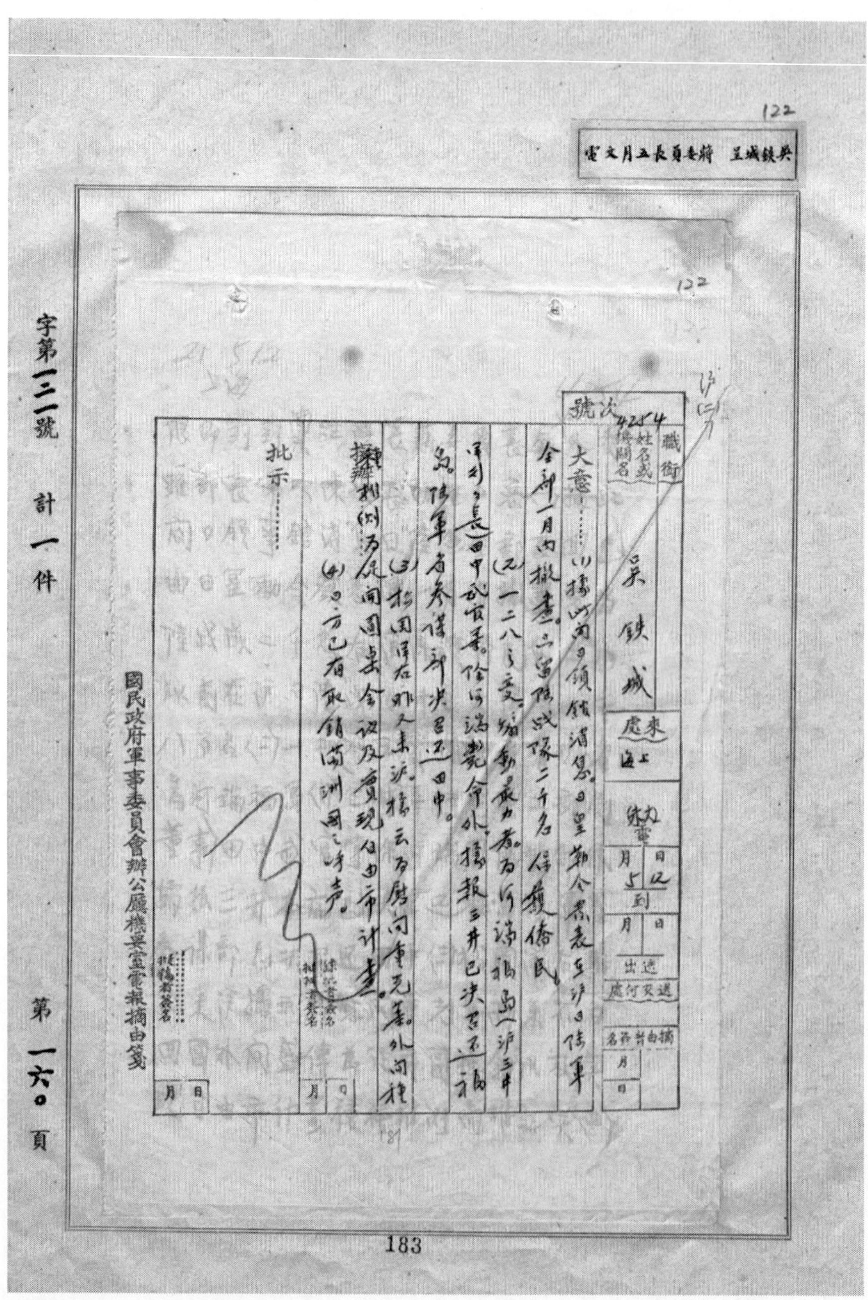

122

吳鐵城呈蔣委員長五月文電

字第一三一號 計一件 第一六〇頁

國民政府軍事委員會辦公廳機要室電報摘由箋

次號 4254

職銜 姓名或機關名：吳鉄城

來處：上海

文電 5月12日

到 月 日

送交何處

出送

摘由者簽名 月 日

大意：(1)據此間日領館消息。日皇勅令發表在滬日陸軍全部一月內撤盡。已留陸戰隊二千名保護僑民。(2)一二八之變。煽動最力者。為前諜福島（滬三井洋行之長）田中武官等。除以[illegible]命外。據報三井已決召還福島。陸軍省參謀部決召還田中。(3)據國府在野人來滬。據云[illegible]。外間種[illegible]以民間團長會議及實現自由市計畫。(4)日方已有取銷滿洲國之呼聲。

批示

擬辦者簽名 月 日

批示者簽名 月 日

183

吳鐵城電蔣中正有關日皇昭和敕令發表在滬日陸軍全部一月內撤盡　1932/5/12

002-020200-00015-122

122

滬（二）

號次 42854

職銜 姓名或機關名：吳鐵城

來處：上海

九電　5月12日

到　月　日

送出遞交何處

摘由者簽名　月　日

大意……

(1)據此間日領館消息。日皇勒令索表在滬日陸軍全部一月內撤盡。只留陸戰隊二千名保護僑民。

(2)一二八之變。煽動最力者。為何瑞福島（滬三井洋行分長）田中武官等。除何瑞奉命外。據報三井已決召還福島。陸軍省參謀部決召還田中。

(3)松岡洋右昨又來滬。據云乃慰問重光葵。外間種種揣測係為圓桌會議及實現自由市計畫。

(4)日方已有取銷滿洲國之呼聲。

擬辦……

繕校者簽名　擬辦者簽名　月　日

批示……

批閱者簽名　月　日

國民政府軍事委員會辦公廳機要室電報摘由箋

181

1 122

21.5.12

上海 4254

限即刻到京汪院長蔣委員長鈞外交
羅部長軍次陳次長勛鑒（一）據此
間日領事館消息日陸軍全部已
由日皇敕令發表限一月內撤盡只留
陸戰隊二千名在滬保護僑民（一二八
以前在滬日陸戰隊計三大隊約一千
八百名）（二）一二八之變煽動最有力者
為河端福島（即三井洋行行長工部局
董事）田中武官等除河端因傷殞命外
據報三井本店已決召返福島陸軍省
參謀部已決召返田中（三）松岡洋右聯
又來滬據云為慰問重光等而來不日
回國外間盛傳為促開圓桌會議及實
現自由市計畫種種推測尚難証實（四）

127

日人方面已有取銷滿洲國之呼声謹
聞吳鉄城叩文未印

183

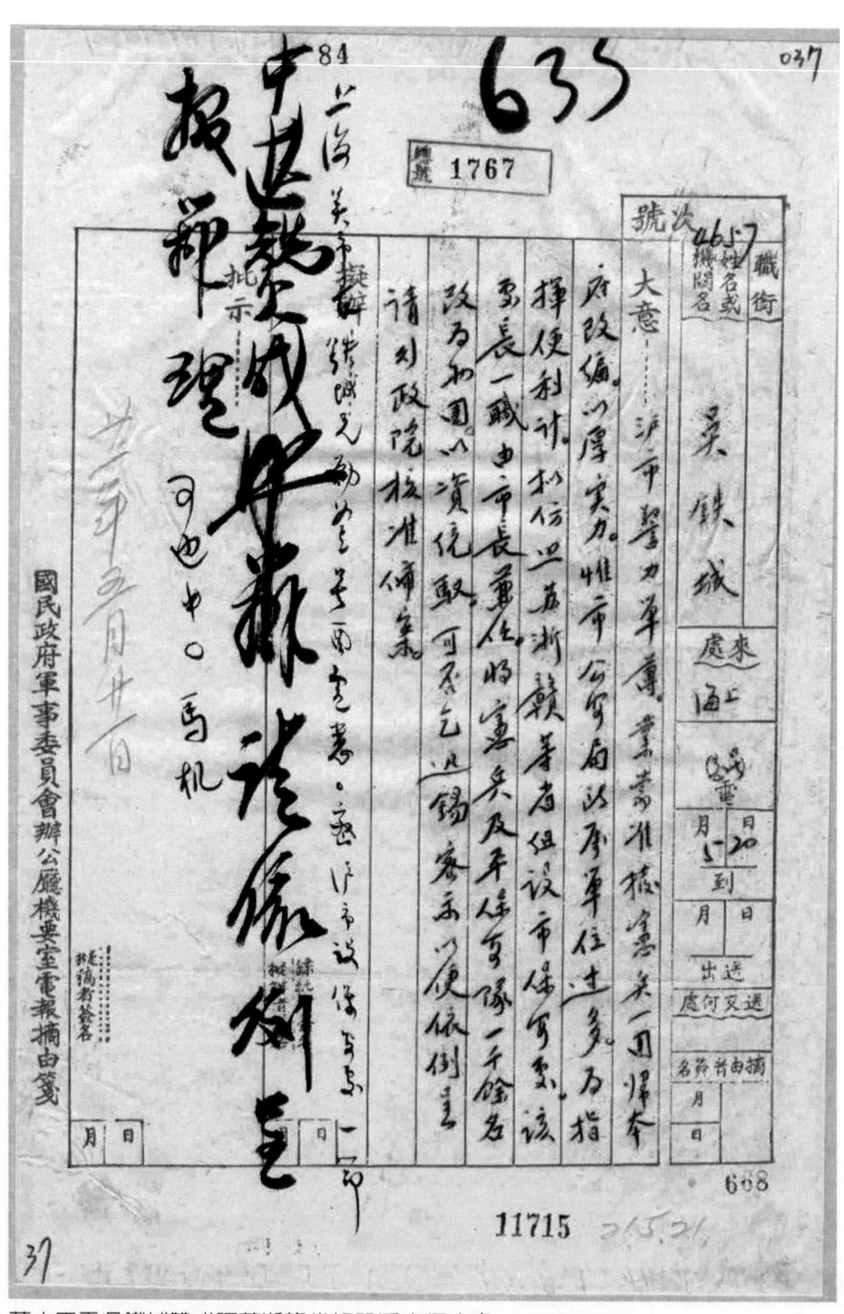

國民政府軍事委員會辦公廳機要室電報摘由箋

編號 1767

職銜 姓名或機關名	吳鐵城
來處	上海
電	5月20日

大意：滬市警力單薄，業蒙准撥憲兵一團歸本府改編，以厚實力。惟市公安局改革任過多，為指揮便利計，擬仿照蘇浙贛等省組設市保安處，該處長一職由市長兼任，將憲兵及保安隊一千餘名改為和團，以資統馭，可否乞以鍚察示，以便依例呈請行政院核准備案。

批示：中正 可照蘇浙贛省例組織

蔣中正電吳鐵城贊成照蘇浙贛省組設滬市保安處　1932/5/21

002-070100-00025-037

吳鐵城 王 蔣委員長五月梗電

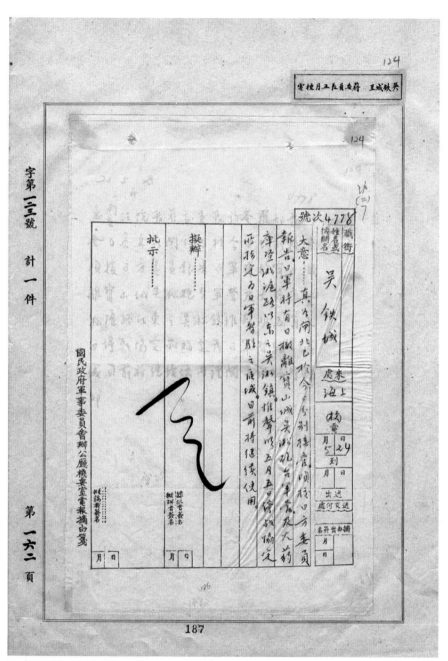

字第一三三號 計一件 第一六二頁

號次 4778

職銜 姓名或機關名 吳鉄城

來處 上海

梗 電 5月24日 到

大意：真，閘北已於今日分別接管，順替日方委員報告日軍撤離寶山城吳淞砲台軍營及火藥庫暨淞滬路以東之吳淞鎮，推擊明五月五日停戰協定所指定各日軍暫駐之區域，目前將繼續使用。

擬辦

批示

國民政府軍事委員會辦公廳機要室電報摘由箋

187

吳鐵城電蔣中正真茹閘北已於今日分別接管　1932/5/23

002-020200-00015-124

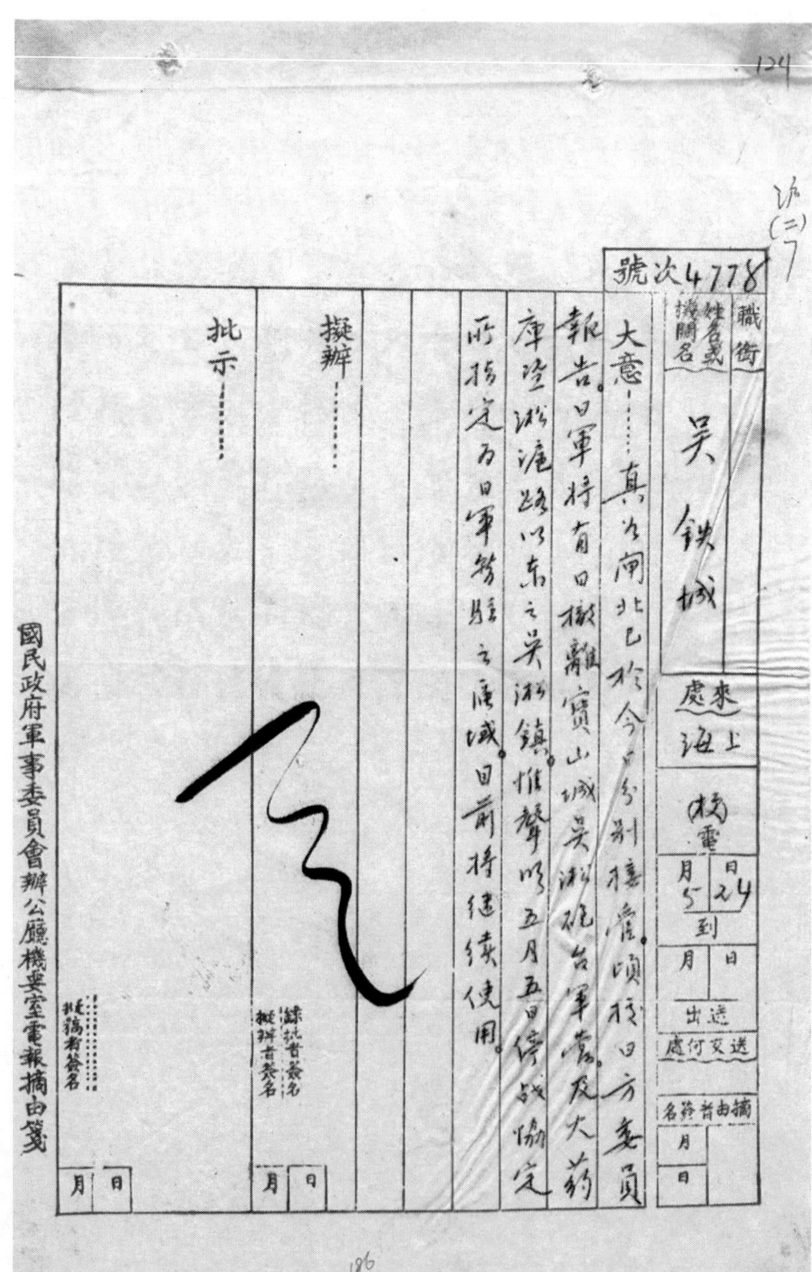

124

滬(二)7

國民政府軍事委員會辦公廳機要室電報摘由箋

號次 4778

職銜	姓名或機關名
	吳鐵城

來處：上海

(校)電 5月24日

到 月 日

送出

送交何處

摘由者簽名 月 日

大意……真。滬南北已於今日分別接管。頃據日方委員報告。日軍將有日撤離寶山城、吳淞砲台、軍營及大藥庫暨淞滬路以東之吳淞鎮。惟聲明五月五日停戰協定所指定為日軍警駐之區域。目前將繼續使用。

擬辦……

錄批者簽名
擬辦者簽名 月 日

批示……

擬稿者簽名 月 日

186

124

21 5 23
上海

4778

急南京汪院長蔣委員長鈞鑒羅部長勛鑒〇密真電閘北已於今日分別接管頃據日方委員報告日軍將於有日撤離寶山城吳淞砲台軍營及火藥庫暨淞滬路以東之吳淞鎮惟聲明五月五日停戰協定所指定為日軍營駐之區域目前將繼續使用謹聞吳鐵城叩梗印

187

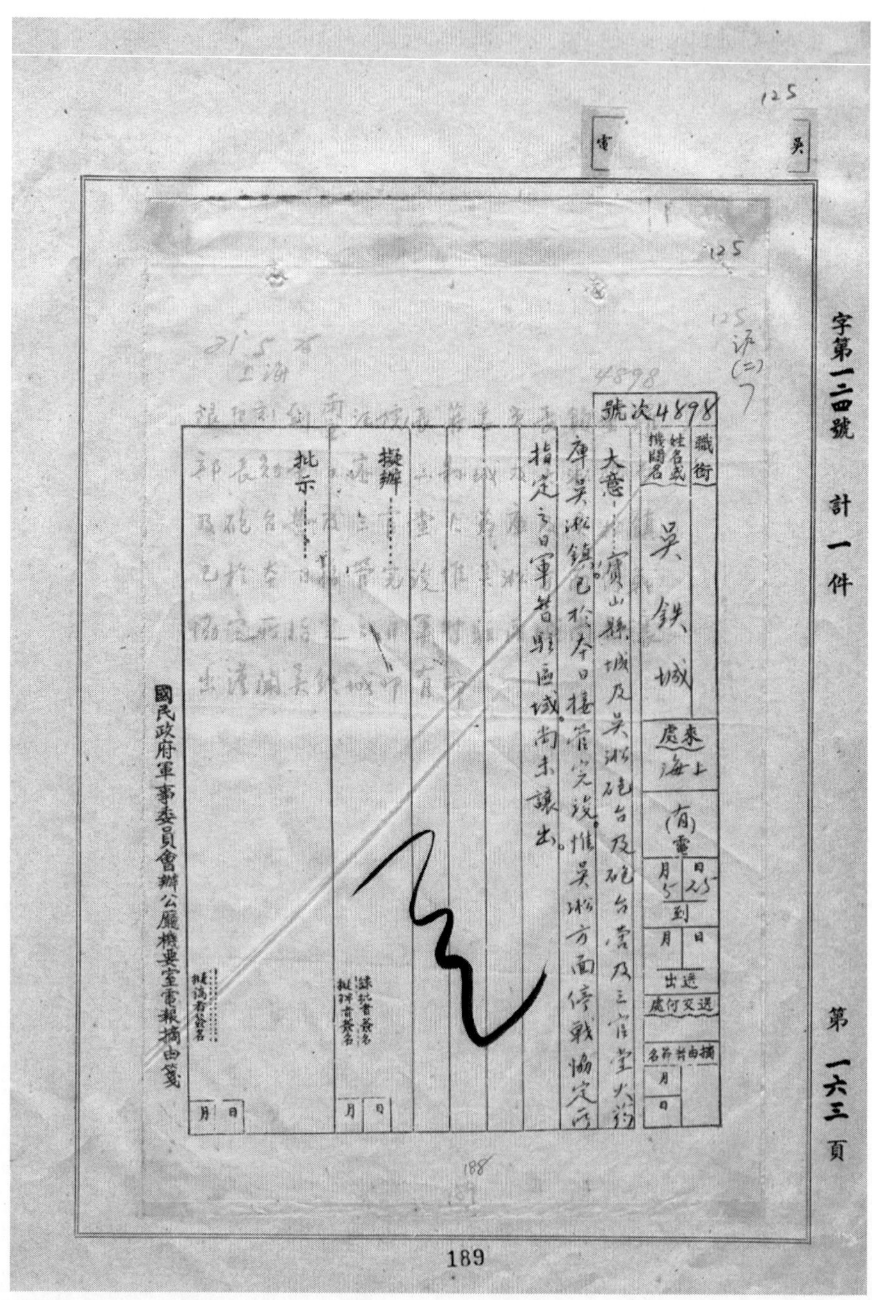

125

電　吳

字第一二四號　計一件　第一六三頁

國民政府軍事委員會辦公廳機要室電報摘由箋

號次 4898

職銜

姓名或機關名：吳鉄城

來處：上海

(有)電　5月25日

到　月　日

出送　處何交送

摘由者簽名　月　日

大意：寶山縣城及吳淞砲台及砲台灣及三官堂火药庫吳淞鎮已於本日接管完竣，惟吳淞方面停戰協定所指定之日軍暫駐區域尚未讓出。

擬辦

批示

錄批者簽名　擬辦者簽名　月　日

提摘者簽名　月　日

189

吳鐵城電蔣中正寶山縣吳淞砲臺三官堂火藥庫吳淞鎮於本日接管完畢　1932/5/25

002-020200-00015-125

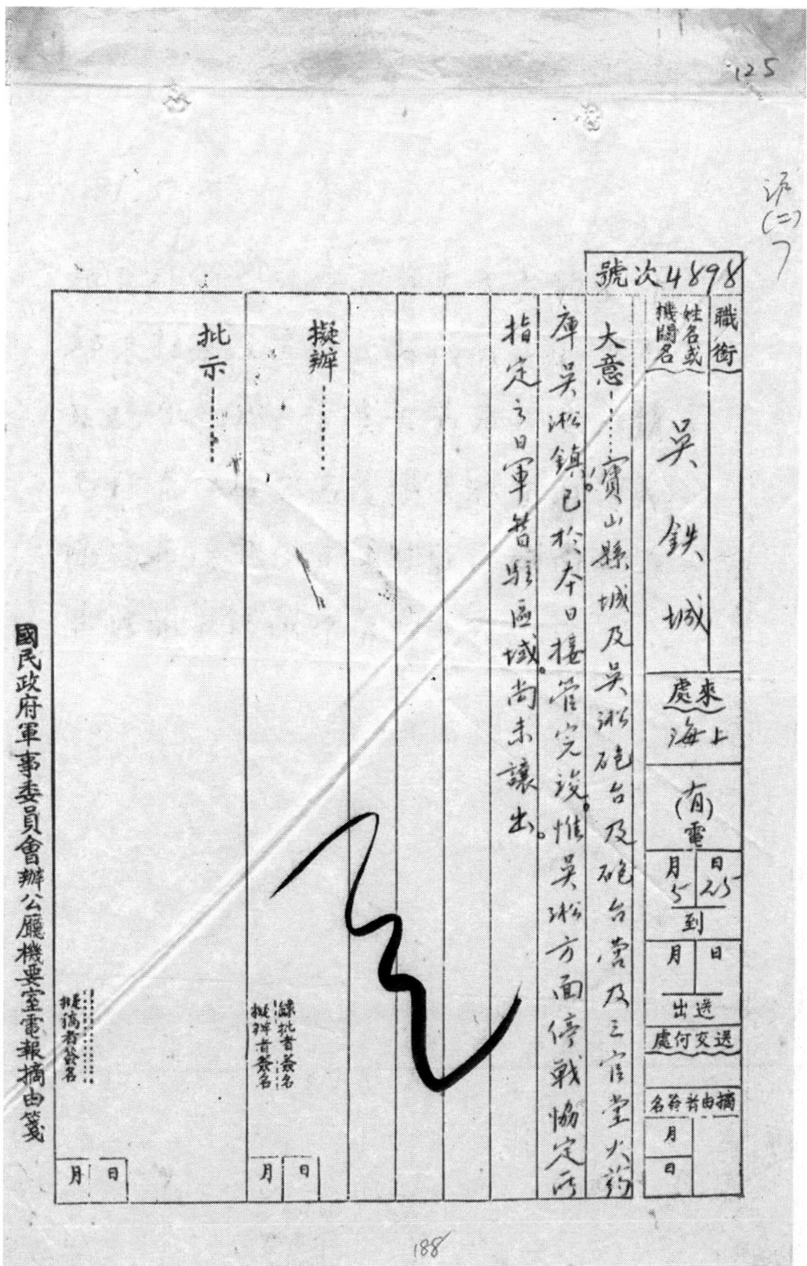
125

4898號次

職銜：姓名或機關名：吳鉄城

來處：上海

電：(宥) 月5 日25 到 月 日

大意……寶山縣城及吳淞砲台及砲台营及三官堂火药庫吳淞鎮已於今日接管完竣。惟吳淞方面停戰協定所指定之日軍警戒區域尚未讓出。

擬辦……

批示……

國民政府軍事委員會辦公廳機要室電報摘由箋

188

125

21.5.25

上海 4898

限即刻到南京汪院長蔣委員長鈞鑒羅

部長勛鑒。密。寶山縣城及吳淞砲台

及砲台營及三官堂火藥庫及吳淞鎮

已於本日接管完竣惟吳淞方面停戰

協定所指定之日軍暫駐區域尚未讓

出謹聞吳鐵城叩宥印

189

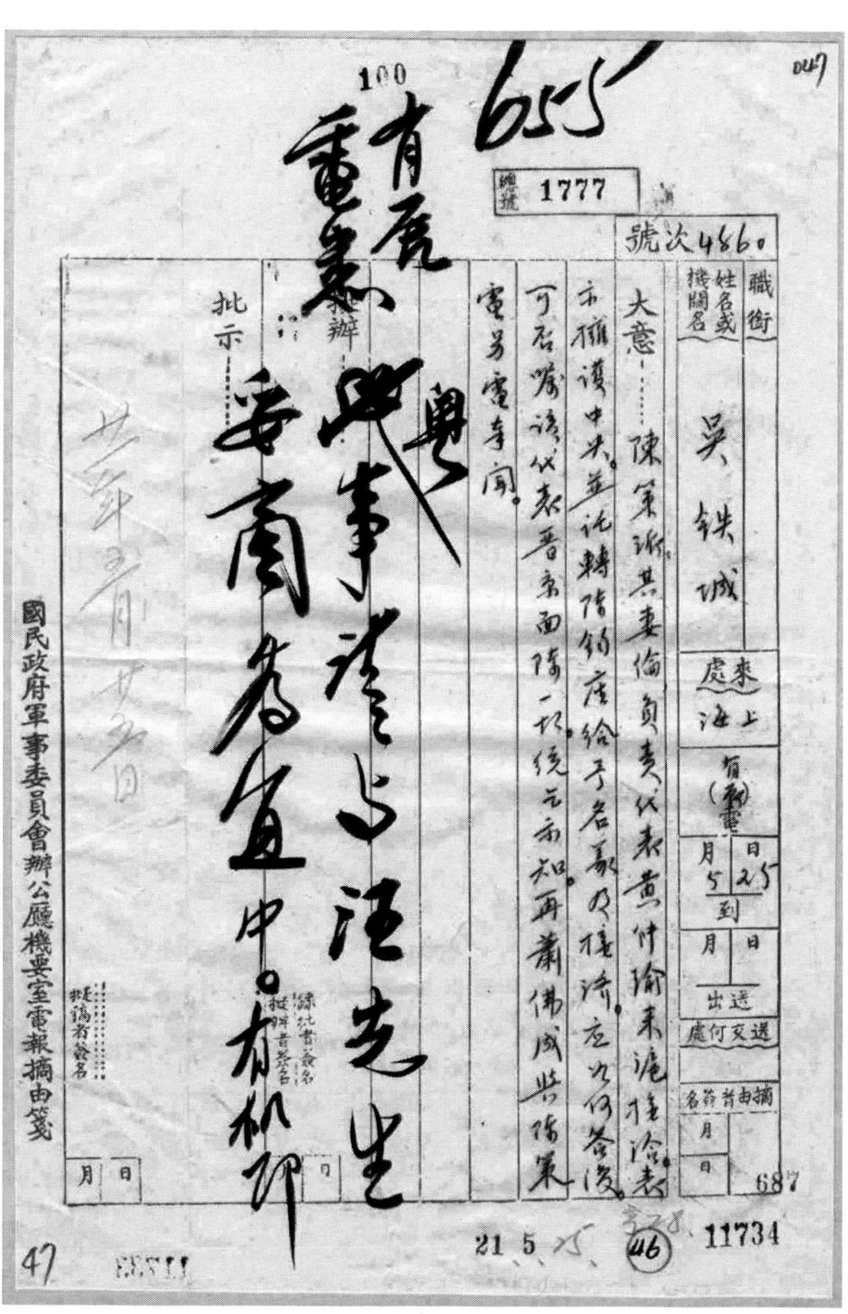

047

655

100

有虞

重急

總號 1777

號次 4860

職銜 姓名或機關名：吳鐵城

來處：上海

有電 5月25日

到 月 日

送出 送交何處

摘由者簽名 月 日

大意：陳策派其妻倫負責代表黃仲瑜來滬接洽，表示擁護中央，並託轉陳頒給名義。乃接洽，應如何答復，可否密請代表晉京面陳一切，統乞示知，再籌備成共陳策。電另電奉聞。

擬辦

批示：粵事請與汪先生妥商為宜。中。有機印

廿一年五月廿五日

錄就者簽名 擬辦者簽名 月 日

擬稿者簽名 月 日

國民政府軍事委員會辦公廳機要室電報摘由箋

687

21 5 25 46 11734

47

蔣中正電吳鐵城粵事與汪兆銘妥商 1932/5/25

002-070100-00025-047

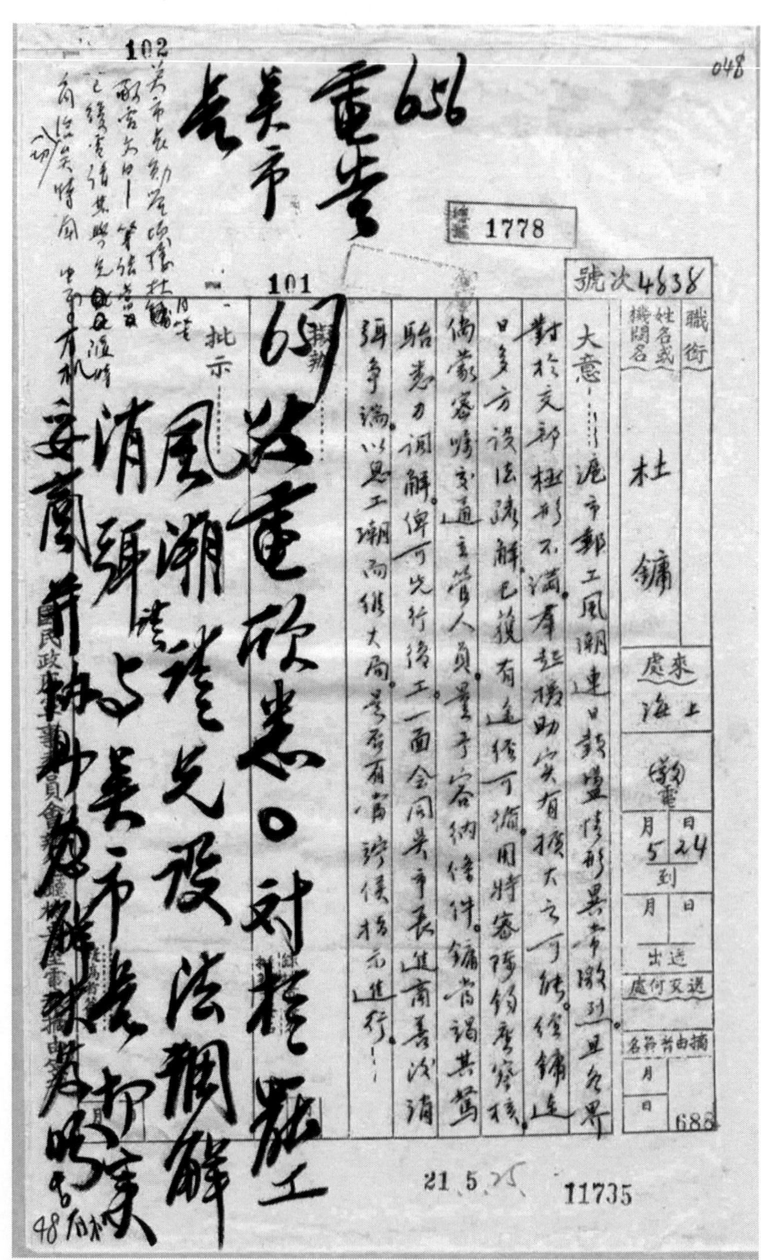

蔣中正電杜月笙設法調解滬市郵工罷工風潮與吳鐵城妥商協助解決

1932/5/25

002-070100-00025-048

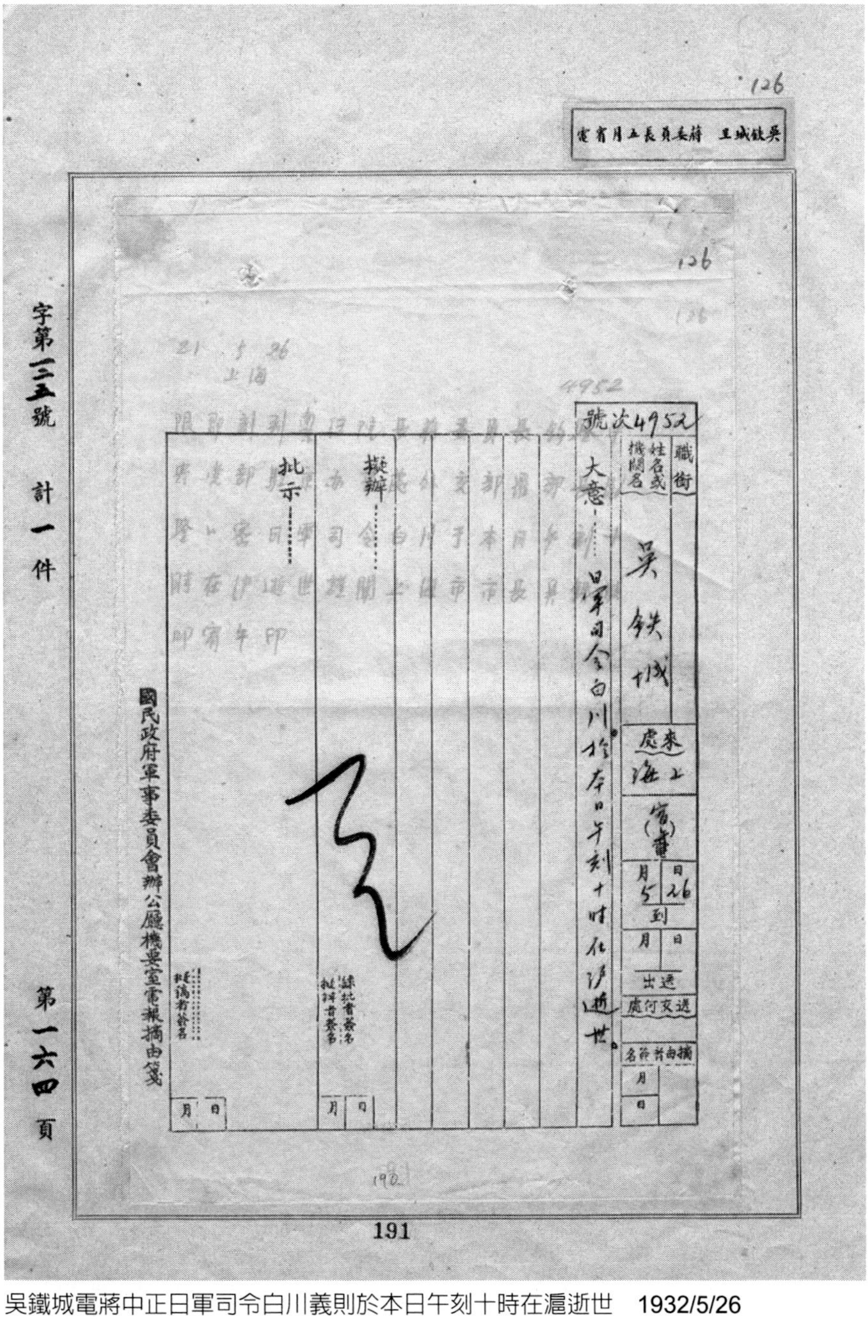

126

吳鐵城 呈 蔣委員長五月宥電

126

21 5 26
上海

字第一三五號 計一件

號次 4952

職銜 姓名或機關名：吳鐵城

大意：日軍司令白川於本日午刻十時在滬逝世。

來處：上海

宥電

5 月 26 日到

月 日 出送

送交何處

摘由者簽名 月 日

擬辦

批示

擬辦者簽名 / 錄批者簽名 月 日

批示者簽名 月 日

國民政府軍事委員會辦公廳機要室電報摘由箋

第一六四頁

192

191

吳鐵城電蔣中正日軍司令白川義則於本日午刻十時在滬逝世　1932/5/26

002-020200-00015-126

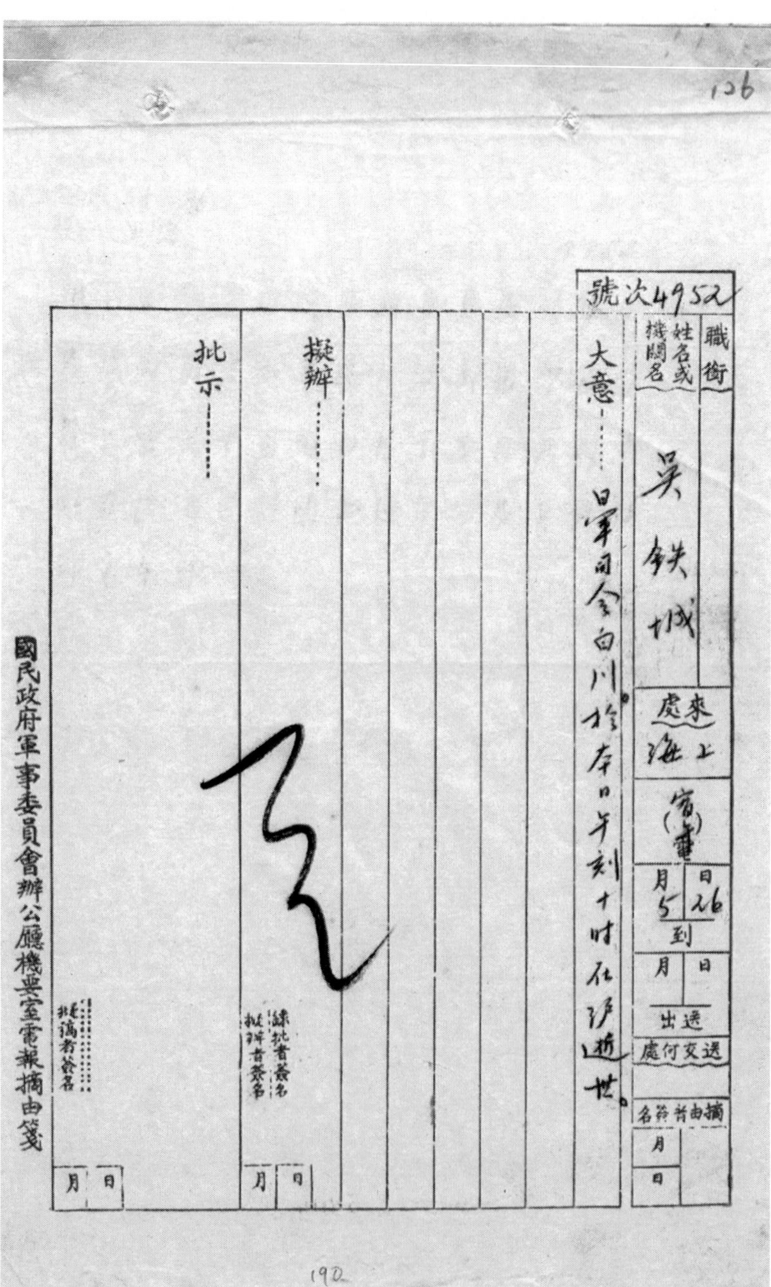

126

號次4952

職銜

姓名或機關名：吳鉄城

大意：日軍司令白川於本日午刻十時在滬逝世。

來處：上海

（寄電）

日 26 月 5 到

日 月 出送

處付交送

摘由者簽名 月 日

擬辦

錄批者簽名 批辦者簽名 月 日

批示

批摘者簽名 月 日

國民政府軍事委員會辦公廳機要室電報摘由箋

190

126

21 5 26
上海 4952

限即刻到京汪院長蔣委員長鈞鑒中央黨部駐京辦事處外交部羅部長勛鑒〻密日軍司令白川于本日午刻十時在滬逝世謹聞上海市市長吳鐵城叩宥午印

191

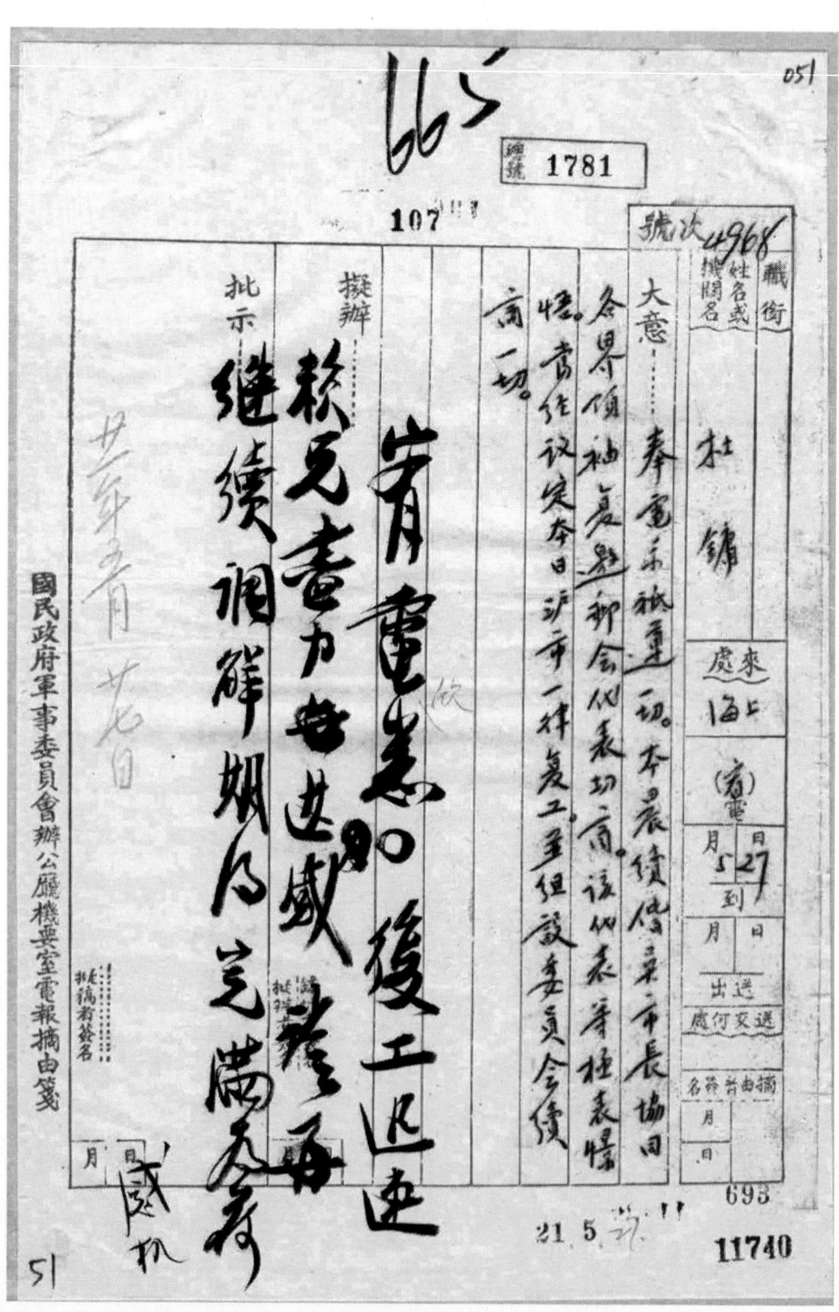

051

665

編號 1781

107

國民政府軍事委員會辦公廳機要室電報摘由箋

號次 4968

職銜 姓名或機關名：杜鏞

來處：上海

（宥）電 5月27日到

大意：奉電示祇遵一切。本晨續偕吳市長協同各界領袖、吳、兩會代表切商。該代表等極表情悟。當經議定本日滬市一律復工，並組設委員會續商一切。

擬辦：

批示：宥電悉。復工迅速，賴兄盡力，無任感慰。中正 宥。繼續調解，俾得圓滿為荷。

廿一年五月廿七日

693

21.5.27

11740

51

蔣中正電杜月笙感謝滬市復工迅速請再繼續調解　1932/5/27

002-070100-00025-051

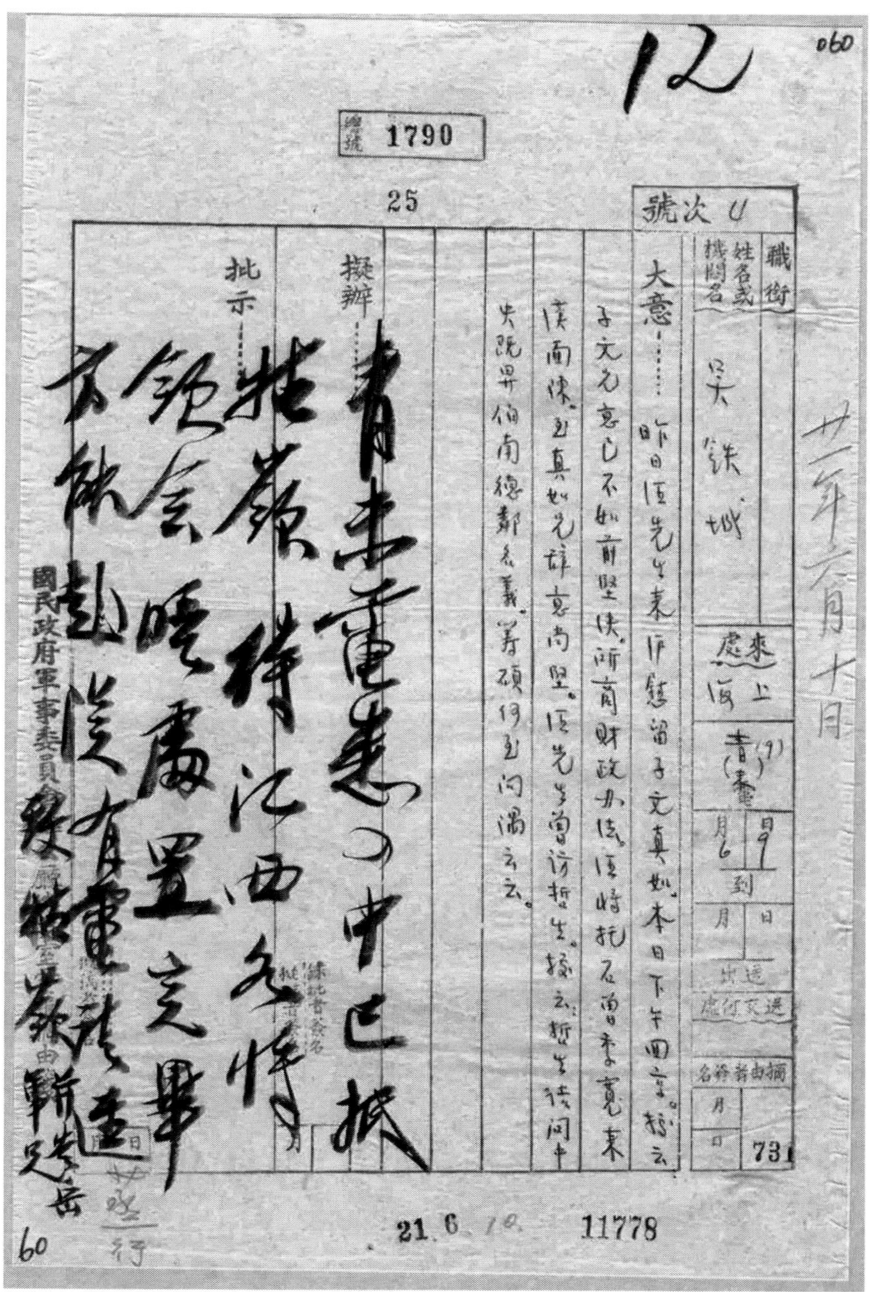

12　060

總號 1790

25

號次 U

職銜姓名或機關名：吳鐵城

大意：昨日汪先生來滬慰留子文真如，本日下午回京。據云子文之意已不如前堅決，所商財政辦法，汪時托石曾季寬來漢面陳。至真如之辭意尚堅。汪先生曾訪哲生，據云哲生謂中央既畀伯南總部名義，籌餉何至困難云云。

來處：上海

青（9）（秦電）

6月9日到

擬辦：

批示：青來電悉。中已抵牯嶺，待江西各將領會晤處置定畢方能赴漢。

廿一年六月十日

國民政府軍事委員會委員長駐牯嶺辦事處

21.6.10　11778

731

60

蔣中正電吳鐵城已抵牯嶺待江西將領會晤處置後方能赴漢　1932/6/10

002-070100-00025-060

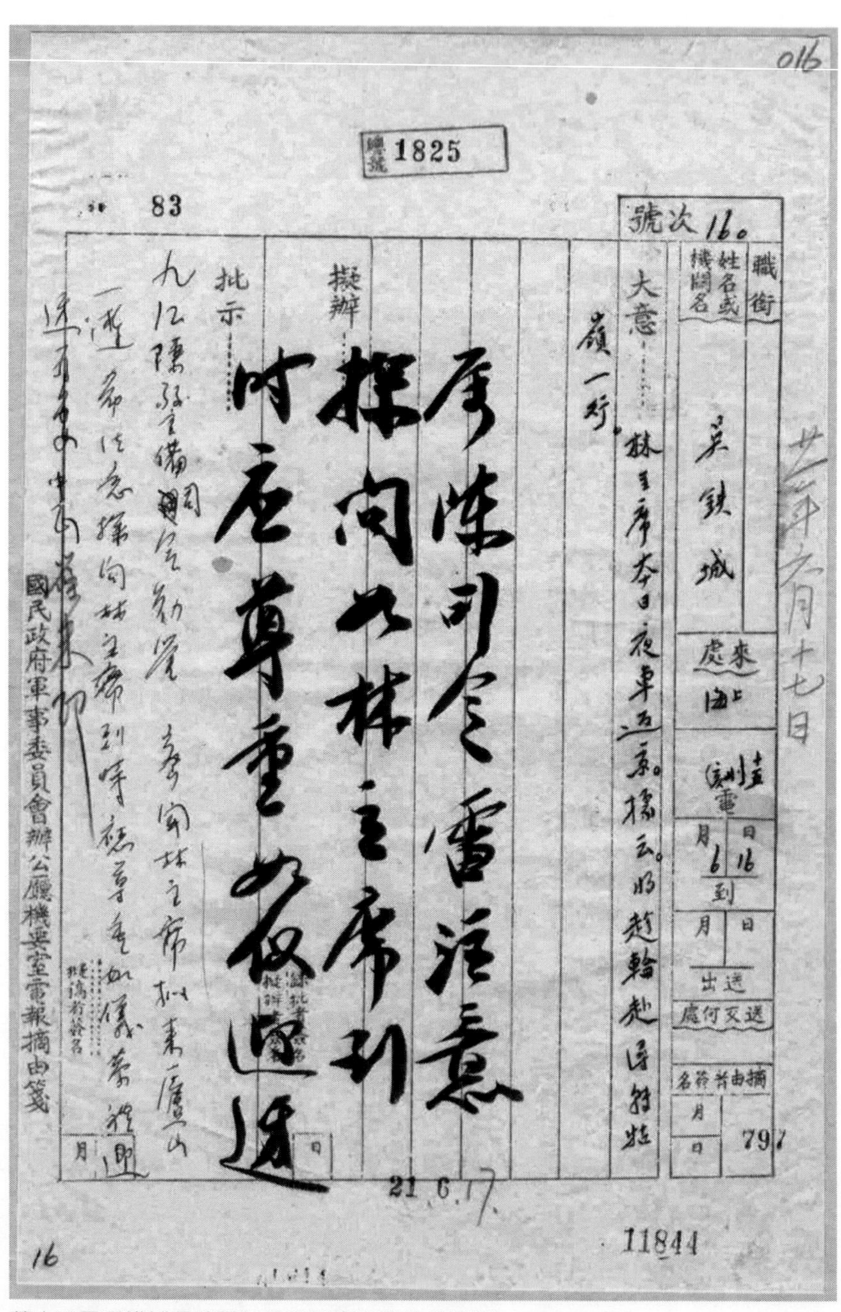

016

總號 1825

83

號次 16。

職銜 姓名或機關名：吳鐵城

大意：林主席本日夜車返京。據云明趁輪赴潯轉牯

頃一行。

來處：滬

到：月 6 日 16

廿一年六月十七日

21 6.17

11844

16

國民政府軍事委員會辦公廳機要室電報摘由箋

蔣中正電吳鐵城囑陳雷於林森到廬山時恭禮迎迓　1932/6/17

002-070100-00026-016

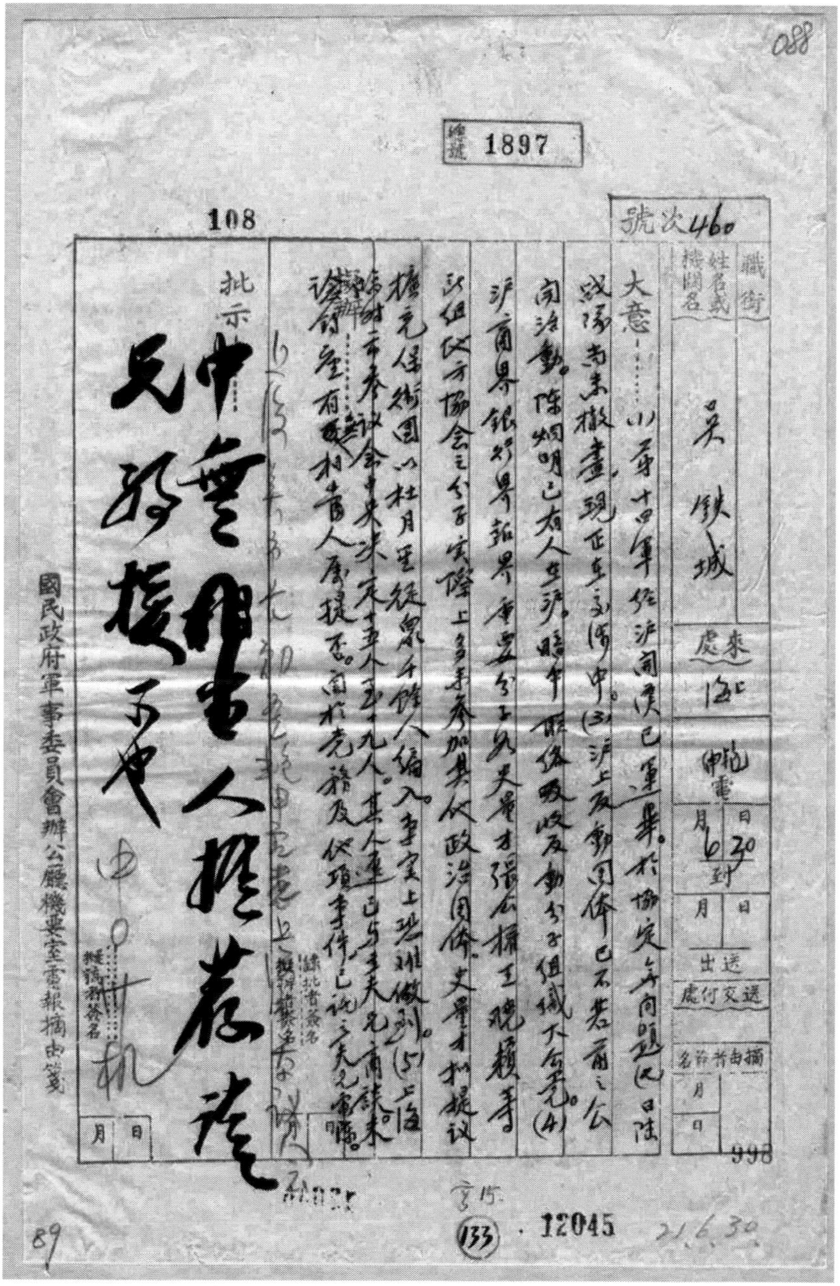

總號 1897

108

號次

職銜 姓名或機關名

大意

來處

電 月 日 到

月 日

出送

處何交送

摘由者 名簽

月 日

批示

擬辦

擬稿者簽名

國民政府軍事委員會辦公廳機要室電報摘由箋

月 日

12045

蔣中正電吳鐵城不推薦上海參議會人選 1932/6/30

002-070100-00026-088

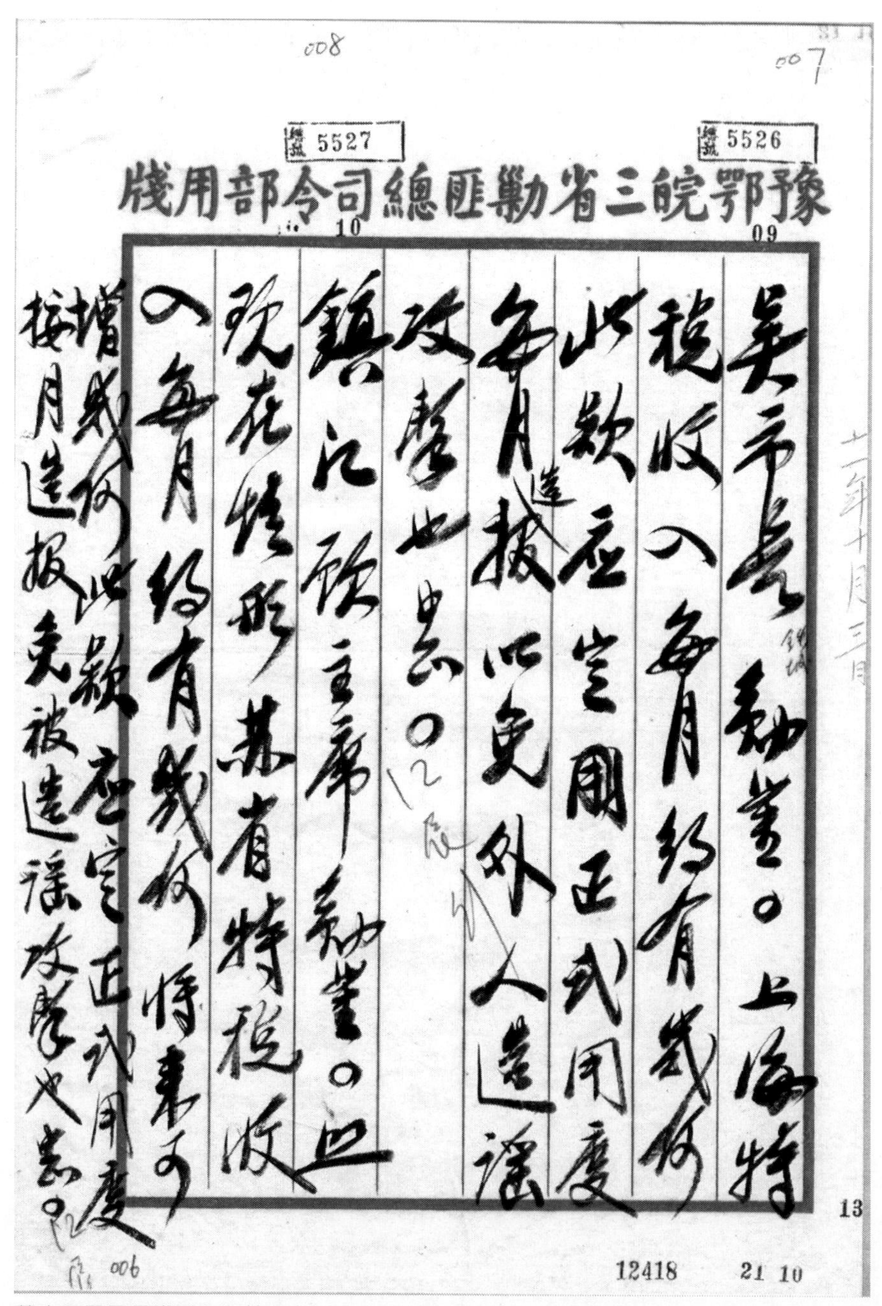

008 007

編號 5527 編號 5526

豫鄂皖三省剿匪總司令部用牋

吳市長勳鑒。上海特
稅收入每月約有幾何
此款應定用正式用度
每月按造以免外人造謠
攻擊也。中正。
鎮江陳主席勳鑒。凡
致花捐形其有特稅收
入每月約有幾何希來電
增幾收此款應定正式用度
按月造報免被造謠攻擊也。中正。

12418 21 10

蔣中正電示吳鐵城上海特稅收入應定用度每月造報　1932/10/3

002-010200-00072-007

上海
吳市長勳鑒。前電託轉曉籟來漢一節，如未通知，以暫緩通知，中以即東來也。中正
十十二

蔣中正電吳鐵城暫緩通知王曉籟來漢　1932/10/12

002-010200-00072-040

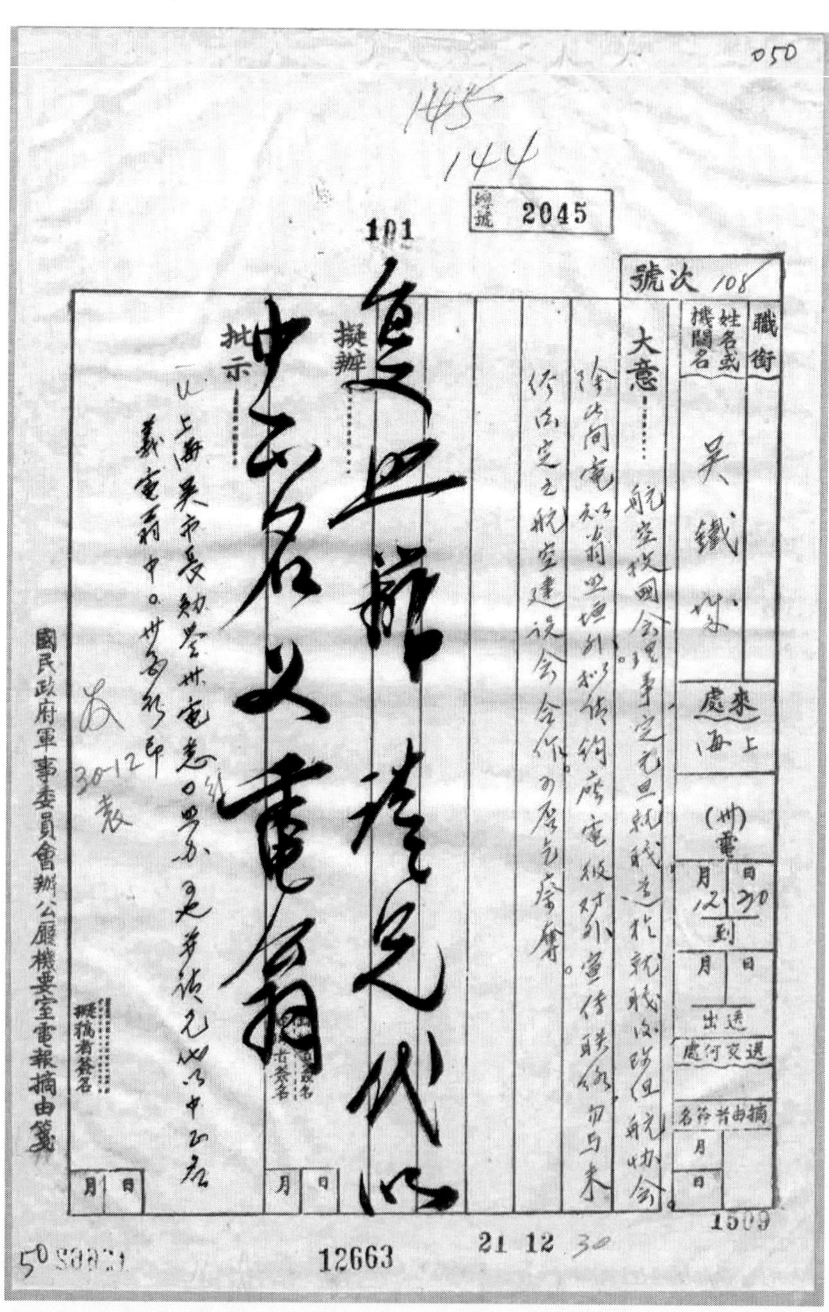
050

144

編號 2045

101

號次 108

職銜 姓名或機關名：吳鐵城

來處：上海

（卅）電 月 12 日 30

到 月 日

大意：航空救國會理事定元旦就職，並於就職後改組航空協會。除尚電知翁照垣外，特約廣電報對外宣傳聯絡，勿與未經法定之航空建設會合作，乞示遵。

擬辦：復照辦。請兄以中正名義電翁

批示：上海吳市長勳鑒：卅電悉。照所見並請兄以中正名義電翁照垣中止。中正。卅申秘印

國民政府軍事委員會辦公廳機要室電報摘由箋

擬稿者簽名

12663

21 12 30

1509

蔣中正電吳鐵城以其名義電翁照垣勿與未經法定之航空建設會合作　1932/12/30

002-070100-00028-050

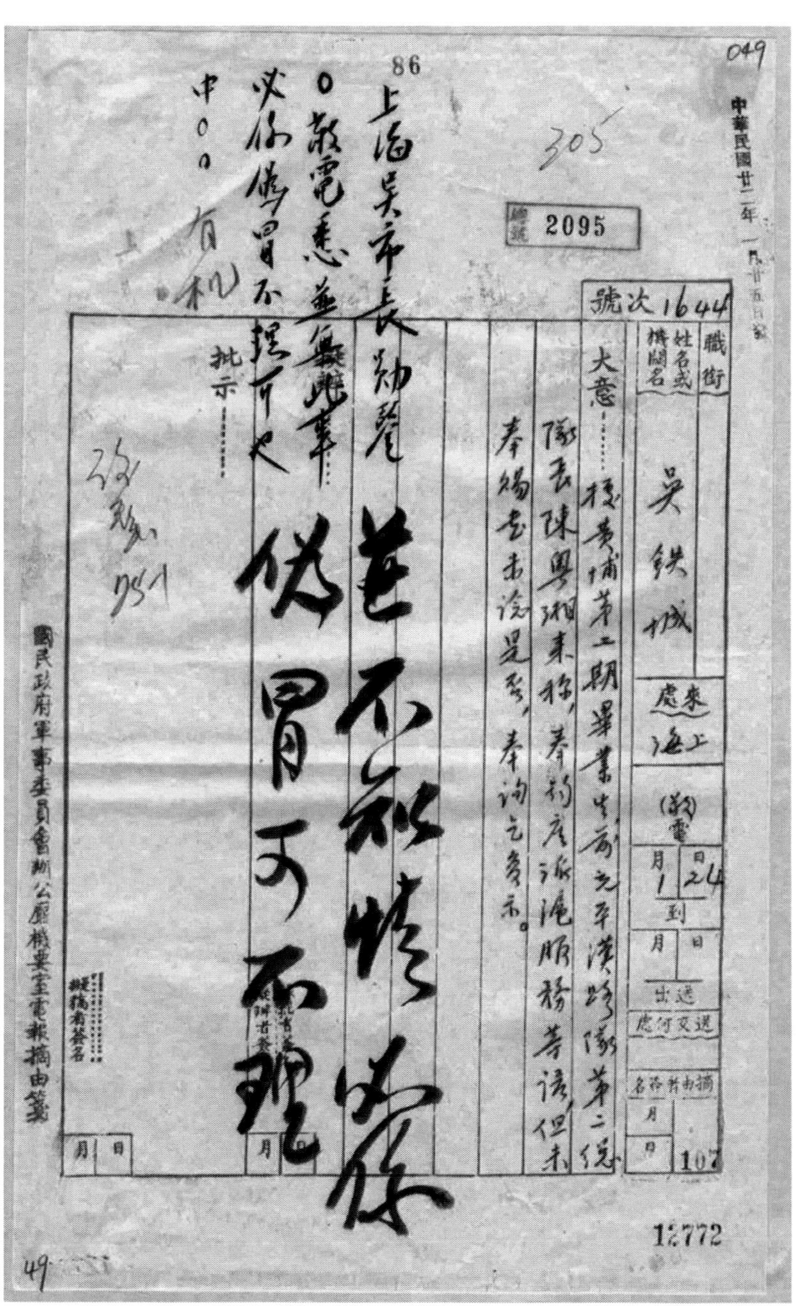

蔣中正電吳鐵城派陳粵湘至滬服務必係偽冒可不理會　1933/1/25

002-070100-00029-049

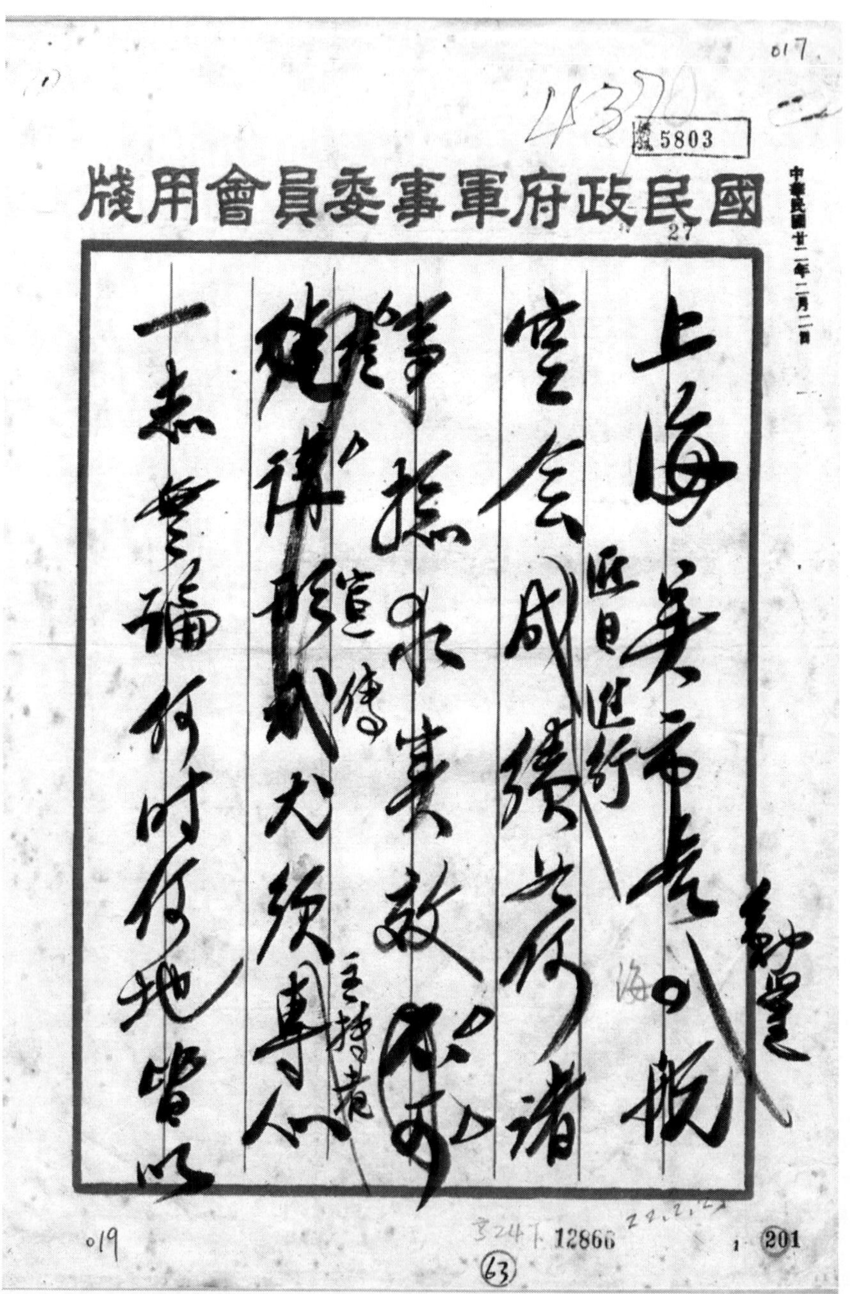

017

4370

5803

國民政府軍事委員會用牋

中華民國廿二年二月二日

27

上海吳市長勳鑒：航

空會近日進行成績若何，請

事[illegible]其實效[illegible]

飛[illegible]於大須專人宣傳主持者

一志無論何時何地皆以

019 12866 201

63

蔣中正電詢吳鐵城航空會進行成績並指示航空署飛機製造廠籌款事 1933/2/2

002-010200-00076-017

(2) 017

國民政府軍事委員會用牋

中華民國廿二年二月二日

此重要事為中心不
達目的不止例事乃
有發成展空軍籌辦
飛機製造廠需費
三百萬之第一步能在滬
廣籌半數實促成之

020 (64) 12867 202

(3)　　017

國民政府軍事委員會用牋

中華民國廿二年二月二日

事例第二步驟
進行又高射砲
每門連砲彈一千
發約需十萬元此款
滬人自備十二門至

021　　12868　65　1．203

國民政府軍事委員會用牋

中華民國廿二年二月二日

廿四日電悉。由政府
代籌會同外交市
府保衛訓練事由政
府派員負責也。此事似較
尚以本市[illegible]進行為妥
中正

吳市長[illegible]省市[illegible]
如能由上海投保設法召集[illegible]好

已譯 2/2 22/10

12869 1 204

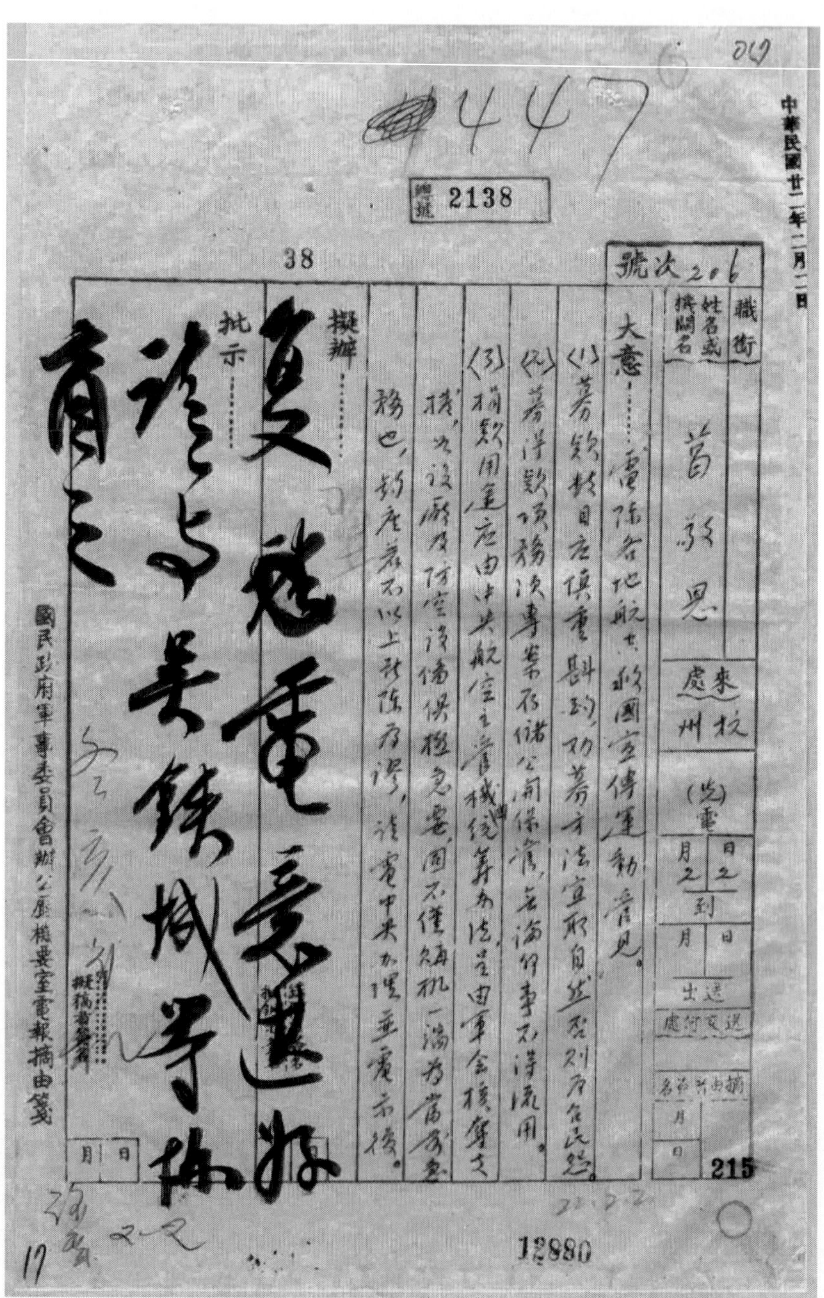

蔣中正電葛敬恩與吳鐵城協商航空救國運動捐款統籌辦法　1933/2/2

002-070100-00030-017

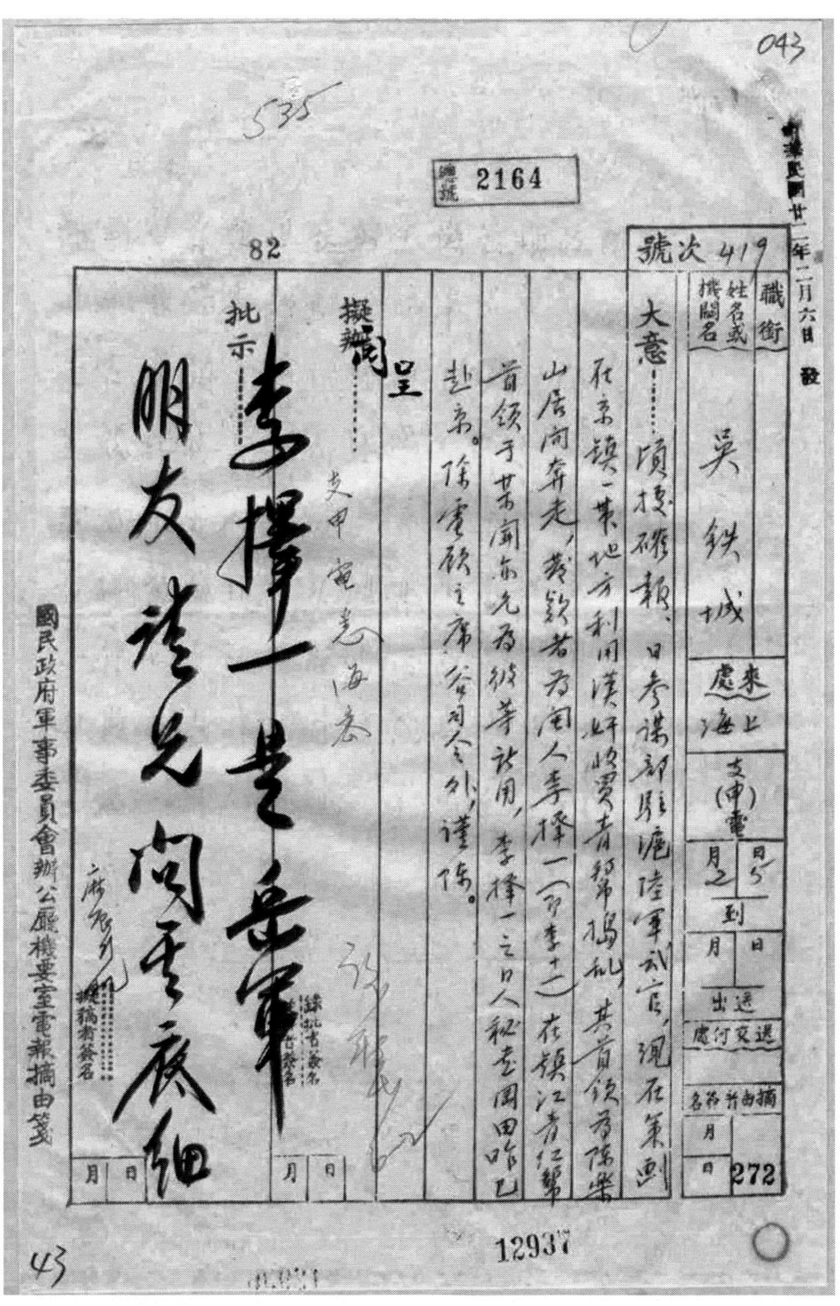

043

535

總號 2164

82

民國廿二年二月六日 發

號次 419

職銜姓名或機關名：吳鐵城

大意：頃據確報，日參謀部駐滬陸軍武官，現在策劃在京鎮一帶地方利用漢奸收買青紅幫搗亂，其首領為陽崇山，居間奔走，較欽者為閩人李擇一（即李十二），在鎮江青紅幫首領手下甚有能力為彼等效用，李擇一之日人秘書周田昨已赴京，除電顧主席分別令外，謹陳。

來處：上海

支（申）電

月二日5 到 月 日

擬辦：呈閱

支申電悉。海參

批示：李擇一是否軍明友，請先向岳軍底細

國民政府軍事委員會辦公廳機要室電報摘由箋

12937

43

蔣中正電吳鐵城請向張羣問明李擇一底細　1933/2/6

002-070100-00030-043

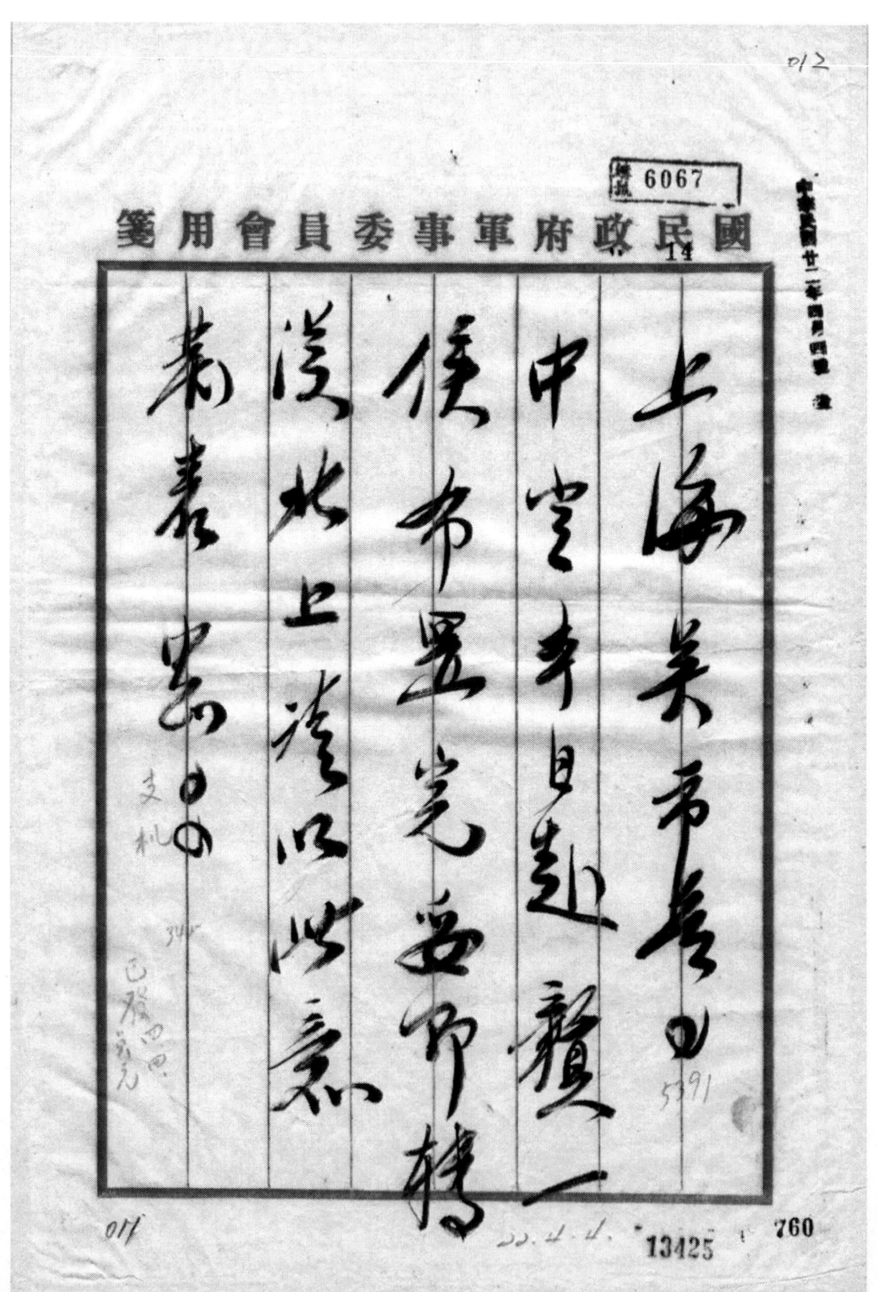

國民政府軍事委員會用箋

上海吳市長：中密。本日赴贛，一俟布置完妥[illegible][illegible]後北上，[illegible]以此意[illegible][illegible]。中正。支機

蔣中正電示吳鐵城定四日赴贛布置完妥後北上 1933/4/4

002-010200-00081-012

033

70

國民政府軍事委員會用箋

總號 6088

中華民國廿二年四月 日發

59

上海吳市長□上海
警備部及公安局
前有裝甲汽車
現有幾輛請即
借運江西應用如無現
有現貨可購請代
購四五輛運贛中正

812

13477

033

蔣中正電令吳鐵城借運或現購四五輛裝甲汽車到贛　1933/4/8

002-010200-00081-033

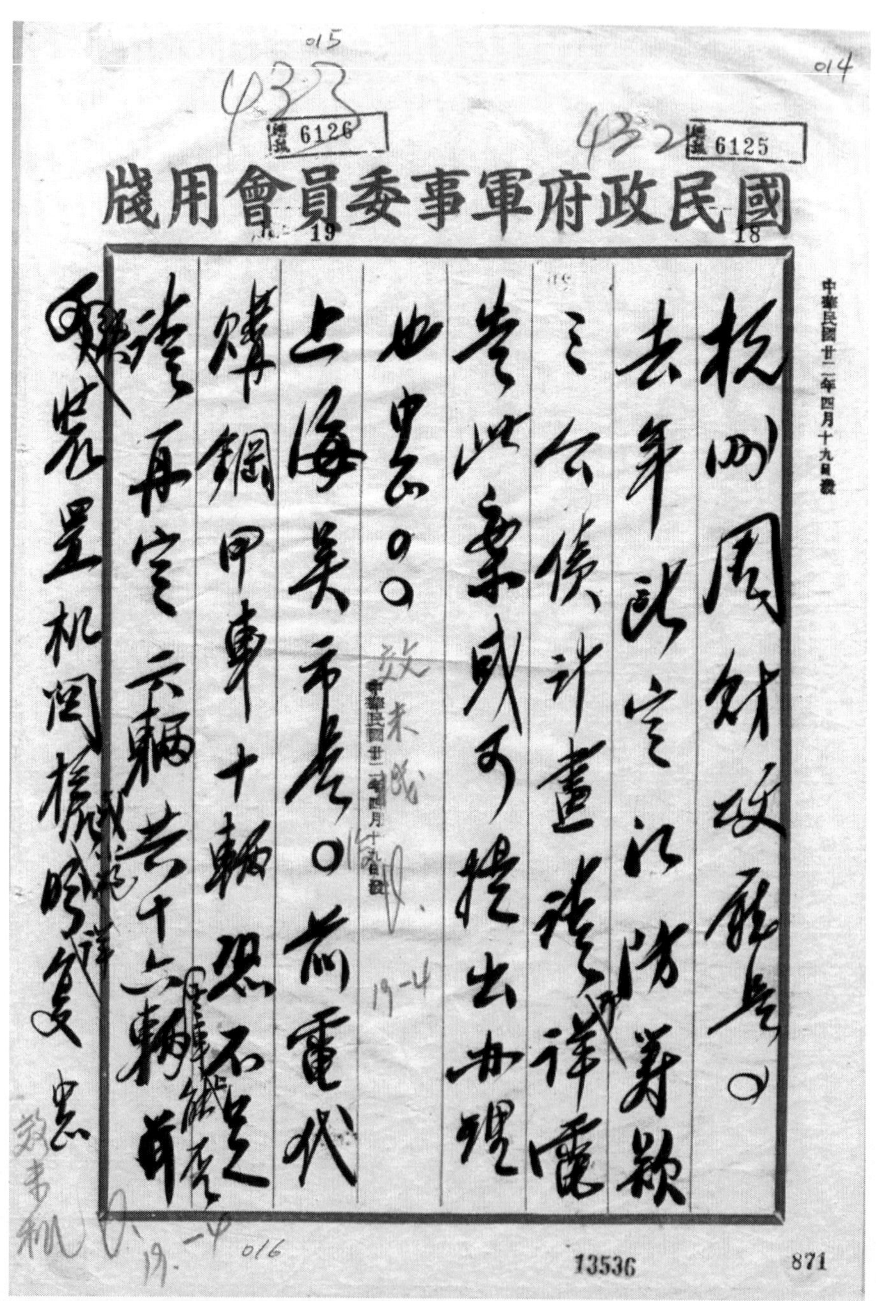

國民政府軍事委員會用牋

杭州周財政廳長○去年所定防籌款之公債計畫請詳電告此案或可提出辦理也中正○○

上海吳市長○前電代購鋼甲車十輛恐不足請再定六輛共十六輛并須裝置機關槍詳明電覆中正

中華民國廿二年四月十九日發

蔣中正電示吳鐵城鋼甲車十輛不足再定六輛並詢車上能否裝機關槍　1933/4/19

002-010200-00082-015

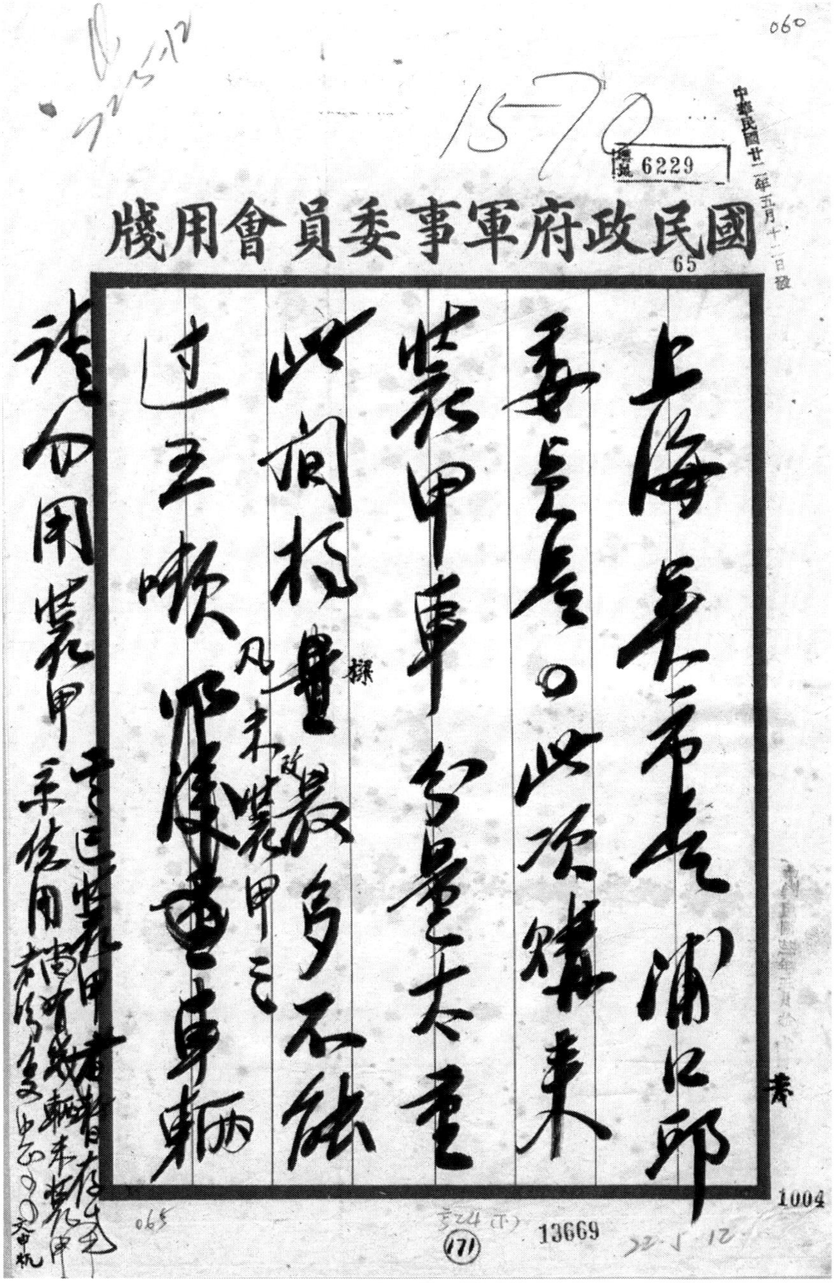

國民政府軍事委員會用牋

上海吳市長、浦口邱委員長：此次續來裝甲車分量太重，此間橋樑承量不能過五噸，凡未改裝裝甲之車，勿再裝置重車輛。

蔣中正電示吳鐵城邱煒因橋梁承重不逾五噸裝甲車分量太重勿再裝置　1933/5/12

002-010200-00083-060

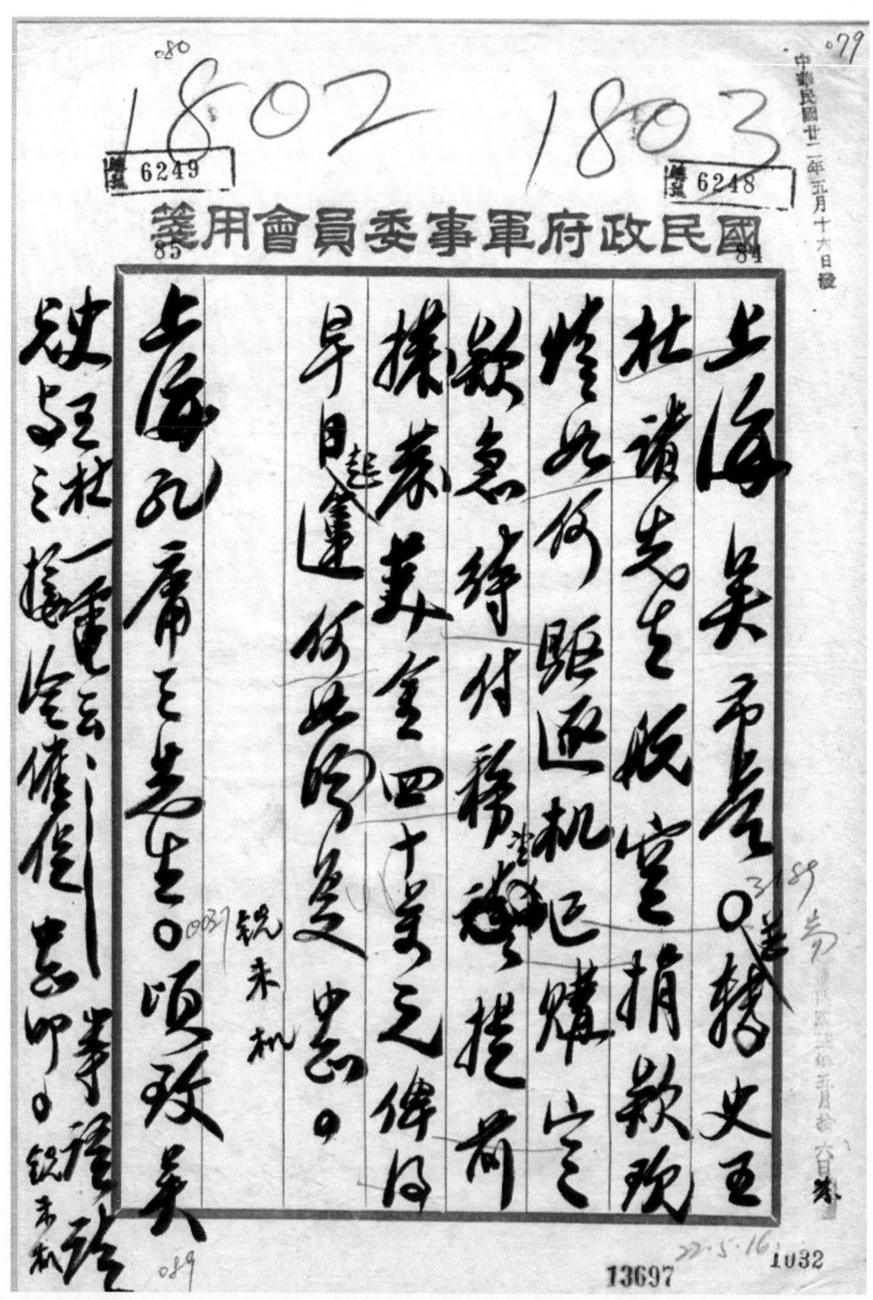

1802 1803

編號 6249　編號 6248

國民政府軍事委員會用箋

中華民國廿二年五月十六日發

上海吳市長。並轉史量才先生。請由航空捐款就將所購驅逐機定款急待付者提前撥發美金四十萬元。俾得早日運到何如盼復。中正。

銑未機

上海孔庸之先生。頃致吳史二君一電云（略）等語。請洽辦。中正。銑未機

13697　1032

蔣中正電吳鐵城等由航空捐款提前撥發定購驅逐機美金四十萬元　1933/5/16

002-010200-00083-079

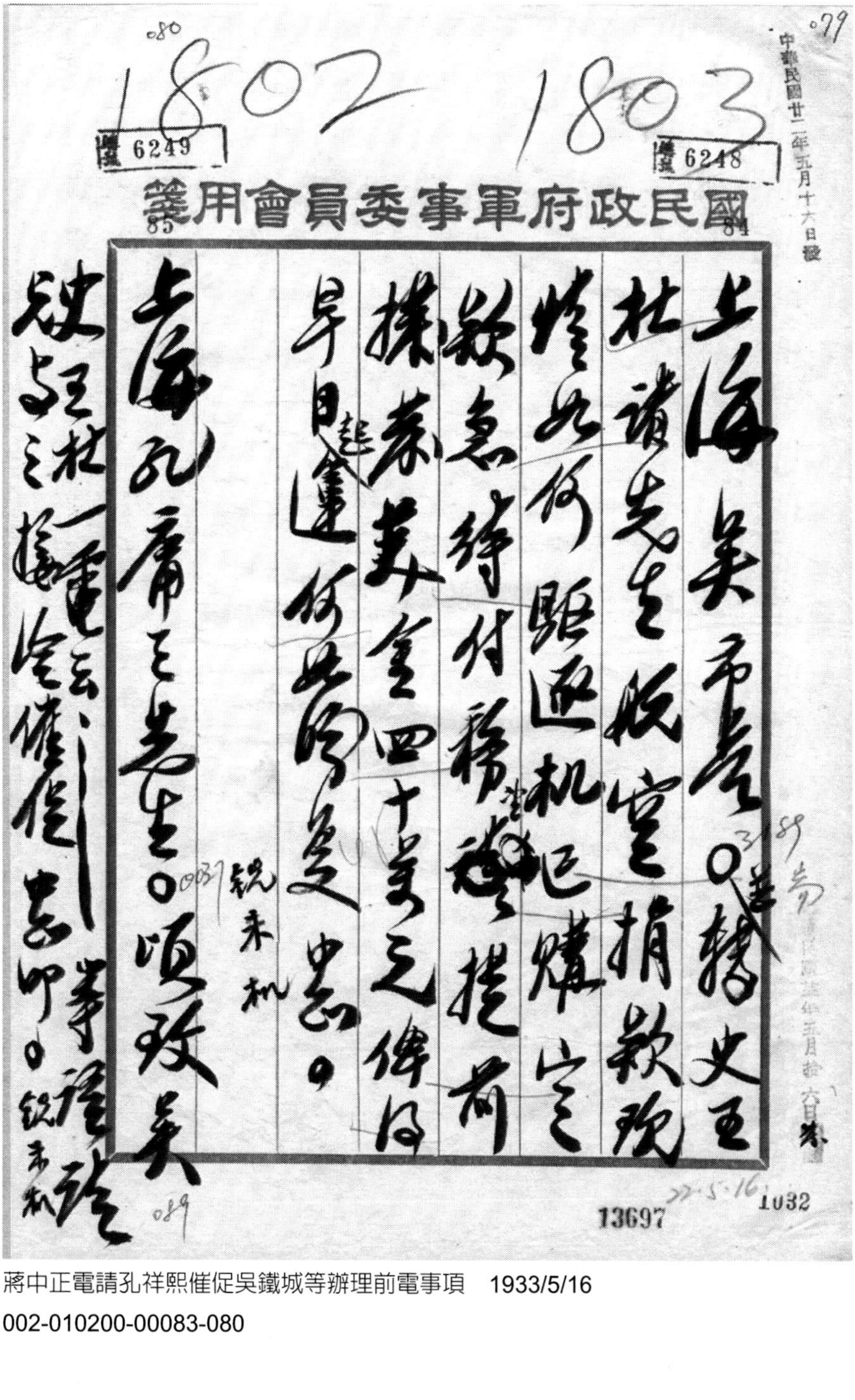

中華民國廿二年五月十六日發

6249　6248

國民政府軍事委員會用箋

上海吳市長。並轉史王杜諸先生：皓電捐款，現暫如所擬，逐機償還。惟款急待付，務請提前撥蔡英金四十萬元，俾得早日達到，何如為要。中正。銳來机

南京孔部長：頃致吳鐵城史王杜諸兄一電云（電文如上），請急催促為盼。中正。銳來机

蔣中正電請孔祥熙催促吳鐵城等辦理前電事項　1933/5/16

002-010200-00083-080

國民政府軍事委員會委員長南昌行營用牋

牯嶺吳市長鐵城兄：
冬日電悉，請稍緩
當電約會期。中。

中華民國廿二年七月二日發

蔣中正電吳鐵城稍緩當電約會期　1933/7/2

002-010200-00087-017

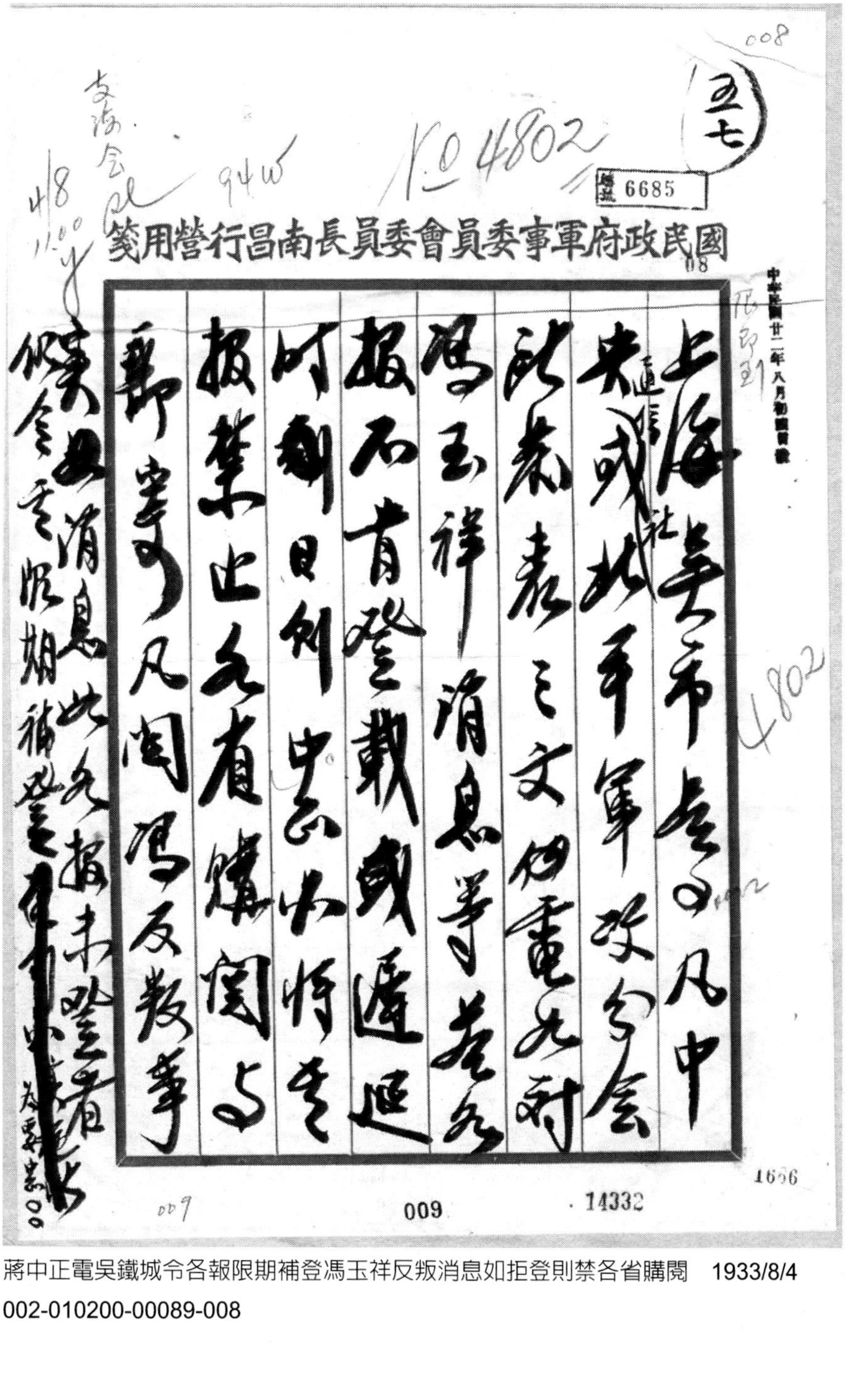

支海会
4/8 11.00
9445
K.0 4802
五七
008
6685

國民政府軍事委員會委員長南昌行營用箋

中華民國廿二年八月勘製

上海吳市長：凡中央通訊社、北平軍分会所發表之文件電文，對馮玉祥消息等，各報不肯登載或遲延時刻日期，中央必將其報禁止各省購閱與郵寄。凡關馮反叛事實之消息，此次各報未登者，仰令各報限期補登[illegible]為要。中正。[illegible]

4802
1666
009
009
14332

蔣中正電吳鐵城令各報限期補登馮玉祥反叛消息如拒登則禁各省購閱　1933/8/4

002-010200-00089-008

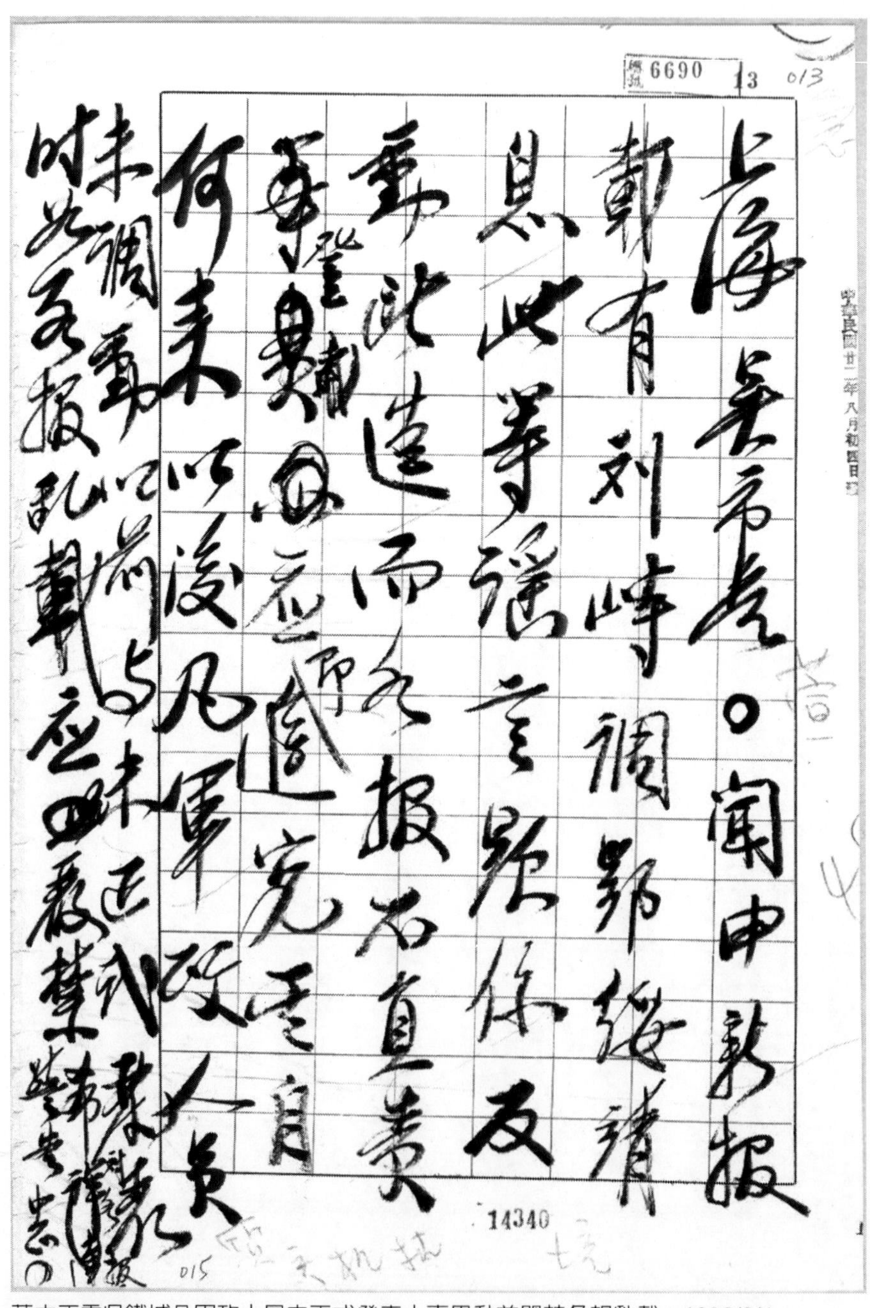

蔣中正電吳鐵城凡軍政人員未正式發表人事異動前嚴禁各報亂載　1933/8/4

002-010200-00089-013

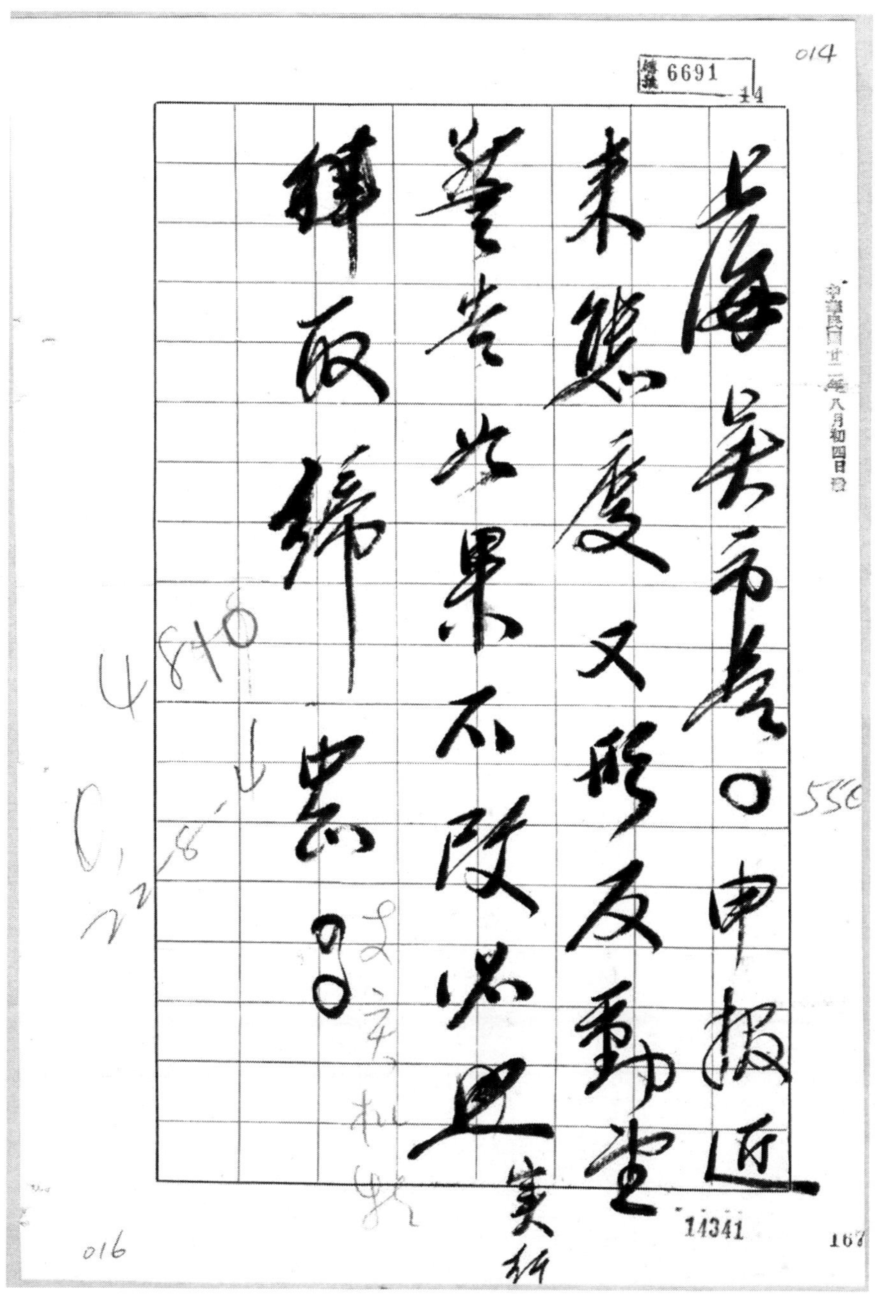

蔣中正電吳鐵城申報近來態度形同反動如不聽警告則予取締 1933/8/4

002-010200-00089-014

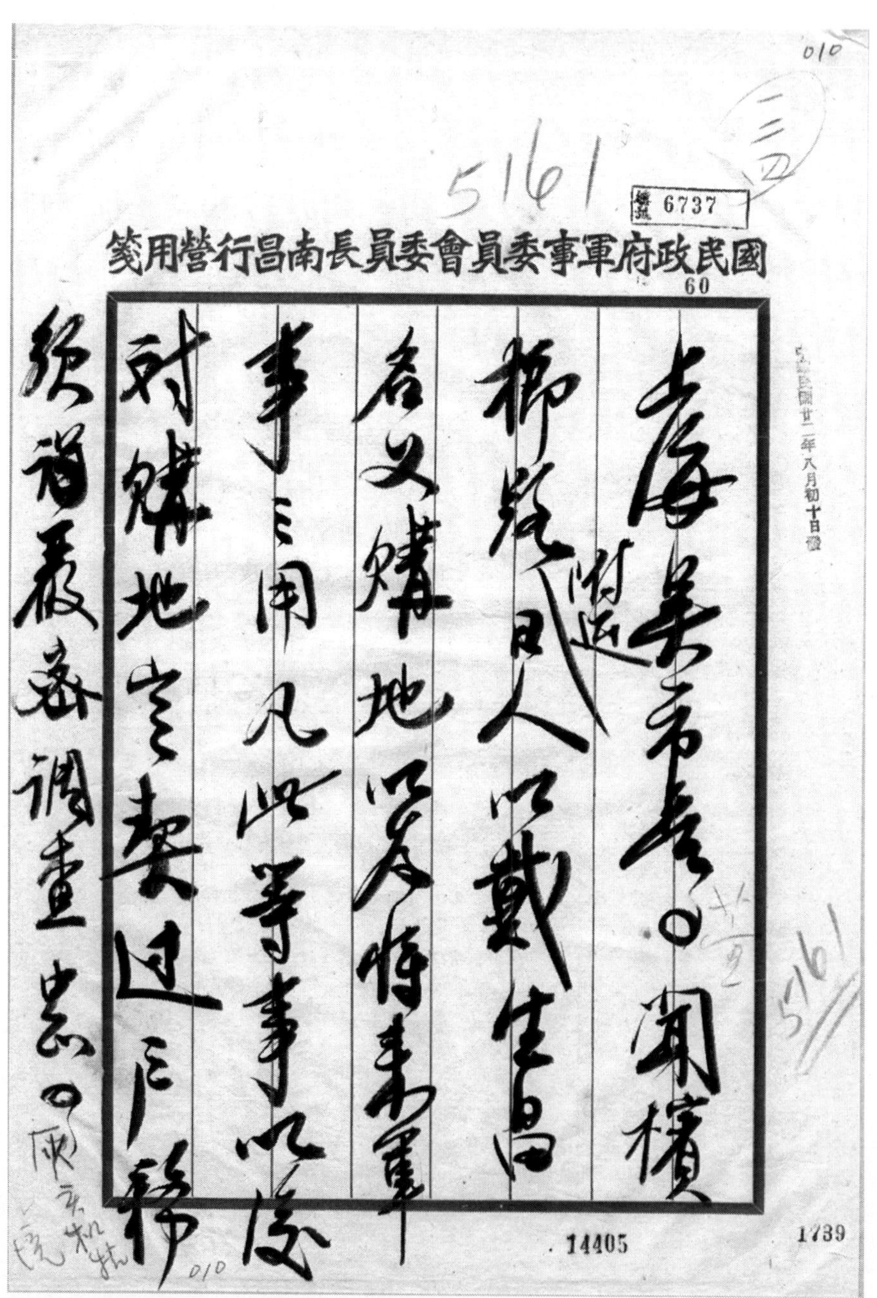
010

5161

6737

國民政府軍事委員會委員長南昌行營用箋

60

上海吳市長。聞橫濱附近日人以戴生昌名義購地以作軍事之用，凡此等事以後對購地定契過戶務須嚴密調查。中正。灰

中華民國廿二年八月初十日發

14405

1739

010

蔣中正電示吳鐵城日人以戴生昌名購地軍用須嚴查購地定契過戶 1933/8/10

002-010200-00090-010

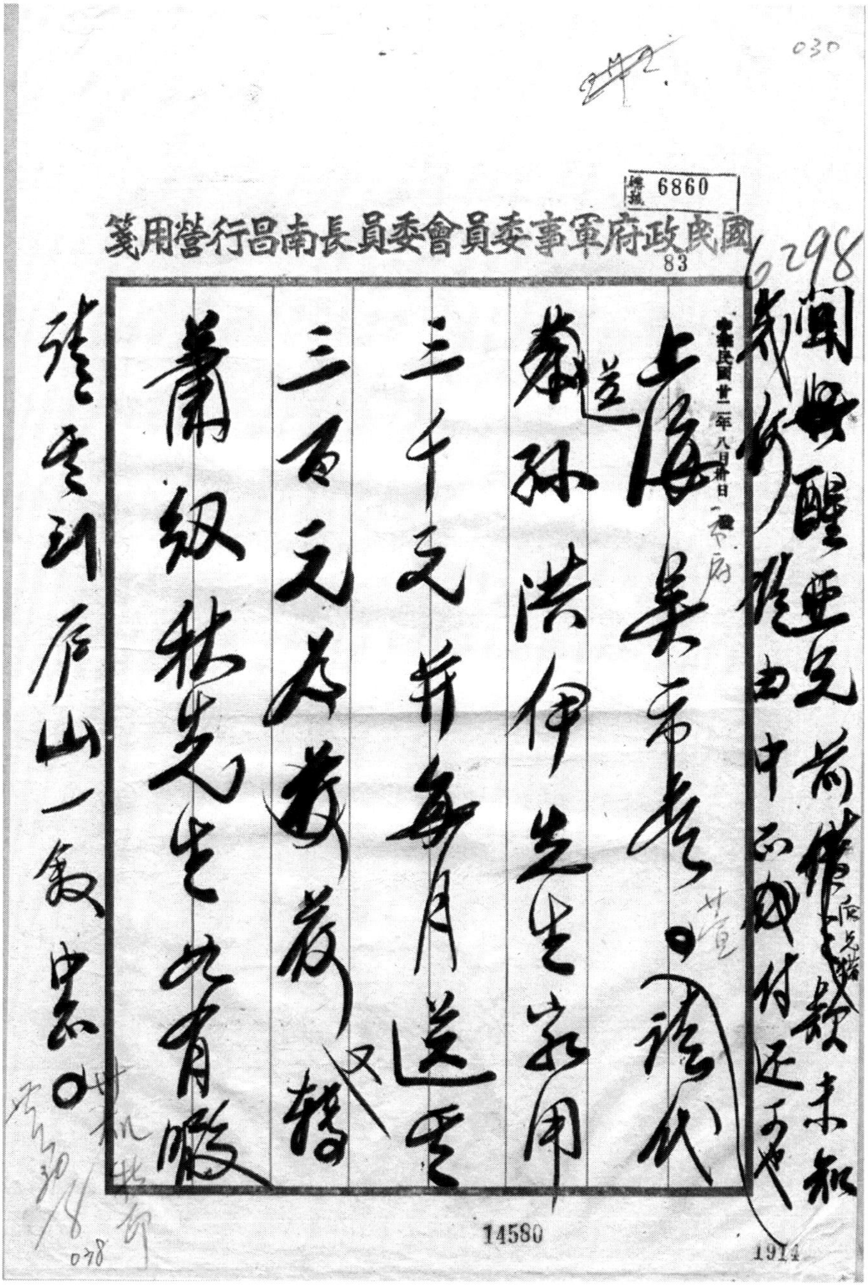

國民政府軍事委員會委員長南昌行營用箋

中華民國廿二年八月卅日

上海吳市長：請代送孫洪伊先生家用三千元，并每月送三百元，及發轉蕭萱先生如有暇，請來廬山一敘。中正。卅

6860 83 14580 1914 030

蔣中正電吳鐵城代送孫洪伊家用及月費另轉蕭萱到廬山一敘　1933/8/30

002-010200-00092-030

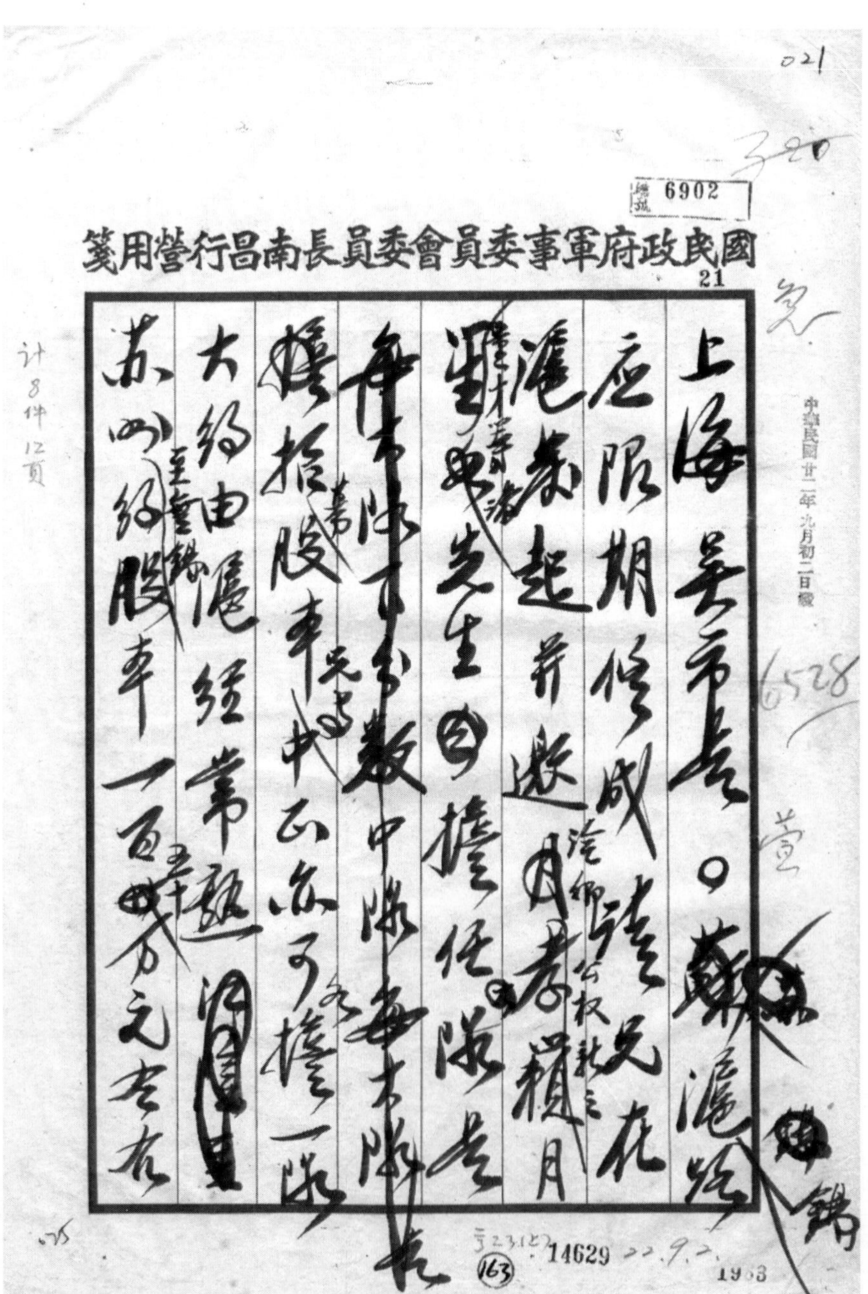

國民政府軍事委員會委員長南昌行營用箋

中華民國廿二年九月初二日發

6902

14629 22.9.2.

蔣中正電吳鐵城招募股本限期修成滬錫路　1933/9/2

002-010200-00093-021

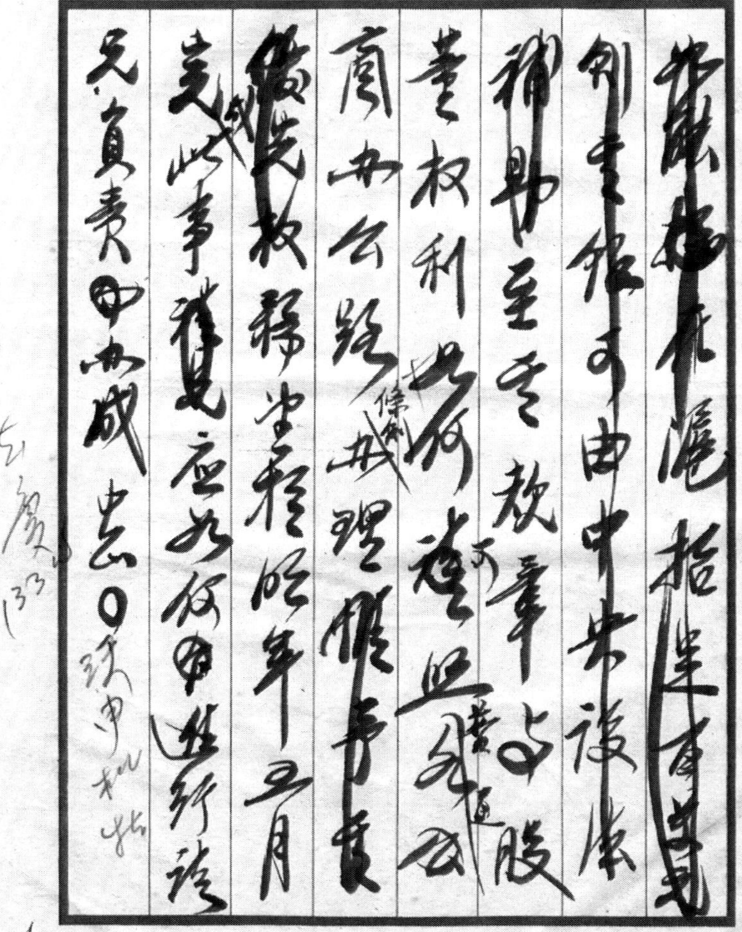

國民政府軍事委員會委員長南昌行營用箋

中華民國廿二年九月初二日發

14630

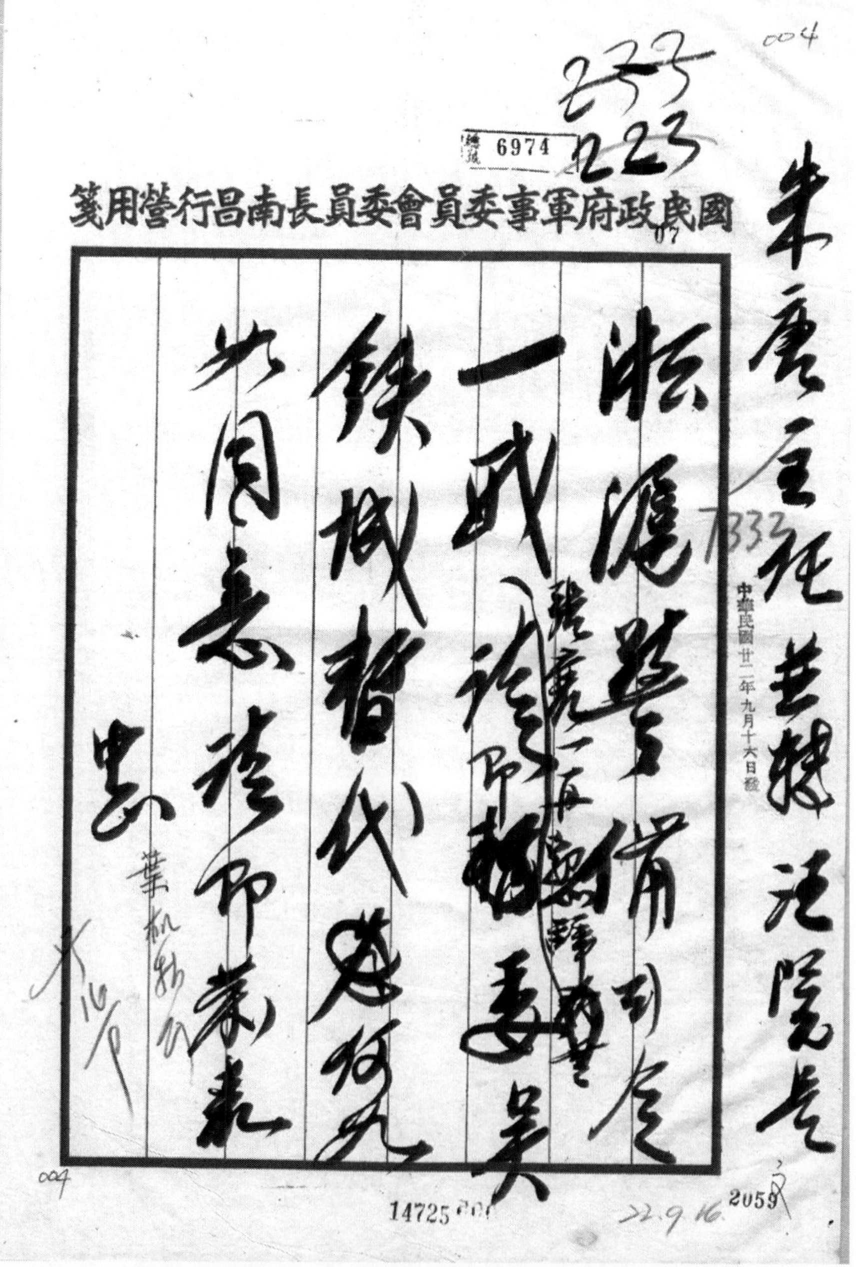

國民政府軍事委員會委員長南昌行營用箋

6974

中華民國廿二年九月十六日發

朱益之兄並轉汪院長

淞滬警備司令

一職

鐵城暫代

中正

14725

22.9.16.

2059

蔣中正電朱培德等淞滬警備司令一職請即委吳鐵城暫代並發表　1933/9/16

002-010200-00094-004

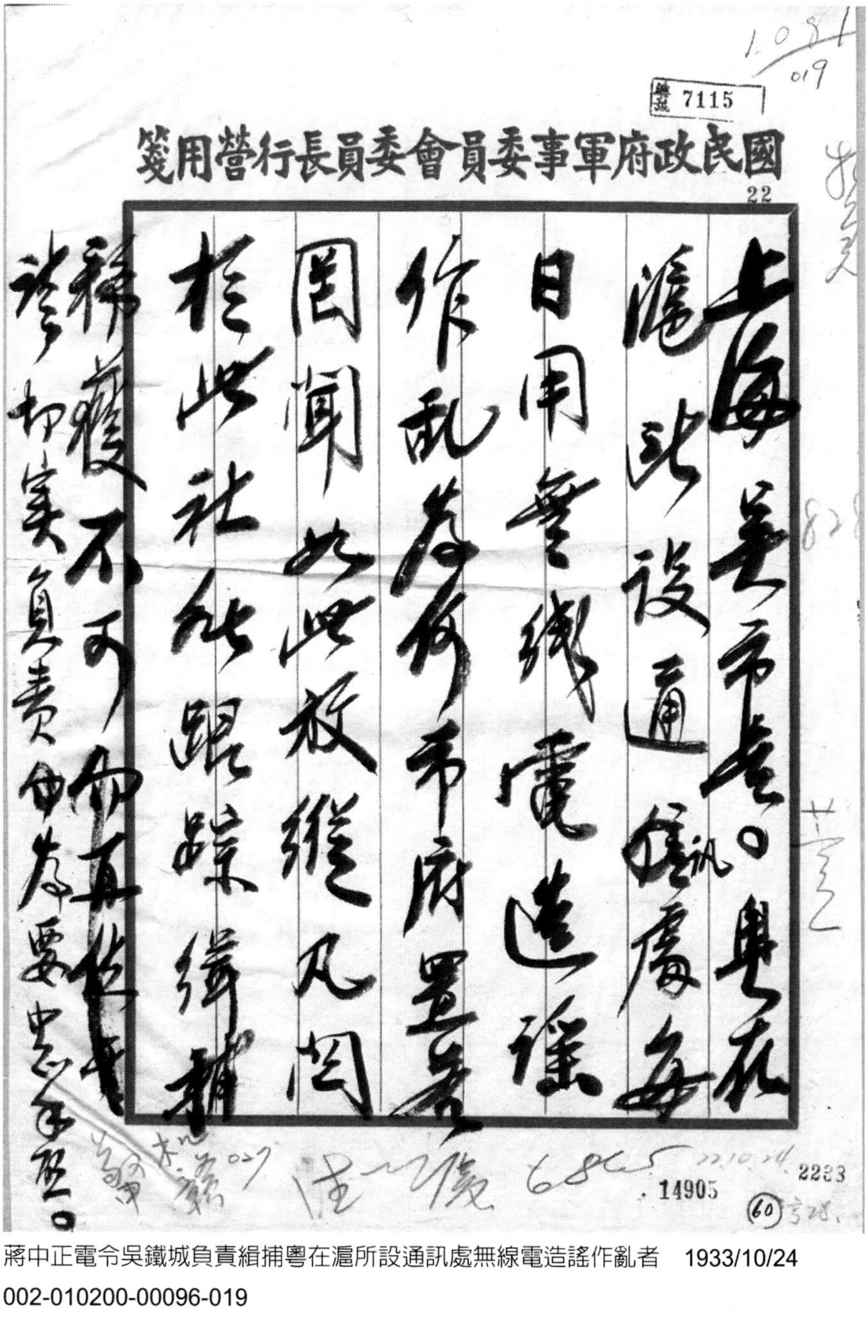

編號 7115

國民政府軍事委員會委員長行營用箋

上海吳市長。粵在滬所設通訊處每日用無線電造謠作亂為何市府置若罔聞如此放縱凡閩於此社能跟蹤緝捕務獲不可而再任其請切實負責為要中正手啓。

14905

蔣中正電令吳鐵城負責緝捕粵在滬所設通訊處無線電造謠作亂者　1933/10/24

002-010200-00096-019

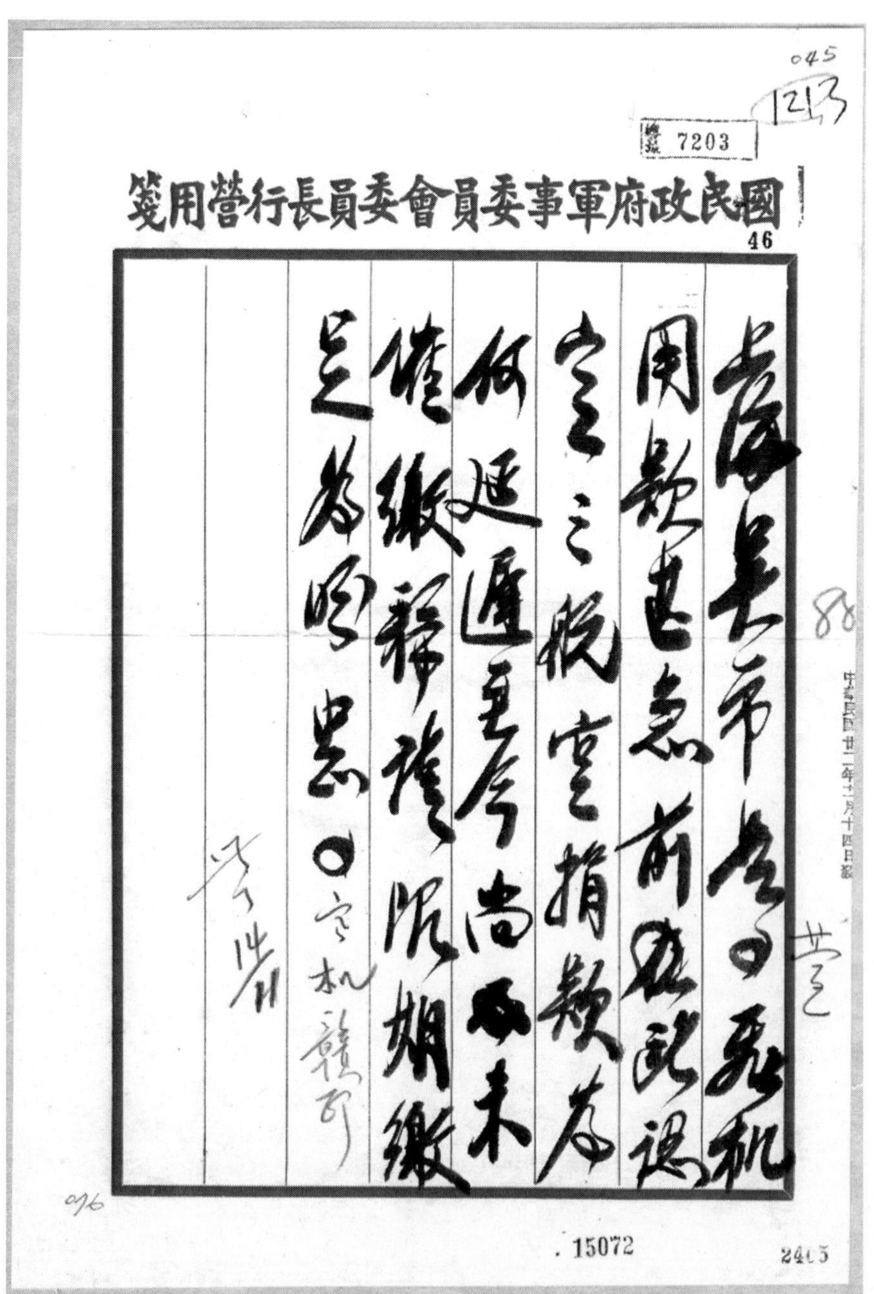

045
1213
總號 7203

國民政府軍事委員會委員長行營用箋

46

滬吳市長鑒：飛機
用款甚急，前在贛認
還之航空捐款為
何延遲至今尚未
清繳？希即限期繳
足為盼。中正。○ 空机贛印

中華民國廿二年十一月十四日發

15072

2405

蔣中正電催吳鐵城飛機用款甚急應限期繳足航空捐款　1933/11/14

002-010200-00097-045

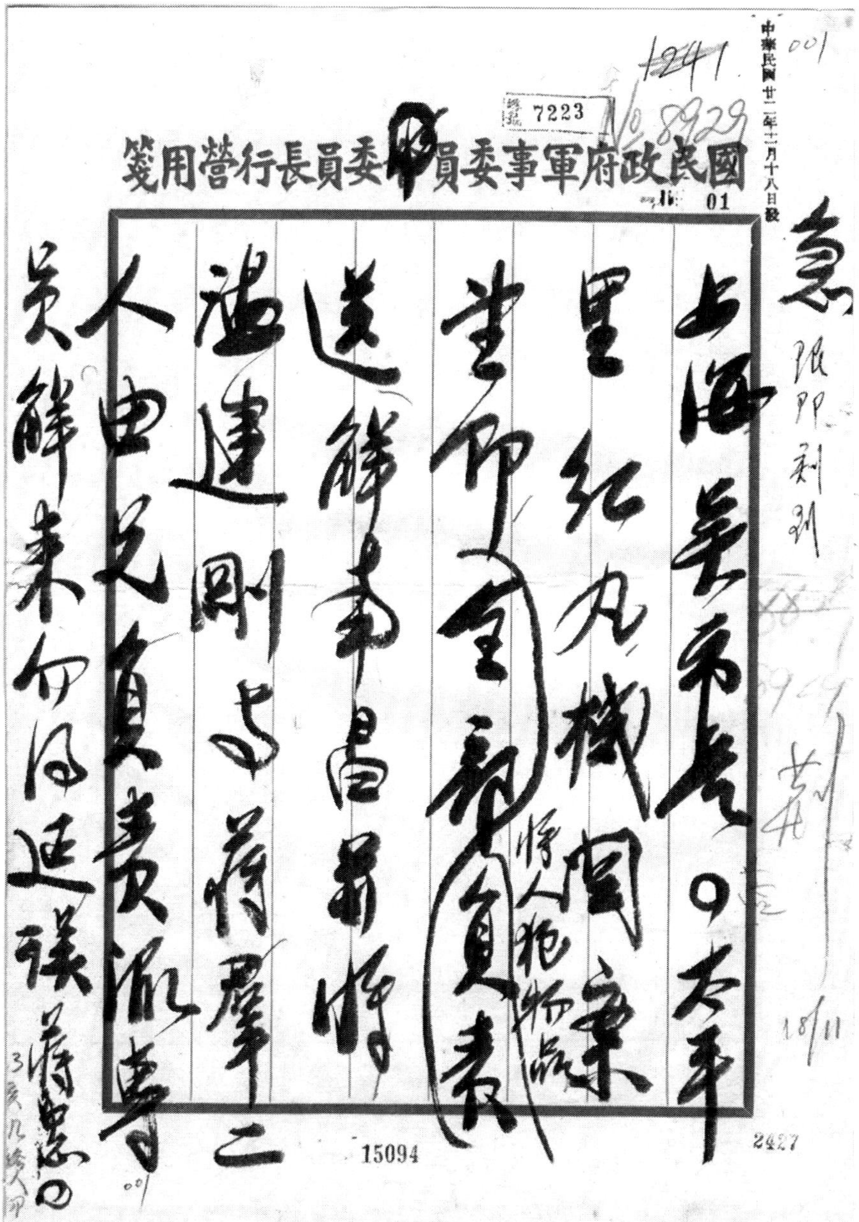

中華民國廿二年十一月十八日發

國民政府軍事委員會委員長行營用箋

急

上海吳市長：太平里紅丸機關案主犯（將人犯物品）全部負責送解南昌。將溫建剛與蔣群二人由兄負責派專員解來，勿得延誤。蔣中正叩

蔣中正電令吳鐵城太平里紅丸案將溫建剛蔣群等人犯物品送解南昌　1933/11/18

002-010200-00098-001

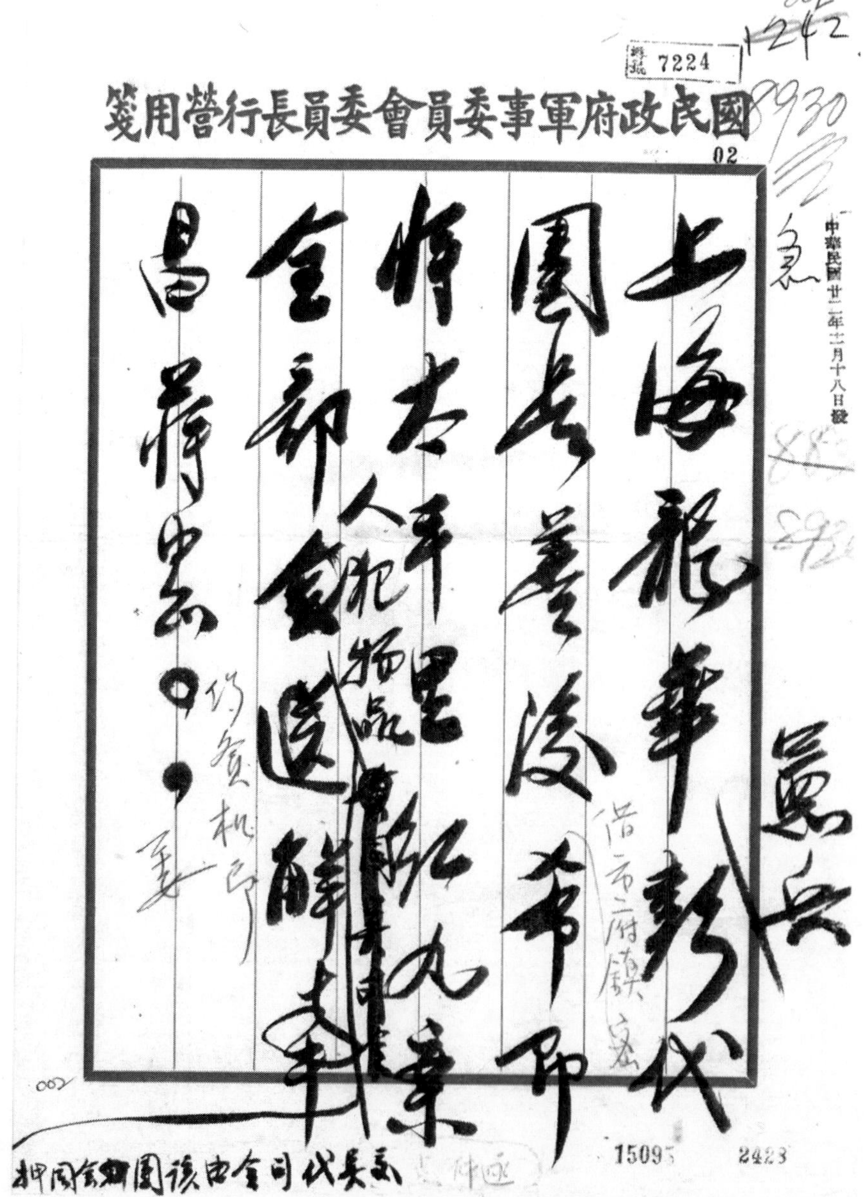

國民政府軍事委員會委員長行營用箋

7224

中華民國廿二年十一月十八日發

上海龍華彭代團長鑒復希即將太平里紅丸案人犯物品全部交吳鐵城送解南昌蔣中正巧

蔣中正電囑上海彭代團長將太平里紅丸案人犯物品交吳鐵城送解南昌　1933/11/18

002-010200-00098-002

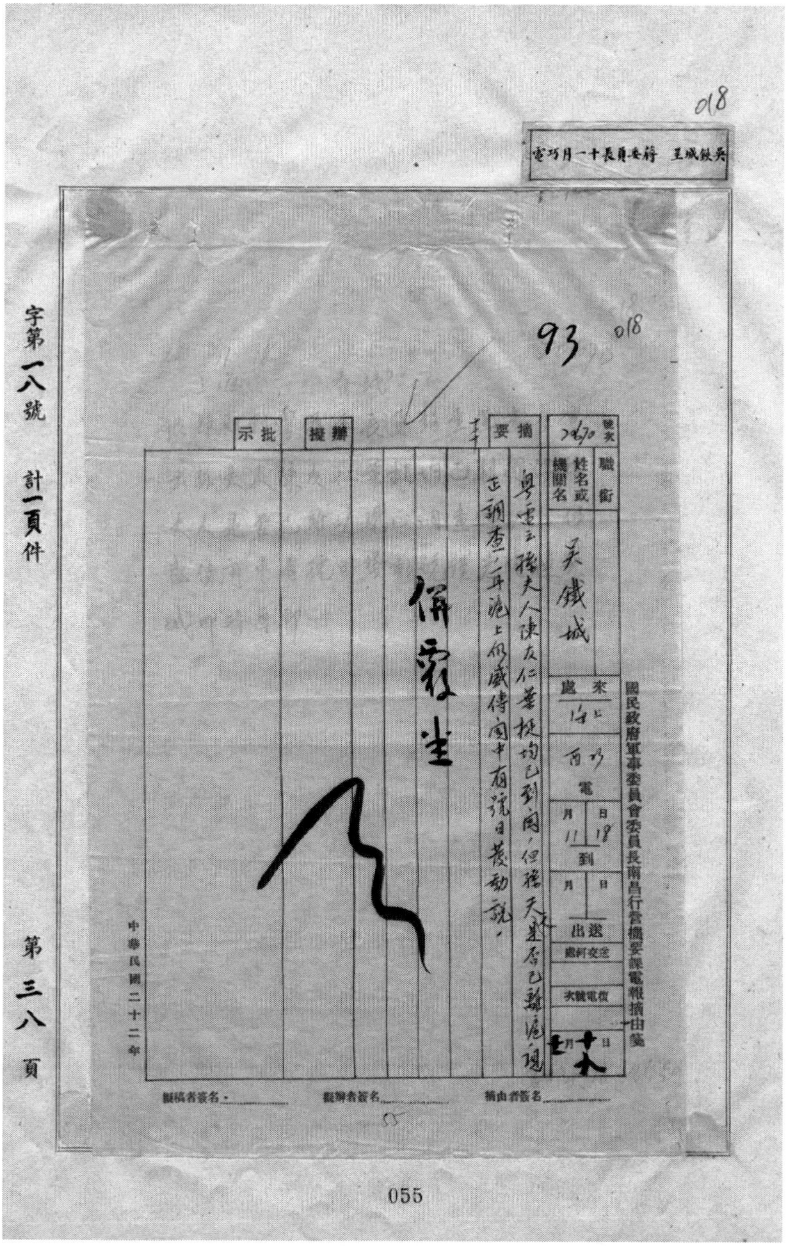

吳鐵城電蔣中正粵電云宋慶齡陳友仁葉挺均已到閩傳閩有二十日發動說
1933/11/18
002-020200-00018-018

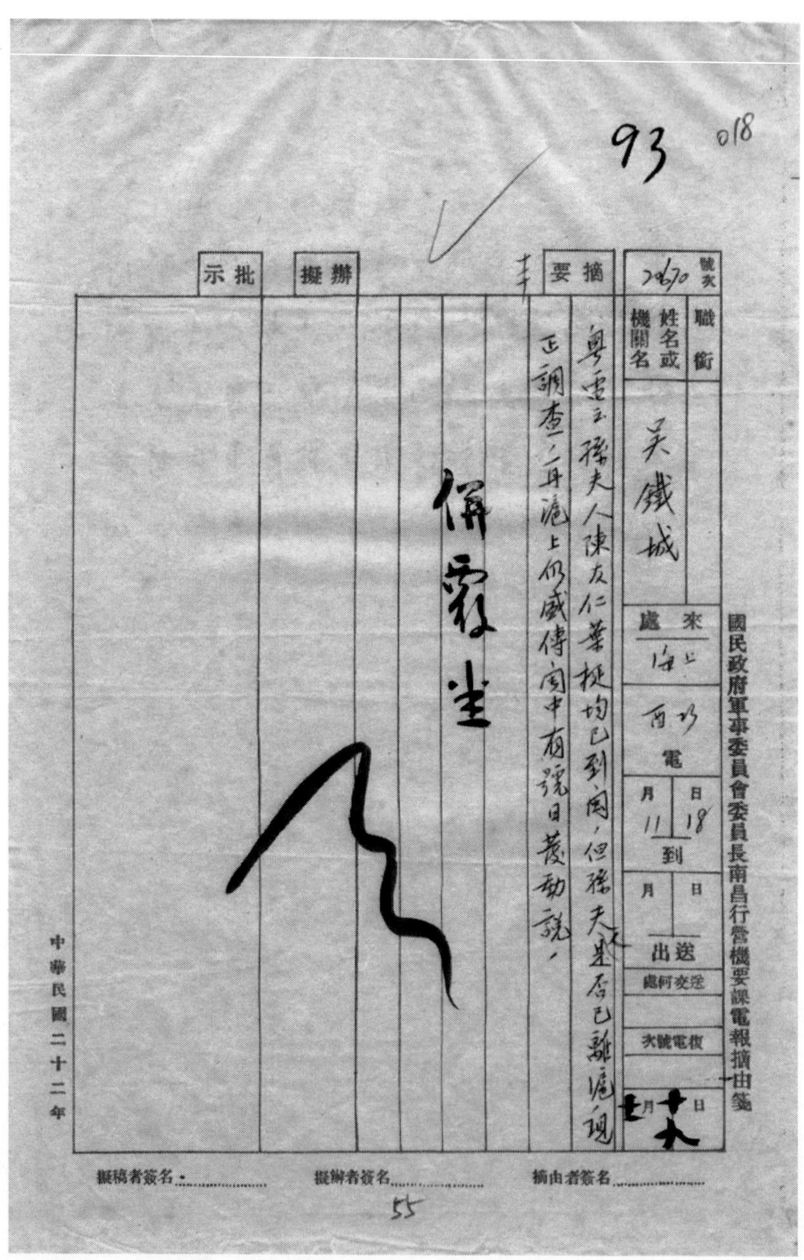

國民政府軍事委員會委員長南昌行營機要課電報摘由箋

號次	2670
職銜 姓名或機關名	吳鐵城
來處	上海
	西巧 電
月 日 到	11 月 18 日 到
月 日 出送	
處何交送	
次號電復	
月 日	

摘要：粵電云孫夫人陳友仁葉挺均已到閩，但孫夫人是否已離滬現正調查，二日滬上仍盛傳閩中有號日發動說。

擬辦

批示

中華民國二十二年

擬稿者簽名　　擬辦者簽名　　摘由者簽名

018

22 11 18 20670

上海 有線

限即刻到南昌委員長鈞座道密粵電

云孫夫人陳友仁葉挺均已到閩但孫

夫人是否已離滬現正調查再滬上仍

盛傳閩中有號日發動說謹先電陳鐵

城叩巧酉印

京都英 18 21.50

56

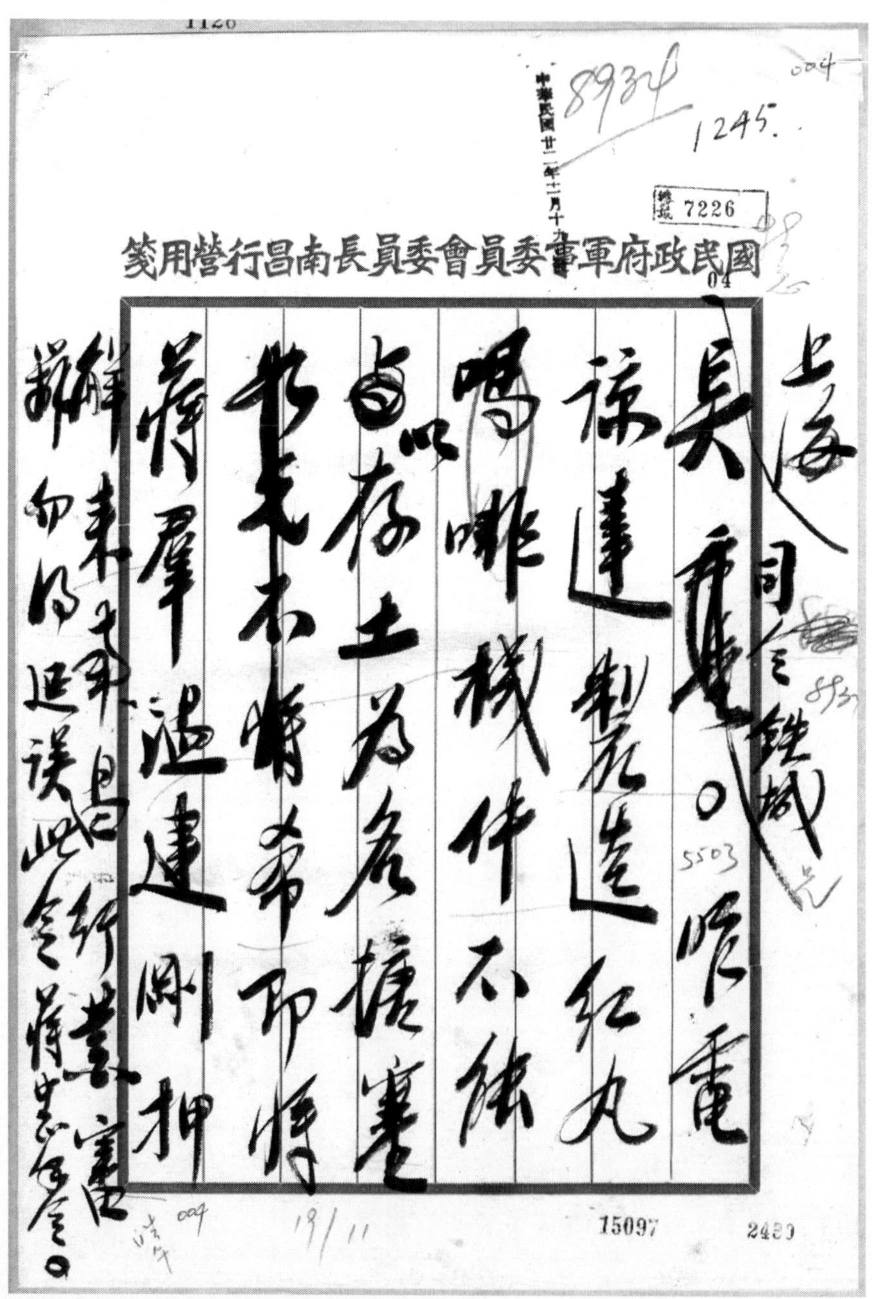

中華民國廿二年十一月十九日

國民政府軍事委員會委員長南昌行營用箋

上海
吳市長鐵城同志昨電
諒達製造紅丸
嗎啡機件不能
以存土為名搪塞
務希即將
蔣群溫建剛押
解來昌行營審
辦勿得延誤此令蔣中正皓午。

蔣中正電令吳鐵城製造紅丸案不能搪塞希將溫建剛蔣群押南昌審辦　1933/11/19

002-010200-00098-004

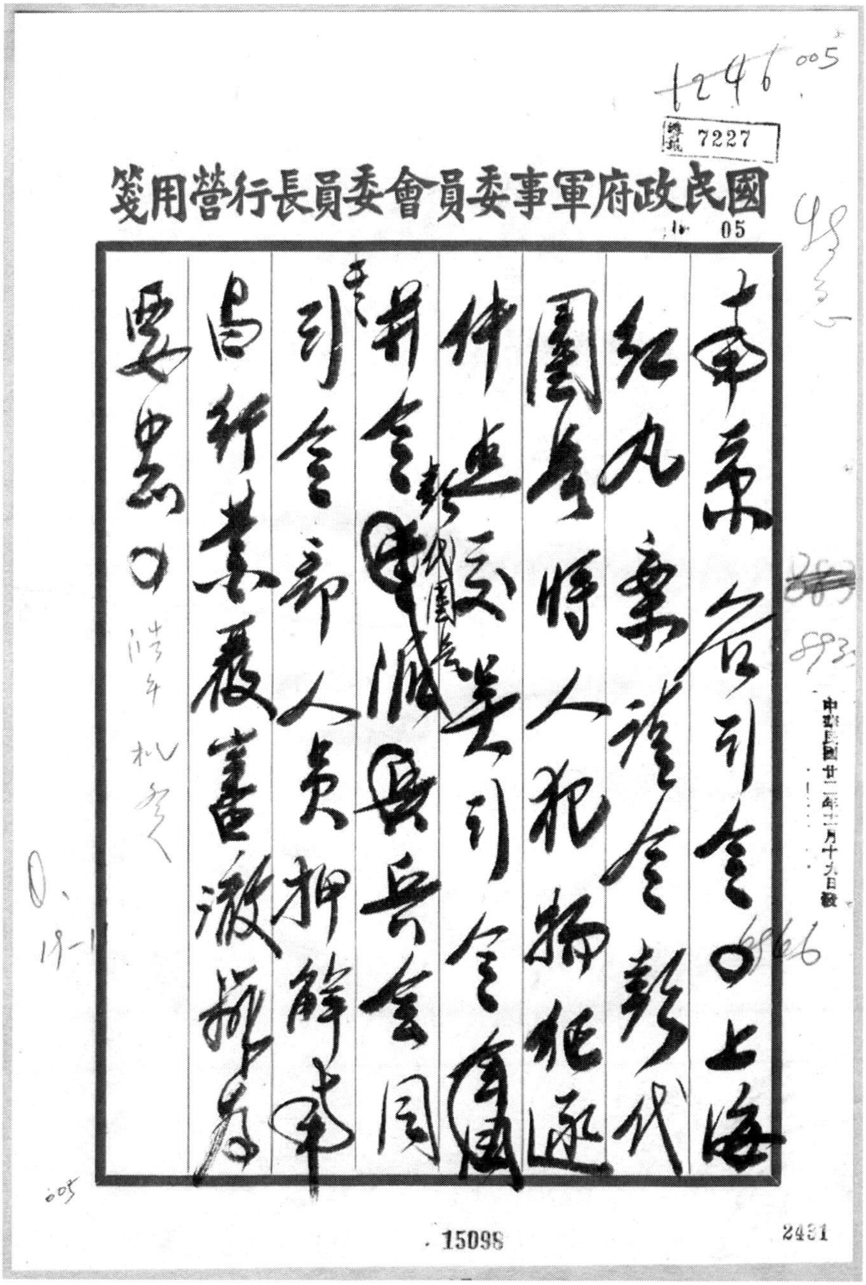

7227

國民政府軍事委員會委員長行營用箋

05

中華民國廿二年十一月十九日發

15098

2431

蔣中正電令谷正倫將上海紅丸案人犯物品交吳鐵城並押解南昌　1933/11/19

002-010200-00098-005

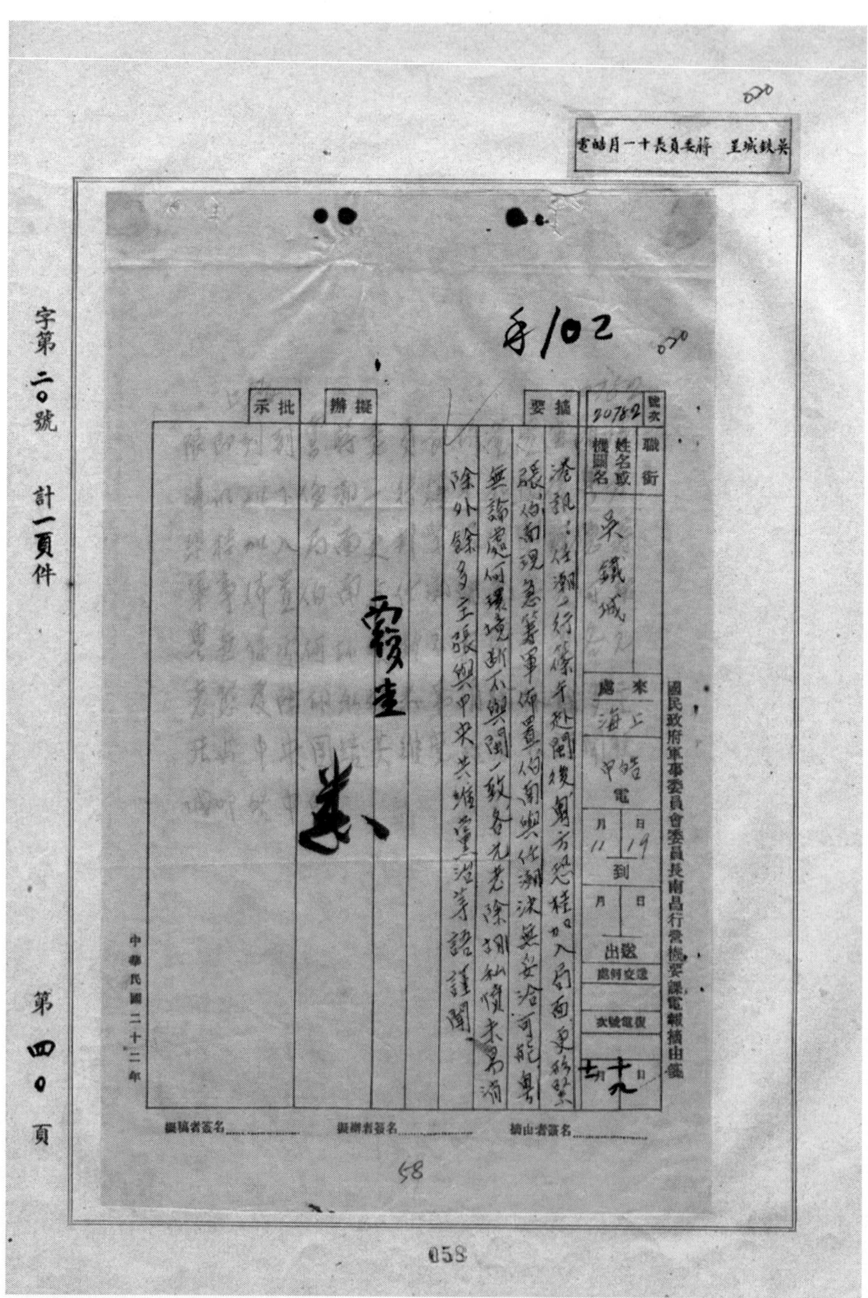
吳鐵城呈蔣委員長十一月皓電

國民政府軍事委員會委員長南昌行營機要課電報摘由箋

吳鐵城

滬報：李濟琛一行十七日午赴閩，後聞方恐桂加入，有更形緊張。但閩現急籌軍事佈置，但閩與李濟琛等無妥洽可能。無論處何環境，斷不與閩一致。各元老除胡私憤未易消除外，餘多主張與中央共維黨國等語。謹聞。

中華民國二十二年

吳鐵城電蔣中正港訊李濟琛一行十七日午赴閩陳濟棠現籌軍事布置　1933/11/19
002-020200-00018-020

手102

020

國民政府軍事委員會委員長南昌行營機要課電報摘由箋

號次	20782
職銜 姓名或機關名	吳鐵城
來處	上海
中皓 電	
月 11 日 19 到	
月 日 出送	
處何交送	
次號電復	
七月十九日	

摘要：港訊：任潮一行係午赴閩後，粵方恐桂加入閩面更形緊張，伯南現急籌軍佈置，伯南與任潮決無妥洽可能，粵無論處何環境斷不與閩一致，各元老除胡私憤未易消除外，餘多主張與中央共維黨治等語謹聞。

擬辦：覆悉。

批示：閱。

中華民國二十二年

擬稿者簽名…… 擬辦者簽名…… 摘由者簽名……

58

020

上海　　　　20782

限即刻到寧蔣委員長鈞鑒密頃接港訊如下伍謝一行篠午赴閩後粵方恐桂加入局面更形緊張伯南現忽籌軍事佈置伯南與伍謝決無妥洽可能粵無論處何環境斷不與閩一致各元老態度除胡私憤未易消除外餘多主張與中央團結共維黨治等語謹聞鐵城叩皓申印

59

國民政府軍事委員會委員長行營用箋

上海
吳司令鐵城
兄：前電飭將製
造紅丸之機件人犯
與溫建剛蔣群二
人解贛何以迄今未
交？希即限五日內解
到南昌勿誤。中正。

蔣中正電吳鐵城限五日內製造紅丸之機件人犯與溫建剛蔣群押解南昌　1933/11/20

002-010200-00098-019

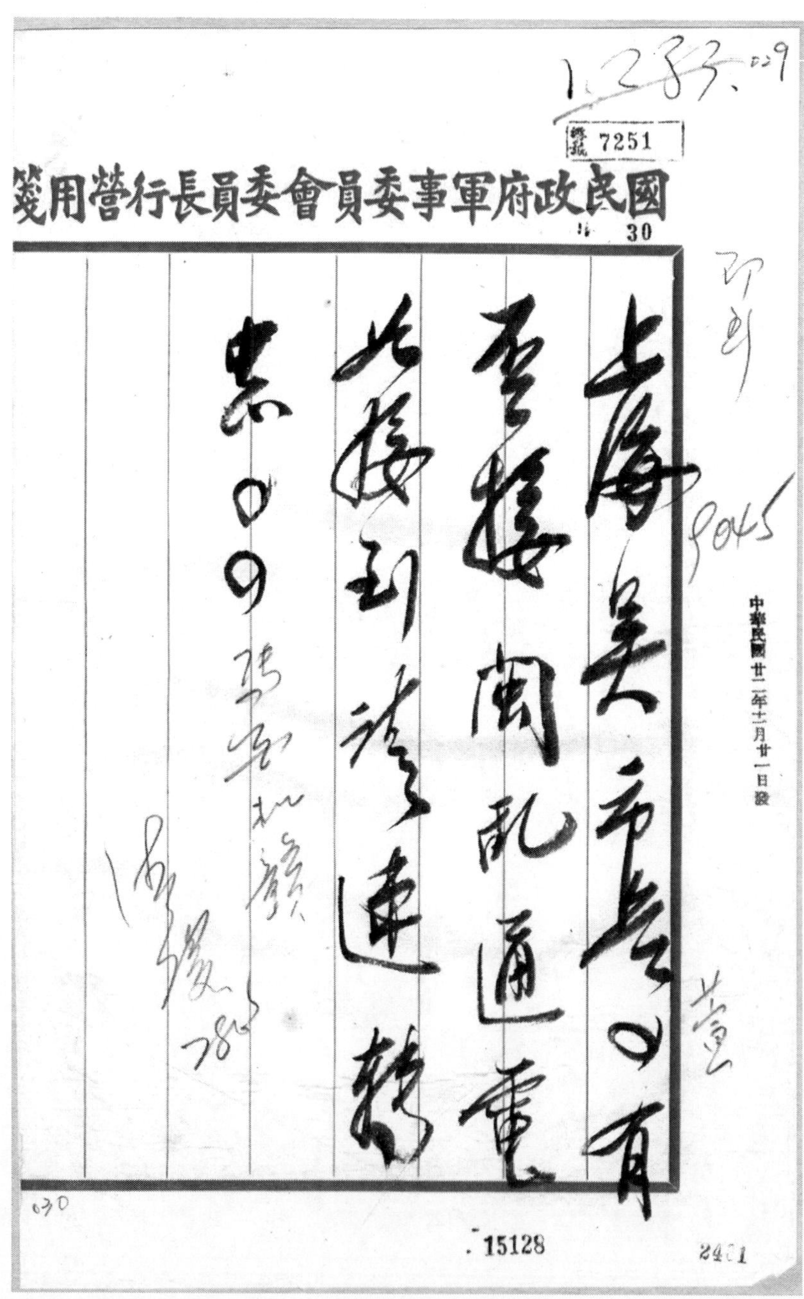

國民政府軍事委員會委員長行營用箋

上海吳市長〇有否接閩亂通電，如接到請速轉呈〇〇

中華民國廿二年十一月廿一日發

蔣中正電吳鐵城如接到閩亂通電速轉呈　1933/11/21

002-010200-00098-029

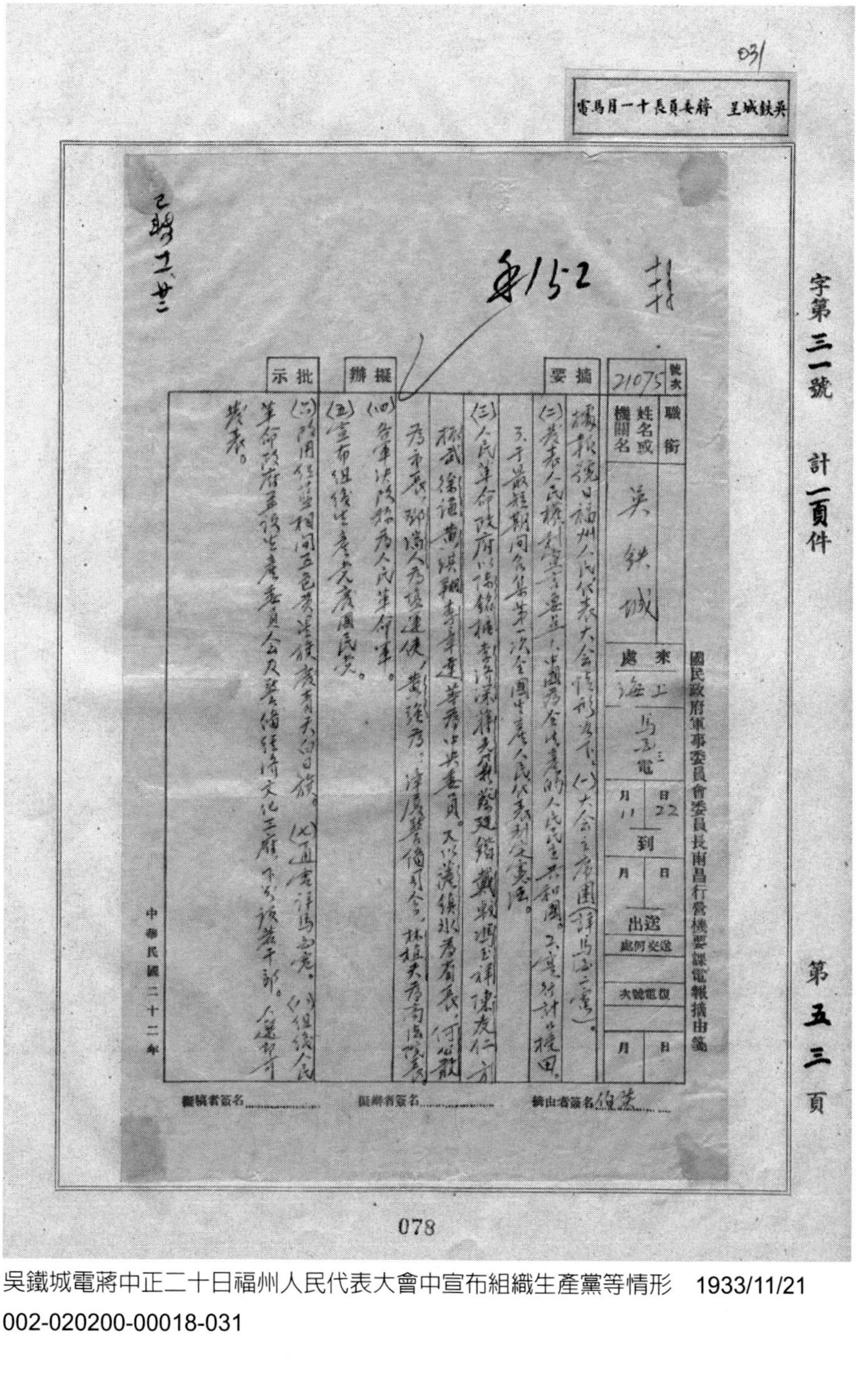

031

吳鐵城呈 蔣委員長十一月馬電

國民政府軍事委員會委員長南昌行營機要課電報摘由箋

字第三一號 計一頁件

號次	職銜姓名或機關名	來處	電	月日
21075	吳鐵城	上海	馬三	11月22日

摘要：

據報，號日福州人民代表大會情形如下：（一）大會主席團（許馬[illegible]等）。（二）發表人民權利宣言要旨：（甲）中國為全體生產的人民民主共和國。（乙）實行計口授田。（丙）于最短期間召集第一次全國生產人民代表制定憲法。（三）人民革命政府以陳銘樞、李濟深、蔣光鼐、蔡廷鍇、戴戟、馮玉祥、陳友仁、方振武、徐謙、黃琪翔、李章達等為中央委員。又以薩鎮冰為省長，何公敢為市長，鄧蔭人為福建使，[illegible]為[illegible]，[illegible]為總司令，林植夫為高法院長。（四）各軍決改稱為人民革命軍。（五）宣布組織生產大眾國民黨。（六）改用紅藍相間五色黃星旗，廢青天白日旗。（七）通電（許馬[illegible]）。（八）組織人民革命政府[illegible]生產委員會及籌備經濟文化二廳，下分設若干部。人選尚未發表。

擬辦：

批示：

到 月 日

出送 處何交送

大號電復 月 日

編輯者簽名 擬辦者簽名 摘由者簽名

中華民國二十二年

第五三頁

吳鐵城電蔣中正二十日福州人民代表大會中宣布組織生產黨等情形 1933/11/21

002-020200-00018-031

031 1286

7253

國民政府軍事委員會委員長行營用箋

32

上海吳司令鐵城

[illegible]

命解蔣群溫建

綱來贛到案審

[illegible]

希勿藉閩亂以期逃罪

果盡負黨國之職

務五日內提解到贛勿誤 中正

中華民國廿二年十一月廿二日發

15130 2443

蔣中正電吳鐵城限五日內解蔣群溫建綱來贛審辦勿藉閩亂以期逃罪　1933/11/22

002-010200-00098-031

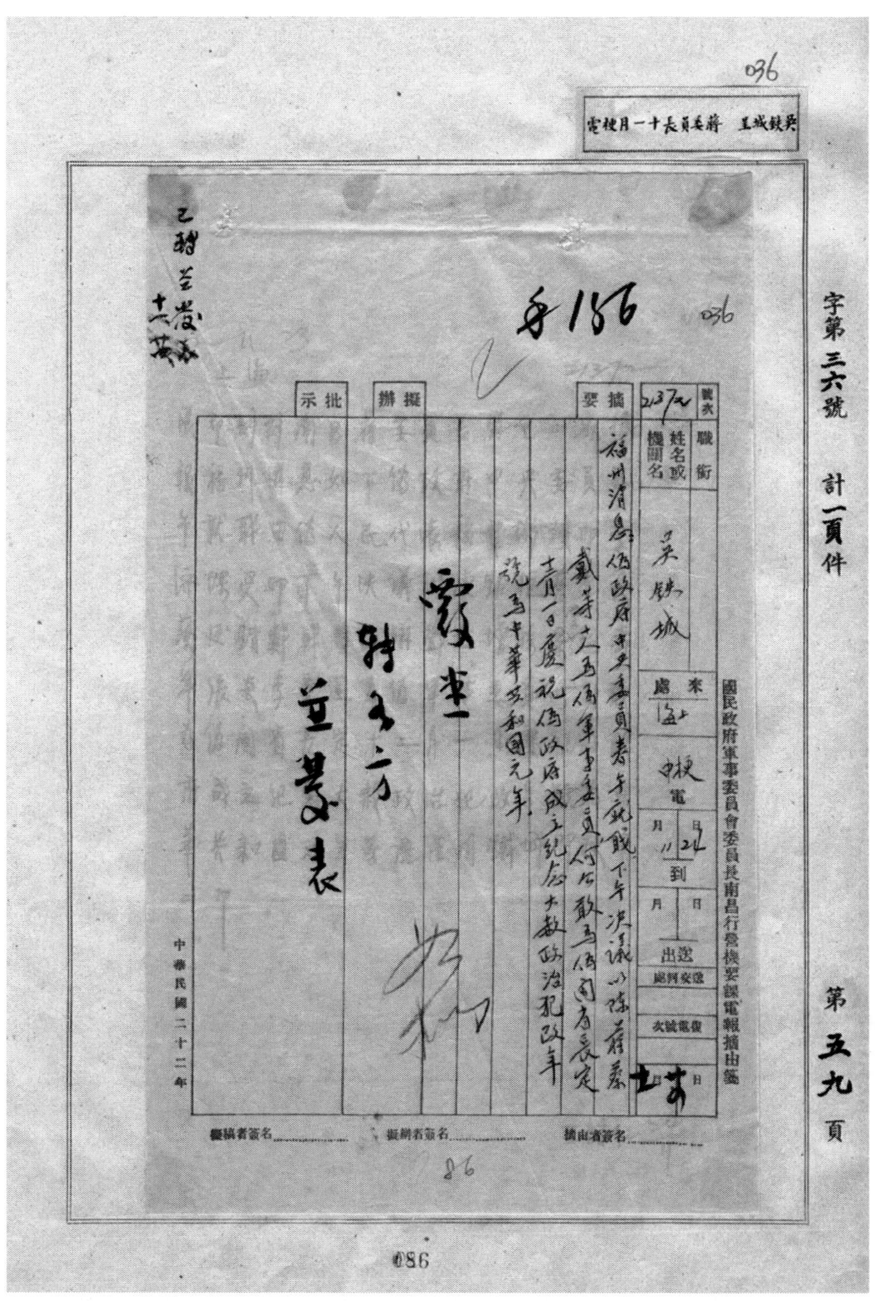

吳鐵城呈　蔣委員長十一月梗電

字第三六號　計一頁件　第五九頁

國民政府軍事委員會委員長南昌行營機要課電報摘由箋

來處：上海
職銜姓名或機關名：吳鐵城
梗電　11月24日到

摘要：福州消息，偽政府本日委員叢會於昨下午決議以陳蔡戴等九名偽軍事委員，何公敢為偽閩省長，定十二月一日慶祝偽政府成立紀念大赦政治犯，改年號為中華共和國元年。

擬辦：覆悉

批示：轉告二方　並發表

中華民國二十二年

吳鐵城電蔣中正偽政府定十二月一日慶祝成立改年號為中華共和國　1933/11/23
002-020200-00018-036

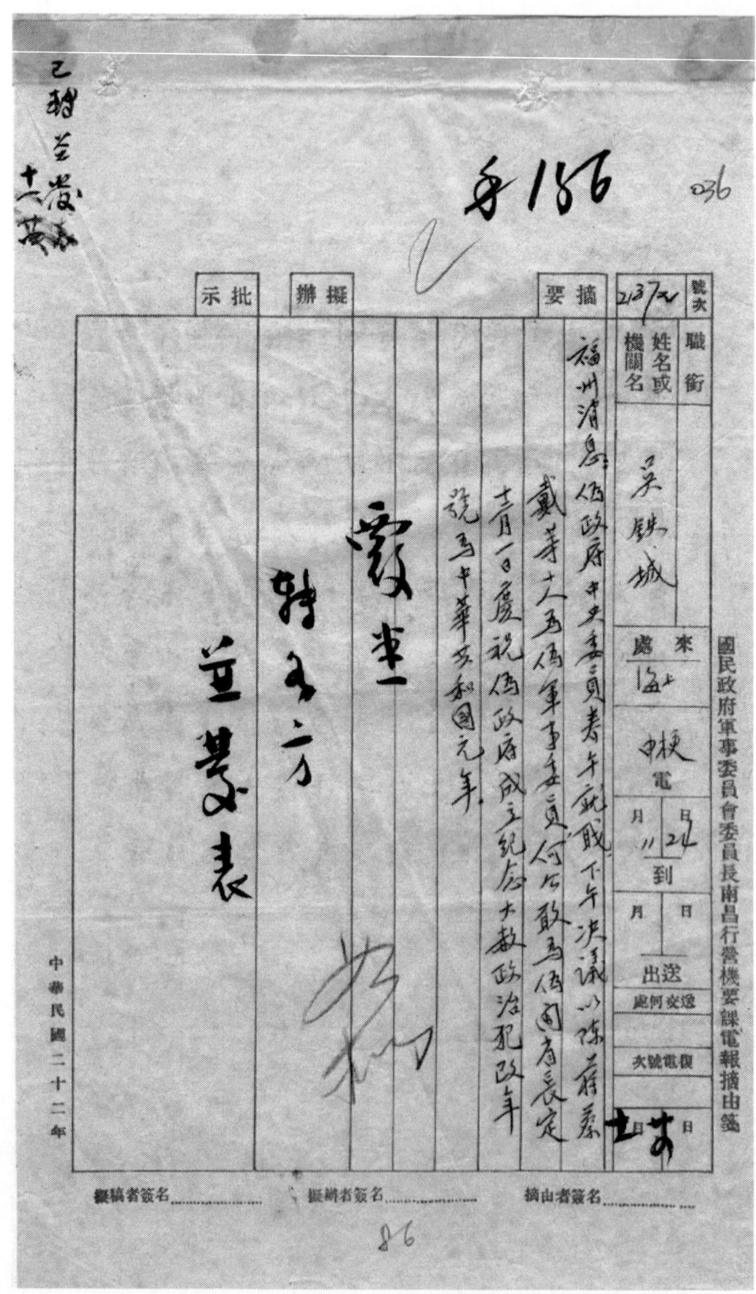
乙轉並發 十六 英

手186

036

國民政府軍事委員會委員長南昌行營機要課電報摘由箋

次號	2137
職銜 姓名或機關名	吳鉄城
來處	滬上
電	
月 日 到	11 22
出送 處何交送	
次號電復	

摘要：福州消息，偽政府中委員春午就職，下午決議以陳蔣蔡戴等十人為偽軍事委員，何公敢為偽閩省長，定十二月一日慶祝偽政府成立紀念，大赦政治犯，改年號為中華共和國元年。

擬辦：發表 轉文方 並呈表

批示：

中華民國二十二年

擬稿者簽名…… 核辦者簽名…… 摘由者簽名……

86

22-11-23　　　　　　　　　　　　036

上海　　　　　　　　　　　　213/72

限即刻到南昌蔣委員長賜鑒○密據
報福州消息如下偽政府中央委員本
午就職由偽人民代表梅冀彬授印李
濟琛受印下午決議以陳銘樞蔣光鼐
蔡廷鍇戴戟黃琪翔鄧世增徐景唐區壽
年張炎李章達為偽軍事委員何公敢
為偽閩省長定十二月一日慶祝偽政
府成立紀念大赦政治犯改年號為中
華共和國元年等語謹聞鐵城叩梗申
二印

王培仁 24/11

87

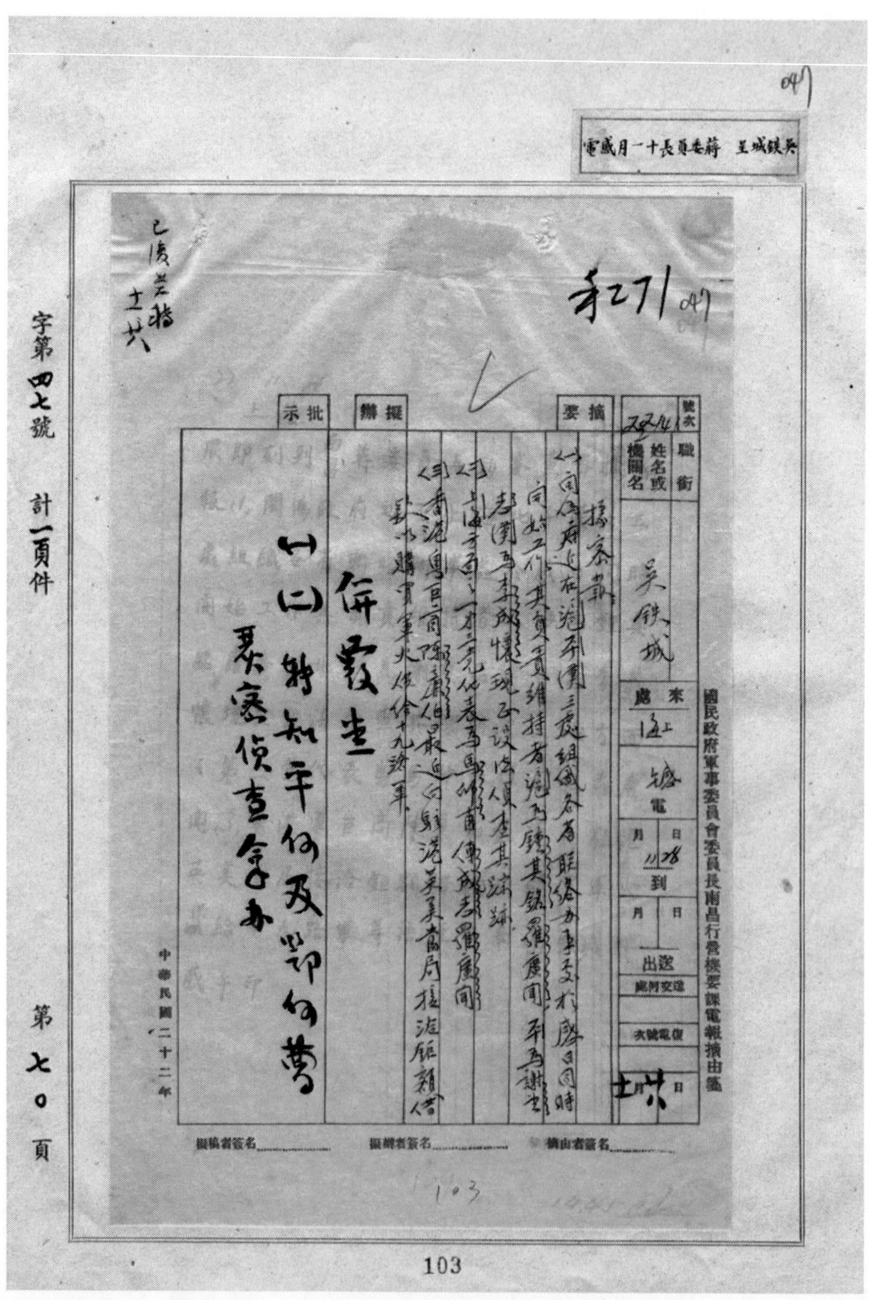

吳鐵城呈蔣委員長十一月感電

字第四七號 計一頁件 第七〇頁

國民政府軍事委員會委員長南昌行營機要課電報摘由箋

號次	職銜 姓名或機關名	來處	電	到
	吳鐵城	滬	感電	11月28日

摘要　擬辦　批示

中華民國二十二年

擬稿者簽名＿＿＿＿　擬辦者簽名＿＿＿＿　摘由者簽名＿＿＿＿

103

吳鐵城電蔣中正聞偽政府近在滬平漢三處組織各省聯絡辦事處及負責人　1933/11/27

002-020200-00018-047

已復 廿二日 十廿八

第271/047

國民政府軍事委員會委員長南昌行營機要課電報摘由箋

號次	5214
職銜 姓名或機關名	吳鐵城
來處	滬上
電	感
月日	11 28
到 月 日	
出送 處何交送	
次號電復	
	十一月廿八日

摘要：

據密報：

(一)閩偽府派在滬平閩三處組織各省聯絡辦事處，於感日同時開始工作，其負責維持者，滬為鍾其銘、羅廣聞，平為謝[illegible]，閩為李成懷，現正設法偵查其蹤跡。

(二)上海方面之[illegible]代表為馬[illegible]甫、傳成志、羅廣聞。

(三)香港粵百司陳康伯最近向駐港英美商局接洽，派員新嘉坡購買軍火價值十九萬元。

擬辦：

併發生

(一)(二)轉知平何及鄂何[illegible]

嚴密偵查令辦

批示：

中華民國二十二年

擬稿者簽名……　擬辦者簽名……　摘由者簽名……

103

047

22 11 28

上海 22141

限即刻到南昌蔣委員長鈞鑒萱密據密報(1)聞偽政府近至上海北平漢口三處組織各省聯絡辦事處於感日同時開始工作其負責維持者上海為鍾其銘羅廣聞北平為謝望志漢口為李成懷現正設法偵查其踪跡(2)上海方面之第三党代表為馬師甫傅成志羅廣聞(3)香港粵巨商陳康伯最近向駐港英美當局接洽鉅額借款以購買軍火供給十九路軍等語謹電奉聞鐵城叩感午印

104

14.45

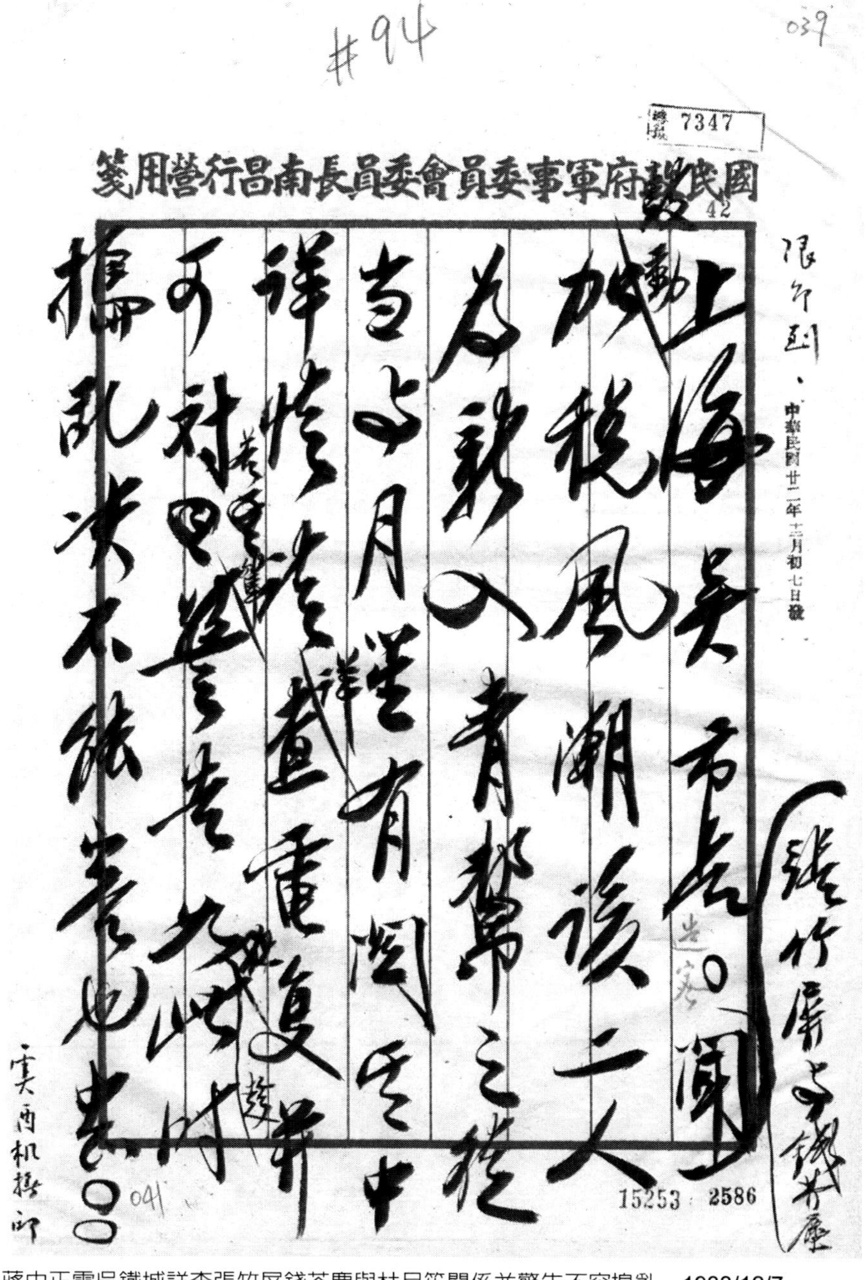

#94 039

轉號 7347

國民政府軍事委員會委員長南昌行營用箋

限[illegible]到、

上海吳市長○閱
加稅風潮後二人
為新入青幫之徒
尚與月笙有關否中
詳情查覆電覆並
可對[illegible]警告[illegible]
搗亂決不能容也○

張竹屏與錢芥塵

中華民國廿二年十二月初七日發

15253 2586

蔣中正電吳鐵城詳查張竹屏錢芥塵與杜月笙關係並警告不容搗亂　1933/12/7

002-010200-00099-039

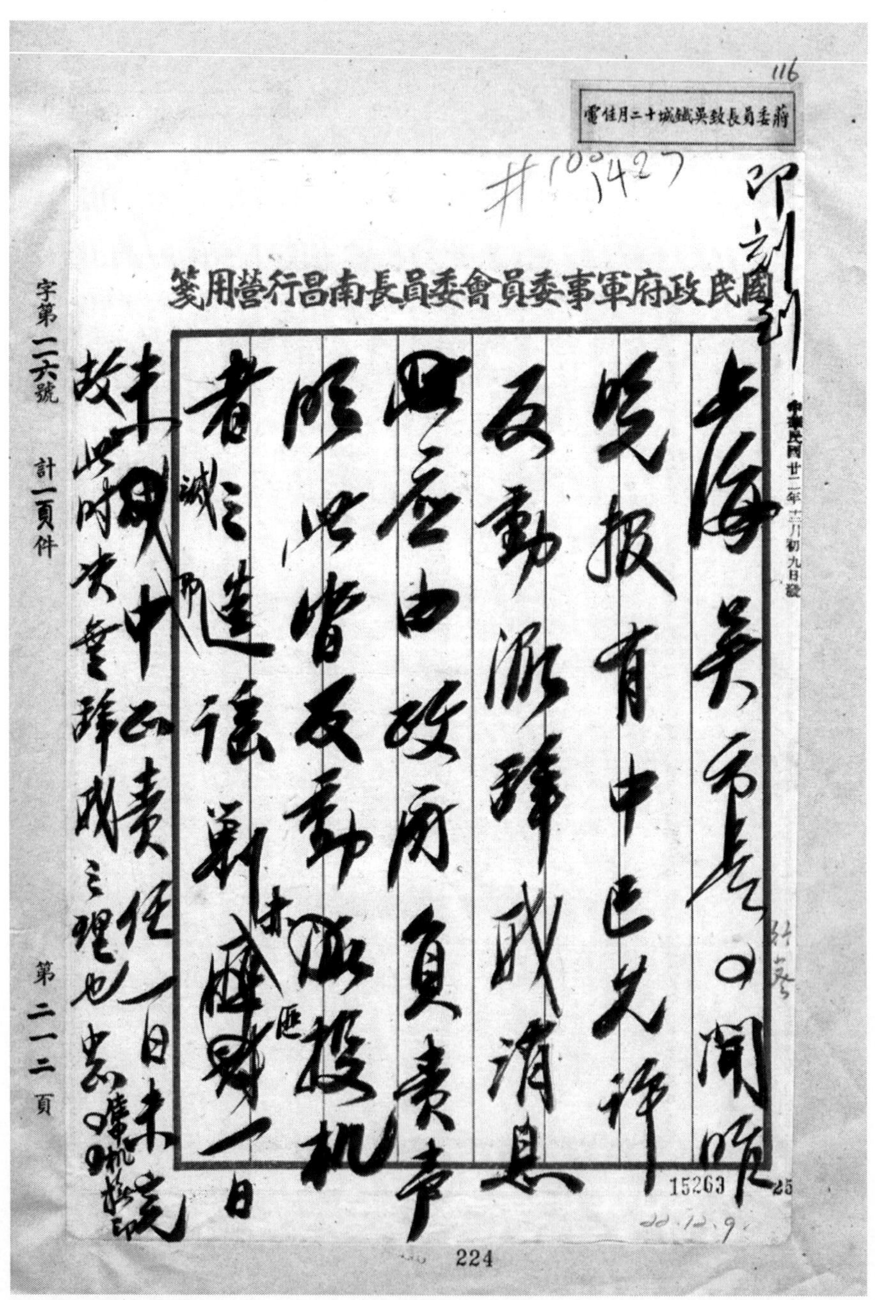
116

蔣委員長致吳鐵城十二月佳電

#100 1427

印刷

國民政府軍事委員會委員長南昌行營用箋

字第一一六號 計一頁件 第二一二頁

中華民國廿二年十二月初九日發

上海吳市長：頃聞晚報有中正先辭反動派辭職消息，此應由政府負責聲明。此皆反動派投机者之造謠誣衊。共匪一日未剿滅，中正責任一日未完，故此時決無辭職之理也。中正。佳機牯印。

15263

22.12.9

224

蔣中正電吳鐵城共軍一日未剿滅決無辭職之理　1933/12/9

002-020200-00019-116

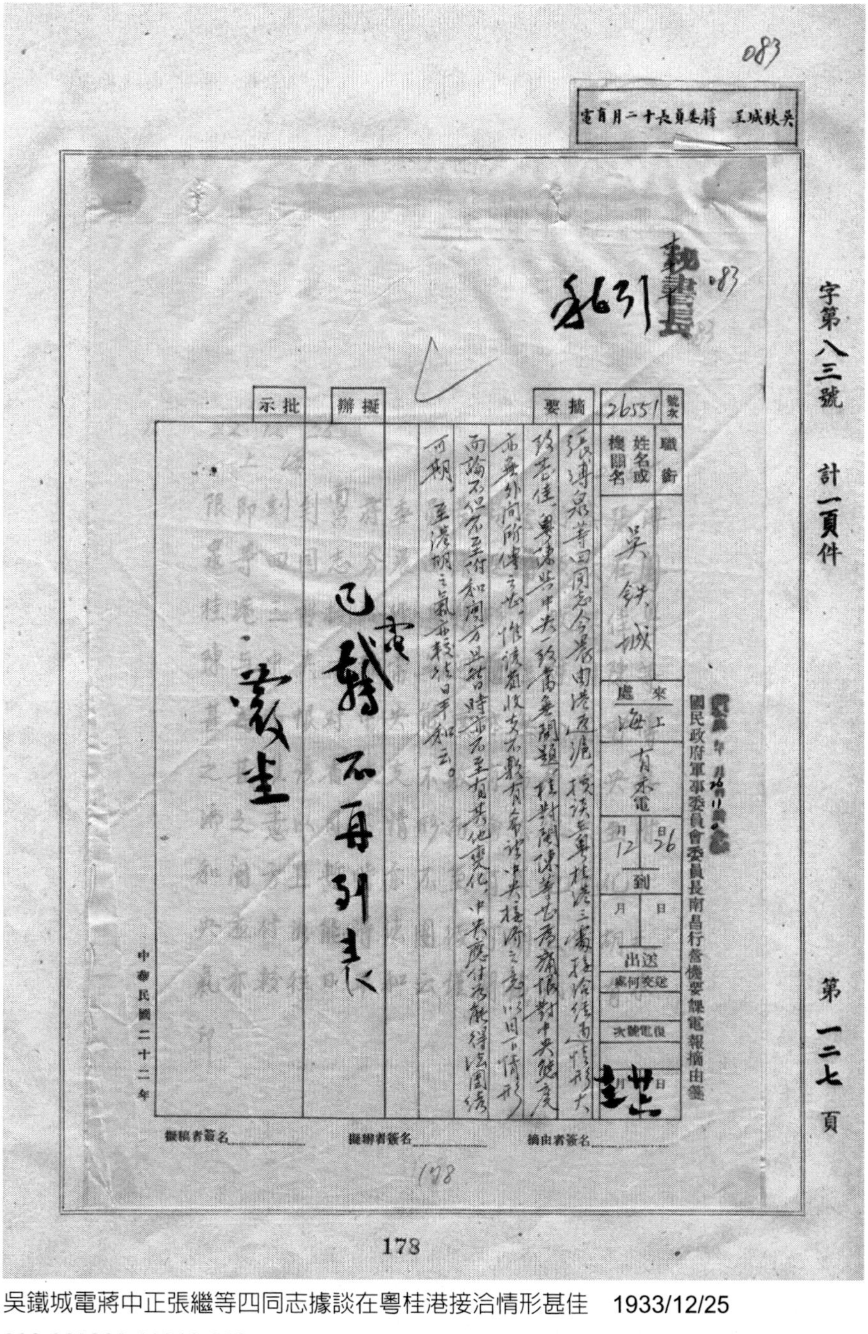

083

吳鐵城呈蔣委員長十二月宥電

秘書長

號次	26551
職銜 姓名或機關名	吳鐵城
來處	上海
	宥未電
月日	12月26日
到	月　日

摘要：張溥泉等四同志今晨由港返滬，據談在粵桂港三處接洽情形大致甚佳，粵桂與中央一致者無問題，桂對閩陳等甚為痛恨，對中央態度亦無外間所傳之甚，惟該省收支不敷，有希望中央接濟之意，以目下情形而論，不但不至對和平方且暫時亦不至有其他變化，中央應付若能得法，團結可期，至港胡之氣亦較往日平和云。

國民政府軍事委員會委員長南昌行營機要課電報摘由箋

字第八三號　計一頁件　第一二七頁

中華民國二十二年

擬稿者簽名　擬辦者簽名　摘由者簽名

吳鐵城電蔣中正張繼等四同志據談在粵桂港接洽情形甚佳　1933/12/25

002-020200-00018-083

秘書長 秘631 083

國民政府軍事委員會委員長南昌行營機要課電報摘由箋

號次：26551

職銜／姓名或機關名：吳鉄城

來處：上海

宥未電

12月26日到

月 日出送

交何處

復電號次

摘要：

張溥泉等回國，今晨由港返滬，據談在粵桂港三處接洽經過情形大致甚佳，粵陳與中央一致，當無問題，桂對閩陳等甚為痛恨，對中央態度亦無外間所傳之甚，惟談到收支不敷，有希望中央接濟之意，以目下情形而論，不但不至附和閩方，且暫時亦不至有其他變化，中央應付如能得法，團結可期，至港胡之氣亦較往日平和云。

擬辦：已電轉 不再列表

批示：叢生

中華民國二十二年

擬稿者簽名________ 擬辦者簽名________ 摘由者簽名________

178

283

22 12 25

上海 26551

限即刻到南昌蔣委員長鈞鑒行叅張溥泉等四同志今晨由港返滬接談在粵桂港三處接洽經過情形大致甚佳粵陳与中央一致當無问題桂对閩陳等甚為痛恨对中央態度亦無外間所傳之甚惟該省收支不敷有希望中央接濟之意以目下情形而論不但不至附和閩方且暫時亦不至有其他變化中央應付得法團結可期至港胡之氣亦較往日平和云謹聞鐵城叩有未

印

179

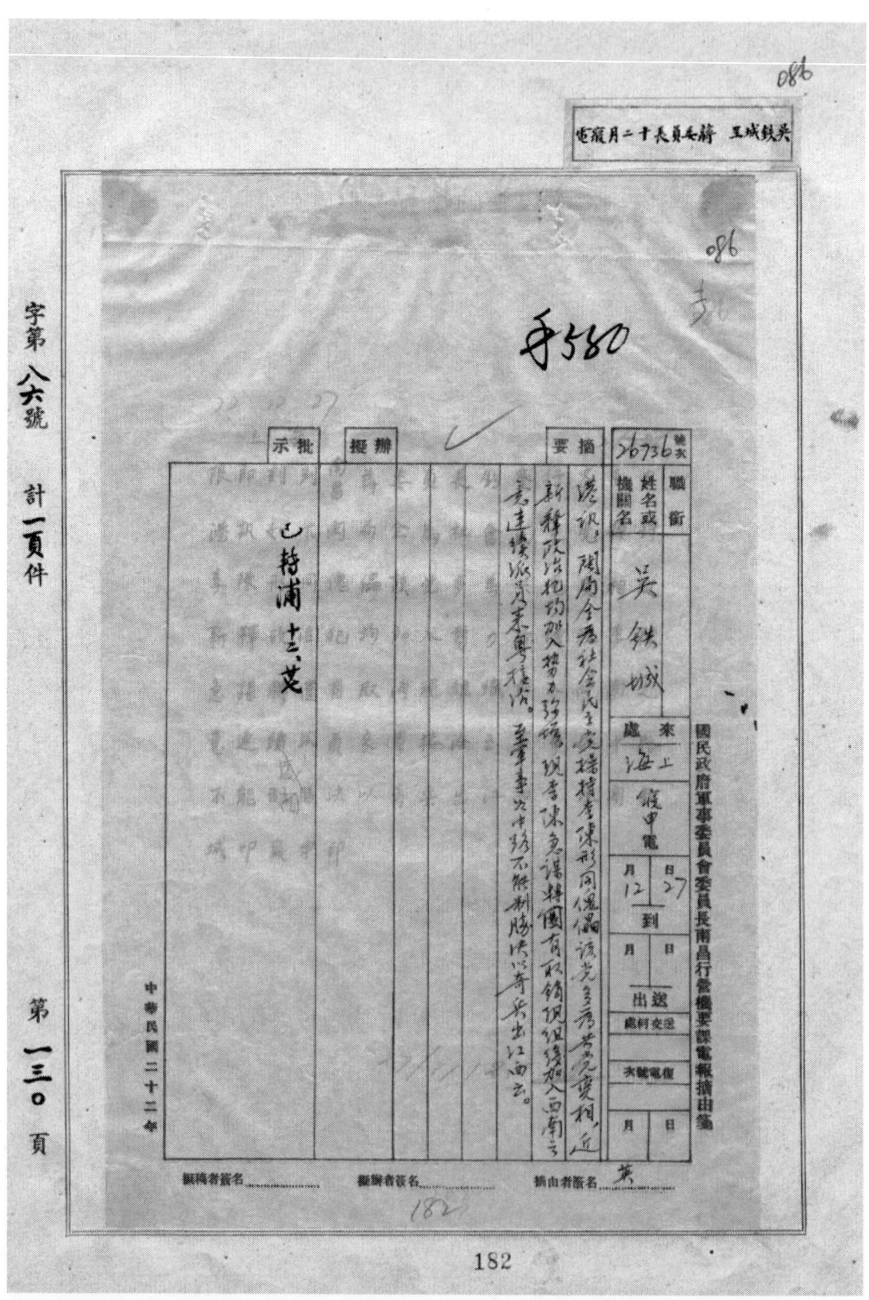

吳鐵城 呈蔣委員長十二月寢電

字第八六號 計一頁件 第一三〇頁

國民政府軍事委員會委員長南昌行營機要課電報摘由箋

號次 26736

職銜 姓名或機關名 吳鐵城

來處 上海 寢申電

月12 日27 到

摘要：滬訊，閩局全為社會民主黨操持，李陳形同傀儡。該黨多為共黨變相，近新釋政治犯均加入，勢不可侮。現李陳急謀將閩省政權組織加入西南三角連環派，以求粵桂諒解。至軍事，決守閩不能制勝，決以奇兵出江西云。

批示：已持浦　十二、廿

擬稿者簽名　擬辦者簽名　摘由者簽名 英

中華民國二十二年

182

吳鐵城電蔣中正閩局全為社會民主黨操持李濟琛陳銘樞形同傀儡　1933/12/26

002-020200-00018-086

086

手580

國民政府軍事委員會委員長南昌行營機要課電報摘由箋

號次	26736
職銜 姓名或機關名	吳鐵城
來處	上海
	儉申電
月 日	12 27
到 月 日	
出送 何處交送	
復電號次 月 日	

摘要

探訊，閩局全為社會民主黨操持，李陳形同傀儡，該黨多為共黨變相，近新釋政治犯均加入勢力強固，現李陳急謀轉圜，有取銷現組織加入西南之意，速續派員來粵接洽。至軍事，以中路不能制勝，決以奇兵出江西云。

擬辦

批示

已轉浦 十二、艾

中華民國二十二年

擬稿者簽名…… 擬辦者簽名…… 摘由者簽名 英……

182

086

22 12 27

上海 26736

限即刻到南昌蔣委員長鈞鑒行密本日

港訊如下閩局全為社會民主党操持

李陳形同傀儡該党多為共党變相近

新釋政治犯均加入勢力弥增現李陳

急謀轉圜有取消現組織加入西南之

意連續派員來粤接洽云軍事如中路

不能制勝決以奇兵出江西云謹聞鉄

城叩寢申印

27/1/12,0

183

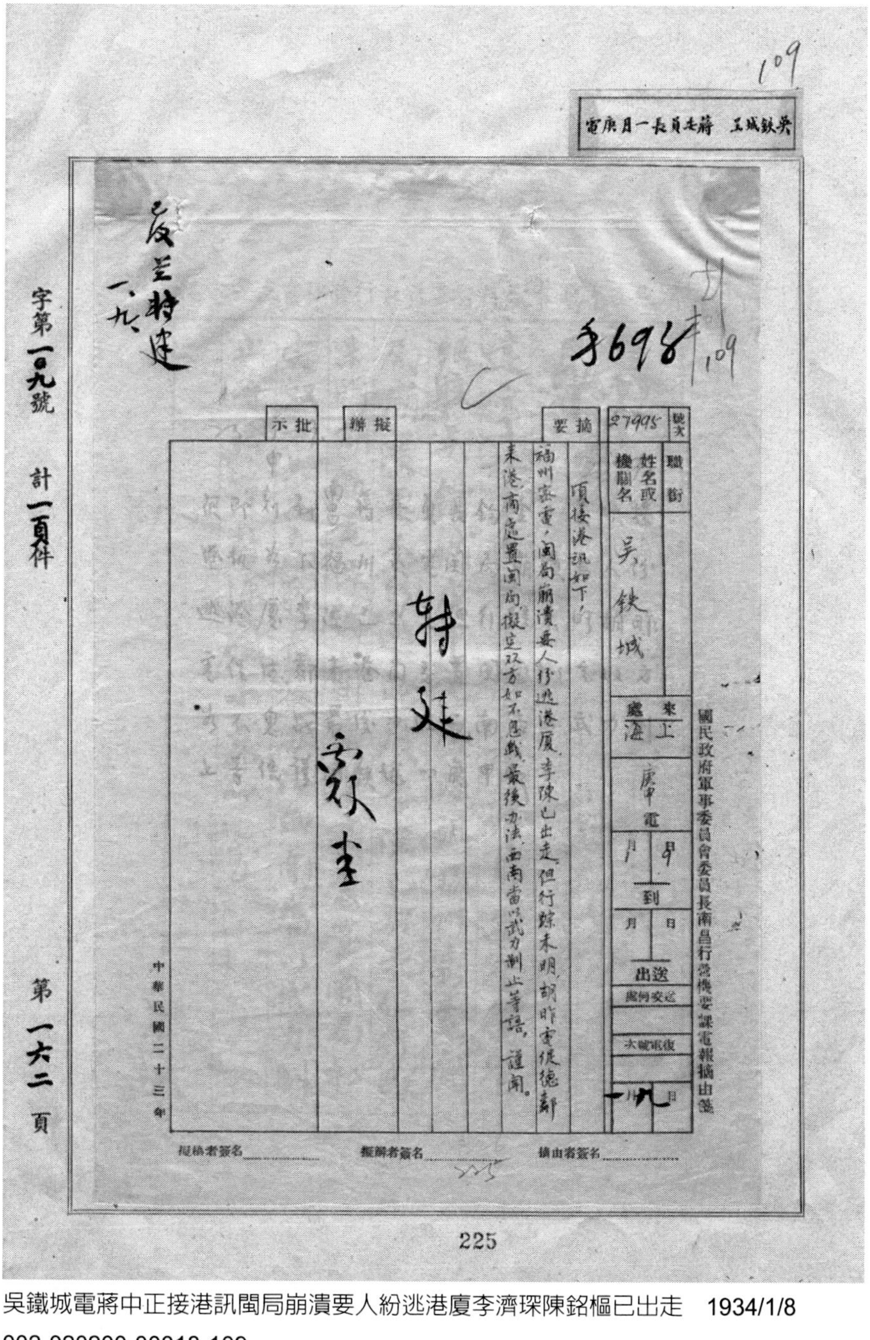

109

吳鐵城上蔣委員長一月庚電

國民政府軍事委員會委員長南昌行營機要課電報摘由箋

字第一〇九號　計一頁件　第一六二頁

已呈 特建 一、九

手6968 109

號次	27995
職銜 姓名或機關名	吳鐵城
來處	上海
	庚電
	月 日 到 月 日
出送	

摘要：頃接港訊如下：福州密電，閩局崩潰，要人紛逃港廈，李、陳已出走，但行蹤未明。胡昨電張德鄰來港商定置閩局，擬定雙方如不息戰最後辦法，西南當以武力制止等語。謹聞。

擬辦：特建

批示：[illegible]

中華民國二十三年

提稿者簽名　擬辦者簽名　摘由者簽名

225

吳鐵城電蔣中正接港訊閩局崩潰要人紛逃港廈李濟琛陳銘樞已出走　1934/1/8

002-020200-00018-109

109

23.1.9.

申　　27995

限即刻到南昌蔣委員長鈞鑒。密。頃接港訊，為下福州密寅閩局崩潰，多人紛逃港，廣李諒已出走，但行蹤未明。胡昨電促陳、鄒來港商處置閩局，擬定雙方為不息戰最後努力，使西南出以武力制止等語。謹聞。鐵城叩庚申印

226

國民政府軍事委員會委員長行營秘書長室電稿

譯發

擬稿者

B 610

廿三年 一月 九日 午 時擬稿

年 一月 九日 下午 時核發

年 月 日 午 時譯發

建寧林主任蔚文兄密譯呈委座鈞鑒

頃接吳鐵城庚申電稱港訊福州密電閩

局崩潰要人紛逃港廈李陳已出走但行踪

未明胡昨電促德鄰來港商處置閩局擬

定双方如不息戰最後办法西南當以武力制

止等語謹特陳職永泰叩

佳申印

第 頁

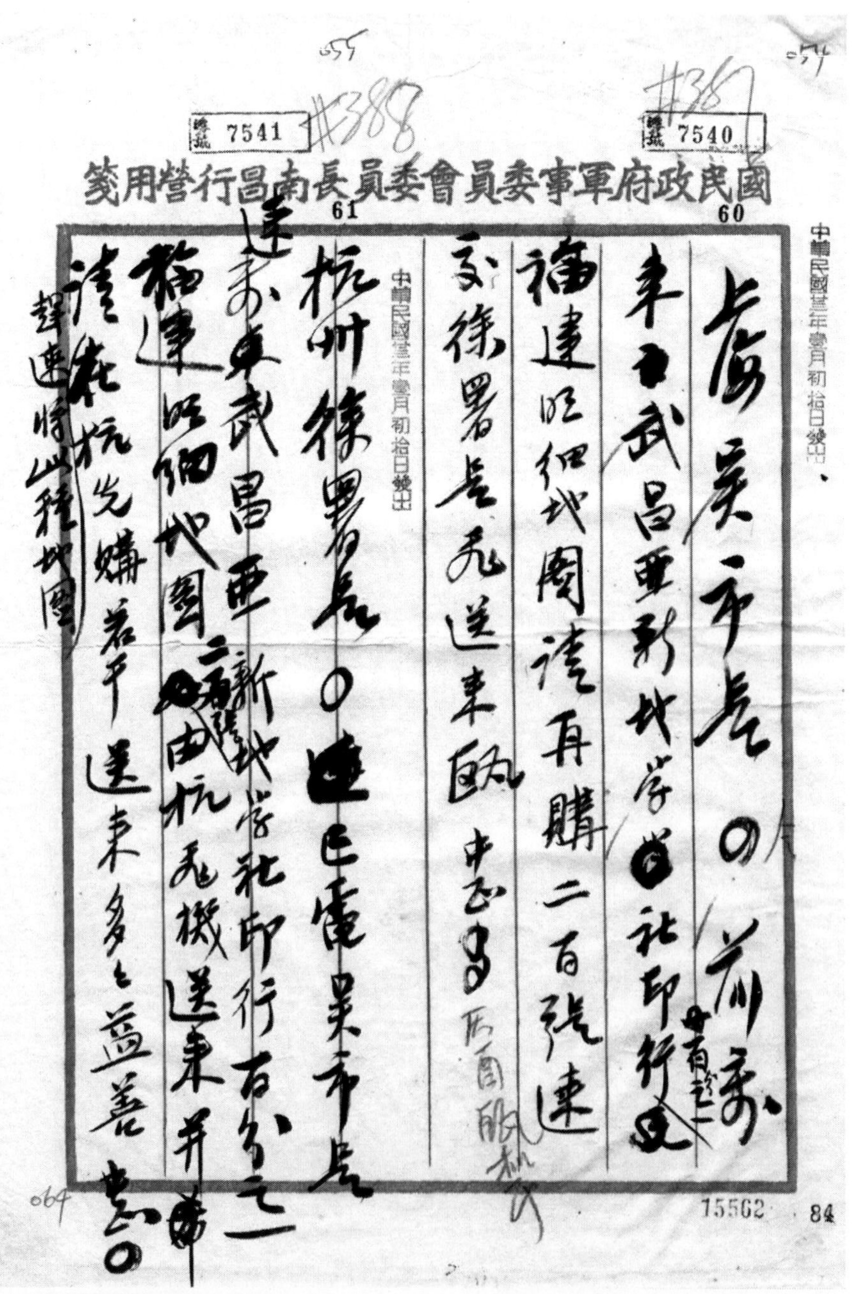

7541　7540

國民政府軍事委員會委員長南昌行營用箋

中華民國廿三年壹月初拾日發出

滬吳市長○勛鑒

來函武昌亞新地學社印行百分之一

福建明細地圖請再購二百張速

交徐署長飛送來甌　中正　蒸

杭州徐署長○並匠電吳市長

送來武昌亞新地學社印行百分之一

福建明細地圖二百張由杭飛機送來并希

請杭州先購若干送來多多益善　中正

擇選將此種地圖

15562　84

蔣中正電吳鐵城再購二百張地學社印行百分之一福建明細地圖送來甌　1934/1/10

002-010200-00101-054

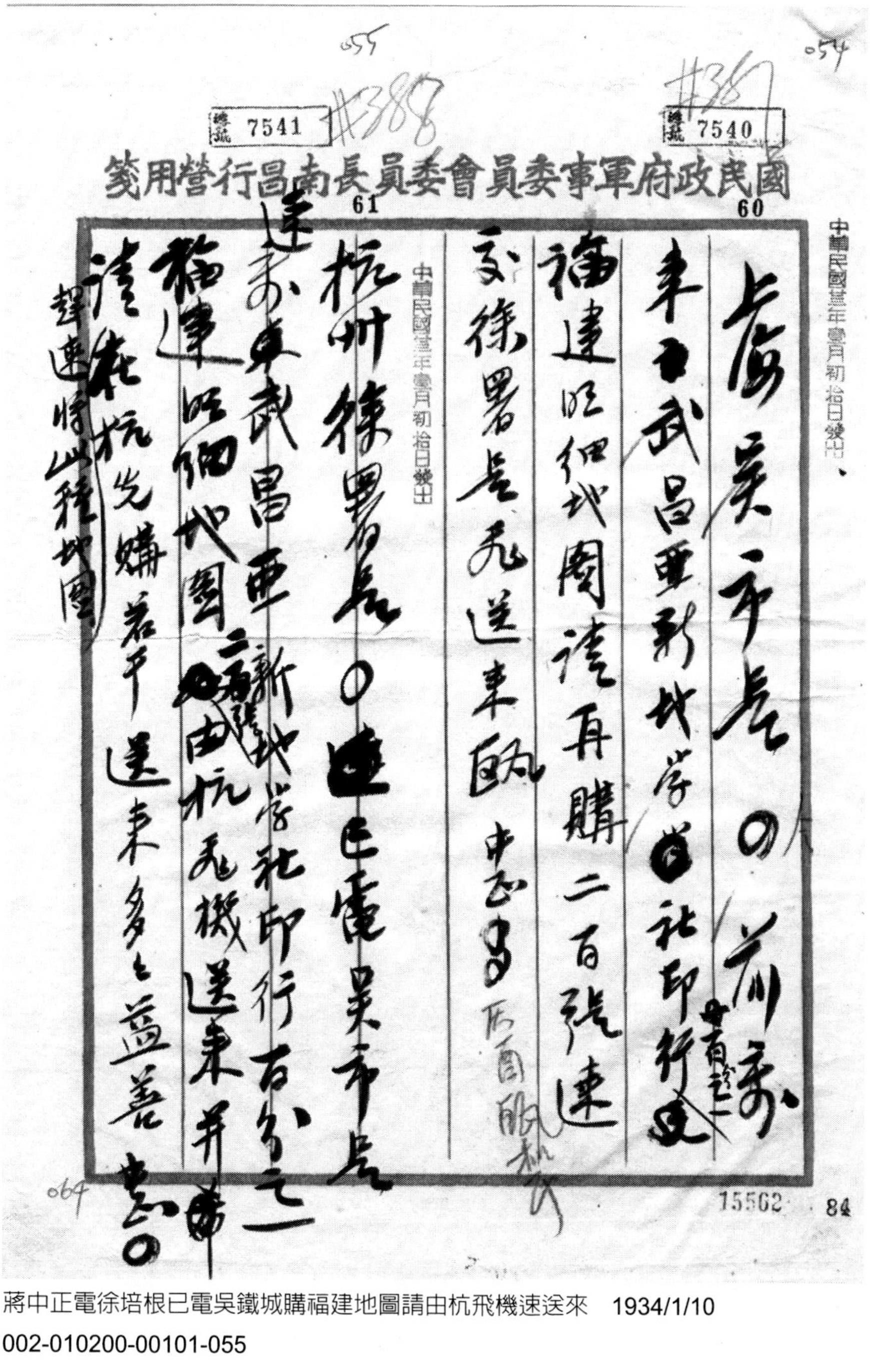

國民政府軍事委員會委員長南昌行營用箋

7540　7541

中華民國廿三年壹月初拾日發出

上海吳市長：前寄來武昌亞新地學社印行福建明細地圖，請再購二百張，速交徐署長飛送來贛。中正。

杭州徐署長：已電吳市長速寄武昌亞新地學社印行百分之一福建明細地圖二百張，由杭飛機送來，并帶請杭先購若干送來，多多益善。中正。

蔣中正電徐培根已電吳鐵城購福建地圖請由杭飛機速送來　1934/1/10

002-010200-00101-055

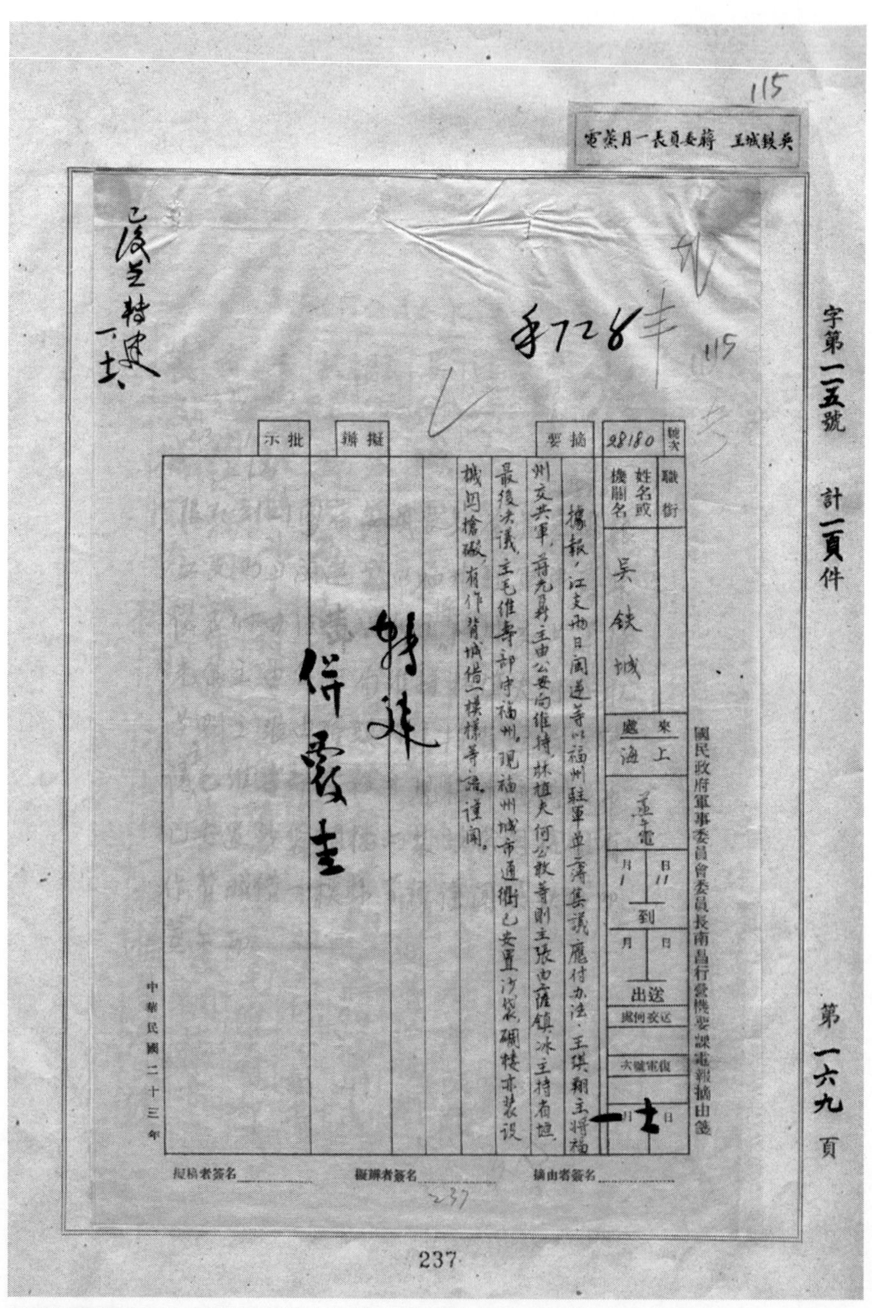

115

吳鐵城呈蔣委員長一月蒸電

國民政府軍事委員會委員長南昌行營機要課電報摘由箋

字第一二五號　計一頁件　第一六九頁

號次	28180
職銜	
姓名或機關名	吳鐵城
來處	上海
	蒸電
月日	1月11日到
出送	

摘要：據報，江支兩日閩逆等以福州駐軍未齊集議應付辦法，王琪翔主將福州交共軍，蔣光鼐主由公安局維持，林植夫、何公敢等則主張由薩鎮冰主持省垣，最後決議，主毛維壽部守福州，現福州城市通衢已安置沙袋，碉堡亦裝設，城內擔礙，有作背城借一模樣等語，謹聞。

批示：轉達侍露主

中華民國二十三年

擬稿者簽名　擬辦者簽名　摘由者簽名

237

吳鐵城電蔣中正三四兩日閩逆等決議主張毛維壽部守福州　1934/1/10

002-020200-00018-115

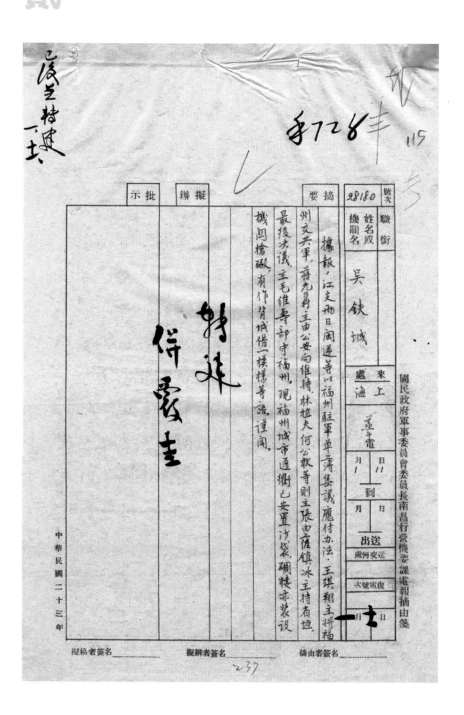

國民政府軍事委員會委員長南昌行營機要課電報摘由箋

號次	28180
職銜	
姓名或機關名	吳鐵城
來處	上海
	蒸午電
月 日	1 月 11 日
到	月 日
出送	
處何交送	
次號電復	
月 日	

摘要

據報，江支兩日閩邊等以福州駐軍单薄，集議應付办法，王琪翔主將福州交共軍，蔣光鼐主由公安局維持，林植夫、何公敢等則主張由薩鎮冰主持省垣，最後決議，主毛維壽部守福州。現福州城市通衢已安置沙袋，碉樓亦裝設機關槍礮，有作背城借一模樣等語。謹聞。

擬辦

批示

中華民國二十三年

擬稿者簽名＿＿＿＿ 擬辦者簽名＿＿＿＿ 摘由者簽名＿＿＿＿

237

115

23 1 11

上海

28180

限即刻到南昌蔣委員長鈞鑒 宣密 據報
江支酉日閩逆等以福州駐軍準備集
議應付辦法黃琪翔主將福州交共軍蔣
光鼐主由公安局維持林植夫何公敢
等則主張由薩鎮冰主持省垣最後決
議主毛維壽部守福州現福州通衢城市
已安置沙袋碉樓亦裝設機關槍殊有
作背城借一模樣等語謹聞吳鐵城叩
蒸午印

238

民國廿參年壹月拾壹日交

國民政府軍事委員會委員長行營秘書長室電稿

擬稿者：譯發

廿三年一月十一日 午 時擬稿
一月十一日下午 時核發
年 月 日 午 時譯發

建寧林主任蔚文兄力密譯呈委座鈞鑒頃接
吳鐵城蒸午電稱探報江支兩日閩逆等以福州
駐軍單薄集議應付辦法黃琪翔主將福州交
共軍蔣光鼐主由公安局維持林植夫何公敢等
主由薩鎮冰主持省垣最後決議主毛維壽部
守福州現福州城市通衢已安置沙袋碉樓亦
裝設機關槍發有作背城借一模樣等語又續

第 頁

115
B641
239

國民政府軍事委員會委員長行營秘書長室電稿

115

接於中電稱港訊閩蔡蔣等眷屬均返港據
言十九路內部已分裂蔡主張失敗後竄入山
為匪決不降附何方面沈光漢張炎等主張附
粵一部中級軍官主張擁戴出任收拾並保存
十九路名義伯南恐閩敗竄粵極驚張速日
電話與胡商應付辦法等語謹併轉陳職永
東卯印

真閱

第　頁

240

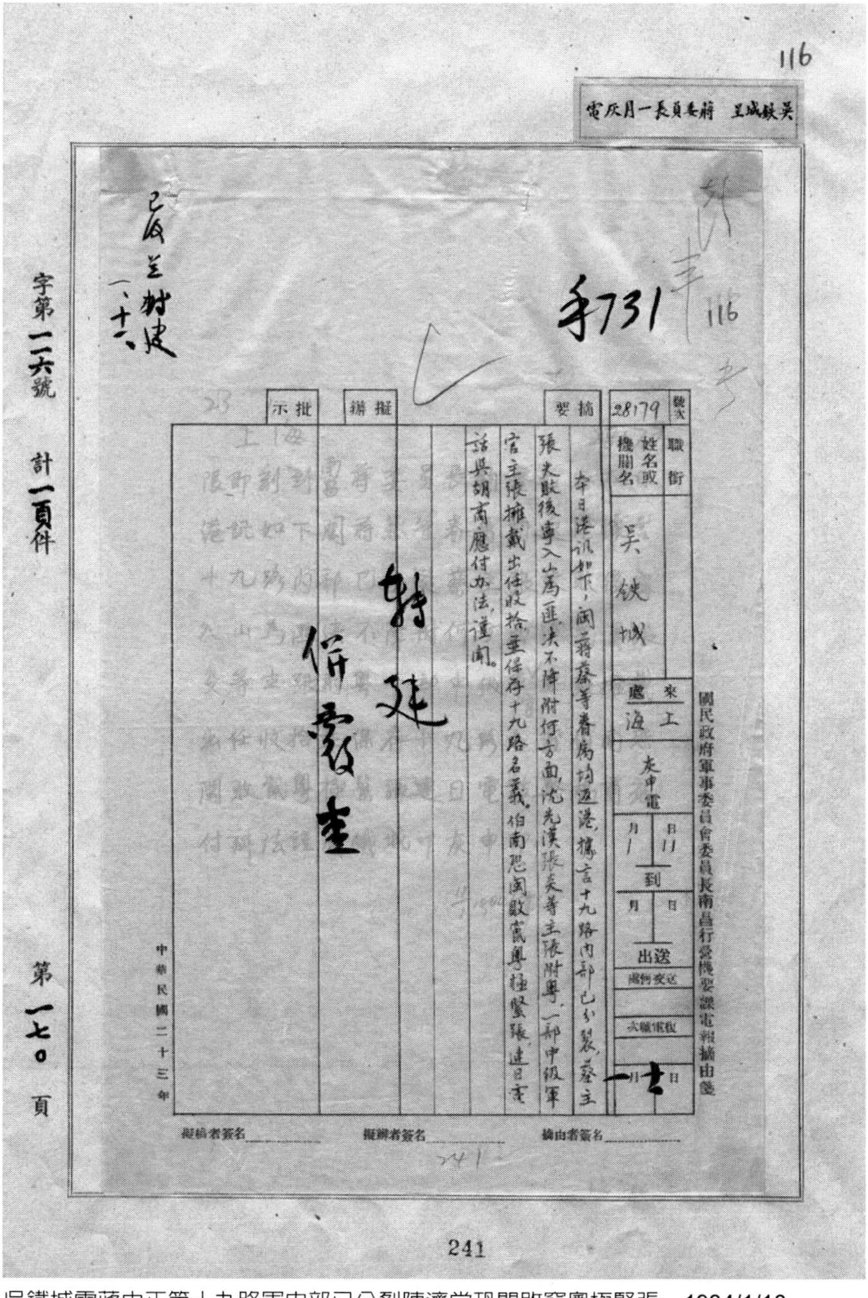

116

吳鐵城呈蔣委員長一月灰電

國民政府軍事委員會委員長南昌行營機要課電報摘由箋

發文	28179
職銜	
姓名或機關名	吳鐵城
來處	上海
灰申電	月 1 日 11
到	月 日
出送	
處何交送	
文職電復	一七 月 日

摘要：本日港訊如下，閩蔣蔡等眷屬均返港，據言十九路內部已分裂，蔡主張失敗後率入山為匪，決不降附何方面，沈光漢張炎等主張附粵，一部中級軍官主張擁戴出任收拾並保存十九路名義。伯南恐閩敗竄粵極緊張，連日電話與胡商應付辦法，謹聞。

擬辦：轉廷併[illegible]查

批示：

已呈 [illegible] 一、十六

手731

字第一一六號 計一頁件

第一七〇頁

中華民國二十三年

擬稿者簽名＿＿＿＿ 擬辦者簽名＿＿＿＿ 摘由者簽名＿＿＿＿

241

吳鐵城電蔣中正第十九路軍內部已分裂陳濟棠恐閩敗竄粵極緊張　1934/1/10

002-020200-00018-116

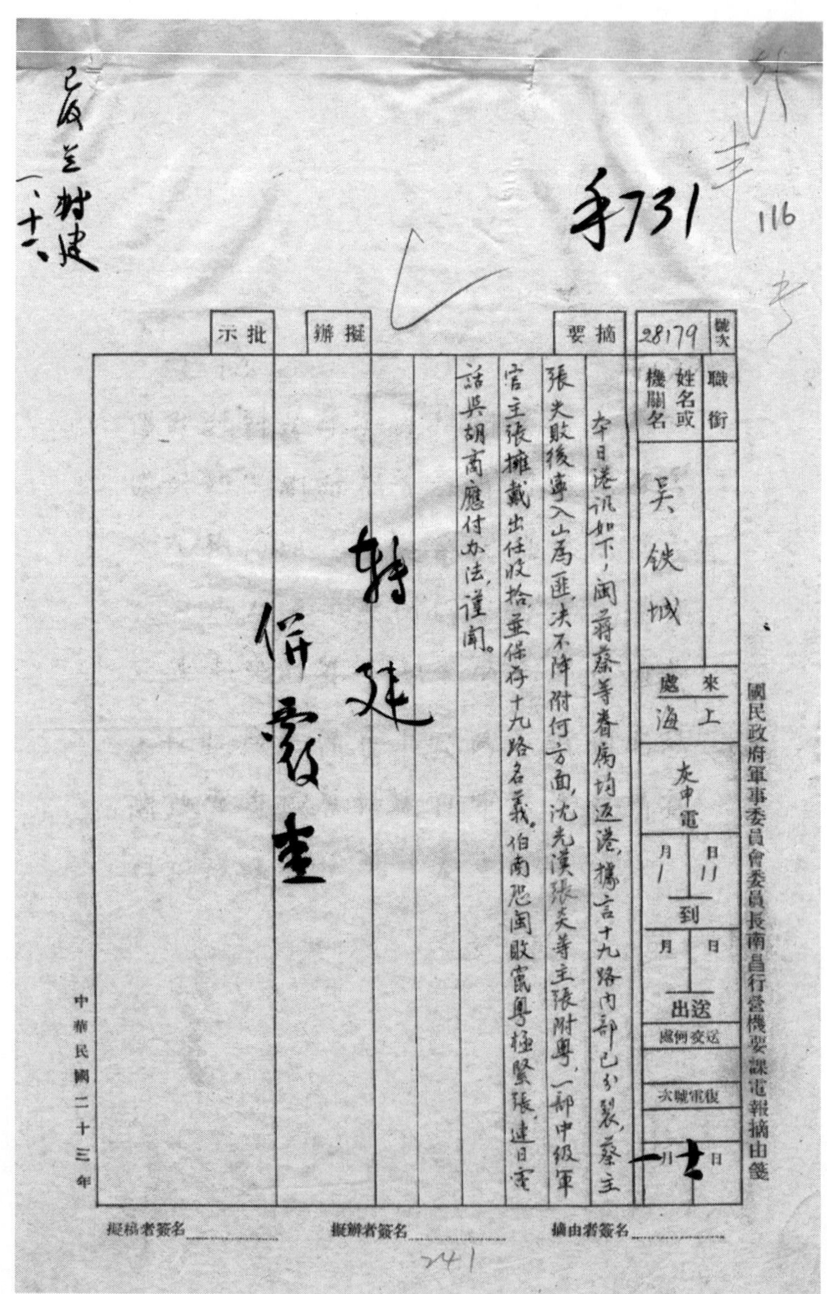

手731

116

國民政府軍事委員會委員長南昌行營機要課電報摘由箋

次號	28179
職銜姓名或機關名	吳鐵城
來處	上海
亥中電	1月11日
到	月 日
出送	
照例交送	
次號電復	
	一月十七日

摘要：

本日港訊如下：閩蔣蔡等眷屬均返港，據言十九路內部已分裂，蔡主張失敗後導入山為匪，決不降附何方面，沈光漢張炎等主張附粵，一部中級軍官主張擁戴出任收拾，並保存十九路名義。伯南恐閩敗竄粵極緊張，連日電話吳胡商應付辦法，謹聞。

擬辦：

轉建

批示：

併發查

中華民國二十三年

擬稿者簽名＿＿＿＿ 擬辦者簽名＿＿＿＿ 摘由者簽名＿＿＿＿

241

116

23 1 11

上海　　28179

限即刻到南昌蔣委員長鈞鑒行密本日港訊如下閩蔣蔡等眷屬均返港據言十九路內部已分裂蔡主張失敗後竄入山為匪決不降附何方面沈光漢張炎等主張附粵一部中級軍官主張擁戴出任收拾並保存十九路名義伯南恐閩敗禍粵極緊張連日電話與胡?商應付辦法謹聞鐵城叩灰申印

11,10,00譯

242

#391

7543

國民政府軍事委員會委員長南昌行營用箋

中華民國二十三年壹月拾壹日發出

上海吳市長鐵城兄〇漢卿兄住處請在滬代覓一相當住宅以其住旅館甚不方便請兄轉達此意

中正〇〇

15565

23.1.11

閱

87

蔣中正電吳鐵城轉達張學良其住旅館請在滬代覓一相當住宅　1934/1/11

002-010200-00101-057

#393　1646.058

7544

國民政府軍事委員會委員長南昌行營用箋

64

吳市長：請代購中華書局新中華雜誌之過去與今後一冊交徐培根署長寄來。中正。

中華民國廿三年壹月拾貳日發

15567

067

89

蔣中正電囑吳鐵城代購新中華雜誌之過去與今後一冊交徐培根寄來　1934/1/12

002-010200-00101-058

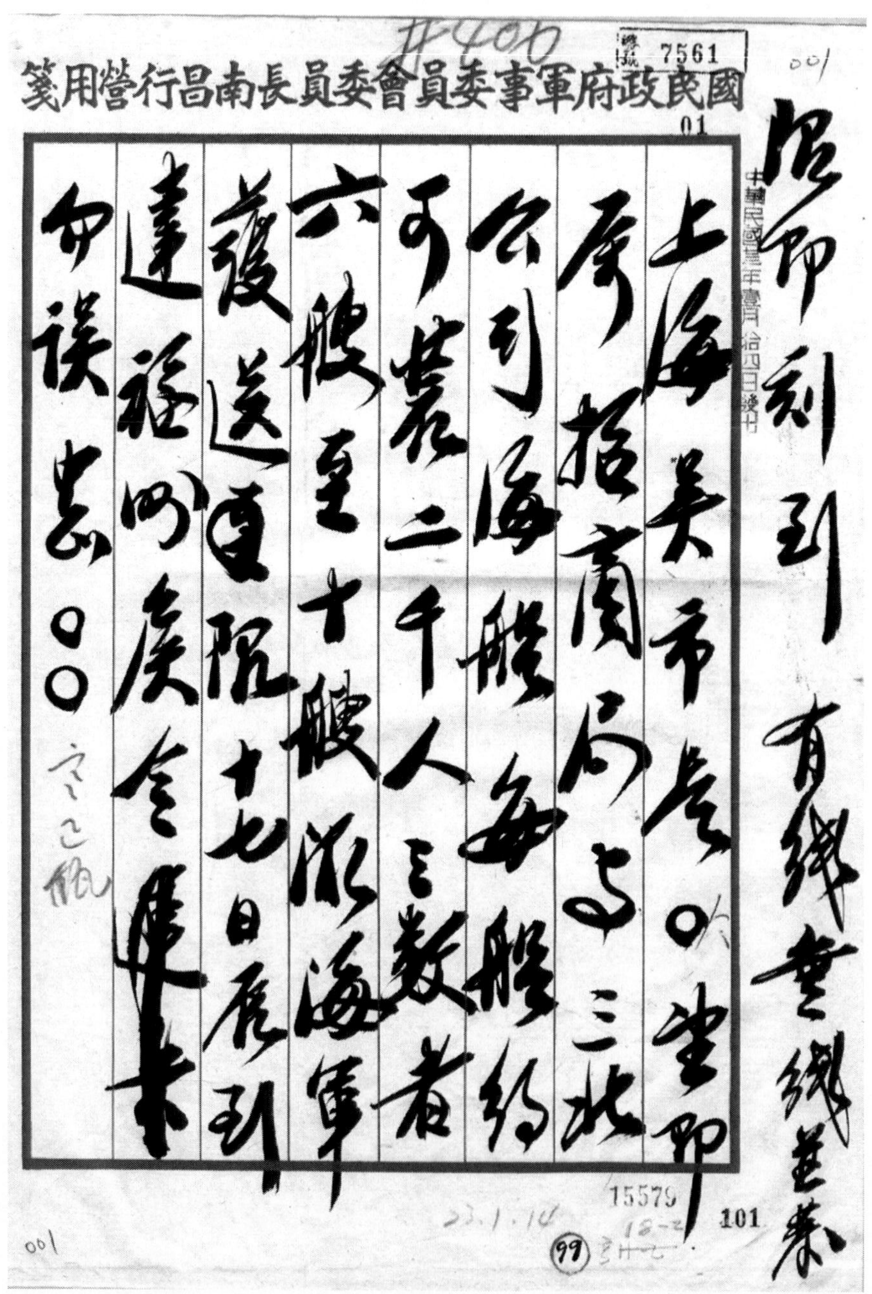

國民政府軍事委員會委員長南昌行營用箋

中華民國廿三年壹月拾四日發出

限即刻到。有線無線並發

上海吳市長。並即轉招商局與三北公司海船每船約可裝二千人之數者六艘至十艘派海軍護送直限十七日運到達福州候令勿誤為要。〇〇

中正

蔣中正電令吳鐵城派招商局與三北公司海船六至十艘到福州　1934/1/14

002-010200-00102-001

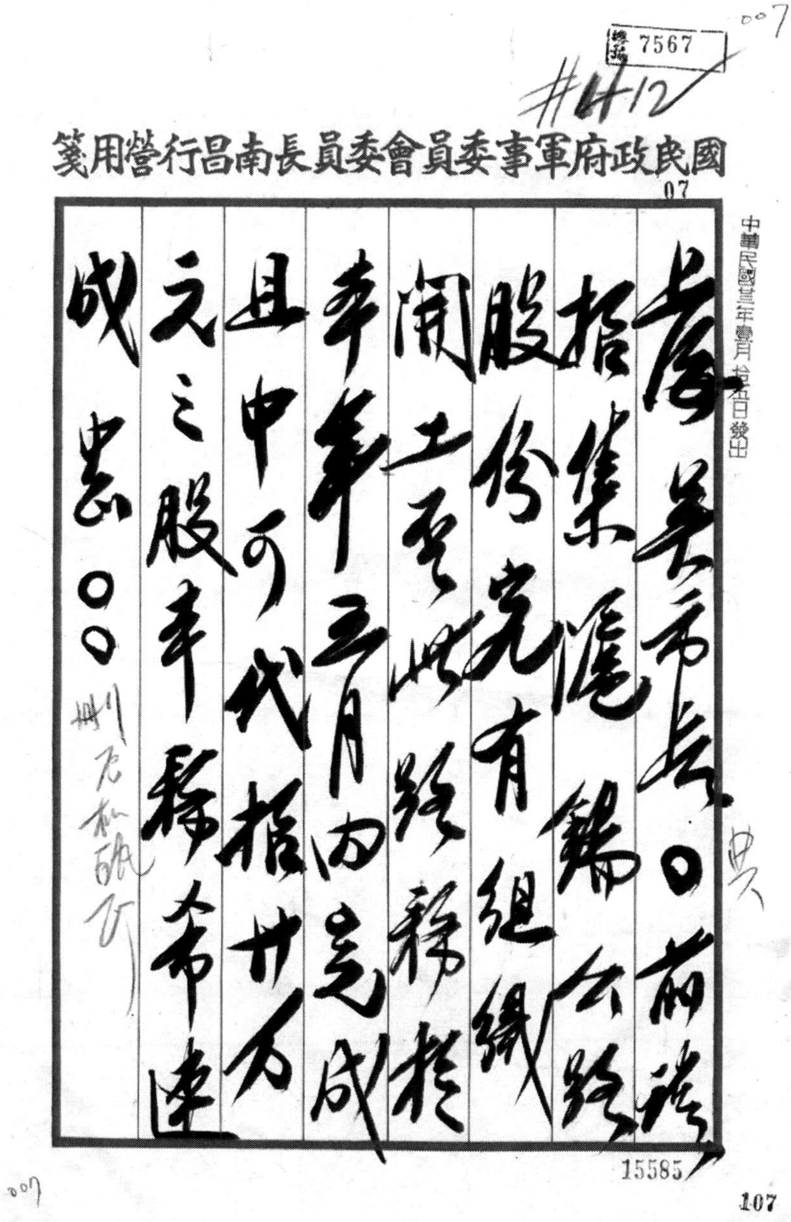

國民政府軍事委員會委員長南昌行營用箋

吳市長。前議招集滬錫公路股份，完有組織開工，惟此路務於本年五月內完成，且中可代招廿万元之股本，務希速成為要。○○

中華民國廿三年壹月拾五日發出

蔣中正電示吳鐵城滬錫公路可代招股本並於本年五月內完成　1934/1/15

002-010200-00102-007

國民政府軍事委員會委員長南昌行營用箋

中華民國廿三年壹月拾五日發出

軍政部陳次長。昨電吳市長托其代雇海船，保雇到福州，應令派員協助督促，須有一万三千人之容量船隻為要。中。

蔣中正電令陳儀派吳鐵城督促一萬三千人容量海船到福州　1934/1/15

002-010200-00102-008

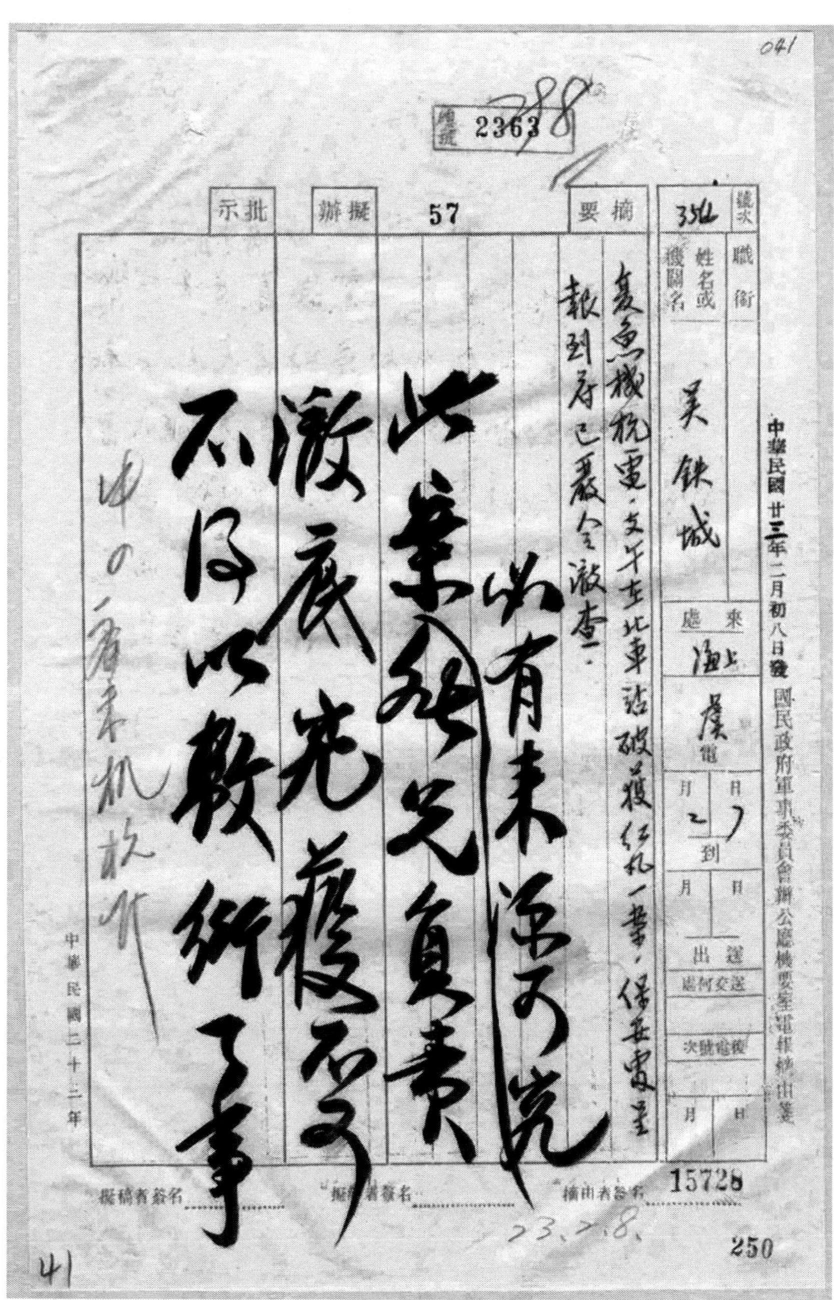

041

288

總號 2363

批示 | 擬辦 | 57 | 摘要 | 356 | 等次

職銜

姓名或機關名 吳鐵城

中華民國廿三年二月初八日發

國民政府軍事委員會辦公廳機要室電報摘由箋

來處 上海 虞電

月 2 日 7 到

月 日

出還

處何交送

次號電覆

月 日

真電悉。本午在北車站破獲紅丸一筆，保安處呈報到府，已嚴令徹查。

此案必有來源，不究，務須負責徹底究查，不得以敷衍了事。

中正 虞未 机 杭 [illegible]

中華民國二十三年

擬稿者簽名　　擬辦者簽名　　摘由者簽名

15728

23.2.8.

250

41

蔣中正電吳鐵城徹底查究紅丸來源　1934/2/8

002-070100-00033-041

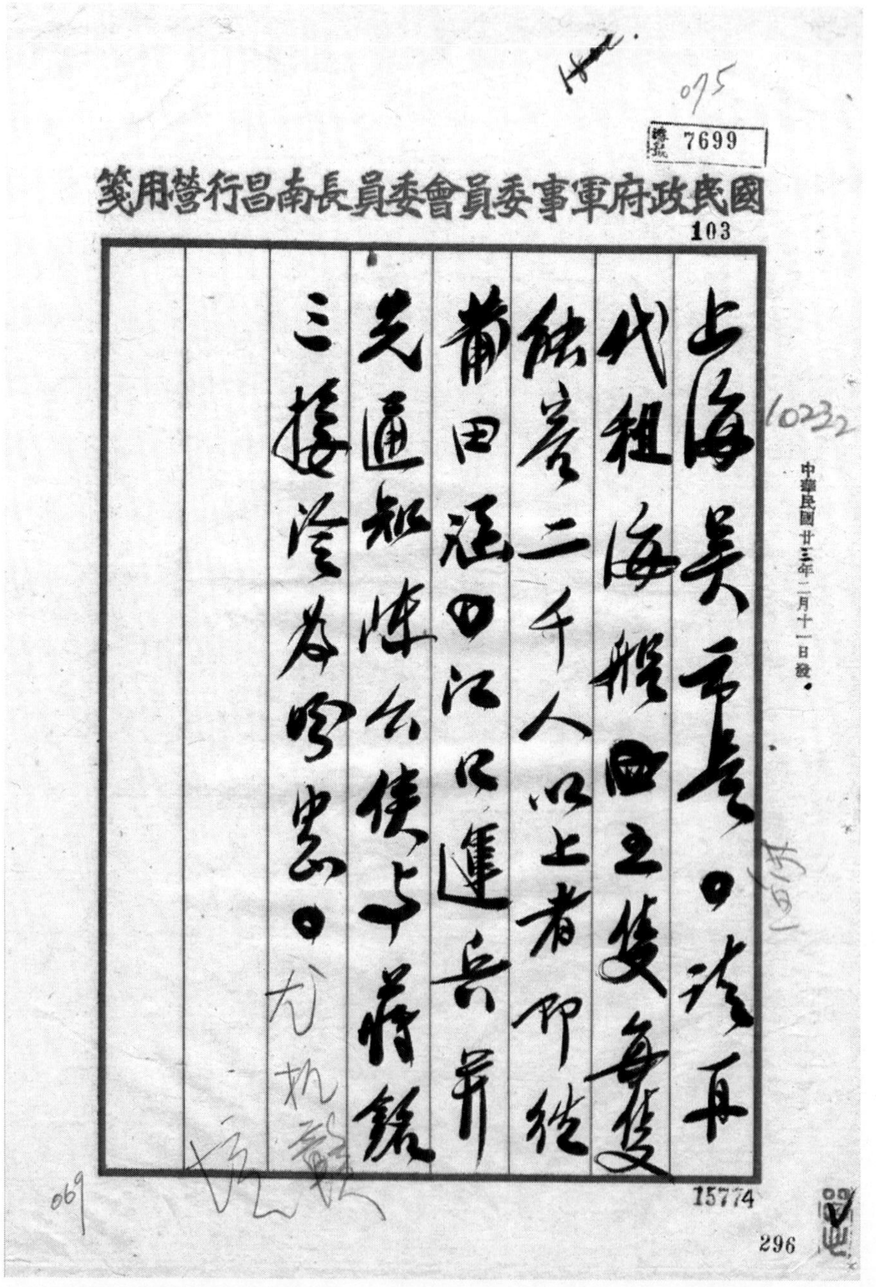

國民政府軍事委員會委員長南昌行營用箋

上海吳市長。請再代租海船四五隻，每隻能容二千人以上者，即從莆田涵江口運兵，并先通知陳公使與蔣鼎文接洽為盼。中正。

中華民國廿三年二月十一日發

蔣中正電吳鐵城代租海船往莆田涵江口運兵並通知陳儀蔣鼎文　1934/2/11

002-010200-00103-075

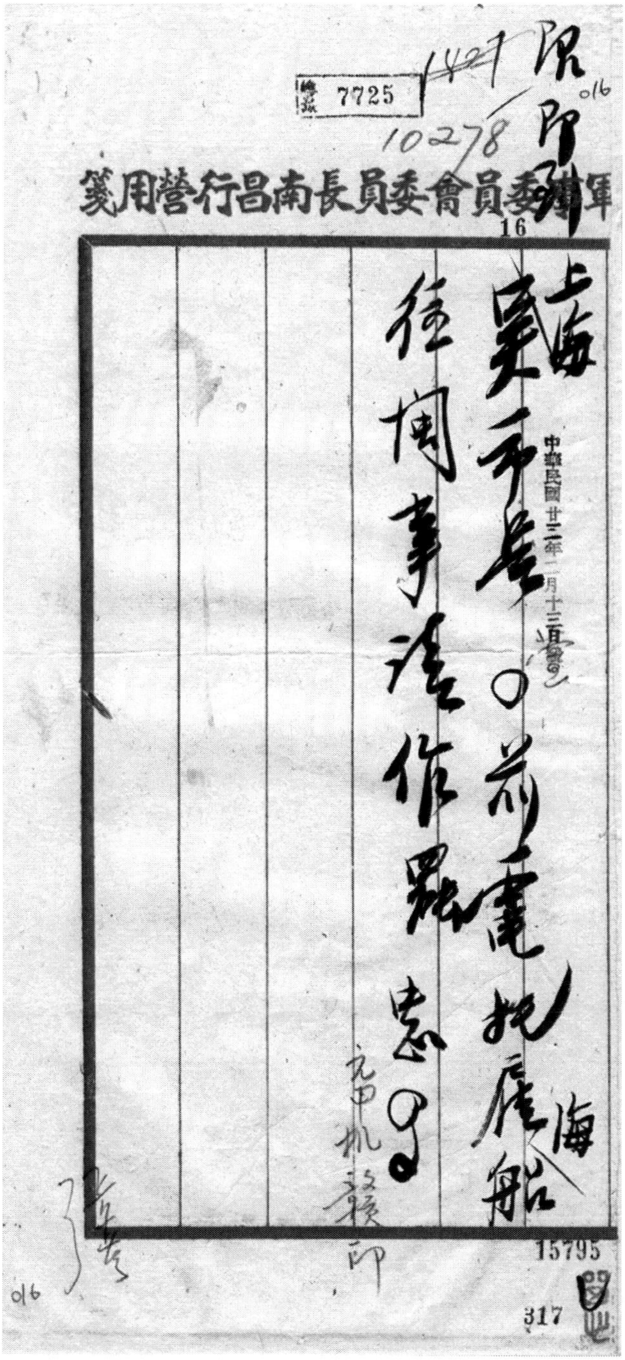

7725

限即到

軍事委員會委員長南昌行營用箋

上海

吳市長：○前電托雇海船往閩事作罷。中正。寒○

中華民國廿三年二月十三日

15795

317

蔣中正電告吳鐵城前電托雇海船往閩事作罷

1934/2/13

002-010200-00104-016

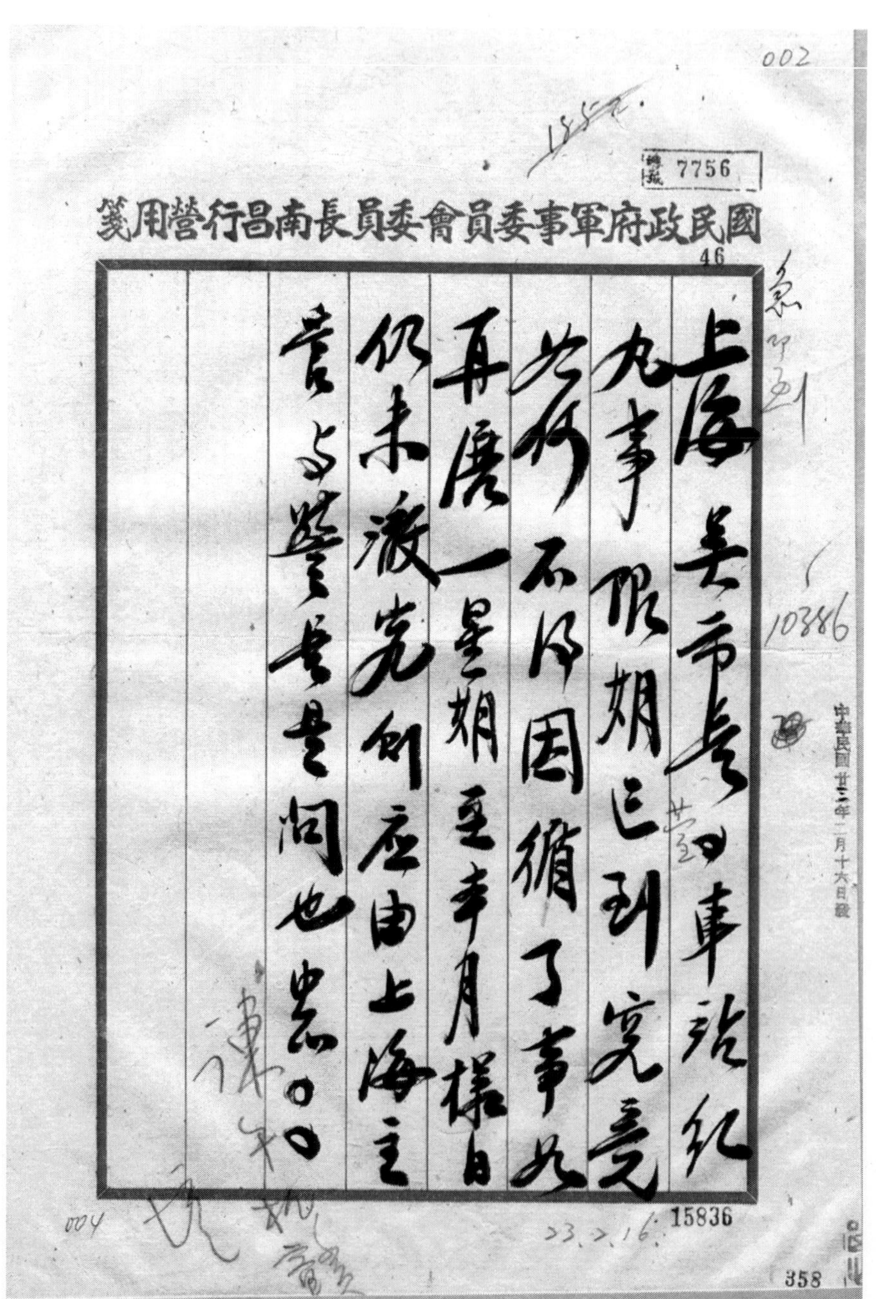

國民政府軍事委員會委員長南昌行營用箋

上海吳市長：車站紅丸事限期已到，究竟如何，不得因循了事，如再展一星期至本月梗日仍未澈究，則應由上海主管長警長是問也。中正。

中華民國廿三年二月十六日發

蔣中正電飭吳鐵城徹查車站紅丸事　1934/2/16

002-010200-00105-002

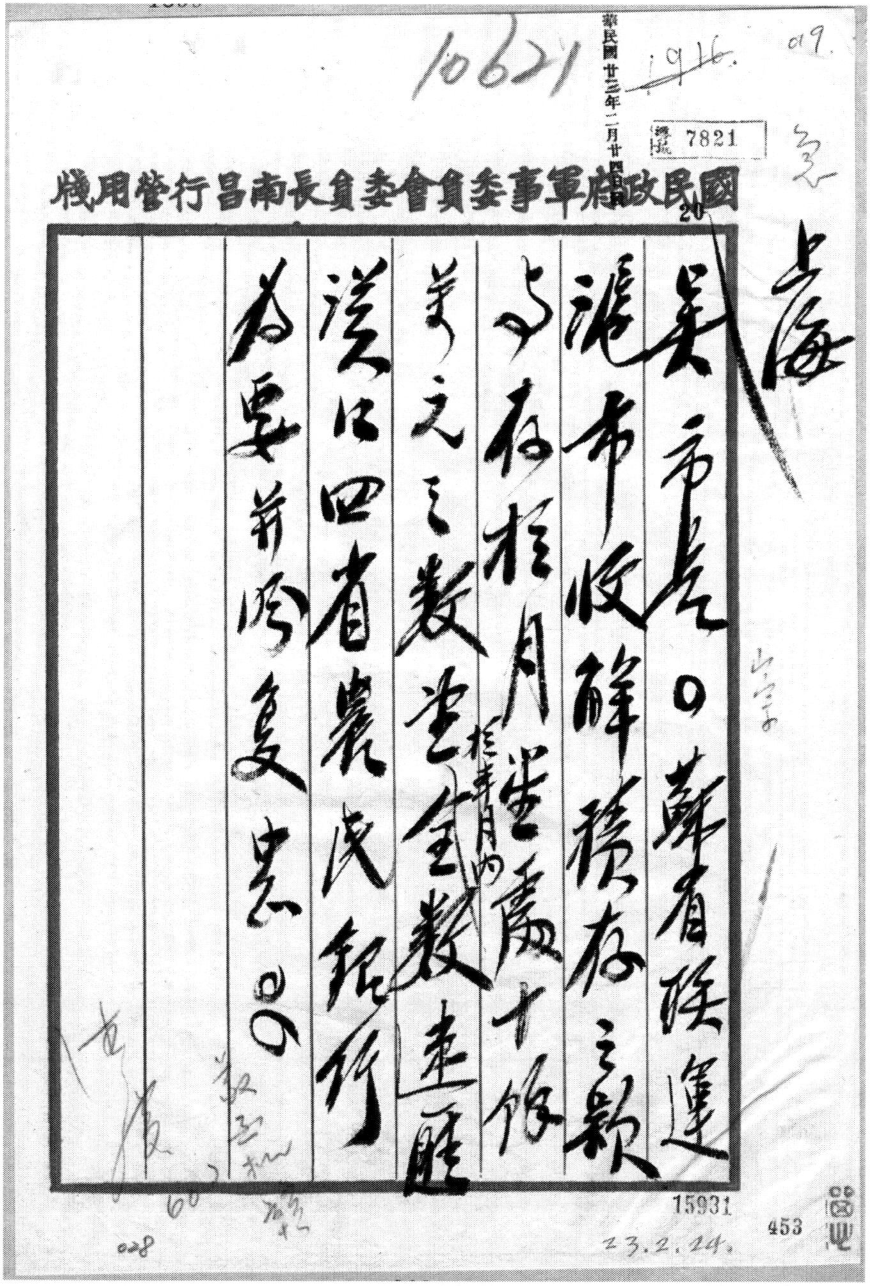

國民政府軍事委員會委員長南昌行營用箋

上海

吳市長：蘇省聯運

滬市收解積存之款

與存於月出處十餘

萬元之數並全數速匯（於本月內）

漢口四省農民銀行

為要并盼復。中正。

蔣中正電令吳鐵城月內速匯蘇省聯運滬市收解存款至漢口農民銀行　1934/2/24

002-010200-00106-019

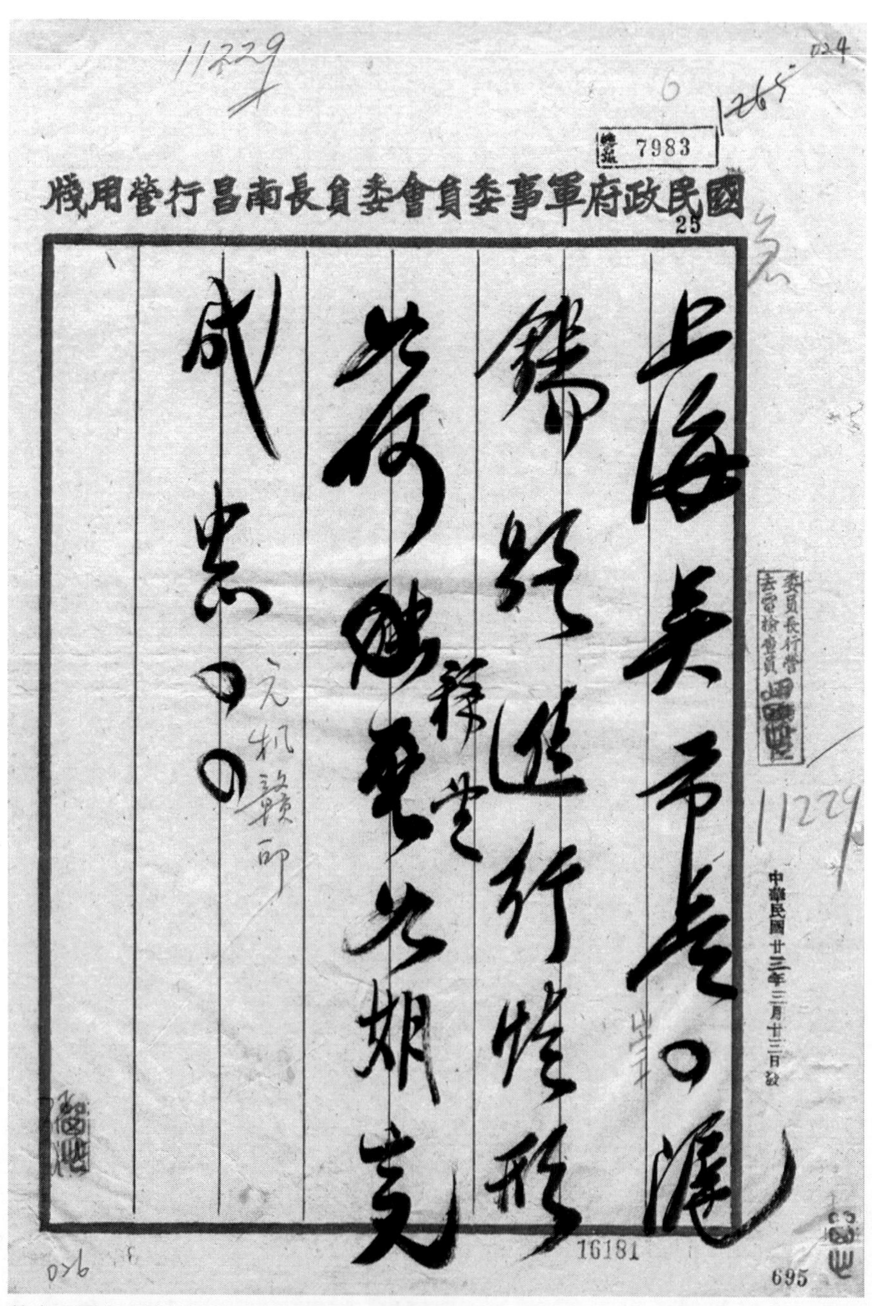

國民政府軍事委員會委員長南昌行營用牋

上海吳市長：滬錫路進行情形，務望如期完成。中正。元機贛印

委員長行營去電檢查員

中華民國廿三年三月十三日發

蔣中正電令吳鐵城如期完成滬錫路　1934/3/13

002-010200-00108-024

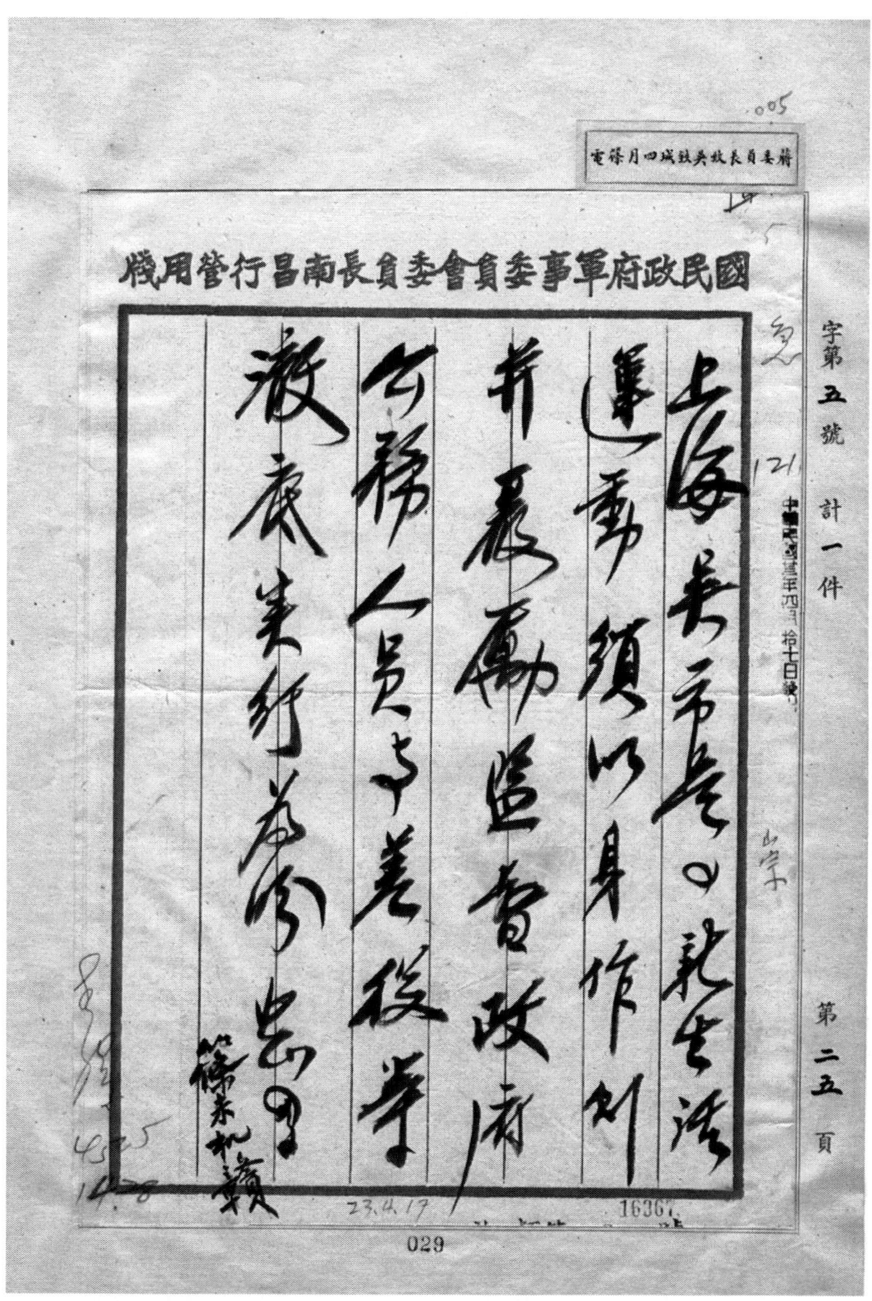

蔣委員長致吳鐵城四月篠電

國民政府軍事委員會委員長南昌行營用牋

字第五號 計一件 第二五頁

中華民國廿三年四月拾七日發

上海吳市長：新生活運動須以身作則，並嚴厲監督政府公務人員與差役等徹底實行為要。中正。篠。

蔣中正電吳鐵城新生活運動須以身作則並嚴督公務員與差役徹底實行　1934/4/17
002-020200-00027-005

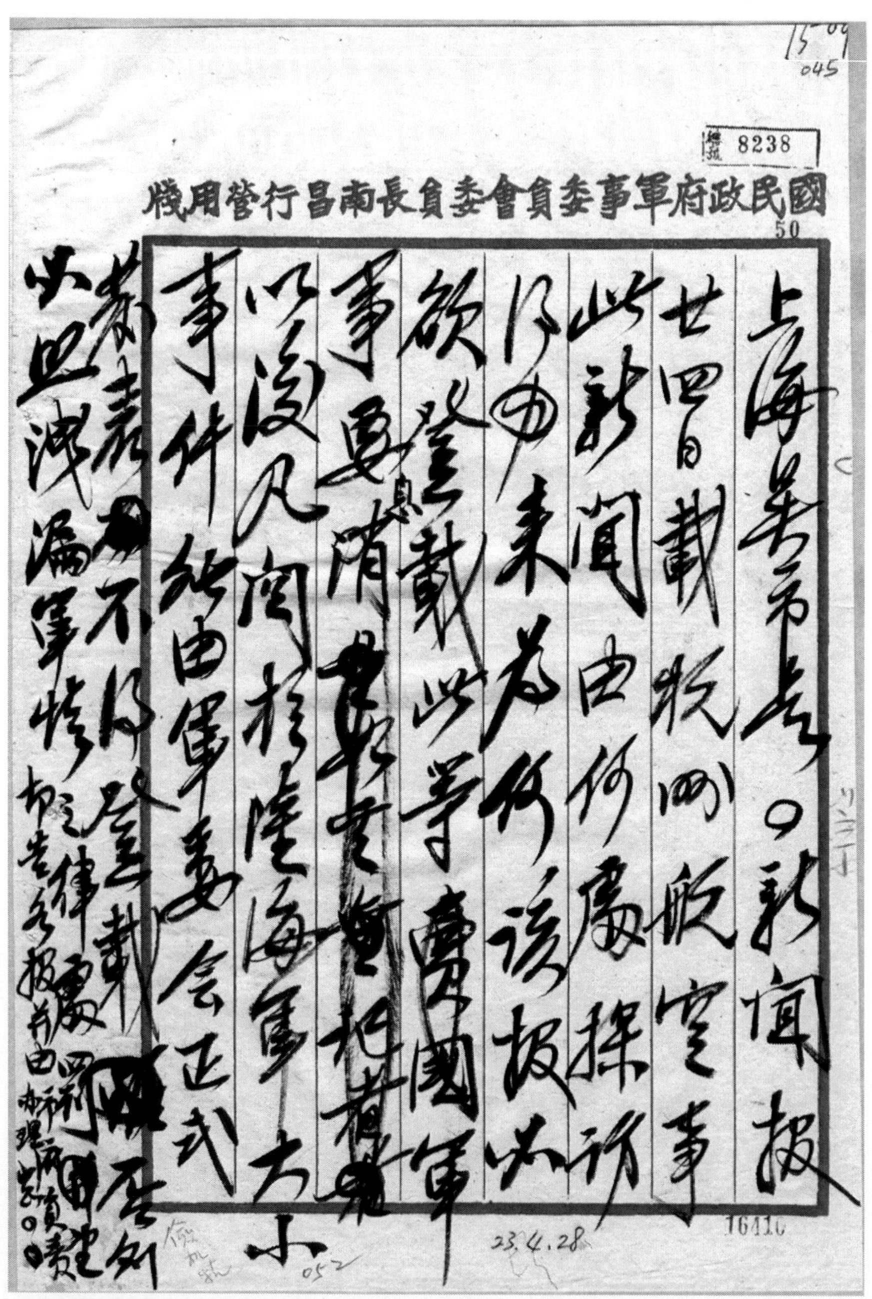

15-09
045

8238

國民政府軍事委員會委員長南昌行營用機

50

上海吳市長：新聞報

廿四日載牯嶺電事

此新聞由何處採訪

得來為何該報必

欲登載此等有損國軍

事實要消息[illegible]

以後凡關於陸海軍大小

事件非由軍委會正式

發表不得登載[illegible]

必立即洩漏軍機

[illegible]

16410

23.4.28

蔣中正電吳鐵城陸海軍事件非由軍委會正式發表不得登載切告各報 1934/4/28

002-010200-00112-045

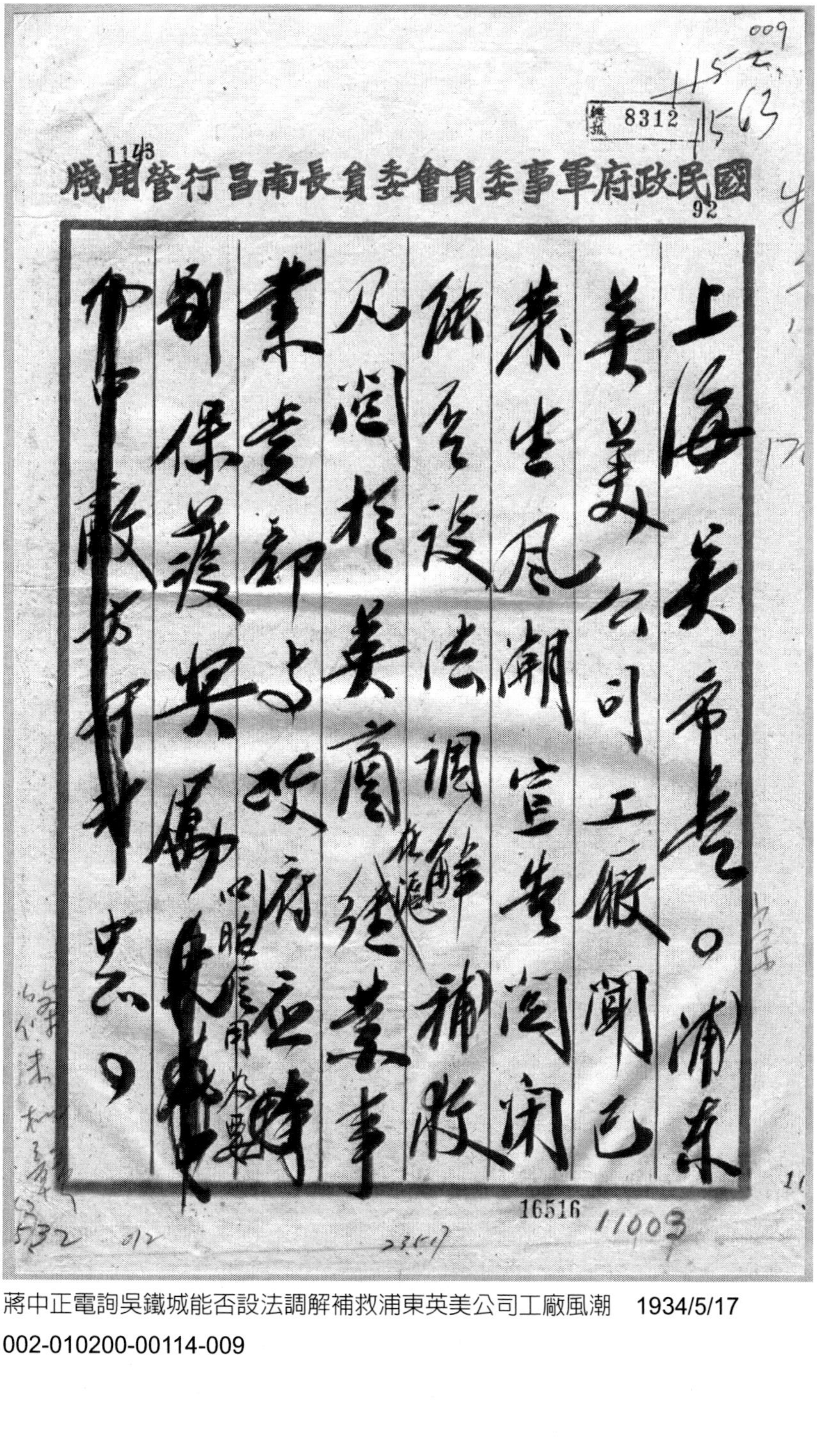

國民政府軍事委員會委員長南昌行營用牋

上海吳市長。浦東英美公司工廠已發生風潮宣告關閉，能否設法調解補救，風潮於英美商在滬繼續營業事業，黨部與政府應[illegible]照原則為要。對保護安慰[illegible]。[illegible]中正巧。

16516

蔣中正電詢吳鐵城能否設法調解補救浦東英美公司工廠風潮　1934/5/17

002-010200-00114-009

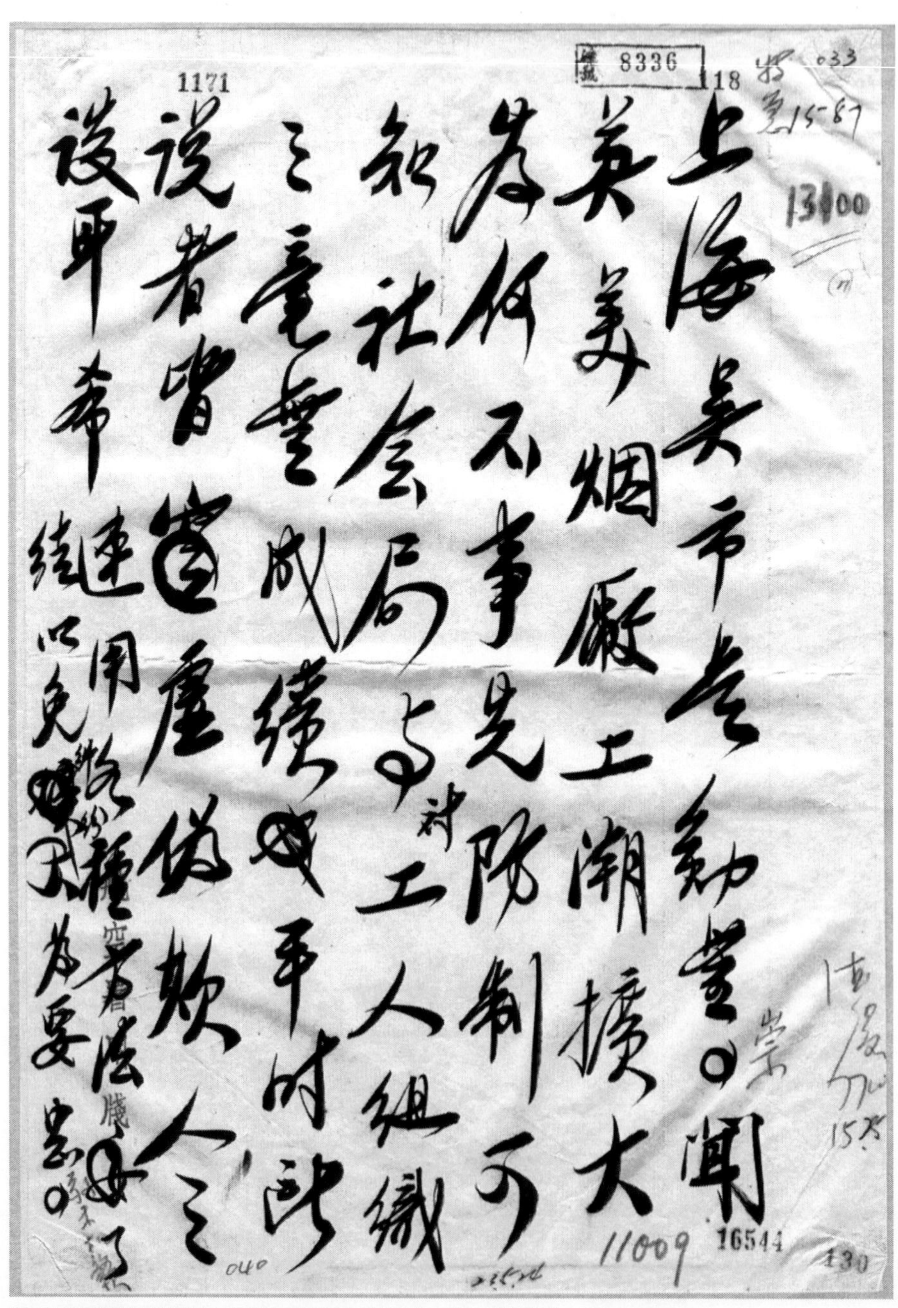

上海吳市長勛鑒○聞英美烟廠工潮擴大爲何不事先防制乎知社會局與工人組織之毫無成績○平時所設者皆虛偽欺人之設耳希速[illegible]

蔣中正電責吳鐵城未及事先防制英美菸廠工潮希速解決 1934/5/24

002-010200-00114-033

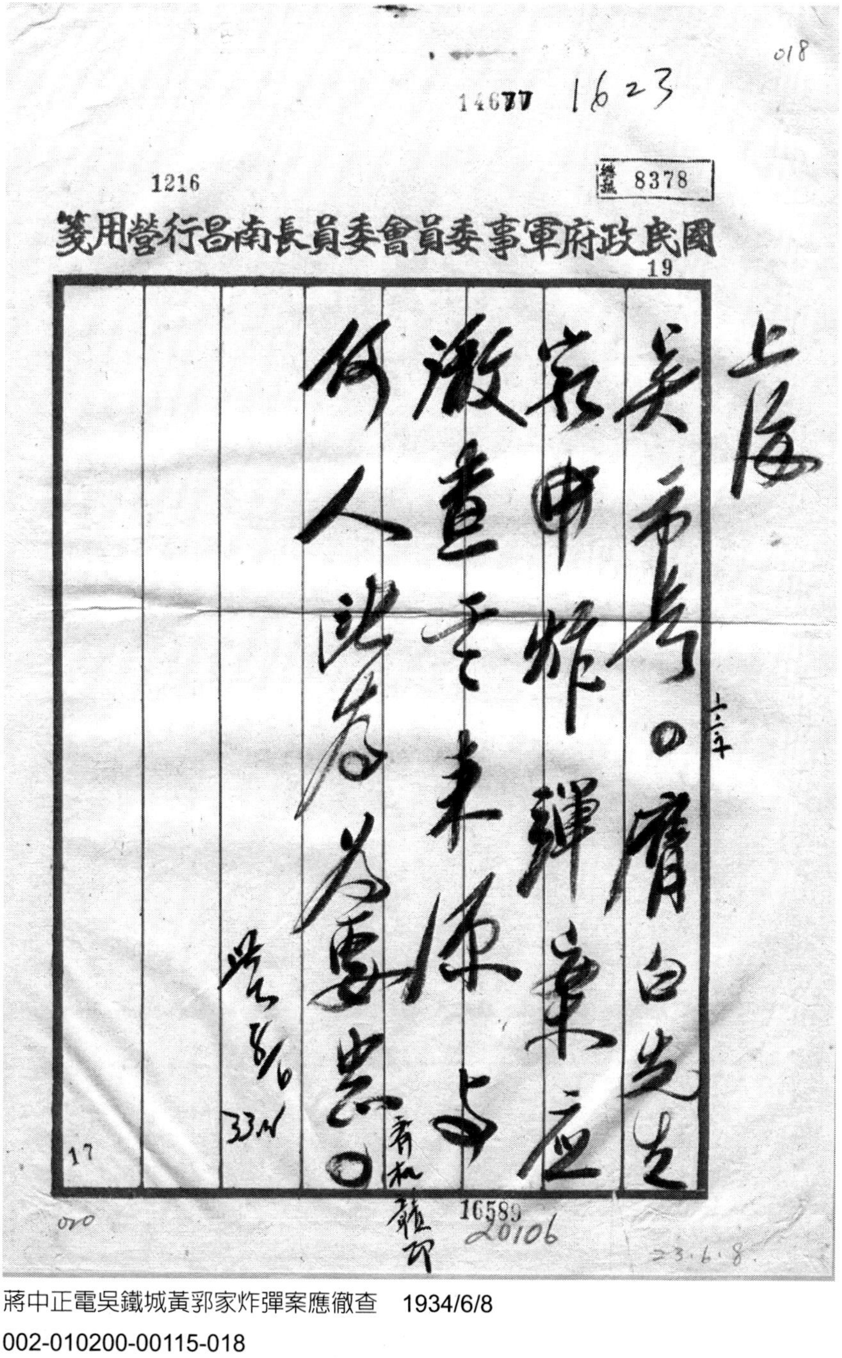

018

14677 1623

1216 8378

國民政府軍事委員會委員長南昌行營用箋

19

上海

吳市長：膺白先生家中炸彈案應徹查其來源與何人指使為要。中正。

照發 6/8 33N

17

16589 20106

23.6.8

020

蔣中正電吳鐵城黃郛家炸彈案應徹查　1934/6/8

002-010200-00115-018

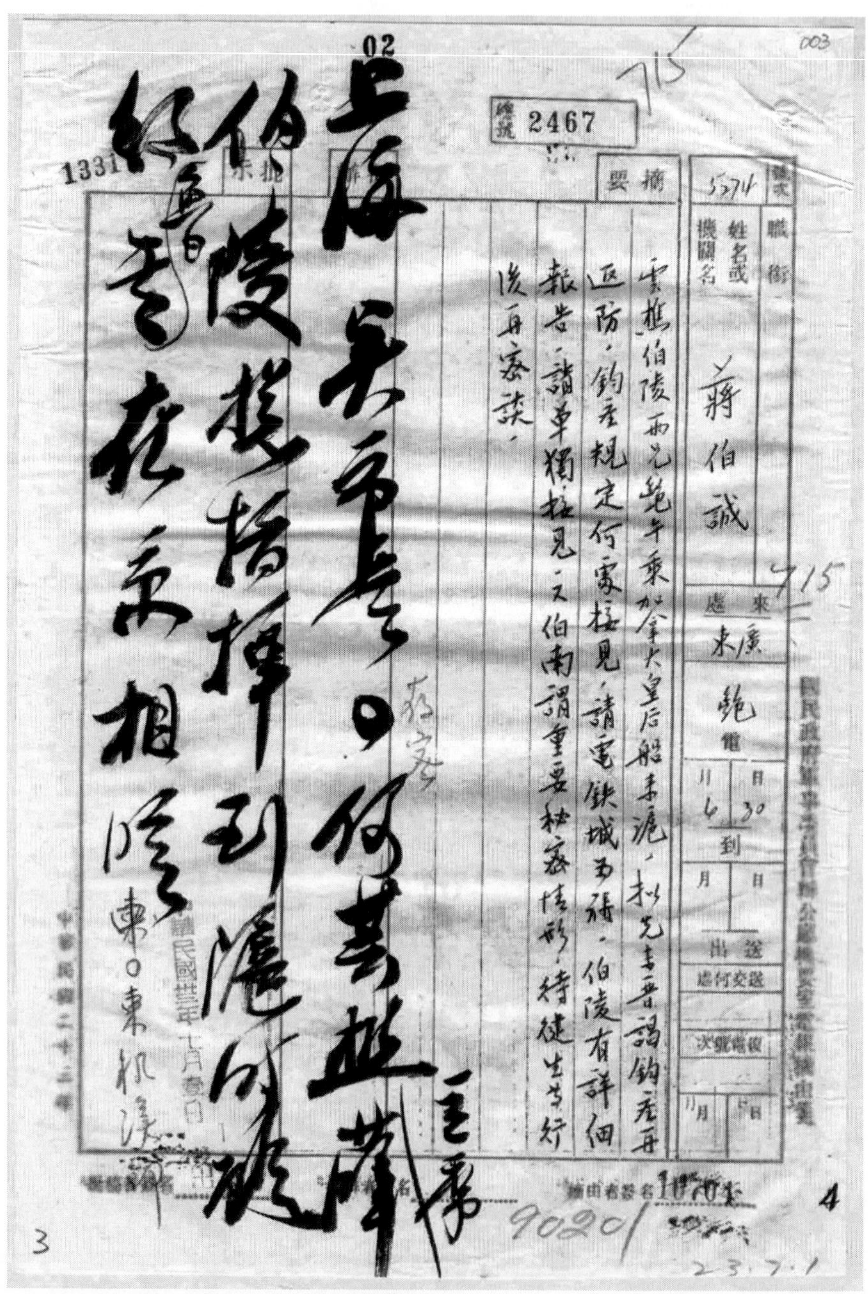
02

總號 2467

1331

摘要

來文
職銜
姓名或機關名
蔣伯誠

雲樵、伯陵兩兄艷午乘加拿大皇后船來滬，秋先來晉謁鈞座再返防，鈞座規定何處接見，請電鐵城為禱。伯陵有詳細報告，請單獨接見。又伯南謂重要秘密情形，待健生來行後再密談。

來處 廣東
艷電
6月30日 到

中華民國二十三年
民國廿三年七月壹日

蔣中正電吳鐵城約何鍵薛岳在京相晤　1934/7/1

002-070100-00035-003

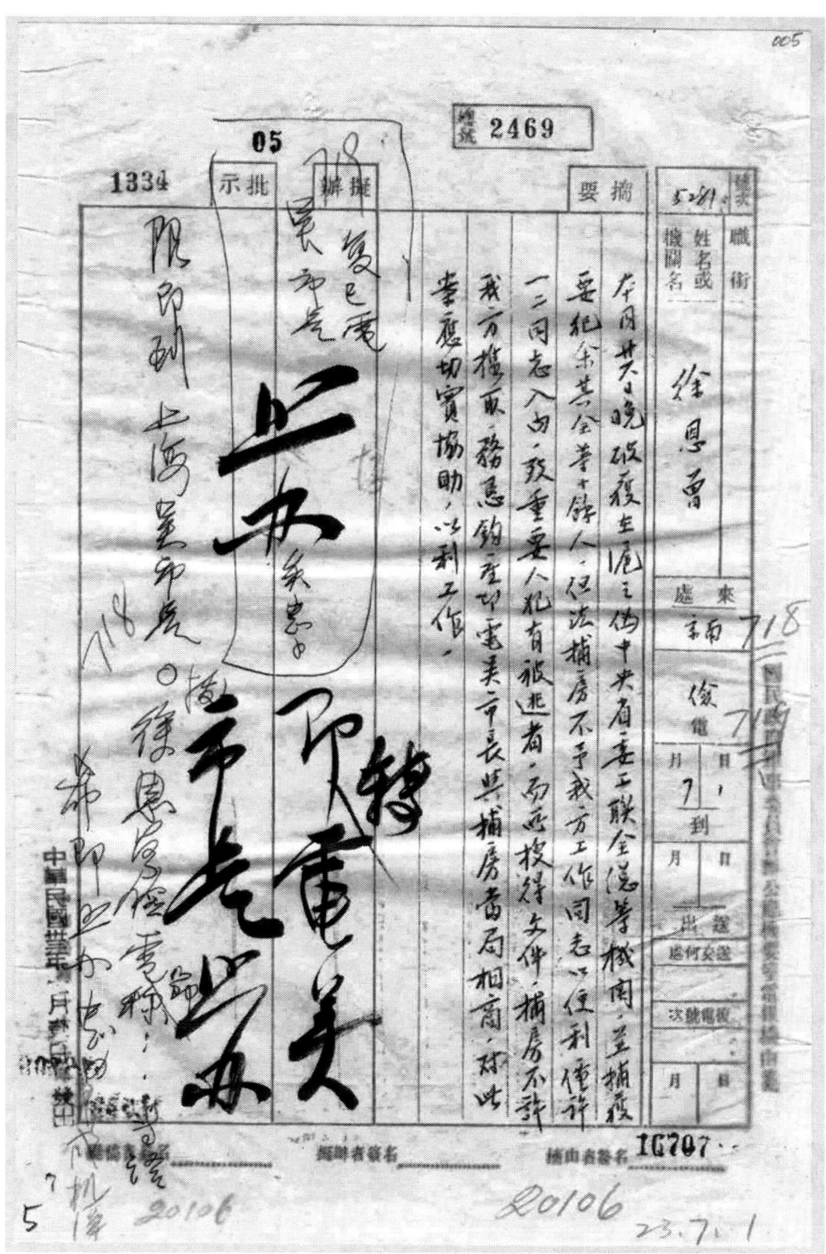

總號 2469

1334

05

批示

擬辦

摘要

職銜 姓名或機關名：徐恩曾

本月廿七日晚破獲在滬之偽中央省委工聯全總等機關，並捕獲要犯余其全等十餘人，但法捕房不予我方工作同志以便利，僅許一二同志入內，致重要人犯有被逃者，而所搜得文件，捕房不許我方攫取，務懇鈞座即電吳市長與捕房當局相商，對此案應切實協助，以利工作。

即轉電吳市長照辦

已辦

16707

20106

23.7.1

蔣中正電吳鐵城與法捕房當局相商協助我破獲偽中央省委工聯全總等機關一案

1934/7/1

002-070100-00035-005

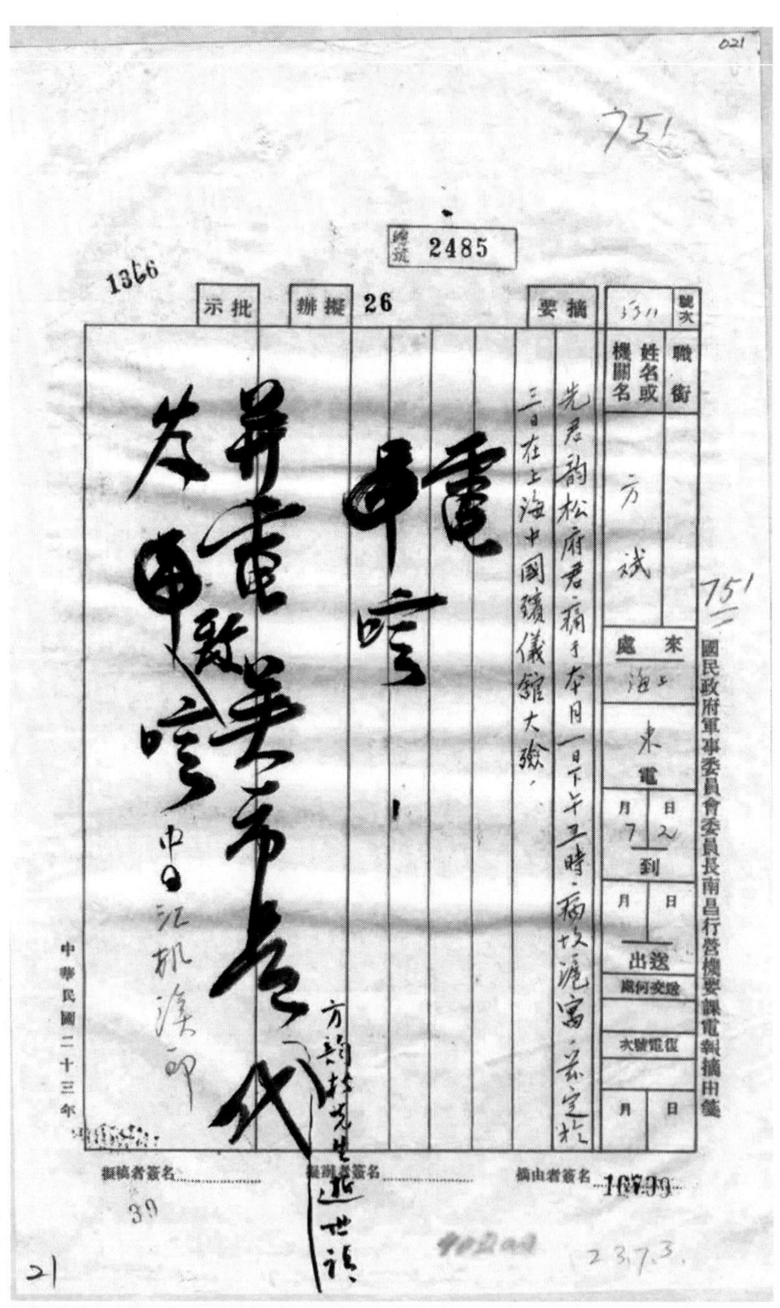

國民政府軍事委員會委員長南昌行營機要課電報摘由箋

總號 2485

號次 3311

職銜姓名或機關名：方試

來處：上海

來電：月7日2

摘要：先君韵松府君病于本月一日下午五時病故滬寓，兹定於三日在上海中國殯儀館大殮。

擬辦 26

批示：

電申唁。并電吳市長代致唁。

中正 江機滬印

方韵松先生逝世請

中華民國二十三年

蔣中正電吳鐵城代致唁方髣松 1934/7/3

002-070100-00035-021

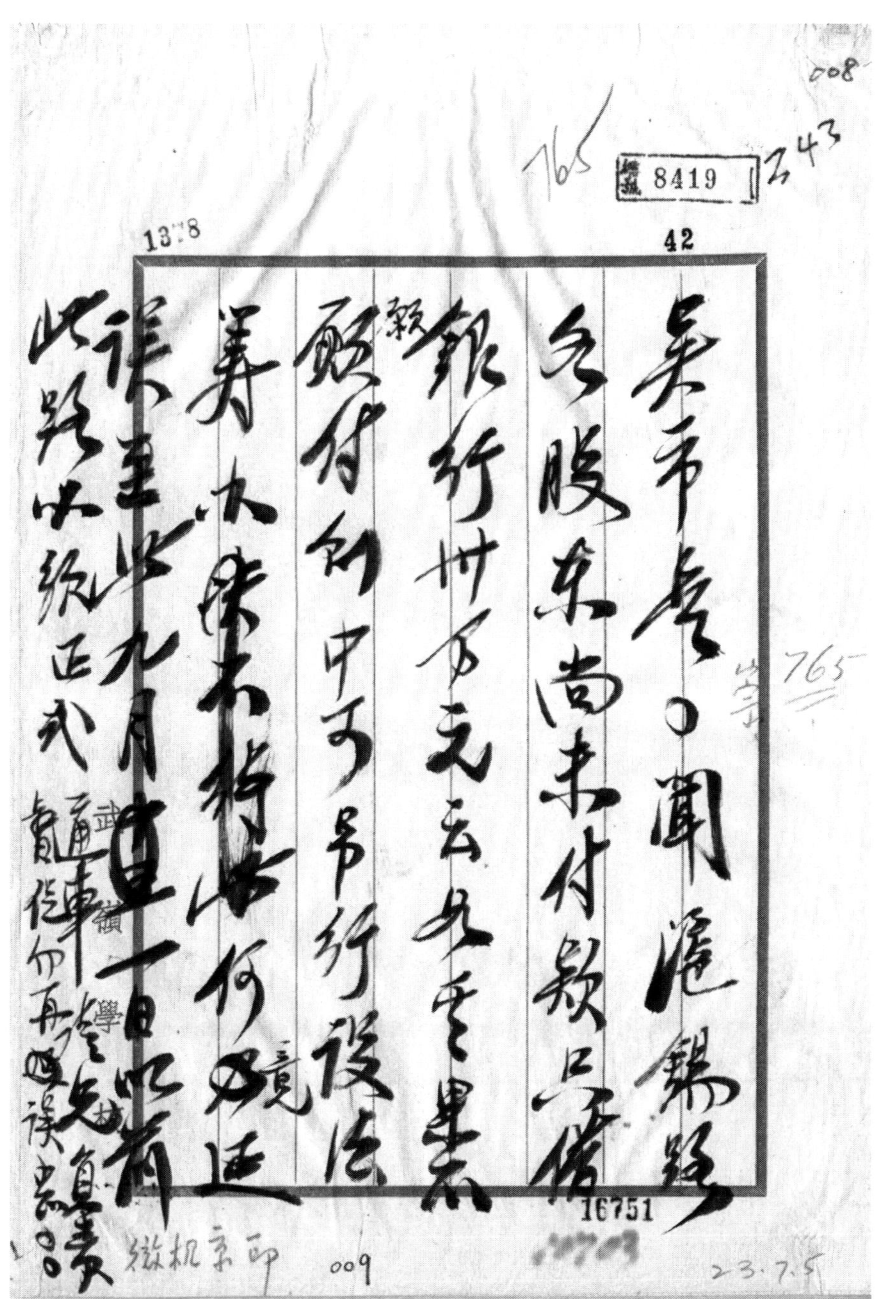

吳市長。聞滬錫路各股東尚未付款只有銀行卅萬元云如果無款付則中央等行設法籌[illegible]不[illegible]如何究竟速[illegible]至少九月一日以前此路必須正式通車[illegible]

蔣中正為滬錫路各股東未付款事電令吳鐵城促此路於九月一日通車　1934/7/5

002-010200-00116-008

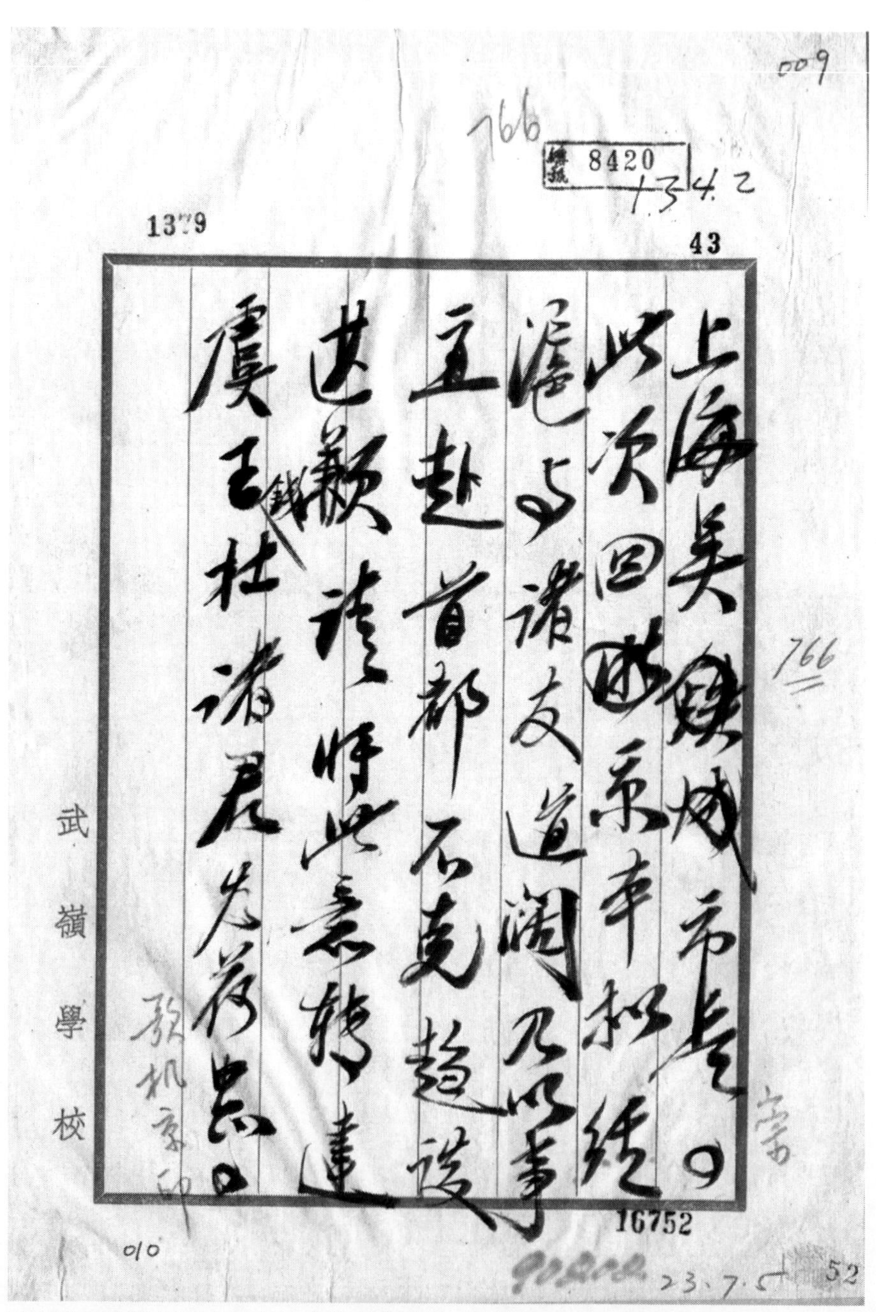

上海吳鐵城市長：此次回京乘車經滬，與諸友道闊，[illegible]事直赴首都，不克趨談，甚歉。請將此意轉達虞王錢杜諸君。中正。[illegible]

武嶺學校

蔣中正電吳鐵城此次回京不克趨談甚歉請將此意轉虞王錢杜諸君　1934/7/5

002-010200-00116-009

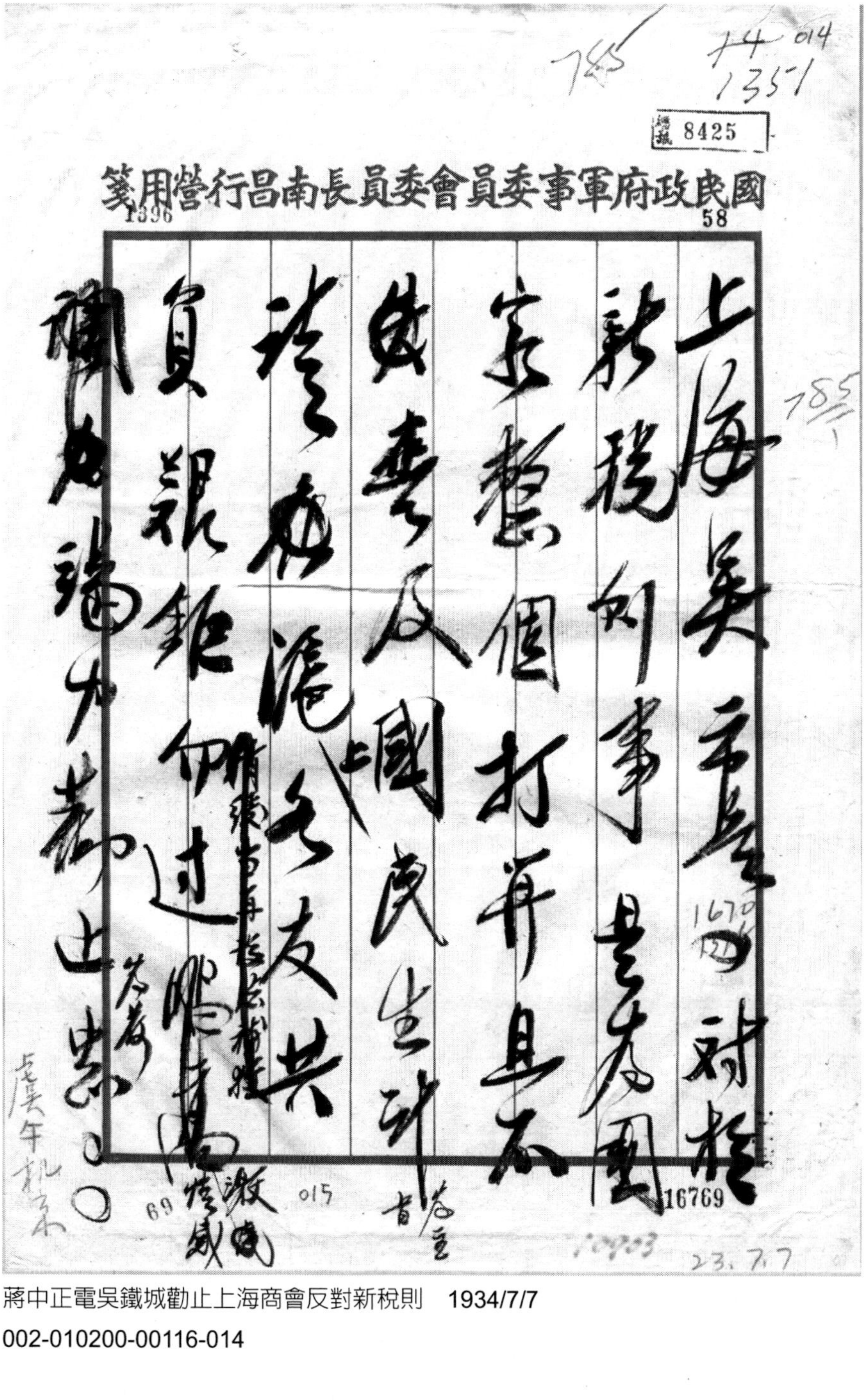

國民政府軍事委員會委員長南昌行營用箋

上海吳市長：對於新稅則事，望為國家整個打算，且不能委及國民生計，請存滬上友共負艱鉅，勿過嘵嘵，勸力諭大衆，止為盼。

蔣中正電吳鐵城勸止上海商會反對新稅則　1934/7/7

002-010200-00116-014

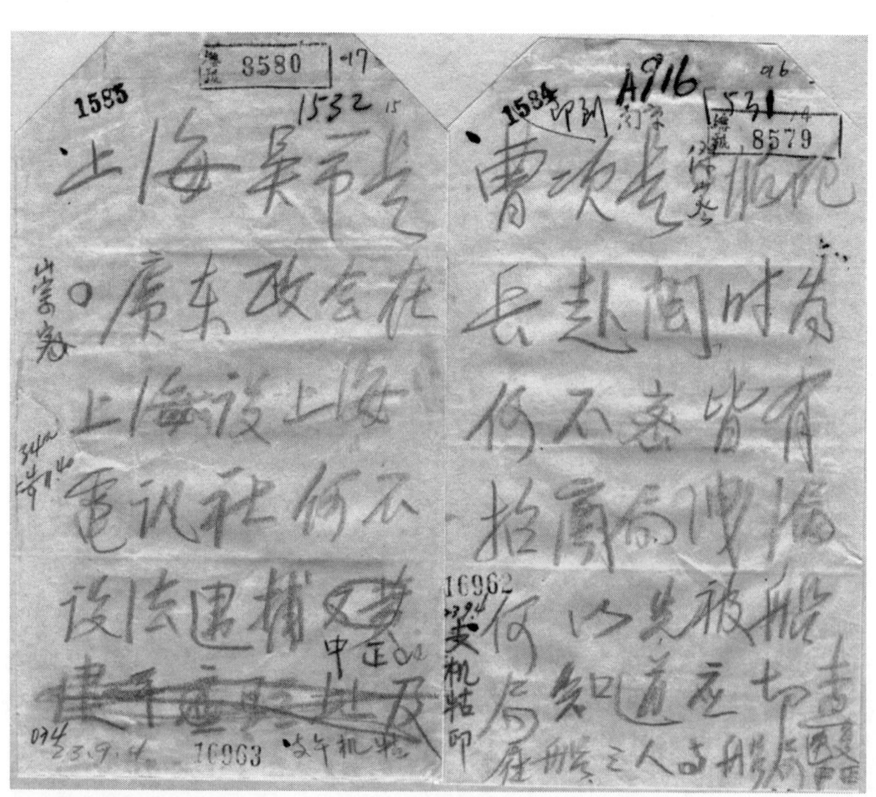
上海吳市長
廣東政會在上海設上海電訊社何不設法逮捕
中正

蔣中正電吳鐵城廣東政會在上海設電訊社應設法逮捕　1934/9/4
002-010200-00118-017

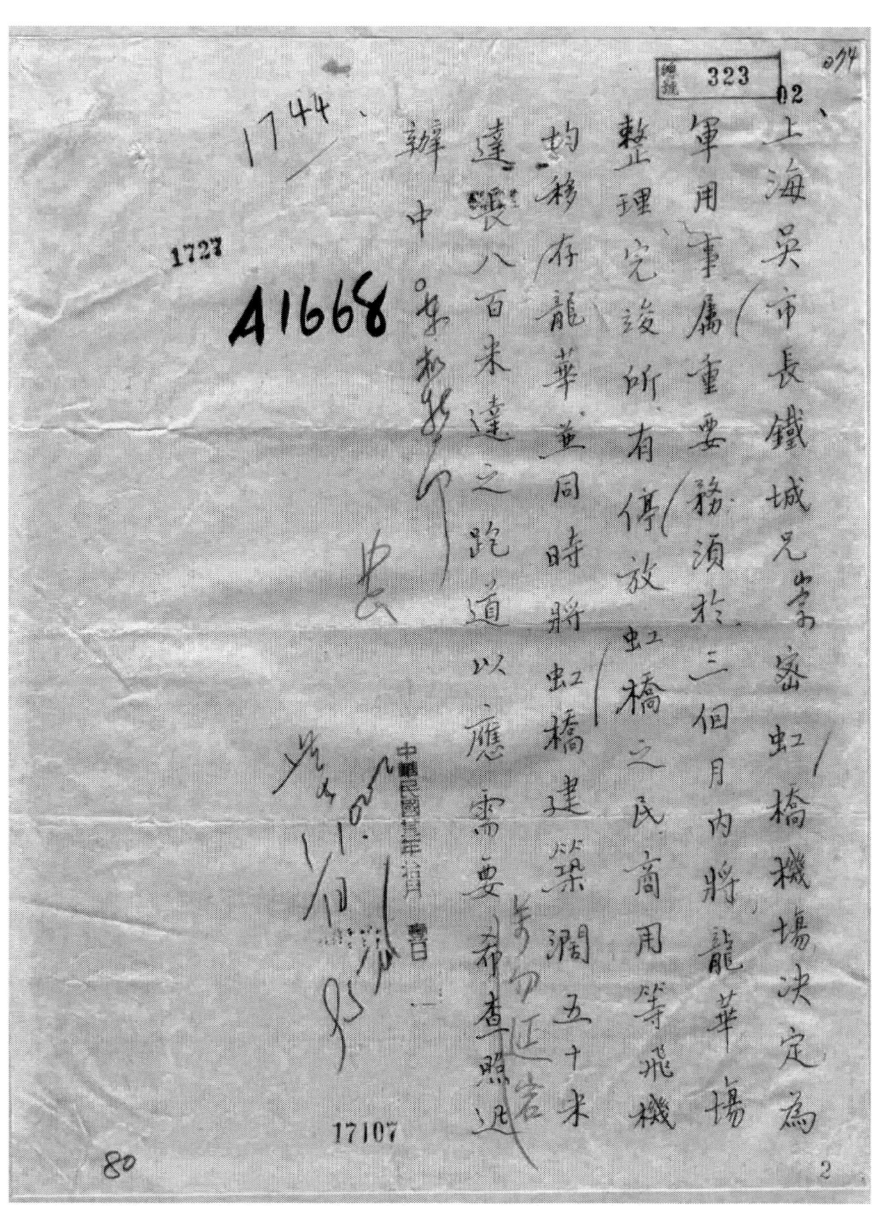

上海吳市長鐵城兄密：虹橋機場決定為軍用，事屬重要，務須於三個月內將龍華場整理完竣，所有停放虹橋之民商用等飛機均移存龍華，並同時將虹橋建築濶五十米達長八百米達之跑道，以應需要，希查照迅辦。中正。東機印。

中華民國廿三年拾月壹日

蔣中正電吳鐵城將虹橋機場改為軍用機場並擴建跑道　1934/10/1

002-070200-00005-074

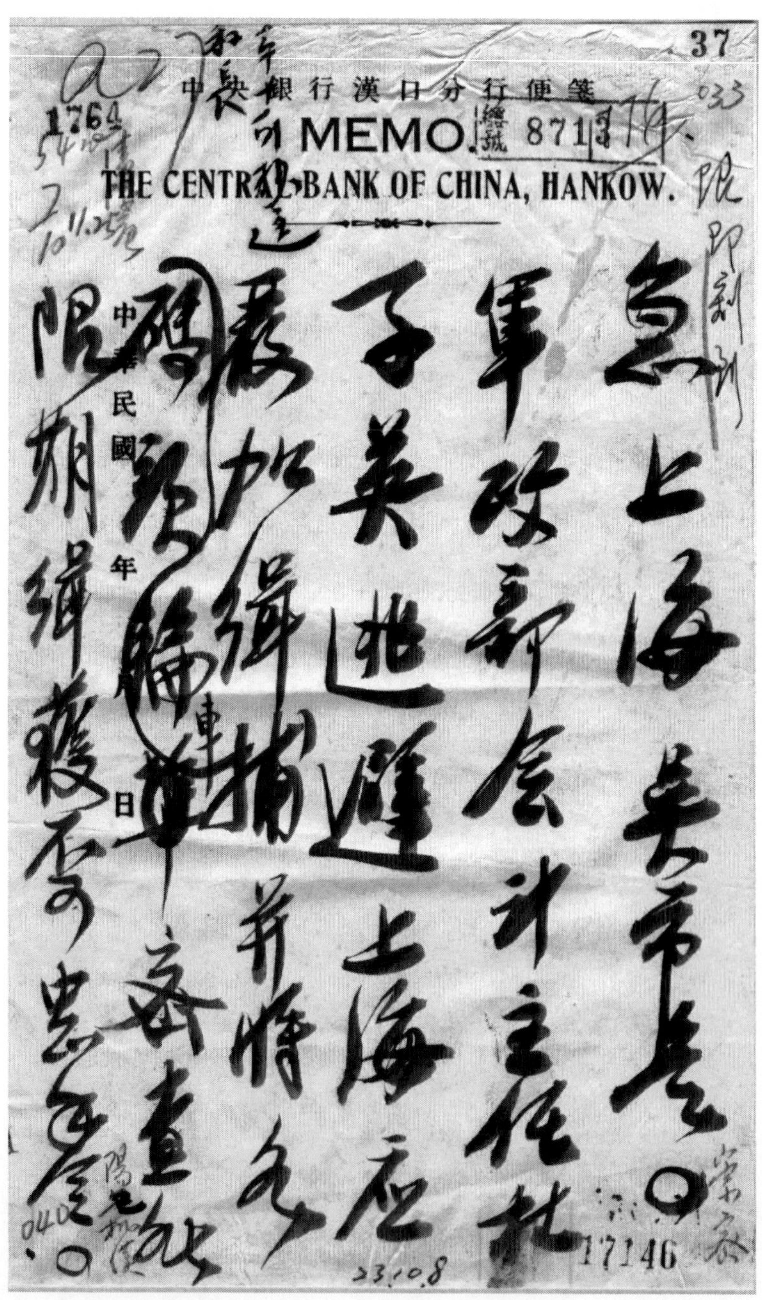

中央銀行漢口分行便箋
MEMO.
THE CENTRAL BANK OF CHINA, HANKOW.

急。上海吳市長：軍政部新會計主任杜子英逃避上海，應嚴加緝捕，並將各碼頭車站嚴查，限期緝獲為要。中正。

中華民國 年 月 日

蔣中正電令吳鐵城限期緝獲杜子英 1934/10/8

002-010200-00120-033

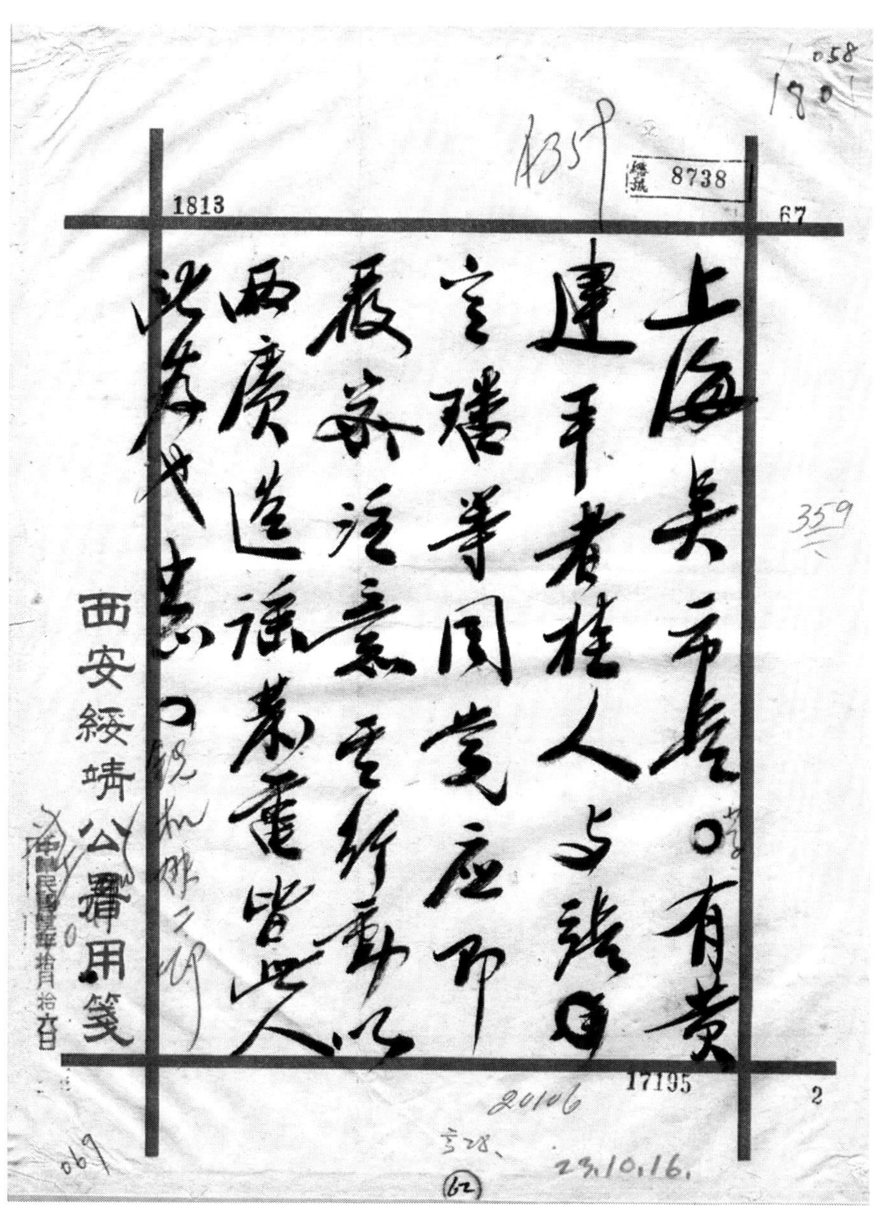

上海吳市長。有黃建平者，桂人，與張定璠等同黨，應即嚴密注意其行動，以兩廣造謠蔑電，皆此人所為也。中正。

西安綏靖公署用箋

中華民國廿三年拾月拾六日

蔣中正電示吳鐵城嚴密注意黃建平張定璠行動　1934/10/16

002-010200-00120-058

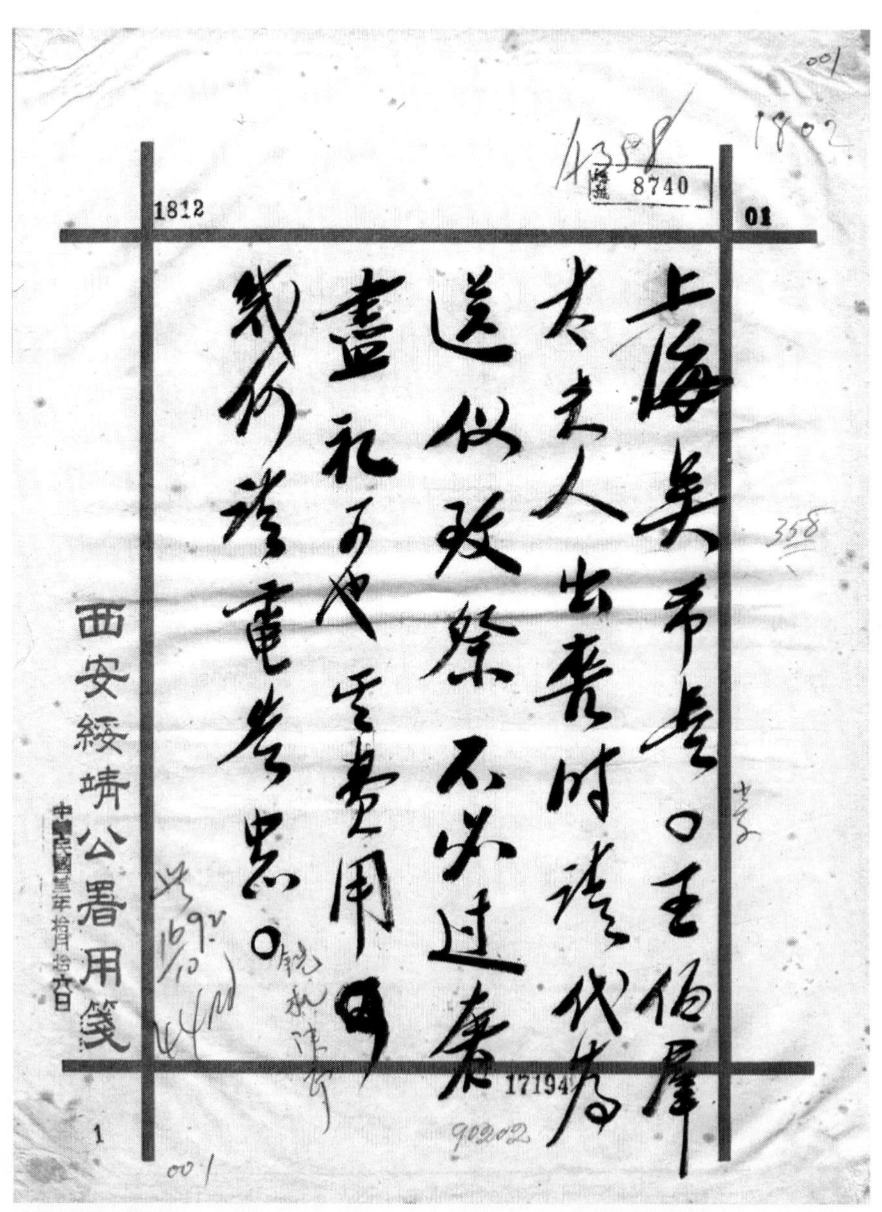

1812 01
8740

上海吳市長〇王伯群
太夫人出喪時請代為
送儀致祭不必過奢
盡禮可也需費用[illegible]
幾何請電告為盼〇

西安綏靖公署用箋
中華民國 年 拾月 日

17194
1

蔣中正電吳鐵城於王伯群太夫人出喪時代送儀致祭不必過奢盡禮即可 1934/10/16
002-010200-00121-001

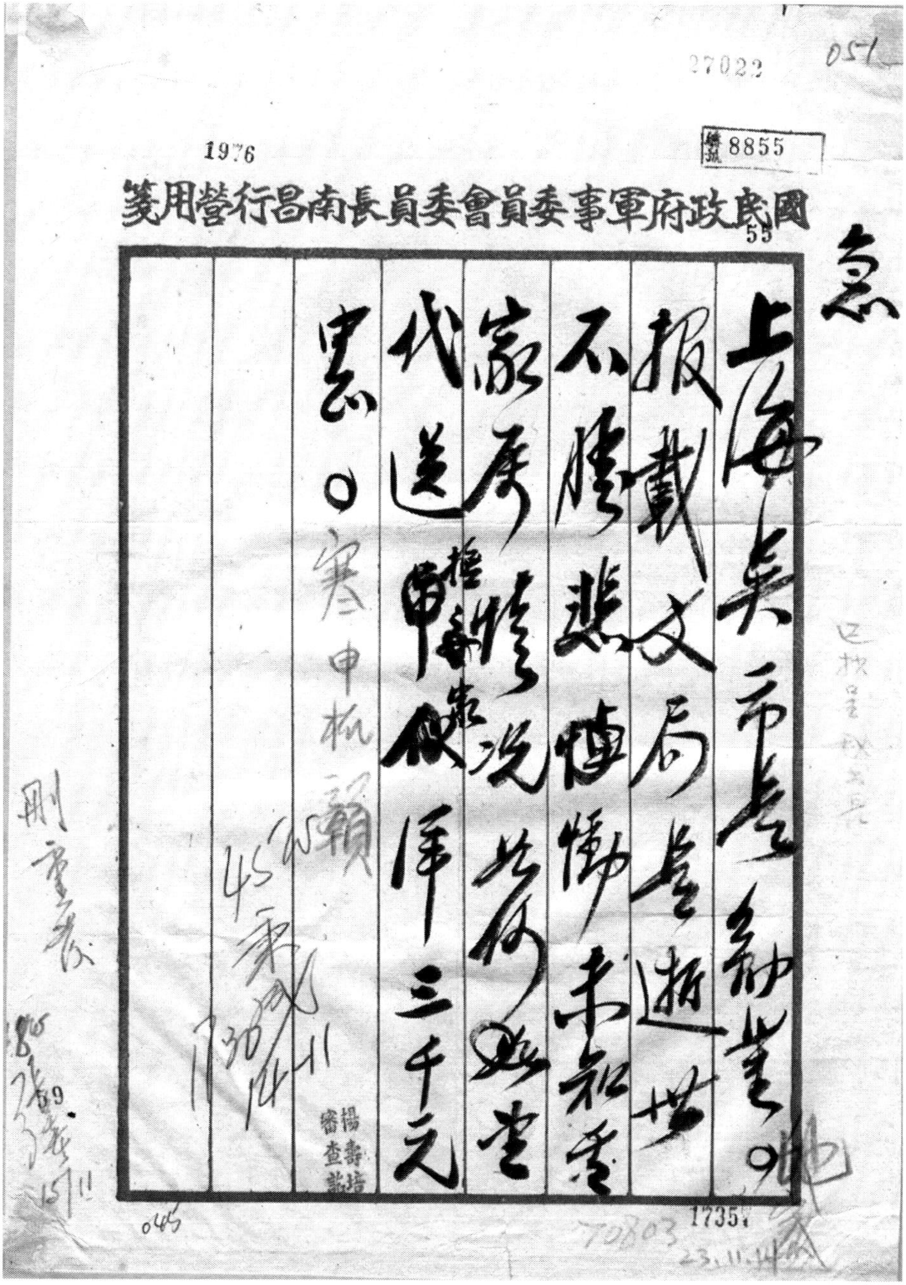

1976

國民政府軍事委員會委員長南昌行營用箋

急

上海吳市長鐵城兄：報載文局長逝世，不勝悲悼，未知香港家屬情況如何，並望代送奠儀洋三千元。盼。寒申机

楊壽培審查

蔣中正電吳鐵城代送文朝籍喪奠儀　1934/11/14

002-010200-00122-051

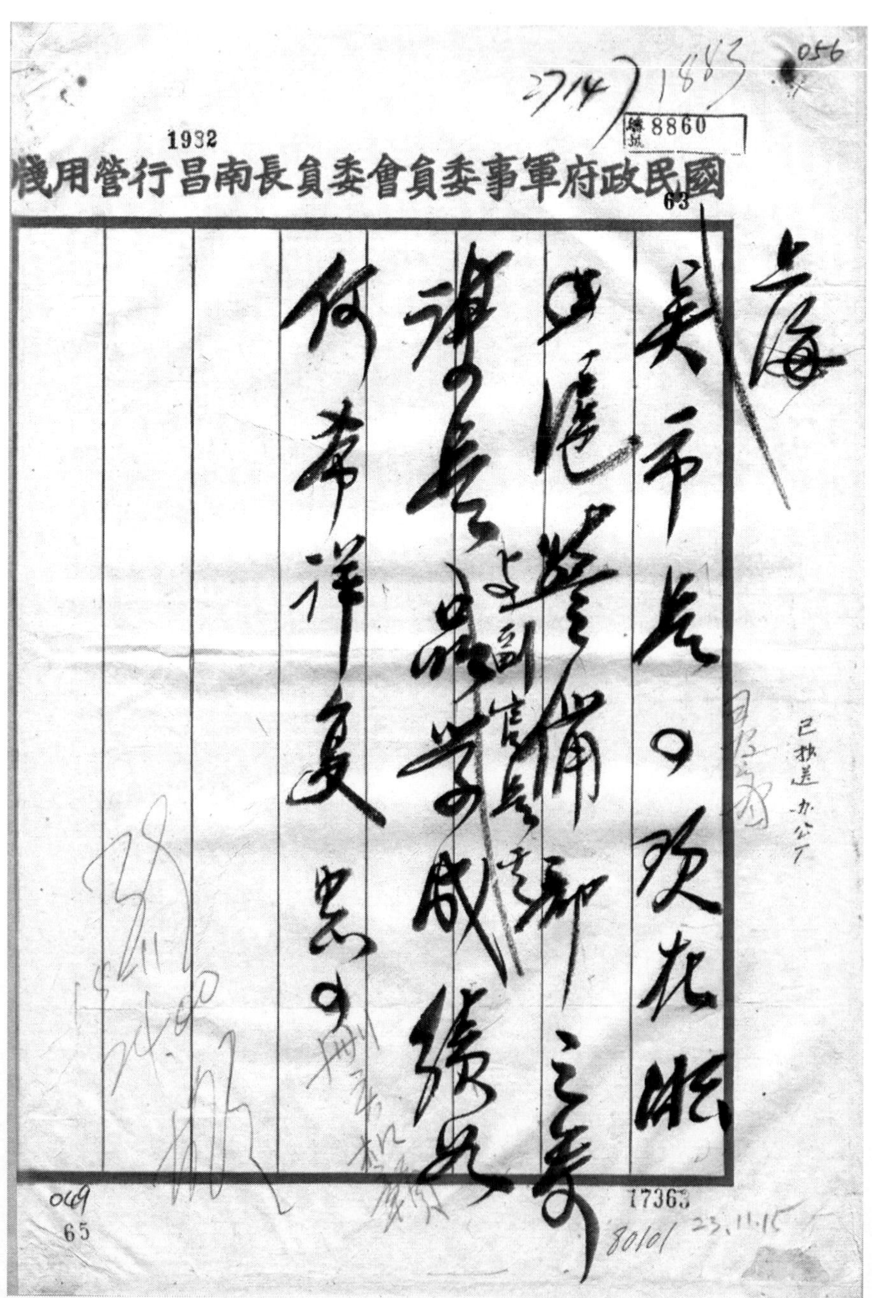

國民政府軍事委員會委員長南昌行營用箋

上海

吳市長：現在淞滬警備部之參謀長與副官長之品學成績如何，詳復。中正。刪

蔣中正電詢吳鐵城淞滬警備部參謀長及副官長品學成績　1934/11/15

002-010200-00122-056

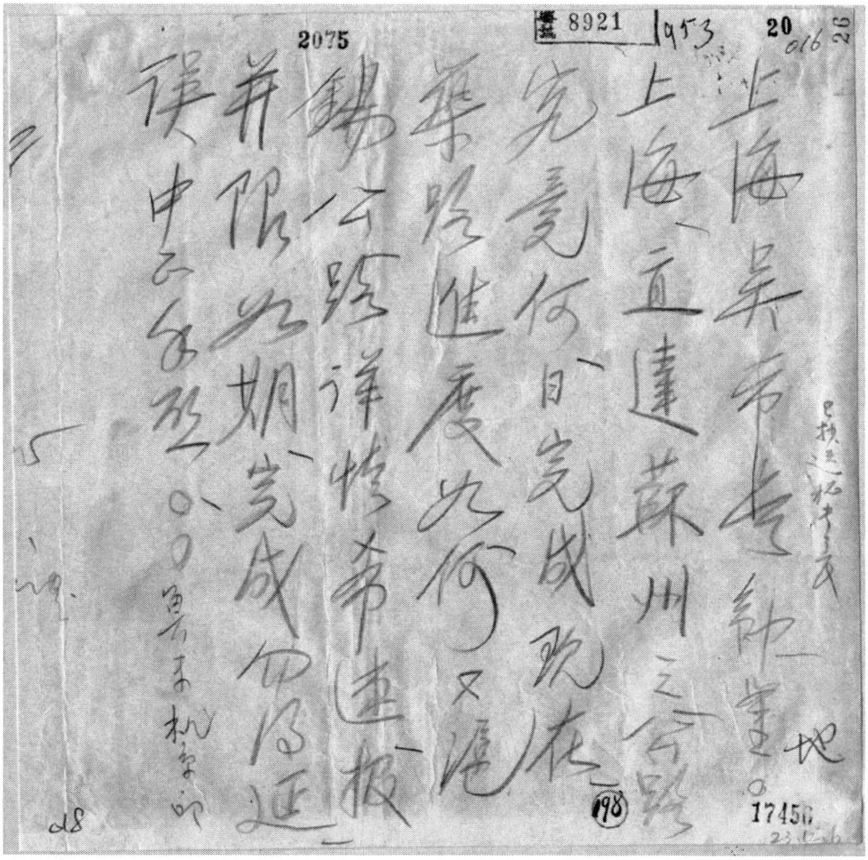

上海吳市長勛鑒。上海直達蘇州之公路究竟何日完成，現在築路進度如何？又滬錫公路詳情希速報，并限期完成，勿得延誤。中正手啟。

蔣中正電詢吳鐵城修築上海直達蘇州與滬錫公路進度盼限期完成　1934/12/6

002-010200-00123-016

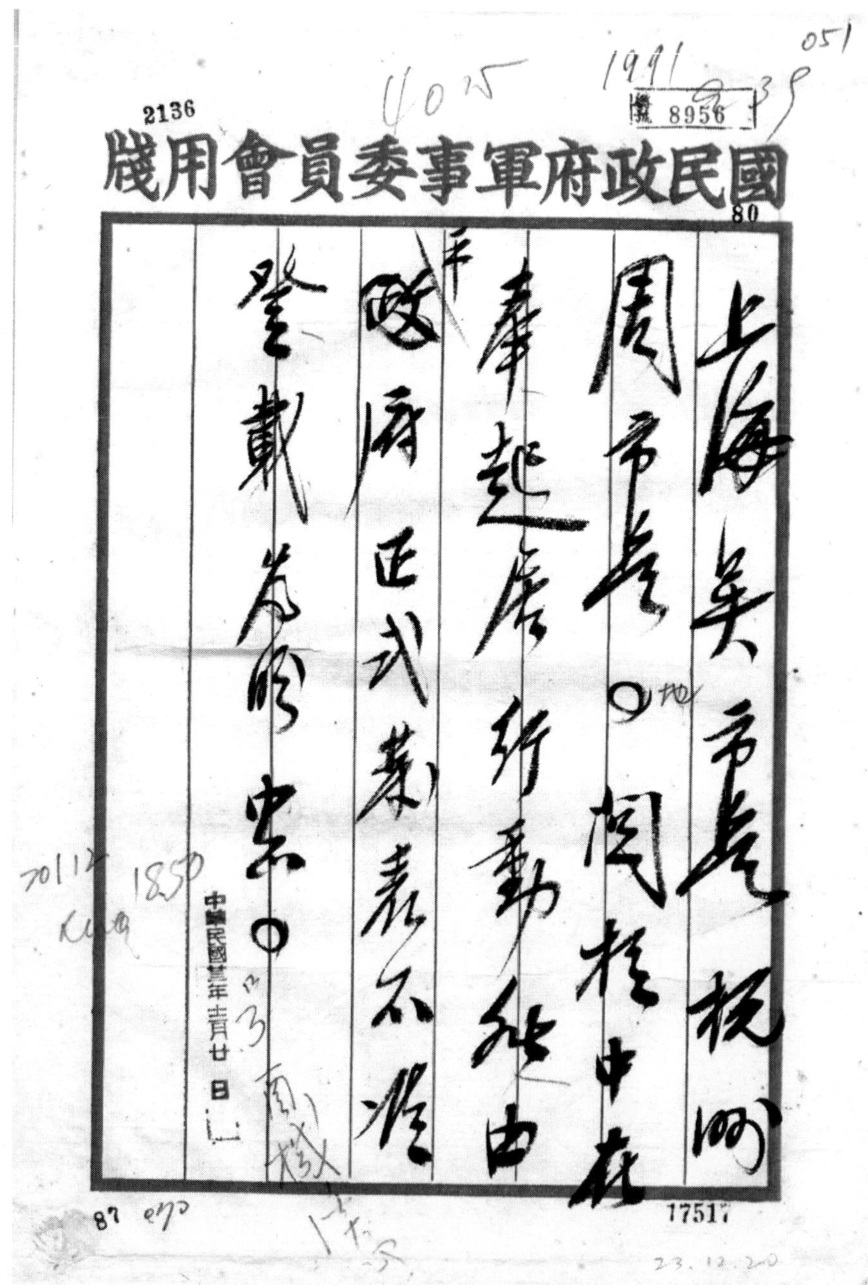

國民政府軍事委員會用牋

上海吳市長鐵城兄、周市長〇閱：桂中在奉起居行動非由市政府正式發表不准登載為要。中正〇

中華民國二十三年十二月廿日

蔣中正電令吳鐵城周象賢其在奉起居行動非由市府發表不准登載　1934/12/20

002-010200-00123-051

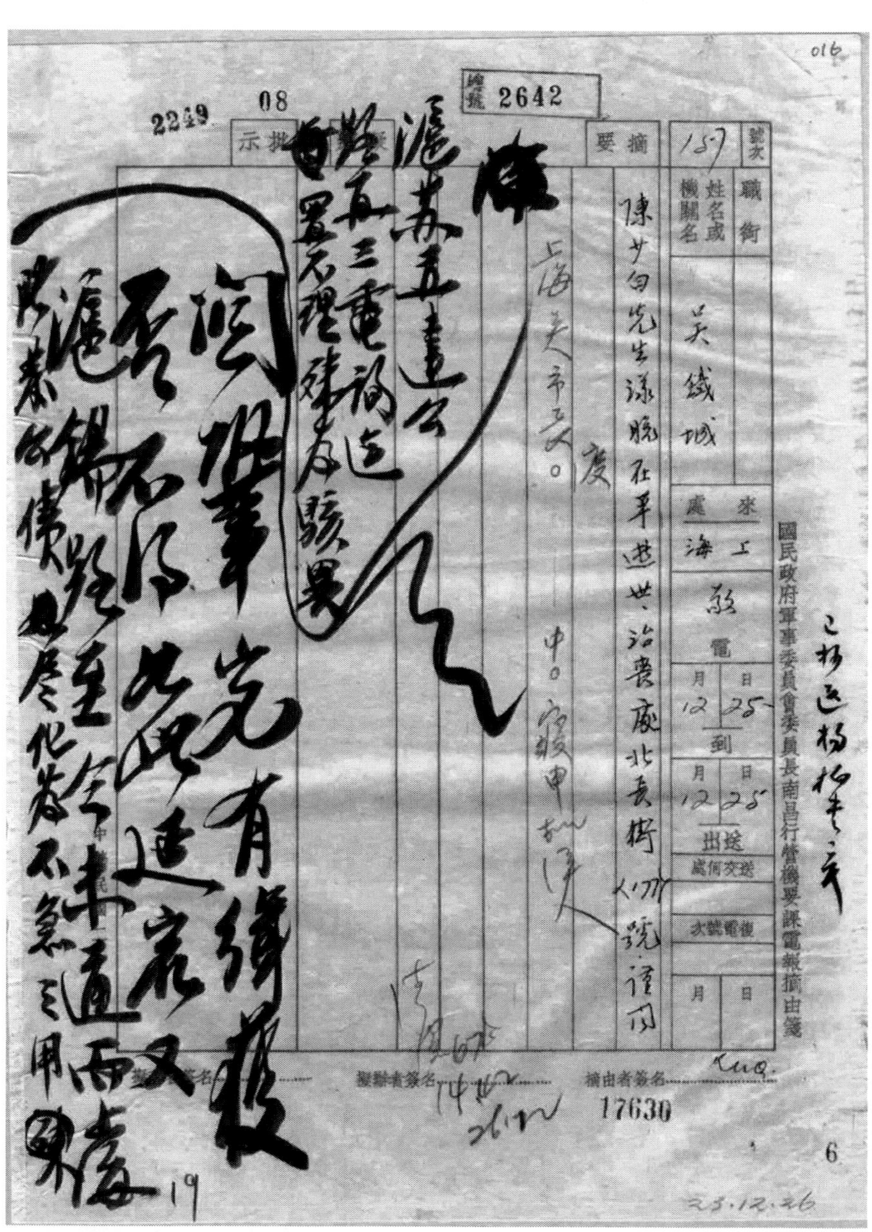
國民政府軍事委員會委員長南昌行營機要課電報摘由箋

總號 2642

次號	職銜 姓名或機關名	來處	摘要	批示
157	吳鐵城	上海	陳少白先生謀職在平逝世	

蔣中正電責吳鐵城查辦關肇案延宕滬錫路未通詢問又置之不理　1934/12/26

002-070100-00037-016

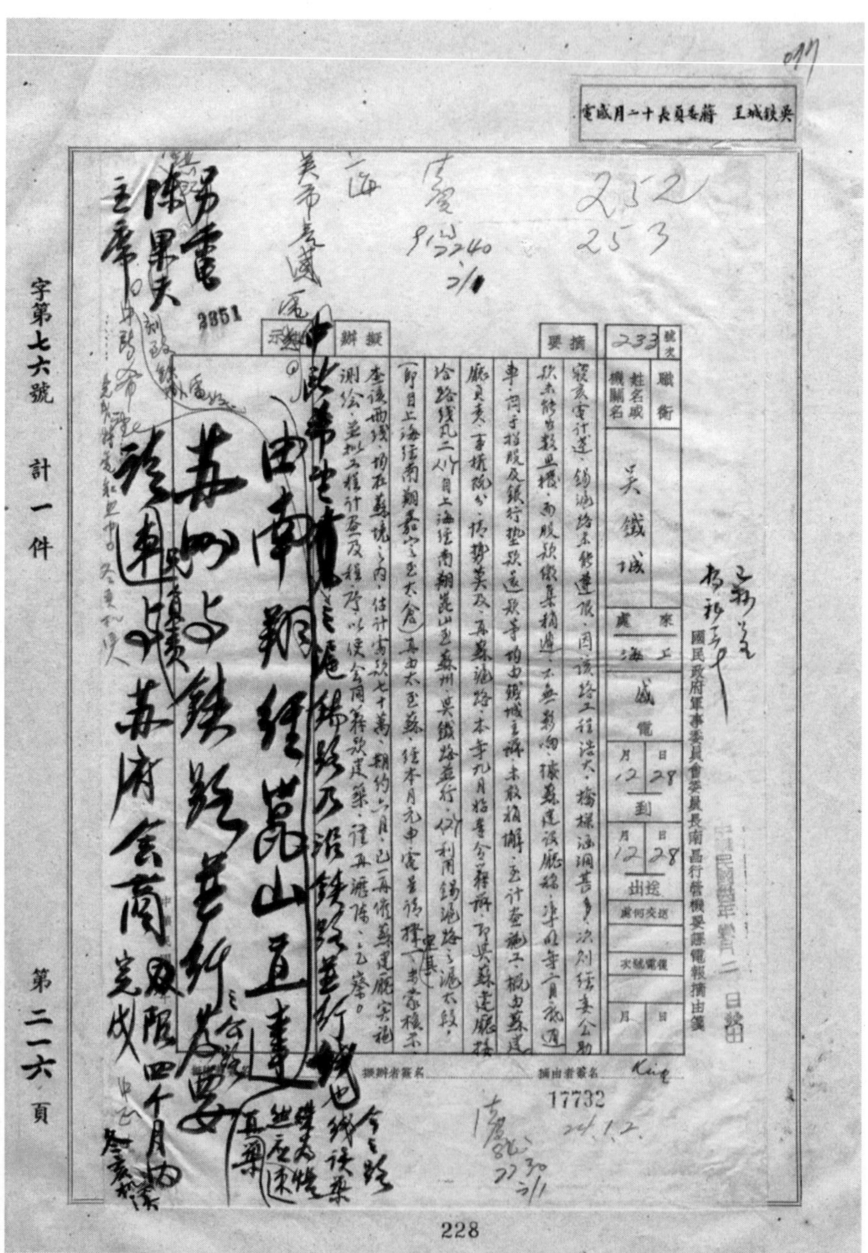

吳鐵城 呈蔣委員長十二月感電

國民政府軍事委員會委員長南昌行營機要課電報摘由箋

字第七六號 計一件 第二一六頁

號次	233
職銜 姓名或機關名	吳鐵城
來處	上海
	感電
月 日	12 28
到 月 日	12 28
由途	
如何交送	
文號電覆	
月 日	

摘要

擬辦

批示

擬辦者簽名 摘由者簽名

17732

228

吳鐵城電蔣中正錫滬路未能依限完成原因及蘇滬路已催江蘇建設廳測繪

1934/12/27

002-020200-00023-077

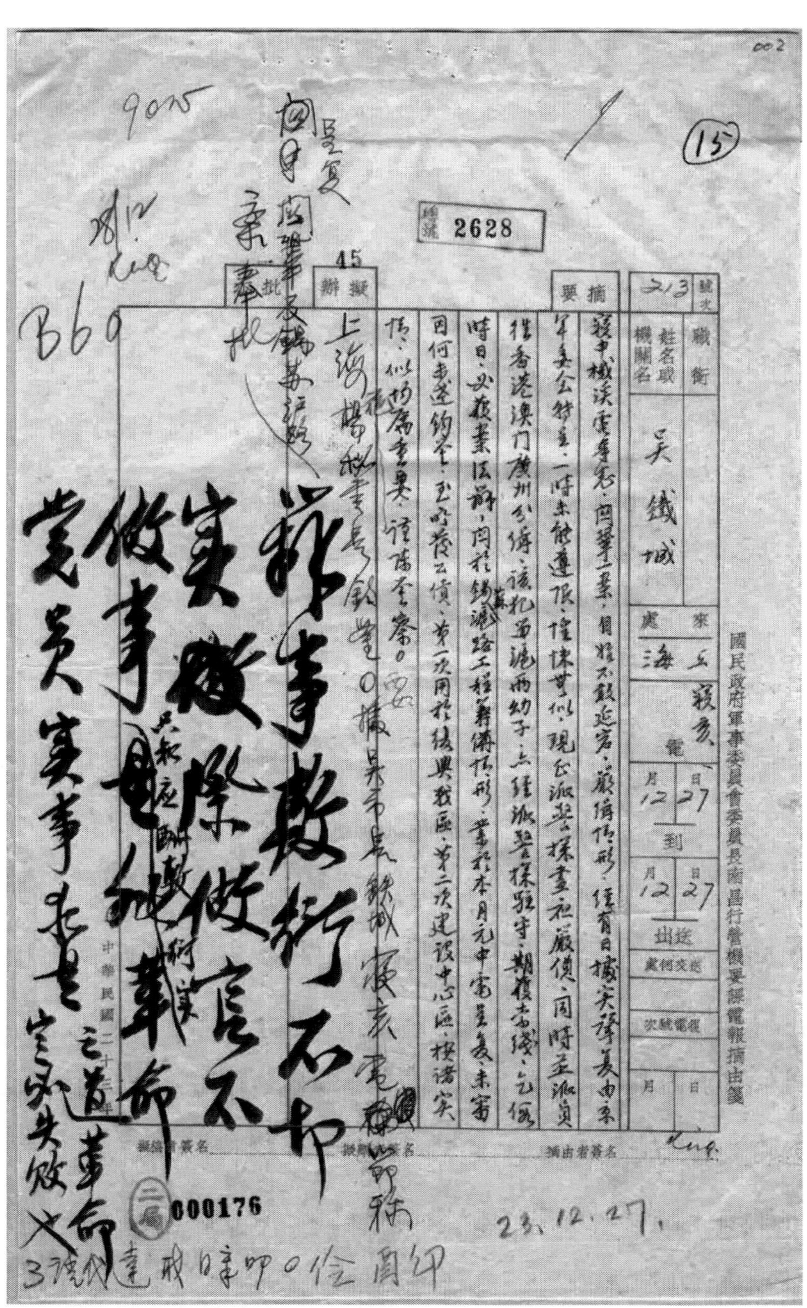
國民政府軍事委員會委員長南昌行營機要課電報摘由箋

總號 2628

號次	213
職銜 姓名或機關名	吳鐵城
來處	上海
電	寢亥
到	12月27日
出送	12月27日
處何交送	
次號電復	月 日

摘要

擬辦

批示

中華民國二十三年

擬稿者簽名　擬辦者簽名　摘由者簽名

000176

23.12.27.

蔣中正電吳鐵城切實查辦關肇案不可敷衍了事　1934/12/27

002-070100-00037-002

0448

23 12 27　213

上海

[illegible]蔣委員長鈞鑒：寢申機贛電奉
悉。波密緝拿周篤等一案，鐵城自始不
敢延宕，所有現在嚴緝布置情形，前奉
徐秘書電，即於有日據實擬復，由南京
軍委會轉呈。查該周篤等一時未能逮
捕，戈燕堂、侯某似現正由公安局派警
探四出，不分晝夜，會同捕房嚴密偵緝，
同時派員前往香港、澳門、廣州、汕頭密
緝，又該犯有幼子兩名，遺留滬寓，並
經派警探駐守，期獲線索。敬乞假以時
日，必將該犯等緝獲歸案法辦。關於錫
滬路最近工程及蘇滬直達路與蘇建
路籌備詳情，業於本月十三日元申電
呈，後未審因何未達鈞鑒，致勞廑系。茲

4　C00177

0449

2 713

滬市所發公債第一次乃用於復興戰區第二次乃用於建設市中心區冀上副鈞座建設之殷心下應滬市人民之渴望按諸滬市實際情形似均屬重要知關鈞注謹冒昧率陳伏乞垂察為禱鐵城叩寢文印

000178

5

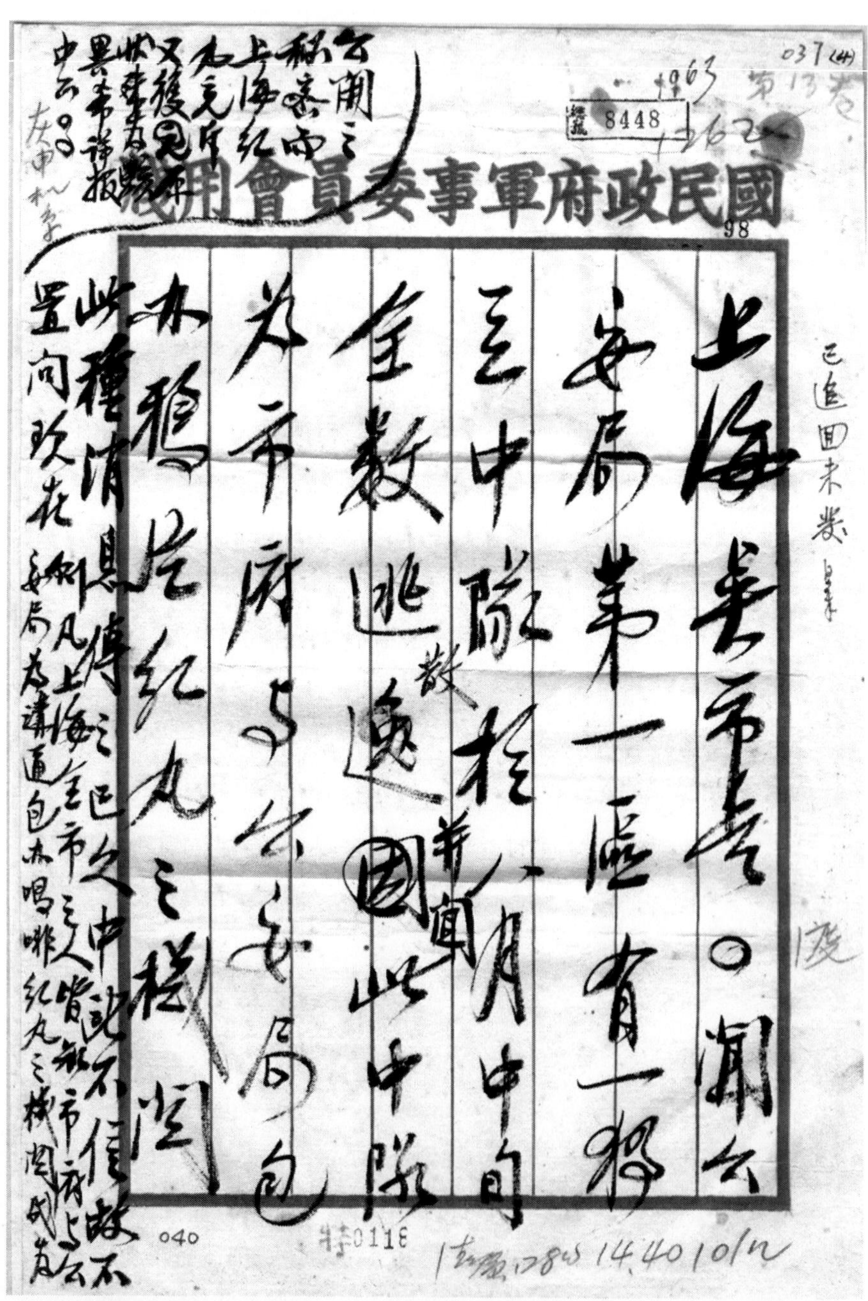

國民政府軍事委員會用箋

蔣中正電吳鐵城詳報公安局逃散中隊為市府與公安局包辦鴉片紅丸事　1934/00/00

002-010200-00116-037

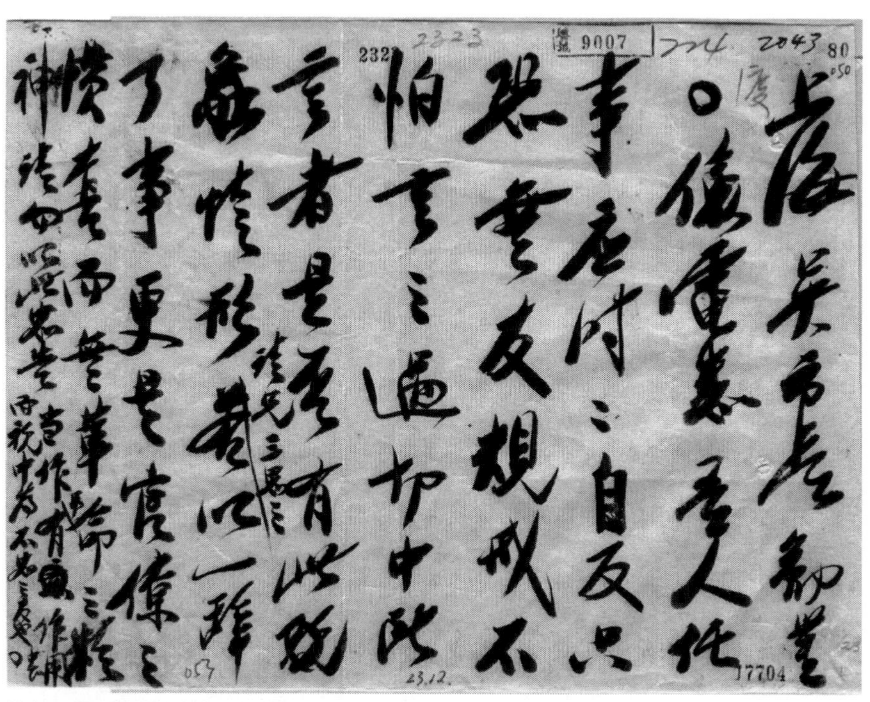

蔣中正電示吳鐵城接受規勸三思勿以辭職了事　1934/12/00

002-010200-00124-050

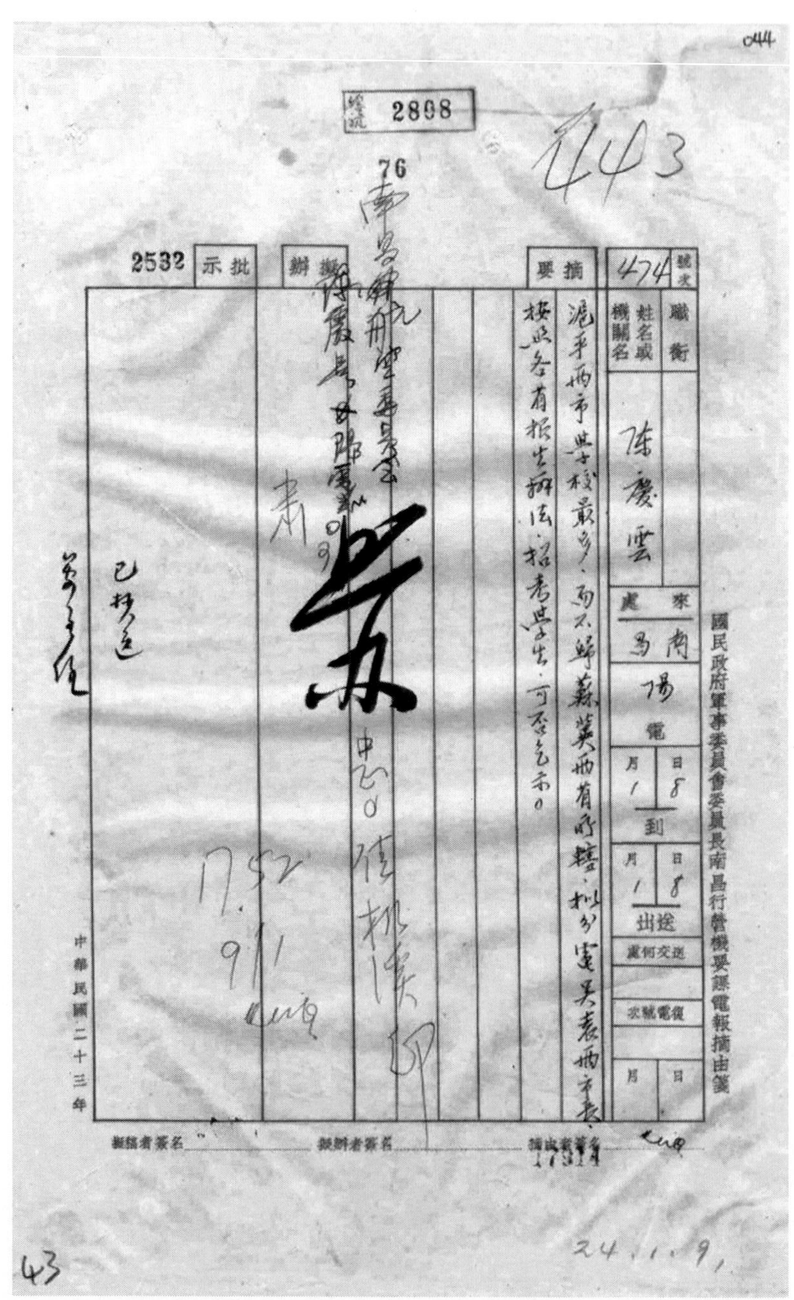

044

2808

76

443

國民政府軍事委員會委員長南昌行營機要課電報摘由箋

號次	474
職銜 姓名或機關名	陳慶雲
來處	南昌 電
月 日	1 8
到 月 日	1 8
出送	
處何交送	
次號電復	
月 日	

摘要：滬平兩市學校最多，而不歸蘇冀兩省所轄，擬分電吳袁兩市長按照各省招生辦法，招考學生，可否乞示。

擬辦：南昌航空委員會陳處長安鑒

批示 2532：已擬送

中華民國二十三年

擬稿者簽名　擬辦者簽名　摘由者簽名

24.1.9.

43

蔣中正電陳慶雲分電吳鐵城袁良滬平兩市招生應按各省招生辦法　1935/1/9

002-070100-00039-044

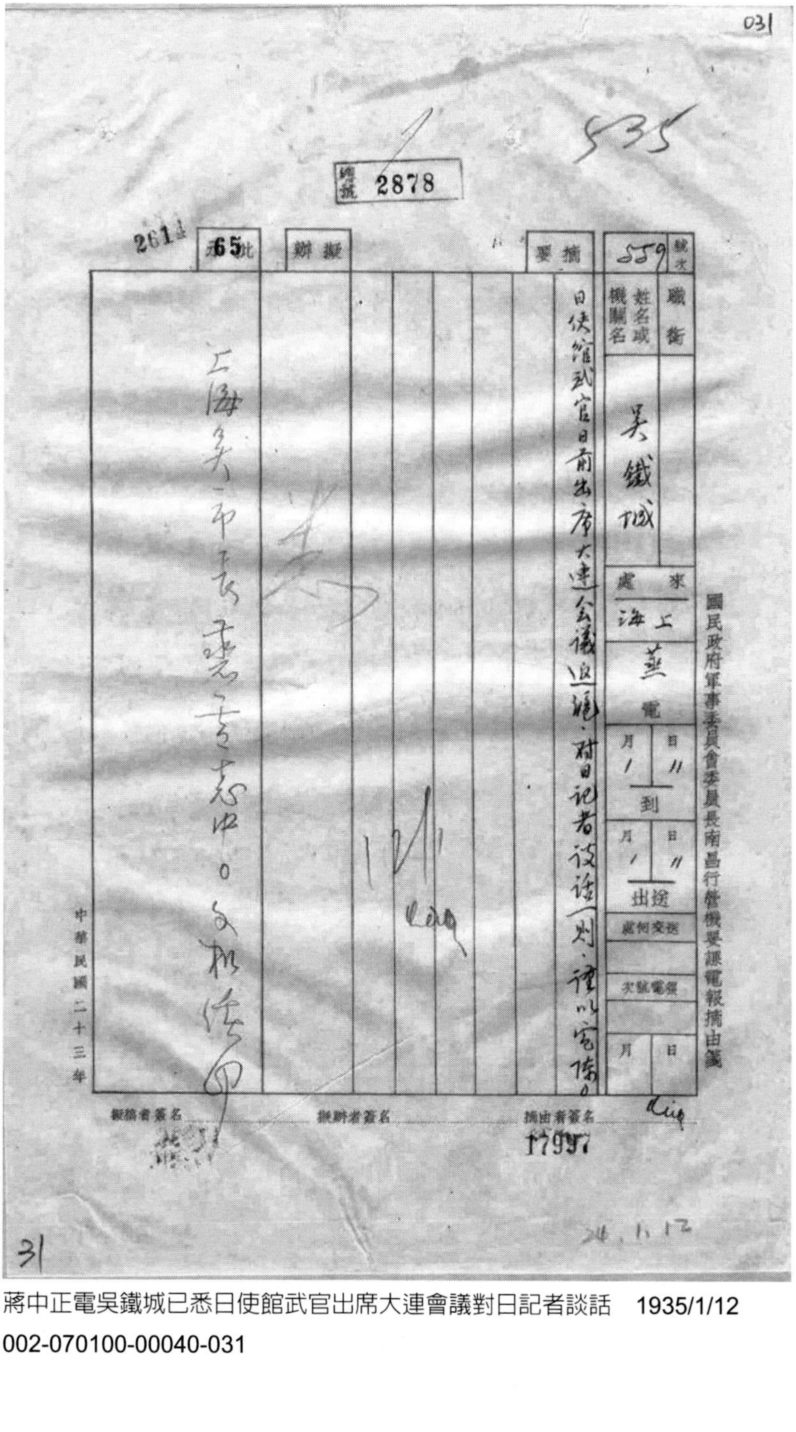

國民政府軍事委員會委員長南昌行營機要課電報摘由箋

031

535

總號 2878

2611 第65號

職銜 姓名或機關名	吳鐵城
來處	上海 蒸電
到	1月11日
出送	1月11日

摘要：日使館武官日前出席大連會議返滬，對日記者談話一則，請以密係。

擬辦：上海吳市長：蒸電悉。中正。文機係印

中華民國二十三年

摘由者簽名 17997

24.1.12

31

蔣中正電吳鐵城已悉日使館武官出席大連會議對日記者談話　1935/1/12

002-070100-00040-031

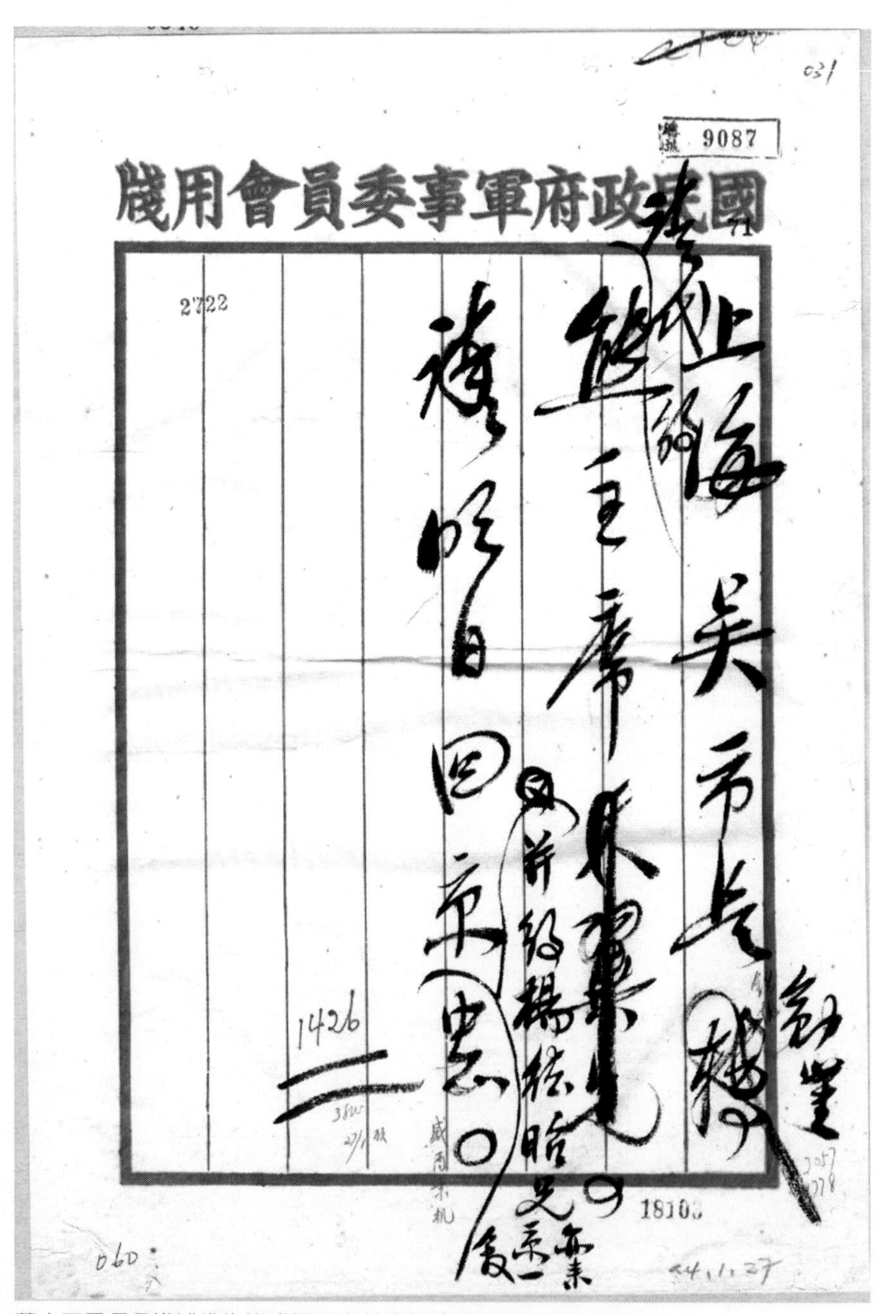

國民政府軍事委員會用牋

9087

蔣中正電囑吳鐵城代約熊式輝回京並約楊德昭來京一敘　1935/1/27

002-010200-00126-031

160

9202

豫鄂皖三省剿匪總司令部用箋

2888

35

南京

葉楚傖先生、上海吳市長、漢口葉蓬警備司令：近日外國新聞電報檢查員多故意延誤，且曾專擅自修改，甚至改訖者責有煩言，以後凡送遞訪員之電報應隨到隨發，不得再擅檢查，如有擅改者，由中負責也。中正。

貳字第 01665 號

20301

蔣中正電飭葉楚傖吳鐵城葉蓬今後各處電報應隨到隨發　1935/2/23

002-010200-00128-048

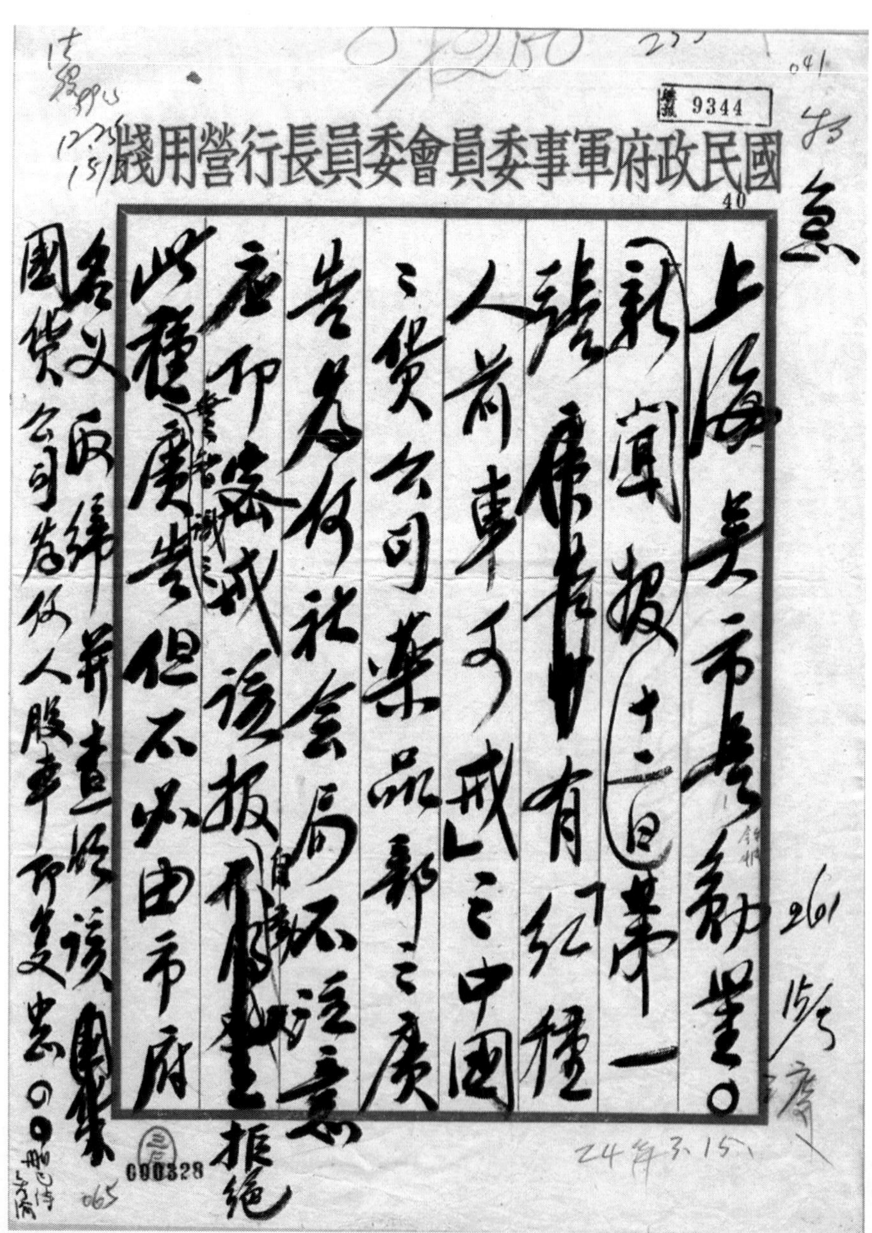

國民政府軍事委員會委員長行營用箋

急

上海吳市長勳鑒。新聞報十二日第一張廣告有紅種人前車可戒之中國國貨公司藥品部之廣告，為何社會局不注意，應即密戒該報自動拒絕此種廣告，但不必由市府名義。並再查該國貨公司為何人股東，即復。中正

蔣中正電吳鐵城社會局應密戒新聞報刊之藥品廣告　1935/3/15

002-010200-00130-041

國民政府軍事委員會委員長行營用牋

急

南京中央黨部葉秘書長楚傖
上海吳市長鐵城：

葉秘書長勛鑒：政府增加三行資本救濟社會金融政策，務設法屬京滬各報一致擁護主張，促成興論，免報一致反對派亦不能造謠惑衆，俾定人心。

中正。養申機渝

中華民國廿四年三月22日發

蔣中正電葉楚傖吳鐵城設法使京滬各報一致擁護增加三銀行資本政策　1935/3/22

002-010200-00131-031

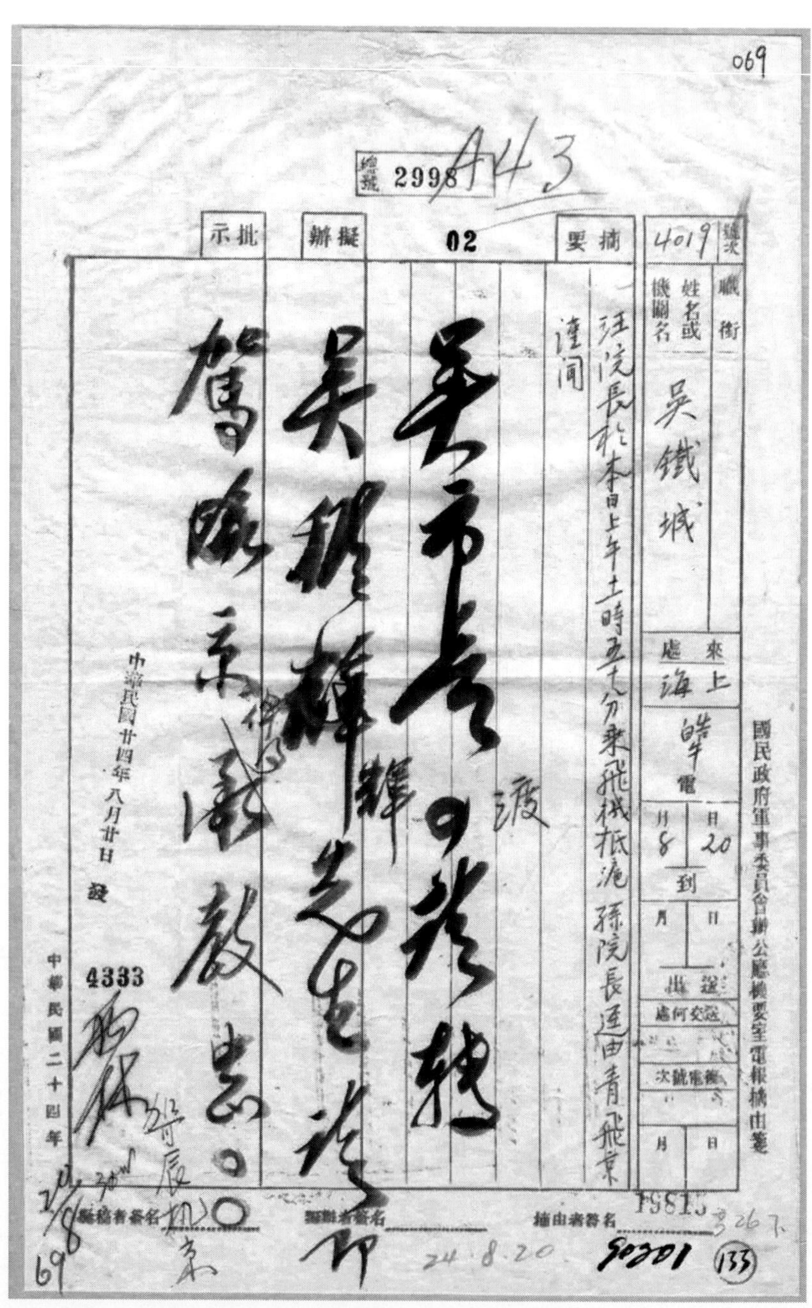

國民政府軍事委員會辦公廳機要室電報摘由箋

總號 2998 A43

鐘次 4019

職銜姓名或機關名：吳鐵城

來處：上海

皓電 8月20日到

摘要：汪院長於本日上午十一時五十分乘飛機抵滬，孫院長逕由青飛京，達聞。

擬辦 02

批示：吳市長：請轉吳稚暉先生請駕臨京敬盼。中

中華民國廿四年八月廿日發

4333

中華民國二十四年

譯電者簽名　摘由者簽名

24.8.20

069

蔣中正電吳鐵城轉告吳敬恆即駕南京相晤　1935/8/20

002-070100-00041-069

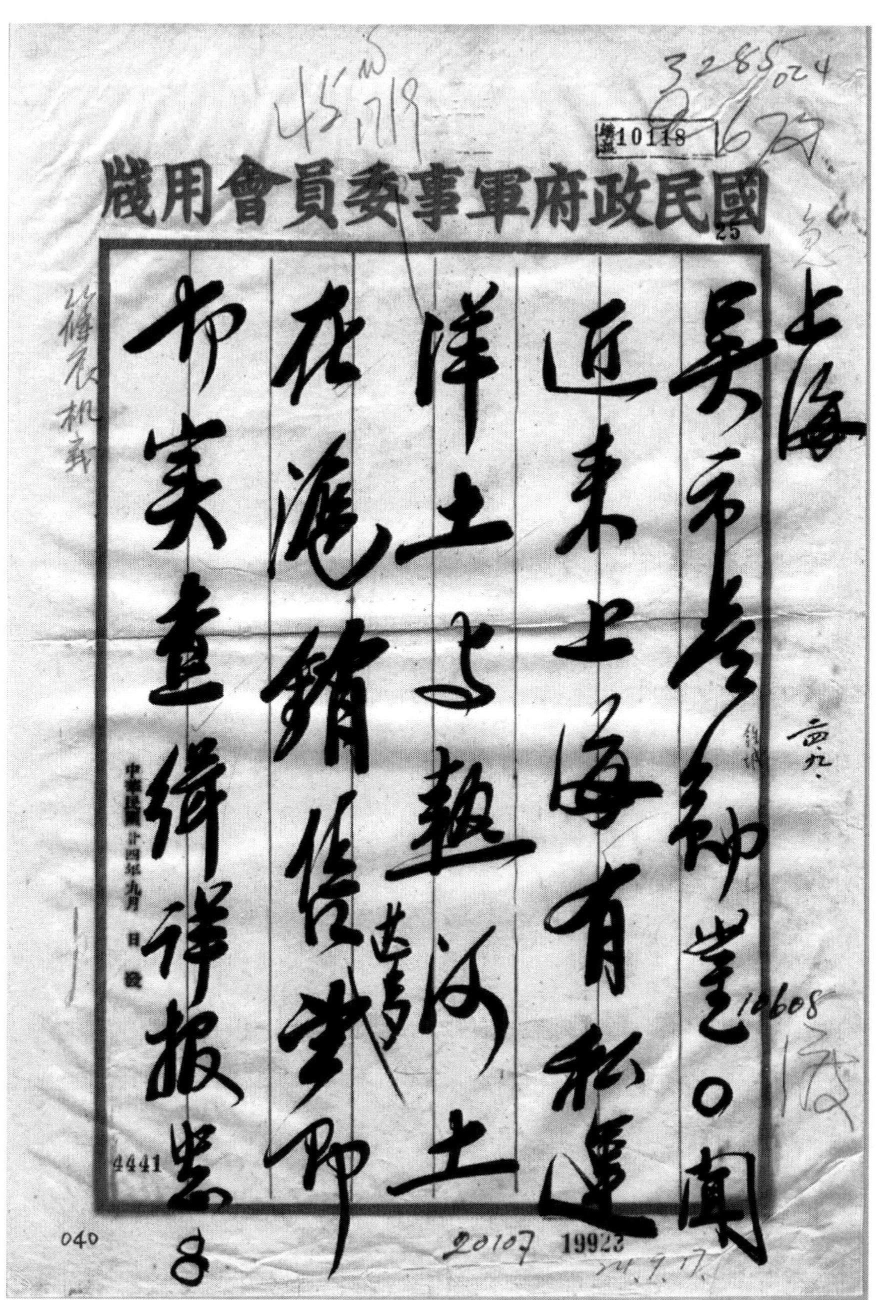
國民政府軍事委員會用牋

上海

吳市長鈞鑒。聞

近來上海有私運

洋土與熱河土

在滬銷售，希即

切實查緝詳報為要

中華民國廿四年九月　日發

蔣中正電詢吳鐵城查緝私運洋土與熱河土在滬銷售事　1935/9/17

002-010200-00145-024

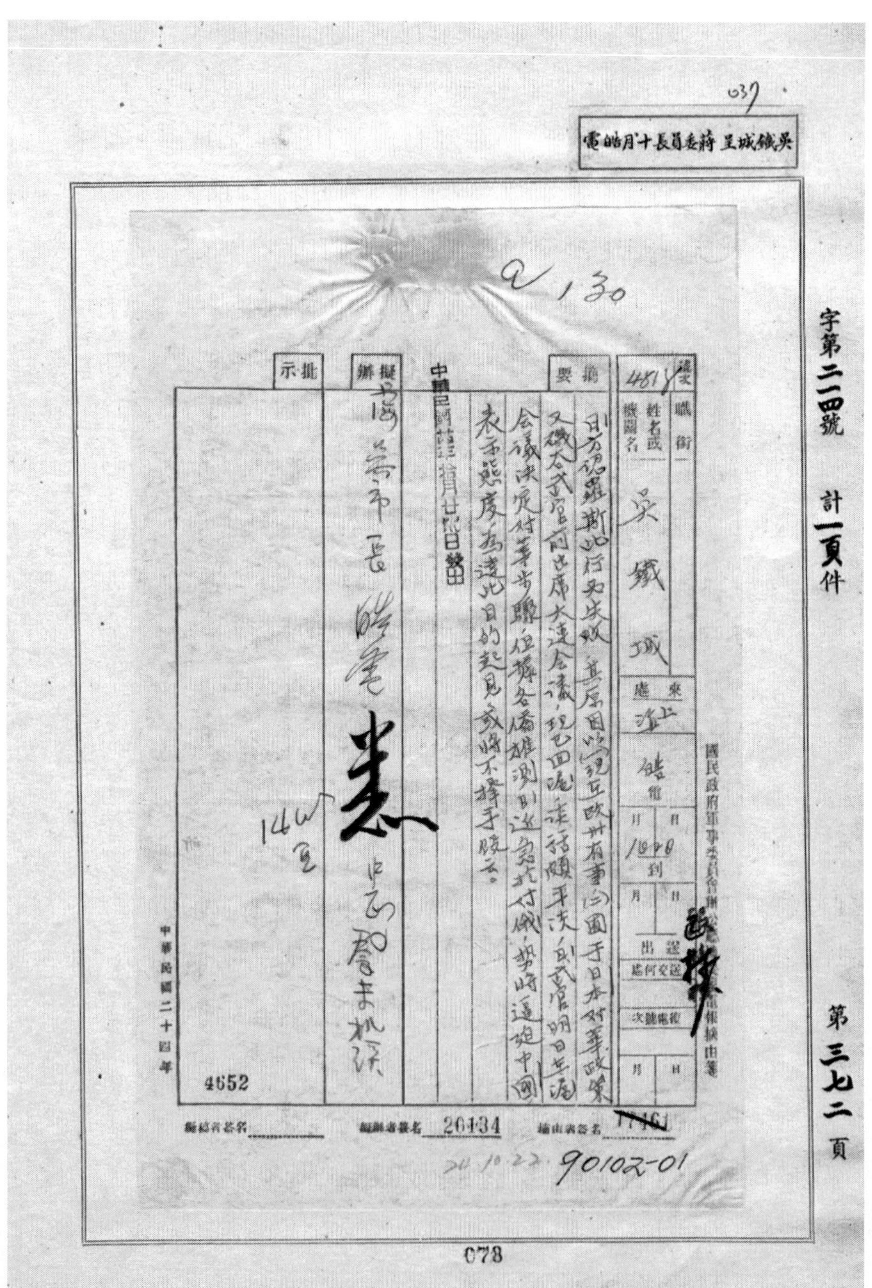

吳鐵城呈蔣委員長十月皓電

吳鐵城電蔣中正日方認羅斯此行必敗日本急對蘇俄將逼中國表態　1935/10/19

002-020200-00026-037

010
3411
9119
10216

國民政府軍事委員會委員長南昌行營用箋

中華民國廿四年拾月廿一日發出

13

杭州黃主席、上海吳市長、鎮江陳主席勳鑒：近月來江浙滬邊交界處水陸各地時出盜劫，應責成出事當地負責之主管限期破案，緝拿速獲，不可虛飾，無以對人，要即以此為督責。

4639 011 20121 17448 10601

011

蔣中正電黃紹竑吳鐵城陳果夫江浙滬邊多盜劫應限期破案　1935/10/21

002-010200-00147-010

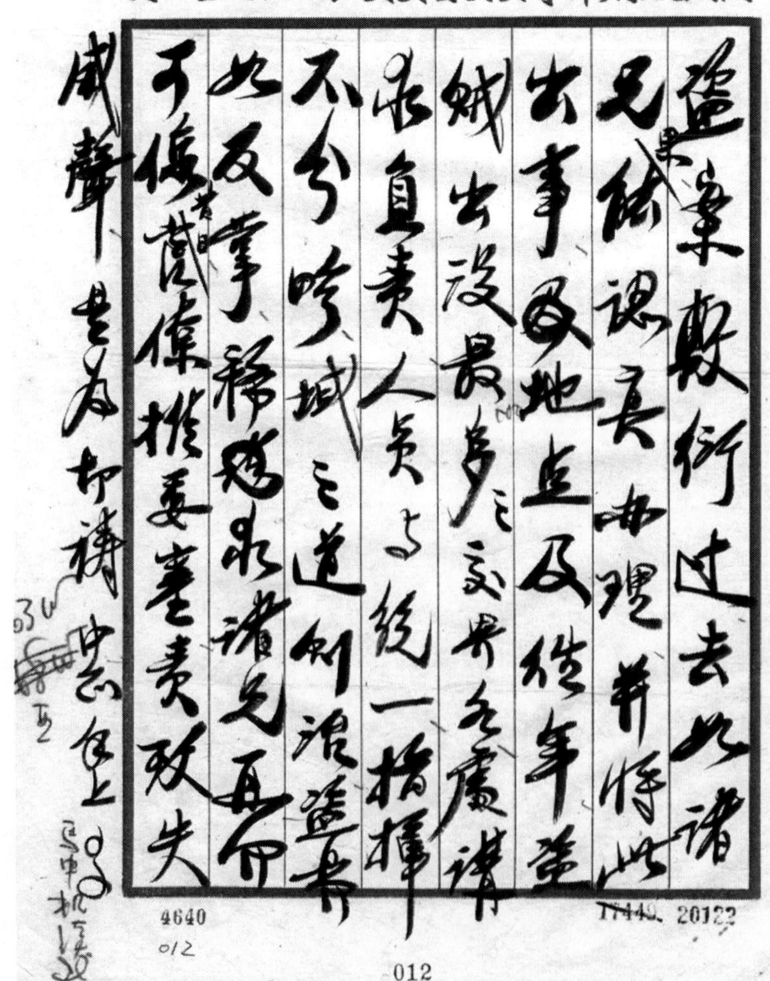

010

國民政府軍事委員會委員長南昌行營用箋

4640

012

17449、20122

012

國民政府軍事委員會用牋

上海

吳市長。滬各報任意登載各地學生消息各通聞封等事皆應取締，當此戒嚴時期應嚴格檢查報紙。

中正。○○

中華民國廿四年十二月廿九日發出

蔣中正電示吳鐵城戒嚴時期嚴格檢查報紙取締隨意登載學生消息　1935/12/29

002-010200-00149-039

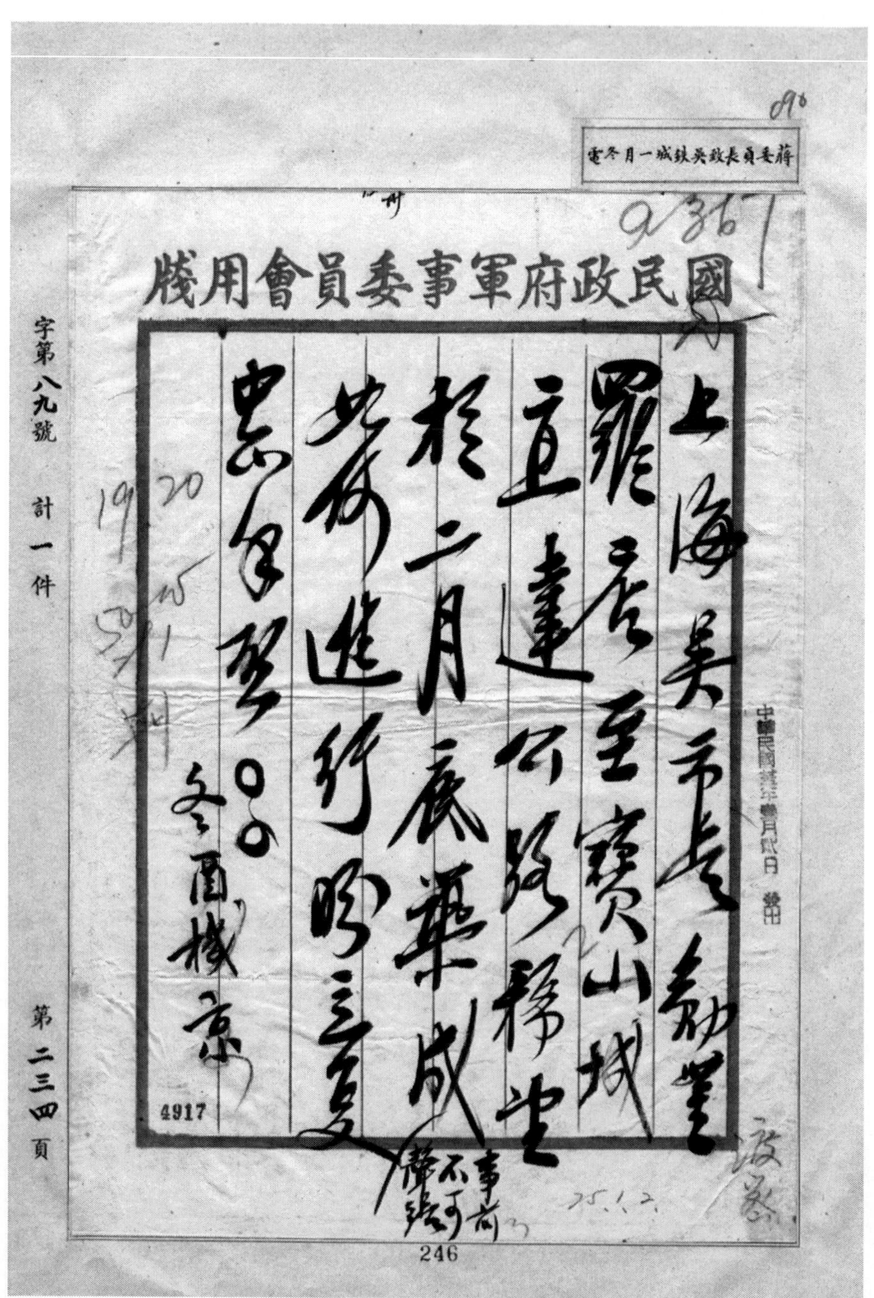

蔣委員長致吳鐵城一月冬電

國民政府軍事委員會用牋

上海吳市長勛鑒：羅店至寶山城直達公路務望於二月底築成，勿誤進行盼復。中正。冬酉機京

字第八九號 計一件 第二三四頁

中華民國 年 月 日發出

4917

246

蔣中正電吳鐵城於二月底築成羅店至寶山城直達公路 1936/1/2

002-020200-00023-090

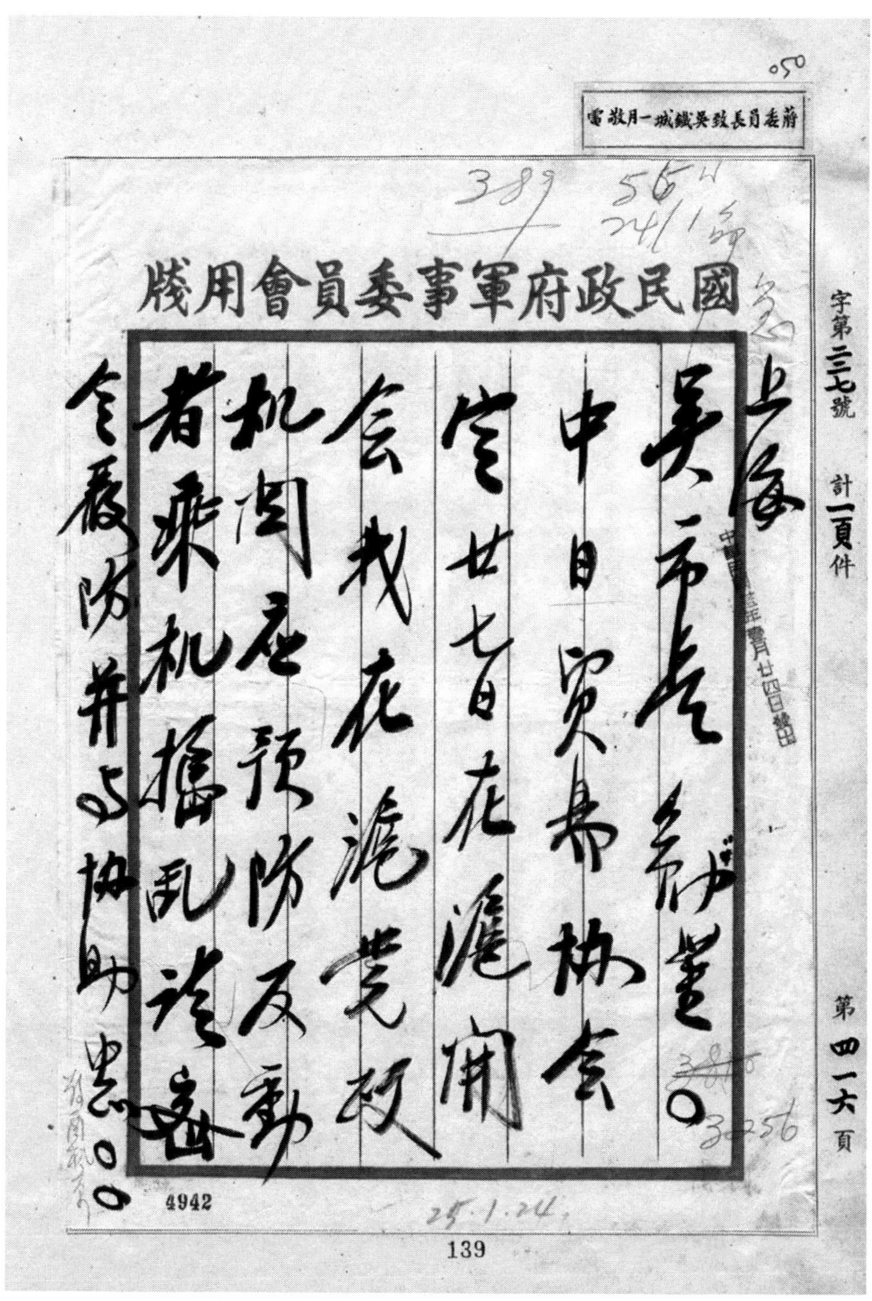
050

蔣委員長致吳鐵城一月敬電

國民政府軍事委員會用箋

上海

吳市長勳鑒〇

中日貿易協會

定廿七日在滬開

會我在滬黨政

機關應預防反動

者乘機搗亂請

令嚴防并與協助

中正〇〇

字第三二七號

計一頁件

第四一六頁

4942

25.1.24.

139

蔣中正電吳鐵城中日貿易協會定二十七日在滬開會中國應預防反動者搗亂　1936/1/24

002-020200-00026-050

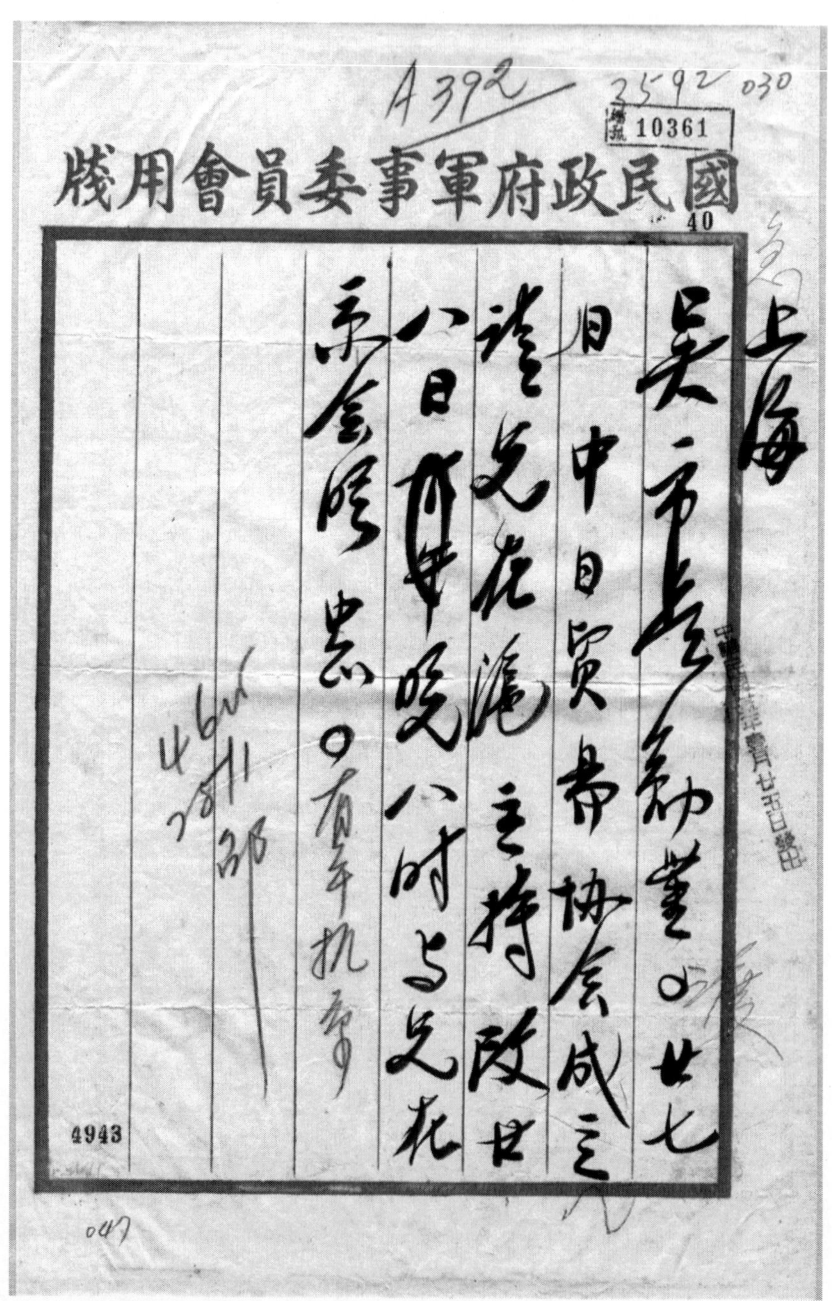
A392 3592 030

10361

國民政府軍事委員會用牋

40

上海

吳市長鐵城兄 廿七

日中日貿易協會成立

請兄在滬主持 廿

八日下午八時與兄在

杭會晤 中正 有午机參

4943

蔣中正電請吳鐵城主持二十七日中日貿易協會成立　1936/1/25

002-010200-00150-030

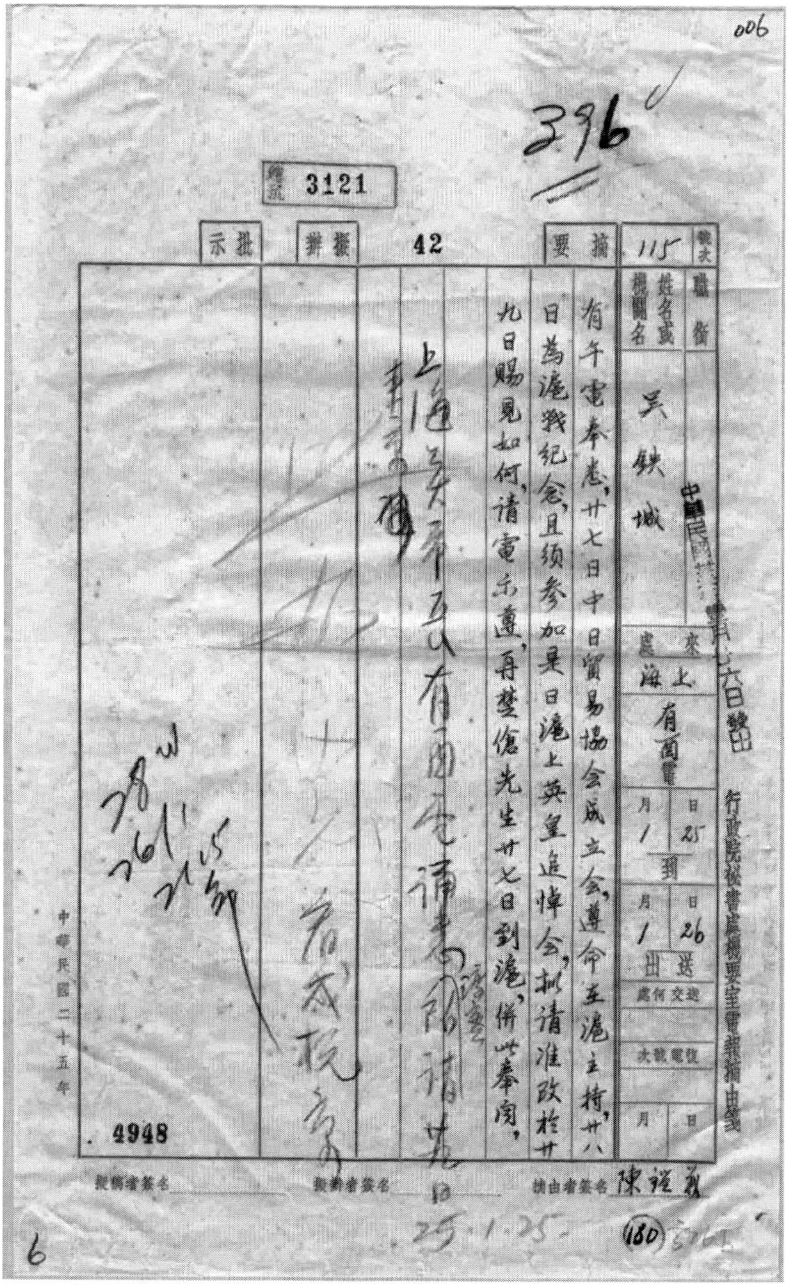

006

396

總號 3121

批示	擬辦	42	摘要	次號 115

職銜姓名或機關名：吳鐵城

中華民國廿五年一月廿六日發出

來處：上海

有酉電

月1日25到

月1日26出送

交辦何處

復電號次

行政院秘書處機要室電報摘由箋

摘要：有午電奉悉，廿七日中日貿易協會成立會，遵命在滬主持，廿八日為滬戰紀念，且須參加是日滬上英皇追悼會，擬請准改於廿九日賜見如何，請電示遵，再楚傖先生廿七日到滬，併此奉聞。

擬辦：上海吳市長，有酉電悉，請廿九日來京為盼。中正

中華民國二十五年

4948

擬稿者簽名　　擬辦者簽名　　摘由者簽名 陳耀爾

25.1.25

蔣中正電吳鐵城二十九日來京　1936/1/25

002-070100-00043-006

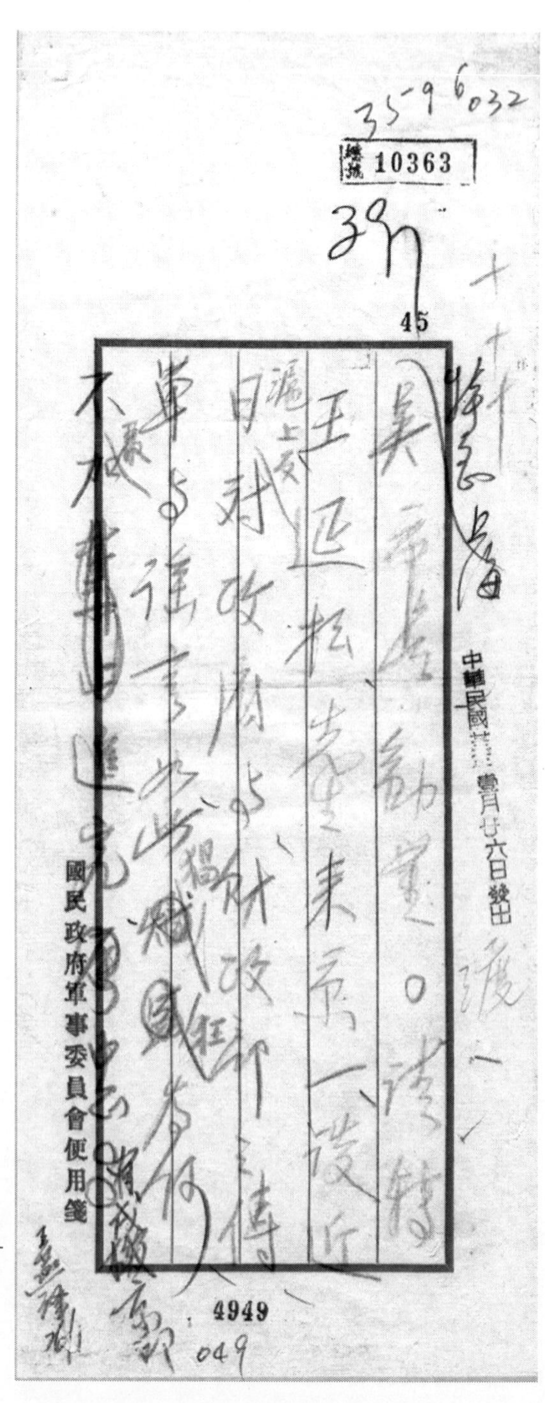

蔣中正電吳鐵城轉王廷松來京一談及嚴究滬上反對政府之傳單
1936/1/26
002-010200-00150-032

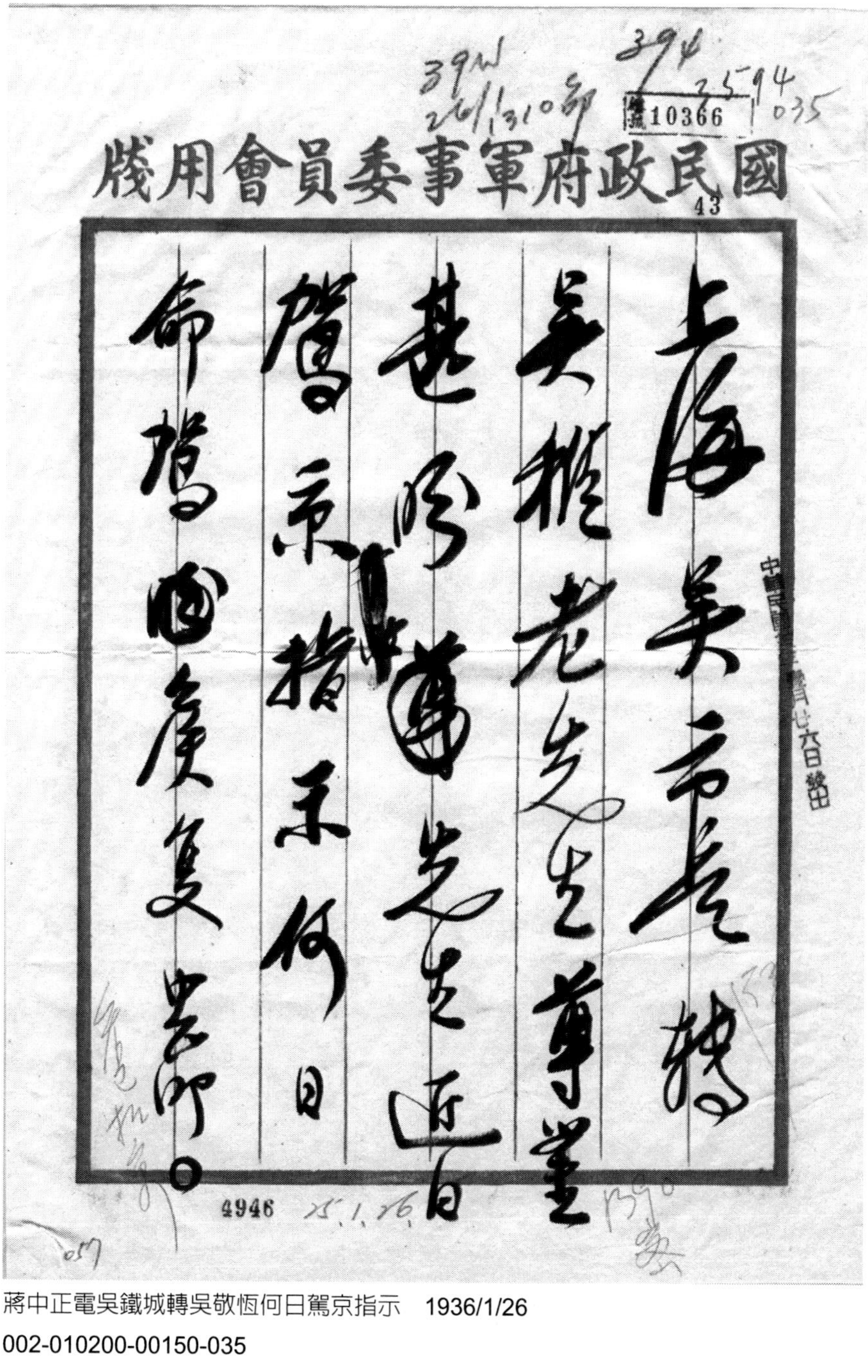

10366

國民政府軍事委員會用牋

43

上海吳市長轉
吳稚老先生尊鑒
甚盼敬恆先生可否
駕京指示何日
命駕盼復中正叩○

4946 25.1.26

蔣中正電吳鐵城轉吳敬恆何日駕京指示　1936/1/26

002-010200-00150-035

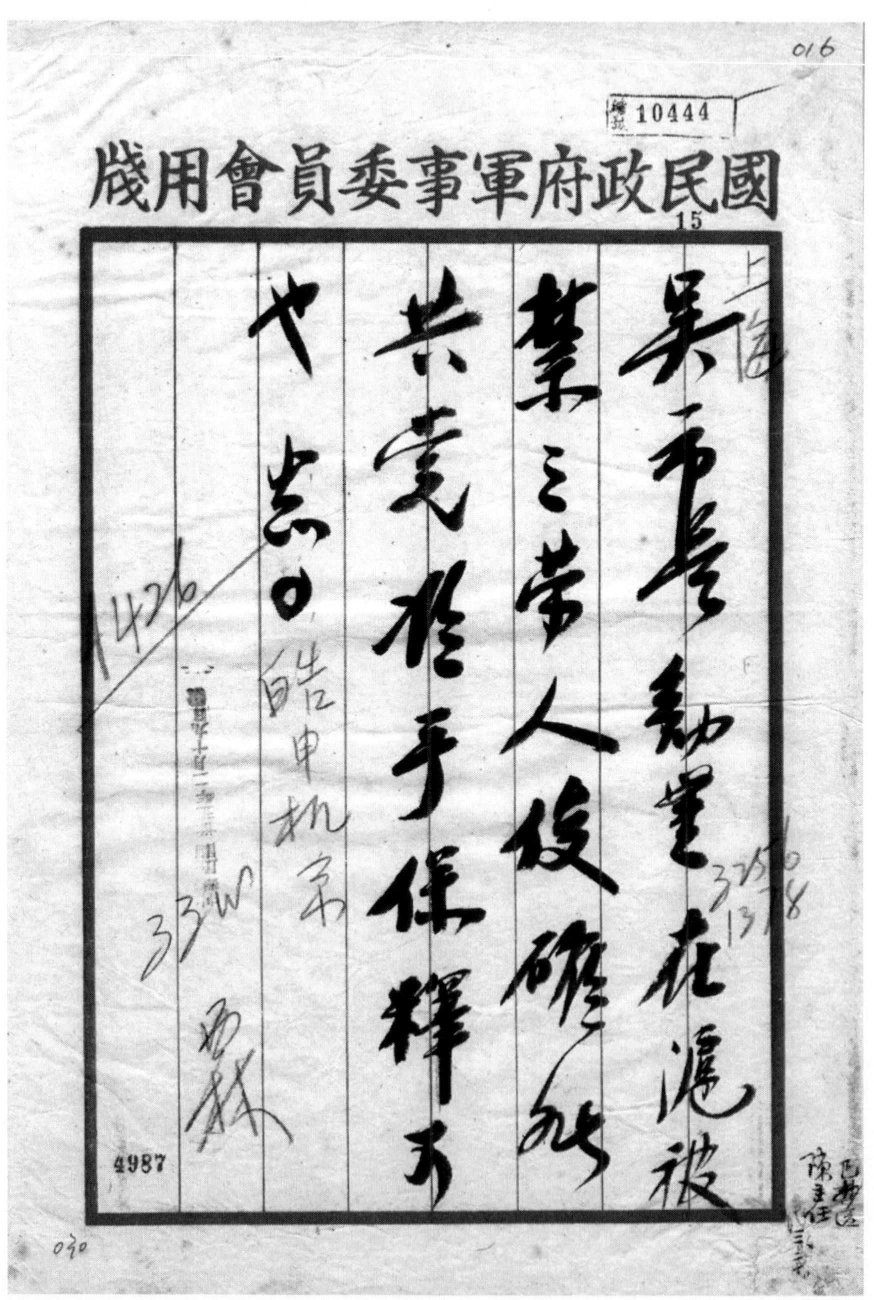

國民政府軍事委員會用箋

吳市長勛鑒：在滬被禁之勞人俊確非共黨，准予保釋可也。中正。皓申机京

蔣中正電令吳鐵城勞人俊確非共黨准予保釋　1936/2/19

002-010200-00152-016

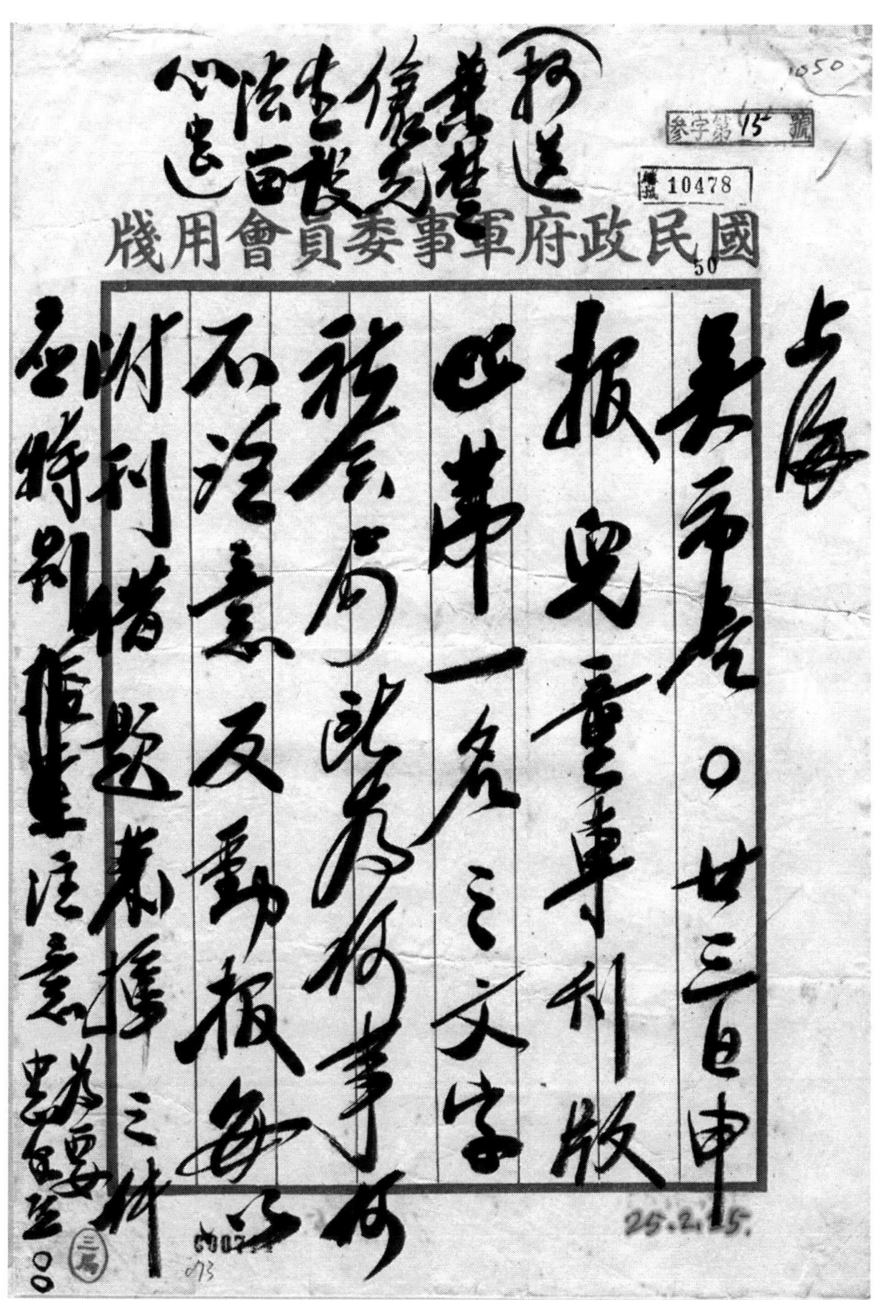

參字第15號

10478

國民政府軍事委員會用牋

上海

吳市長。廿三日申

報[illegible]

[illegible]第一版之文字

社會局[illegible]

不注意反動報每以

副刊借題發揮之件

應特別注意 中正 ○○

25.2.25.

蔣中正電責吳鐵城指示社會局應注意反動報每以副刊借題發揮之稿件 1936/2/25

002-010200-00152-050

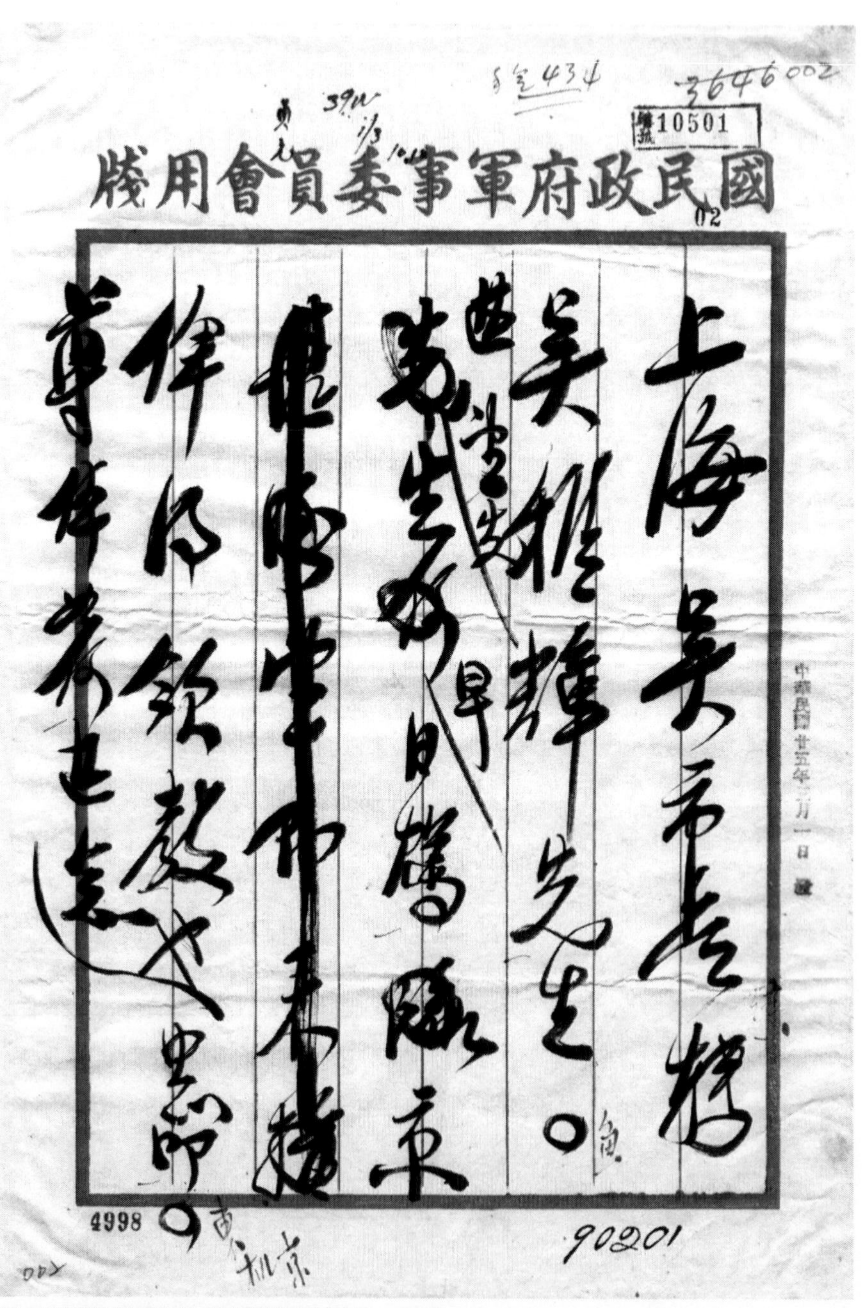

國民政府軍事委員會用牋

10501

中華民國廿五年三月一日發

4998

蔣中正電吳鐵城轉吳敬恆請早日來京　1936/3/1

002-010200-00153-002

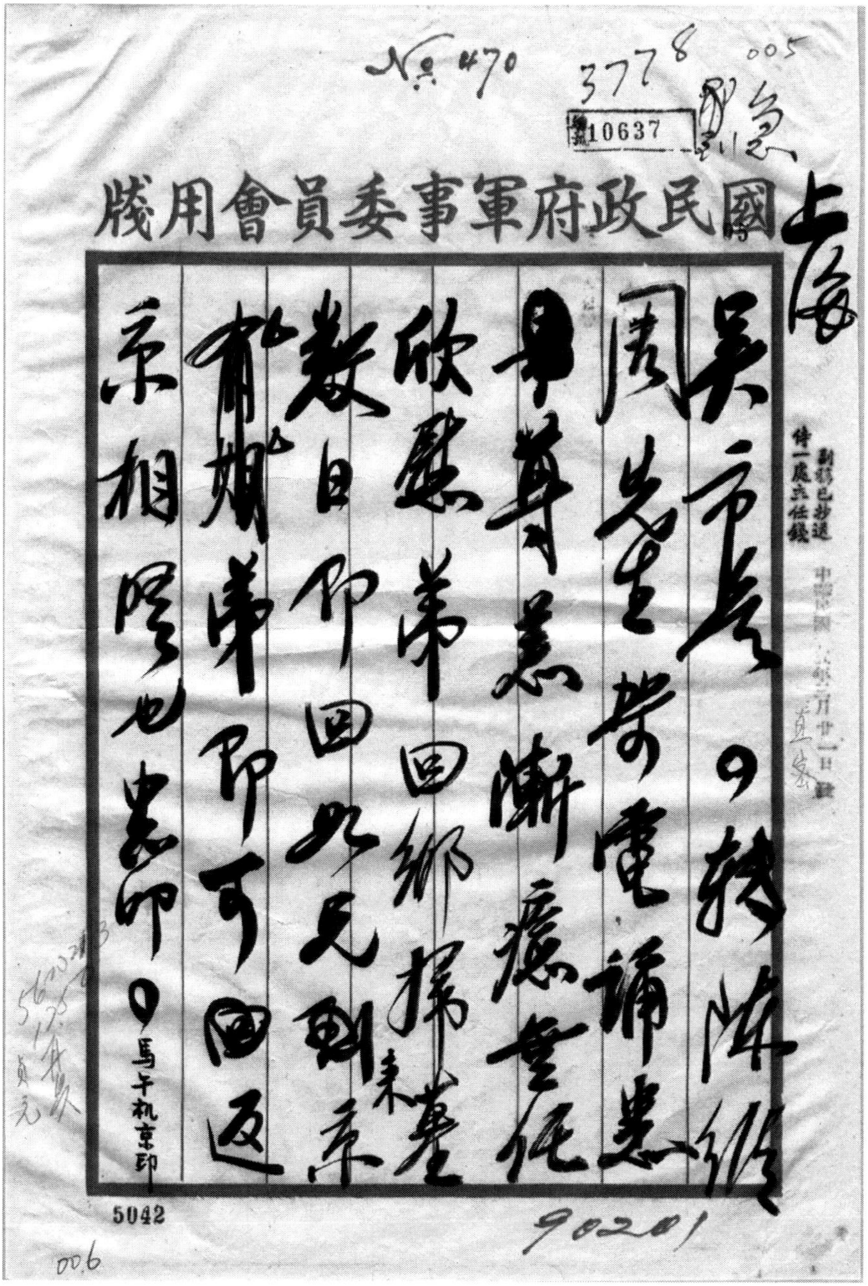

No. 470　3778　005

10637

國民政府軍事委員會用牋

上海

吳市長：轉陳維周兄勛鑒：接電誦悉，尊恙漸癒甚慰。欣悉弟回鄉掃墓，數日即回，如兄到[來]京，約期弟即可回返京相晤也。中正。

馬午机京印

副稿已抄送
侍一處六任錄

中華民國二十五年三月廿一日發

5042　90201

006

蔣中正電吳鐵城轉陳維周慰問病情及如來京可約期相晤　1936/3/21

002-010200-00155-005

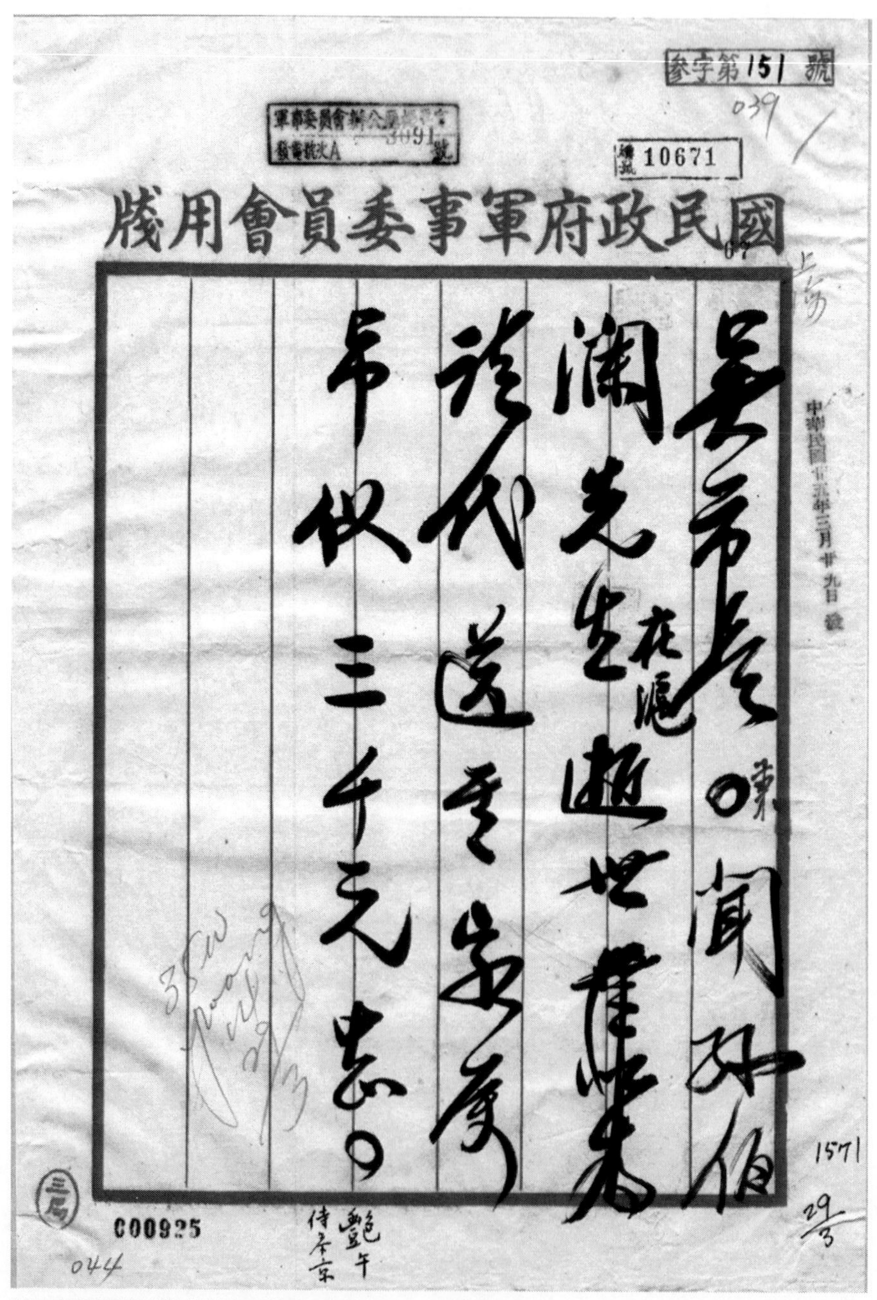

參字第151號

10671

國民政府軍事委員會用牋

吳市長

蘭先生在滬逝世

中華民國廿五年三月廿九日發

C00925

蔣中正電囑吳鐵城代送奠儀致祭孫洪伊　1936/3/29

002-010200-00155-039

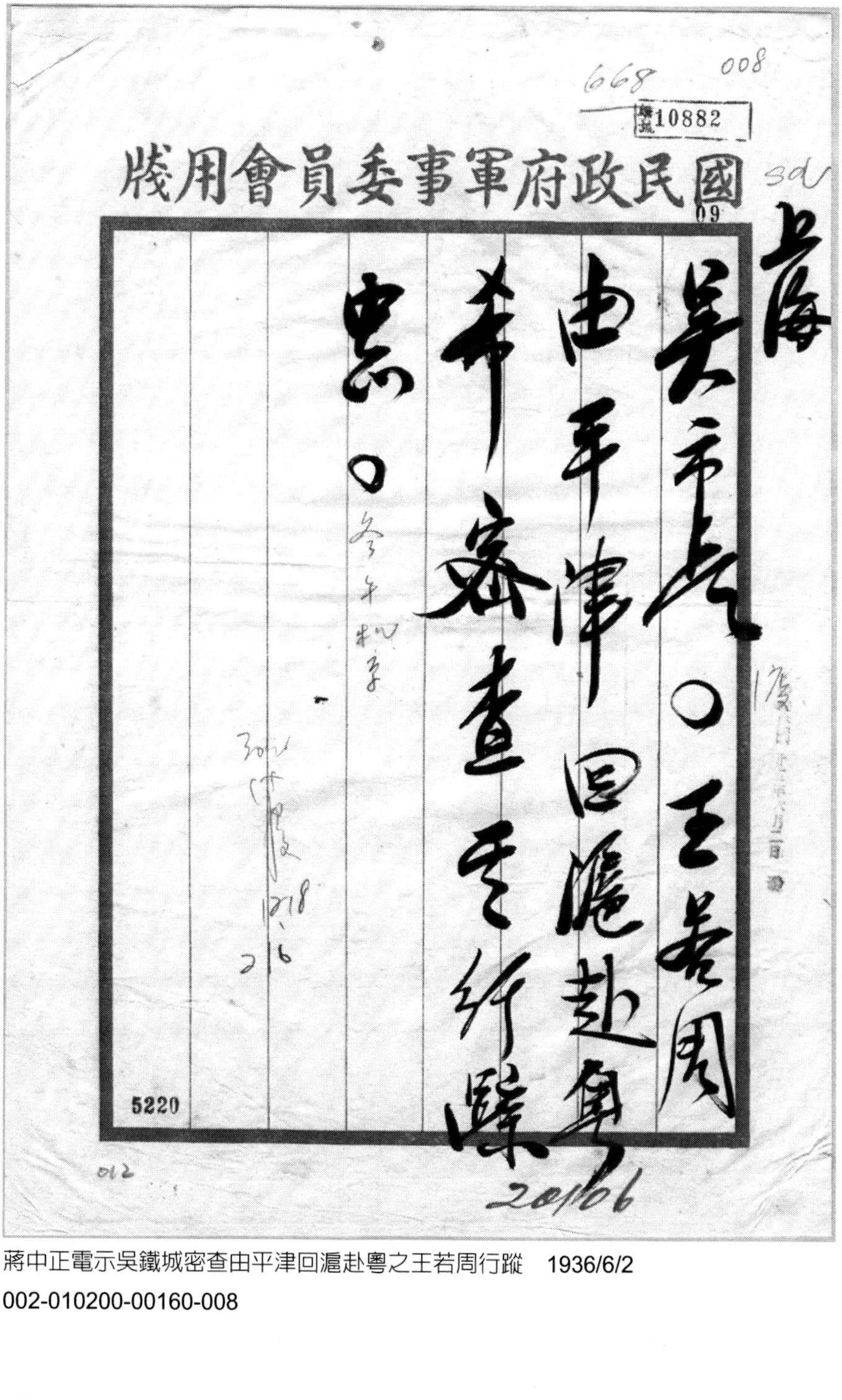

國民政府軍事委員會用牋

上海
吳市長○王若周由平津回滬赴粵希密查其行蹤
中正○

蔣中正電示吳鐵城密查由平津回滬赴粵之王若周行蹤　1936/6/2

002-010200-00160-008

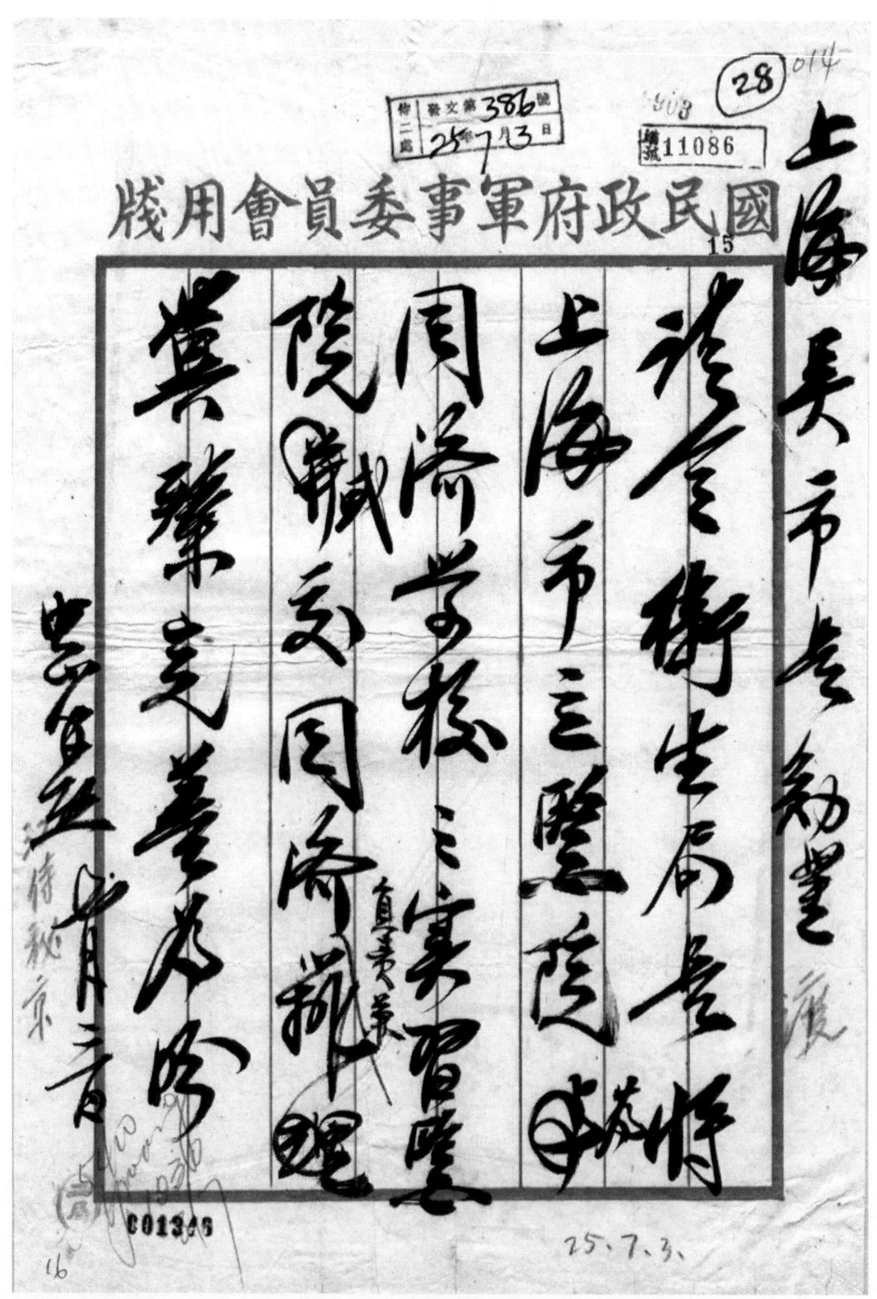
侍二處 發文第386號 25年7月3日

編號 11086

國民政府軍事委員會用牋

上海吳市長勛鑒

請令衛生局長將

上海市立醫院

同濟學校之實習醫

25.7.3.

蔣中正電吳鐵城令衛生局長將上海市立醫院為同濟學校之實習醫院　1936/7/3

002-010200-00163-014

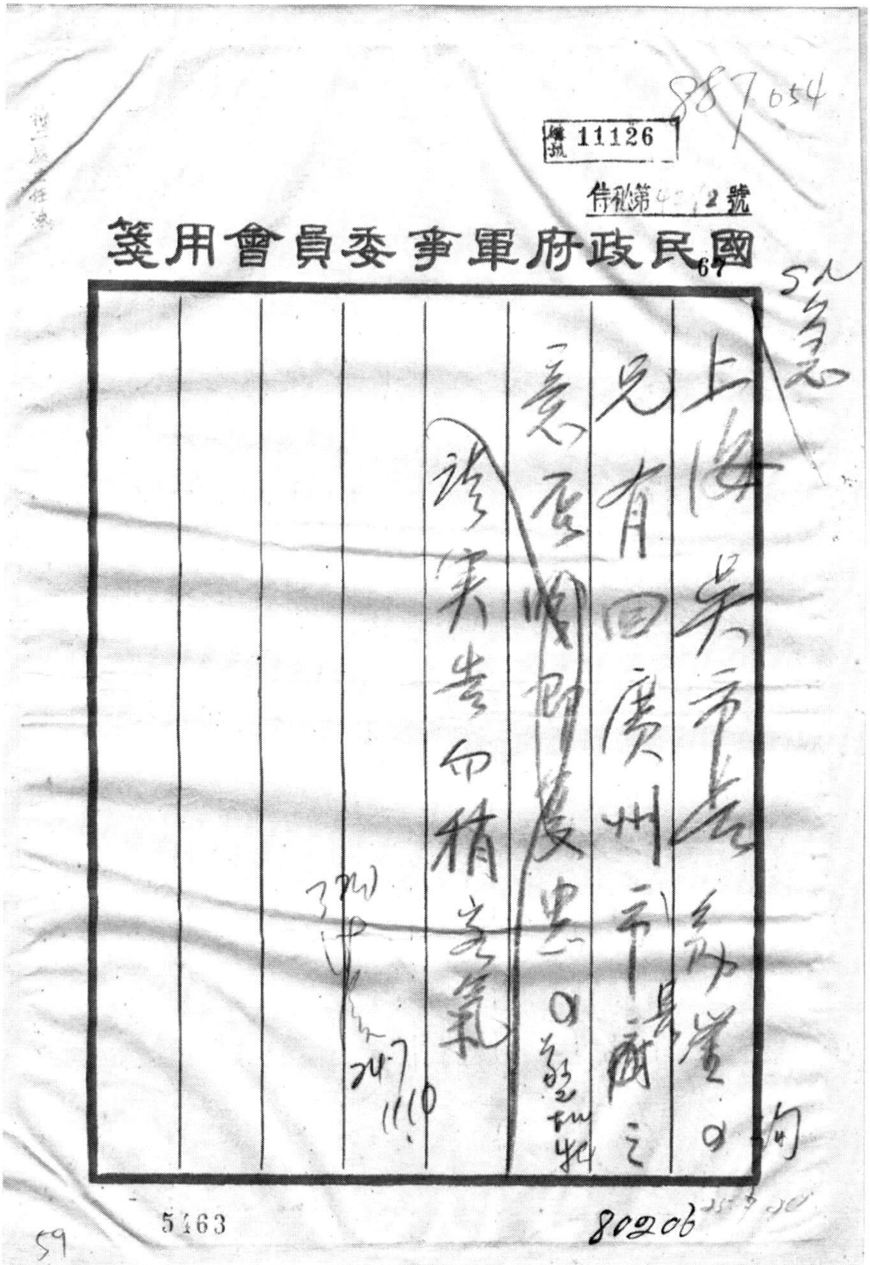

編號 11126

侍秘第 號

國民政府軍事委員會用箋

上海吳市長勳鑒：
兄有回廣州市長職之
意否，盼即復。中正
請實告，勿稍客氣

5463

蔣中正電詢吳鐵城有否回任廣州市長之意　1936/7/24

002-010200-00163-054

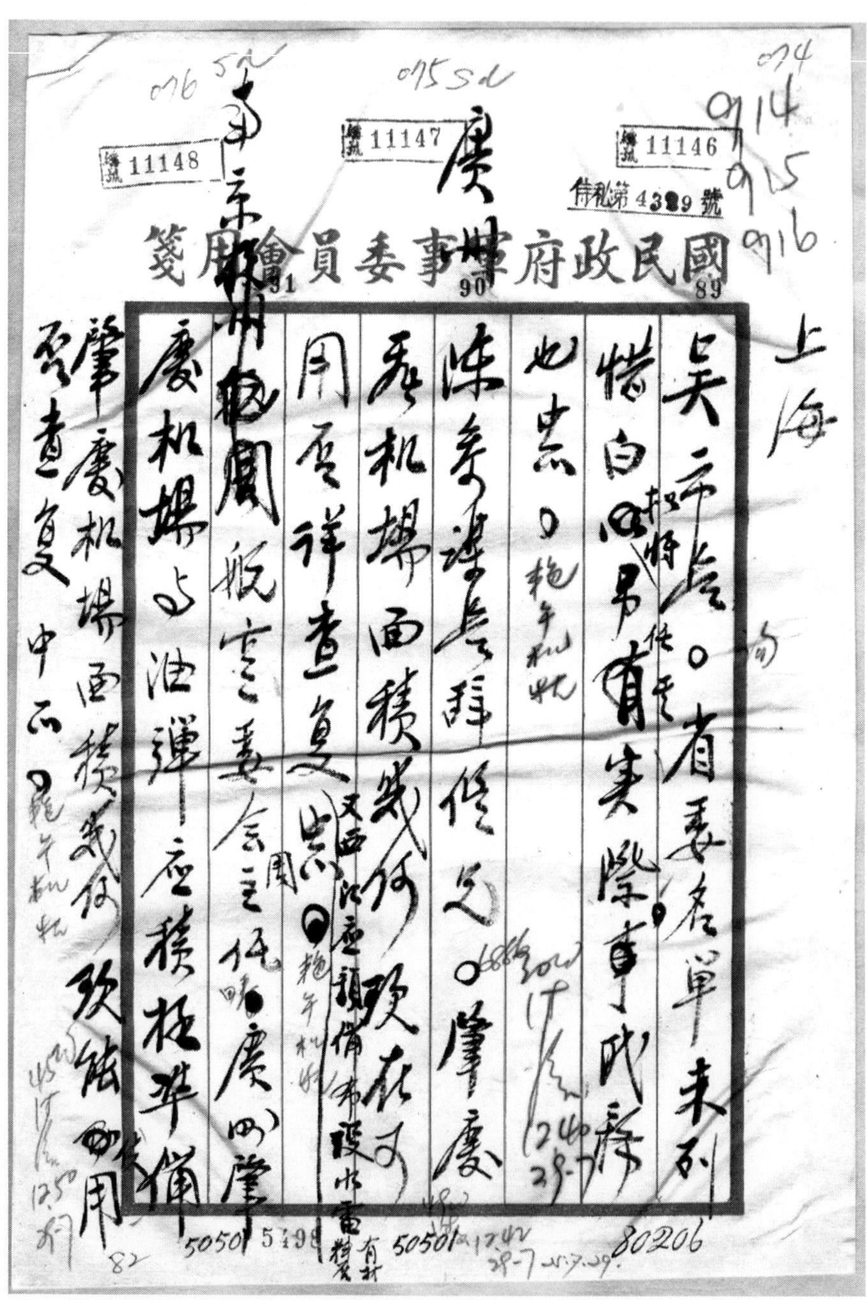

11148

11147

11146

侍秘第4329號

國民政府軍事委員會用箋

蔣中正電告吳鐵城省委名單未列歐陽駒擬另任職務　1936/7/29

002-010200-00163-074

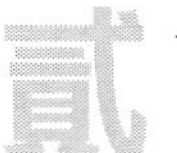

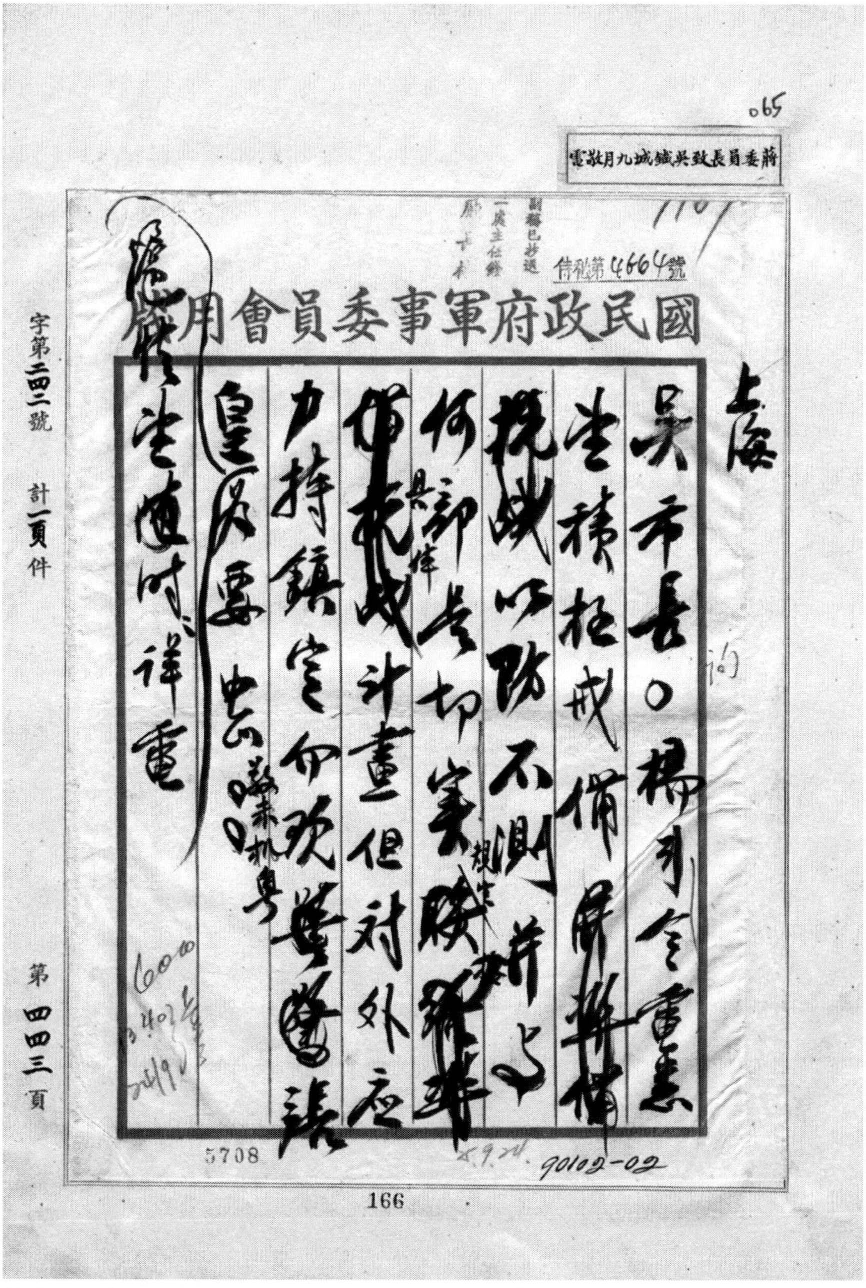

065

蔣委員長致吳鐵城九月敬電

侍秘第4664號

國民政府軍事委員會用箋

上海

吳市長：楊司令電悉。積極戒備，以防不測，並與何部長切實聯繫，規定具體作戰計畫，但對外應力持鎮定，勿現驚張，是為要。中正。敬。機京

字第二四二號

計一頁件

第四四三頁

5708

90102-02

166

蔣中正電吳鐵城積極戒備以防不測並與何應欽切定具體計畫　1936/9/24

002-020200-00026-065

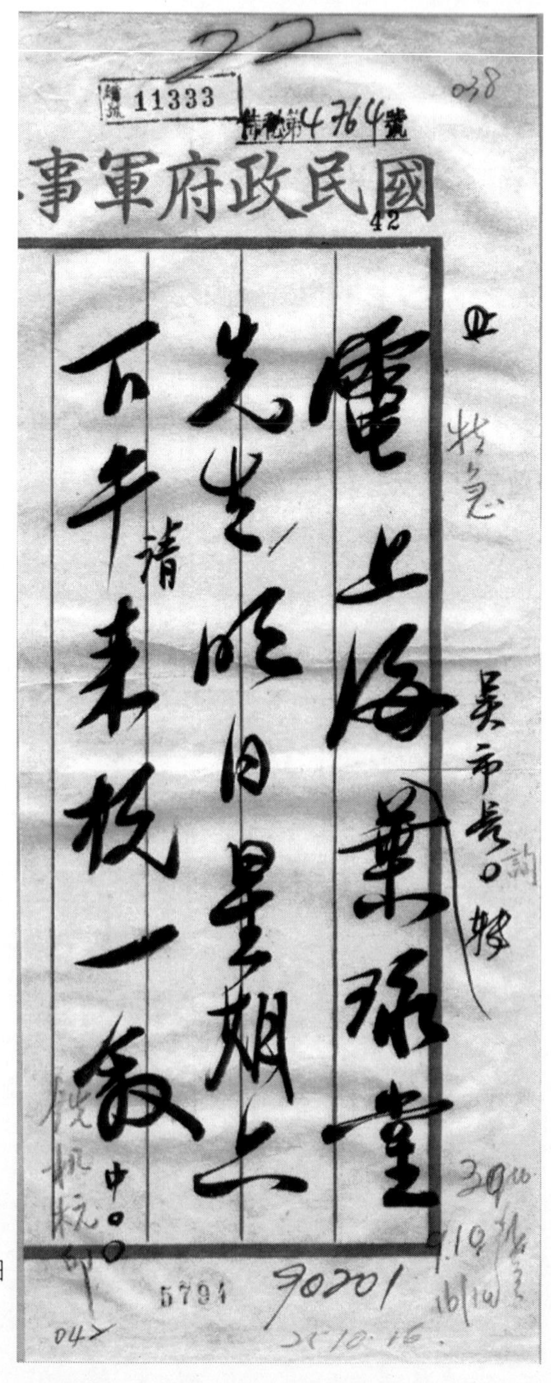
11333

特秘第4764號

國民政府軍事

電上海葉琢堂

先生明日星期六

下午請來杭一敘

中正

蔣中正電吳鐵城轉葉琢堂十七日下午來杭一敘　1936/10/16

002-010200-00166-038

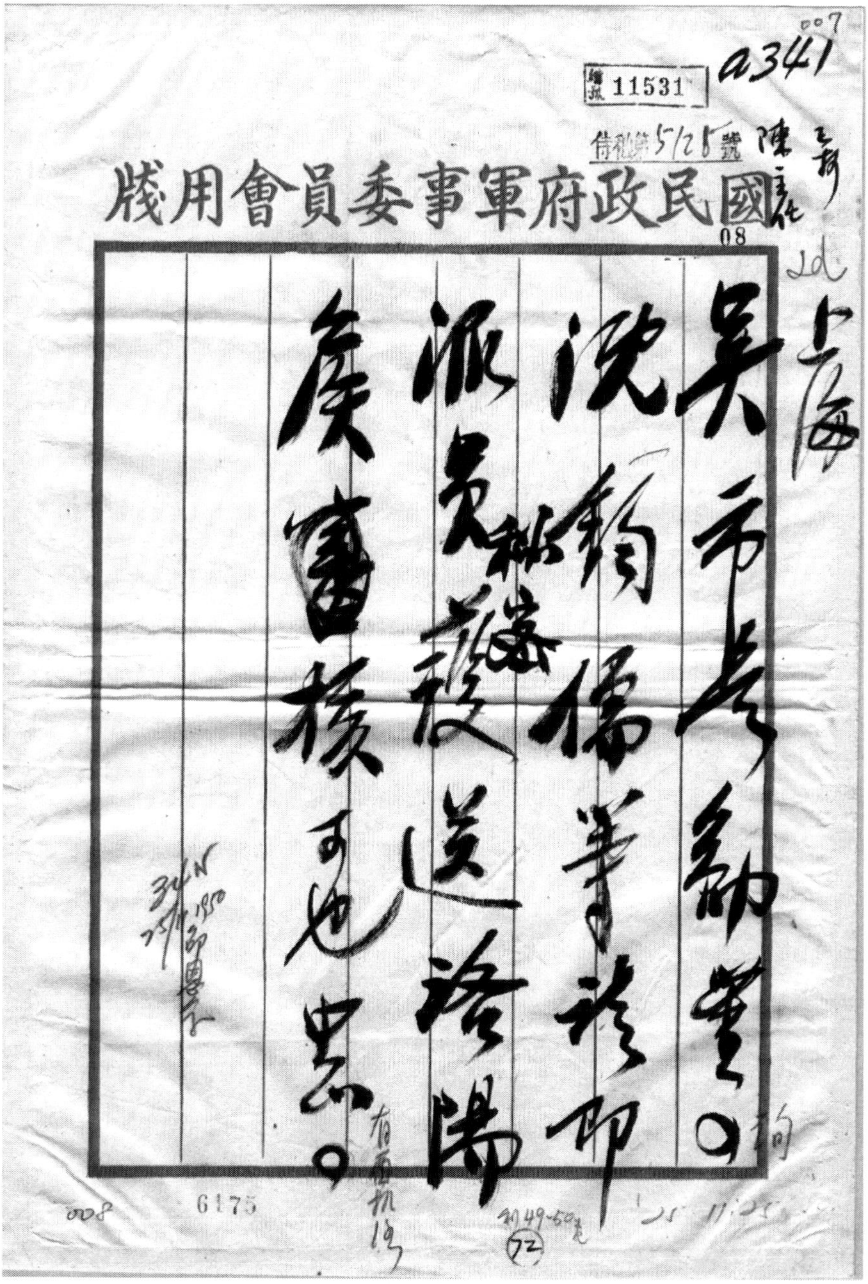

侍秘第5125號

國民政府軍事委員會用牋

上海

吳市長勛鑒。沈鈞儒等移即派員秘密護送洛陽候核可也。中。

6175

蔣中正電囑吳鐵城密送沈鈞儒等到洛陽候核　1936/11/25

002-010200-00169-007

參 廣東省政府主席時期

吳鐵城原籍廣東，一九三七年四月由上海市長升任廣東省政府主席，兼該省保安司令。蒞任不及五個月，全面抗戰爆發。吳於交通運輸、軍實儲備、要塞建造、保甲編組、團隊訓練、物資管制，均配合軍事督率布置。迄一九三九年四月，始卸任省主席一職。

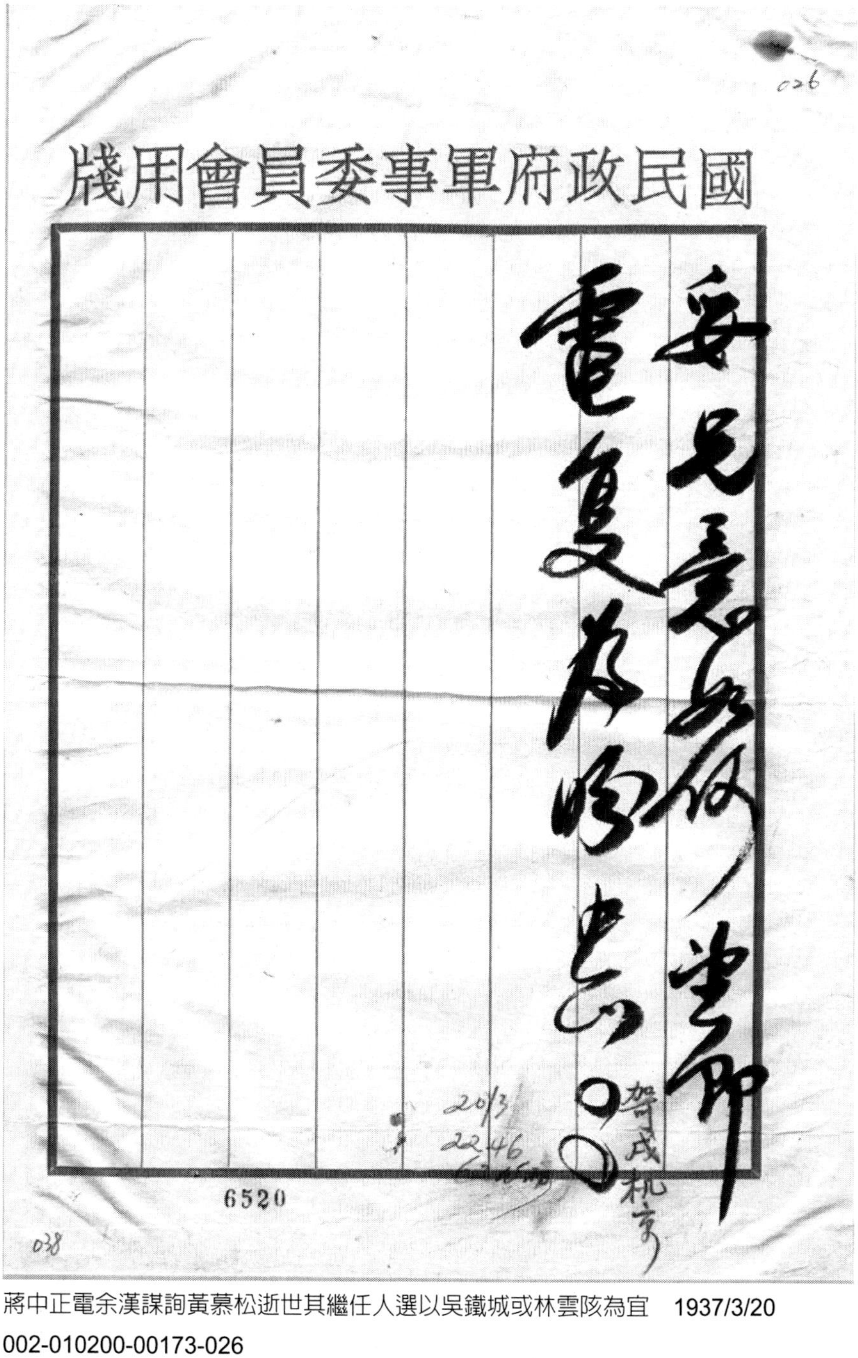

026

國民政府軍事委員會用牋

安兄意如何望即
電復為盼中正○○

20/3
22.46

6520

038

蔣中正電余漢謀詢黃慕松逝世其繼任人選以吳鐵城或林雲陔為宜　1937/3/20

002-010200-00173-026

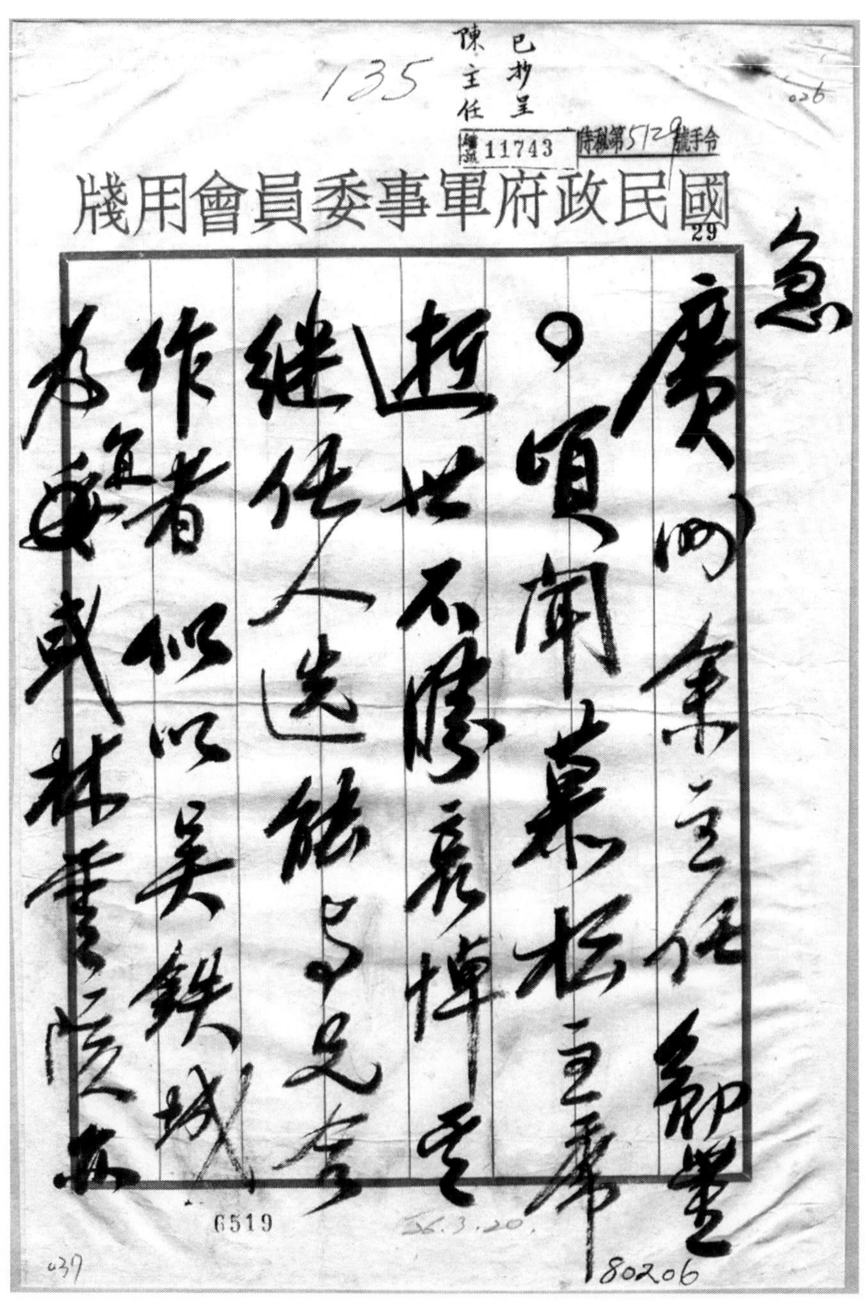

135

陳主任 已抄呈

編號 11743　侍秘第5129號手令

國民政府軍事委員會用牋

急

廣州余主任勛鑒。頃聞黃慕松主席逝世，不勝哀悼，惟繼任人選能與兄合作者，似以吳鐵城為宜，或林雲陔亦

29

6519

26.3.20

80206

026

037

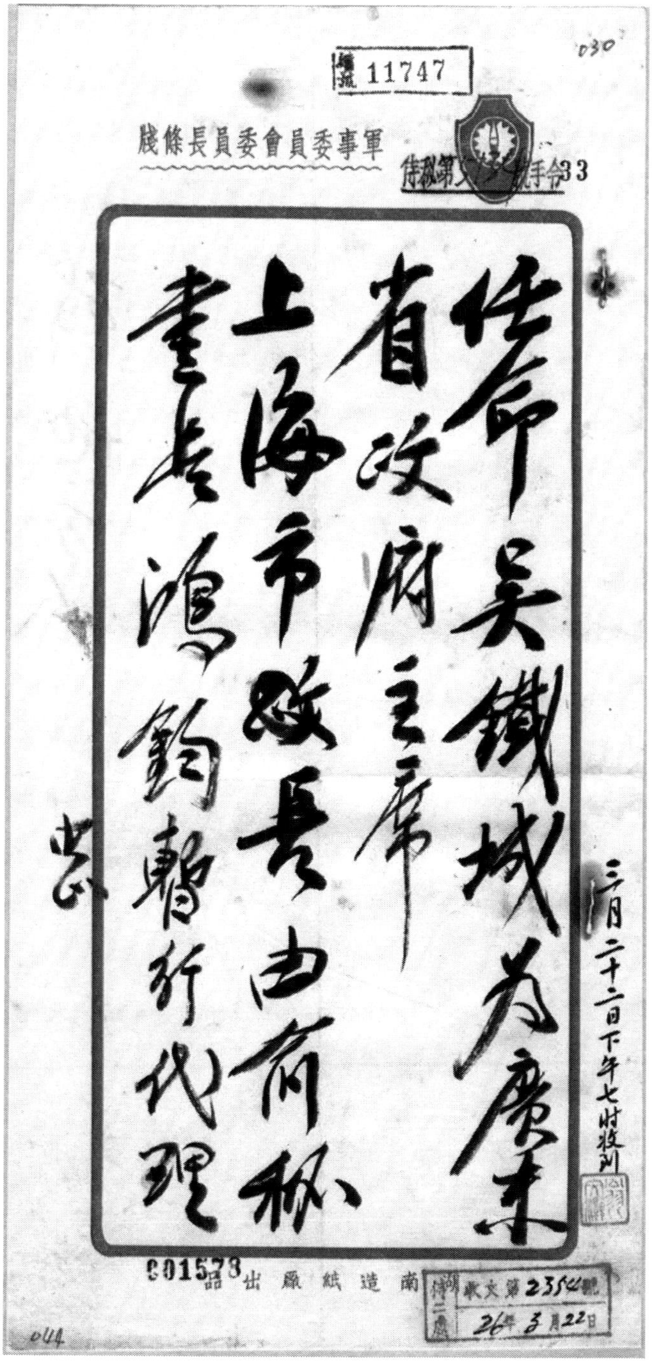

編號 11747

軍事委員會委員長條箋

侍秘第……號手令 33

侍令吳鐵城為廣東省政府主席，上海市政長由俞秘書長鴻鈞暫行代理。中

三月二十二日下午七時發

南通造紙廠出品 601573

收文第2354號 26年3月22日

蔣中正電令吳鐵城為廣東省主席俞鴻鈞暫代上海市長

1937/3/22

002-010200-00173-030

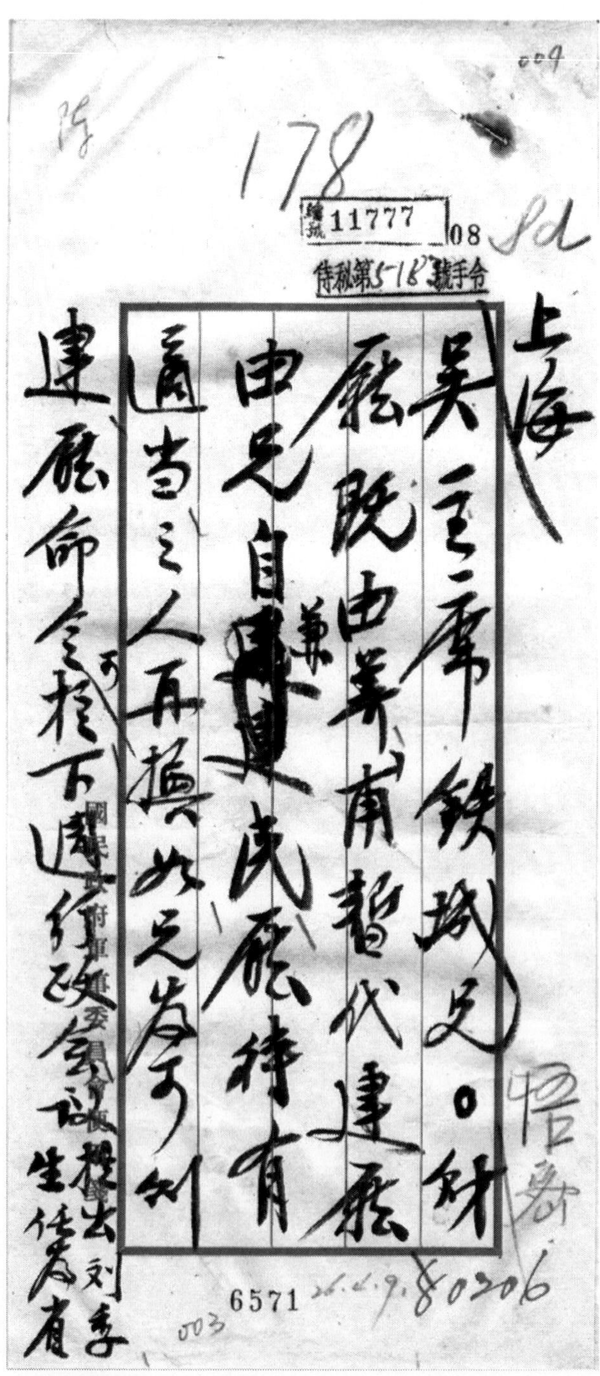
178
編號 11777 08
侍秘第518號手令
6571

蔣中正電示吳鐵城江蘇省財政民政與建設廳長人事調派　1937/4/9
002-010200-00174-004

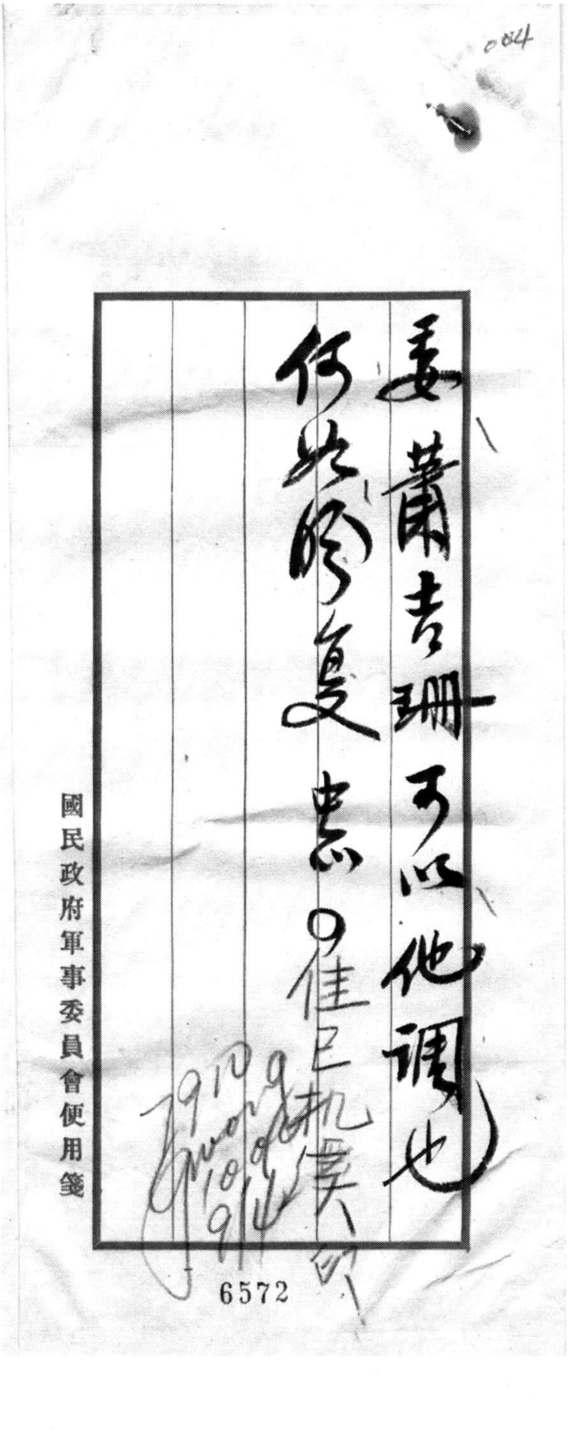

姜、蕭吉珊可以他調也。

何北衡復悉。佳巳机要印

國民政府軍事委員會便用箋

6572

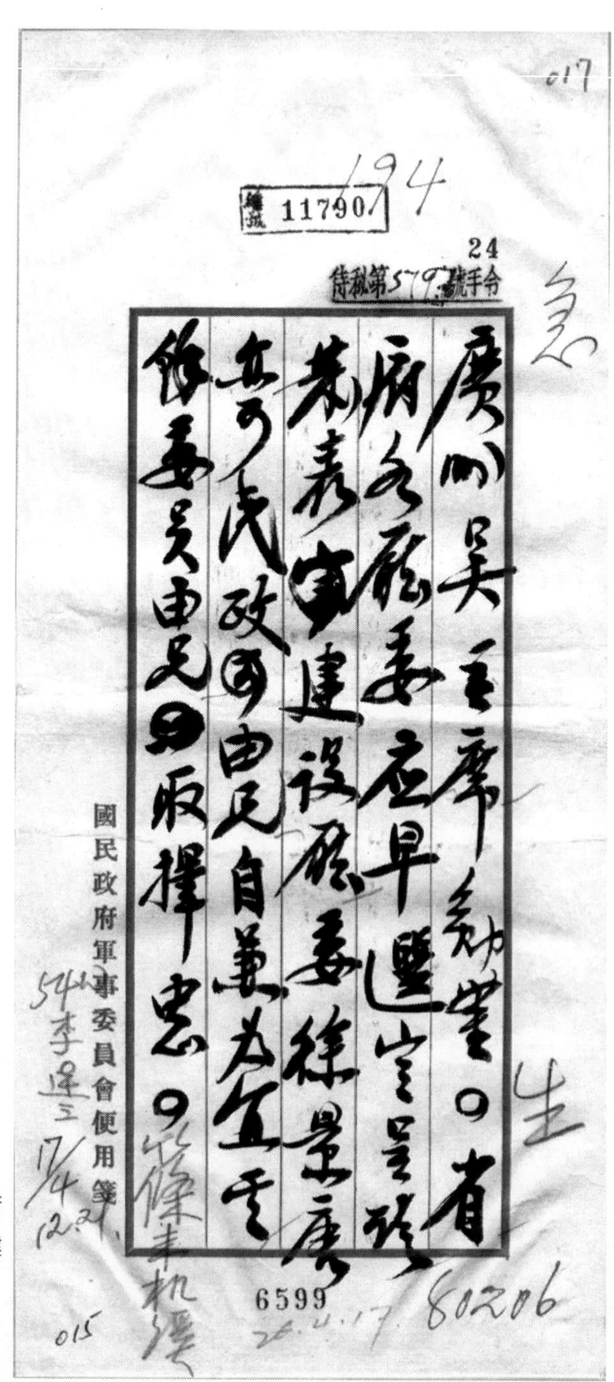

11790

侍秘第579號手令

廣州吳主席勛鑒：省府各廳委應早選定呈核，並裁定建設廳委徐景唐，其民政廳由兄自兼為宜，至餘委員由兄自取擇。中正。

國民政府軍事委員會便用箋

6599

蔣中正電示吳鐵城粵省府各廳委應早選定並裁定建設民政廳長人選

1937/4/17

002-010200-00174-017

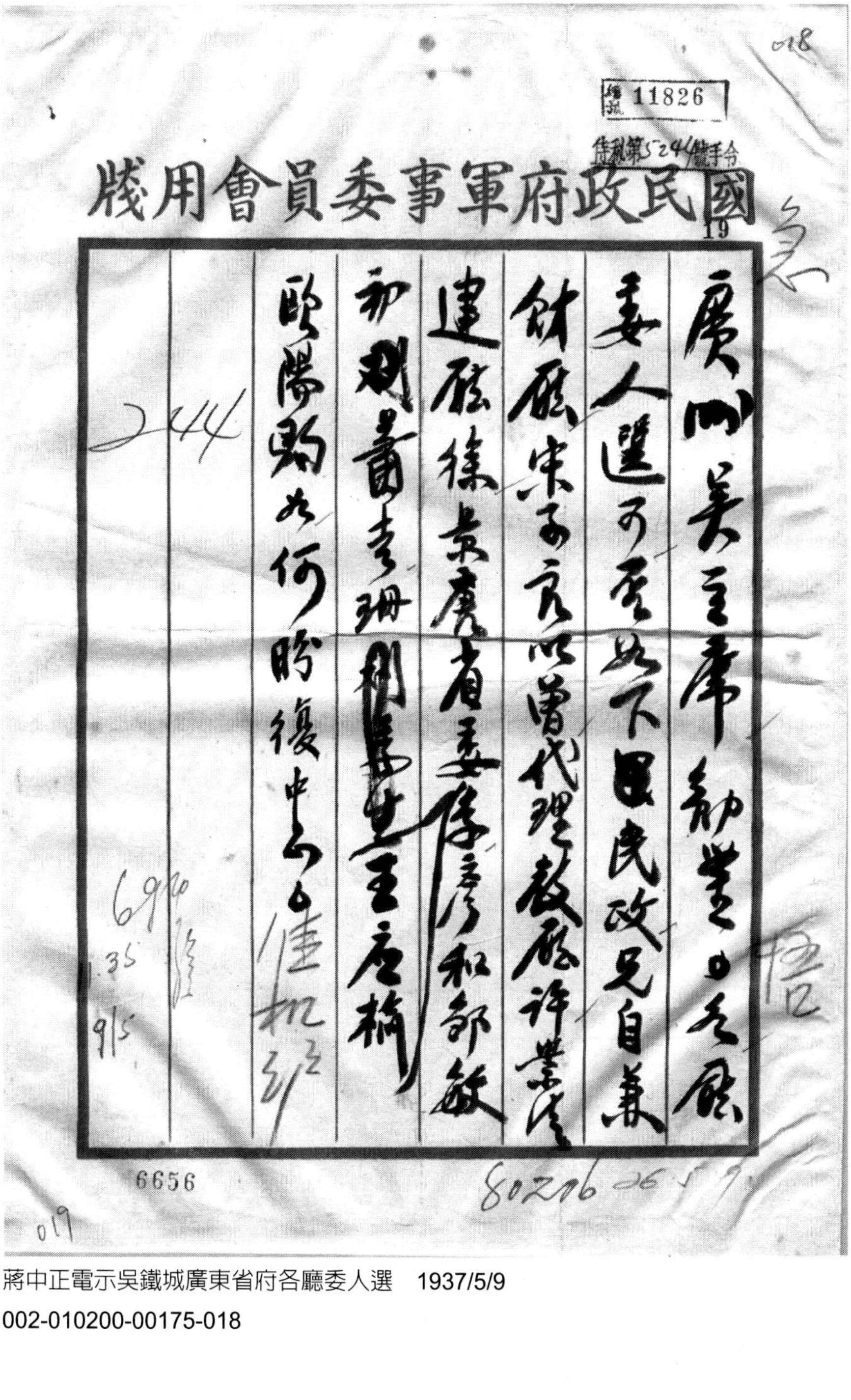

侍秘第5244號手令

國民政府軍事委員會用牋

廣州吳主席鐵城兄：各廳委人選可照如下：民政兄自兼，財廳宋子良，以曾代理教廳許崇清，建廳徐景唐，省委陳彥和、鄒敏初、劉[illegible]李珊、王應榆、歐陽駒為何？盼復。中正。佳機

6656　80206　26.5.9

蔣中正電示吳鐵城廣東省府各廳委人選　1937/5/9

002-010200-00175-018

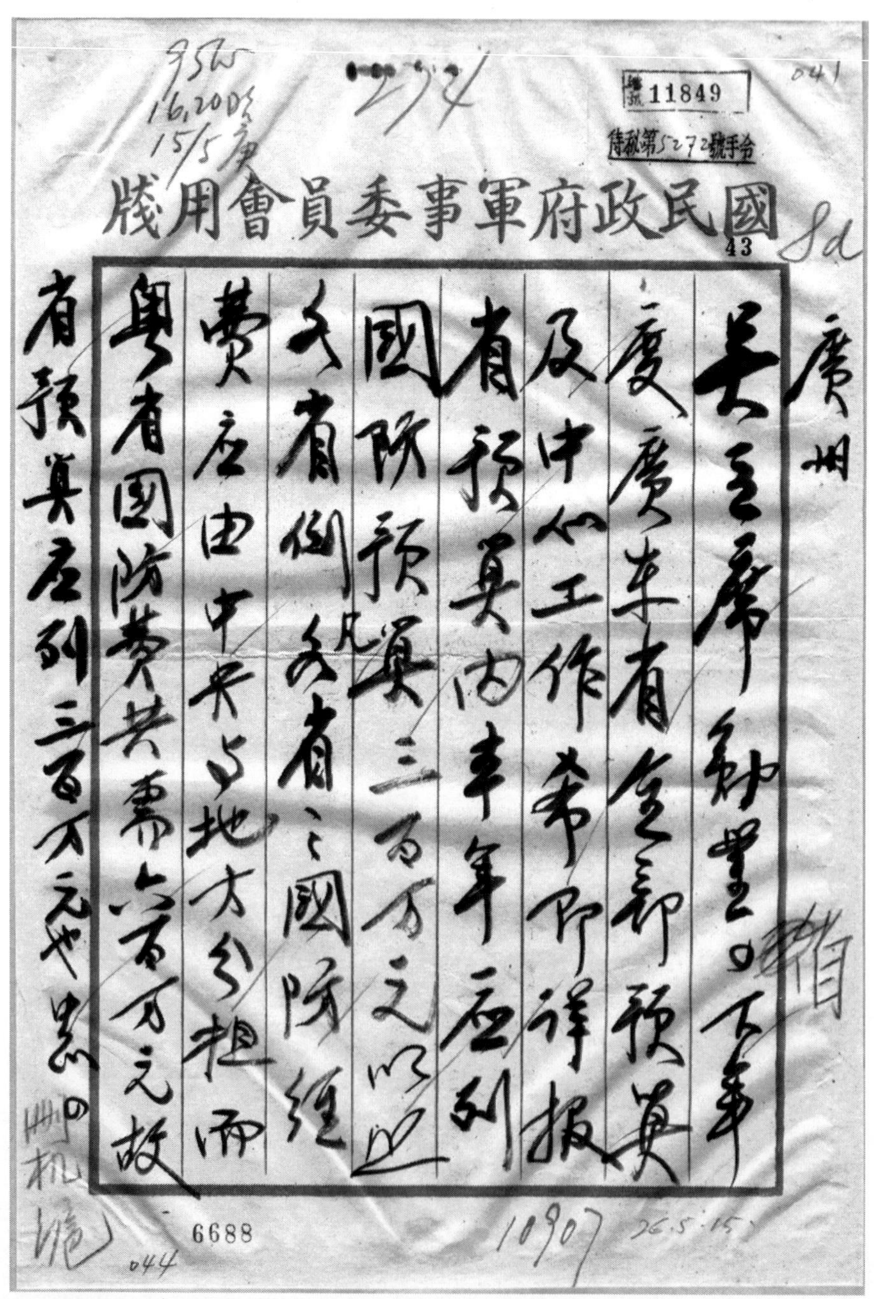

登號 11849

侍秘第5272號手令

國民政府軍事委員會用箋

廣州

吳主席鈞鑒：下年度廣東省全部預算及中心工作希即詳報。省預算內本年應列國防預算三百萬元以上，各省例凡各省之國防經費應由中央與地方分擔，而粵省國防費共需六百萬元，故省預算應列三百萬元也。中正。卯刪機。

6688 10907 26.5.15

蔣中正電示吳鐵城詳報下年度廣東省預算　1937/5/15

002-010200-00175-041

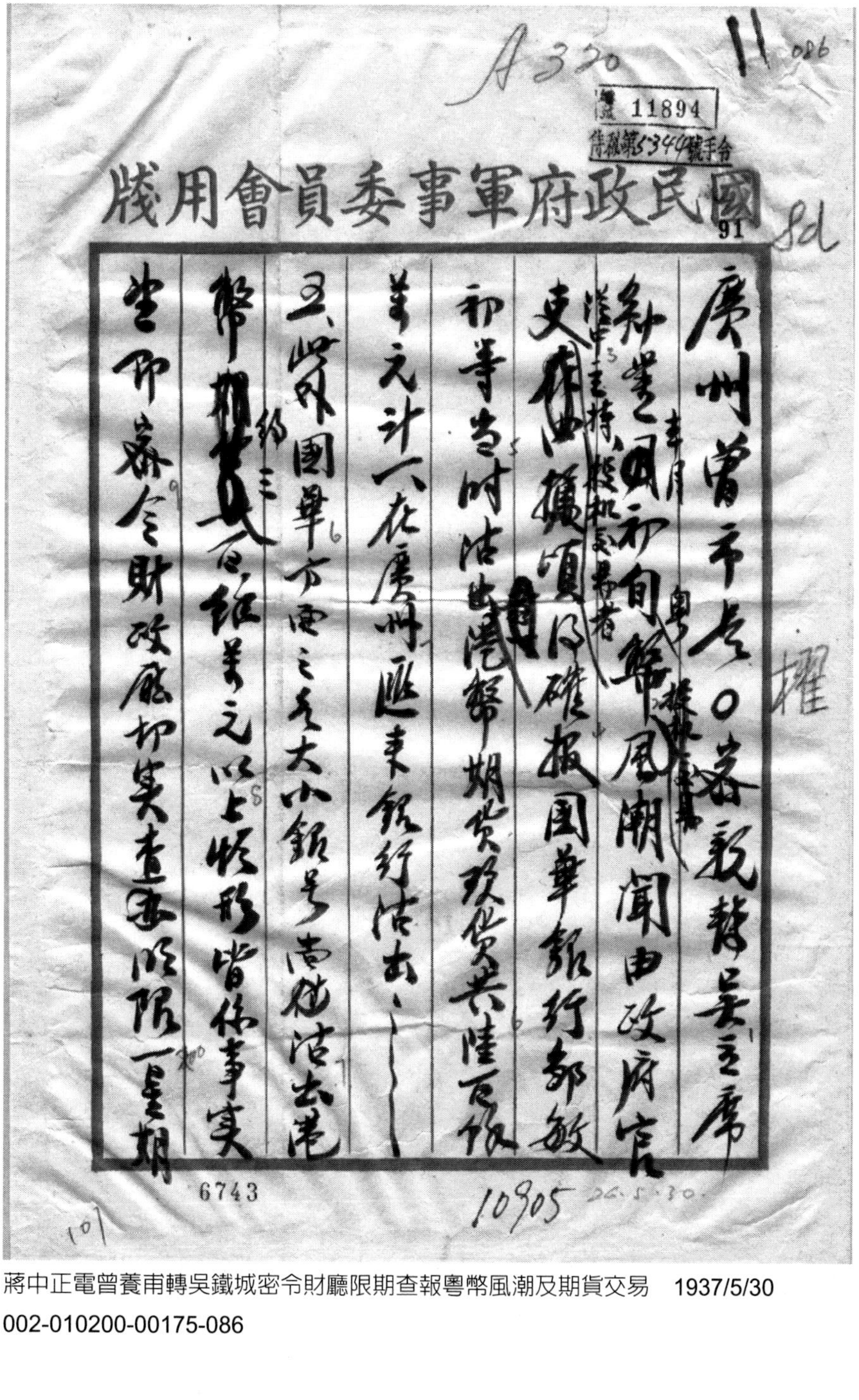

A320　11　086

11894

侍秘第5344號手令

國民政府軍事委員會用牋

91

廣州曾市長〇密親轉吳主席

本月初旬粵幣風潮聞由政府官

吏（準中主持，擬以賤價收買者）確報國華銀行鄒敏

初等高時沽出港幣期貨致共陸百餘

萬元計八在廣州匯東銀行沽出

且此外國華方面之大小銀號商號沽出港

幣期貨約三百餘萬元以上此形皆係事實

望即密令財政廳切實查報限一星期

6743　10905　26.5.30.

蔣中正電曾養甫轉吳鐵城密令財廳限期查報粵幣風潮及期貨交易　1937/5/30

002-010200-00175-086

國民政府軍事委員會用牋

內詳報又煙貨妥帶車運停止為何

此次緝獲煙貨先後行人之張與緝獲

者一併查報勿誤中正亥令〇

廿機粘

6745

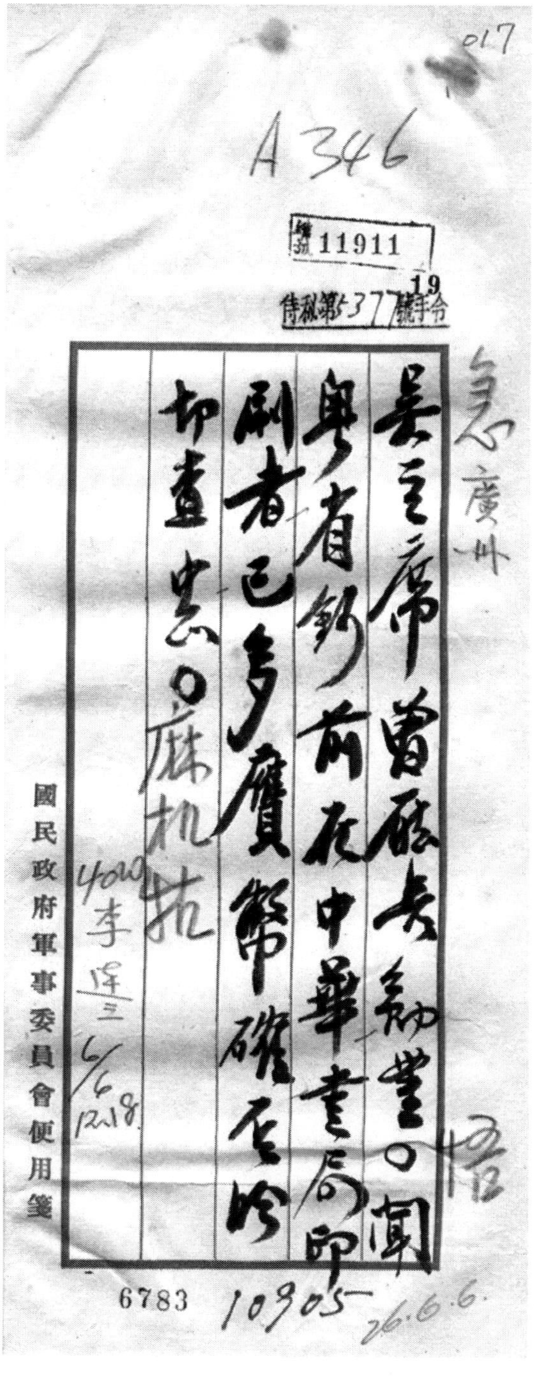

017

A346

編號 11911

侍秘第5377號手令

急 廣州

吳主席曾廳長勳鑒。聞
粵省鈔前在中華書局印
刷者已多贗幣確否盼
切查具。中正。麻机

國民政府軍事委員會便用箋

6783 10905 26.6.6.

蔣中正電吳鐵城曾養甫徹查中華書局印刷粵省鈔是否多偽幣

1937/6/6

002-010200-00176-017

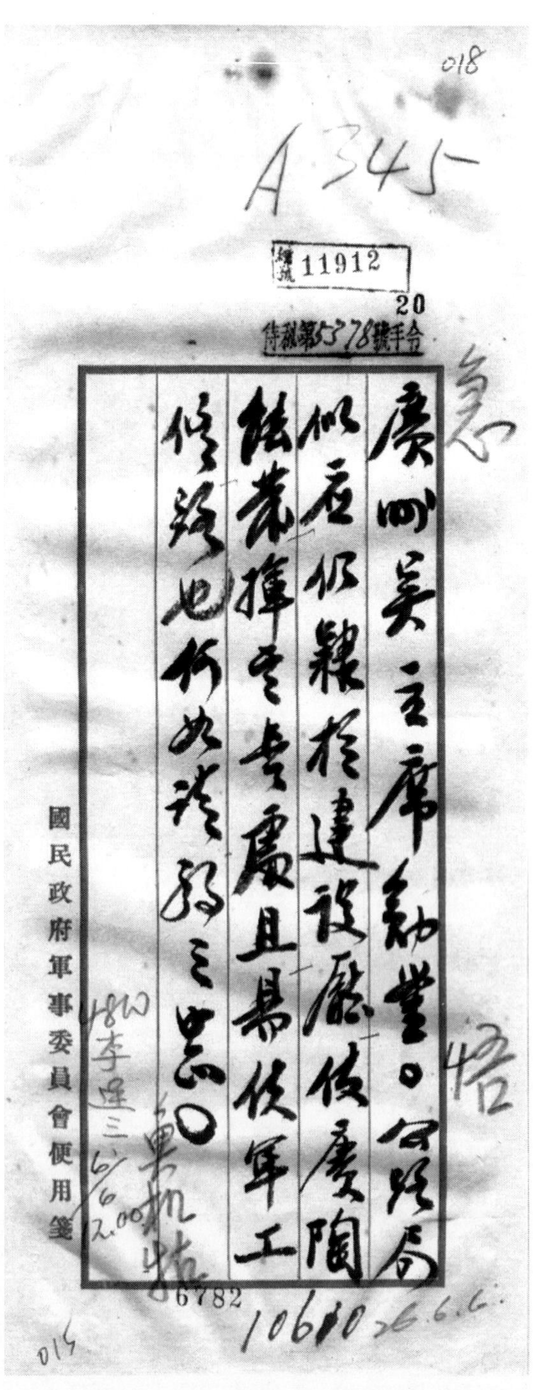
侍秘第5378號手令

廣州吳主席勳鑒。公路局
似應仍隸於建設廳使廣陶
能發揮其長處且易使軍工
修路也何如請酌之。中正

國民政府軍事委員會便用箋

蔣中正電吳鐵城公路局應隸建設
廳使賡陶發揮長處易使軍工築路
1937/6/6
002-010200-00176-018

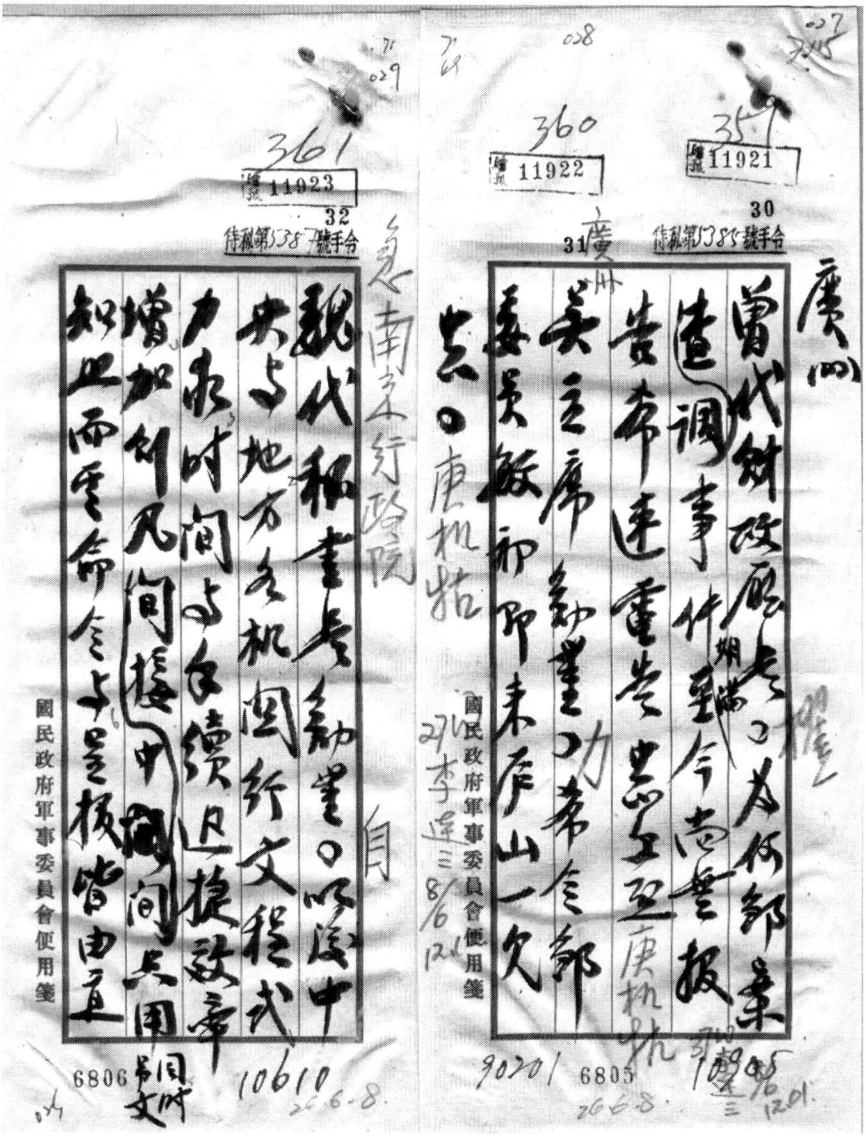

侍秘第1387號手令　11923　32

南京行政院

魏代秘書長勛鑒：以後中央與地方各機關行文程式，力求時間與手續之迅捷，增加[illegible]凡間接中間[illegible]周[illegible]如此而電命令與呈核皆由直[illegible]

6806　10610　26.6.8.

侍秘第1385號手令　11921　30

廣州

曾代財政廳長：為何鄒案遣調事件至今尚無報告，希速電告。[illegible]

吳主席勛鑒：[illegible]希令鄒委員敏初即來廬山一見。中正。庚機牯

6805　90201　26.6.8.

蔣中正電吳鐵城轉告鄒敏初即來廬山一見　1937/6/8

002-010200-00176-028

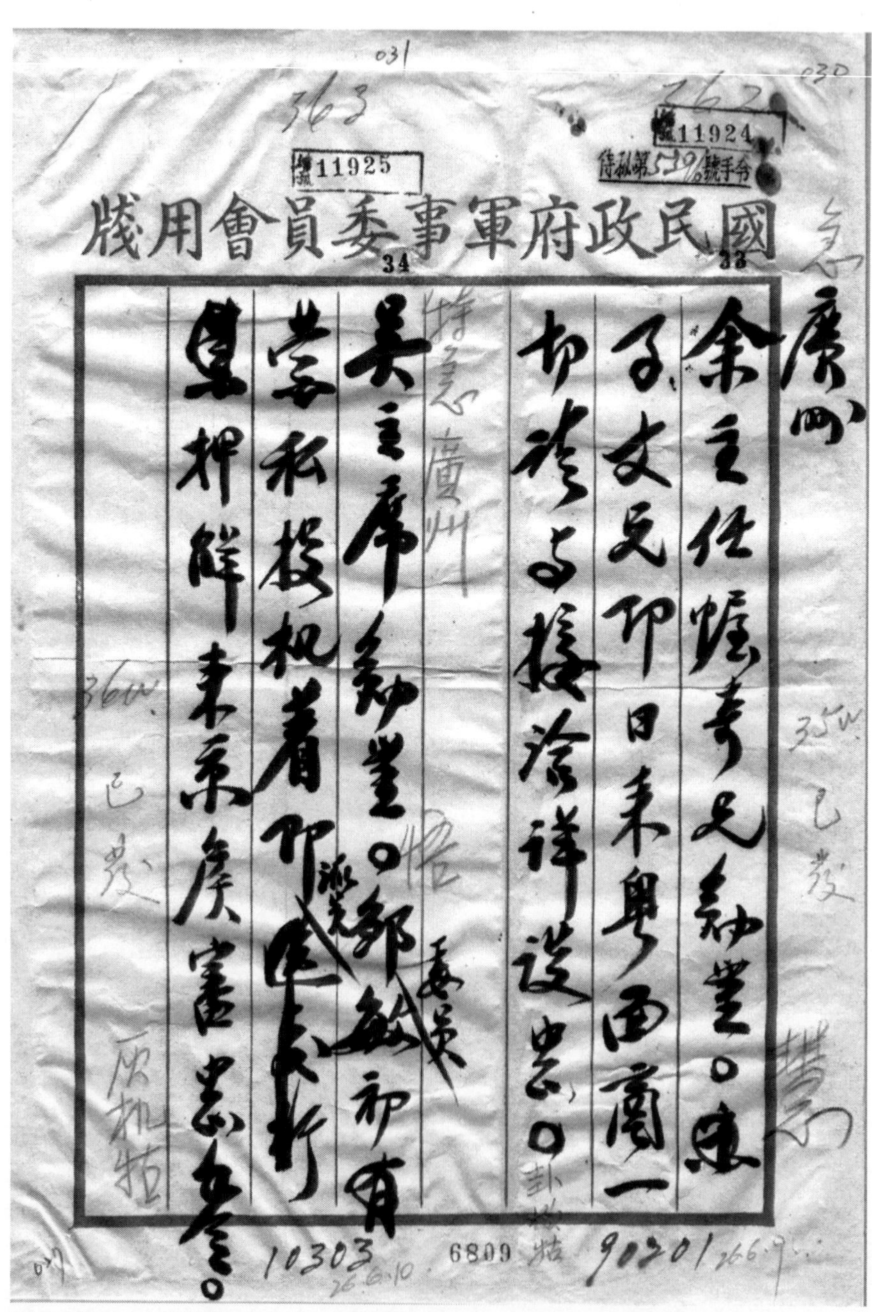

國民政府軍事委員會用牋

廣州

余主任幄奇兄勳鑒。據

可文兄即日來粵面商一

切。請與接洽詳談為盼。

吳主席鐵城兄勳鑒。鄒敏初有

營私投機，着即派員

押解來京候審為要。

蔣中正電令吳鐵城以鄒敏初營私投機派員押解來京候審　1937/6/9

002-010200-00176-031

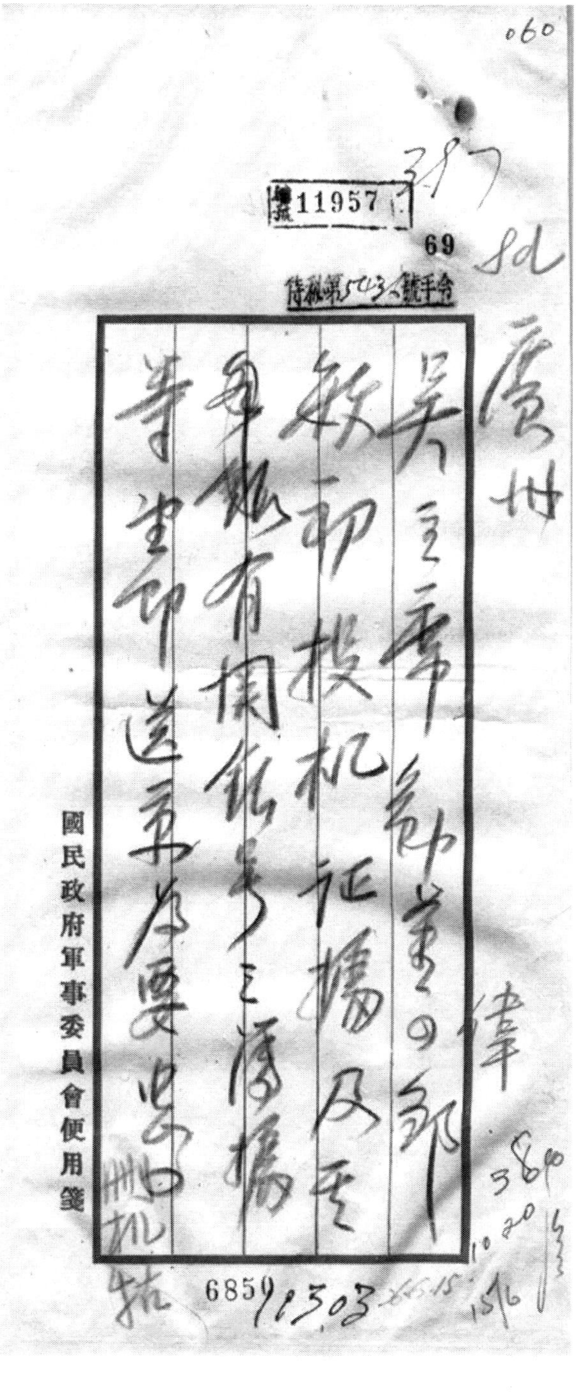

060

11957

69

廣州

吳主席鐵城兄 鄧敏初投機證據及有關銀號之簿據等望即送京為要 中正

國民政府軍事委員會便用箋

6850

蔣中正電令吳鐵城即送鄧敏初投機證據及有關銀號簿據到京　1937/6/15
002-010200-00176-060

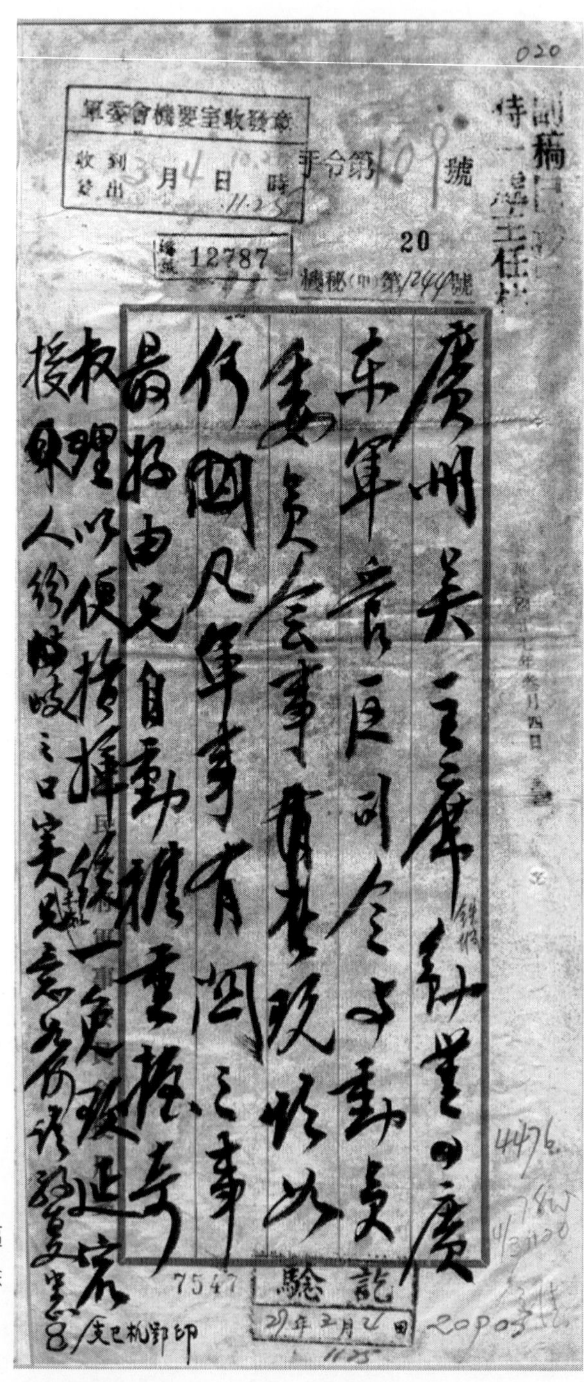

軍委會機要室收發章

收到 送出 3月4日 時

手令第109號

編號 12787

機秘(甲)第1244號

蔣中正電吳鐵城詢粵軍管區司令與動員委員會情況由余漢謀權理軍事 1938/3/4

002-010300-00010-020

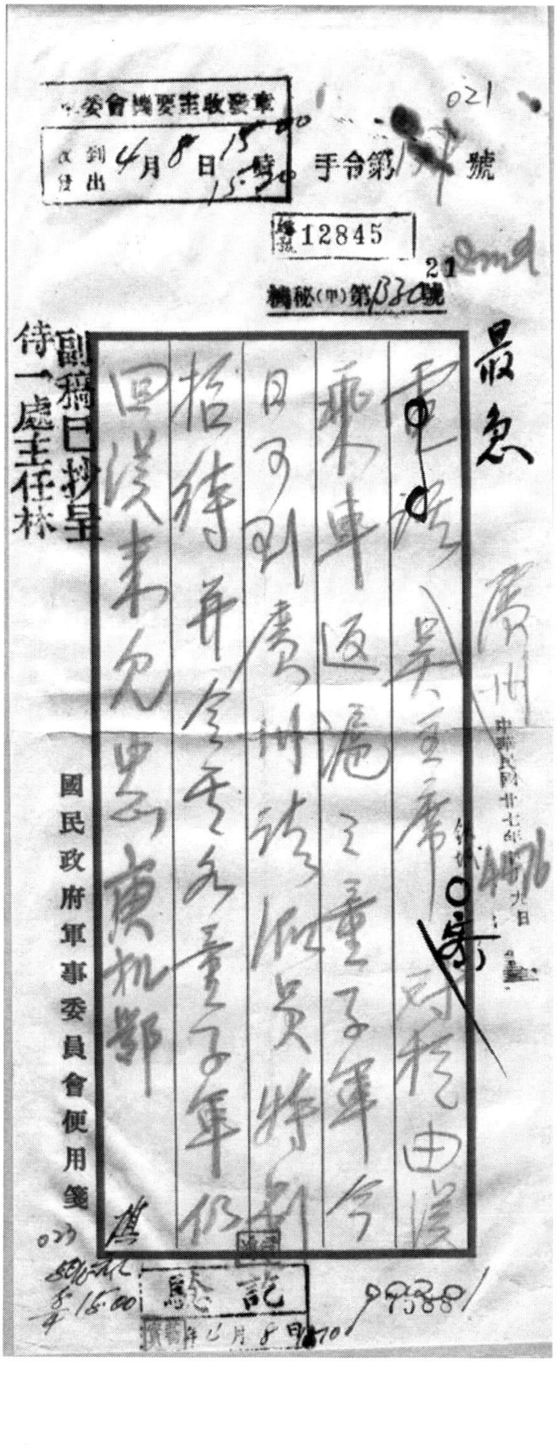

軍委會機要室收發電

到 / 出 收 / 發 4月8日15時

手令第 號

編號 12845

機秘(甲)第1330號

最急

廣州
吳主席鐵城勛鑒：由滬乘車返漢之童子軍今日可到廣州，請從優特別招待，並令各童子軍仍回漢來見。中正。庚。机鄂。

中華民國廿七年四月八日

關稿已抄呈
侍一處主任林

國民政府軍事委員會便用箋

驗訖

蔣中正電囑吳鐵城特別招待到廣州童子軍並令其仍回漢來見

1938/4/8

002-010300-00011-021

電 呈閱

承辦機關號次

侍從秘書號次 機秘(乙)第5964號

總號 3278

總號 3277

號次	20277	20272
姓名或機關	鄧錫侯	吳鐵城
地址	成都	廣州
來電時期	申支	戌支
來電摘要	二十二集團畧有損失刻一面籌劃補充一面催促王治易王方舟兩集團迅速盡量出川並激勵未受任務各部隊整頓待命至兵員準備正商王代主席趕辦謹呈	敵機連日施轟炸人民死傷重多尤以本日為最慘不忍睹若不予以懲創或毀滅其母艦則恐兇燄日張人民心浮動影響大局匪淺伏乞鈞裁
擬辦	擬復悉	擬交航委會核辦并復

職林蔚

呈二十七年六月五日

蔣中正電吳鐵城已交航委會派機 1938/6/5

002-070100-00045-055

137

吳鐵城呈蔣委員長六月篠電

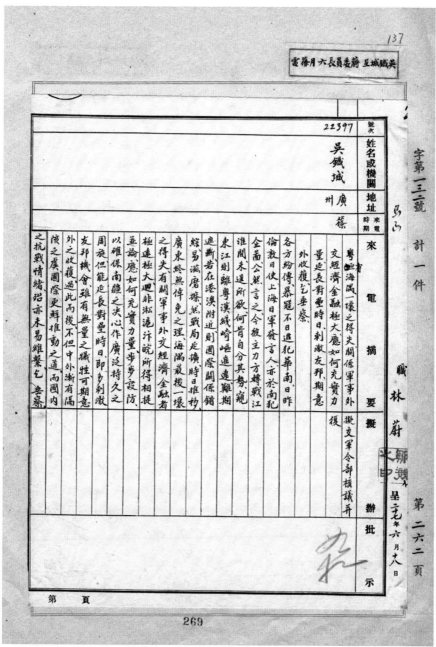

號次	22397
姓名或機關	吳鐵城
地址	廣州
來電時期	篠
來電摘要	粵省海隅一壤之得失，關係軍事外交經濟金融極大，應如何充實力量，延長對壘時日，刺激友邦，期意外收獲，乞垂察。 各方紛傳，暴寇不日進犯華南，日昨倫敦日使、上海日軍發言人，亦於南犯企圖，公然言之，今彼主力方轉戰江淮間，未遑所欲，何背自分其勢，竊東江則離粵漢綫崎嶇遙遠，難期遮斷，若在港澳附近，則國際關係錯綜，易滋磨擦，然戰局延擴，時日推移，廣東終無倖免之理，海隅最後一壤之得失，有關軍事外交經濟金融者極遠極大，迴非淞滬汴皖所得相提並論，應如何充實力量，步步設防，以確保南疆之決心，作廣泛持久之周旋，但能延長對壘時日，即多刺激友邦機會，雖有無量之犧牲，可期意外之收獲，過此而後，不但中外漸有隔閡之虞，國際更鮮推動之道，而國內之抗戰情緒，殆亦未易維繫，乞垂察。
要擬	擬交軍令部核議并復
辦批示	

第　頁

字第一三二號　計一件　職林蔚　呈二十七年六月十八日　第二六二頁

269

吳鐵城電蔣中正粵省得失關係極大應如何充實力量期意外收獲　1938/6/17

002-020300-00011-137

手令第310號
13084
7月10日12時
機秘（甲）第1799號

廣州吳主席勛鑒：楊虎在粵擬改組海員工會，此事應即停止，並屬其不再發表此事，以免糾紛。中正

中華民國廿七年七月拾日

國民政府軍事委員會便用箋

蔣中正電令吳鐵城囑楊虎停止在粵改組海員工會
1938/7/10
002-010300-00014-019

146

吳鐵城呈蔣委員長十月馬電

吳鐵城

馬電

二十七年十月

報告省府遷連縣由

增城被敵突破、石灘搖動、惟奇兄促即離省、並以翁源將成軍事重心、囑將行署移連縣、業於馬辰由省抵翁、擬先赴連縣布署

字第一四〇號　計一件　第二七二頁

279

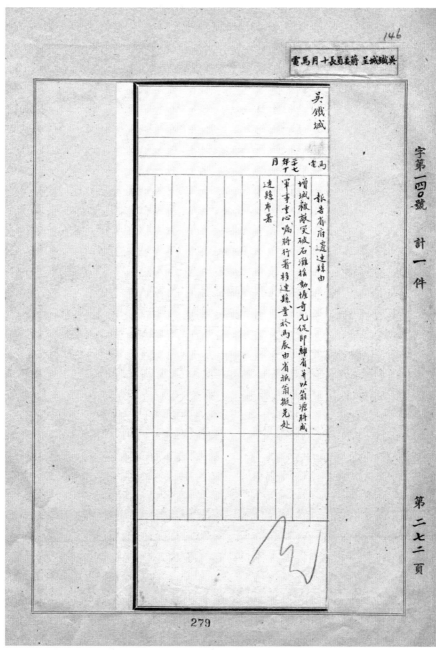

吳鐵城呈蔣中正增城被日軍突破石灘搖動擬將粵省府遷移連縣　1938/10/21

002-020300-00011-146

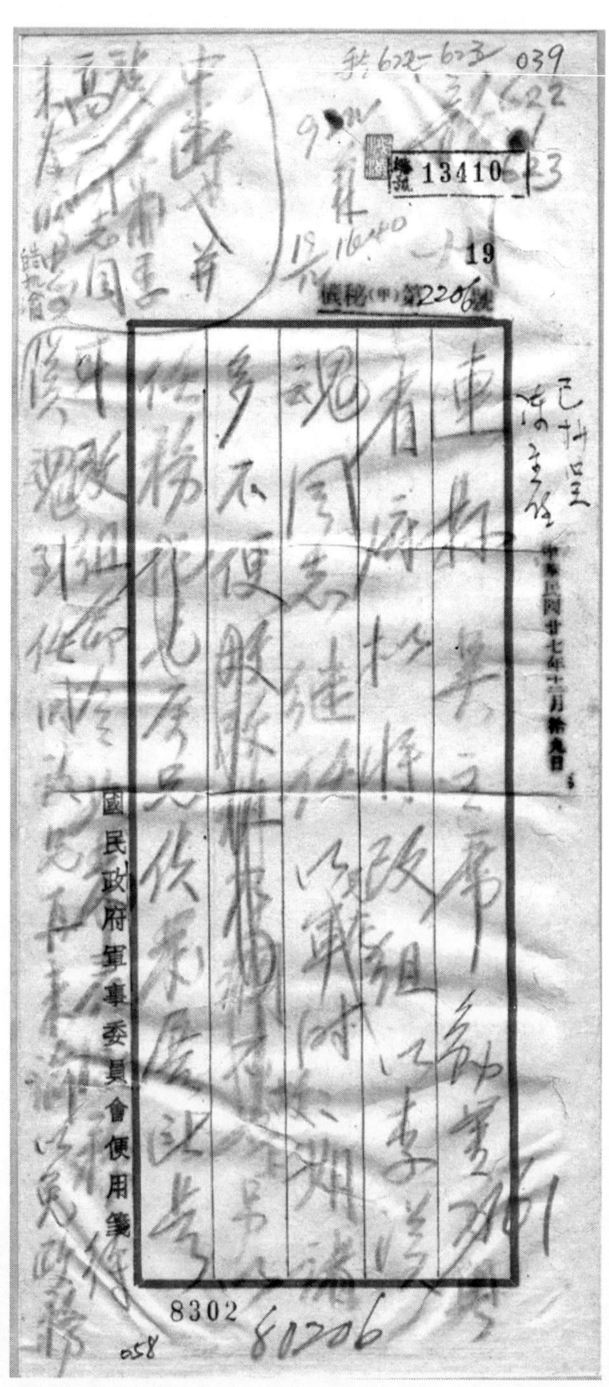
13410

19

中華民國廿七年十二月拾九日

國民政府軍事委員會便用箋

8302

蔣中正電示吳鐵城粵省府改組擬以李漢魂繼任
1938/12/19
002-010300-00018-039

肆 中國國民黨中央黨部祕書長時期

一九三九年春，吳鐵城由廣東到戰時首都重慶，主持中國國民黨港澳黨務，兼指導閩粵兩省抗戰宣傳。一九四〇年出任中國國民黨海外部長，期間代表蔣中正宣慰南洋華僑，五個月間赴一百三十個城市，演講三百餘次。一九四一年春在重慶組織南洋華僑協會，被選為理事長，又被推為中國國民外交協會理事長，四月間出任中國國民黨中央黨部祕書長，一直到戰後一九四八年十二月。

中國國民黨中央黨部祕書長，依中央執行委員會或其常務委員會之決議，掌理一切事務，是中國國民黨中央黨部的核心。

031

已抄呈
陳主任

13643

機秘(甲)第2684號

中央信託局轉

俞鴻鈞先生並轉
香港吳鐵城先生：南華日
報應設法封閉，速
交涉為盼。中正。

請借宋子文先生密本譯

中華民國廿八年四月拾九日

國民政府軍事委員會便用箋

10501

蔣中正電俞鴻鈞並轉吳鐵城設法交涉封閉南華日報
1939/4/19
002-010300-00022-031

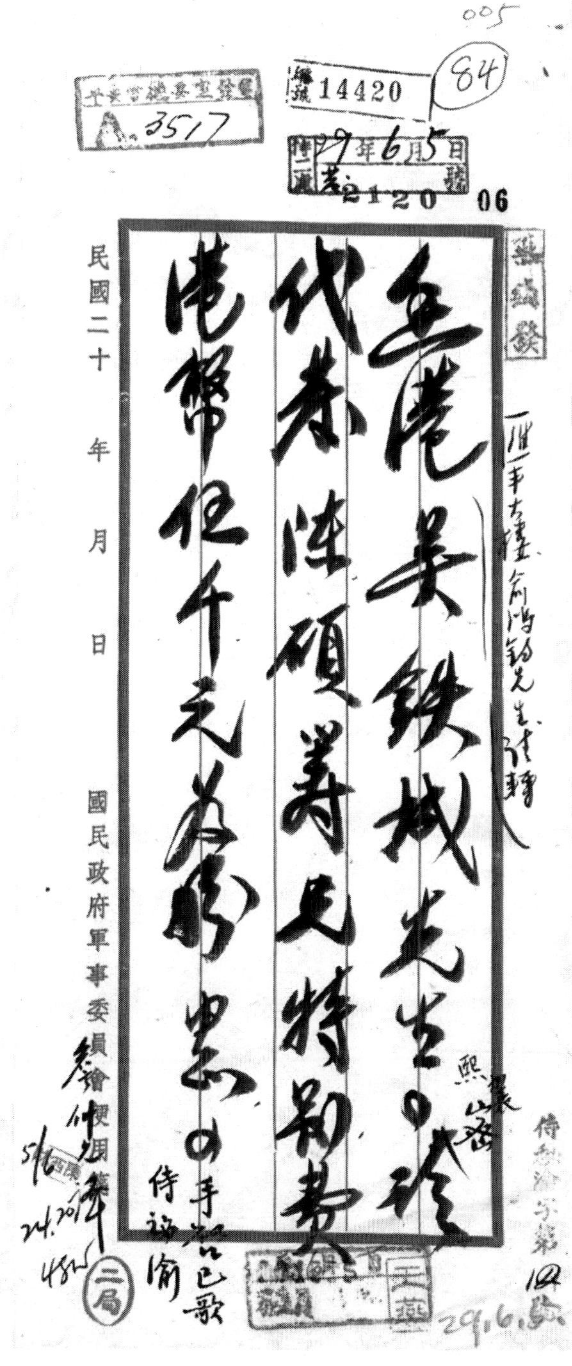

005

侍從室機要室發電 A.3517

編號 14420 (84)

侍二處 29年6月5日 第2120號 06

特編發

香港吳鐵城先生○請
代發陳碩籌兄特別費
港幣伍仟元為盼。中正手啟 巳歌

民國二十 年 月 日

國民政府軍事委員會委員長侍從室發電

侍秘渝字第104號 29.6.5

二局

蔣中正電告吳鐵城代發陳策特別費港幣五仟元

1940/6/5

002-010300-00035-005

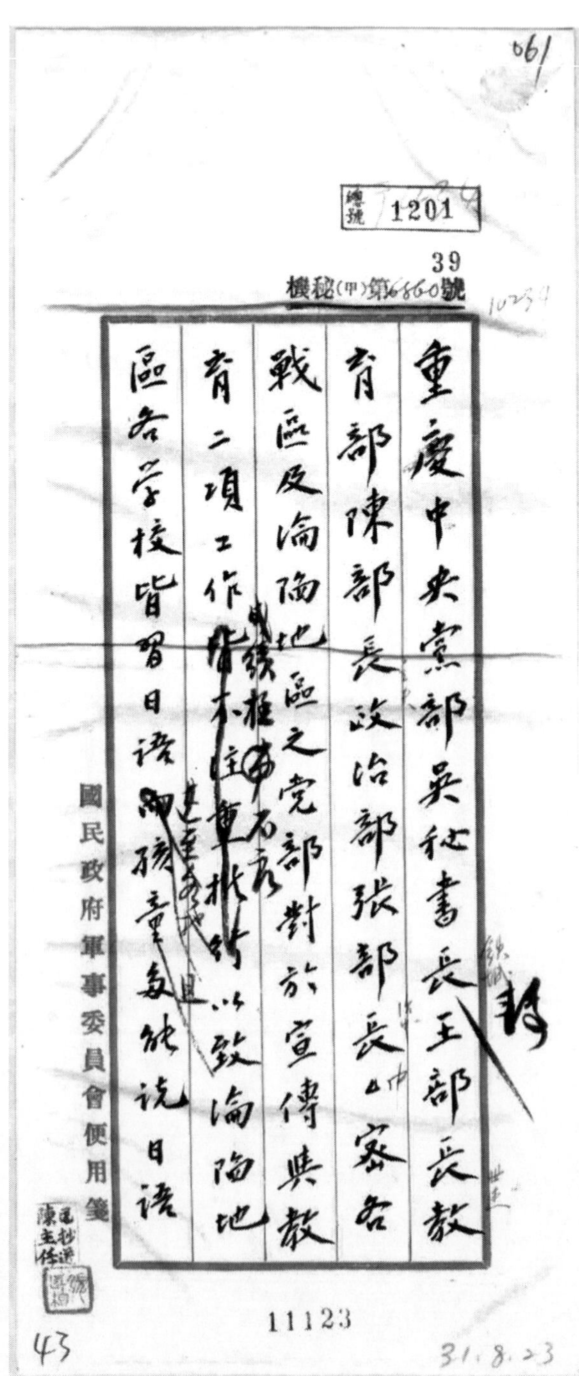

061

總號 1201

39

機秘(甲)第6860號

重慶中央黨部吳秘書長王部長教
育部陳部長政治部張部長 密 各
戰區及淪陷地區之黨部對於宣傳與教
育二項工作皆不注重推行以致淪陷地
區各學校皆習日語而孩童多能說日語

國民政府軍事委員會便用箋

11123

43

31.8.23

蔣中正電吳鐵城等對於淪陷地區應用各種方法推進教育與宣傳　1942/8/23
002-070200-00015-061

其見各地黨部工作效能之低落與黨部人員革命情緒之頹落，在此時何以肩負抗建之重責。以後對於淪陷地區應以游擊隊為巡迴宣傳機構，而以游擊隊之政治部為巡迴教育機關。凡游擊隊到達之地，游擊隊應

應用各種方法挑選教育宣傳之樹文

國民政府軍事委員會便用箋

11124

44

即破壞漢奸之教育機關與焚毀其奴化
之教科書等並向民眾宣傳本黨革
命之主義與抗戰必勝之道理以激起其
敵愾性免為敵方所利用對於各戰區應
由各地之黨部與政治部定期召集當地

國民政府軍事委員會便用箋

11125

45

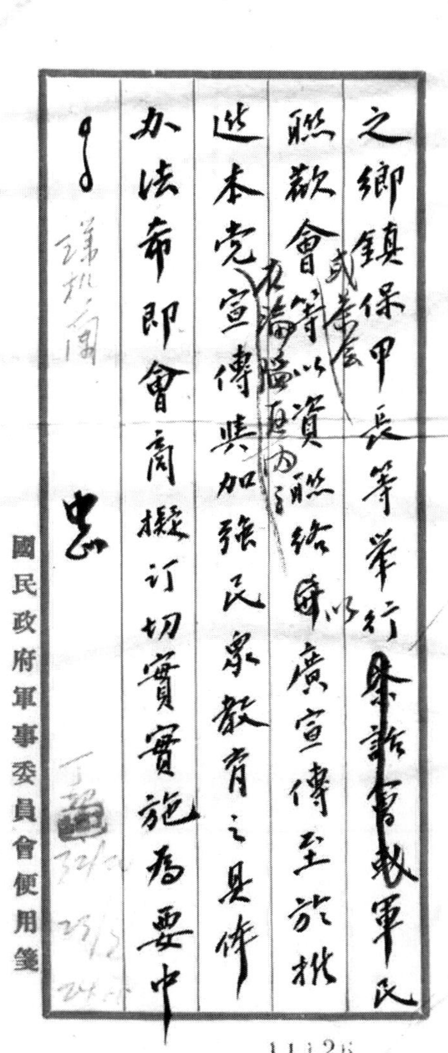

之鄉鎮保甲長等舉行茶話會或軍民聯歡會等以資聯絡以廣宣傳至於推進本黨宣傳與加強民眾教育之具體辦法希即會商擬訂切實實施為要中正

忠

國民政府軍事委員會便用箋

11126

46

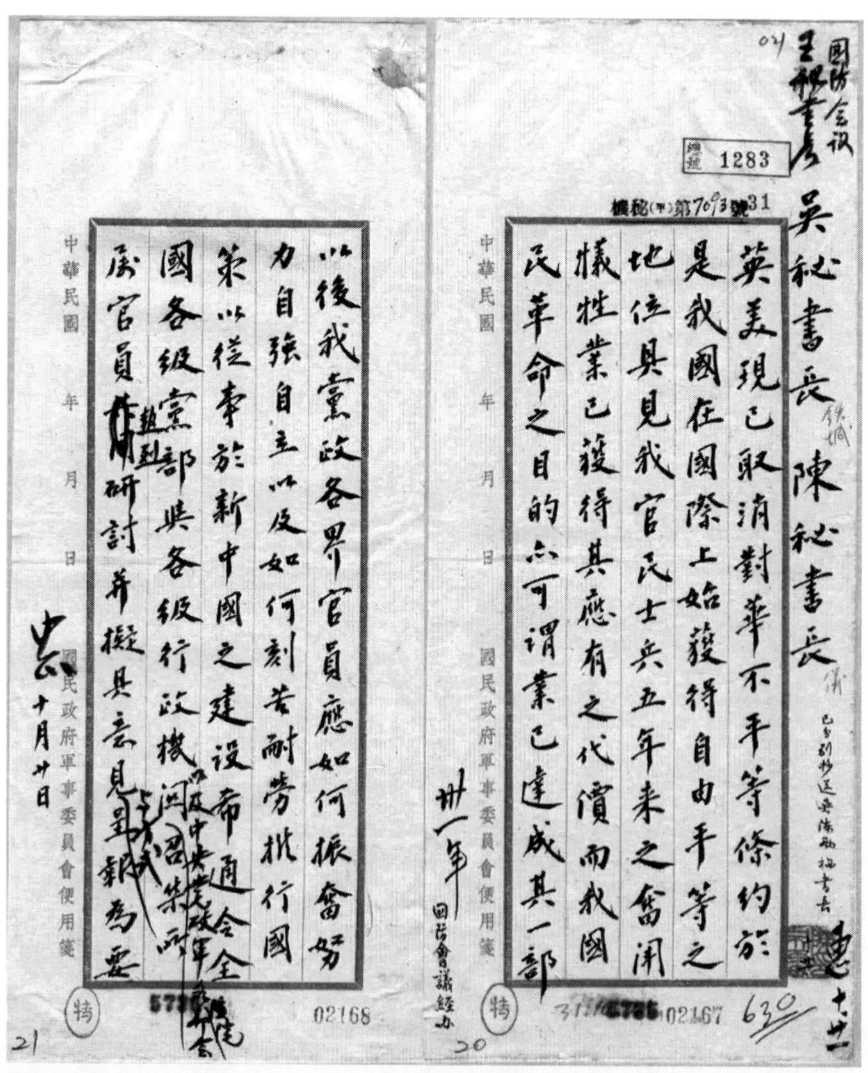
吳秘書長 陳秘書長

英美現已取消對華不平等條約於是我國在國際上始獲得自由平等之地位與見我官民士兵五年来之奮鬥犧牲業已獲得其應有之代價而我國民革命之目的亦可謂業已達成其一部以後我黨政各界官員應如何振奮努力自強自立以及如何刻苦耐勞推行國策以從事於新中國之建設希通令全國各級黨部與各級行政機關屬官員研討并擬具意見呈報為要

中正 十月廿日

中華民國 年 月 日 國民政府軍事委員會便用箋

蔣中正電王寵惠等英美取消不平等條約通令各官員自立自強推行國策建設新中國

1942/10/20

002-070200-00016-021

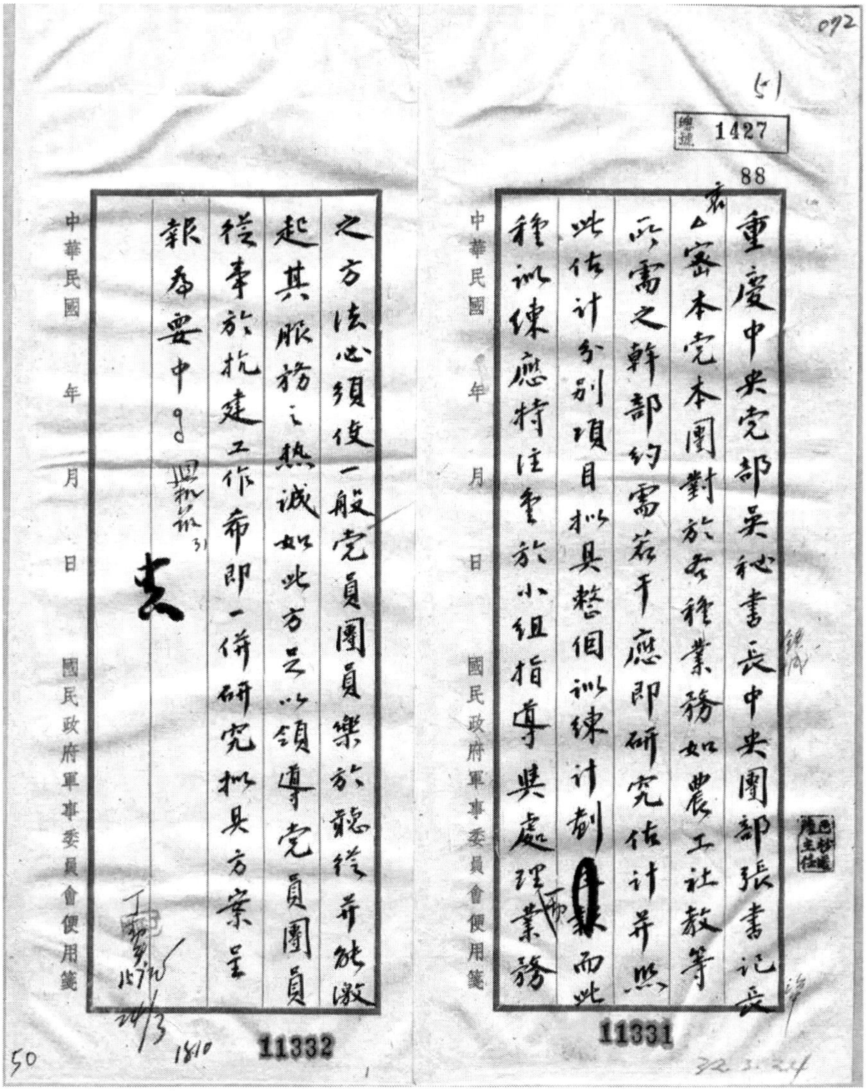

072

1427

88

重慶中央黨部吳秘書長中央團部張書記長密。本黨本團對於各種業務如農工社教等所需之幹部約需若干應即研究估計并照此估計分別項目擬具整個訓練計劃而此種訓練應特注重於小組指導與處理業務之方法必須使一般黨員團員樂於聽從并能激起其服務之熱誠如此方足以領導黨員團員從事於抗建工作希即一併研究擬具方案呈報為要。中正。卯敬。侍秘渝

中華民國　年　月　日

國民政府軍事委員會便用箋

11331　11332

蔣中正電吳鐵城張治中研擬黨團業務所需幹部數量及訓練計畫　1943/3/24

002-070200-00017-072

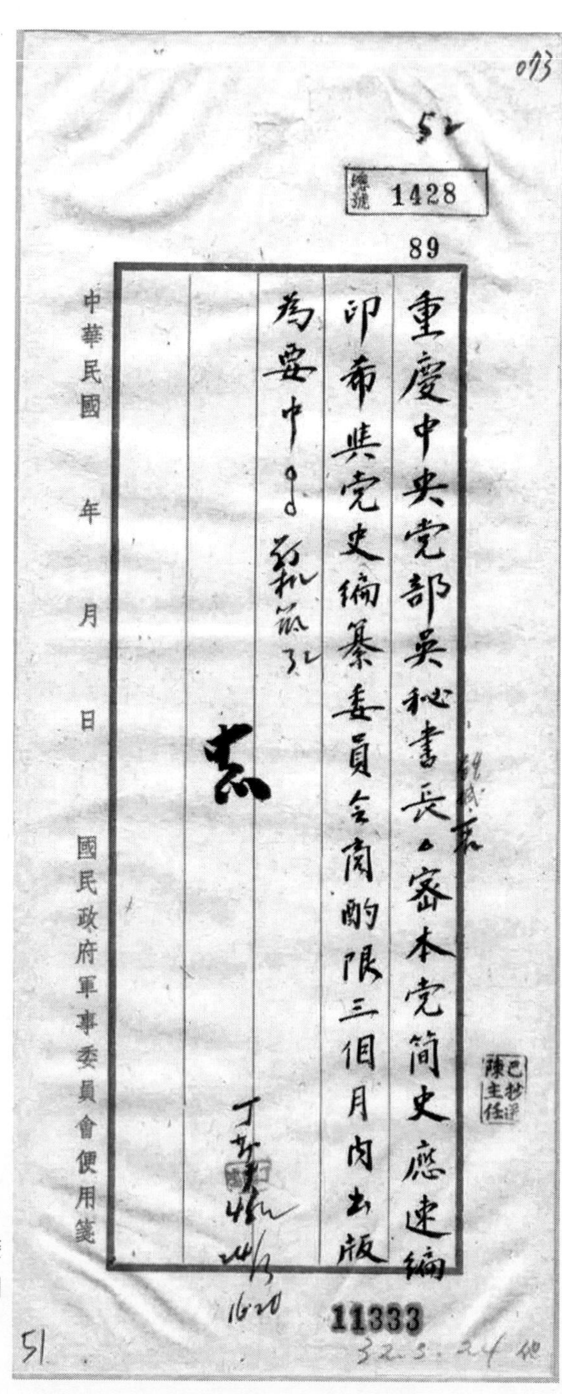
073

52

編號 1428

89

重慶中央黨部吳秘書長：密。本黨簡史應速編印布，與黨史編纂委員會商酌限三個月內出版為要。中正。寅（敬）。府機蓉己

丁字
11333

32.3.24

51

蔣中正電吳鐵城與黨史編纂委員會商酌三個月內出版中國國民黨簡史　1943/3/24

002-070200-00017-073

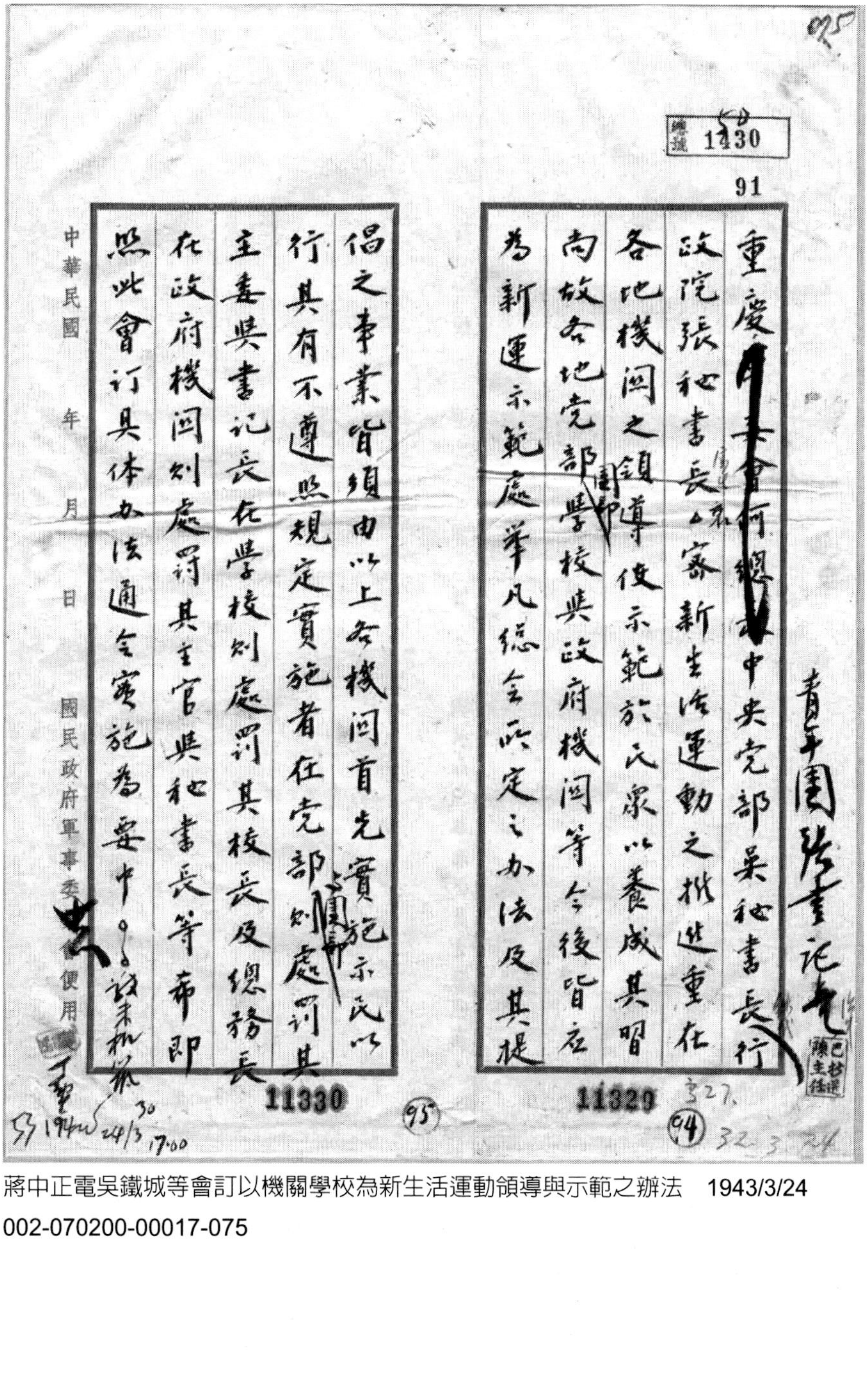

總號 1430

91

青年團張書記長

重慶中央會何總長、中央黨部吳秘書長、行政院張秘書長：密。新生活運動之推進，重在各地機關之領導使示範於民眾，以養成其習尚，故各地黨部、團部、學校與政府機關等今後皆應為新運示範處，舉凡總會所定之辦法及其提倡之事業，皆須由以上各機關首先實施示民以行，其有不遵照規定實施者，在黨部、團部則處罰其主委與書記長，在學校則處罰其校長及總務長，在政府機關則處罰其主官與秘書長等，希即照此會訂具體辦法通令實施為要。中〇〇。設未机蓉

11329　11330

中華民國　年　月　日

國民政府軍事委員會便用

1943 24/3 30 17.00

蔣中正電吳鐵城等會訂以機關學校為新生活運動領導與示範之辦法　1943/3/24

002-070200-00017-075

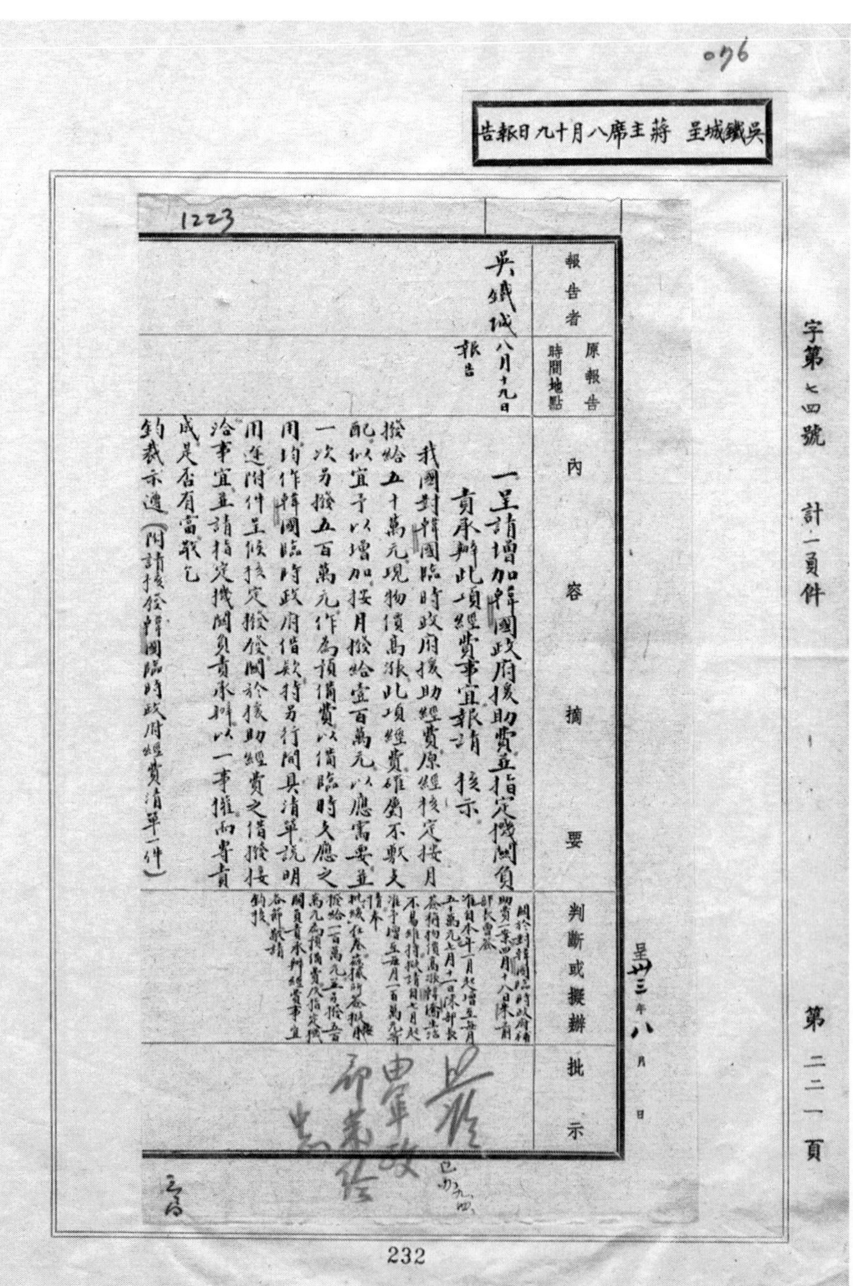

076

吳鐵城呈 蔣主席八月十九日報告

字第七四號　計一頁件　第二二一頁

1223

報告者	吳鐵城
原報告時間地點	八月十九日報告
內容摘要	一、呈請增加韓國政府援助費並指定機關負責承辦此項經費事宜，祈請核示。 我國對韓國臨時政府援助經費，原經核定按月撥給五十萬元，現物價高漲，此項經費確屬不敷支配，似宜予以增加，按月撥給壹百萬元，以應需要，並一次另撥五百萬元作為預備費，以備臨時支應之用，均作韓國臨時政府借款，特另行開具清單說明用途，附件呈候核定。撥發關於援助經費之借撥接洽事宜，並請指定機關負責承辦，以一事權而專責成。是否有當，敬乞鈞裁示遵。（附請撥發韓國臨時政府經費清單一件）
判斷或擬辦	[illegible]
批示	[illegible]

呈卅三年八月　日

232

吳鐵城呈蔣中正請增加韓國臨時政府援助費並指定機關負責承辦　1944/8/19

002-020400-00034-076

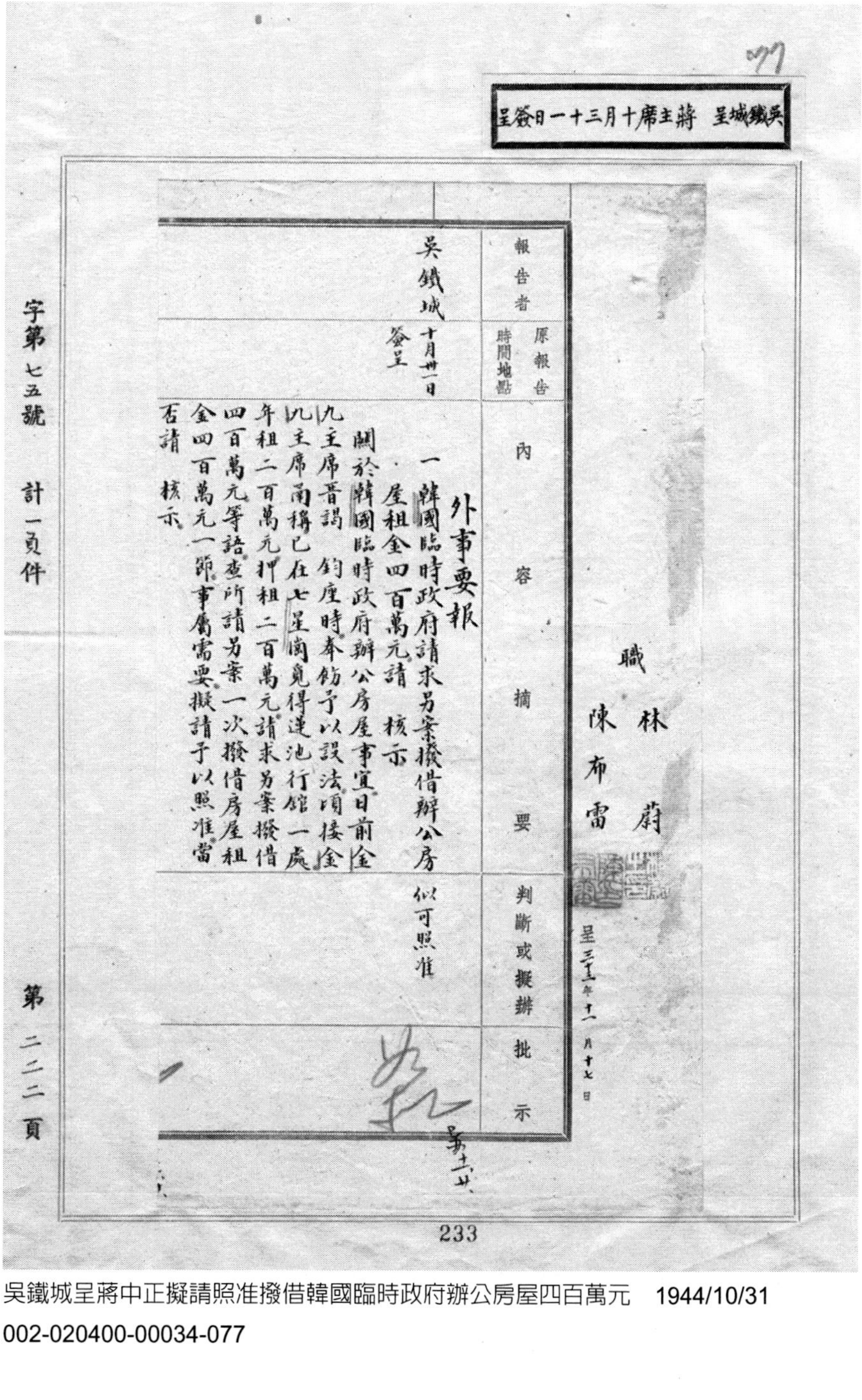

077

吳鐵城呈 蔣主席十月三十一日簽呈

報告者	吳鐵城
原報告時間地點	十月卅一日簽呈
內容摘要	外事要報 一、韓國臨時政府請求另案撥借辦公房屋租金四百萬元，請　核示。 關於韓國臨時政府辦公房屋事宜，日前金九主席晉謁　鈞座時，奉飭予以設法，頃接金九主席函稱已在七星崗覓得蓮池行館一處，年租二百萬元，押租二百萬元，請求另案撥借四百萬元等語。查所請另案一次撥借房屋租金四百萬元一節，事屬需要，擬請予以照准，當否請　核示。
判斷或擬辦	似可照准
批示	如擬

職 林蔚 陳布雷

呈 三三年十一月十七日

字第七五號 計一頁件

第二二二頁

233

吳鐵城呈蔣中正擬請照准撥借韓國臨時政府辦公房屋四百萬元　1944/10/31

002-020400-00034-077

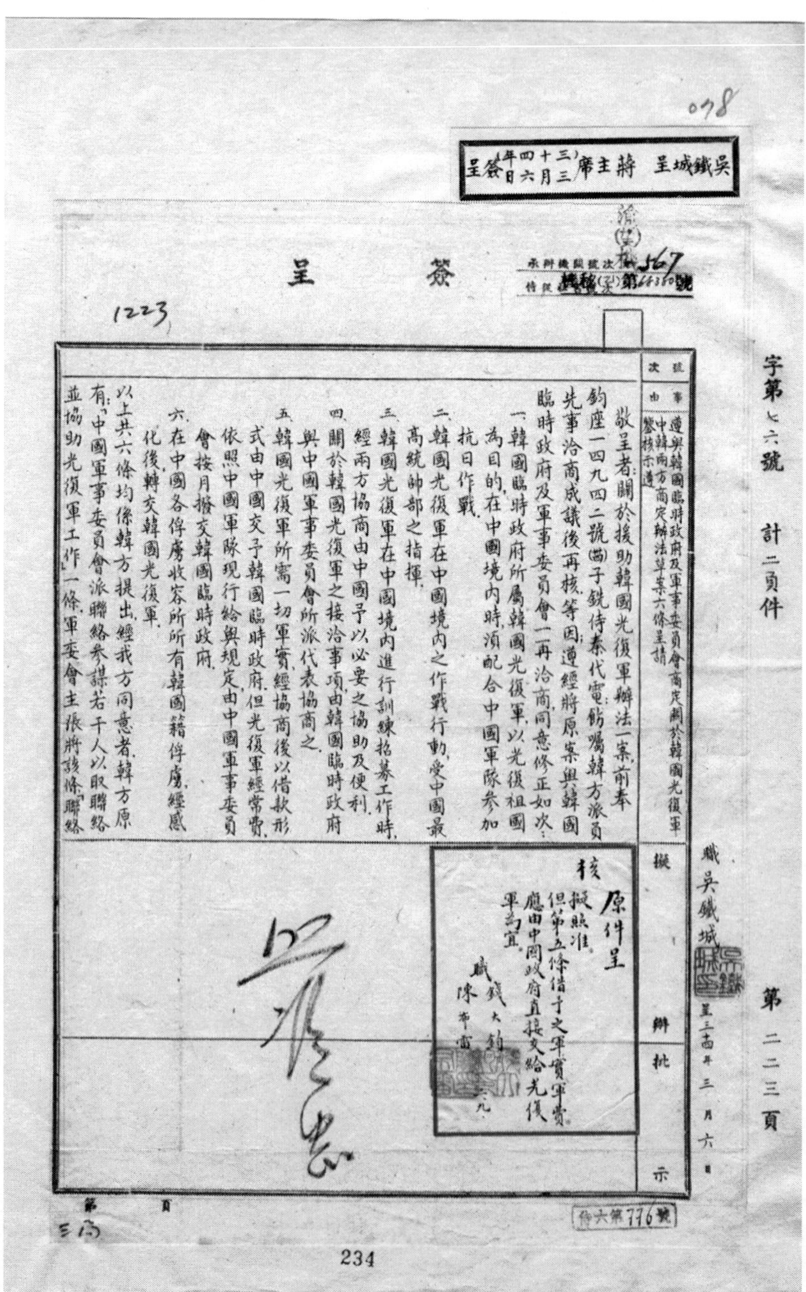

吳鐵城呈　蔣主席簽呈（三十四年三月六日）

簽呈

承辦機關號次

機秘（甲）第　號

字第七六號　計二頁件

事由：遵與韓國臨時政府及軍事委員會商定關於韓國光復軍中韓兩方商定辦法草案六條呈請鑒核示遵

敬呈者：關於援助韓國光復軍辦法一案，前奉鈞座一四九四二號（寅）子銑侍秦代電飭囑韓方派員先事洽商成議後再核，等因；遵經將原案與韓國臨時政府及軍事委員會一再洽商，同意修正如次：

一、韓國臨時政府所屬韓國光復軍，以光復祖國為目的，在中國境內時，須配合中國軍隊參加抗日作戰。

二、韓國光復軍在中國境內之作戰行動，受中國最高統帥部之指揮。

三、韓國光復軍在中國境內進行訓練招募工作時，經兩方協商由中國予以必要之協助及便利。

四、關於韓國光復軍之接洽事項，由韓國臨時政府與中國軍事委員會所派代表協商之。

五、韓國光復軍所需一切軍實，經協商後以借款形式由中國交予韓國臨時政府，但光復軍經常費，依照中國軍隊現行給與規定由中國軍事委員會按月撥交韓國臨時政府。

六、在中國各俘虜收容所所有韓國籍俘虜，經感化後，轉交韓國光復軍。

以上共六條，均係韓方提出，經我方同意者，韓方原有「中國軍事委員會派聯絡參謀若干人以取聯絡並協助光復軍工作」一條，軍委會主張將該條「聯絡

擬辦批示：

核　原件呈

擬照准。

但第五條借予之軍實軍費，應由中國政府直接支給光復軍為宜。

職　錢大鈞　陳布雷

職吳鐵城　呈　三十四年三月六日

第二二三頁

侍六第776號

第　頁

234

吳鐵城呈蔣中正援助韓國光復軍辦法草案六條　1945/3/6

002-020400-00034-078

078

簽呈

承辦機關號次
侍從秘書號次

號次

事由

參謀若干人」改為「參謀團」，而韓方則認此為有違平等相處之原則，堅持不可。為免增加韓方反感，經軍委會同意予以刪去，俟有必要時，再由軍委會派一軍事代表團以控制之。擬即將前列六條通知韓國臨時政府付諸實施，是否有當？理合呈請

鑒核示遵。

謹呈

總裁蔣

擬辦

批

呈　年　月

字第七六號　計　件

第二二四頁

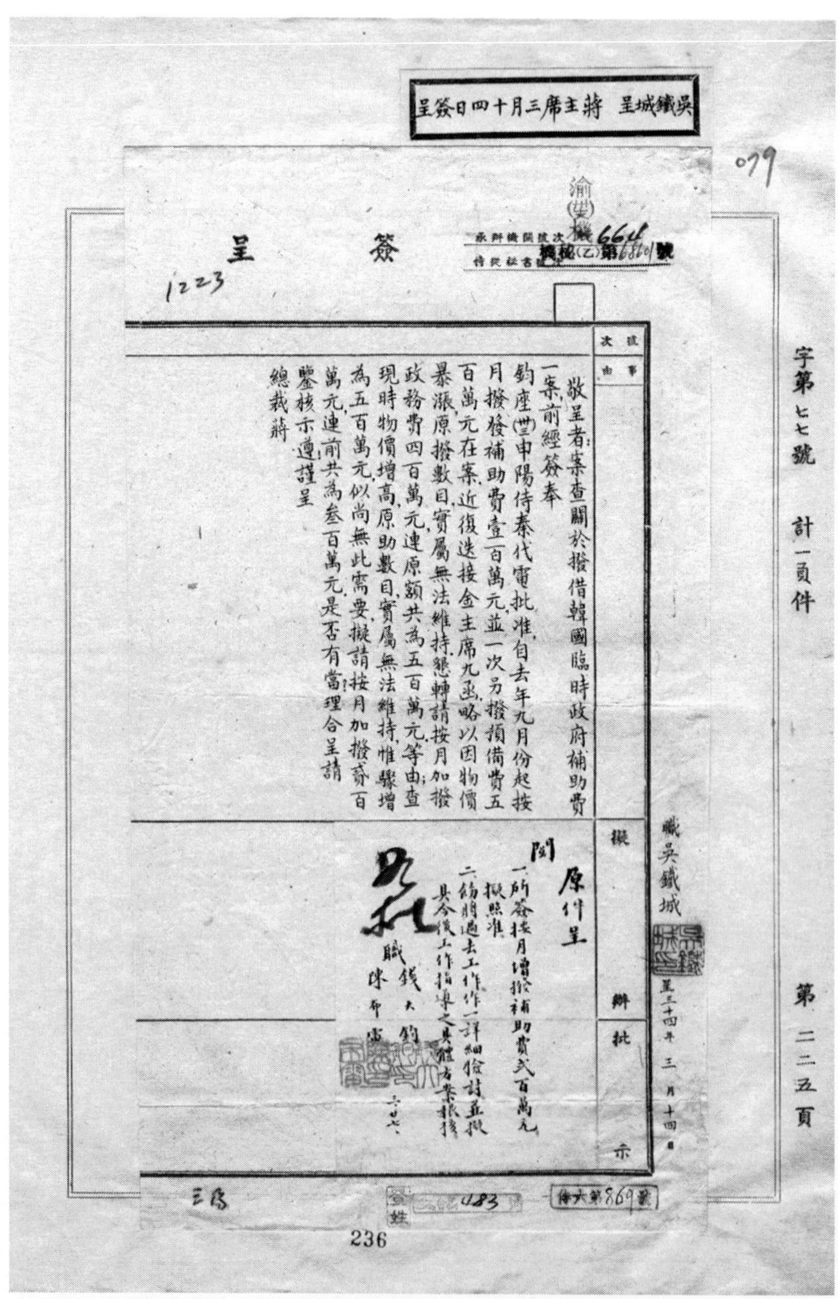
吳鐵城呈蔣主席三月十四日簽呈

簽呈

敬呈者：案查關於撥借韓國臨時政府補助費一案，前經簽奉鈞座(卅)申陽侍秦代電批准，自去年九月份起按月撥發補助費壹百萬元，並一次另撥預備費五百萬元在案。近復迭接金主席九函，略以因物價暴漲，原撥數目實屬無法維持，懇轉請按月加撥政務費四百萬元，連原額共為五百萬元等由。查現時物價增高，原助數目實屬無法維持，惟驟增為五百萬元，似尚無此需要，擬請按月加撥貳百萬元，連前共為叁百萬元，是否有當，理合呈請鑒核示遵。謹呈總裁蔣

職吳鐵城

卅四年三月十四日

吳鐵城呈蔣中正擬請按月加撥韓國政務費二百萬元連前共為三百萬元 1945/3/14

002-020400-00034-079

082

吳鐵城呈 蔣主席九月二十一日簽呈

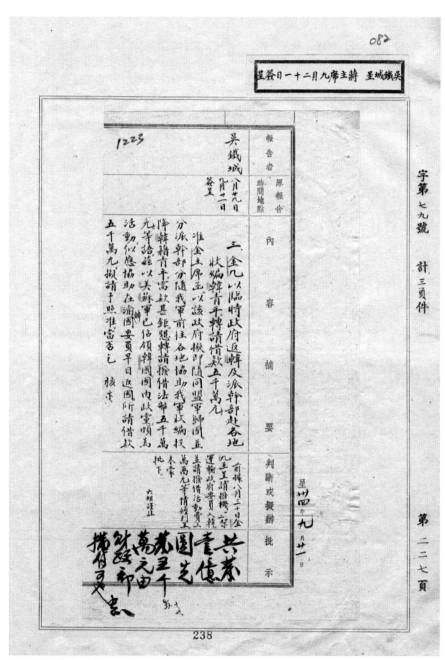

報告者	吳鐵城
原報告時間地點	八月廿九日 九月廿一日 簽呈
內容摘要	三、金九以臨時政府返韓及派幹部赴各地收編韓青年轉請借款五千萬元 准金主席函以該政府擬即隨同盟軍歸國並分派幹部分隨我軍前往各地協助我軍收編投降韓籍青年需款甚鉅懇轉請撥借法幣五千萬元等語茲以美蘇軍已佔領韓國國內政壇頗為活動似應協助在渝韓國要員早日返國所請借款五千萬元擬請予照准當否乞核示
判斷或擬辦	前據八月二十日金九函呈請撥機、船運輸政府要員入韓並請撥借活動費三萬萬元等情經列呈本案批下 六組謹註
批示	共准壹億圓先發五千萬元由財政部撥付可也 中正 十廿

1223

呈卅四年九月廿一日

字第七九號 計三頁件 第二二七頁

238

吳鐵城呈蔣中正擬請照准在渝韓國要員早日返國所請借款五千萬元 1945/9/21

002-020400-00034-082

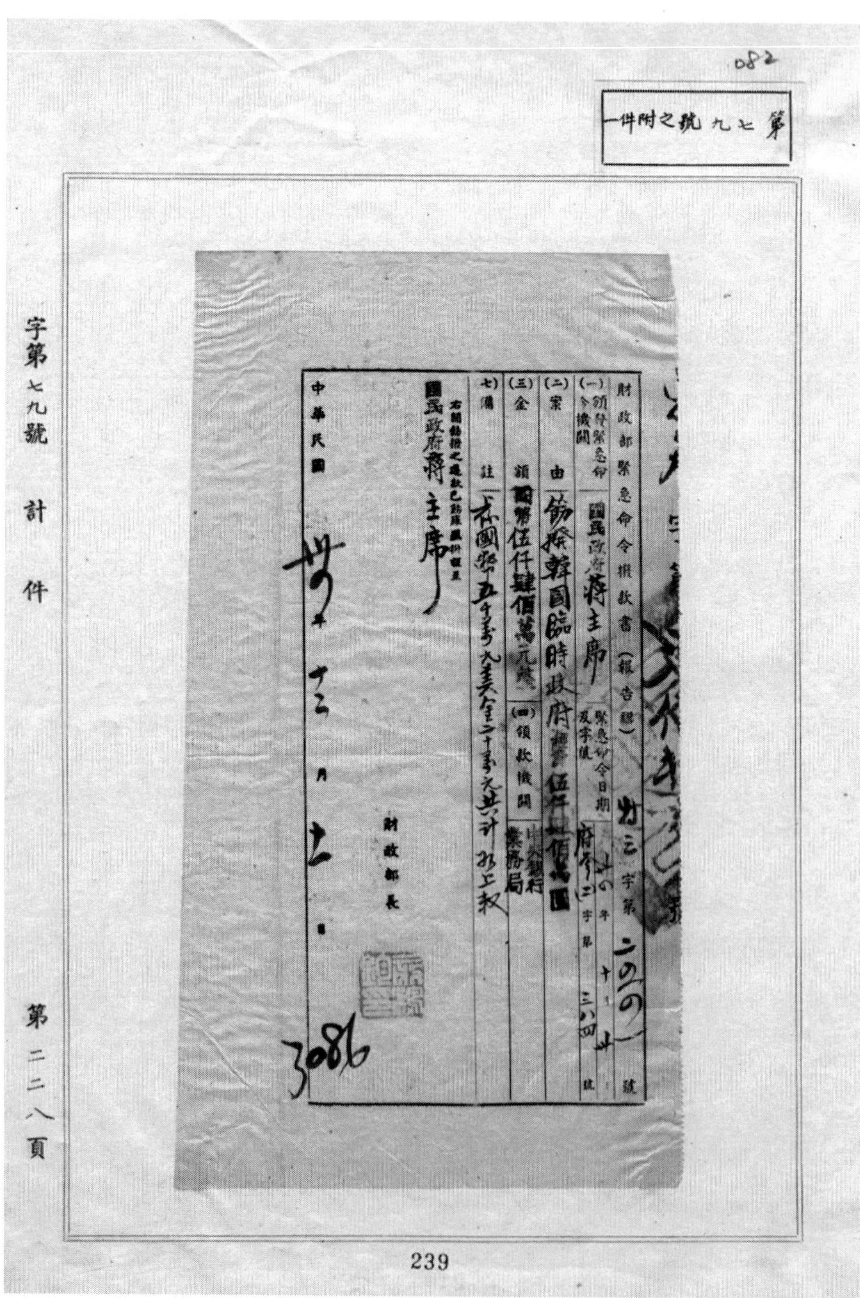

082

第七九號之附件一

財政部緊急命令撥款書（報告聯）　財三字第二○四一號

(一)領受緊急命令機關：國民政府蔣主席

緊急命令日期及字號：卅四年十一月卅日　府[illegible]三字第三八四號

(二)案由：飭撥韓國臨時政府經費伍仟[illegible]佰萬圓

(三)金額：國幣伍仟肆佰萬元整

(四)領款機關：中央銀行業務局

(七)備註：本國幣五千萬元美金二十萬元共計如上數

右開勅撥之款已飭庫照撥謹呈

國民政府蔣主席

財政部長

中華民國卅四年十二月十一日

3086

字第七九號　計　件　第二二八頁

239

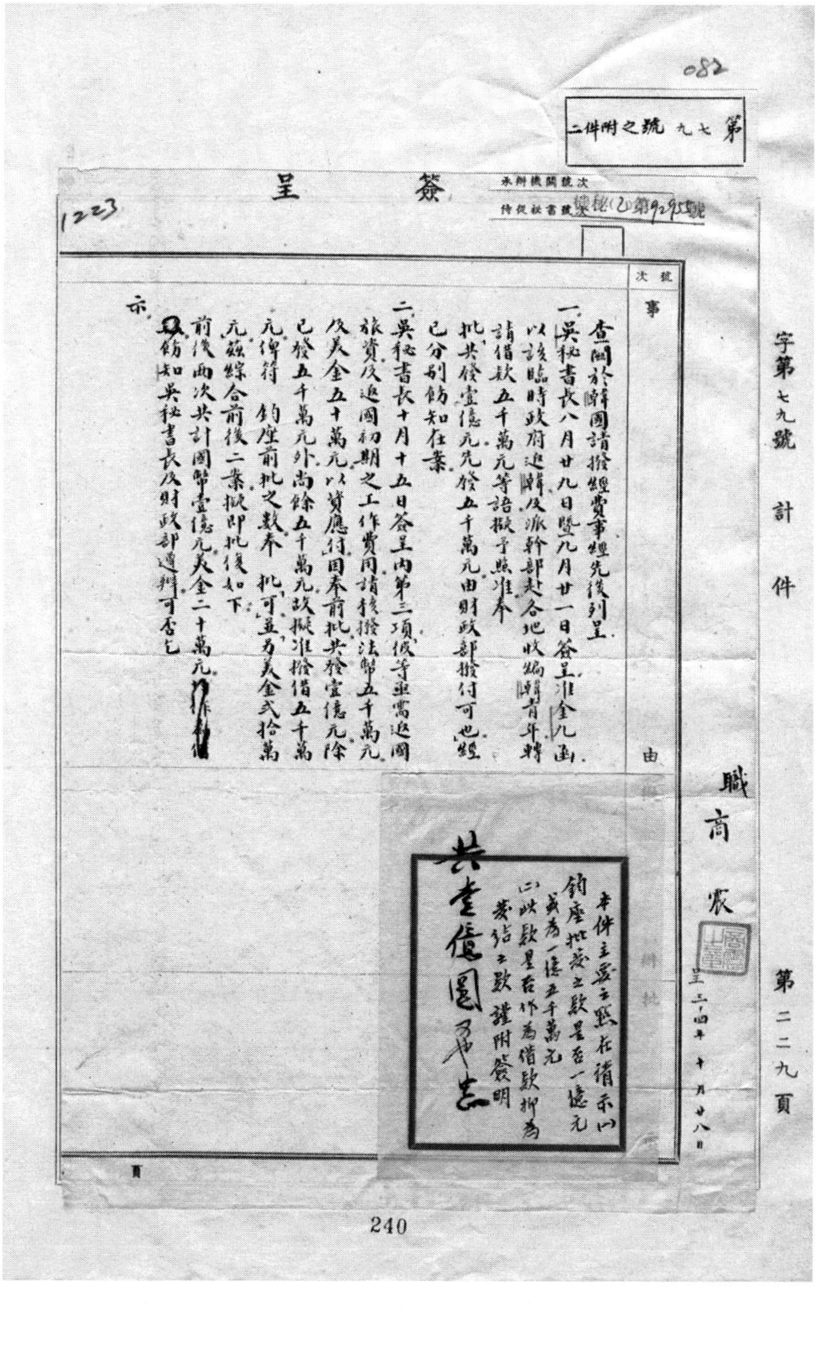

082

第七九號之附件二

簽呈

次號 機關 承辦

侍從秘書號 侍秘(乙)第9295號

1223

查關於韓國請撥經費事經先後列呈。

一、吳秘書長八月廿九日暨九月廿一日簽呈准金九函，以該臨時政府遷韓及派幹部赴各地收編韓青年，轉請借款五千萬元等語，擬予照准，奉批共發壹億元，先發五千萬元，由財政部撥付可也。經已分別飭知在案。

二、吳秘書長十月十五日簽呈內第三項，伊等亟需返國旅費及返國初期之工作費用，請換撥法幣五千萬元及美金五十萬元，以資應付，因奉前批共發壹億元，除已發五千萬元外，尚餘五千萬元，故擬准撥借五千萬元，俾符鈞座前批之數，奉批可，並另美金弍拾萬元。茲綜合前後二案，擬即批復如下：

前後兩次共計國幣壹億元，美金二十萬元，作借，及飭知吳秘書長及財政部遵辦，可否乞示。

本件主要之點在請示(一)鈞座批發之款是否一億元或為一億五千萬元(二)此款是否作為借款抑為贈給之款，謹附簽明

共壹億圓 乃中正

職 商震

呈 三十四年 十月 廿八日

字第七九號 計 件

第二二九頁

頁

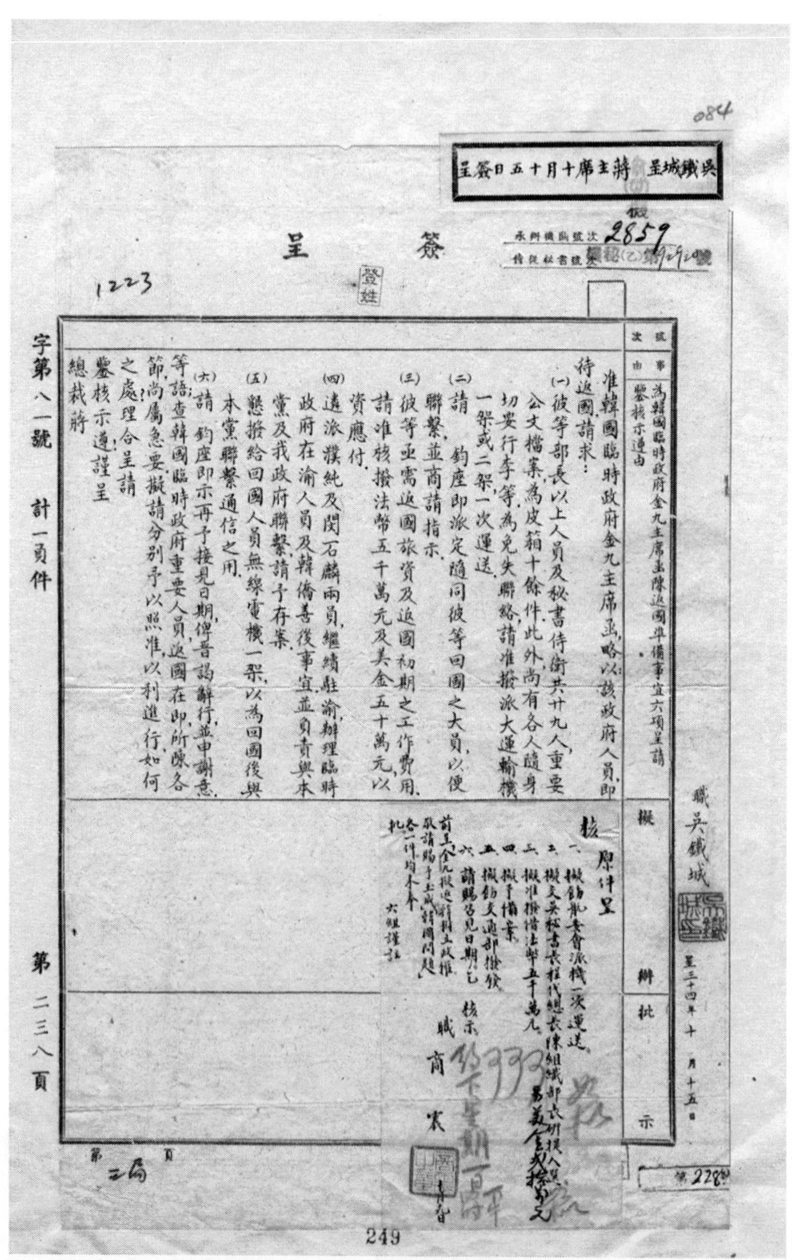

084

吳鐵城呈蔣主席十月十五日簽呈

簽呈

次號 2859

1223

字第八一號 計一頁件

事由：為韓國臨時政府金九主席函陳返國準備事宜六項呈請鑒核示遵由

准韓國臨時政府金九主席函，略以：該政府人員，即待返國，請求：

(一)彼等部長以上人員及秘書侍衛共廿九人，重要公文檔案，為皮箱十餘件，此外尚有各人隨身切要行李等，為免失聯絡，請准撥派大運輸機一架或二架，一次運送。

(二)請 鈞座即派定隨同彼等回國之大員，以便聯繫，並商請指示。

(三)彼等亟需返國旅資及返國初期之工作費用，請准核撥法幣五千萬元及美金五十萬元，以資應付。

(四)遴派濮純及閔石麟兩員，繼續駐渝，辦理臨時政府在渝人員及韓僑善後事宜，並負責與本黨及我政府聯繫，請予存案。

(五)懇撥給回國人員無線電機一架，以為回國後與本黨聯繫通信之用。

(六)請 鈞座即示再予接見日期，俾晉謁辭行，並申謝意。

等語；查韓國臨時政府重要人員返國在即，所陳各節，尚屬急要，擬請分別予以照准，以利進行，如何之處？理合呈請

鑒核示遵！謹呈

總裁蔣

職吳鐵城

呈三十四年十月十五日

擬辦：

核 原件呈

一、擬飭航委會派機一次運送。

二、擬交吳秘書長程代總長陳組織部長研擬人選。

三、擬准撥借法幣五千萬元。

四、擬予備案。

五、擬飭交通部撥發。

六、請賜召見日期，已

核示

職 商震

第二三八頁

249

吳鐵城呈蔣中正請照准韓國所請撥派大運輸機運送人員公文核撥借款

1945/10/15

002-020400-00034-084

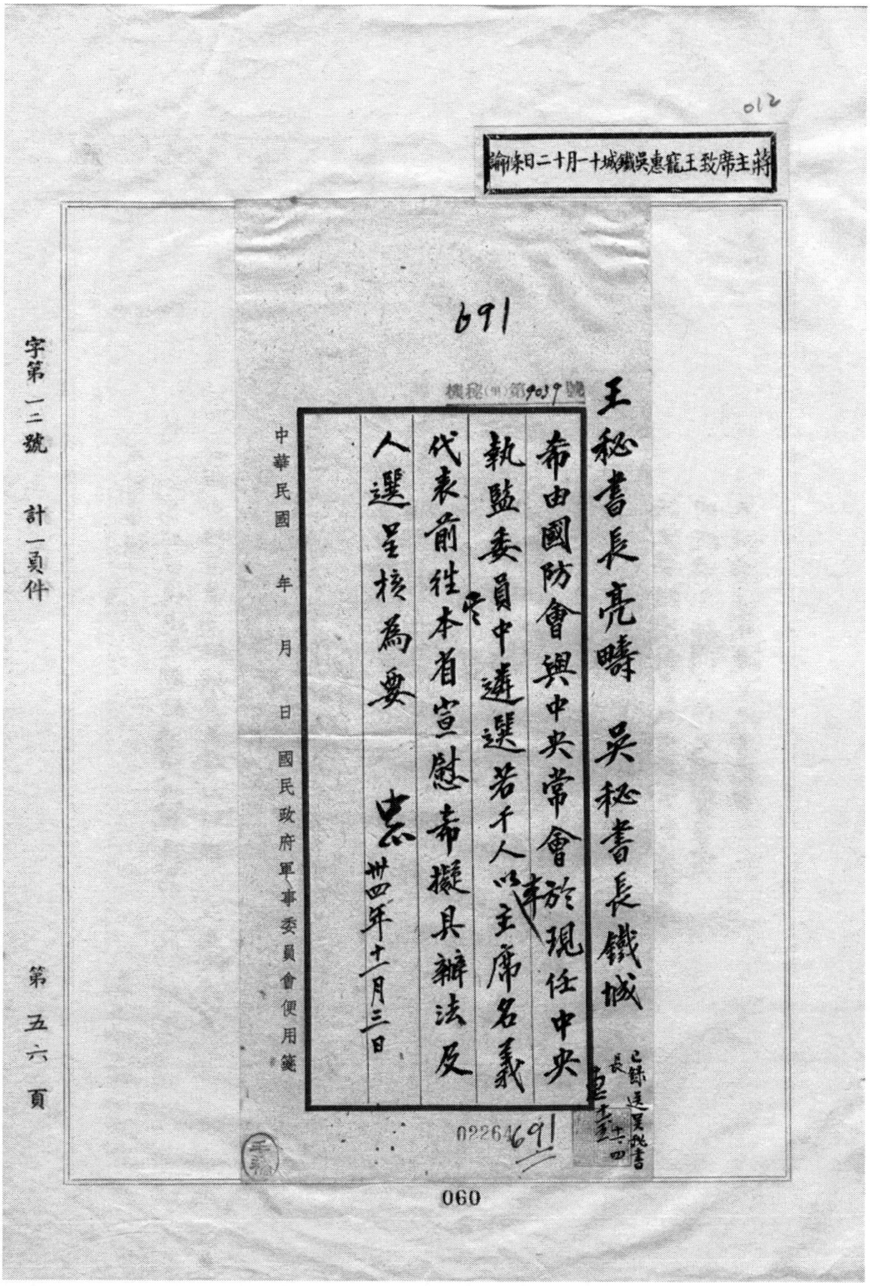

012

蔣主席致王寵惠吳鐵城十一月三日條諭

字第一二號 計一頁件 第五六頁

691

機秘(甲)第9039號

王秘書長亮疇 吳秘書長鐵城

希由國防會與中央常會於現任中央

執監委員中遴選若干人以主席名義

代表前往本省宣慰希擬具辦法及

人選呈核為要 中正

卅四年十一月三日

中華民國 年 月 日 國民政府軍事委員會便用箋

已錄送吳秘書長 十一月四日

02264691

060

蔣中正條諭王寵惠吳鐵城擬具由國防會中常會於執監委中遴選代表宣慰 1945/11/3

002-020400-00036-012

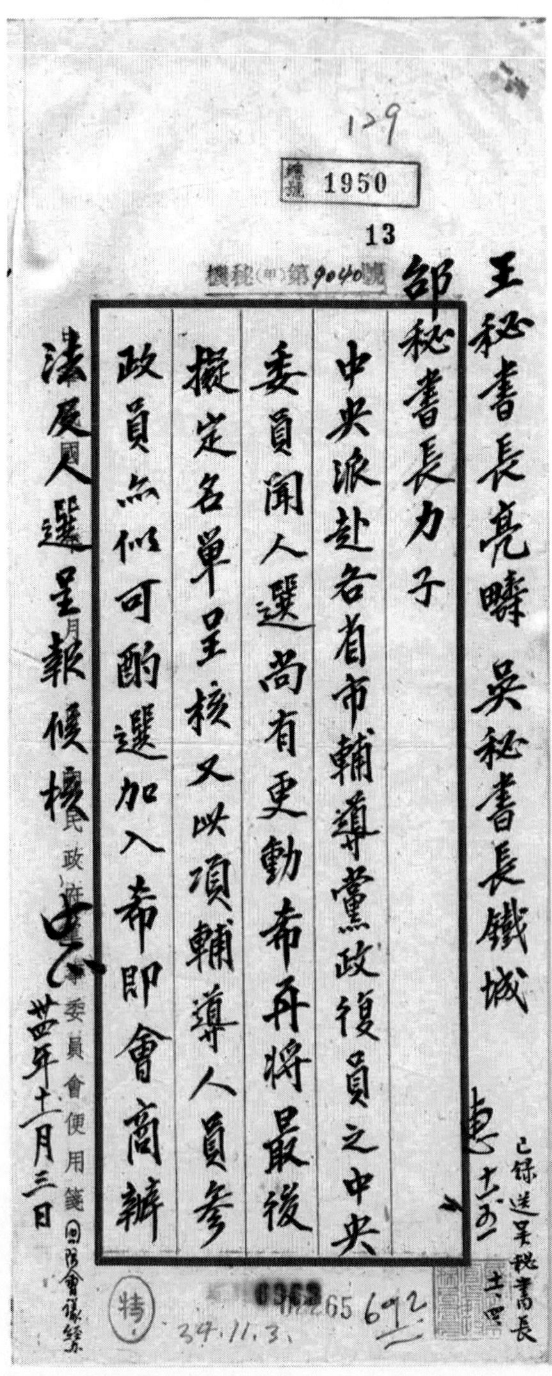

129

編號 1950

13

機秘(甲)第9040號

王秘書長亮疇 吳秘書長鐵城

邵秘書長力子

中央派赴各省市輔導黨政復員之中央委員聞人選尚有更動希再將最後擬定名單呈核又以項輔導人員參政員為似可酌選加入希即會商辦法及人選呈報候核 中正

卅四年十一月三日

國民政府軍事委員會便用箋

惠 十一、一

已錄送吳秘書長 十一、四

蔣中正電王寵惠擬定中央派赴各省市輔導黨政復員之中央委員名單　1945/11/3

002-070200-00022-129

.091

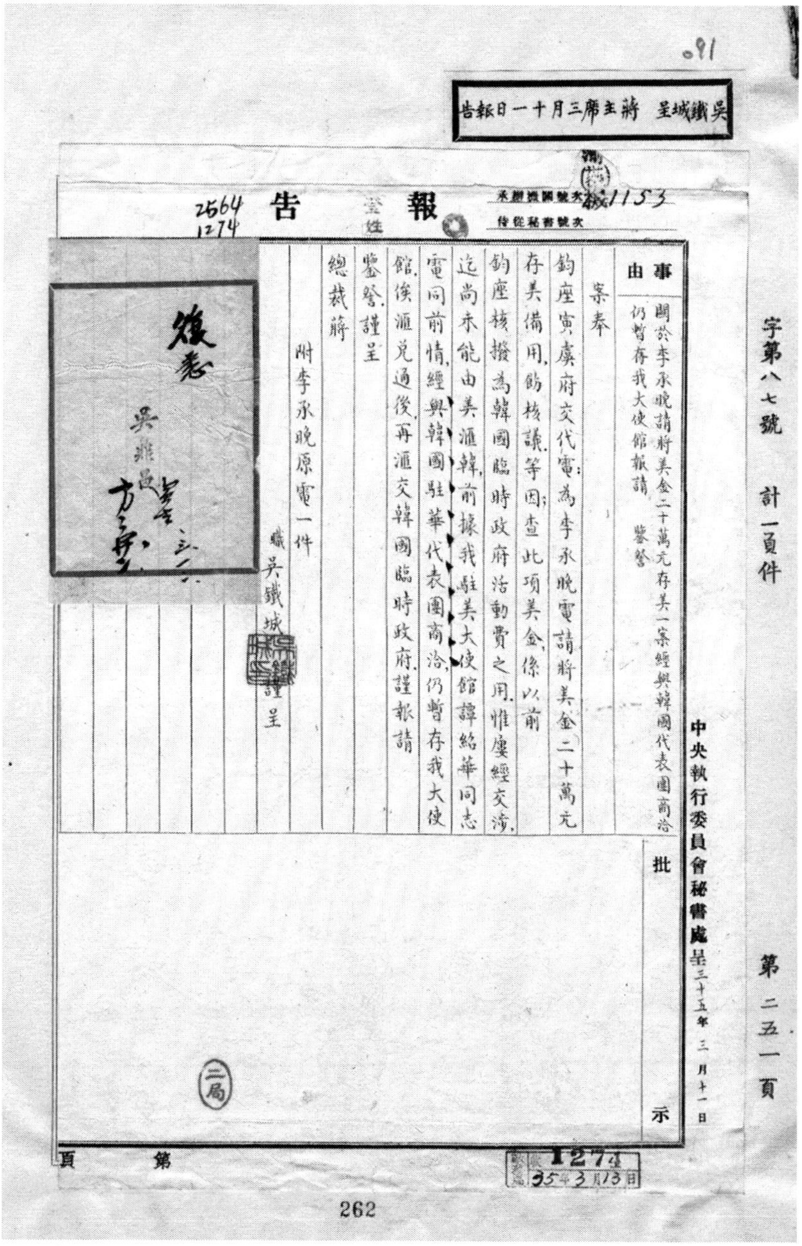

吳鐵城呈 蔣主席三月十一日報告

報告

承辦機關文號
侍從秘書文號 機1153

2564
1274

事由：關於李承晚請將美金二十萬元存美一案經與韓國代表團商洽仍暫存我大使館報請 鑒警

案奉

鈞座寅虞府交代電為李承晚電請將美金二十萬元存美備用，飭核議，等因；查此項美金，係以前

鈞座核撥為韓國臨時政府活動費之用，惟屢經交涉，迄尚未能由美匯韓，前據我駐美大使館諱絡華同志電同前情，經與韓國駐華代表團商洽，仍暫存我大使館，俟匯兌通後，再匯交韓國臨時政府，謹報請

鑒警。謹呈

總裁蔣

附李承晚原電一件

職吳鐵城（印）謹呈

復悉 吳祕書長 中正

字第八七號 計一頁件

中央執行委員會秘書處呈 三十五年三月十一日

第二五一頁

批示

二局

1274 35年3月13日

262

吳鐵城呈蔣中正美元仍暫存中國駐韓國大使館俟匯兌通後再匯交韓國臨時政府

1946/3/11

002-020400-00034-091

吳鐵城等呈 蔣委員長談話紀錄
（四月二十日）

字第五四號 計四頁件 第一七一頁

商談事項（四月廿日下午七時至十一時半在李子壩七十九號）

第一：當前形勢

1. 東北軍事方面，共軍已佔領長春，我軍向東進攻四平街。

2. 中共對於左列各項，堅持不放鬆：

一、國府委員名額須佔十四名（包括民主同盟）

二、行政院佔六席，表示要副院長、交通部長、經濟部長、軍政財政內政三部次長。

三、憲法草案採拖延政策，事事不作決定，推諉向延安請示。

根據上述形勢判斷，中共無要求解決之意，我希望五月五日前改組政府殆不可能。

第二：中共要表示，如政府不改組，國民大會召集不能參加。因之，我希望增加國大代表名額三至四

190

吳鐵城等呈蔣中正摘錄四月二十日在李子壩七十九號之商談紀錄　1946/4/20

002-020400-00006-059

059

六、以解決共產黨為代表，及給予中共諒解之代表二者之方案，將不能獲得協議，

第三、在此種情勢之下，國民大會是否召開。

(一) 如期舉行，不參加各黨派之是否參加，

1. 是否即為談判破裂，

2. 國際形勢是否許可，

3. 民眾財團是否能支持此項政策，

4. 我軍武力是否能使用，

5. 兵連禍結，是否即〔適為〕中共所希望，

(二) 延期舉行

1. 延期以是否即為問題之解決，

2. 是否能保證短期內可獲致協議，

3. 已推出之代表如何安置，是否不生意外，

4. 再度召集時之困難如何解決，

字第五四號　計件　第一七二頁

字第五四號　計　件　第一七三頁

5、如延期過長，以表事實之問題，是否將

其暫緩辦？、

(三) 不將重大讓步，謀取妥協。①國府委員

除了十四名，再許本黨廿名內除了青

年黨社會賢達各一名。②憲法草案

設章具有主張，將來再補救。

1、是否能斷定共黨即此已滿足，不再提

新花樣？、

2、如共黨以拖延為政策，際今我方讓步

仍不能獲得協議又將如何？、

3、經濟問題是否再讓步？、

4、東北問題是否再讓步？、

(四) 國民大會四開，不討論憲法，由國民大會

決議請國府於六個月之內召集第二次國

059

445-5

字第五四號　計　件　第一七四頁

民大會制定憲法之時即行使憲法。

1、理論上是否能自圓其說？

2、是否為共產黨所同情？

3、是否為國際間所諒解？

4、代表是否能控制？

第四：在國民大會臨期舉行、中共已表示加再開之前題下

1、增加代表三五〇名仍屬無濟；

2、共產黨應得之額如何？

3、全部並改選，則兩有廿名左右不能當選，全部立法委員則為有四十名左右不能當選。

4、由選區選出者由黨團廿五日以前完成改選手續。

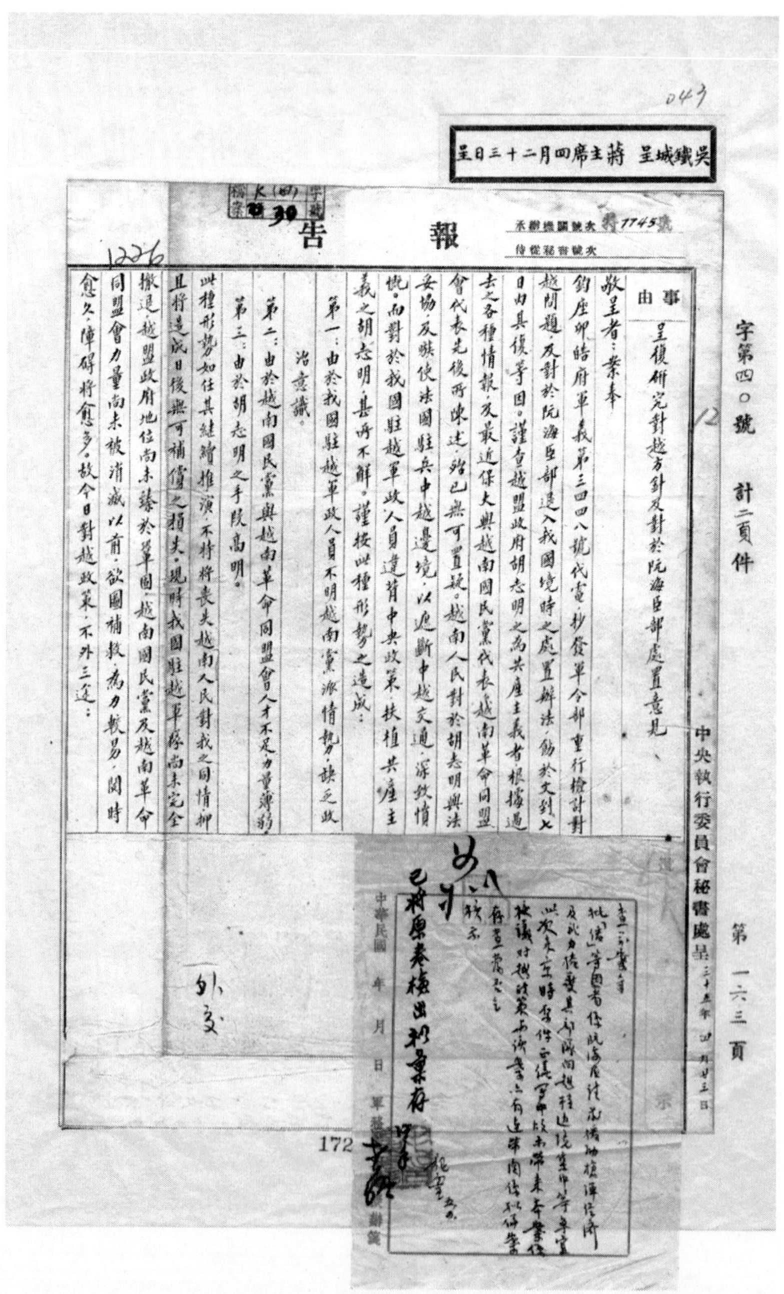

吳鐵城呈蔣主席四月二十三日呈

報告

事由：呈復研究對越方針及對於阮海臣部處置意見

敬呈者：案奉
鈞座卯皓府軍義第三四四八號代電，抄發軍令部重行檢討對越問題，及對於阮海臣部退入我國境時之處置辦法，飭於文到七日內具復等因。謹查越盟政府胡志明之為共產主義者，根據過去之各種情報，及最近保大與越南國民黨代表、越南革命同盟會代表先後所陳述，殆已無可置疑。越南人民對於胡志明與法妥協，及縱使法國駐兵中越邊境，以遮斷中越交通，深致憤慨。而對於我國駐越軍政人員違背中央政策，扶植共產主義之胡志明，甚為不解。謹按此種形勢之造成：

第一、由於我國駐越軍政人員不明越南黨派情勢，缺乏政治意識。

第二、由於越南國民黨與越南革命同盟會人才不足，力量薄弱。

第三、由於胡志明之手段高明。

此種形勢，如任其繼續推演，不特將喪失越南人民對我之同情，抑且將造成日後無可補償之損失。現時我國駐越軍隊尚未完全撤退，越盟政府地位尚未臻於鞏固，越南國民黨及越南革命同盟會力量尚未被消滅以前，欲圖補救，為力較易，閱時愈久，障礙將愈多。故今日對越政策，不外三途：

字第四〇號　計二頁件

中央執行委員會秘書處呈　三十五年四月廿三日

第一六三頁

吳鐵城呈蔣中正研究對越南方針及對於阮海臣部處置意見　1946/4/23

002-020400-00050-043

047

報告

中央執行委員會秘書處呈 年

(一)採取不干涉主義，聽任越南局勢，自然演變。

(二)採取以胡志明為對手主義，加緊外交上之聯繫，使其走向

親華之路。

(三)對於胡志明不再給予積極的支持，對於越南國民黨及越南革命同盟會應酌量給予武器，培植其革命力量，至少使能對抗胡志明之壓迫。

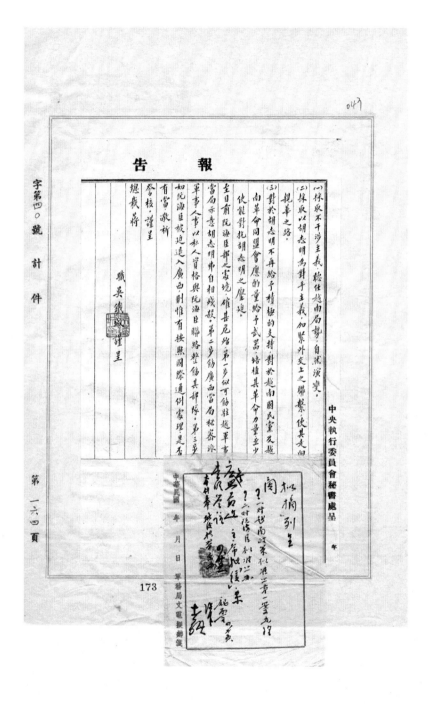

至目前阮海臣部之處境，確甚危殆，第一步似可飭駐越軍事當局示意胡志明，弗自相殘殺。第二步飭廣西當局秘密派軍事人事以私人資格與阮海臣聯絡，整飭其部隊。第三步如阮海臣被迫退入廣西，則惟有按照國際通例處理，是否有當，敬祈

鑒核。謹呈

總裁蔣

職吳鐵城謹呈

字第四〇號 計 件 第一六四頁

173

閱

抄摘列呈

[illegible]

吳鐵城

中華民國 年 月 日 軍務局文電擬辦箋

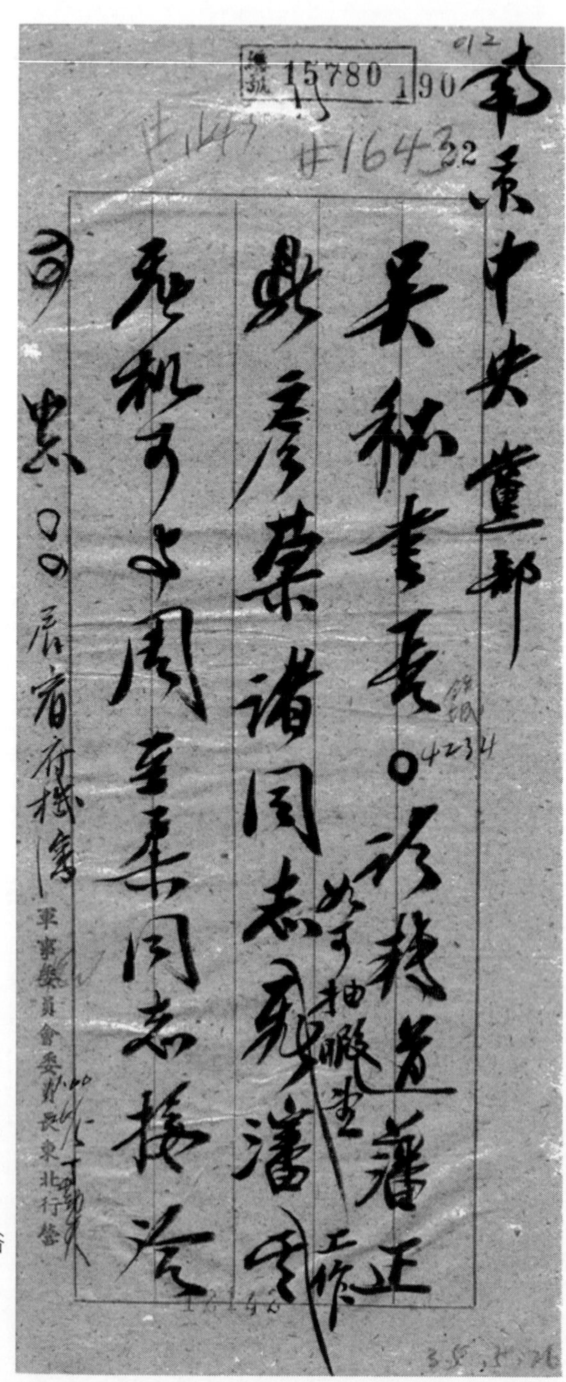

15780 190

南京中央黨部
吳秘書長。請轉張道藩、谷正
鼎、鄭彥棻諸同志如可抽暇飛瀋工作，希
速飛來，飛機可與周至柔同志接洽
中正。辰宥。府機瀋

軍事委員會委員長東北行營

蔣中正電示吳鐵城轉張道藩谷正鼎鄭彥棻等抽暇飛瀋工作
1946/5/26
002-010400-00002-012

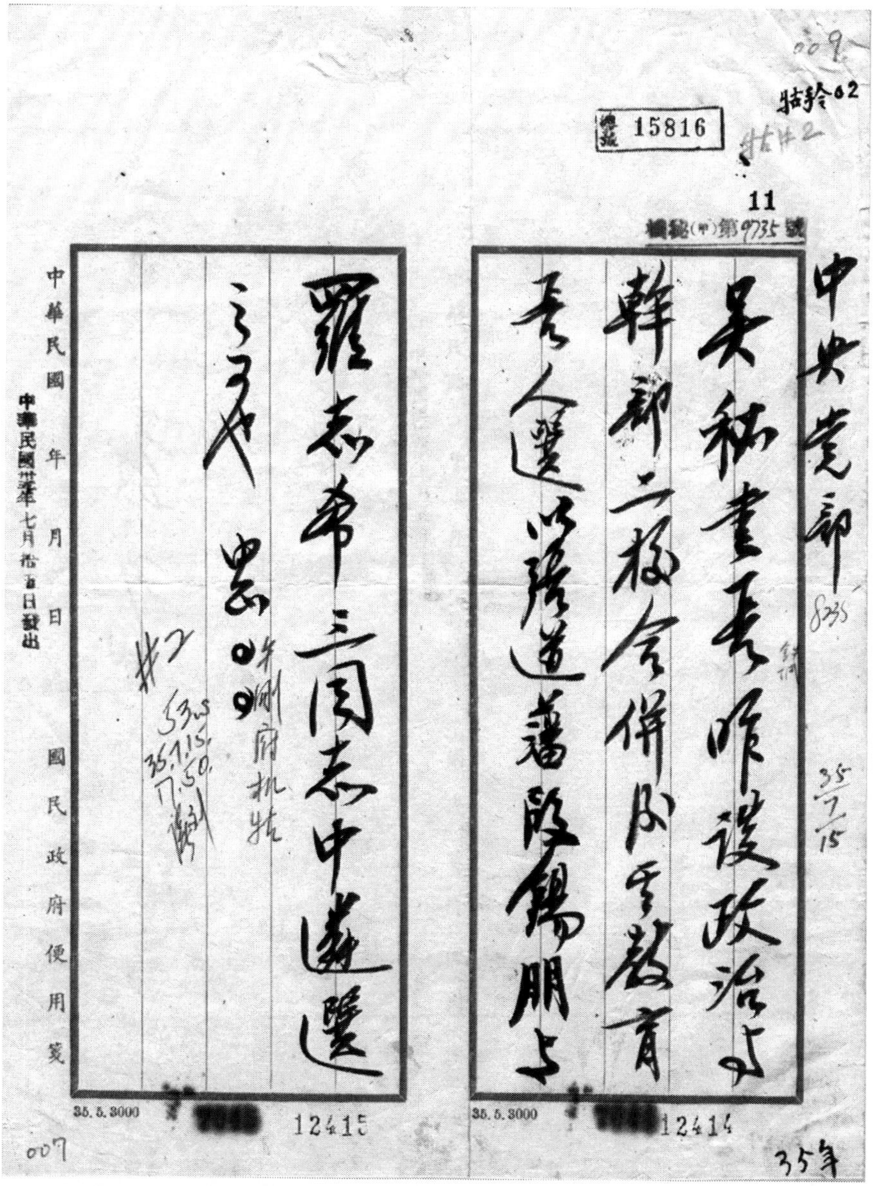

中央黨部

吳秘書長：昨談政治與幹部二校合併，其教育長人選以張道藩、段錫朋與羅志希三同志中遴選。

中正　午刪府機

中華民國　年　月　日

國民政府便用箋

中華民國卅五年七月拾五日發出

15816

蔣中正電吳鐵城政治與幹部二校合併其教育長人選以張段與羅中遴選　1946/7/15

002-010400-00003-009

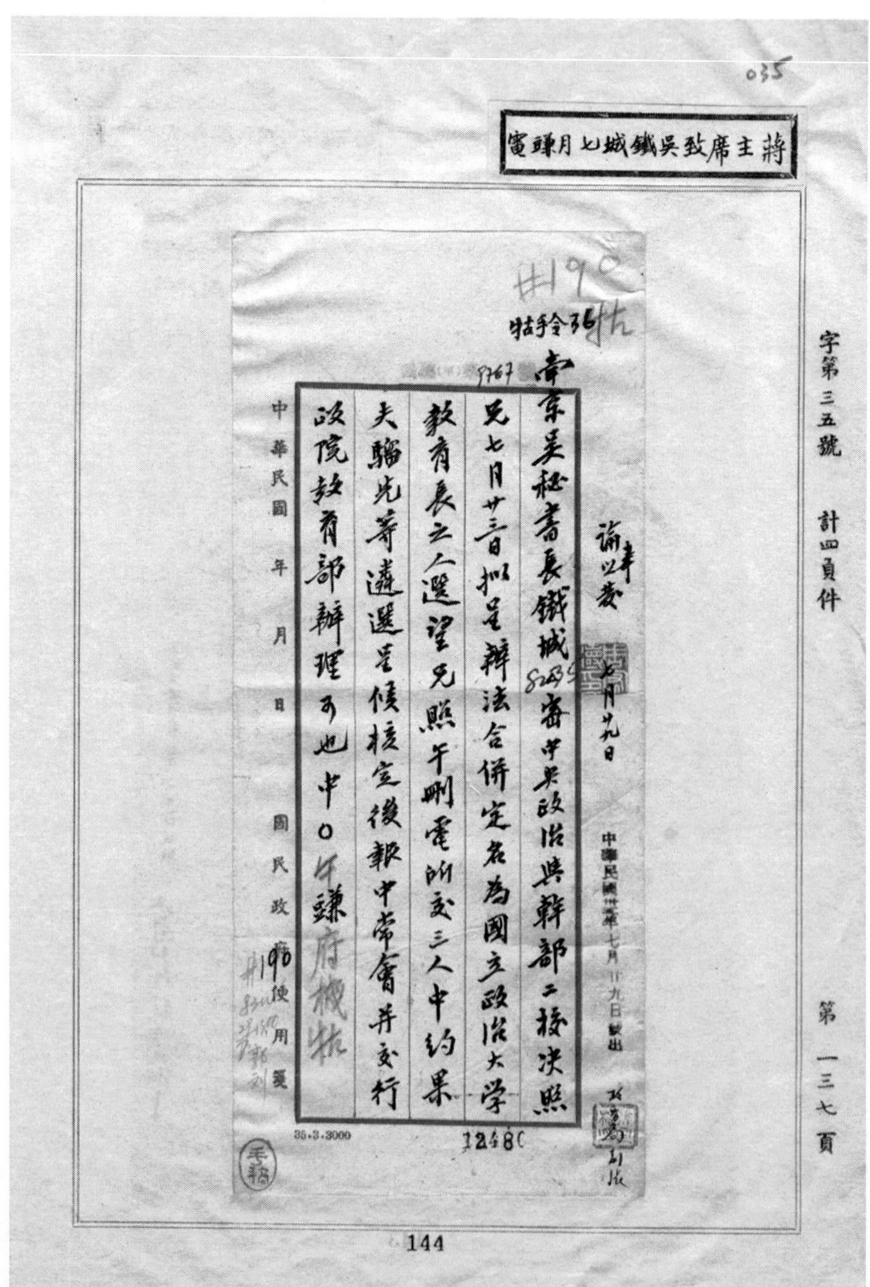

蔣主席致吳鐵城七月豔電

字第三五號 計四頁件

南京吳秘書長鐵城兄：中央政治與幹部二校決照兄七月廿三日擬呈辦法合併定名為國立政治大學教育長之人選望兄照午刪電所交三人中約果夫騮先等遴選呈候核定後報中常會并交行政院教育部辦理可也中〇午豔府機

諭以華 七月廿九日

中華民國卅五年七月廿九日發出

中華民國 年 月 日 國民政府用箋

第一三七頁

144

蔣中正電吳鐵城遴選國立政治大學教育長人選呈核　1946/7/29

002-020400-00036-035

035

第三五號之附件一

謹呈者、清晨職晤鄭副秘書長、囑職代向

鈞座請示：「鈞批、照办、之意、諒係指二校合併而言、合併以後

改称國立政治大學、由

鈞座擔任校長、如此則教育長之人選、似無須中常會選任、擬

仍令依照刪電、由吳秘書長、陳委員、果夫、朱部長家驊

等遴選、呈奉核定後、報中常會、并交教育部辦理、」云

鈞座鑒核示遵為禱

月　日

國民政府用箋

416-5　35.3.3000

字第三五號　計　件　第一三八頁

035

第三五號之附件二

報告 15

承辦機關號次 7781號

侍從秘書(乙)第8634號

宇第三五號 計 件

事由：報告研議中央政治學校與幹部學校合併之意見請核示

敬呈者：謹查關於中央政治學校及幹部學校合併一案，迭經職邀集陳果夫朱家驊段錫朋陳布雷程天放蔣經國諸同志研議數四，僉以憲政實施在即，兩校政制合併，亟待實行，惟以兩校過去發展歷史及合併時之種種事實問題，深感困難甚多，加以暑期已屆，合併手續及招收新生等，亦不易於短期內商定妥善辦法，與其倉卒合併，毋寧暫仍其舊，從長商議。如

鈞座認為必須排除困難，早日合併，職等亦經詳加研討，擬定比較可行之辦法如次：

(一)依照大學法令，既為大學，隸屬教育部。

(二)定名為國立政治大學~~或國立建國大學~~，請

鈞座選定其一。

(三)暫設1.公務員訓練部 2.大學部 3.研究部 4.專修部，必要再設其他院系。

(四)學生待遇照舊，但招收新生在校管理及畢業後服務辦法，均應從嚴規定。

(五)仍請

鈞座担任校長，另設校務委員會。

批示

中央執行委員會秘書處呈 三十五年七月廿三日

第一三九頁

第一頁

035

承辦機關
侍從秘書

報告

事由

以上研議結果，謹報請
鑒核。又
鈞座午刪府機粘密電指示兩校合併後之教育長人選，謹
已奉悉，擬俟合併辦法確定後，再請常會就
鈞座提出三人中選定之，謹一併報告。謹呈
總裁蔣

職吳鐵城 謹呈

批示

中央執行委員會秘書處呈 年 月 日

字第三五號 計 件 第一四〇頁

第二頁

147

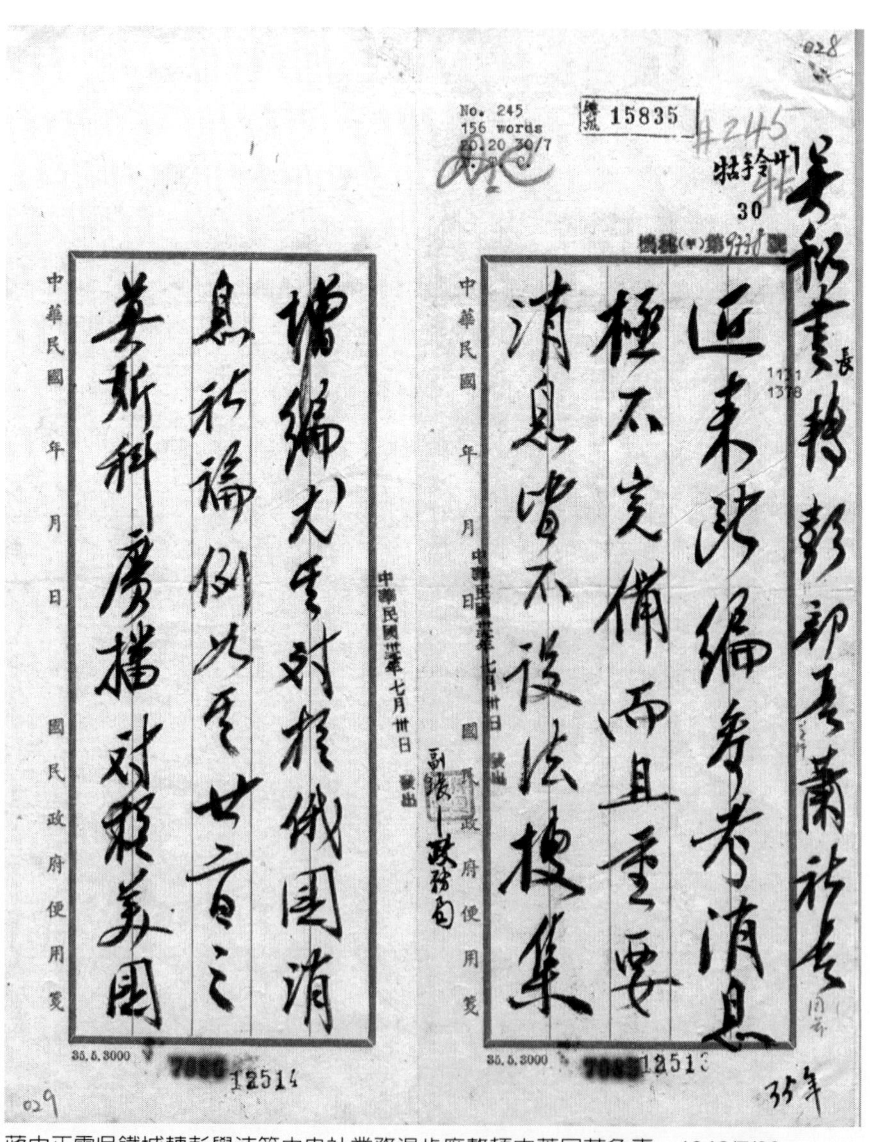

No. 245
156 words
20.20 30/7

15835

吳秘書長轉彭部長、蕭社長：

近來設編參考消息極不完備，而且重要消息皆不設法搜集

增編，尤其對於俄國消息社論，例如其廿五之莫斯科廣播對於美國

中華民國卅五年七月卅日發出

國民政府便用箋

35.5.3000 12513

35.5.3000 12514

蔣中正電吳鐵城轉彭學沛等中央社業務退步應整頓由蕭同茲負責　1946/7/30

002-010400-00003-028

028

對華政策之攻許，以及
主張實現莫斯科三國外
長會議之決議案等，最

中華民國卅五年七月卅日發出

35.5.3000　12515

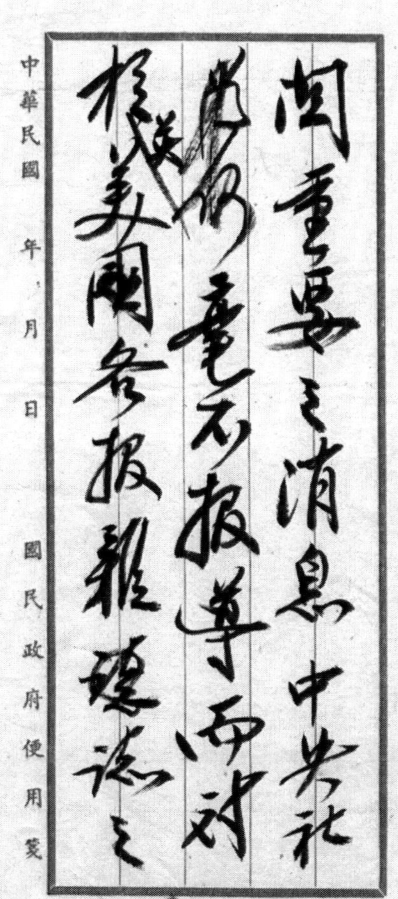
聞重要之消息，中央社
[illegible]毫不報導，而對
於美國各報雜誌之

中華民國卅五年七月卅日發出

中華民國　年　月　日　國民政府便用箋

35.5.3000　12516

030

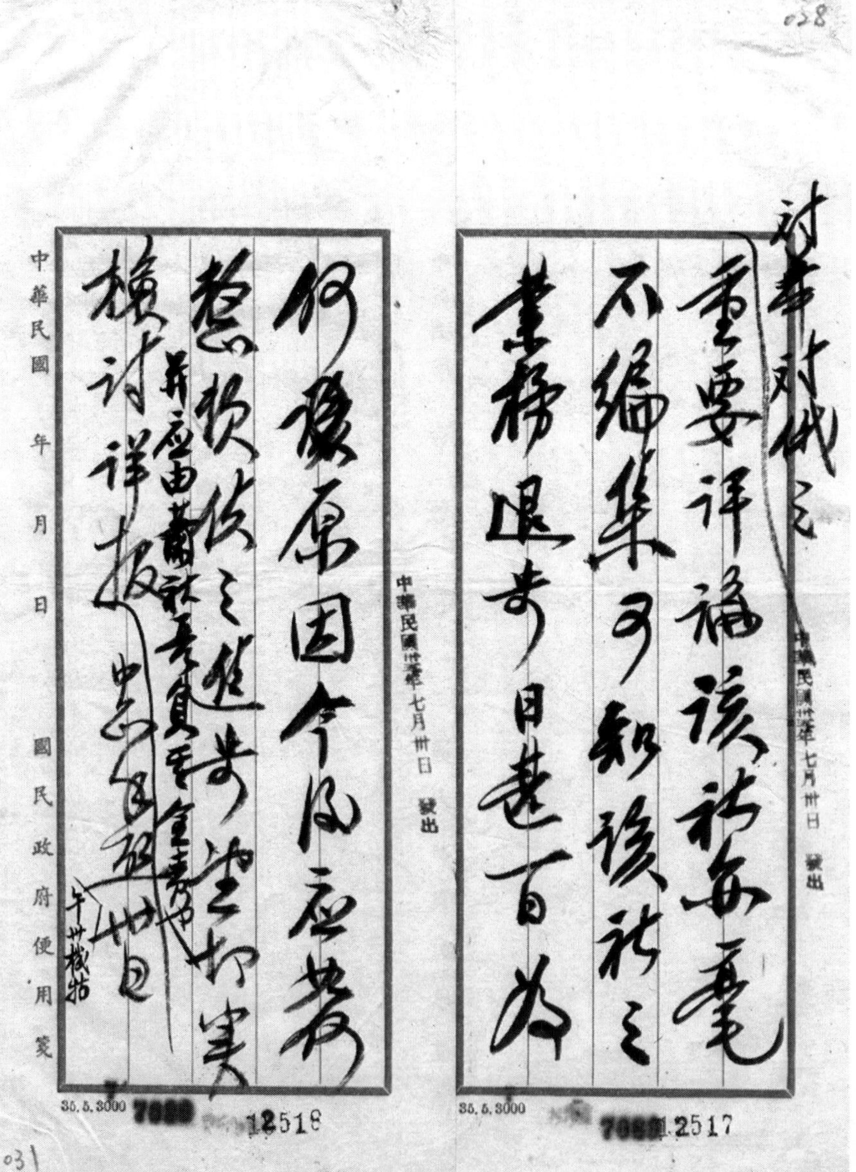

重要評論該社毫不編集，又知該社之業務退步日甚，可為

何緣？原因今後應如何整頓恢復之，並應由蕭社長負全責，能進步並切實檢討詳報。

中正 午卅機秘

中華民國卅五年七月卅日 發出

中華民國 年 月 日 國民政府便用箋

35.5.3000 12517

35.5.3000 12518

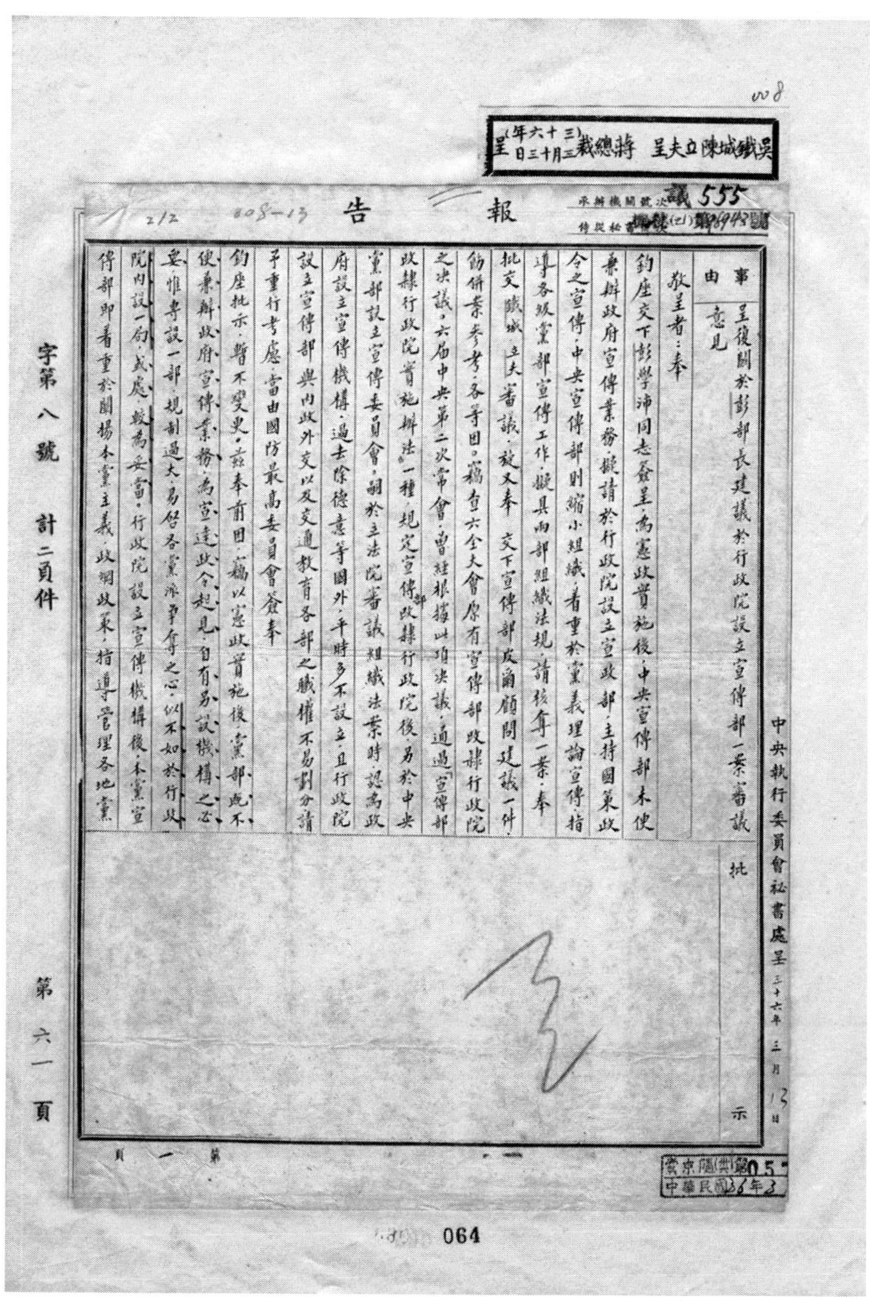

吳鐵城陳立夫呈 蔣總裁（三十六年三月十三日）呈

報告

議 555

事由：呈復關於彭部長建議於行政院設立宣傳部一案審議意見

敬呈者：奉

鈞座交下彭學沛同志簽呈，為憲政實施後，中央宣傳部未使兼辦政府宣傳業務，擬請於行政院設立宣政部，主持國策政令之宣傳，中央宣傳部則縮小組織，着重於黨義理論宣傳，指導各級黨部宣傳工作，擬具兩部組織法規，請核奪一案。奉

批交（鐵城、立夫）審議，茲又奉 交下宣傳部艾爾顧問建議一件，

飭併案參考，各等因。竊查六全大會原有宣傳部改隸行政院之決議，六屆中央第二次常會，曾經根據此項決議，通過「宣傳部改隸行政院實施辦法」一種，規定宣傳部改隸行政院後，另於中央黨部設立宣傳委員會，嗣於立法院審議組織法案時，認為政府設立宣傳機構，過去除德意等國外，平時多不設立，且行政院設立宣傳部與內政外交以及交通教育各部之職權不易劃分，請予重行考慮，當由國防最高委員會簽奉

鈞座批示，暫不變更。茲奉前因，竊以憲政實施後，黨部既不便兼辦政府宣傳業務，為宣達政令起見，自有另設機構之必要，惟專設一部，規制過大，易啟各黨派爭奪之心，似不如於行政院內設一局或處，較為妥當，行政院設立宣傳機構後，本黨宣傳部即着重於闡揚本黨主義、政綱政策，指導管理各地黨

批示

中央執行委員會祕書處呈 三十六年三月13日

第一頁

字第八號 計二頁件 第六一頁

064

吳鐵城陳立夫呈蔣中正擬請於行政院設立宣政部審議意見　1947/3/13

002-020400-00041-008

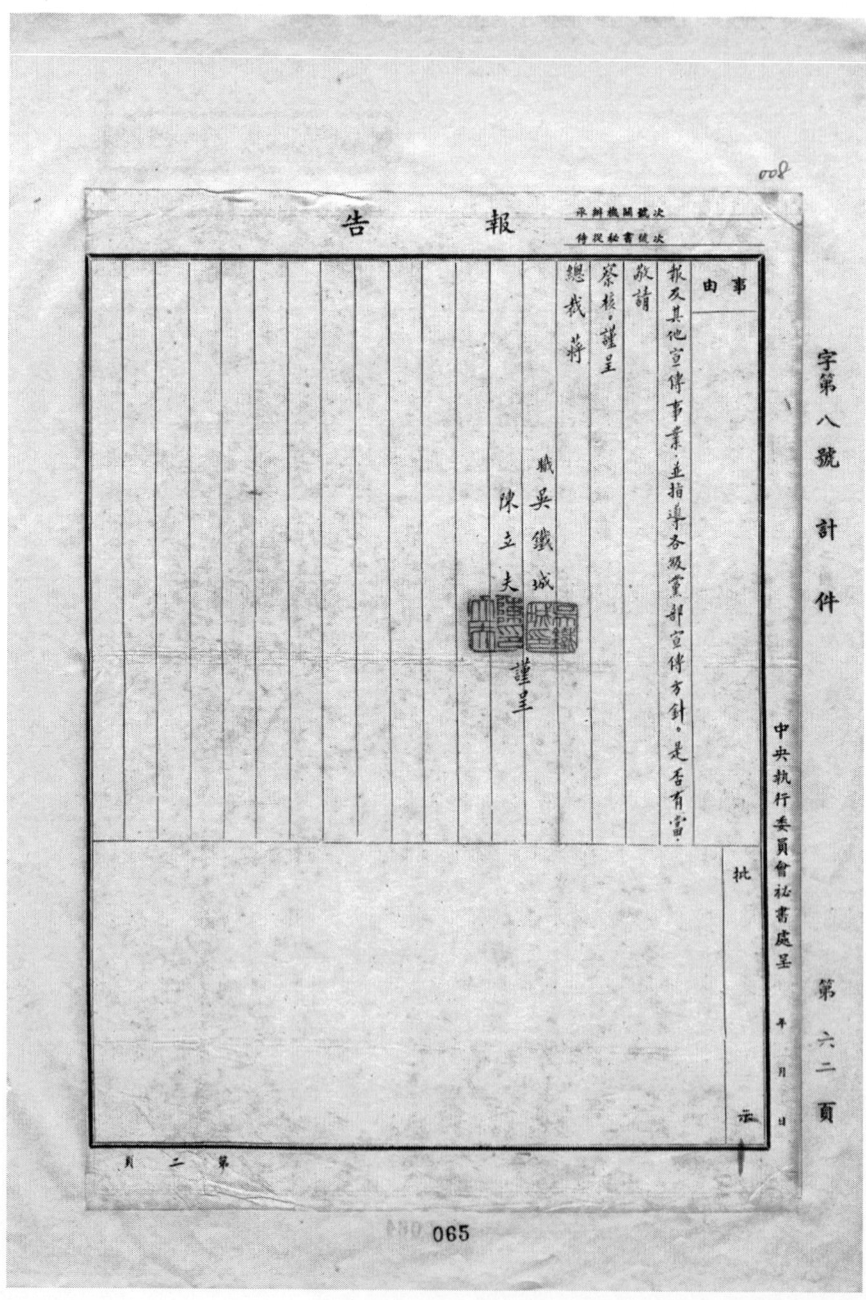

報告

次長秘書核稿

次長核閱簽字

事由

報及其他宣傳事業，並指導各級黨部宣傳方針，是否有當，

敬請

察核。謹呈

總裁蔣

職 吳鐵城
陳立夫 謹呈

批示

第二頁

中央執行委員會秘書處呈 年 月 日

字第八號 計 件 第六二頁

008

065

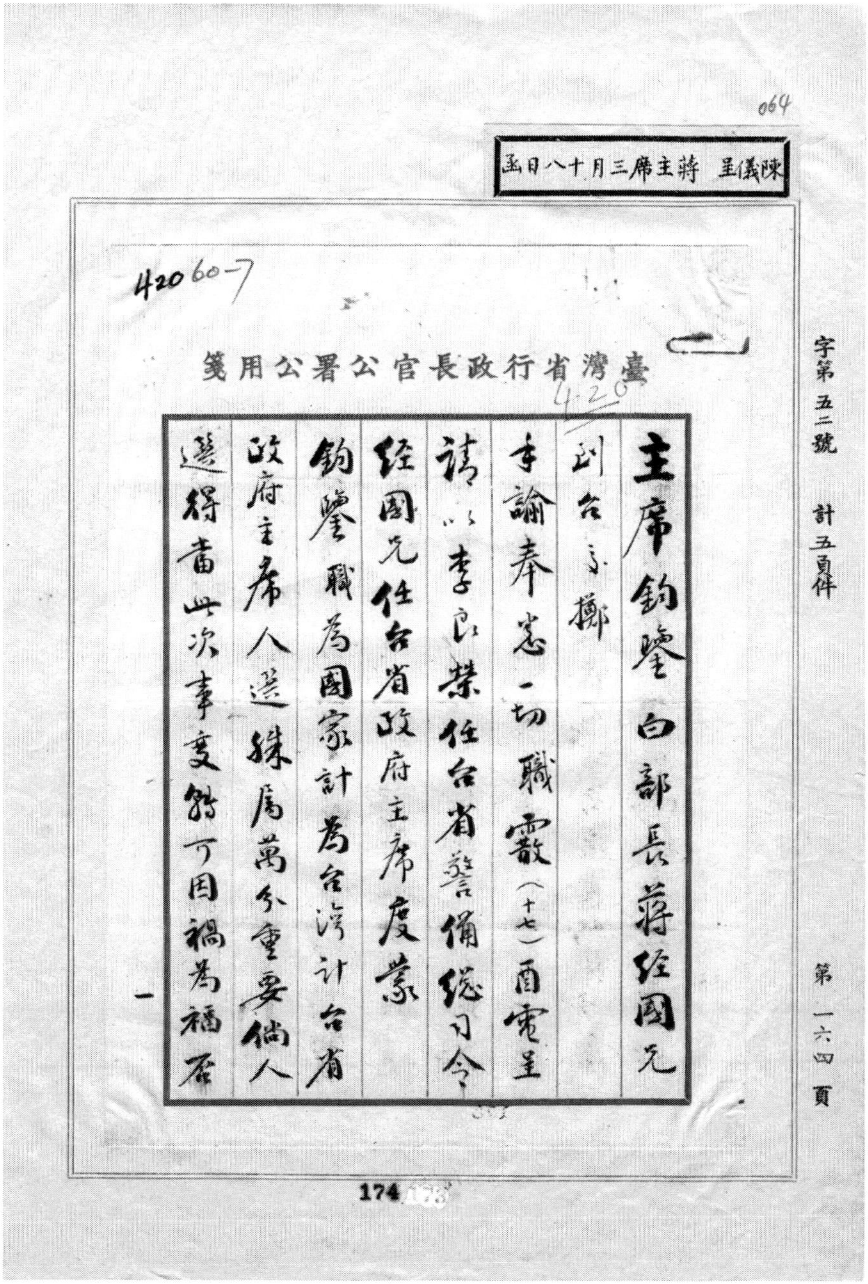

064

陳儀呈蔣主席三月十八日函

42060-7

臺灣省行政長官公署公用箋

4.20

主席鈞鑒：白部長、蔣經國兄
到台，承擲
手諭，奉悉一切。職霰（十七）酉電呈
請以李良榮任台省警備總司令，
經國兄任台省政府主席，度蒙
鈞鑒。職為國家計，為台灣計，台省
政府主席人選殊屬萬分重要，倘人
選得當，此次事變能可因禍為福，否

字第五二號

計五頁件

第一六四頁

174 173

陳儀函蔣中正建議以吳鐵城充任臺灣省政府主席　1947/3/18

002-020400-00038-064

064

60-7

臺灣省行政長官公署公用箋

則後患仍屬堪虞聞將以朱一鳴兄
充任台省政府主席職實期期以為
不可一則一鳴雖不無才幹但思想
太舊缺乏現代知識昔在甘肅因甘肅
經濟文化均甚落後能消極的敷衍
諸馬尚可得一時之安然台灣遠非甘肅
可比經濟建設冠於各省文化衛生等
事業亦稱發達非對於政治經濟財

二

字第五二號 計 件 第一六五頁

175

064

60-7

臺灣省行政長官公署公用箋

政教育諸端有真知灼見能積極圖
治者不能治理二則現在台灣擔任財
政農林工礦交通等各主管人員皆屬
一時俊逸懷事業之心而來延攬時無
費苦心若省政府主席不能志同道合
必定渙然星散致各種事業大受影響
甚至不堪收拾三則台灣人對福州人感
情極惡亦可顧慮一鳴生長福州雖欲不

三

字第五二號 計件 第一六六頁

176

064

60-7

臺灣省行政長官公署公用箋

用福州人事實上恐亦甚難且經國
兄雖為職理想中之人選但昨夜
今晚兩度徵求同意經國兄均堅決
拒絕不肯應承職不得已而思其次
擬請以吳秘書長鐵城兄任並以現
任財政處長嚴家淦調充秘書長其
餘各廳長及省府委員人選並擬擇組
織容再繼續貢獻愚見如須職飛京

四

字第五二號 計 件 第一六七頁

177

064

60-7

臺灣省行政長官公署公用箋

函陳肯候

電示遵行專呈恭請

鈞安

職陳儀手肅

三月十八夜

五

字第五二號 計 件 第一六八頁

178

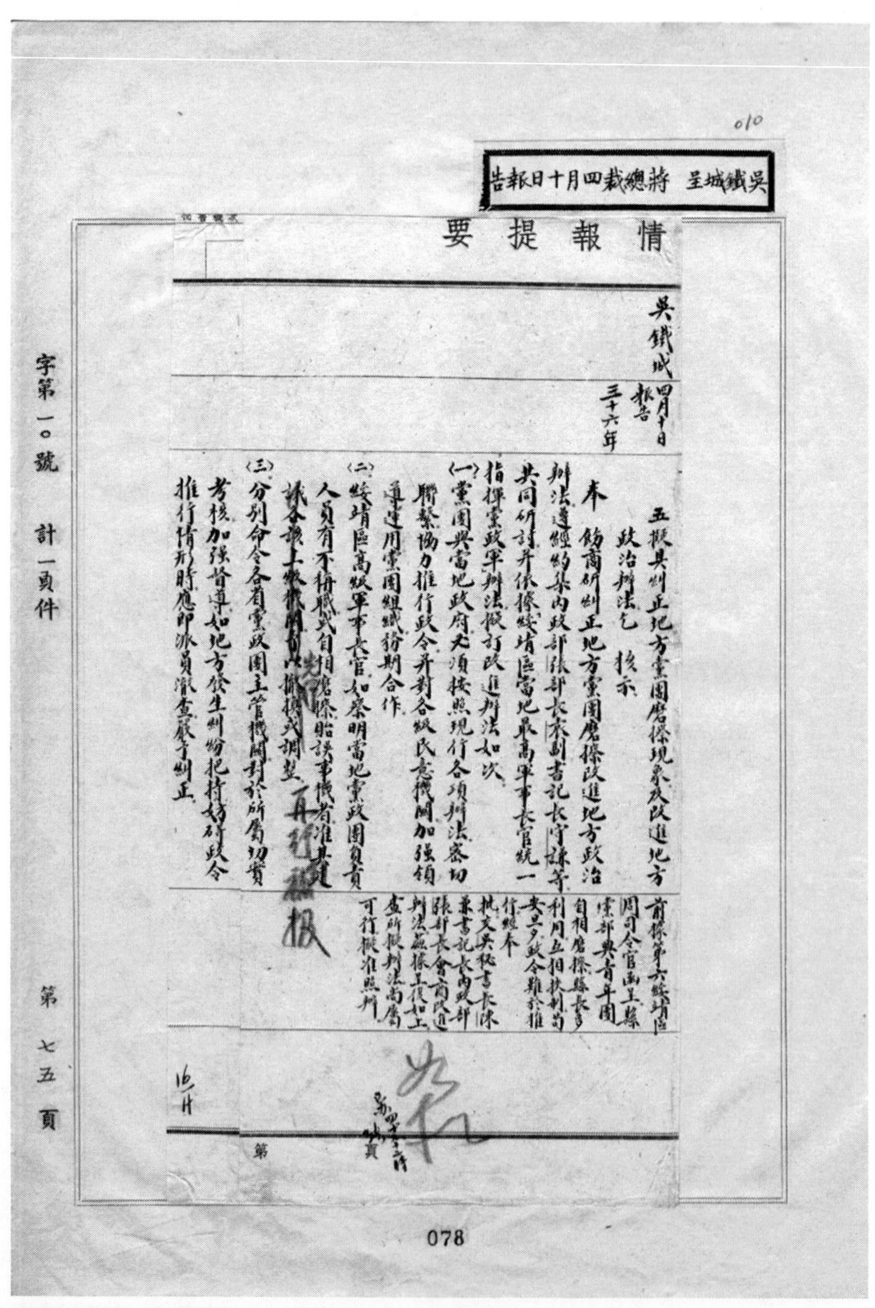

010

吳鐵城呈 蔣總裁四月十日報告

情報提要

吳鐵城 四月十日報告 三十六年

五 擬具糾正地方黨團磨擦現象改進地方政治辦法乞 核示

本 飭商研糾正地方黨團磨擦改進地方政治辦法遵經約集內政部張部長袁副書記長守謙等共同研討并依據綏靖區當地最高軍事長官統一指揮黨政軍辦法擬訂改進辦法如次

（一）黨團與當地政府尤須按照現行各項辦法密切聯繫協力推行政令并對各級民意機關加強領導運用黨團組織務期合作

（二）綏靖區高級軍事長官如察明當地黨政團負責人員有不稱職或自相磨擦貽誤事機者准其建議令飭上級機關予以撤換或調整

（三）分別命令各省黨政團主管機關對於所屬切實考核加強督導如地方發生糾紛把持妨礙政令推行情形時應即派員徹查嚴予糾正

前據第六綏靖區周司令官函呈縣黨部與青年團自相磨擦縣長多利用互相扶制尚少合作致令難於推行經本批交吳秘書長陳兼書記長內政部張部長會商改進辦法茲據呈復如上查所擬辦法尚屬可行擬准照辦

字第一〇號 計一頁件 第七五頁

078

吳鐵城呈蔣中正商研糾正中國國民黨地方黨團磨擦改進地方政治辦法　1947/4/10

002-020400-00041-010

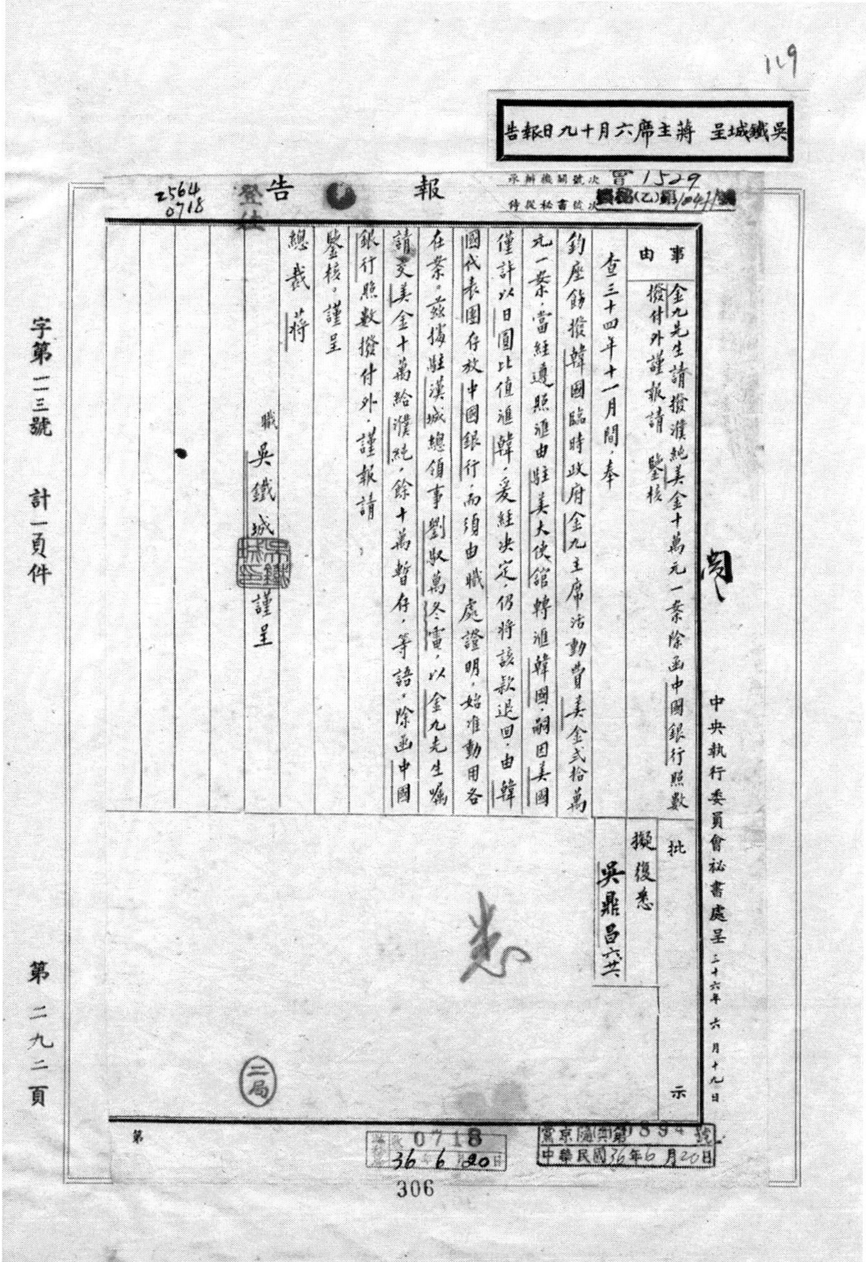

119

吳鐵城呈蔣主席六月十九日報告

報告

2564 0718

中央執行委員會秘書處呈 三十六年六月十九日

事由：金九先生請撥濮純美金十萬元一案除函中國銀行照數撥付外謹報請 鑒核

查三十四年十一月間，奉
鈞座飭撥韓國臨時政府金九主席活動費美金弍拾萬元一案，當經遵照匯由駐美大使館轉匯韓國，嗣因美國僅許以日圓比值匯韓，爰經決定，仍將該款退回，由韓國代表團存放中國銀行，而須由職處證明，始准動用各在案。茲據駐漢城總領事劉馭萬冬電，以金九先生屬請支美金十萬給濮純，餘十萬暫存，等語，除函中國銀行照數撥付外，謹報請
鑒核。謹呈
總裁 蔣

職 吳鐵城 謹呈

批示：擬復悉 吳鼎昌 六.廿

字第一二三號 計一頁件

第二九二頁

0718 36.6.20

中華民國36年6月20日

306

吳鐵城電蔣中正已函中國銀行撥付十萬美元給濮純餘十萬元暫存 1947/6/19

002-020400-00034-119

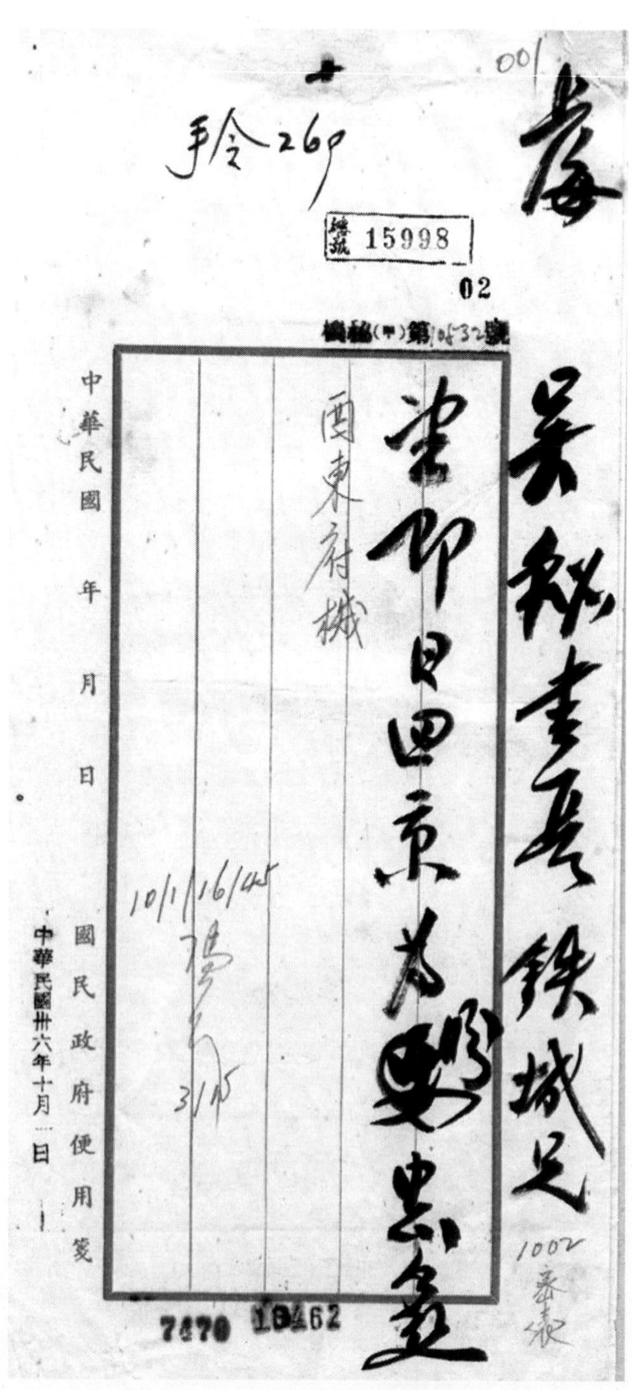
001
特
手令 26p
總號 15998
02
機秘(甲)第10532號
吳秘書長鐵城兄
望即日回京為盼
中正
國東府機
10/1 16/45
1002
中華民國 年 月 日
國民政府便用箋
中華民國卅六年十月一日
7470 18462

蔣中正電囑吳鐵城即日回京 1947/10/1
002-010400-00007-001

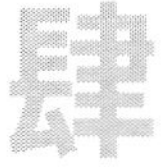

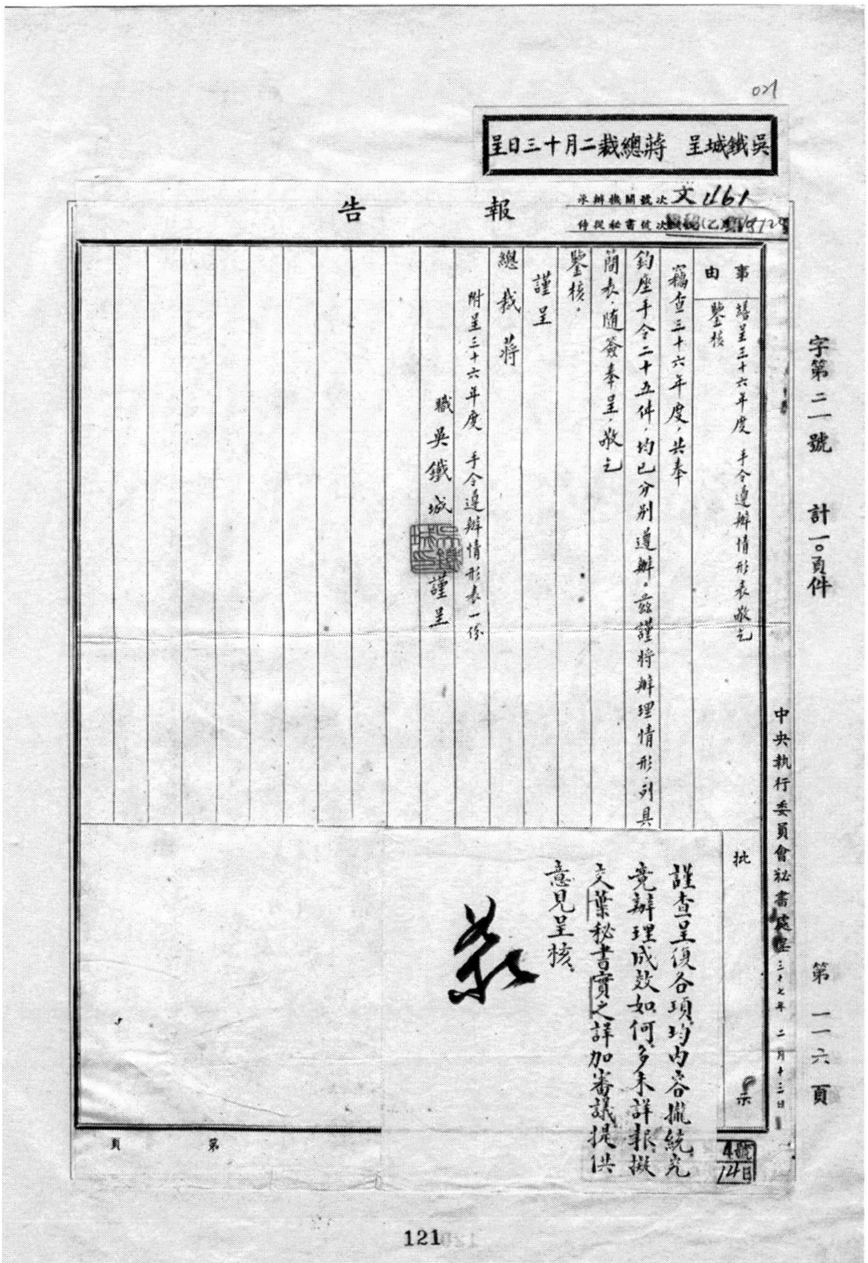

021

吳鐵城呈 蔣總裁二月十三日呈

報告

事由 謹呈三十六年度手令遵辦情形表敬乞鑒核

竊查三十六年度，共奉鈞座手令二十五件，均已分別遵辦，茲謹將辦理情形，列具簡表，隨簽奉呈，敬乞鑒核。

謹呈

總裁蔣

附呈三十六年度手令遵辦情形表一份

職吳鐵城謹呈

批

謹查呈復各項均內容攏統，究竟辦理成效如何多未詳報，擬交葉秘書實之詳加審議提供意見呈核

字第二一號 計一〇頁件

中央執行委員會祕書長室 三十七年二月十三日

第一一六頁

121

吳鐵城呈蔣中正三十六年度條諭辦理情形簡表　1948/2/13

002-020400-00041-021

021

第二一號之附件

手令字號	內容摘要	發令日期	辦理情形	備註
機密甲第一〇一六四號	中央黨部所屬各單位截止目前為止所存節餘款項各有多少存放何處限二月十五日以前詳細查報	二、一、	遵於二月十五日以京(36)字第2361號簽呈呈復	
機密甲第一〇一八五號	黨部本年度總預算及各預算項目細數希於本月二十日前詳報	二、一三、	遵於二月二十日以京卅忠會字第446號簽呈復	
未列號	經濟緊急措施方案應由中央黨部經濟政策委員會督導經濟有關各部會與各省市切實執行並由該委員會與最高經濟會議切實聯系共同研究特別注重各地每日實施之報告與情報之研究等至於有關部會應辦之業務法規及其實施更應考察督促免蹈過去覆轍中央	二、十七、	遵已將原手令分轉經濟政策委員會各委員並分電各省市黨部遵辦及分轉行政院經濟部交通部農林部糧食部財政部教育部社會部善後救濟總署暨資源委員會十機關將有關材料隨時檢送參考辦理情形並提報常會	

字第二一號 計 件 第一一七頁

021

文號	事由	日期	辦理情形
	黨部應以此事為每日主要任務並		
	望於每週常會或國防會議提出詳報		
儀密甲第一〇二一三號	中常會應即發動組織軍事慰勞	三、三〇、	遵提第六十三次常會決議交組織國
	團分組前往各地慰勞前方官兵並考		防社會三部加強進行並於六十四次常
	察士兵生活及其軍風紀等希即提		會通過慰勞團組織及慰勞辦法
	會商討具體辦法及人選呈核		於第七十次常會通過慰勞團名單
儀密甲第一〇二六七號	與各黨派聯絡業務其關於黨務	五、一二、	遵以京卅魚議字第一四五三號文轉
	者應由吳鐵城陳立夫張厲生三同		知陳部長立夫等十人並擬具黨政會
	志負責辦理其關於政務者應由		報辦法隨時集會研議各項問題分
	孫哲生張岳軍陳布雷邵力子王		別提報常會施行惟八月以後與各
	雪艇吳達銓雷儆寰諸同志負		黨派聯絡業務多屬選舉事項經
	責聯絡惟黨務政務有關事項		常會推定委員專責洽辦隨時逕報
	皆應互相關聯不能分離望於每		常會決定
	星期必須共同會報一次請即擬		

字第二一號　計　件　第一一八頁

021

	議會報辦法從速進行		
機密甲第一〇三五六號	各省市地方黨部應設法深入農村建立黨之基層力量可參酌共黨鄉幹村幹辦法加以改進並以輔助農村復興改善農民生活為目標至地方黨部與地方政府之關係須和衷共濟切實合作希即照此擬訂今後地方黨務方案呈核	七、二	遵即抄送陳部長立夫並由其研擬具體方案中
未列號	擬派李惟果同志為宣傳部長	七、八	遵提常會通過發表
未列號	派鄭彥棻同志為中央政治會議副秘書長	七、八	遵提常會通過發表
機密甲第一〇三七九號	全國總動員令頒布以後應予實施之各項方案及其有關法令條例等政府應事先在各方面儘量宣傳	七、一一	遵與行政院會商劉匯總動員室並約張院長岳軍傳計劃綱要呈奉 核定後分由宣傳部新聞局通飭各級黨政主管

字第二一號 計 件 第一一九頁

021

字第二一號　計　件　第一二〇頁

以獲取人民之徹底了解與擁護合作　機關辦理
希即會同黨政各主管機關切實擬
訂各階層具體宣傳辦法由行政
院主持負責辦理

未列號　推陶希聖李俊龍二同志為宣傳　七、一四、遵提常會通過發表
部副部長

機密甲第一〇四四三號　自政府改組容納民青二黨參政後　八、六、遵經洽商決定辦法二點於八月十並列陳秘
本黨對於政府指導之方式理應加　四日以京卅粟議字二〇一五號呈核　書長立夫
以更正以期適應改組後之新情勢
希即研擬具體辦法呈核

機密甲第一〇四五五號　特派陳誠同志為東北各省市黨部　八、一二、遵已電知陳總長並分別錄　諭抄並列陳部
團部統一組織委員會主任委員仝　送陳部長及中央團部暨提報黨　長立夫陳
權處理東北黨團一切事宜所有黨　團統一組織委員會　書記長
團有關人事之任免調遣及該委員　辭修

文號	內容	日期	辦理情形
	會之組織與人事均由該主任委員負責處理及就地抉擇辦理		
機祕甲第一〇四七八號	各級黨團合併工作應限十月內完畢又各級黨團合併組織之方式以黨主任委員為主任委員支團部幹事長為副主任委員縣級亦同應以此為原則除有特殊情形將來再行調整可也	九、一六	送提黨團統一組織委員會遵辦
機祕甲第一〇四八〇號	黨員總登記實施辦法希於二個星期內擬具呈核並列入明(十八)日常會議程共同討論為要	九、一七	送提常會通過黨員團員重新登記確定黨籍辦法須發施行
機祕甲第一〇四八一號	本黨今後對於幹部訓練應特加注重可於中央黨部內設置幹部訓練籌備會希即列入明(十八)日常	九、一七	送提常會推定籌備委員並經籌備委員會製訂調訓計劃及辦法等項呈奉 核定施行

字第二一號 計 件 第一二一頁

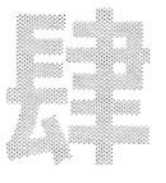

047

字第二一號　計　件　第　一三二　頁

文號	內容	辦理情形
	會議程共同商討決定至詳細辦	
	法應由中央黨部另案研擬呈核	
俄寄甲第一〇四九一號	上海北平廣東湖南各地黨團部雙	九、二〇、遵提黨團統一組織委員會遵辦
	方既不協調資歷亦多出入如統一	
	組織實際上有不便時可使團部	
	幹事長辭職或調中央訓練籌	
	備委員會任職而由其書記充任	
	黨部副主任委員亦可其他縣級黨	
	團如確有困難亦可如此辦理	
俄秘甲第一〇四九八號	中央秘書處應設置高級幹部人	九、二二因中央黨部尚須縮編未敢再
	事科掌理各省政府委員省黨部	增機構焉擬併調整中央機構
	委員以上各級黨政工作同志之調查	業辦理
	登記考核等事宜以供中央人事上	
	之咨詢希照此擬訂具體辦法呈核為要	

未列號 關於黨團統一組織工作之要旨十 通將原手令抄送黨團統一組織委
一項 員會各委員遵辦並分別製定辦
法實施
未列號 中央黨部副秘書長鄭彥棻王啟 九、二三 通提常會通過發表分別就任
江中央政治會議副秘書長洪蘭
友青年部副部長鄭通和趙仲
容理論研究委員會副主任倪
文亞
未列號 各省市指導選舉委員有許多 九、二三 通提常會通過發表呈復並分別並列陳組
不能担負各省市黨團統一組織工 出發督導 織部長秦
作之督導故應另選如另單其中 代書記長
有可兼任者或可根據此另單不
妨將指導選舉委員之名單略
予更正以免重複惟此名單明日

字第二一號 計 件 第 一二三 頁

	即須發表以便從速分派督促各地統一組織工作之實施		
未列號	黨團統一組織後各級負責幹部應即分批調訓同時對轉業之幹部亦應施以專門技術之訓練希即由幹部訓練籌委會研擬具體計劃與實施訓練方案呈報幹部訓練籌備委員會委員袁守謙李惟果蔣經國胡軌谷正鼎鄭彥棻以袁守謙為召集人	九、二三、	遵提常會通過發表籌劃進行擬定「幹部訓練委員會組織簡則」「幹部訓練計劃大綱」及「幹部調訓辦法」呈奉　核定並奉　遴派吳委員鐵城等二十九人為訓練委員會委員指定張厲生為主任委員袁守謙蔣經國為副主任委員胡軌為幹部訓練班主任張一清為副主任均經提報常會施行
機參甲第一〇五二九號	此件原則同意但其中手續與地區等各種關係應加切	九、二九、	已遵辦

字第二一號　計　件　第一二四頁

會研究即交吳秘書長與陳秘
書長立夫與選舉有關各同
志研討辦法再提會討論可也
機密甲第一〇五六三號 余在四中全會述以訓詞對黨 十一、十五、遵於十月二十九日以議字第二八
團合併後所指示之應辦各事 三號簽呈呈復
未知有否擬定具體實施方
案其辦理情形如何希於一
星期內詳報為要
機密甲第一〇五六五號 中央黨部各部會存款應經常 十一、十五、遵經會同監委會秘書處擬訂檢
定期檢查希即擬定辦法並將 查辦法並提一三五次常會核議決議
每次檢查結果報核為要 下次再議、有案一俟核定後當即遵
照通飭遵行
侍字第五一四三三號 各地破獲奸匪份子在未結審前 十一、八、遵即交由聯秘處通飭各級黨政軍
無論何人不准保釋希轉飭遵照 聯席會議遵辦

字第二一號 計 件 第一二五頁

026

鄭彥棻呈 蔣總裁六月十七日呈

報告

次號機關辦承

次號書秘從侍

字第二六號

計九頁件

事由

前奉

鈞諭，飭將前關於黨團統一組織之兩案暨批示之二方式

檢呈 核閱等因，謹將前由吳秘書長簽呈

核閱之兩案暨

鈞座批示（見黨團統一組織有關文件5、6、7三項）連同常

會通過之各級黨團統一組織實施辦法，賫呈

合閱謹呈

總裁 蔣

附呈黨團統一組織有關文件暨各級黨團統一組織實施辦法各一份

職 鄭彥棻 謹呈

批示

中央執行委員會秘書處呈 三十七年六月十七日

第一三四頁

第 頁

0139

鄭彥棻呈蔣中正轉陳吳鐵城呈核閱兩案辦法　1948/6/17

002-020400-00041-026

026

第二六號之附件一

008-6
003-6

黨團統一組織有關文件

1、總裁手諭(一)

一、成立黨團統一組織委員會

二、上項委員會以中央黨部正副秘書長組織部正副部長宣傳海外農工各部部長及中央團部正副書記長組織處正副處長與各處處長為委員組織之由吳秘書長陳書記長陳組織部長召集之

三、設立黨團統一組織研究委員會委員人數以十五至三十人為限由中央黨部與中央團部各推十人至十五人報請核定

四、統一組織工作以二個月至二個半月為限即最遲不得超過九月十五日

五、擬定九月九日召開黨團中央全體聯席會議

2、總裁手諭(二)

一、此次合併統一應以求其產生新的力量為前提故必須提出新的革命主張及辦法以資號召與團結使人民擁護本黨其次為對黨員團員提出新的要求並以能否符合此要求作為肅清腐敗落伍份子之標準黨團合併統一工作應視為政治革命性的而非技術或事務工作

字第二六號　計　件　第一三五頁

026

字第二六號　計　件　第一三六頁

二、由總裁名義發表告黨團員之文告說明革命環境之艱難黨團合併統一之必要與黨團合併之原則

三、宣布九月九日召開黨團中央全体聯席會議及第四次全体會議令各級黨團部提出對黨團合併工作及後期革命之主張及辦法由統一委員會擬議議題通告各級黨部陳述意見向聯席會議提出討論各省市黨部團部可各推舉二人至三人參加聯席會議

四、除在中央研究合併統一之各項問題外應向各地黨員團員說明合併統一改組之意義並聽取基層同志之意見如有必要可派員赴各地指示

3、總裁手諭（三）

黨團統一組織委員會指導委員（出席黨團統一組織委員會指導）

敬恒　丁惟汾　張繼　孫科　居正　于右任
戴傳賢　鄒魯　陳果夫　宋子文　張羣　李文範
邵力子　李煜瀛　王世杰　陳布雷

026

中央黨部黨團統一組織委員

張厲生 朱家驊 白崇禧 張道藩 谷正綱 劉健群

賀衷寒 梁寒操 康澤 蕭錚 賴璉 何浩若

黃少谷 柳克述 程思遠 倪文亞 何聯奎

吳鐵城 陳誠 陳立夫 劉健群為黨團統一組織委員會召

集人

以余井塘鄭彥棻二同志為秘書

4. 吳秘書長簽呈

敬呈者關於黨團統一組織方案前經討論多次意見業經集中並由余井塘鄭彥棻兩同志分別草擬方案謹按余鄭兩案內容基本精神完全一致黨部團部雙方存在之實際問題亦均顧到惟關於地方黨部團部統一組織機構問題則略有出入余案主張就黨部原有組織分別加選團部同志為委員另設立行動委員會（名稱待商）辦理黨員總宣誓及財產總登記事宜鄭案則主張省縣一律設置黨團統一組織委員會以為過渡時期黨團統一組織之機構此項意見現正期待

鈞座核定黨團統一組織研究委員會人選後繼續研究使之衷於一是謹先繕陳該兩草案備供

字第二六號 計 件 第 一三七 頁

026

字第二六號 計 件 第一三八頁

為簽謹呈
總裁蔣
附呈(一)改造本黨方案草案(余井塘同志擬)
(二)黨團統一組織實施綱要草案(鄭彥棻同志擬)

職吳鐵城謹呈

5、總裁批示

此案分以下二方式請公決

一、統一組織期間省市(縣)黨部團部一律停止行使職權由中央統一組織委員會派員會同省市黨團原有委員幹事組織行動委員會並互推[illegible]五人至九人為常委辦理總宣誓等事宜以中央所派同志為主任委員

(三)

二、省市(縣)團之幹監概為黨之執監委員組織行動委員會由中央派遣主任委員辦理合併及總宣誓等事宜其對外對內行文概以[illegible]黨部名義行之。

036

第二六號之附件二

003-6

各級黨團統一組織實施辦法

五十八次常會通過

一 總則

一、本辦法依據中央常務委員會第五十六次會議通過之各級黨團統一組織[illegible]訂之

二、各省(市)縣黨部及支(區)分團部之統一組織依本辦法辦理之

三、海外各級黨部團部統一組織之實施辦法參照本辦法之規定另訂之

四、各省(市)縣(區)分黨部所屬之學校[illegible]依所隸屬之支(區)分團部統一組織後分別重編其辦法另定之

五、各省支團部所屬區團部[illegible]市區團[illegible]黨部統一組織外其人員之工作之統一組織辦法另定之

二 幹部人員

六、縣各(市)縣支(區)分團部幹部人員均依左列規定改任幹部人員

一、幹事改任執行委員

二、監察改任監察委員

三、候補幹事改任候補執行委員

四、候補監察改任候補監察委員

字第二六號 計 件 第一三九頁

144

026

字第二六號 計件 第一四〇頁

七、各省（市）黨部執行委員會主任委員人選由中央組織部中央團部就中央執監委會中央幹事監察及擴增後之省（市）黨部執行委員或其他適當同志中會同擬議提經中央黨團統一組織委員會通過後提出中央常務委員會並報告總裁核定後任命之

八、各縣（市）黨部執行委員會書記長由擴增後之省執行委員會執就擴增後之該縣（市）黨部執行委員及其他適當同志中遴派之報中央備案

三、党團統一委員會

九、省市党部党團統一委員會委員人選由中央組織部中央團部就擴增後之省市党部執行委員中會同擬議提經中央党團統一組織委員會通過後提出中央常務委員會並報告總裁核定之

十、縣市党部党團統一委員會委員人選由省党部党團統一委員會就擴增後之縣市党部執行委員中遴派並報中央備案

026

十一、黨團統一委員會至少每星期開會一次由主任委員召集之於開會時為主席必要時得隨時召開臨時會議

十二、省市黨部書記長及縣市黨部秘書得列席黨團統一委員會

四、調整組織

十三、統一組織期間省市縣黨部之組織均應按現有組織酌予調整

省市黨部除各組室外（必要時得）設文化、婦女、青年、農工運、財務等委員會

省市黨部各組室各設組長副組長（主任副主任）各一人幹事助理幹事錄事各若干人辦理各項事務

十四、省市縣黨部之編制員額表另定之

五、工作人員

十五、省市縣黨部擴增改組後原有黨部團部工作同志暫依其原任職務指派業務性質相同之單位服務不予裁減俟統一組織工作完成後由中央制定各級黨部正式編制頒行之

字第二六號 計件 第一四一頁

十六、原任省縣市黨部團部工作同志有辭職或因其他事故離職者均暫不予增補新人

十七、原任省縣市黨部團部工作同志自願轉業或深造者應予以輔導協助其辦法另定之

六、業務交接

十八、各省市縣黨部擴增改組後原有黨部應即依照規定辦理交代團部亦應將團員及幹部名冊連同印信文卷經費財產及業務移交接管會同分報中央黨部團部及中央黨團統一組織委員會備案

十九、各省市縣支區分團部應按照本年度工作計劃將已辦理未辦理及辦理中之工作分別詳列移交接管

二十、各省市縣黨部黨團統一委員會成立後應即辦理黨員重新登記及重新編組區分黨部等工作在未舉辦黨員重新登記以前團證與黨證具有同等效力即團員與黨員對黨有同等之權利與義務

七、附則

二十一、本辦法之工作進度與期限另訂之

二十二、本辦法經中央黨團統一組織委員會通過提出中央常務委員會並報告 總裁核定後施行

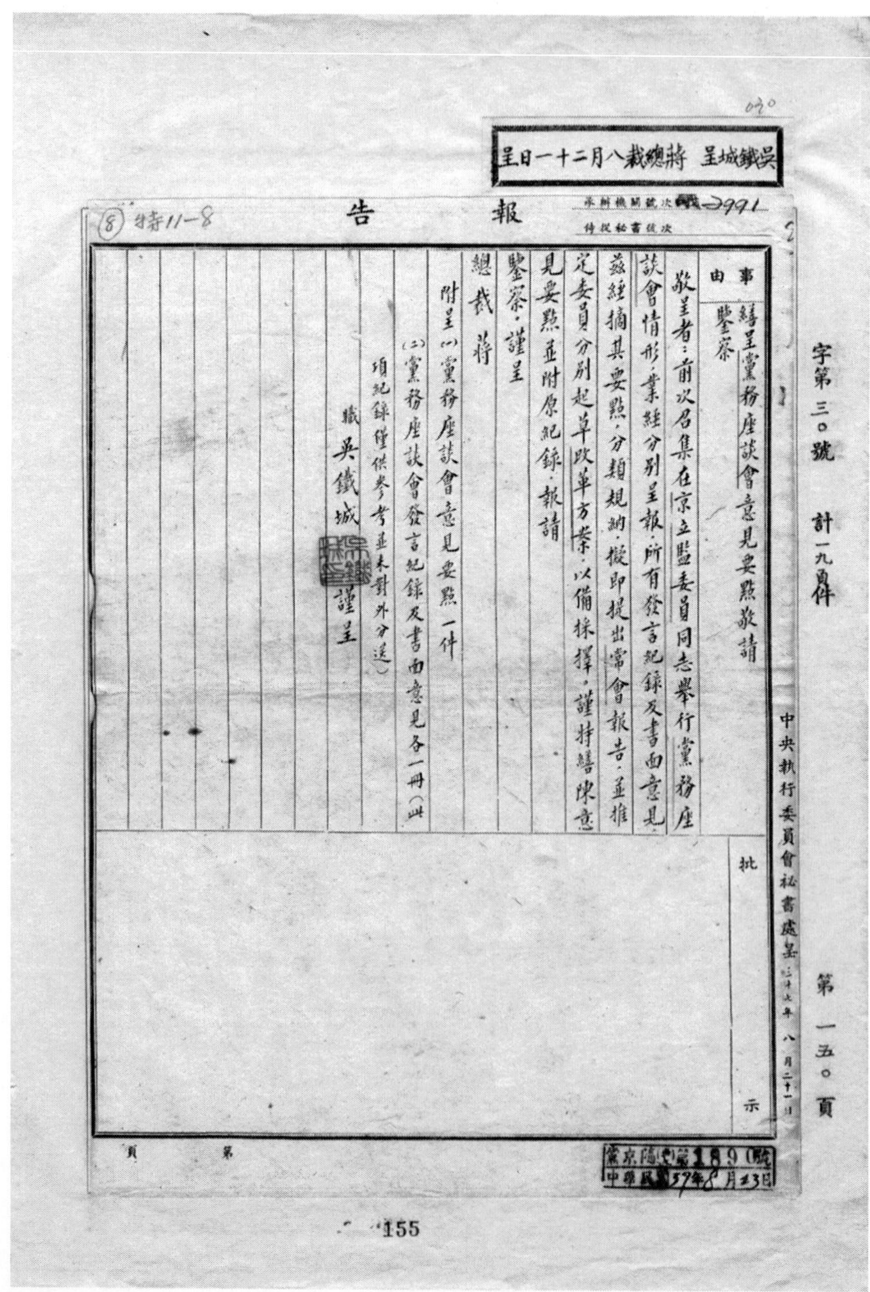

吳鐵城呈 蔣總裁八月二十一日呈

報告

事由：繕呈黨務座談會意見要點敬請鑒察

敬呈者：前次召集在京立監委員同志舉行黨務座談會情形，業經分別呈報，所有發言紀錄及書面意見，茲經摘其要點，分類規納，擬即提出常會報告，並推定委員分別起草政革方案，以備採擇，謹將繕陳意見要點並附原紀錄，報請鑒察。謹呈

總裁 蔣

附呈(一)黨務座談會意見要點一件
(二)黨務座談會發言紀錄及書面意見各一冊(此項紀錄僅供參考並未對外分送)

職 吳鐵城 謹呈

字第三〇號 計一九頁件

中央執行委員會秘書處呈 三十七年八月二十一日

第一五〇頁

155

吳鐵城呈蔣中正在京立監委員同志舉行黨務座談會意見要點　1948/8/21

002-020400-00041-030

030

第三〇號之附件一

黨務座談會意見要點

甲、關於黨的改造之途徑者——有左列三種不同之意見：

(1)從現有基礎上加以改造：

(一)限期完成各級選舉。

(二)定期召開全國代表大會。

(三)中央成立改革委員會，計劃改組方案，提請全國代表大會核定實施。

(2)重新整理澈底改造：

(一)現有各級黨部一律停止活動。

(二)成立中央及各級改造委員會，或黨務整理委員會，負責黨務改造工作。

(三)改造期間暫定為一年。

(四)改造工作完成後，召開各級代表大會，成立各級組織。

(3)分為兩個以上的黨或派——又有左列不同意見：

字第三〇號 計 件 第 一五一 頁

字第三〇號 計件 第一五二頁

030

(一)甲案：1.就左列四方式中擇一：

(1)分為兩黨或三黨，由在立法院佔多數之黨主政，總裁超然。

(2)不正式分家，承認各派合法存在，總裁為象徵領袖，由在立法院佔多數之派主政。

(3)總裁領導進步勢力重新組黨，將反對民主自由反對平均社會財富之保守勢力分出去，使自成一黨。

(4)總裁領導保守勢力重新組黨，將進步分子分出去，使自成一黨。

2、其實施辦法如左：

(1)將現有各級黨部取消。

(2)成立改造委員會，商討並處理分家事宜。

(3)將立法院各派聯合成兩大派或三大派。

(4)不願參加任何一派之小團体或個人聽其自便。

(二)乙案：1.派系公開，黨部為派系之聯合機構。

157

030

2.各派系之政團名稱，一律冠以國民黨字樣，並同以總裁為領袖。

3.黨內財產，由各派系推代表組織委員會管理之。

4.全國代表大會限於一年內召開，各派系依人數比例推出代表，並依比例選舉中央委員。

(三)丙案：黨與團仍照過去總章規定，分開組織。

乙、關於政綱政策者：

(一)中心綱領徹底實行民生主義。

(二)內容主要：

(1)今後政府施政方針應以實現民生主義為中心，政府應根據民生主義的原則，嚴格檢討現行的一切方針、政策及法令等，其有違反民生主義之原則者，應即廢止重新釐定。

(2)政府應立即實施「耕者有其田」的政策，凡地主土地超過自耕能力以上者，應由政府以土地債卷收歸國有，以永租方式分配於佃農，

字第三○號 計 件 第一五三頁

030

字第三〇號 計件 第一五四頁

政府並應採取切實有效的手段，制止豪紳地主階級的反抗和阻撓。

(3)全國各都市的土地，由政府以土地債卷收歸國有，以永租方式平均分配於市民，並限於一年內由京滬兩市開始辦理，逐漸推行於平、津、漢、穗、渝、瀋及其他各市，於三年內完成之。

(4)政府應調查全國荒地及無主土地收歸國有，招納抗戰及剿匪退伍官兵以合作農場或集体農場之方式，並應用新式農具經營之，以資示範。

(5)政府應迅速舉辦財產稅，並加強推行遺產稅、所得稅及過份利得稅等，藉以防止財富過份的集中。

(6)合理的劃分國營與民營的範圍，凡屬關鍵工業及公用事業，應由國家經營之，公用事業不應以營利為目的，國營事業的管理制度，應加以改善。

(7)銀行及國際貿易，應由國家經營之。

(8)民營事業在適合民生主義的原則下，政府應加以維護。

030

(9) 在民營事業中應規定「勞力股」制度。

(10) 推行合作制度，普遍設立合作農場及合作工廠，藉以鞏固民生主義經濟制度的基礎。

(11) 地方自治應以經營民生事業為中心，省縣鄉鎮應為政治經濟之合一体。

(12) 省為區域經濟經營之主体，聯絡省內若干縣市辦理，省區域內之經濟事業，縣為合作組織之聯合体，以經營全縣之民生工業及特產製造為主要任務，鄉鎮為合作農場合作工廠及職業團体之組合体，俾納全体人民於生產活動中。

(13) 依憲法規定，從速實施省縣自治。

(三) 制定方式——有左列不同的意見：

(1) 重新訂定新的政綱及政策，俾有新的號名。

(2) 只須將過去的政綱政策及各項決議加以整理，適應需要，擇要作有計劃的實施，即足號名。

字第三〇號 計件 第一五五頁

030

字第三〇號 計 件 第一五六頁

丙、關於組織者：

(一)組織基礎問題，有左列不同意見：

1. 應確定本黨的階級代表性，本黨為代表全國農工大眾和進步的知識份子的政黨。

2、本黨應代表全民，不應以某一單純社會階層為基礎。

3、與其說本黨代表農工階級，不如說本黨代表廣大的平民，而以革命的農人工人青年及知識份子為基礎。

(二)組織原則問題，有左列不同意見：

1. 維持民主集權制。

2、實行民主，不要集權。

(三)關於總裁制之運用，有左列不同意見：

1. 不採用總裁制，設元老會議，由總裁主席。

2、改善總裁制之運用，不要什麼事都要總裁自己來負責。

3、加強總裁領導。

030

(四)關於派系問題，有左列不同意見：

1、清滅派系觀念及組織，禁止派系活動。

2、承認派系公開活動，在黨內應以民主方式競爭。

3、依政見分派，但限於本黨立監委員，一般黨員不必分派。

(五)關於中央組織，有左列不同意見：

1、中央設組織、宣傳、農工、及海外黨務四委員會。

2、中央設政務部、服務部、黨務部、財務部、總務部。

3、緊縮機構，各部會改為處，以幕僚長統之，並取消中央政治委員會。

4、中央常務委員會以十五人至三十人為限，輪流值月，襄助總裁處理黨務。

5、中央黨部組織概要：

中央黨部
- 監察委員會
- 執行委員會——祕書長
  - 祕書處——總務文書人事
  - 組織部——編組登記考核
  - 宣傳部——文化宣傳
  - 工作指導部——指導同志工作就業並訓練之
  - 經濟委員會——合併財委會處理黨員財產登記及計劃黨員生活籌措黨的經費。

字第三〇號　計件　第一五七頁

字第三〇號 計 件 第一五八頁

〇二〇

(六)關於本黨權力機關與政府決策機關及民意機關之聯繫運用，有左列不同意見：
1、中央政治委員會應加入立監兩院之同志為委員。
2、中央政治委員會所屬各專門委員會，應予充實，以立監兩院委員及行政院各部會首長之為同志者為委員，有決定政策及人事之權。
3、立法委員參加中央政治委員會，監察委員應參加中央監察委員會。
(七)關於地方組織有左列意見：
1、恢復縣黨部經費與組織，黨務工作着重縣級。
2、依職業別組織基層黨部，廢除配合行政區組織制度。
3、廢除區黨部。
4、縣以下黨部秘密活動。
5、運用黨團秘密活動。
6、減少各級黨部委員人數。
7、各級組織實行選舉，上級不加任何干涉。
8、縣黨部待遇應優於省及中央，獎勵幹部到下層去。

030

9. 縣級人員應予充實，中央及省應予縮減。

10. 注重農工及青年幹部，各級委員名額應有比例的分配。

11. 恢復軍隊及學校黨務組織。

12. 劃分各級黨部權責，切實施行分層負責制。

(八)其他意見：

1. 簡化各級機構，緊縮編制，專任人員，中央以二百人為限，省以三十人為限，縣以三人為限。

2. 各級黨部均不設專任人員。

3. 黨與特務嚴格劃分，絕對不再容許特務組織寄托於黨的組織之內。

丁、關於黨員者：

(一)關於黨員登記有左列不同意見：

1. 繼續辦理黨員總登記。

2. 重新登記黨員，對主義信仰不堅，對今後革新路線不願接受，小組成見過深，貪污有據，及財產超過定額，及土劣份子，均不准登記，

字第三。號 計 件 第一五九頁

030

字第三〇號 計 件 第一六〇頁

(二) 關於徵收黨員標準：

一、須就農民工人及進步知識份子有為青年盡量吸收，其成份並應與人口作比例的規定。

二、徵收的對象，應注意農工生產羣衆：

1. 都市：注重吸收各級學校員生及正當工商業從業人員，特別是生產分子

2. 鄉村：注重吸收優秀之自衛幹部，自治幹部，及小學教師。

3. 職業方面：注重吸收交通工人、產業工人、及軍憲警曾受正式教育之優秀幹部

(三) 關於黨員財產登記有左列不同意見：

甲、辦理黨員財產登記，其辦法如左：（財產限額各人意見不同）

1. 黨員財產以戰前五萬至十萬元者為限，逾額者捐獻於黨及國家。

2. 登記黨員財產，戰前三萬元以上者，用累進法徵收特別捐，登記不實者，查出收購並予制裁。

3. 簡任以上行政官吏及金融業務國營事業之主要從業人員，尤應特別

030

注意財產登記。

乙、認為黨員財產登記行不通者亦有一人。

四、其他意見：

1. 舊黨員重新登記時不合標準或不願參加者，一律為名譽黨員，保持歷史關係不參加組織。

2. 恢復預備黨員制。

3. 訂定黨員互助辦法。

戊、關於幹部者：

(一)共同意見：

1. 採取人才主義，從黨員中選拔幹部，從工作中培植幹部。

2. 嚴格的檢查現任黨政幹部負責同志的歷史和成績，以決定去留。

(二)不同意見：

1. 黨政兩種幹部嚴格分開，行政幹部不得兼任黨的領導幹部。

2. 黨政兩方面人事互相交替，俾有淘汰作用。

字第三〇號 計 件 第一六一頁

3、本黨各級黨部，均不設專任人員。

(三)其他意見：

1.現任各級幹部一律更換。

2.厲行定期退職制，消滅派系根源。

3.對於幹部採取「信任責成」制，計劃核定之後，負責實施。

4、詳訂辦法，保障幹部生活，轉業及退休等，獎勵賢勞。

5、厲行幹部教育，改造幹部之思想。

6、中委及國大代表無專職者，應各回原籍領導工作。

7、起用過去反共得力同志，以期迅速消滅共匪。

8、管理黨員經濟生活，以保障黨員經濟生活，黨部應負責介紹，並保障黨員職業及生活，同時予以嚴格之考核監督，其違反黨紀者，發動黨員予以打擊。

己、關於管理從政黨員者：

(一)共同意見：

030

1. 從政黨員之進退，悉由黨作決定。

2. 不能執行黨的政策，不受黨的領導的從政黨員，均予撤換。

(二)不同意見：

1. 一切政務官應由行政院提出三人，由中央政治委員會無記名票選。

2. 地方從政黨員，而由中央任命者，得由地方黨部向上級推荐，而係地方委派者，由地方黨部決定其進退。

(三)其他意見：

1. 黨員從政應先具辭職書，以備必要時之罷黜。

2. 黨對從政黨員應賦予使命，黨員亦應立具契約書聲明務獲成果如無成效，隨時予以罷黜。

3. 從政黨員之任首長者，應列席同級黨部會議，使黨政融合，以免隔閡。

4. 從政黨員應經常向其所屬之黨員小組或其同級黨部報告其工作接受批評與建議。

字第三〇號 計 件 第一六三頁

168

030

庚、關於黨費者：

(一)改組中央財務委員會，整理黨營事業，並設立財務監理委員會。

(二)各級黨部以自籌為原則。

(三)用累進法徵收黨員所得捐。

(四)登記黨員財產逾額者捐獻於黨。

(五)徵收豪富黨員財產。

(六)擴大籌募黨的基金。

(七)注重縣級黨部經費，俾加強基層工作。

辛、關於紀律者：

1.訂定黨律，以為監察黨員執行紀律之依據。

2.切實履行自我檢討，相互批評，培養自動自覺之紀律精神。

3.加強各級監察功能，認真檢查黨員之思想與生活，嚴格執行紀律。

4.在黨內製造小組織或跨黨者，開除黨籍。

5.開除黨員黨籍，須向全黨及社會公佈，予以精神之打擊。

字第三○號 計 件 第一六四頁

030

6、普通黨員之紀律，依法律行之，但各級監察會應負責檢舉督促，設法透過司法機關，使接受其應得之處罰。

7、叛黨或犯重大貪污案件之幹部，執行特別制裁。

字第三〇號 計 件 第 一六五 頁

030

第三〇號之附件二

字第三〇號 計 件 第一六六頁

(附)吳秘書長在黨務座談會報告之結論

此次座談會獲得許多寶貴的意見，其中有許多意見是各同志一致的主張：如(一)加強同志的共信與互信，提高黨員的革命精神及工作情緒。(二)樹立黨的新作風，切實執行新的綱領，以新的號召，加強人民對本黨之信仰。(三)黨應切實代表人民的利益，澈底實行民生主義，以完成戡亂建國的使命。(四)選拔新的幹部，整理各級黨部組織，刷新人事，培養黨的新生力量。(五)切實管理從政黨員，督促其執行主義政策，發揮黨的領導力量。(六)大量徵收農工及青年與知識份子入黨，以為革命的主力。(七)舉行黨員財產登記，肅清貪污腐化份子，以保存黨的革命性與純潔性。(八)黨的改造，必須與實際軍事政治經濟的改革為一事，黨的改造，固須使其成為政治改革的動力，但政治改革，實為黨的改造的具体表現。

以上各點，大体是一致的意見，但另有若干重要問題，各同志見仁見智意見還沒有一致，須待繼續詳細研討。

030

(一)所謂黨內派系問題——有的主張必須澈底消滅所謂派系，重建意志統一，力量集中的黨；有的主張，不妨在一個領袖一個主義的原則下，承認各政見不盡相同的團体各自作合理的活動，分工合作，使其發生互相競爭進步的作用。也有同志主張，萬一無法重建一個統一的黨，那麼與其讓派系頂了黨的帽子，明爭暗鬥，毋寧痛痛快快成立兩個黨。

(二)黨的社會基礎——有的主張，本黨應代表某一社會階層，尤其是應以農工及革命的青年知識份子為基礎。但也有一部份同志，認為本黨是代表全民，不能嚴格的規定代表某一階層利益。

(三)關於總裁制——有的認為現在已由訓政時期轉入憲政時期，黨的領袖制度，亦應隨時代而有所改進。有的認為 總裁過去日理萬幾，實在沒有注意到黨的一切，所以形成黨的空虛散漫狀態，應請 總裁切實執行總裁職權，加強領導作用，有的認為當前局勢我們必須信賴 總裁，誠心誠意接受 總裁的領導，不過 總裁領導的方法，也應有所改變，以適應時代的需要。

字第三〇號 計件 第一六七頁

030

7

四)黨員登記問題——有的同志主張、應再行辦理黨員重新登記、嚴格肅清腐惡份子。但有一部份同志、以為黨團合併後、已經辦理黨員團員總登記、現在雖已截止、可繼續辦理、不必再一律重新登記。

字第三〇號 計 件 第一六八頁

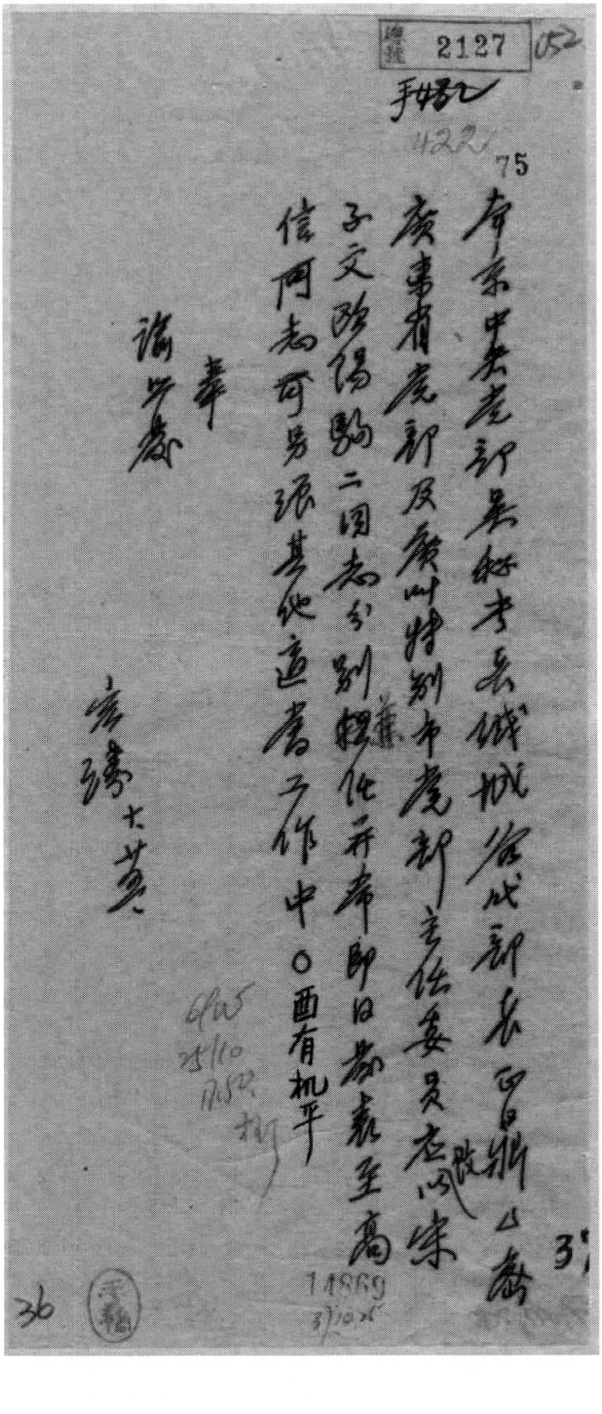
2127
052
手稿
75
南京中央黨部吳秘書長鐵城谷代部長正鼎公鑒
廣東省黨部及廣州特別市黨部主任委員應改以宋
子文歐陽駒二同志分別兼任並希即日發表至為
信同志可另派其他適當工作中正酉有机平
奉
諭照發
宗璘 十廿五
37
36
11869

蔣中正電吳鐵城谷正鼎以宋子文歐陽駒分兼廣東省廣州市黨部主任委員

1948/10/25

002-070200-00024-052

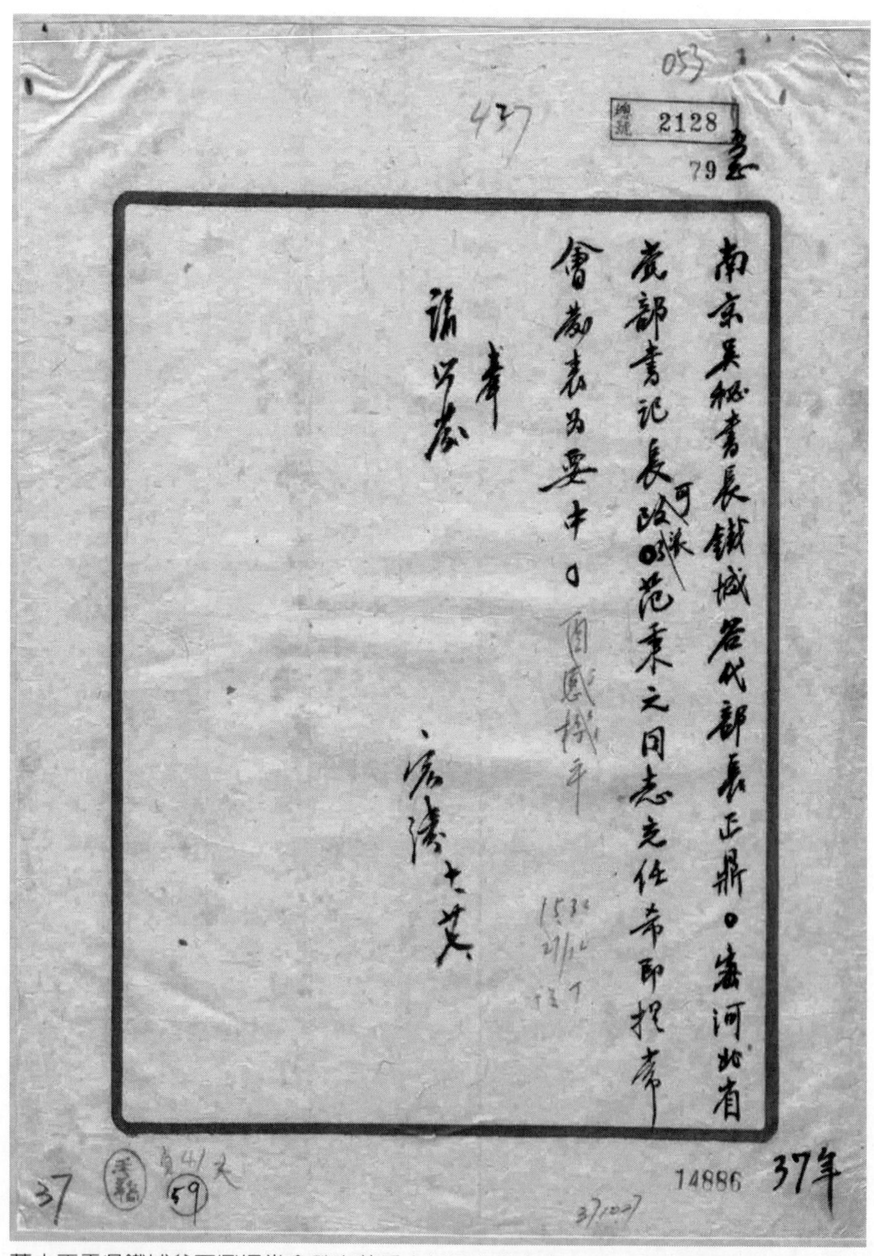

2128

南京吳秘書長鐵城谷代部長正鼎。密。河北省
黨部書記長可派范秉之同志充任，希即提常
會發表為要。中。

14886

蔣中正電吳鐵城谷正鼎提常會發表范秉之任河北黨部書記長　1948/10/27

002-070200-00024-053

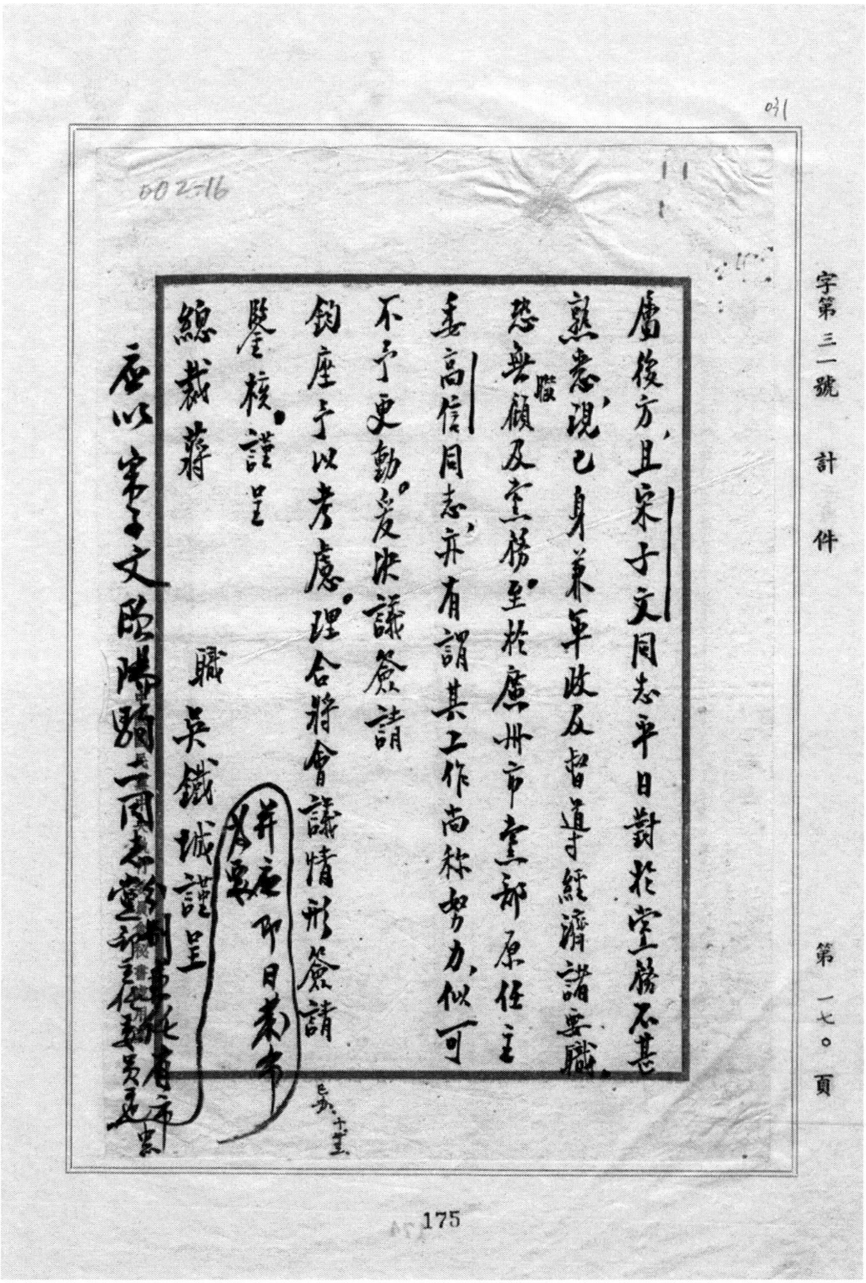

僑後方，且宋子文同志平日對於黨務不甚熟悉，現已身兼軍政及督導經濟諸要職，恐無暇顧及黨務，至於廣州市黨部原任主委高信同志，亦有謂其工作尚称努力，似可不予更動。爰決議簽請
鈞座予以考慮，理合將會議情形簽請
鑒核。謹呈
總裁蔣
職吳鐵城謹呈

并應即日來京為要

應以宋子文、歐陽駒二同志為粵省市黨部主任委員為是

字第三一號　計　件　第一七〇頁

吳鐵城呈蔣中正對中國國民黨河北及粵穗省市黨部主委人選之意見　1948/10/00
002-020400-00041-031

吳鐵城 呈 蔣總裁 十月 呈

敬呈者奉
諭改任楚溪春為河北省黨部主任委員，宋子文為廣東省黨部主任委員，歐陽駒為廣州市黨部主任委員等因，遵經提出十月十四日中常會討論，僉以河北係屬綏靖區域，為統一事權，改由楚溪春同志兼任，人地適宜，當經決議通過。
至粵穗兩黨部主委人選，有謂兩地係

中國國民黨中央執行委員會秘書處用箋

字第 三一號 計二頁件 第 一六九 頁

伍 行政院副院長時期

一九四八年中華民國行憲，吳鐵城獲選立法委員。年底，獲行政院長孫科力邀，辭立法委員，出任行政院副院長，兼任外交部長。一九四九年是中華民國險象環生的一年，吳辭卸副院長，以積勞多病之身力赴國難，訪日、韓、印尼、菲律賓爭取支持。後定居臺灣臺北，一九五三年以心臟病猝發逝世。

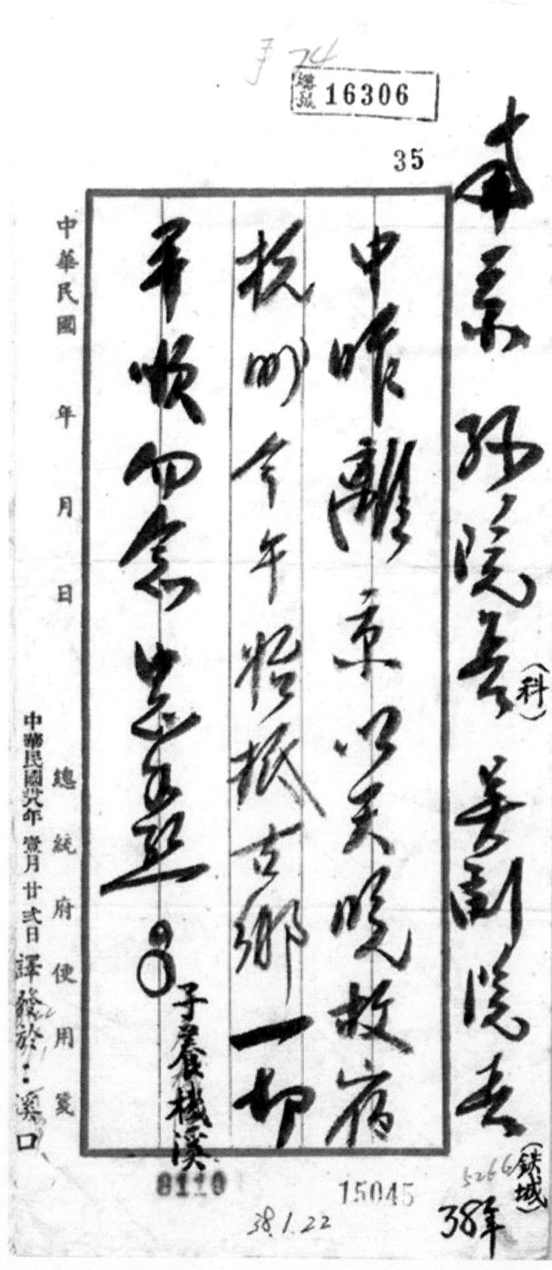

033

16306

35

南京孫院長（科）吳副院長（鐵城）：中昨離京，以天晚故宿杭州，今午將抵吉鄉，一切平順，勿念。中正。子養機溪

中華民國　年　月　日

總統府使用箋

中華民國卅八年壹月廿弍日譯發於溪口

8110　15045　38.1.22　38年

蔣中正電告孫科吳鐵城已安抵吉鄉　1949/1/22

002-010400-00012-033

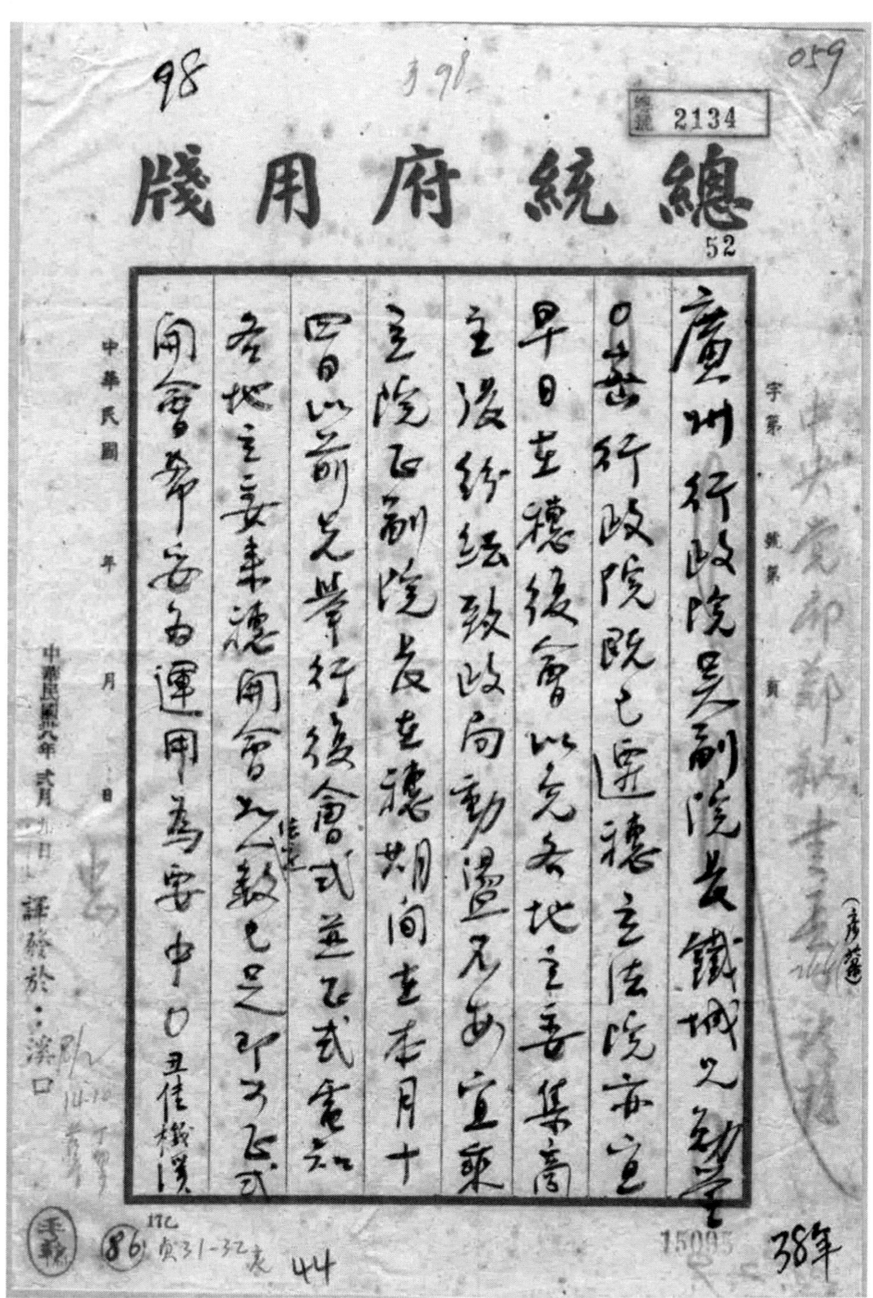

總統府用牋

廣州行政院吳副院長鐵城兄勛鑒：
日密。行政院既已遷穗，立法院亦宜早日在穗復會，以免各地立委集會主張紛紜，致政局動盪不安。宜乘立院正副院長在穗期間，在本月十四日以前先舉行復會式，並正式電知各地立委來穗開會，法定人數已足即可正式開會，希妥為運用為要。中正。丑佳機溪。

中華民國卅八年貳月九日 譯發於：溪口

蔣中正電吳鐵城立法院應在穗復會立委法定人數足即可開會　1949/2/9

002-070200-00024-059

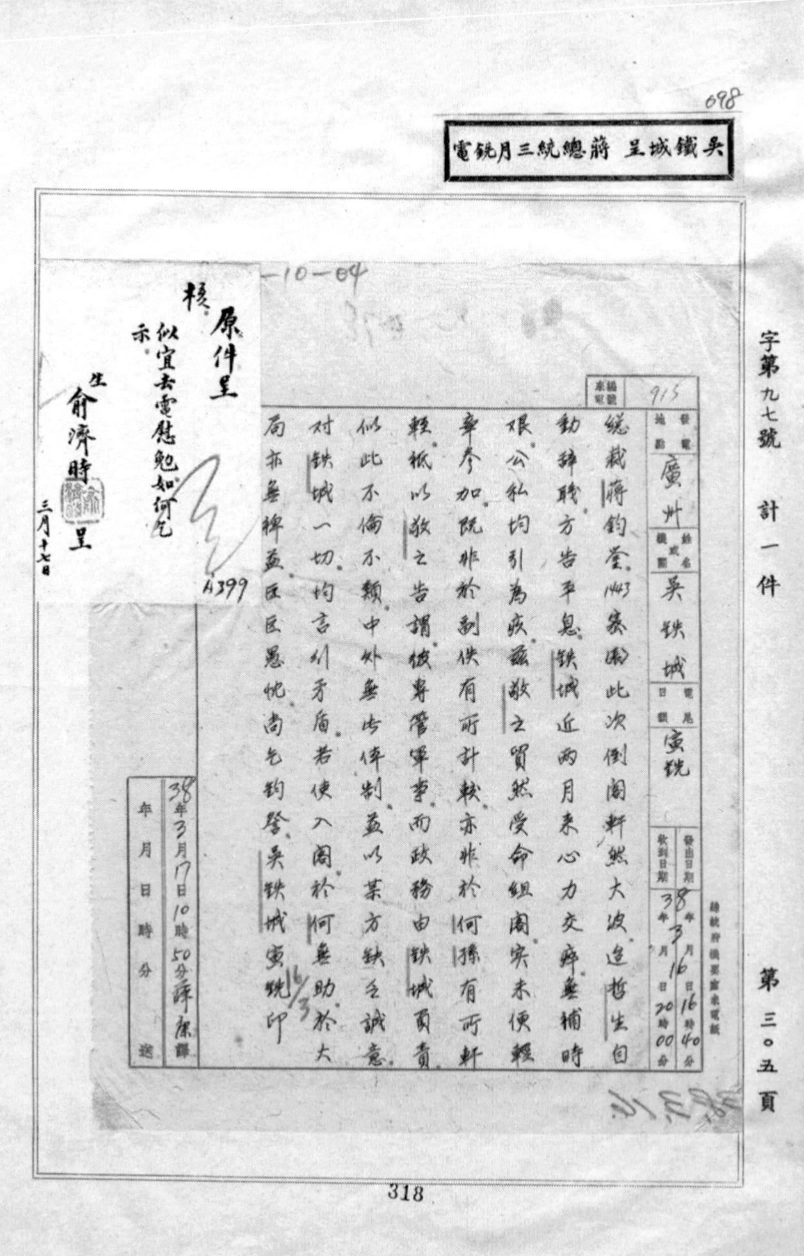

098

吳鐵城呈蔣總統三月銑電

字第九七號 計一件 第三〇五頁

總統府機要室來電紙

來電編號	915
發電地點	廣州
發電人姓名	吳鐵城
電尾日期	寅銑
發出日期	38年3月16日16時40分
收到日期	38年3月16日20時00分

總裁蔣鈞鑒。1443密。此次倒閣軒然大波，迫哲生自動辭職，方告平息。鐵城近兩月來心力交瘁，無補時艱，公私均引為疚。茲敬之貿然受命組閣，實未便輕率參加。既非於副揆有所計較，亦非於何孫有所軒輊。秖以敬之告謂彼專管軍事，而政務由鐵城負責，似此不倫不類，中外無此體制。益以某方缺乏誠意，對鐵城一切均言外矛盾。若使入閣，於何無助，於大局亦無裨益。區區愚忱，尚乞鈞鑒。吳鐵城寅銑印

38年3月17日10時50分譯 康譯

核。原件呈。似宜去電慰勉，如何乞示。生俞濟時呈 三月十七日

A399

318

吳鐵城電蔣中正此次倒閣風波孫科自動辭職何應欽受命組閣 1949/3/16

002-020400-00028-098

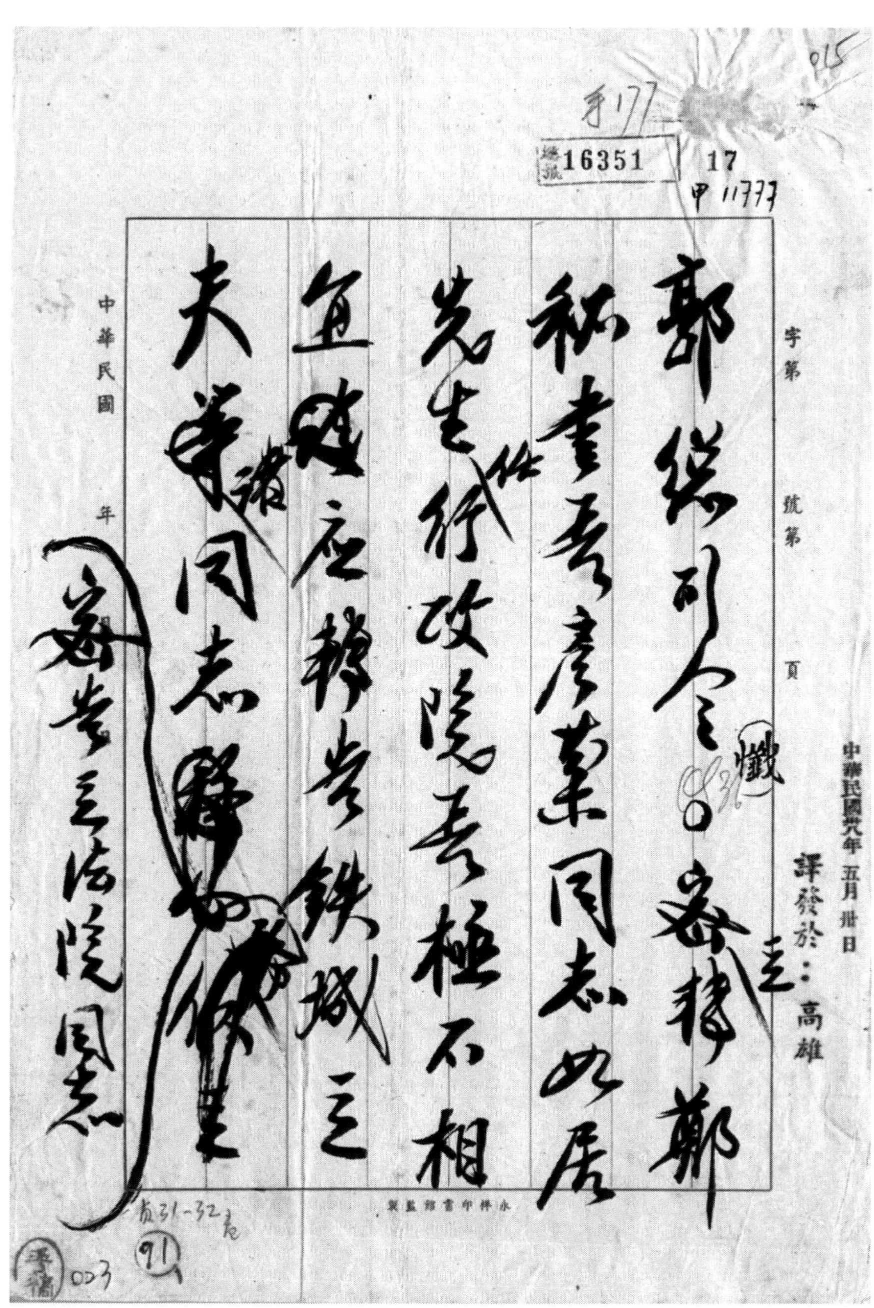

手177

16351 17

甲11777

中華民國 年 月 日

字第 號第 頁

鄭綏司令：密。轉鄭秘書長彥棻同志：如居先生任行政院長，極不相宜，應轉告鐵城、立夫等同志，密告立法院同志，勿投信任票。

中正

譯發於：高雄

中華民國卅八年 五月卅日

永祥印書館監製

蔣中正電令鄭彥棻轉告吳鐵城陳立夫等勿投居正信任票 1949/5/30

002-010400-00013-015

字第 號第 頁

中華民國 年 月 日

中華民國卅年五月卅日

永祥印書館監製

024

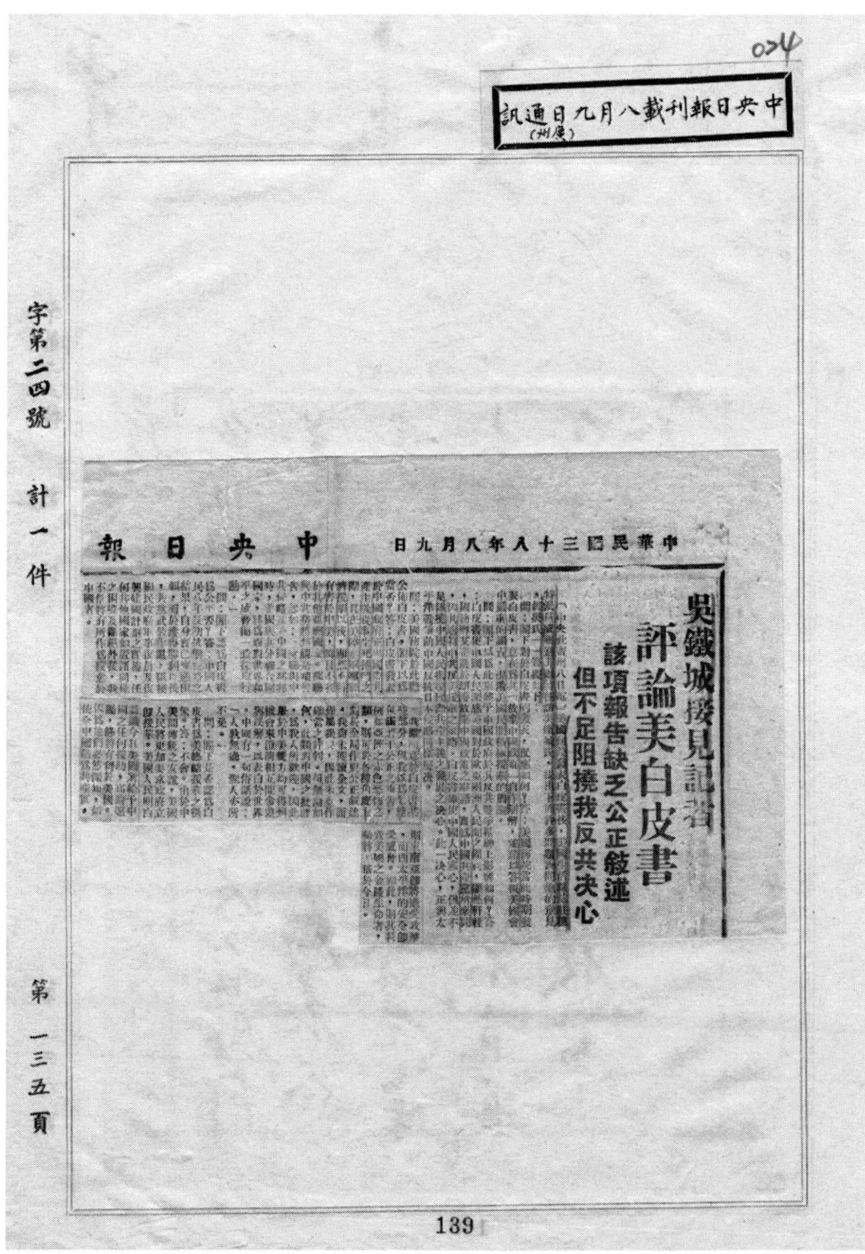

024

中央日報刊載八月九日通訊（廣州）

字第二四號 計一件 第一三五頁

中央日報 中華民國三十八年八月九日

吳鐵城接見記者
評論美白皮書
該項報告缺乏公正敘述
但不足阻撓我反共決心

139

中央日報刊載吳鐵城評論美國對華白皮書缺乏公正敘述但不是阻撓反共決心

1949/8/9

002-020400-00047-024

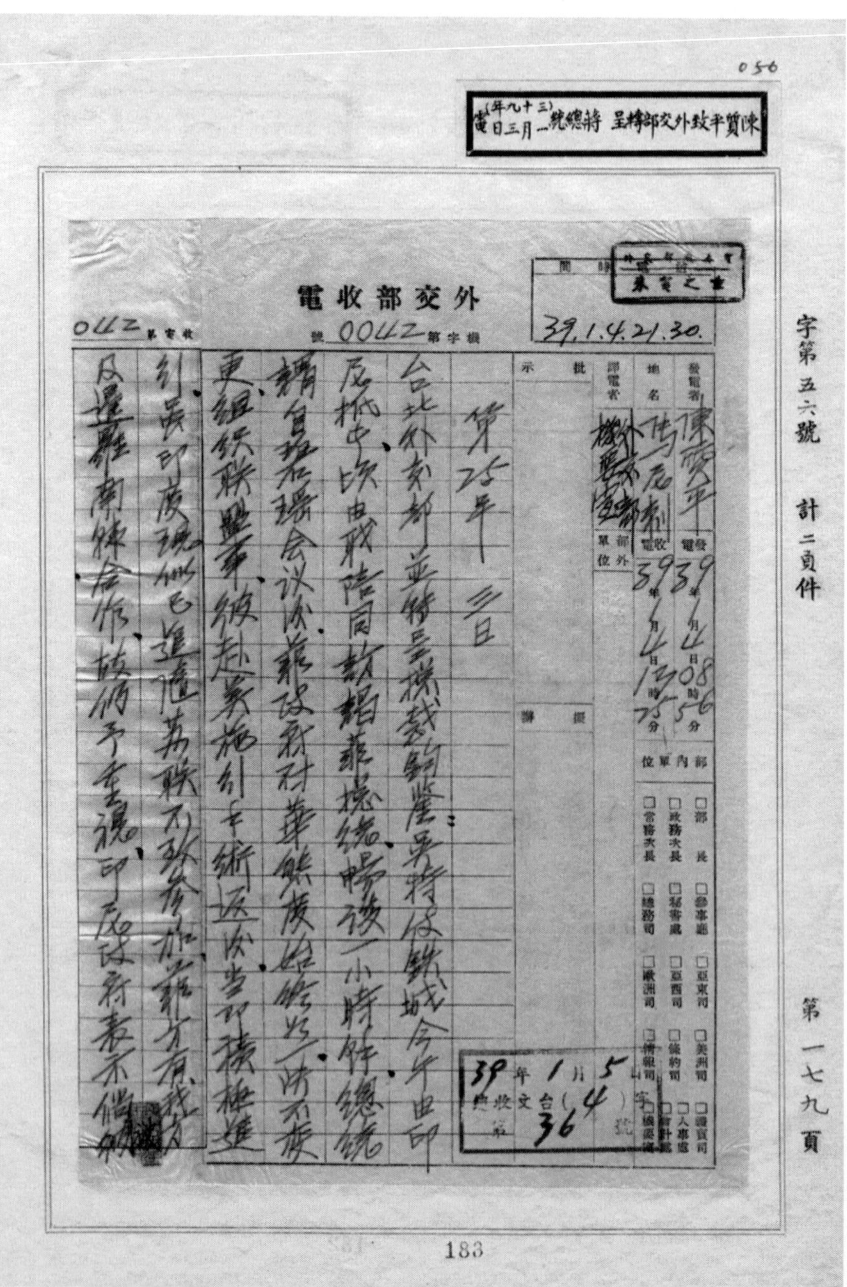

056

陳質平致外交部轉呈蔣總統一月三日電（三十九年）

外交部收電

收電第 0042 號

橫字第 0042 號

39.1.4.21.30.

發電者	地名	譯電者
陳質平	馬尼剌	

發電	收電
39年1月4日08時56分	39年1月4日13時25分

第25號 三日

台北外交部並轉呈蔣總裁鈞鑒：吳特使鐵城今午由印尼抵此，晚由職陪同訪謁菲總統，暢談一小時餘。總統稱：自碧瑤會議後菲政府對華態度始終如一，決不變更。組織聯盟事，俟赴美施行手術返後，當即積極進行。英、印度現既已追隨蘇聯，不致參加。菲方有我及暹羅、南韓合作，故仍予重視。印尼政府表示備解

39年1月5日 總收文台（4）字 36號

字第五六號 計二頁件 第一七九頁

183

陳質平電蔣中正吳鐵城由本人陪同訪謁季里諾談話要點四項　1950/1/3

002-020400-00033-056

056

外交部 收電 第 2 頁 收電第 00442 號

與談、渠對於我國局勢頗為關注，謂我在大陸上積極進襲戰，並祈我儘量爭取人心，使共匪無法取得群眾擁護，菲國軍事力量微弱，不能在物質上助我，惟道義上決予我最大支持，彼一向認為美國對華政策因不能認清共匪，不易得國會在設法尋求解決，現有將繼續與美政府洽商，並加強其在菲之海空基地及軍備，並供給菲方戰鬥機五千架，援菲亦係間接援華，蓋在暗示北太平洋聯防美將嚴陣以待之，凡予種種協議，將逐條報告，謹電呈閱。職陳質平

25×8＝200字

字第五六號 計 件 第一八〇頁

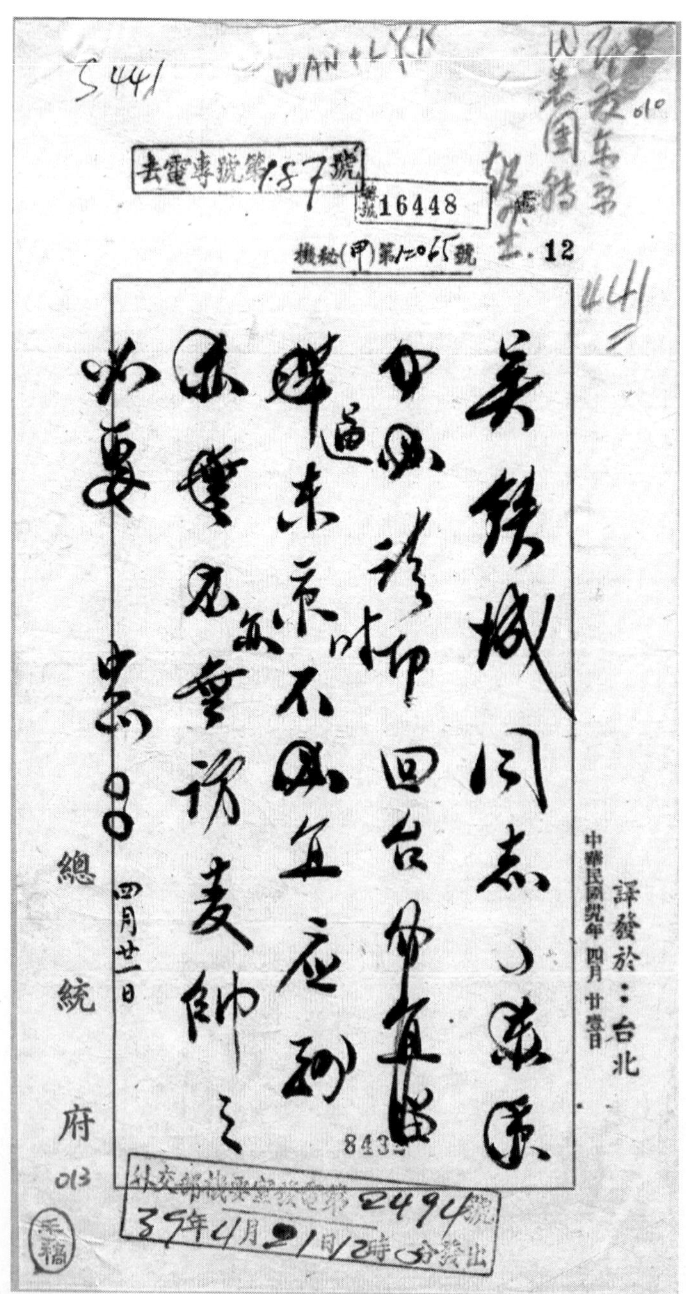

S441 WAN+LYK

去電專號第187號

16448

機秘(甲)第12065號

吳鐵城同志：[illegible]密。務即回台，毋再留。途過東京時，不必[illegible]東京，[illegible]無訪麥帥之必要。中正。[illegible]

四月廿一日

譯發於：台北 中華民國卅九年四月廿壹日

總統府

8433

外交部機要室發電第2494號 39年4月21日12時 分發出

蔣中正電示吳鐵城即回臺過東京無訪麥克阿瑟必要 1950/4/21

002-010400-00015-010

陸 履歷表

國史館藏，《軍事委員會委員長侍從室》，典藏號129-200000-3567。

軍事委員會委員長侍從室

人事登記片稿

19792

（第一面）

姓名	吳鐵城	性別	男	籍貫	廣東中山
出生	民國前廿〇年 三月				
入黨年月	民國 年 月				
黨證	特字〇一二六九號				
入黨介紹人					

學歷

學校或訓練機關	院系科別	期別	起迄時期	畢（肄）業
日本明治大學	法政科		民前六年 月至前一年 月	肄業三年
文華學院			民 年 月至 年 月	肄業三年
九江同文書院			民前十年 月至前三年 月	畢業

經歷

第三屆中央監察委員
第三四屆中央執行委員
廣東大元帥府參議
廣東香山縣長
廣州市公安局局長
廣東全省警務處處長
粵軍第一師軍司令
廣東憲兵司令
武漢衛戍司令
第七師師長
廣東省政府委員兼建設廳長
立法院委員

（第二面）

經歷（接第一面）

號	經歷	年月	備註
3	外匯管理委員會委員	卅四年三月	機構裁撤
23	國家總動員會[illegible]委員	卅四年三月	〃
25	黨務[illegible]委員會主委	卅一年六月	
	中華文化協會常務理事	卅一年十月	
7	人事行政學會名譽副會長	卅年七月	
8	中國外交學會名譽理事	卅一年四月	
9	黨政軍人事管理人員訓練	卅一年十月	
10	教育委員會委員	卅一年五月	
10	南洋華僑協會理事		
11	中央財務委員會委員		
12	[illegible]（劃去）		

獎懲

獎懲機關	事由	種類	年月
國民政府		一等景星勳章	卅三年一月
		三等寶鼎勳章	卅一年
		二等嘉禾勳章	民元年

著作與譯述

研究或發明

自述

子幼林，於卅七年一月起在任廣州市公用局長。

曾祖父 賜琛 曾祖母 傅氏 祖父 高標 祖母 鄭氏 父 雅樹 母 余氏 —— 歿

妻 馬鳳岐

子 幼林 [illegible]

媳 鄭儀[illegible]

子 幼良 [illegible]

媳 [illegible]文[illegible]

本國[illegible]時	其他
	卅三年六月廿七日晉見 委座（陪同柯洛爾代表晉見）

民國三十年侍三處印

三十年十月二十日製表
（[illegible]：歐美系）

故

人事調查表（甲）

（第一面）

姓名	吳鐵城（別號）	性別	男	籍貫	廣東中山
入黨年月	年 月	出生	民國紀元前二四年 月		
介紹人		現在住址			
黨證	特字第〇一二六九號	永久通訊處			

學歷					
學校名稱	院系科	類別	修業起訖時期	學位	
日本明治大學三年			民 年 月至 年 月		
文華學院大學三年			民 年 月至 年 月		
			民 年 月至 年 月		
			民 年 月至 年 月		

受訓				
訓練機關	地點	期別	期限	訓練機關主持人
			民 年 月至 年 月	

考試及		
地點	時期或屆次	名次或等級

著作與譯述			
書名或題目	性質	出版處所或刊物名稱	出版年月

專長與經驗

研究與發明

常駐監察人 吳鐵城

注意

一、「姓名」有別號者寫姓名下。二、「籍貫」係居海外者須填明僑居地。
三、「學歷」修業時期在民國紀元前者，填民元前。
四、「家庭」甲、家世。乙、人口。丙、財產。丁、目前生活情形。戊、個人負擔。
五、過表內某欄地位不敷用時，可另紙填寫，粘附某欄之上。
六、凡已填人才調查表者，可免填與人才調查表中相同之項目，惟須在備攷欄內「已在某機關填送人才調查表」字樣。

(第二面)

經歷													現職		
服務機關	第二屆中央執行委員會 第三屆中央執行委員會	廣東省黨部 廣東省政府	廣東大元帥府 香山縣	廣州市公安局 廣東全省警務處	[illegible]	第七師 [illegible]	立法院 內政部	上海市 中央宣傳部	駐港澳總支部 香港國民日報社	中央海外部 中央訓練委員會	國民大會 [illegible] 東北 [illegible]	服務機關	中央執行委員會秘書處 [illegible]	中央振濟委員會 [illegible]
職位	候補執委 委員	主任委員 委員兼主席	參謀 縣長	局長 處長	司令 司令	師長 [illegible]	委員 政務次長	市長 [illegible]	主任委員 董事長	部長 委員	委員 [illegible]	職位	秘書長 主任委員	委員 委員
官階		兼主席										官階		
擔任工作												擔任工作		
任卸職年月	年 月 年 月	年 月 年 月	年 月 年 月	年 月 年 月	年 月 年 月	年 月 年 月	年 月 年 月	年 月 年 月	年 月 年 月	年 月 年 月	年 月 年 月	到職年月	年 月	年 月
卸職原因												介紹人 姓名 對本人關係		
長官或主管人員職銜姓名														

銓敘	
種類及證書字號	
官級	
年月	

獎懲	
獎懲機關	
事由	
年月	

家庭組織及經濟狀況	

個人未來事業之計畫	

長官考語					
品性	才能	學識	體格	工作成績	總評

考核長官職銜姓名

印

年 月 日

事,3,10000,30,4,

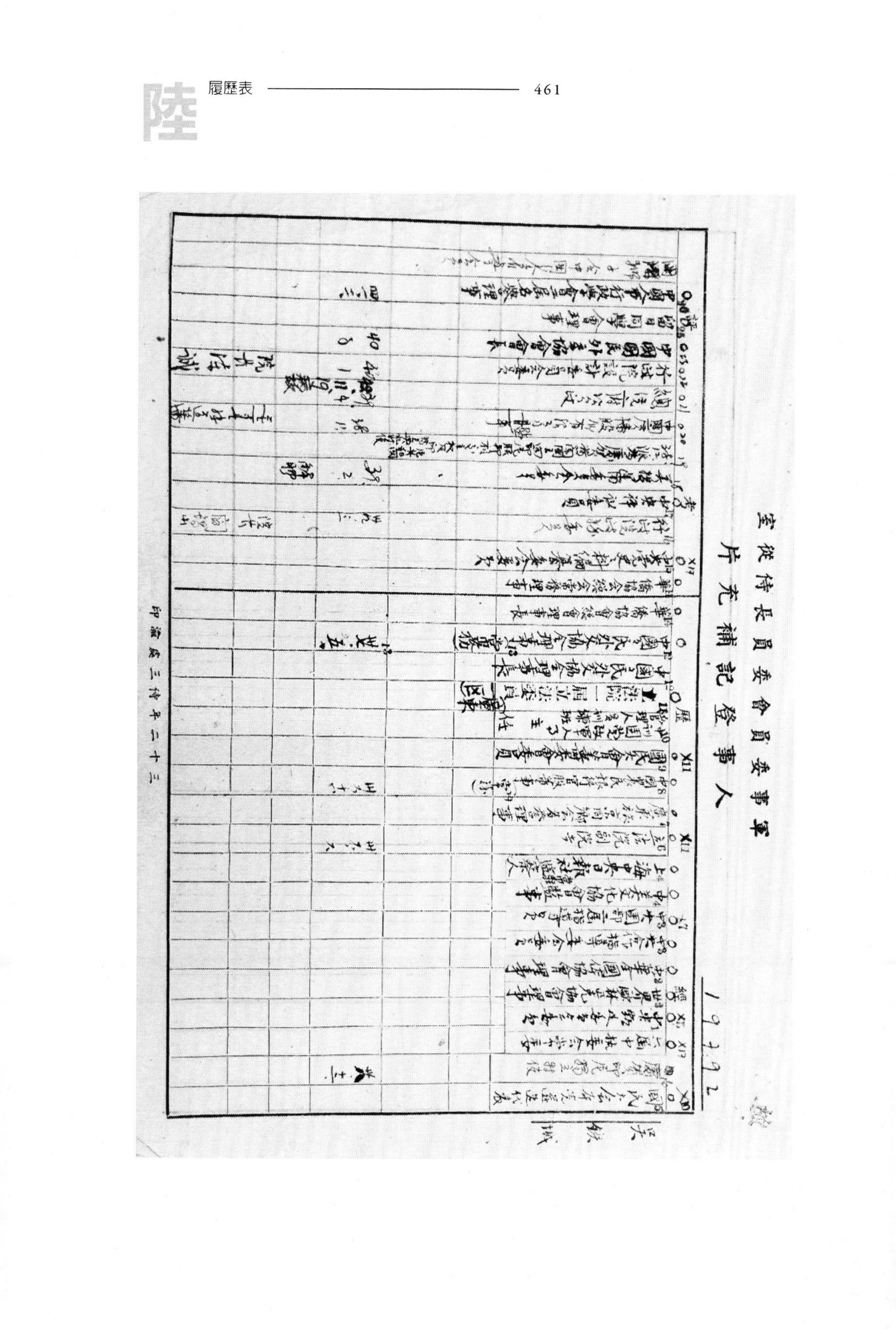

軍事委員會委員長侍從室

人事登記補充片

19792

軍事委員會委員長侍從室

人事登記補充片

1 9 7 9 2

吳鐵城

經歷

17 僑與之友總社理事

青年團中央監察會第一屆監察 18

15 中央政校校務委員

16 國民政府委員

18 中訓團黨政高級班教官

X38 憲政實施協進會會員

20 中國農民銀行董事

22 中國童軍總會之屆理事

23 黨員儲蓄競賽推行委員會主任

24 中國社會行政學會屆名譽理事　三三年三月

26 中國三民外交協會理事長

26 中國拉丁美洲文化經濟協會名譽理事

27 全國知識青年志願從軍指導委員會常委

27 中國戰後建設協進會理事

28 三民主義叢書編委會委員

30 中國外交政策協會理事　卅四年四月

31 第六屆中央執委會常委

31 中訓團人事管理人員訓練班主任

考評

三十二年三侍處渝印

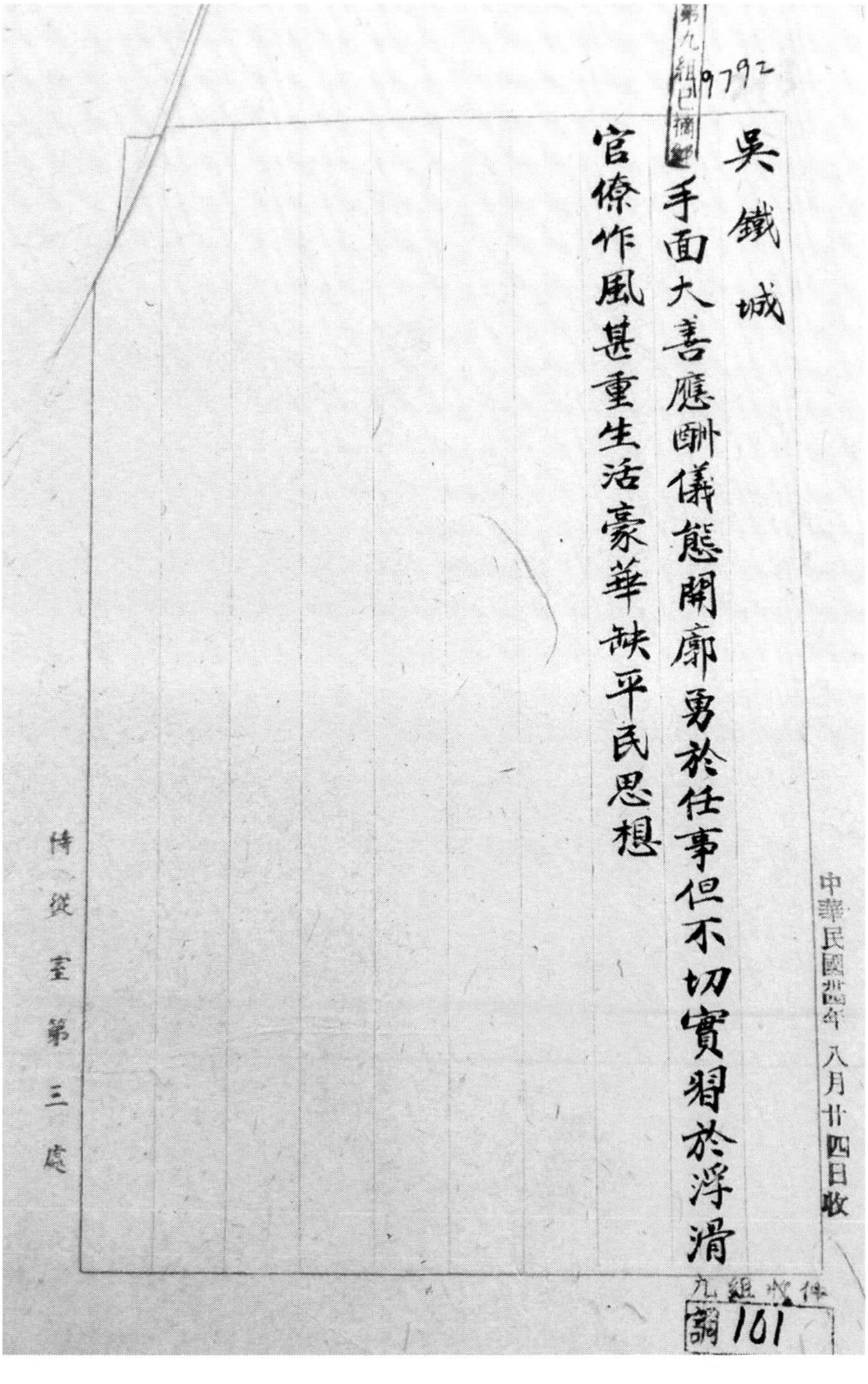

中華民國卅四年八月廿四日收

吳鐵城

手面大善應酬儀態閑廓勇於任事但不切實習於浮滑

官僚作風甚重生活豪華缺平民思想

侍從室第三處

史地傳記類　PC1099　讀歷史154

吳鐵城相關檔案概述
——以國史館藏「蔣中正總統文物」為中心

總 策 畫 / 林齊國
總　　纂 / 陳三井
主　　編 / 蘇聖雄
執行編輯 / 張明玉
助理編輯 / 夏敬華
責任編輯 / 廖啟佑
圖文排版 / 楊家齊
封面設計 / 吳咏潔

出　　版 / 秀威資訊科技股份有限公司＼華僑協會總會
發 行 人 / 宋政坤
法律顧問 / 毛國樑　律師
製作發行 / 秀威資訊科技股份有限公司
114台北市內湖區瑞光路76巷65號1樓
電話：+886-2-2796-3638　傳真：+886-2-2796-1377
http://www.showwe.com.tw
劃撥帳號 / 19563868　戶名：秀威資訊科技股份有限公司
讀者服務信箱：service@showwe.com.tw
展售門市 / 國家書店（松江門市）
104台北市中山區松江路209號1樓
電話：+886-2-2518-0207　傳真：+886-2-2518-0778
網路訂購 / 秀威網路書店：https://store.showwe.tw
國家網路書店：https://www.govbooks.com.tw

2023年6月　BOD一版
定價：600元

本書圖片皆出自國史館

讀者回函卡

國家圖書館出版品預行編目

吳鐵城相關檔案概述：以國史館藏「蔣中正總統文物」為中心 / 林齊國總策劃；陳三井總纂；蘇聖雄主編. -- 一版. -- 臺北市：秀威資訊科技股份有限公司, 2023.06
面； 公分. -- (史地傳記類；PC1099)
BOD版
ISBN 978-626-7187-98-2(平裝)

1. CST: 吳鐵城 2. CST: 歷史檔案

655.6 112008475